WIRTSCHAFTSINFORMATIK

Herausgegeben von Prof. Dr. Dietrich Seibt, Köln, Prof. Dr. Hans-Georg Kemper, Stuttgart, Prof. Dr. Georg Herzwurm, Stuttgart, Prof. Dr. Dirk Stelzer, Ilmenau, und Prof. Dr. Detlef Schoder, Köln

Band 50
Rolf G. Poluha
Anwendung des SCOR-Modells zur Analyse der Supply Chain – Explorative empirische Untersuchung von Unternehmen aus Europa, Nordamerika und Asien
2., überarbeitete Auflage
Lohmar – Köln 2006 ♦ 544 S. ♦ € 65,- (D)
ISBN-13: 978-3-89936-509-2 ♦ ISBN-10: 3-89936-509-7

Band 51
Edeltraud Günther, Susann Kaulich, Lilly Scheibe, Wolfgang Uhr, Claudia Heidsieck, Jürgen Fröhlich
Leistung und Erfolg im betrieblichen Umweltmanagement – Die Software EPM-KOMPAS als Instrument für den industriellen Mittelstand zur Umweltleistungsmessung und Erfolgskontrolle
Lohmar – Köln 2006 ♦ 258 S. + CD-ROM ♦ € 52,- (D) ♦ ISBN 3-89936-462-7

Band 52
Konrad Walser
Auswirkungen des CRM auf die IT-Integration
Lohmar – Köln 2006 ♦ 532 S. ♦ € 65,- (D) ♦ ISBN 3-89936-474-0

JOSEF EUL VERLAG

Reihe: Wirtschaftsinformatik · Band 50

Herausgegeben von Prof. Dr. Dietrich Seibt, Köln, Prof. Dr. Hans-Georg Kemper, Stuttgart, Prof. Dr. Georg Herzwurm, Stuttgart, Prof. Dr. Dirk Stelzer, Ilmenau, und Prof. Dr. Detlef Schoder, Köln

Dr. Rolf G. Poluha

Anwendung des SCOR-Modells zur Analyse der Supply Chain

Explorative empirische Untersuchung von Unternehmen aus Europa, Nordamerika und Asien

2., überarbeitete Auflage

Mit einem Geleitwort von Prof. Dr. Dietrich Seibt, Universität zu Köln

Bibliographische Information der Deutschen Bibliothek

Die Deutsche Bibliothek verzeichnet diese Publikation in der Deutschen Nationalbibliographie; detaillierte bibliographische Daten sind im Internet über <http://dnb.ddb.de> abrufbar.

Dissertation, Universität zu Köln, 2005, u. d. T.:
Analyse der Supply Chain von Unternehmen mittels des Supply Chain Operations Reference (SCOR)-Modells – Explorative empirische Untersuchung des SCOR-Modells des Supply-Chain Council zur Analyse von Supply Chain-Prozessen

ISBN-13: 978-3-89936-509-2
ISBN-10: 3-89936-509-7
2. Auflage September 2006

© JOSEF EUL VERLAG GmbH, Lohmar – Köln, 2006
Alle Rechte vorbehalten

Printed in Germany
Druck: RSP, Troisdorf

JOSEF EUL VERLAG GmbH
Brandsberg 6
53797 Lohmar
Tel.: 0 22 05 / 90 10 6-6
Fax: 0 22 05 / 90 10 6-88
E-Mail: info@eul-verlag.de
http://www.eul-verlag.de

Bei der Herstellung unserer Bücher möchten wir die Umwelt schonen. Dieses Buch ist daher auf säurefreiem, 100% chlorfrei gebleichtem, alterungsbeständigem Papier nach DIN 6738 gedruckt.

Geleitwort

Entsprechend der Bedeutung, die dem Supply Chain Management (SCM) gegenwärtig in der Praxis beigemessen wird, wird vor allem aus Sicht der Beratungsindustrie einer systematischen schrittweisen Modellierung bis hin zur Standardisierung von SCM-Ansätzen großes Gewicht beigemessen. Herr Poluha stellt sich in seiner Arbeit die komplexe Aufgabe, das wohl bekannteste Referenzmodell für Supply Chains von Unternehmen, nämlich das SCOR-Modell (= Supply Chain Operations Reference Model) des Supply-Chain Council (SCC), im Rahmen einer empirischen Untersuchung auf seinen Wert für Supply Chain-Analysen in der und für die Praxis zu untersuchen.

Das SCOR-Modell hat in den letzten Jahren vor allem für den nordamerikanischen Wirtschaftsraum, zunehmend aber auch für Asien und Europa immer größere Bedeutung erlangt. Ursprünge und Zielsetzungen des Modells werden ebenso ausführlich diskutiert wie seine Stärken und Schwächen. Außerdem werden eindrucksvolle Anwendungsbeispiele aus der Unternehmenspraxis dargestellt. Überraschend ist, dass bis dato kaum wissenschaftliche Studien zum Modell und zu seiner Anwendung vorliegen. Vielmehr wird sein Realitätsbezug und seine Wirksamkeit als gegeben vorausgesetzt. Herr Poluha's Arbeit möchte deshalb einen explorativen Beitrag zur wissenschaftlichen Untersuchung des Modells leisten. Zu diesem Zweck werden empirisch gewonnene Daten von knapp 80 Unternehmen aus Europa, Nordamerika und Asien mittels statistischer Methoden ausgewertet und interpretiert. Die Analyse erfolgt ausgehend von speziellen Leistungsindikatoren, die der Modellstruktur zugrunde liegen und die detailliert erörtert werden.

Die Vorgehensweise bei der statistischen Auswertung orientiert sich an einer logisch hergestellten Reihenfolge und umfasst deskriptiv-statistische Ausführungen, inferenzstatistische Auswertungen, interpretative Erklärungsversuche zu nicht bestätigten Ergebnissen sowie zusammenfassende Überlegungen auf aggregierter

Ebene. Es wird außerdem der Versuch unternommen, das Modell einer Untersuchung mittels strukturanalytischer Verfahren zu unterziehen und ein konkretes Anwendungsbeispiel für ein theoretisch fundiertes empirisches Forschungsprojekt als mögliche Anschluss-Forschung vorgestellt. Grundlage für die Überlegungen stellen Hypothesen dar, die auf den modellspezifischen Leistungsindikatoren beruhen und aus einer daraus resultierenden Abbildung des SCOR-Modells abgeleitet sind.

Durch die Gegenüberstellung von Arbeitsthesen und -ergebnissen der empirischen Untersuchung werden Schlüsse zum Modell gezogen und Verbesserungspotenziale herausgearbeitet. Abschließend werden innovative Ansätze zur Gestaltung und Optimierung der Supply Chain sowie moderne Werkzeuge zur Verbesserung der Nutzungsmöglichkeiten des SCOR-Modells vorgestellt und diskutiert. Dabei werden auch die Grenzen des gegenwärtig verfügbaren SCOR-Modells herausgearbeitet, wobei die bisher nicht berücksichtigten Dimensionen organisatorischer und personeller Gestaltung eine zentrale Rolle einnehmen.

Die Arbeit liefert ein exploratives Zwischenergebnis zur wissenschaftlichen Erforschung des SCOR-Modells und seiner Anwendung. Dem Verfasser kamen dabei seine langjährigen Erfahrungen in der Beratungspraxis und die Möglichkeit, auf empirisches Datenmaterial zugreifen zu können, zugute. Weiterführende Studien können auf den Ergebnissen aufbauen und sind dringend erforderlich, um die gewonnenen Erkenntnisse zu überprüfen und zu erweitern sowie noch unklare Befundlagen aufzuklären. Dadurch kann es gelingen, Anstöße zur kontinuierlichen Weiterentwicklung und Verbesserung des Verfahrens zu generieren.

Köln, im November 2005   Prof. Dr. Dietrich Seibt

Vorwort

Die vorliegende Dissertation entstand als berufsbegleitende Arbeit schwerpunktmäßig im Zeitraum von 2001 bis 2005 am Lehrstuhl für Wirtschaftsinformatik, insbesondere Informationsmanagement der Universität zu Köln von Prof. Dr. Dietrich Seibt, der heute die Forschungsgruppe Informationssysteme und Lernprozesse an der Universität zu Köln leitet.

Ich als der Autor war während der Entstehung der Arbeit als Unternehmensberater und Projektmanager für KPMG Consulting (heute BearingPoint) und die SAP AG in Projekten in Europa und den USA tätig. Im Rahmen dieser Projekte habe ich intensive und ausführliche Einblicke in die Themengebiete Supply Chain Management und SCOR bekommen können. Die Erfahrungen, die ich auf diesen Gebieten sammeln konnte, sind in vielfältiger Art in die Arbeit eingeflossen.

Ein ganz besonderer Dank für die Initiierung, Entwicklung und Durchführung dieser Arbeit gebührt meinem Doktorvater, Prof. Dr. Dietrich Seibt. Er hat im wörtlichen Sinne der angelsächsischen Bedeutung die Rolle eines „Doctoral Advisors" übernommen und mir durch seine Anregungen und konstruktive Kritik zur richtigen Zeit immer die passenden und entscheidenden Impulse gegeben.

Das Zweitgutachten wurde freundlicherweise von Prof. Dr. Detlef Schoder, Leiter des Seminars für Wirtschaftsinformatik, insbesondere Informationsmanagement der Universität zu Köln, übernommen. Den Vorsitz beim Disputationsverfahren hatte Prof. Dr. Ulrich Thonemann, Leiter des Seminars für Supply Chain Management und Management Science der Universität zu Köln.

Mein weiterer Dank geht an Prof. Richard Welke, Director des Center for Process Innovation am J. Mack Robinson College of Business der Georgia State University in Atlanta, Georgia. Er hat mir aufgrund seiner eigenen Erfahrungen hilfreiche

Hinweise zu normativen Modellen im Allgemeinen und der praktischen Anwendung des SCOR-Modells im Speziellen geben können, die ihren Niederschlag in der Arbeit gefunden haben.

Danken möchte ich auch den Bibliotheken der Universität Stuttgart, der North Carolina State University, des Georgia Institute of Technology und der Georgia State University, die mir großzügigen Zugriff auf ihre Archive gewährt haben, sowie Frau Dr. Margot Eul, Geschäftsführerin des Eul-Verlages, und ihrem Team für die ausgezeichnete Unterstützung bei der Veröffentlichung meiner Arbeit.

Und dann geht ein ganz persönlicher Dank an einige Menschen, die mir sehr nahe stehen: Meine Frau Sandra, für ihre Motivation und ihr Verständnis; meine Kinder, Kim und Dion, für ihre Aufheiterung und ihren Humor; und meine Eltern, Edeltraud und Alfred, dafür, mir dies erst ermöglicht zu haben.

Ich möchte die Arbeit unter das Leitmotiv eines Wissenschaftlers und Forschers stellen, dessen Einsichten mich über die Jahre hinweg begleitet haben, nämlich Karl Popper:

„Nicht von Beginn an enthüllten die Götter den Sterblichen alles.
Aber im Laufe der Zeit finden sie suchend das Bess're.[1]

In diesem Sinne wünsche ich dem suchenden Leser, dass ihm die vorliegende Arbeit ermöglichen möge, einige neue und interessante Einblicke gewinnen zu können. Und ich hoffe, dass sie einen Beitrag dazu leistet und einen Anstoß dafür darstellt, die gewonnenen Erkenntnisse weiter auszubauen.

Atlanta, Georgia, im November 2005   Rolf G. Poluha

---

[1] Popper / Logik der Forschung 1989 / S. XXVI. Das Zitat stammt ursprünglich von Xenophanes (570 – 474 BC), dem Gründer der sog. Eleatischen Schule der Philosophie (vgl. Encyclopedia of Philosophy / Xenophanes 2004 / o.S.). Zu Karl Popper und seiner Forschung siehe etwa Magee / Karl Popper 1986; Geier / Karl Popper 1994; Popper / Objektive Erkenntnis 1995

Vorwort zur zweiten Auflage

Seit dem Erscheinen der ersten Auflage Ende 2005 hatte ich eine Vielzahl von Gesprächen mit Akademikern und Praktikern, die sich ebenfalls mit dem SCOR-Modell befassen und an einem Gedankenaustausch interessiert waren. Daraus sind eine Reihe von Anregungen hervorgegangen, die ihren Niederschlag sowohl in der vorliegenden zweiten Auflage als auch in anderer Form gefunden haben.

Die zweite Auflage unterscheidet sich von der ersten in formaler Hinsicht dadurch, dass kleinere Rechtschreib- und Interpunktionsfehler korrigiert worden sind. Wichtiger jedoch ist die inhaltliche Seite: Hier sind zunächst einige Grafiken dazugekommen, um die Ergebnisse der statistischen Untersuchung besser zu veranschaulichen. Die Grafiken finden sich im Anhang. Weiterhin wurde die derzeit aktuelle Version 8.0 des SCOR-Modells einbezogen und es wird an mehreren Stellen des Buches auf die damit verbundenen Änderungen eingegangen. Außerdem wurden unter Abschnitt B.1 von Kapitel B zwei neue Gliederungspunkte aufgenommen, welche die speziellen Neuerungen in SCOR Version 7.0 und 8.0 behandeln. Schließlich sind eine Reihe von aktuellen Quellen hinzugekommen, auf die an geeigneter Stelle referenziert wird.

Das Buch hat einen regen Dialog mit einer stetig wachsenden Zahl an Interessierten, die von meiner Arbeit gehört haben, im Rahmen eines informellen „SCOR-Forums" initiiert (bei Bedarf bitte unter der folgenden Email-Adresse an den Autor wenden: rpoluha@yahoo.com). Daraus ist beispielsweise ein Buchprojekt mit einem amerikanischen Verlag hervorgegangen.[II] Zusätzlich sind Beiträge dazu in deutschen und amerikanischen Fachzeitschriften erschienen oder zur Veröffentlichung vorgesehen, die ihrerseits wiederum einen Erfahrungsaustausch angeregt haben.[III]

[II] Siehe Poluha / Application of the SCOR Model 2006
[III] Siehe etwa Poluha und Seibt / Anwendung des SCOR-Modells 2006; Poluha und Welke / Examination of the SCOR Model 2006

Die Eigendynamik, die sich daraus entwickelt hat, ist erfreulich und deutet darauf hin, dass auch im deutschsprachigen Raum ein zunehmendes Interesse an dem SCOR-Modell und seinen Einsatzmöglichkeiten zu bestehen scheint.

Darüber hinaus habe ich Kontakt zu Peter Bolstorff und Robert Rosenbaum, zwei renommierten SCOR-Experten aus den Vereinigten Staaten, aufgenommen. Die beiden sind die Autoren eines Standardwerks zum SCOR-Modell, das bis dahin ausschließlich in englischer Sprache verfügbar war und sicherlich auch aus diesem Grund nur in begrenztem Umfang im deutschsprachigen Raum verbreitet gewesen ist, während es sich hervorragend in den USA verkauft hat. Ich habe deshalb in Zusammenarbeit mit den Autoren das Buch in die deutsche Sprache übersetzt, an Besonderheiten im deutschsprachigen Wirtschaftsraum angepasst und um zusätzliche Aspekte ergänzt. Das Ergebnis wird Anfang 2007 im Springer-Verlag erscheinen und im Buchhandel erhältlich sein.[IV]

Das vorliegende Buch hat die Ausgangsbasis für die geschilderten Aktivitäten dargestellt und diese zu einem guten Teil erst ermöglicht. Ich hoffe deshalb, dass es auch weiterhin einen aktiven und konstruktiven Beitrag dazu leisten wird, die Verbreitung des SCOR-Modells zu unterstützen und zu fördern.

Atlanta, Georgia, im August 2006   Rolf G. Poluha

[IV] Siehe Bolstorff et al. / Spitzenleistungen im Supply Chain Management 2007

Gliederungsübersicht

I. Inhaltsverzeichnis XIII

II. Abbildungsverzeichnis XXIII

III. Tabellenverzeichnis XXV

IV. Abkürzungsverzeichnis XXXI

Kapitel A: Ziele, Methodik, Vorgehensweise und Begriffslegung 1

Kapitel B: Das Supply Chain Operations Reference Model
(SCOR-Modell) des Supply-Chain Council 81

Kapitel C: Empirische Studie auf Grundlage einer quantitativen
Fragebogen-Erhebung 141

Kapitel D: Gegenüberstellung von Arbeitsthesen und Erkenntnisresultaten der empirischen Untersuchung 219

Kapitel E: Zusammenfassende Schlussfolgerungen und
innovative Ansätze 325

Kapitel F: Grenzen des gegenwärtig verfügbaren SCOR-Modells 361

Quellenverzeichnis 389

Anhang 441

Anmerkung: Die Gliederung folgt einem hierarchischen Aufbau mit bestimmten, für die vorliegende Arbeit gewählten Bezeichnungen und Darstellungsweisen, die sich im Textteil wiederfinden.[V]

[V] Gewählte Konventionen im Hinblick auf die Gliederung:
- Auf oberster Ebene stehen die Kapitel:
  Beispiel: Kapitel A (dargestellt in Fettdruck und großer Schrift).
- Darunter folgen jeweils Abschnitte:
  Beispiel: A.1 (dargestellt in Fettdruck und normaler Schriftgröße).
- Einem Abschnitt können Absätze zugeordnet sein:
  Beispiel: A.1.1 (dargestellt in Fettdruck, normaler Schriftgröße und kursiver Schrift).
  Einem Abschnitt sind ggf. mindestens zwei Absätze zugeordnet.
- Unter einem Absatz können wiederum Unterabsätze folgen:
  Beispiel: A.1.1.1 (dargestellt in Fettdruck, normaler Schriftgröße und kursiver Schrift sowie Einrückung). Diese Ebene stellt die unterste mögliche Gliederungsebene dar; auf sie wird, analog zur vorhergehenden Ebene, ebenfalls vereinfacht mit dem Begriff „Absatz" referenziert (z.B. „siehe hierzu Absatz A.1.1.1").

I. Inhaltsverzeichnis

Kapitel A: Ziele, Methodik, Vorgehensweise und Begriffslegung 1

A.1 Grundlagen und Zielsetzung der Arbeit 1
    A.1.1 Hinführung und Forschungsziele 1
    A.1.2 Methodischer Ansatz der Arbeit 5

A.2 Einordnung der Thematik in die wissenschaftliche und empirische Diskussion 8

A.3 Darstellung der Supply Chain als Bezugssystem des Unternehmens 11
    A.3.1 Definition der Supply Chain 12
    A.3.2 Kategorien von Supply Chains 24

A.4 Überblick über den aktuellen Stand des Supply Chain Management in der Literatur 29
    A.4.1 Entstehung des Supply Chain Management 31
    A.4.2 Definition des Begriffs Supply Chain Management 35
    A.4.3 Wertbasierte Supply Chain Strategien 42
    A.4.4 Desintegrierte Supply Chain Strategien 44

A.5 Methoden zur Analyse und Messung des Leistungsvermögens der Supply Chain 47
    A.5.1 Beschreibung von Supply Chain-Prozessen 47
    A.5.2 Mengen-/Zeitengerüst im Kontext der Supply Chain 49
    A.5.3 Spezielle Leistungsindikatoren der Supply Chain 52
    A.5.4 Messung von Leistungsindikatoren: Balanced Scorecard und Supply Chain Scorecard 57

A.6 Fokussierung der Arbeit auf das SCOR-Modell 65

A.7 Analyse von Supply Chain-Prozessen unter Anwendung des SCOR-Modells 71

A.7.1 Effizienz der Supply Chain 74

A.7.2 Leistungsfähigkeit der Supply Chain 78

Kapitel B: Das Supply Chain Operations Reference Model (SCOR-Modell) des Supply-Chain Council 81

B.1 Ursprung und Ziele des SCOR-Modells 81

B.1.1 Intention des SCOR-Modells 81

B.1.2 Herkunft des SCOR-Modells 83

B.1.3 Struktur und Prozesse des SCOR-Modells 85

B.1.4 Leistungsattribute und Kennzahlen der ersten Ebene 93

B.1.5 Änderungen in SCOR Version 6.0 96

B.1.6 Änderungen in SCOR Version 7.0 98

B.1.7 Änderungen in SCOR Version 8.0 100

B.2 Abgrenzung des Einsatzbereiches des SCOR-Modells als Beschreibungsmodell zur Analyse der SC von Unternehmen 103

B.3 Stärken und Schwächen des SCOR-Modells auf Grundlage der aktuellen Diskussion 109

B.3.1 Stärken und Potenziale des Modells 109

B.3.2 Schwächen und Begrenzungen des Modells 114

B.3.3 Kritische Erfolgsfaktoren beim Einsatz des SCOR-Modells 116

B.4 Praktische Anwendung des SCOR-Modells 119

B.4.1 Beispiele für den Einsatz von SCOR im Rahmen einer Unternehmensinitiative 119

B.4.1.1 Anwendung von SCOR bei Hewlett-Packard 119

B.4.1.2 Anwendung von SCOR bei Intel 123

B.4.1.3 Anwendung von SCOR durch das US Department of Defense (DoD) 128

B.4.2 Beispiele für den Einsatz des SCOR-Modells durch externe Beratungsunternehmen 131

B.4.2.1 mi services group 133

B.4.2.2 PRTM 134

B.4.2.3 BearingPoint 136

B.4.2.4 SAP 137

B.4.2.5 Singapore Institute of Manufacturing Technology (SIMTech) 139

Kapitel C: Empirischen Studie auf Grundlage einer quantitativen Fragebogen-Erhebung 141

C.1 Ziele der empirischen Untersuchung 143

C.1.1 Aspektekonkretisierung und Thesengestaltung 145

C.1.1.1 Übersicht der untersuchungsrelevanten Leistungsbegriffe 145

C.1.1.2 Begriffsklärung zu den Leistungsbegriffen 151

C.1.2 Thesenfundierung und SCOR-Modellgruppen 153

C.1.2.1 Intra-Leistungsattribut (I-L) 154

C.1.2.2 Intra-Kompetenz (I-K) 155

C.1.2.3 Inter-Kompetenz/Leistungsattribut (I-KL) 157

C.1.2.4 Hypothesenformulierung und Thesenmodell 160

C.1.2.5 Varianten von Ansätzen und Modellen zur Abbildung und Messung der LK-Performanz 165

C.2 Herleitung der zentralen Arbeitsthesen 172

C.2.1 Thesen der SCOR-Modellgruppe Intra-Leistungsattribut (I-L) 173

C.2.1.1 Leistungsattribut Kundenservice („reliability and responsiveness") 173

C.2.1.2 Leistungsattribut Flexibilität („flexibility") 174

C.2.1.3 Leistungsattribut Kosten („cost") 175

C.2.1.4 Leistungsattribut Kapitaleinsatz („assets") 176

C.2.2 Thesen der SCOR-Modellgruppe Intra-Kompetenz (I-K) 177

    C.2.2.1 Kundenbezogene Kennzahlen („customer-facing metrics") 177

    C.2.2.2 Unternehmensbezogene Kennzahlen („internal-facing metrics") 179

C.2.3 Thesen der SCOR-Modellgruppe Inter-Kompetenz/ Leistungsattribut (I-KL) 182

    C.2.3.1 Kundenservice („reliability and responsiveness") vs. Kosten („cost") 182

    C.2.3.2 Flexibilität („flexibility") vs. Kosten („cost") 186

    C.2.3.3 Kundenservice („reliability and responsiveness") vs. Kapitaleinsatz („assets") 188

    C.2.3.4 Flexibilität („flexibility") vs. Kapitaleinsatz („assets") 191

C.3 Planung und Design der empirischen Untersuchung 193

    C.3.1 Informationsquellen (Arten der Informationsgewinnung) 193

    C.3.2 Datenerhebung (Auswahlverfahren) 194

    C.3.3 Erhebungsarten 197

    C.3.4 Gestaltung des Fragebogens 199

    C.3.5 Zu verarbeitende Praxisbeispiele 200

C.4 Durchführung der empirischen Untersuchung 206

    C.4.1 Eingesetzte Methode zur Datenerhebung (Primärerhebung) 206

        C.4.1.1 Untersuchungsablauf 207

        C.4.1.2 Untersuchungsergebnisse 209

    C.4.2 Auswertung der Ergebnisse der empirischen Untersuchung (Sekundärerhebung) 209

        C.4.2.1 Datenauswertung 210

        C.4.2.2 Auswertungsmethodik für die Einzelthesen 211

        C.4.2.3 Spezielles Auswertungsverfahren für die Meta-Thesen 216

Kapitel D: Gegenüberstellung von Arbeitsthesen und Erkenntnisresultaten der empirischen Untersuchung 219

D.1 Resultate der Auswertungen zu den Thesen 219

    D.1.1 Resultate zu Thesen der SCOR-Modellgruppe Intra-Leistungsattribut (I-L) 230

        D.1.1.1 Leistungsattribut Kundenservice („reliability and responsiveness") 230

        D.1.1.2 Leistungsattribut Flexibilität („flexibility") 236

        D.1.1.3 Leistungsattribut Kosten („cost") 237

        D.1.1.4 Leistungsattribut Kapitaleinsatz („assets") 242

    D.1.2 Resultate zu Thesen der SCOR-Modellgruppe Intra-Kompetenz (I-K) 244

        D.1.2.1 Kundenbezogene Kennzahlen („customer-facing metrics") 244

        D.1.2.2 Unternehmensbezogene Kennzahlen („internal-facing metrics") 255

    D.1.3 Resultate zu Thesen der SCOR-Modellgruppe Inter-Kompetenz/Leistungsattribut (I-KL) 262

        D.1.3.1 Kundenservice („reliability and responsiveness") vs. Kosten („cost") 262

        D.1.3.2 Flexibilität („flexibility") vs. Kosten („cost") 275

        D.1.3.3 Kundenservice („reliability and responsiveness") vs. Kapitaleinsatz („assets") 281

        D.1.3.4 Flexibilität („flexibility") vs. Kapitaleinsatz („assets") 289

D.2. Beurteilung der Untersuchungsergebnisse zu den Einzelthesen 294

    D.2.1 Konsequenzen aus den Differenzen bzw. Übereinstimmungen zwischen Thesen und Ist-Ergebnissen 294

    D.2.2 Erklärungsansätze zu den unsystematischen Thesen 295

        D.2.2.1 Kundenauftragsmanagement 295

        D.2.2.2 Lagerverwaltung 300

        D.2.2.3 Transport 302

        D.2.2.4 Einkauf 303

D.2.3 Erklärungsmöglichkeiten zu den modellkonträren
Thesen 304

    D.2.3.1 Modellkonträre These der SCOR-Modell-
gruppe Intra-Kompetenz (I-K) 305

    D.2.3.2 Modellkonträre Thesen der SCOR-Modell-
gruppe Inter-Kompetenz/Leistungsattribut (I-KL) 306

D.2.4 Fazit zu den gewonnenen Untersuchungsergebnissen
der Einzelthesen 309

D.3 Versuch der Anwendung von strukturanalytischen Verfahren
zur Überprüfung der Meta-Thesen 311

    D.3.1 Untersuchungsdesign 311

    D.3.2 Überprüfung der Eignung der Meta-Thesen zur Bildung
strukturanalytischer Partialmodelle 314

D.4 Feststellung von Störeinflüssen und Fehlern 321

    D.4.1 Kritik am Auswahlverfahren 321

    D.4.2 Unschärfe der hierarchischen Zuordnung von
Leistungsindikatoren 322

    D.4.3 Durchführung der Untersuchung als Sekundäranalyse 323

    D.4.4 Umfang der Stichprobe 323

    D.4.5 Unzulänglichkeiten in der Begriffsfestlegung zu den
Leistungsbegriffen 324

**Kapitel E: Zusammenfassende Schlussfolgerungen und
innovative Ansätze 325**

E.1 Gesamtbewertung und Interpretation des SCOR-Modells
anhand der Ergebnisse der Untersuchung 325

    E.1.1 Reflektion des SCOR-Modells auf Grundlage der
Ergebnisse zu den SCOR-Modellgruppen 326

    E.1.2 Verbesserungspotenziale und Empfehlungen 331

    E.1.3 Gesamtwürdigung der Operationalisierung des
SCOR-Modells 335

E.2 Innovative Ansätze zur Gestaltung und Optimierung der
Supply Chain 338

    E.2.1 Darstellung der Adaptiven Supply Chain 338

    E.2.2 Umsetzung von Adaptiven Supply Chains 340

E.3 Moderne Werkzeuge zur Verbesserung der Nutzungs- und
Einsatzmöglichkeiten des SCOR-Modells 344

    E.3.1 Begriff des Supply Chain Design Management (SCDM) 345

    E.3.2 Anwendungen für das Supply Chain Design
Management 348

        E.3.2.1 e-SCOR von Gensym 350

        E.3.2.2 ARIS EasySCOR von IDS 352

        E.3.2.3 ADOLog von BOC 355

        E.3.2.4 Zusammenfassende Betrachtung der SCDM-
Anwendungen 358

Kapitel F: Grenzen des gegenwärtig verfügbaren SCOR-Modells 361

F.1 Betrachtung der Dimensionen organisatorischer und
personeller Gestaltung im vorliegenden Kontext 361

F.2 Konsequenzen aus den Randbedingungen und Fehlern
der eigenen Arbeit 369

F.3 Vorschläge zur weiteren Forschung auf den Gebieten
Supply Chain Management und SCOR 372

    F.3.1 Weiterführende Forschungsvorschläge 373

    F.3.2 Beispiel für ein theoretisch fundiertes empirisches
Forschungsprojekt als mögliche Anschluss-Forschung 377

F.4 Balance zwischen Standardisierung und Individualisierung 384

Quellenverzeichnis 389

1 Literaturverzeichnis 389

2 Digitale Quellen 429

3 Eigene Quellen 439

Anhang 441

1 Leistungsindikatoren-Fragebogen („KPI Questionnaire") 443

2 Überblick über die Leistungsmessgrößen des Fragebogens 455

3 Zusammenhang zwischen Lieferketten-Kompetenzen und Leistungsindikatoren 458
    3.1 Kundenspezifisch (Kundenservice und Flexibilität) 458
    3.2 Unternehmensbezogen (Kosten und Kapitaleinsatz) 459

4 Details und Auswertungsbeispiele zu den Leistungsmessgrößen 461
    4.1 Beschaffen 461
    4.2 Herstellen 468
    4.3 Lagern (als Teil von Liefern) 473
    4.4 Transportieren (als Teil von Liefern) 479
    4.5 Verkaufen (als Teil von Liefern) 485

5 Darstellung der Resultate des Fragebogens zur Erhebung der Leistungsindikatoren im KPI Benchmarking Tool 490
    5.1 Beispiel für Online-Fragebogen („KPI Questionnaire") 490
    5.2 Resultate auf der ersten Ebene von SCOR 491
    5.3 Resultate innerhalb eines SCOR-Prozesses 492
    5.4 Details zu einer exemplarischen Leistungsmessgröße und vorgeschlagene Verbesserungsmaßnahmen 493
    5.5 Erläuterungen zur Darstellung der Details zu einer exemplarischen Leistungsmessgröße 494

6 Detaillierte Auswertungsergebnisse zu den Einzelthesen 495

    6.1 Ergebnisse zur SCOR-Modellgruppe
Intra-Leistungsattribut (I-L) 495

    6.2 Ergebnisse zur SCOR-Modellgruppe
Intra-Kompetenz (I-K) 496

    6.3 Ergebnisse zur SCOR-Modellgruppe
Inter-Kompetenz/Leistungsattribut (I-KL) 497

II. Abbildungsverzeichnis

Kapitel A:

Abb. A-1: Forschungslogischer Ablauf der Arbeit 7
Abb. A-2: Zusammenhang zwischen Lieferketten-Treibern und
Lieferketten-Kompetenzen 73

Kapitel B:

Abb. B-1: Anordnung des SCOR-Modells um fünf Haupt-
steuerungsprozesse 86
Abb. B-2: SCOR-Modellstruktur 89
Abb. B-3: SCOR-Prozessschritte am Beispiel des Prozesses
Planen („Plan") 91
Abb. B-4: SCOR-Leistungsattribute und Kennzahlen der ersten Ebene 95
Abb. B-5: SCOR als hierarchisches Modell 104
Abb. B-6: SCOR als aktivitätsorientiertes Geschäftsprozess-
Referenzmodell 107
Abb. B-7: DoD-Modell des Supply Chain Management 130

Kapitel C:

Abb. C-1: SCOR-Leistungsattribute und assoziierte Leistungs-
kennzahlen auf der ersten Ebene 145
Abb. C-2: Lieferketten-Kompetenz und Schlüssel-Leistungsindikatoren
als Bausteine eines SCOR-basierten Thesenmodells:
Intra-Leistungsattribut (I-L) 162
Abb. C-3: Lieferketten-Kompetenz und Schlüssel-Leistungsindikatoren
als Bausteine eines SCOR-basierten Thesenmodells:
Intra-Kompetenz (I-K) 163
Abb. C-4: Lieferketten-Kompetenz und Schlüssel-Leistungsindikatoren
als Bausteine eines SCOR-basierten Thesenmodells:
Inter-Kompetenz/Leistungsattribut (I-KL) 164

Kapitel D:

Abb. D-1: Pünktliche Lieferungen („inbound/outbound") und zuverlässig ausgeführte Kundenaufträge 233

Abb. D-2: Umsatzbezogene Einkaufs- und Lagerverwaltungskosten 238

Abb. D-3: Umsatz- und mitarbeiterbezogene Transportkosten 239

Abb. D-4: Pünktliche Lieferungen („inbound/outbound") und Nichtverfügbarkeit von Lagermaterial 246

Abb. D-5: Zuverlässig gelieferte Einkaufsauftragspositionen und Rückstände an Aufträgen 248

Abb. D-6: Nichtverfügbarkeit von Lagermaterial und Fabriklieferleistung für Fertigungsaufträge 250

Abb. D-7: Nichtverfügbarkeit von Lagermaterial und zuverlässig ausgeführte Kundenaufträge 252

Abb. D-8: Nichtverfügbarkeit von Lagermaterial und Erfüllung der Kundenauftragspositionen 253

Abb. D-9: Lagerverwaltungskosten und Umschlagszeit der Endprodukte 256

Abb. D-10: Umsatzanteilige Produktionskosten und Wert an Auftragsrückständen 277

Abb. D-11: Pünktliche Lieferungen („inbound/outbound") und Durchlaufzeit vom Kundenauftrag zum Versand 284

Abb. D-12: Skizze des strukturanalytischen Partialmodells zu Meta-These VI 316

Kapitel E:

Abb. E-1: Darstellungsbeispiel aus ARIS EasySCOR 354

Kapitel F:

Abb. F-1: Dimensionen der Gestaltung im Kontext der Supply Chain 367

Abb. F-2a: Forschungsvorschlag zu einem leistungsindikatorenbasierten SCOR-Modell in strukturanalytischer Darstellungsform (Teil 1) 379

Abb. F-2b: Forschungsvorschlag zu einem leistungsindikatorenbasierten SCOR-Modell in strukturanalytischer Darstellungsform (Teil 2) 380

III. Tabellenverzeichnis

Kapitel D:

Tab. D-1a: Verteilung der untersuchten Unternehmen (N = 73) nach Region und Land 223

Tab. D-1b: Verteilung der untersuchten Unternehmen (N = 73) nach Branchenzugehörigkeit 223

Tab. D-1c: Verteilung der untersuchten Unternehmen (N = 73) nach Größenklassen basierend auf Umsatz gemäß HGB 224

Tab. D-1d: Verteilung der untersuchten Unternehmen (N = 73) nach Größenklassen basierend auf Mitarbeiterzahl gemäß HGB 224

Tab. D-1e: Verteilung der untersuchten Unternehmen (N = 73) nach Gesamtkapitalrentabilität (GKR) 224

Tab. D-2a: Deskription von Beschaffung („Source") 225

Tab. D-2b: Deskription von Fertigung („Produce") 226

Tab. D-2c: Deskription von Lieferung - Lagerung („Deliver - Store") 227

Tab. D-2d: Deskription von Lieferung - Transport („Deliver - Transport") ... 228

Tab. D-2e: Deskription von Lieferung - Verkaufen („Deliver - Sell") 229

Tab. D-3: Zusammenhang zwischen pünktlichen Lieferungen und Kundenverbleibsquote 231

Tab. D-4: Zusammenhang zwischen Kundenauftragsgüte und Kundenverbleibsquote 231

Tab. D-5: Zusammenhang zwischen pünktlichen Lieferungen und Kundenauftragsgüte 232

Tab. D-6: Zusammenhang zwischen pünktlichen Lieferungen und Fertigungslaufzeit 234

Tab. D-7: Zusammenhang zwischen zuverlässig gelieferten bzw. erfüllten Einkaufaufträgen und Kundenauftragsgüte 234

Tab. D-8: Zusammenhang zwischen Fabriklieferleistung für Fertigungsaufträge und Fertigungsdurchlaufzeit 235

Tab. D-9: Zusammenhang zwischen Lieferdurchlaufzeit für Bestellanforderungen und Erfüllung der Kundenauftragpositionen 236

Tab. D-10: Zusammenhang zwischen nicht-verfügbarem Lagermaterial und Auftragsrückständen 237

Tab. D-11: Zusammenhang zwischen umsatzbezogenen Einkaufs- und Lagerverwaltungskosten 237

Tab. D-12: Zusammenhang zwischen umsatz- und mitarbeiterbezogenen Lagerverwaltungskosten 238

Tab. D-13: Zusammenhang zwischen umsatz- und mitarbeiterbezogenen Transportkosten 239

Tab. D-14: Zusammenhang zwischen umsatzbezogenen Transportkosten und Lieferschäden 240

Tab. D-15: Zusammenhang zwischen umsatz- und mitarbeiterbezogenen Einkaufskosten 240

Tab. D-16: Zusammenhang zwischen mitarbeiterbezogenen Kundenservicekosten und Kundenstreitigkeiten 241

Tab. D-17: Zusammenhang zwischen mitarbeiterbezogenen Transportkosten und Lieferschäden 242

Tab. D-18: Zusammenhang zwischen inaktivem Lagerbestandswertanteil und Lagerumschlag 242

Tab. D-19: Zusammenhang zwischen inaktivem Lagerbestandswertanteil und Ausnutzung der Lagerfläche 243

Tab. D-20: Zusammenhang zwischen Lagerumschlag und Ausnutzung der Lagerfläche 243

Tab. D-21: Zusammenhang zwischen pünktlichen Lieferungen und Auftragsrückstandswert 244

Tab. D-22: Zusammenhang zwischen nicht-verfügbarem Lagermaterial und pünktlichen Lieferungen 245

Tab. D-23: Zusammenhang zwischen zuverlässig gelieferten Einkaufsaufträgen und Auftragsrückständen 247

Tab. D-24: Zusammenhang zwischen zuverlässig gelieferten Einkaufauftragspositionen und Auftragsrückständen 248

Tab. D-25: Zusammenhang zwischen nicht-verfügbarem LagerMaterial und Fabriklieferleistung für Fertigungsaufträge 249

Tab. D-26: Zusammenhang zwischen Erfüllungsrate von Kundenauftragspositionen und Auftragsrückständen 251

Tab. D-27: Zusammenhang zwischen nicht-verfügbarem Lagermaterial und einwandfreien Kundenaufträgen 251

Tab. D-28: Zusammenhang zwischen nicht-verfügbarem Lagermaterial und Erfüllung der Kundenauftragspositionen 253

Tab. D-29: Zusammenhang zwischen Fertigungsdurchlaufzeit und Auftragsrückständen 254

Tab. D-30: Zusammenhang zwischen nicht-verfügbarem Lagermaterial und Fertigungsdurchlaufzeit 254

Tab. D-31: Zusammenhang zwischen Lagerverwaltungskosten und Umschlagszeit der Endprodukte 255

Tab. D-32: Zusammenhang zwischen Lagerbestandswertverlust und inaktivem Material am Lagerbestandswert 257

Tab. D-33: Zusammenhang zwischen Lagerbestandswertverlust und Lagerumschlag 257

Tab. D-34: Zusammenhang zwischen Lagerverwaltungskosten/ Kundenauftrag und Lagerflächenausnutzung 258

Tab. D-35: Zusammenhang zwischen Lagerverwaltungskosten/ Mitarbeiter und Umschlagszeit der Endprodukte 259

Tab. D-36: Zusammenhang zwischen Lagerverwaltungskosten/ Mitarbeiter und Lagerumschlag 259

Tab. D-37: Zusammenhang zwischen Durchsatz pro Mitarbeiter und Auslastung der Fabrikkapazität 260

Tab. D-38: Zusammenhang zwischen Lagerverwaltungskosten/ Mitarbeiter und Lagerflächenausnutzung 260

Tab. D-39: Zusammenhang zwischen Durchlaufzeit der Kundenaufträge und Kundenstreitigkeiten 261

Tab. D-40: Zusammenhang zwischen Lagerverwaltungskosten und Auftragsrückständen 262

Tab. D-41: Zusammenhang zwischen umsatzanteiligen Kundenservicekosten und pünktlichen Lieferungen 263

Tab. D-42: Zusammenhang zwischen mitarbeiterbezogenen Kundenservicekosten und pünktlichen Lieferungen 264

Tab. D-43: Zusammenhang zwischen Kundenstreitigkeiten und dem Kundenverbleib 264

Tab. D-44: Zusammenhang zwischen Lagerzyklen (Zählgenauigkeit) und Lagerverwaltungskosten 265

Tab. D-45: Zusammenhang zwischen zuverlässig erfüllten Einkaufsaufträgen und umsatzanteiligen Einkaufskosten 266

Tab. D-46: Zusammenhang zwischen zuverlässig erfüllten Einkaufsaufträgen und mitarbeiterbezogenen Einkaufskosten 266

Tab. D-47: Zusammenhang zwischen mitarbeiterbezogenen Produktionskosten und Fertigungsfabriklieferleistung 267

Tab. D-48: Zusammenhang zwischen zuverlässig erfüllten Einkaufsaufträgen und Lieferschäden 268

Tab. D-49: Zusammenhang zwischen Fertigungsfabriklieferleistung und Kundenstreitigkeiten 268

Tab. D-50: Zusammenhang zwischen Lagerverwaltungskosten/
Kundenauftrag und Kundenauftragsgüte 269

Tab. D-51: Zusammenhang zwischen Lagerverwaltungskosten/
Kundenauftrag und verlässlicher Erfüllung von Kunden-
auftragspositionen 270

Tab. D-52: Zusammenhang zwischen umsatzanteiligem Kunden-
service und Kundenauftragsgüte 270

Tab. D-53: Zusammenhang zwischen mitarbeiterbezogenen Kundenservicekosten und zuverlässiger Erfüllung von Kunden-
auftragspositionen 271

Tab. D-54: Zusammenhang zwischen einwandfreien Kunden-
aufträgen und Kundenstreitigkeiten 272

Tab. D-55: Zusammenhang zwischen Lieferdurchlaufzeit für Bestellan-
anforderungen und umsatzanteiligen Lagerverwaltungskosten 272

Tab. D-56: Zusammenhang zwischen Lieferdurchlaufzeit für Bestellanforderungen und auftragsbezogenen Einkaufskosten 273

Tab. D-57: Zusammenhang zwischen mitarbeiterbezogenen Einkaufskosten und Lieferdurchlaufzeiten für Bestellanforderungen 273

Tab. D-58: Zusammenhang zwischen mitarbeiterbezogenen
Produktionskosten und Fertigungsdurchlaufzeiten 274

Tab. D-59: Zusammenhang zwischen Lieferdurchlaufzeit für Bestellanforderungen und Kundenstreitigkeiten 275

Tab. D-60: Zusammenhang zwischen Lagerverwaltungskosten als
Anteil am Lagerbestandswert und Auftragsrückstandswert 275

Tab. D-61: Zusammenhang zwischen umsatzanteiligen Produktionskosten und Auftragsrückstandswert 276

Tab. D-62: Zusammenhang zwischen Kundenservicekosten/
Mitarbeiter und Auftragsrückstandswert 277

Tab. D-63: Zusammenhang zwischen Auftragsrückständen und
Kundenstreitigkeiten 278

Tab. D-64: Zusammenhang zwischen nicht-verfügbarem Lagermaterial und umsatzanteiligem Lagerbestandswertverlust 278

Tab. D-65: Zusammenhang zwischen nicht-verfügbarem Lagermaterial und umsatzanteiligen Produktionskosten 279

Tab. D-66: Zusammenhang zwischen mitarbeiterbezogenen
Produktionskosten und nicht-verfügbarem Lagermaterial 280

Tab. D-67: Zusammenhang zwischen mitarbeiterbezogenen Kundenservicekosten und nicht-verfügbarem Lagermaterial 281

Tab. D-68: Zusammenhang zwischen pünktlichen Lieferungen und
inaktiven Lagerbestandswertanteilen 281

Tab. D-69: Zusammenhang zwischen Lagerumschlag und
Auftragsrückstandswert 282

Tab. D-70: Zusammenhang zwischen Durchlaufzeit vom Kundenauftrag zum Versand und pünktlichen Lieferungen 283

Tab. D-71: Zusammenhang zwischen Zählgenauigkeit von Lager-
zyklen und inaktiven Lagerbestandsanteilen 285

Tab. D-72: Zusammenhang zwischen zuverlässig gelieferten
Einkaufsauftragspositionen und Durchlaufzeit vom
Kundenauftrag zum Versand 285

Tab. D-73: Zusammenhang zwischen inaktivem Material am
Lagerbestandswert und zuverlässiger Erfüllung von
Kundenauftragspositionen 286

Tab. D-74: Zusammenhang zwischen Durchlaufzeit vom Kundenauftrag zum Versand und zuverlässiger Erfüllung von
Kundenauftragspositionen 287

Tab D-75: Zusammenhang zwischen den per Internet bzw. EDI übermittelten Einkaufstransaktionen und der Umschlagszeit
für bezogene Endprodukte 288

Tab. D-76: Zusammenhang zwischen Verkäufen über das Internet
und Durchlaufzeit vom Kundenauftrag zum Versand 289

Tab. D-77: Zusammenhang zwischen Umschlagszeit für bezogene
Endprodukte und Wert an Auftragsrückständen 289

Tab. D-78: Zusammenhang zwischen Lagerumschlag und
Auftragsrückstandswert 290

Tab. D-79: Zusammenhang zwischen nicht-verfügbarem Lagermaterial und Umschlagszeit bezogener Endprodukte 291

Tab. D-80: Zusammenhang zwischen nicht-verfügbarem Lagermaterial und Durchlaufzeit vom Kundenauftrag zum Versand 292

Tab. D-81: Zusammenhang zwischen nicht-verfügbarem Lager-
material und Lagerumschlag 292

Tab. D-82: Zusammenhang zwischen nicht-verfügbarem Lagermaterial und Auslastung von Betriebsanlagen 293

Tab. D-83: Legende zu Abb. D-12: Index der verwendeten
Leistungsmessgrößen 317

Kapitel F:

Tab. F-1: Legende zu Abb. F-2b: Index der verwendeten Leistungsmessgrößen .... 381 – 382

IV. Abkürzungsverzeichnis

3PL	Third-Party Logistics Service Provider
α-Fehler	Alpha-Fehler (Fehler 1. Art)
β-Fehler	Beta-Fehler (Fehler 2. Art)
Abb.	Abbildung
ABC	Activity-based costing
Abs.	Absatz
Abschn.	Abschnitt
AG	Aktiengesellschaft
AGFI	Adjusted-Goodness-of-Fit-Index
ALK	Adaptive Lieferkette
AMOS	Analysis of Moment Structures
AMR	Advanced Manufacturing Research
Anm. d. Verf.	Anmerkung des Verfassers
AP	Asia Pacific
APS	Advanced Planning System
ARIS	Architektur integrierter Informationssysteme
AT	Austria
Aufl.	Auflage
AUS	Australien
B2B	Business-to-Business
B2C	Business-to-Consumer
BC	before Christ (vor Christus)
Bd.	Band
Bez.	Bezeichnung
BIAIT	Business Information Analysis and Integration Technique
BICS	Business Information Control Study
BKM	Best Known Method
BP	Business Process
BPA	Business Process Analysis

BPK	Bravais-Pearson'scher Korrelationskoeffizient
BPM	Business Process Management
BPR	Business Process Reengineering
BRE	Business Rules Engine
BSCol	Balanced Scorecard Collaborative
BSC	Balanced Scorecard
BWL	Betriebswirtschaftslehre
bzgl.	bezüglich
bzw.	beziehungsweise
ca.	zirka
CCC	Customer-Chain Council
CCOR	Customer-Chain Operations Reference Model
CEO	Chief Executive Officer
CFO	Chief Financial Officer
CH	Schweiz
CLM	Council of Logistics Management
Co.	Company
COGS	Cost of goods sold
Corp.	Corporation
CPA	Certified Public Accountant
CPFR	Collaborative Planning, Forecasting and Replenishment
CPG	Consumer Packaged Goods
CRM	Customer Relationship Management
CSCO	Chief Supply Chain Officer
CSF	Critical Success Factor
DBW	Die Betriebswirtschaft
DCC	Design-Chain Council
DCOR	Design-Chain Operations Reference Model
df	degree of freedom
d.h.	das heißt
d. Verf.	der Verfasser

DK	Dänemark
DoD	US Department of Defense
DOS	Days on stock
DP	Data processing
DLA	US Defense Logistics Agency
E-Business	Electronic Business
E-Commerce	Electronic Commerce
E-CRM	Electronic Customer Relationship Management
E-SCM	Electronic Supply Chain Management
EBN	Electronic Buyers News
EDI	Electronic Data Interchange
EDV	Elektronische Datenverarbeitung
EMEA	Europe, Middle East and Africa
ERP	Enterprise Resource Planning
ebd.	Ebenda
e.g.	exempli gratia
et al.	und weitere
etc.	et cetera
EUR	Euro
f	Freiheitsgrad
f.	folgende
ff.	fortfolgende
F&E	Forschung und Entwicklung
FG	Finished goods
fir	Forschungsinstitut für Rationalisierung an der RWTH Aachen
FL	Finnland
FR	Frankreich
FTE	Full-time Equivalent (Mitarbeiterkapazität)
FTF	Face-to-face
G2B	Government-to-Business
G2C	Government-to-Consumer

G2G	Government-to-Government
GFI	Goodness-of-fit-Index
ggf.	gegebenenfalls
GKR	Gesamtkapitalrentabilität
GmbH	Gesellschaft mit beschränkter Haftung
GPF	Geographic Product Flow
GPM	Geschäftsprozess-Management
GPO	Geschäftsprozess-Optimierung
HGB	Handelsgesetzbuch
HP	Hewlett-Packard
Hrsg.	Herausgeber
HTML	HyperText Markup Language
HW	Hardware
HWB	Handwörterbuch der Betriebswirtschaft
i.e.	id est
I&K-Technik	Informations- und Kommunikationstechnik
I-K	Intra-Kompetenz
I-KL	Inter-Kompetenz/Leistungsattribut
I-L	Intra- Leistungsattribut
Inc.	Incorporated
insbes.	insbesondere
ISCM	Integrated Supply Chain Management Program
iSNG	Intel Supply Network Group
IS	Information System
IT	Information Technology
Jg.	Jahrgang
Kap.	Kapitel
KIM	Kölner Integrationsmodell
KPI	Key Performance Indicator
KRP	Kostenrechnungspraxis
LA	Latin America

LISREL	Linear Structural Relationships
LK	Lieferkette
LKM	Lieferketten-Management
LLC	Limited Liability Company
Ltd.	Limited Company
M	Million
M	SCOR-Modellgruppe
Max	Maximum
MCC	Micro Compact Car AG
ME	Mengeneinheit
Min	Minimum
Mio.	Millionen
MIS	Management Information System
MIT	Massachusetts Institute of Technology
MPS	Master Production Schedule (Produktionsplan)
Mrd.	Milliarden
MRO	Maintenance, Repair and Operating Equipment
n	Anzahl (als Anteil)
N	Anzahl (gesamt)
NA	North America
NDST	Network Decision Support Technology
NPV	Net Present Value
NL	Niederlande
No.	Number
Nr.	Nummer
NS	Neuseeland
NYSE	New York Stock Exchange
ODM	Original Design Manufacturer
OEM	Original Equipment Manufacturer
o.g.	oben genannte
o.J.	ohne Jahresangabe

o.O.	ohne Ortsangabe
o.S.	ohne Seitenangabe
o.V.	ohne Verfasserangabe
OSD	US Office of the Secretary of Defense
P	Vertrauensniveau (Probability)
P(α)	Irrtumswahrscheinlichkeit
PC	Personal Computer
PM-Korrelation	Produkt-Moment-Korrelation
PMG	Performance Measurement Group
PRTM	Pittiglio Rabin Todd & McGrath
R	Bravais-Pearson'scher Korrelationskoeffizient
R&D	Research and Development
ROA	Return on Assets
ROE	Return on Equity
ROI	Return on Investment
ROS	Return on Sales
s.	siehe
s	Standardabweichung
S.	Seite
s.o.	siehe oben
Sp	Spalte
SA	Société Anonym
SAS	Société par actions simplifiée
SC	Supply Chain
SCC	Supply-Chain Council
SCDM	Supply Chain Design Management
SCM	Supply Chain Management
SCOR	Supply Chain Operations Reference Model
SCORcard	SCOR-based Supply Chain Scorecard
SE	Schweden
SEM	Structural Equation Model

SFA	Sales Force Automation
SIG	Special Interest Group
signif.	signifikant
SIMTech	Singapore Institute of Manufacturing Technology
SIN	Singapur
SKU	Stock Keeping Unit
SN	Supply Network
SNG	Supply Network Group
SPSS	Statistical Package for Social Sciences (frühere Bez.)
SPSS	Statistical Product and Service Solutions (aktuelle Bez.)
SRM	Supplier Relationship Management
SV	Shareholder Value
SW	Software
Tab.	Tabelle
TCP/IP	Transmission Control Protocol/Internet Protocol
T.d.l.Z.	Tag des letzten Zugriffs
TQM	Total Quality Management
u.	und
u.a.	unter anderem
u.a.	und andere (bei Aufzählungen)
u.g.	unten genannte
u.U.	unter Umständen
UK	United Kingdom
US	United States
USA	United States of America
USD	US-Dollar
usw.	und so weiter
V.	Variationsbreite
VAR	Value-added reseller
VCG	Value Chain Group
VCOR	Value Chain Operations Reference Model

Ver.	Version
Verf.	Verfasser
vgl.	vergleiche
VMI	Vendor Managed Inventory
Vol.	Volume
vorm.	vormals
vs.	versus
VWL	Volkswirtschftslehre
WFM	Workflow Management
WIP	Work-in-process
WiSt	Wirtschaftswissenschaftliches Studium
x	Arithmetischer Mittelwert
z.B.	zum Beispiel
ZfB	Zeitschrift für Betriebswirtschaft
zfbf	Zeitschrift für betriebswirtschaftliche Forschung
z.T.	zum Teil

Kapitel A: Ziele, Methodik, Vorgehensweise und Begriffslegung

„Using SCOR has become a way of life for the company, including getting the top executives together to make across-the-board decisions. (...) It costs nothing. All SCOR is a tool that tells you what the possible metrics are you can use to determine how your business is doing. (...) SCOR isn't magic. It's a good, simple management tool, and I don't know why everyone doesn't use it."[1]

A.1 Grundlagen und Zielsetzung der Arbeit

A.1.1 Hinführung und Forschungsziele

In den vergangenen rund zehn Jahren hat die Bedeutung von Logistikprozessen in Unternehmen stark zugenommen.[2] Während die Logistik vorher noch überwiegend eine vertikale Unternehmensfunktion dargestellt hat, ist die funktionsübergreifende, integrierte Betrachtung im Rahmen einer Lieferkette („Supply Chain")[3] immer mehr in den Vordergrund getreten. Dies reflektiert sich beispielsweise in der Schaffung einer neuen betriebswirtschaftlichen Disziplin, dem Supply Chain Management, und der zunehmenden Verankerung dieser Disziplin innerhalb von Unternehmen.[4] Im Zusammenhang damit hat beispielsweise eine wachsende Zahl an Unternehmen in jüngster Vergangenheit eine neue Position eingeführt,

---

[1] Latham / SCOR-Model 1999 / S. 91. Der Autor zitiert Gerry Perez, Senior Vice President – Technical Operations des Unternehmens Boehringer-Ingelheim, Inc., dem amerikanischen Tochterunternehmen von Boehringer-Ingelheim mit Stammsitz in Darmstadt
[2] Gemeint ist der Zeitraum von 1995 bis 2005
[3] Zur synonymen Verwendung der Begriffe „Supply Chain" und „Lieferkette" vgl. z.B. Werner / Supply Chain Management 2002 / S. 28. Teilweise findet sich hierfür auch der Begriff der Logistischen Kette oder Logistikkette. Der Unterschied liegt darin, dass sich der Schwerpunkt der Logistikkette auf die (physischen) Tätigkeiten der Logistik im engeren Sinne erstreckt. Die Lieferkette deckt daneben auch die begleitenden Geld- und Informationsflüsse ab und ist wesentlich weiter gefasst (vgl. beispielsweise Thaler / Supply Chain Management 2003/ S. 43; von Steinäcker und Kühner / Supply Chain Management 2001 / S. 45). Auf die eingeführten Begriffe und deren Bedeutung wird im Verlauf der vorliegenden Arbeit noch detaillierter eingegangen
[4] Zur Diskussion des Supply Chain Management als betriebswirtschaftliche Disziplin siehe die diesbezüglichen Ausführungen unter Abschn. A.2

den Chief Supply Chain Officer (CSCO) oder Supply Chain President, der oftmals direkt an den Chief Executive Officer (CEO) berichtet.[5]

Die vorliegende Arbeit mit dem Titel „Anwendung des SCOR-Modells zur Analyse der Supply Chain. Explorative empirische Untersuchung von Unternehmen aus Europa, Nordamerika und Asien" rückt die Lieferkette in den Mittelpunkt der Betrachtung. Die Lieferkette kann dabei zum einen mittels des physischen Materialflusses dargestellt werden. Eine weitere Möglichkeit besteht in der Abbildung der zugrunde liegenden Organisation bzw. dem Organisationssegment, wie beispielsweise dem Einkauf, Vertrieb, etc. Und schließlich ist die Darstellung anhand von Lieferkettenprozessen, wie z.b. dem Einkaufsprozess, dem Vertriebsprozess, etc. möglich. In der Folge wird primär auf Prozesse innerhalb der Lieferkette eines Unternehmens fokussiert.

Zur Strukturierung dieser Lieferkettenprozesse wird das sog. Supply Chain Operations Reference Model (SCOR-Modell) verwendet und hinsichtlich seiner Erklärungs- und Beschreibungsmöglichkeiten eingehend reflektiert. Das SCOR-Modell[6] wurde von einer unabhängigen, nicht-gewinnorientierten Vereinigung,[7] namentlich dem Supply-Chain Council (SCC), entwickelt und die entsprechende Methodik in der Verbreitung gefördert.

Das Supply-Chain Council wurde 1996 von dem Beratungsunternehmen Pittiglio Rabin Todd & McGrath (PRTM) und der Organisation Advanced Manufacturing Research (AMR) gegründet und bestand ursprünglich aus 69 freiwilligen Mitglie-

---

[5] Vgl. etwa Supply & Demand-Chain / Supply Chain Officer 2005 / o.S.; Supply & Demand-Chain / Supply Chain President 2005 / o.S. Es existiert außerdem eine eigene Internetseite und ein zugehöriges Magazin für Führungskräfte aus dem Bereich Supply Chain Management mit dem Titel „Chief Supply Chain Officer (CSCO) – Insights for the Supply Chain Executive" (vgl. CSCO / Supply Chain Executive 2005 / o.S.)

[6] „Eine Methode oder ein Verfahren benutzt man, um von einem genau definierten Ausgangszustand zu einem definierten Endzustand zu gelangen. (...) Bei einem Modell dagegen handelt es sich um ein Abbild einer definierten Ausgangsstruktur unter bestimmten Gesichtspunkten. (...) Modelle werden jeweils für ganz bestimmte Frage- oder Problemstellungen entworfen, sie werden durch die zugrunde liegende Fragestellung (also durch die Anforderungen an das Modell) entscheidend geprägt." (Kromrey / Empirische Sozialforschung 2002 / S. 204 f.)

[7] Zum Begriff der nicht-gewinnorientierten Organisation („Non-Profit Organisation, Not-for-Profit Organisation") vgl. etwa Kotler und Bliemel / Marketing-Management 1992 / S. 30 u. 42

dern.[8] Die Mitgliedschaft steht allen Unternehmen und Organisationen offen, die an der Anwendung und Weiterentwicklung moderner und qualifizierter Systeme und Praktiken zum Management der Lieferkette interessiert sind.[9]

Die Arbeit verfolgt insbesondere das Ziel, die folgenden Forschungsfragen zu beantworten:

- Wie könnte das SCOR-Modell auf Grundlage von modellimmanenten Leistungsindikatoren in ein Thesenmodell überführt und damit operationalisiert werden?
- Wie könnte die in Thesen überführte Abbildung des SCOR-Modells auf Grundlage empirischer Daten einer explorativen Überprüfung unterzogen werden?

Die Gründe dafür, auf die genannten Fragestellungen zu fokussieren, lagen vorrangig darin, dass nach Kenntnis des Verfassers bis zum heutigen Zeitpunkt (Stand: Mitte 2006) noch keine wissenschaftlich fundierten Anstrengungen unternommen worden sind, das SCOR-Modell in Thesenform zu überführen und mittels dieser Operationalisierung einer Prüfung zu unterziehen.[10] Die Modellstruktur wird prinzipiell als angemessen und richtig angenommen und es werden darauf aufsetzende Anwendungen und Untersuchungen durchgeführt.[11] Der bislang nicht in ausreichendem Maße stattgefundenen „wissenschaftlichen Durchdringung" des Modells steht andererseits eine in den vergangenen Jahren stark zugenommene Verbreitung und Bedeutung der praktischen Modellanwendung entgegen. Dieses Spannungsfeld hat einen maßgeblichen Anstoß für die in der vorliegenden Arbeit gewählte Zielsetzung dargestellt.

---

[8] Die eingeführten Begriffe bzw. Organisationen (SCOR-Modell, SCC, usw.) werden zu einem späteren Zeitpunkt noch detaillierter erläutert
[9] Vgl. beispielsweise Bolstorff und Rosenbaum / Supply Chain Excellence 2003 / S. 1 f.
[10] Es existieren zwar durchaus wissenschaftlich fundierte Studien, bei denen das SCOR-Modell im Mittelpunkt steht (vgl. dazu etwa Huan et al. / Supply chain operations reference (SCOR) model 2004 / S. 23 ff.; Lambert und Pohlen / Supply Chain Metrics 2001 / S. 1 ff.; Lockamy und McCormack / SCOR planning practices 2004 / S. 1192 ff.; Gardner und Cooper M. / Strategic Supply Chain Mapping Approaches 2003 / S. 37 ff.). Jedoch wird in diesen die Modellstruktur bereits als gegeben angenommen und darauf aufgebaut
[11] Zur praktischen Anwendungen des SCOR-Modells siehe Kap. B, Abschn. B.4, zum Einsatz im Rahmen wissenschaftlicher Untersuchungen siehe Kap. F, Abschn. F.2

Dabei kann und will die Arbeit keinesfalls den Anspruch erheben, eine allgemeingültige Überprüfung des SCOR-Modells zu leisten. Vielmehr wird nicht etwa die Überprüfung des SCOR-Modells per se, sondern einer erarbeiteten Abbildung bzw. Operationalisierung des Modells angestrebt, um dadurch einen explorativen Forschungsbeitrag zu leisten.

Es geht mithin nicht primär um die Untersuchung und abschließende Bestätigung bzw. Falsifizierung von Thesen, sondern um einen explorativen Ansatz zur Gewinnung erster – und zwangsläufig vorläufiger – Ergebnisse. Im Vordergrund steht somit ein schrittweiser Erkenntniszugewinn, der unbedingt auch nach Abschluss der Arbeit durch weitere, darauf aufbauende, fokussierte Untersuchungen weitergeführt werden muss.[12]

Mittels der Beantwortung der o.g. Forschungsfragen soll auch versucht werden, Verbesserungspotenziale und Empfehlungshinweise abzuleiten. Dabei ist wiederum der explorative Charakter der Arbeit und die zuvor genannte Einschränkung zu berücksichtigen: Die gewonnenen Erkenntnisse beziehen sich in erster Linie auf die entwickelte Abbildung des SCOR-Modells, wobei bereits hierbei Faktoren wie ein möglicher „Mis-Match" zwischen theoretischem Modell und empirischer Realität oder die Qualität der verwendeten Daten zum Tragen kommen können.[13]

Bei Rückschlüssen auf das eigentliche SCOR-Modell ist darüber hinaus noch zu berücksichtigen, dass zwangsläufig nur in bedingtem Umfang von der entwickelten Abbildung auf das eigentliche Modell zurückgeschlossen werden kann.[14]

---

[12] Zur Diskussion eines explorativen Ansatzes zur Annäherung an ein Forschungsgebiet vgl. beispielsweise Wollnik / Explorative Verwendung systematischen Erfahrungswissens 1977. Zu einem diesbezüglichen Anwendungsbeispiel vgl. etwa Schäfer S. / Einführung von E-Business Systemen 2002
[13] Hierauf wird in Kap. D, Abschn. D.1 näher eingegangen
[14] Die Problematik wird in Kap. E, Abschn. E.1 eingehender thematisiert

A.1.2 Methodischer Ansatz der Arbeit

Der Kern der vorliegenden Arbeit besteht aus der explorativen Untersuchung[15] des SCOR-Modells zur Analyse der Lieferkette von Unternehmen. Zu dem Zweck werden in der Beratungspraxis erhobene empirische Ergebnisse herangezogen, die durch den Einsatz von quantitativen Fragebögen gewonnen worden sind. Um die Anonymität der Kunden zu wahren, wurden die Ergebnisse der empirischen Studie auf neutralisierter Basis, d.h. ohne Nennung der Namen der jeweiligen Unternehmen, ausgewertet und aufbereitet. Selbstverständlich werden aber die relevanten Charakteristika dieser Unternehmen, wie z.B. Hinweise zu deren Branchenausrichtung, dargestellt.

Die explorative Untersuchung des SCOR-Modells basiert neben der Analyse der in dem Kontext publizierten wissenschaftlichen und anwendungsbezogenen Beiträge auf den praktischen Erfahrungen des Verfassers in seiner langjährigen Tätigkeit als Unternehmensberater mit Schwerpunkt im Bereich des Supply Chain Management im Allgemeinen und des SCOR-Modells im Speziellen. Die Zielstellung der Untersuchung des SCOR-Modells beinhaltet eine Gegenüberstellung der im Verlauf der Arbeit entwickelten Arbeitsthesen und der im Rahmen einer empirischen Untersuchung gewonnenen Erkenntnisresultate.

Eine Bewertung mit Vorschlägen zur Verbesserung der Modellannahmen soll dabei zunächst noch nicht erfolgen, sondern auf den Schluss der Arbeit verlegt werden. Es geht im ersten Schritt vielmehr darum, anhand wissenschaftlich-statistischer Methoden die Stimmigkeit der entwickelten und zu untersuchenden Abbildung des Modells bzw. hieraus abzuleitender Arbeitsthesen zu überprüfen.

Die im Rahmen der empirischen Studie gewonnenen Erkenntnisse sollen u.a. dazu herangezogen werden, Empfehlungen zur Verbesserung des SCOR-Modells zur Analyse der Supply Chain abzuleiten. Den Abschluss bildet die Darstellung moderner Konzepte und Werkzeuge zur Gestaltung der Lieferkette sowie Vor-

---

[15] Zum Begriff der Exploration siehe die Ausführungen zu Beginn von Kap. C

schläge zur weitergehenden Forschung auf den Gebieten Supply Chain Management und SCOR.

Die im Rahmen der Arbeit entwickelten und zu überprüfenden Arbeitsthesen beziehen sich auf die Zusammenhänge von in der Regel intervallskalierten Modellparametern des SCOR-Modells.[16] Die Überprüfung der in den Hypothesen vertretenen Zusammenhänge wird sowohl korrelationsanalytisch als auch mittels zusätzlicher deskriptiv-statistischer Erläuterungen vorgenommen. Dabei soll – auch bei insgesamt zu bestätigenden Arbeitsthesen – besonderes Augenmerk jenen Unternehmen gelten, die von einer gegebenen Grundtendenz abweichen, um für solche Abweichungsfälle mögliche Erklärungsversuche herleiten zu können.[17]

Der Befundteil wird gemäß der vorliegenden Thesen, die – wie bereits oben umrissen – im Vorfeld theoretisch abzuleiten waren, klar und übersichtlich gegliedert. Im Befundteil wird primär das Datenmaterial bzw. die Verknüpfung der einzelnen Variablen (gemäß der entwickelten Thesen) auf empirischer Basis überprüft. Der forschungslogische Ablauf der empirischen Untersuchung orientiert sich am Entdeckungs-, Begründungs- und Verwertungszusammenhang nach Friedrichs.[18]

Interpretationen – es sei denn hinsichtlich der statistischen Haltbarkeit der Hypothesen – oder Wertungen bezüglich konkreter Handlungsempfehlungen sollen für den Befundteil keine Rolle spielen. Die entsprechenden Schlussfolgerungen sind vielmehr im weiteren Verlauf der Arbeit zu ziehen.

---

[16] Die Thematik wird in Kap. C, Abs. C.1.1 detailliert behandelt
[17] Es handelt sich hier nur um grundsätzliche Hinweise zur methodischen Anlage der Arbeit. Detaillierte Erläuterungen zu den verwendeten Verfahren, Prüfprozeduren und statistischen Kennwerten finden sich im Zusammenhang mit der Befunddarlegung (siehe die Ausführungen unter Kap. C, Abschn. C.4)
[18] Vgl. Friedrichs / Methoden empirischer Sozialforschung 1990 / S. 50 ff.

Kapitel A: Ziele, Methodik, Vorgehensweise und Begriffslegung 7

Das nachfolgende Schaubild stellt den methodischen Ansatz respektive den forschungslogischen Ablauf der Arbeit in bildlicher Form dar.

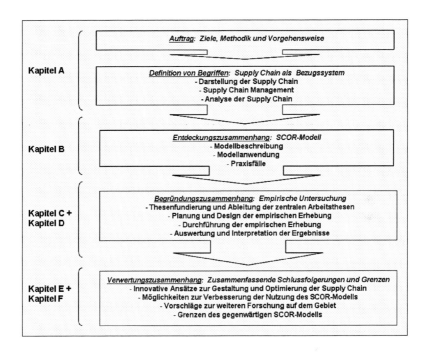

Abb. A-1: Forschungslogischer Ablauf der Arbeit[19]

---

[19] In Anlehnung an Friedrichs / Methoden empirischer Sozialforschung 1990 / S. 51

A.2 Einordnung der Thematik in die wissenschaftliche und empirische Diskussion

Die Art und Weise, wie Unternehmen planen, einkaufen, produzieren und ihre Produkte vertreiben, hat maßgeblichen Einfluss auf ihre Position im Markt. Im heutigen Geschäftsumfeld bilden Transparenz, Effizienz und Schnelligkeit die Schlüsselfaktoren für den Erfolg. Eine effiziente Steuerung der Abläufe und Prozesse soll Unternehmen in die Lage versetzen, sich Vorteile zu verschaffen, die alle Funktionsbereiche betreffen, von der Nutzung ertragswirksamer Potenziale in der Beschaffung über die Reduzierung und Verlagerung von Beständen bis hin zur Steigerung der Kundenbindung durch einen besseren Lieferservice.

Die kontinuierliche Globalisierung der Beschaffungs- und Absatzmärkte sowie die weltweite Verteilung von Produktionsstandorten verlangen es, sowohl die Wertschöpfungsprozesse[20] und Logistiknetzwerke im Unternehmen ganzheitlich zu planen und zu optimieren, als auch das Kundenmanagement zu entwickeln und zu integrieren. Für die Verantwortlichen in den Unternehmen stellt dies eine große Herausforderung dar, da sie einerseits operative Verbesserungen umsetzen, gleichzeitig aber auch Kosten minimieren müssen, ohne dabei den Kundenservice in Mitleidenschaft zu ziehen. Da es sich hierbei offensichtlich um konfliktionäre Ziele handelt, muss die Vorgehensweise buchstäblich ausgewogen sein und alle relevanten Aspekte in die Überlegungen einbeziehen.[21]

Das Resultat ist, dass viele Unternehmen vor der Herausforderung stehen, ihren Material- und Informationsfluss durchgängig und effizient zu planen und zu steuern – angefangen bei der Beschaffung über die Produktion bis hin zum Absatz. Absatzpläne sind jedoch häufig gekennzeichnet durch eine unzureichende Prognosegenauigkeit und fehlende Überprüfung auf Durchführbarkeit, so dass Unternehmen verstärkt zur Bildung von Überbeständen und kostenintensiven

---

[20] Die Wertschöpfung, die aus dem Leistungsprozess im Unternehmen resultiert, wird rechnerisch ermittelt als Umsatz minus Vorleistungen (vgl. etwa Böcker und Dichtl / Marketing 1991 / S. 169)
[21] Vgl. BearingPoint / Wertschöpfungskette 2003 / S.1

Kapitel A: Ziele, Methodik, Vorgehensweise und Begriffslegung 9

Engpass-Steuerung gezwungen sind.[22] Produktion und Beschaffung können auf Nachfrageschwankungen oftmals nicht flexibel genug reagieren. Daraus resultiert in zunehmendem Ausmaß eine schlechte Liefertreue und es müssen häufig kostenintensive Überkapazitäten aufgebaut werden. Entscheidend für den Erfolg der in eine Lieferkette involvierten Unternehmen ist die Erkenntnis, dass nun quasi das „schwächste Glied in der Versorgungskette" den Markterfolg bestimmt. Damit gilt das ursprünglich innerbetrieblich ausgerichtete „Ausgleichsgesetz der Planung" von Gutenberg[23] nunmehr für die gesamte Lieferkette und erfordert daher eine verstärkte Zusammenarbeit der beteiligten Unternehmen, um den Engpass der Lieferkette auf ein höheres Niveau zu verschieben.

Als Konsequenz sehen sich die Unternehmen mit den folgenden Fragestellungen konfrontiert:[24]

- Durch welche Maßnahmen kann unter Betrachtung der Termine, Kosten und Servicelevel[25] ein dauerhaftes Gleichgewicht zwischen der Angebotsseite (Bestände, Produktions- und Transportkapazitäten, usw.) und der Bedarfsseite geschaffen werden?
- Auf welche Art und zu welchem Zeitpunkt muss die Angebotsseite aus- bzw. abgebaut werden?

Führende Unternehmen befassen sich proaktiv mit diesen Fragen und binden ihre Partner stärker in die Planung mit ein. Das Ziel ist dabei, die Durchgängigkeit und

---

[22] Zum Begriff des Engpasses („bottleneck") und der Engpass-Steuerung vgl. etwa Goldrath und Cox / Process of Ongoing Improvement 1992 / S. 138 ff.; Heinrich und Betts / Adaptive Business Network 2003 / S. 14

[23] Gemäß dem von Gutenberg formulierten „Ausgleichsgesetz der Planung" erfordert ein koordinierter Ablauf des Betriebsgeschehens die kontinuierliche wechselseitige Abstimmung von Absatzmöglichkeiten, Herstellungskapazitäten Beschaffungsgegebenheiten, etc. Daraus resultieren im Zeitablauf wechselnde Bereiche, die als „Engpass-Sektor" die anderen betrieblichen Teilbereiche aufgrund der Verflechtungen in deren voller quantitativen und/oder qualitativen Entfaltung hindern. Für die Planung ergibt sich daraus, dass Teilpläne durch entsprechende Abstimmungsmaßnahmen auf diesen „Minimumsektor" ausgerichtet werden müssen (vgl. hierzu beispielsweise Gutenberg / Betriebswirtschaftslehre 1979 / S. 164; Schierenbeck / Grundzüge der Betriebswirtschaftslehre 2003 / S. 129)

[24] Vgl. z.B. Thaler / Supply Chain Management 2003 / S. 19

[25] Der Begriff des Servicelevel kann wie folgt definiert werden: „The probability of being able to satisfy any order during the normal order cycle from stock on hand." (Stephenson / Service Level 2004 / o.S.)

Transparenz der gesamten Betriebsprozesse stetig zu erhöhen und gleichzeitig Engpässe und Terminverschiebungen rechtzeitig erkennen und beheben zu können. Die zentrale Herausforderung dabei besteht darin, die Daten der Partner (Lieferanten, Logistikdienstleister, Verkaufsniederlassungen, etc.) kostengünstig und flexibel in die eigene Absatz-, Beschaffungs-, Produktions-, Distributions- und Transportplanung einzubinden und einheitliche, konsensbasierte Pläne zu erstellen.[26]

Diese Themen und Erfordernisse werden derzeit intensiv sowohl in der Wissenschaft als auch in der Unternehmenspraxis diskutiert. Eine damit verbundene Frage ist, ob das Supply Chain Management (SCM) eine Modeerscheinung ist oder sich zu einem anerkannten betriebswirtschaftlichen Konzept entwickelt (hat), welches seine eigene Existenzberechtigung besitzt.[27] Die vorliegende Arbeit hat nicht zum Thema, diese Frage zu beantworten – zumindest nicht explizit. Dazu existiert bereits eine Reihe von wissenschaftlichen Beiträgen.[28] In erster Linie wird vielmehr der Versuch unternommen, einen empirischen Beitrag zur Beantwortung der Frage zu leisten, wie Lieferketten von Unternehmen analysiert und in einem weitergehenden Schritt auf Grundlage der Ergebnisse optimiert werden können. Da jedoch die Lieferkette („Supply Chain") und die Steuerung derselben im Zentrum der Betrachtung steht, wird die Arbeit einen impliziten Beitrag zur Beantwortung der o.g. Frage leisten.

---

[26] Vgl. Kuhn und Hellingrath / Wertschöpfungskette 2002 / S. 45 f.
[27] Eine Reihe von Aufsätzen hat sich in der Vergangenheit mit der grundsätzlichen Fragestellung befasst, ob das Supply Chain Management eine Disziplin im betriebswirtschaftlichen Sinne darstellt oder vielmehr eine Art Modeerscheinung von begrenzter Dauer ist (vgl. hierzu etwa Müller et al. / Supply Chain Management 2003 / S. 429; Kieser / Moden & Mythen des Organisierens 1996 / S. 21 ff.; Eßig / Supply Chain Management 1999 / S. 106 f.; Otto und Kotzrab / Beitrag des Supply Chain Management 2001 / S. 157 ff.)
[28] In der wissenschaftlichen Literatur setzt sich zunehmend die Erkenntnis durch, dass es sich tatsächlich um eine ernstzunehmende Disziplin der Betriebswirtschaftslehre handelt. So kommt etwa Ayers zu dem Schluss: „SCM is a discipline worthy of a distinct identity. This identity puts it on a level with other disciplines such as finance, operations, and marketing" (Ayers / Primer on Supply Chain Management 2002 / S. 8). Zu weiteren Aufsätzen, die einen ähnlichen Standpunkt vertreten, vgl. beispielsweise Bechtel und Mulumudi / Supply Chain Management 1996 / S. 1 ff.; Göpfert / Logistik als betriebswirtschaftliche Teildisziplin 1999 / S. 19 ff.; Cooper M. et al. / Supply Chain Management 1997 / S. 1 ff.; von Steinäcker und Kühner / Supply Chain Management 2001 / S. 39 ff.

A.3 Darstellung der Supply Chain als Bezugssystem des Unternehmens

Um die Lieferkette („Supply Chain")[29] im weiteren Verlauf der Arbeit näher betrachten zu können, soll zunächst versucht werden, eine Definition des Begriffs festzulegen. In der Literatur findet sich hierzu eine Vielzahl von Definitionen, von denen einige nachfolgend exemplarisch aufgeführt werden. Da der Begriff schwerpunktmäßig in den USA entwickelt und von dort aus verbreitet worden ist, wurde die Begriffsprägung stark durch Autoren aus dem angelsächsischen Sprachraum beeinflusst.

Das Verständnis der Lieferkette ist von zunehmender Bedeutung für diejenigen, die in Maßnahmen zur Durchführung von Verfahrens- und Systemverbesserungen der Lieferkette involviert sind. Die Definition einer Lieferkette kann weit- oder enggefaßt ausfallen, abhängig von der Perspektive desjenigen, der die Definition vornimmt. Die Tendenz geht momentan eher dahin, die Definition weiter zu fassen. So wurde beispielsweise im Rahmen einer Konferenz, die im Jahre 2002 vom Council of Logistics Management (CLM)[30] durchgeführt wurde, der Fokusbereich erweitert und in die vom CLM vertretene Definition aufgenommen. Danach kann die Lieferkette beschrieben werden als die Gesamtheit aller Aktivitäten, Verfahren, etc., die auf ein Produkt vom Anfang bis zum Ende angewendet werden.[31]

---

[29] In der Folge werden die Begriffe „Lieferkette" und „Supply Chain" bzw. die zugehörigen Abkürzungen „LK" und „SC" synonym verwendet

[30] Hintergrundinformation: „The Council of Logistics Management (CLM) was originally founded as the National Council of Physical Distribution Management (NCPDM) in America's St. Louis, in January, 1963. The NCPDM was formed by a visionary group of educators, consultants, and managers who envisioned the integration of transportation, warehousing, and inventory as the future of the discipline. At that time, physical distribution was just beginning to edge its way into the corporate lexicon and make its considerable presence felt in the business community. These early founders believed that high-level executives within their own companies needed to be made aware of the critical role that physical distribution could and should play in improving marketing efficiency and profits. They determined that there was an urgent need for an organization that would facilitate continuing education and the interchange of ideas in this rapidly growing profession that came to be known as logistics management." (CLM / About CLM 2004 / o.S.)

[31] Der Originaltext lautet: „The supply chain is as all that happens to a product from dirt to dust." (CLM / Supply Chain Management 2004 / o.S.)

In diesem Sinne beginnt eine Lieferkette beispielsweise mit dem Abbau von Bergbauerzen und dem Anpflanzen von Saaten, also dem Extrahieren von Rohstoff aus der Erde. Die Kette zieht sich weiter durch eine Vielzahl von Umwandlungs- und Verteilungsprozessen, die das Produkt zum Endverbraucher liefern. Sie endet mit der abschließenden Beseitigung des Produktes und seiner Rückstände. Nach diesem Verständnis stellt die Lieferkette jedoch mehr als die physische Bewegung der Güter dar. Ihr gehören auch Informationen, Geldbewegungen und die Schöpfung und Dislokation des Kapitals Wissen an. Daraus lässt sich zusammenfassend ableiten, dass die Lieferkette alle Verfahren entlang des Produktlebenszyklus[32] umfasst, die physikalische, informatorische, finanzielle und wissensbasierte Abläufe zum Bewegen von Produkten und Dienstleistungen (von Lieferanten hin zu Endbenutzern) einschließen.[33]

Unter Einbeziehung der Prozessseite ergibt sich daraus, dass sich eine Lieferkette aus allen Firmen zusammensetzt, die in das Design, die Produktion und die Lieferung eines Produkts an den Markt eingebunden sind.[34]

A.3.1 Definition der Supply Chain

Die Definitionen, die in der wissenschaftlichen und anwendungsorientierten Literatur aufzufinden sind, beinhalten die gesamte Spannweite an Perspektiven – von einer sehr engen bis hin zu einer sehr weit gefassten Begriffsabgrenzung. Obwohl sich das Spektrum der Lieferkette in den vergangenen Jahren deutlich erweitert hat, finden sich auch heute noch enger gefasste bzw. schwerpunktbezogene Definitionen. Nachfolgend soll ein Überblick über die verschiedenen Definitionsansät-

---

[32] Der Produktlebenszyklus („product life cycle") beinhaltet die wesentlichen Stufen von der Produktentstehung über die Produktion bis hin zur Wiederverwertung. Über den Lebenszyklus hinweg sind ständig Änderungen und Verbesserungen durchzuführen, die einen dauerhaften Erfolg am Markt erst möglich machen (vgl. z.B. Wöhe / Allgemeine Betriebswirtschaftslehre 1984 / S. 626 ff.)

[33] Vgl. Ayers / Primer on Supply Chain Management 2002 / S. 5 f.; Lambert und Pohlen / Supply Chain Metrics 2001 / S. 1 ff.

[34] Vgl. Hugos / Supply Chain Management 2003 / S. 40; Christopher / Logistics and Supply Chain Management 1998 / S. 4

ze der Lieferkette gegeben werden. Deren Verständnis ist die Voraussetzung dafür, die Ansätze zum Management der Lieferkette zu verstehen.

Zunächst kann danach unterschieden werden, von welcher Seite aus die Lieferkette betrachtet wird, d.h. von der Kunden- oder Lieferantenseite. Im lieferantenzentrierten Ansatz stellt die Lieferkette ein Netzwerk von Lieferanten dar, das Güter herstellt. Diese Güter werden sowohl gegenseitig, als auch mit weiteren Parteien ausgetauscht. Die Güter kommen vom ursprünglichen Lieferanten und erreichen schlussendlich den Zielkunden. Dazwischen durchlaufen sie oftmals Zwischenhändler und weiterverarbeitende Betriebe.[35]

Im Gegensatz dazu der kundenzentrierte Ansatz, der davon ausgeht, dass eine Lieferkette aus allen Stufen besteht, die erforderlich und (direkt oder indirekt) involviert sind, um eine Kundenanfrage zu erfüllen. Der Fokus liegt in dem Fall speziell auf den Transportunternehmen, Lagerhäusern, Händlern und den eigentlichen Kunden.[36] Die Verbindung der beiden Ansätze führt zu einer übergeordneten Definition, wonach die Lieferkette als die Abstimmung von Firmen gesehen wird, um den Markt mit Produkten und Dienstleistungen zu versorgen.[37]

Diese übergreifende Sichtweise kann weiterhin auf eine globale Ebene gehoben und in den Kontext eines globalen Verbunds von Organisationen gesetzt werden. Eine Lieferkette stellt in dem Sinne ein globales Netzwerk von Organisationen dar, die zusammenarbeiten, um den Material- und Informationsfluss zwischen Lieferanten und Kunden zu verbessern. Das operative Ziel sind niedrigste Kosten und größtmögliche Geschwindigkeit. Das ultimative Ziel ist die Befriedigung der Kundenbedürfnisse. Der Informationsfluss läuft quasi vorwärtsgerichtet (d.h. von Kunden zu Lieferanten), der Materialfluss dagegen rückwärtsgerichtet (d.h. von Lieferanten zu Kunden).

---

[35] Vgl. etwa Daganzo / Theory of Supply Chains 2003 / S. 1; Banfield / Value in the Supply Chain 1999 / S. 3 ff.
[36] Vgl. Chopra und Meindl / Supply Chain Management 2001 / S. 1
[37] Vgl. Lambert et al. / Logistics Management 1998 / S. 14. Aitken definiert die Lieferkette in diesem Sinne wie folgt: „A network of connected and interdependent organizations mutually and co-operatively working together to control, manage and improve the flow of material and information from supplier to end user." (Aitken / Supply Chain Integration 1998 / S. 19)

Ferner fließen Informationen von Kunden zu Händlern, Fertigungsunternehmen, Logistikdienstleistern und Rohmaterialanbietern. Material fließt von Rohmaterial- oder Komponentenlieferanten zu Kunden. Sowohl für Material- als auch Informationsflüsse gilt, dass der Prozess unter den Lieferkettenpartnern koordiniert sein sollte. Dies impliziert, dass eine Koordination vorwärts- und rückwärtsgerichtet erforderlich ist.[38]

Der Ansatz kann weiterhin nach dem Angebots- und Nachfrageaspekt unterschieden werden. Eine Lieferkette hat dann den Zweck, Produkte und Dienstleistungen von den Lieferanten hin zu den Verbrauchern (z.B. Organisationen, Geschäfte, Einzelpersonen) zu transferieren. Die Tätigkeiten innerhalb der Lieferkette ändern sich abhängig vom Produkt und der Art der Nachfrage. Jedoch lassen sich eine Reihe von allgemeingültigen wertschöpfenden Tätigkeiten identifizieren:[39]

- Produzieren („make"):
  Herstellen von Materialien oder Bauteilen, usw.
- Kombinieren („combine"):
  Zusammenbauen, Verpacken, usw.
- Bewegen („move"):
  Verteilen, Sammeln, usw.
- Lagern („store"):
  Einlagern, Handeln, usw.
- Anpassen („customize"):
  Installation, Konfiguration, usw.

Die nachfrageseitige Lieferkette, die auch als Nachfragekette („demand chain") bezeichnet werden kann, fokussiert auf die Marktnachfrage gegenüber Lieferanten.

---

[38] Vgl. Govil und Proth / Supply Chain Design 2002/ S. 7 f.; Poirier / Advanced Supply Chain Management 1999 / S. 197 f.
[39] Vgl. etwa Kuhn et al. / Supply Chain Management 1998 / S. 7 ff.

Kapitel A: Ziele, Methodik, Vorgehensweise und Begriffslegung 15

Durch die explizite Berücksichtigung des Bedarfs („demand") wird deutlich gemacht, dass eine diesbezügliche Lieferkette vom Kunden getrieben wird.[40] Dafür wird teilweise auch der Begriff der Steuerung mittels Nachfragesog („pull concept") verwendet.[41]

Genauso, wie ein Lieferant eine Vielzahl verschiedener Lieferketten haben kann, die er steuern muss, hat der Kunde eines Lieferanten eigene, abgegrenzte Nachfrageketten, die einzeln analysiert werden können. Die Nachfragekette übersetzt ein Kundenziel in Informationen, die der Lieferant als Handlungsanweisung benutzen kann. Sie wird in diesem Sinne durch einen Entscheidungsprozess determiniert. Die vier allgemeingültigen Schritte, durch die der Entscheidungsprozess gekennzeichnet ist, beginnen mit dem Definieren des Zwecks („define purpose"). Im zweiten Schritt erfolgt das Planen („plan"), z.B. in Gestalt eines Kategorienplans. Der dritte Schritt umfasst das Steuern von Verbrauch und Anforderungen („manage consumption and requirements"), z.B. innerhalb der Bestandsverwaltung. Und im Mittelpunkt des letzten Schritts stehen die Einkaufstransaktionen („purchase transactions"), z.B. der Abrufauftrag zu einem Rahmenvertrag.[42]

---

[40] Vgl. Jansen und Reising / E-Demand Chain Management 2001 / S. 197 ff.; Marbacher / Demand and Supply Chain Management 2001. Christopher vertritt einen ähnlichen Ansatz mit der Begründung, dass die heutigen Lieferketten maßgeblich vom Markt getrieben werden (vgl. Christopher / Logistics and Supply Chain Management 1998 / S. 18)

[41] In der Vergangenheit war der sog. Angebotsdruck-Ansatz („push concept") noch am stärksten verbreitet. Mit diesem Ansatz werden in den verschiedenen Stufen der Lieferkette Halbfertig- und Fertigprodukte hergestellt und eingelagert, bis sie auf Grundlage von Kundenbestellungen an die nächste Stufe in der Lieferkette verkauft und geliefert werden können. Daraus resultieren häufig lange Lieferzeiten und hohe Lagerbestände. Dagegen ist der Nachfragesog-Ansatz („pull concept") dadurch gekennzeichnet, dass der Kunde entscheidet, ein bestimmtes Produkt zu kaufen, wobei er seine genauen Anforderungen hinsichtlich Produkt und Lieferzeit angibt. Darauf aufbauend wird die benötigte Ressourcenmenge beschafft. Der Produktions- und Distributionsprozess soll dann zu einer genau den Kundenwünschen entsprechenden Lieferung (Qualität, Zeit, etc.) führen. Um den Ansatz realisieren zu können, müssen Angebot und Nachfrage synchronisiert werden. Diese Synchronisierung stellt eine der Aufgaben und eines der Ziele des Supply Chain Management (SCM) dar, wie im weiteren Verlauf der Arbeit noch ausführlich dargestellt wird (vgl. Landvoigt und Nieland / Supply-Chain-Management-Funktionen 2003 / S. 4 f.; Poirier / E-Supply Chain 2000 / S. 26)

[42] Vgl. Hoover / Demand-Supply Chain 2001 / S. 70 ff.

Ein anderer Ansatz ist die organisationsbezogene Betrachtung der Lieferkette. Danach stellt die Lieferkette ein Aneinanderreihung von Prozessen innerhalb eines Unternehmens sowie mit anderen Unternehmen (inter- und intra-Unternehmensprozesse) dar, die Güter und Dienstleistungen für Kunden produzieren und an diese liefern. Sie umfasst Tätigkeiten wie z.B. die Materialbeschaffung, Produktionsplanung und die Distribution. Die Tätigkeiten werden von den erforderlichen Informationsflüssen unterstützt. Einkauf, Fertigung, Lagerverwaltung, Lagerhaltung und Transport werden üblicherweise als Teil der Lieferketten (LK)-Organisation angesehen. Marketing, Vertrieb, Finanzbereich und die strategische Planung hingegen werden nicht als Teil der LK-Organisation angesehen. Produktentwicklung, Absatzplanung, Auftragserfassung, Kundendienst und die Betriebsbuchhaltung sind nicht eindeutig zugeordnet. Zwar gehören sie eindeutig den LK-Prozessen an, sind aber nur selten Teil der LK-Organisation.[43]

Die Kombination der prozess- und organisationsseitigen Sichtweise kann wie folgt zusammengefasst werden:

> „The supply chain includes the organizations and processes for the acquisition, storage, and sale of raw materials, intermediate products, and finished products. Supply chain product flow is linked by physical, monetary, and information flows."[44]

Bislang ist von einer eindimensionalen Sichtweise auf die Lieferkette ausgegangen worden. Eine weitergehende Unterscheidung kann anhand einer Schichtung in verschiedenen Ebenen erfolgen. Demnach ist eine Lieferkette eine Aneinanderreihung von Lieferanten und Kunden, die an einem Ende mit einem Rohmaterial beginnt und am anderen Ende ein fertiges Produkt an den Endkunden liefert. Die Lieferkette kann in mehrere Ebenen zerlegt werden.

---

[43] Vgl. Bovet und Martha / Value Nets 2000 / S. 17. Zum Prozessbegriff im Kontext der Lieferkette vgl. auch Schönsleben / Integral Logistics Management 2000 / S. 22; Thaler / Supply Chain Management 2003 / S. 17
[44] Stephens et al. / Reengineering the Supply Chain 2000 / S. 360

Eine einstufige Lieferkette bildet lediglich die direkten Kunden und Lieferanten ab, wohingegen eine mehrstufige Lieferkette bis hin zu den Rohmateriallieferanten auf der einen und der Beseitigung abgenutzter Endprodukte auf der anderen Seite reichen kann. Mit zunehmenden Ebenen nimmt die Komplexität überproportional zu. Die meisten Unternehmen verfügen daher weder über die Mittel noch die Ressourcen, das gesamte LK-Netzwerk zu überwachen und beschränken sich deshalb auf eine oder zwei Ebenen.

Neben den Ebenen müssen auch die durch die Lieferketten fließenden Komponenten berücksichtigt und abgebildet werden: Güter und Dienstleistungen in die eine, Zahlungen in die andere, und Informationen in beide Richtungen.[45] Die dabei vertretene Auffassung eines bi-direktionalen Informationsflusses repräsentiert die Realität weit besser, als der oben beschriebene uni-direktionale Fluss von Informationen. Aktuelle Konzepte, wie beispielsweise das Collaborative Planning, Forecasting and Replenishment (CPFR), bauen auf einem Informationsfluss in beide Richtungen auf.[46]

Ein weiteres Kriterium, das in die Beschreibung der Lieferkette aufgenommen werden kann, ist der Entscheidungsaspekt. Innerhalb einer Lieferkette, die eine große Zahl von LK-Partnern aufweist, müssen eine Vielzahl von Entscheidungen getroffen werden. Diese Entscheidungen betreffen beispielsweise Investitionen, Strategien zur Koordination und Kooperation mit Partnern, Kundenservice, Gewinnmaximierungsstrategien, etc. Einige dieser Entscheidungen haben weit reichende Einflüsse auf die Lieferkette und sind komplexer Natur, da mit zunehmender Marktdynamik ein immer höheres Maß an Unsicherheit über die Auswirkungen besteht und eine Vielzahl von Variablen berücksichtigt werden müssen.

---

[45] Vgl. Premkumar / Interorganizational Systems 2002 / S. 368 f.
[46] Das Konzept des Collaborative Planning, Forecasting and Replenishment (CPFR) ermöglicht den Käufern und Verkäufern eine unternehmensübergreifende Zusammenarbeit für Bedarfs- und Absatzprognosen sowie eine regelmäßige Aktualisierung von Plänen, die auf einem dynamischen Austausch von Informationen basiert und optimale Lagerbestände der Kunden und reduzierten Bestand beim Lieferanten zum Ziel hat (vgl. z.B. Schneider und Grünewald / Supply Chain Management-Lösungen 2001 / S. 198; Handfield und Nichols / Supply Chain Redesign 2002 / S. 298 f.)

Die daraus resultierende Lieferkette kann als eine marktgetriebene Lieferkette bezeichnet werden.[47]

Die Einbeziehung der betrieblichen Funktionsbereiche und der damit verbundenen Haupttätigkeiten führt zu einer funktionalen Beschreibung der Lieferkette. Die folgenden fünf Haupttätigkeiten lassen sich innerhalb einer Lieferkette im Hinblick auf die betrieblichen Funktionsbereiche identifizieren: [48]

- Die Kauftätigkeit („buy activity") schließt die Aufgaben ein, Rohstoffe, Bauteile, Ressourcen und Dienste zu kaufen.

- Die Herstellungstätigkeit („make activity") betrifft die Schaffung von Produkten oder Diensten ebenso wie die erforderliche Sicherstellung von Wartung und Reparatur der Ressourcen sowie die Ausbildung von Mitarbeitern – in Summe also die Durchführung aller Aufgaben, die zur Produktion notwendig sind.

- Die Bewegungstätigkeit („move activity") beinhaltet die Beförderung von Materialien und Personal innerhalb und außerhalb der Lieferkette.

- Die Lagertätigkeit („store activity") betrifft die Produkte, die sich gerade in Arbeit befinden („work in process, WIP") sowie Rohstoffe, während diese auf die Beförderung oder Umgestaltung warten, und die Endprodukte, bevor diese zum Kunden geschickt werden.

- Die Verkaufstätigkeit („sell activity") bezieht alle marktorientierten Tätigkeiten ein, einschließlich Marketing und Vertrieb.

Durch Einbeziehung der funktionsbereichsbezogenen Tätigkeiten wird der Schritt von einer statischen zu einer dynamischen Betrachtungsweise der Lieferkette vollzogen. Der bereits mehrfach angesprochene Fluss von Material, Zahlungen und Information wurde bislang als linear und gekoppelt angesehen.

---

[47] Vgl. Chakravarty / Market Driven Enterprise 2001 / S. 402
[48] Vgl. Govil und Proth / Supply Chain Design 2002 / S. 17

Durch die Einführung des Internet[49] und die damit verbundene Beschleunigung der Informationsflüsse sind diese Flüsse zu einem gewissen Grad voneinander entkoppelt worden. Informationen fließen weitgehend unabhängig vom Material- und Zahlungsfluß.

Dadurch haben sich die Lieferketten im traditionellen Sinne in vernetzte Lieferketten weiterentwickelt, die die LK-Partner mit den am besten geeigneten Komponenten, Technologien und Kundenservice vernetzen. Die LK-Netzwerke sind darüber hinaus dynamischer Natur und ermöglichen es, LK-Partner nach bestimmten Kriterien, wie z.b. Technologievorteilen, Produktlebenszyklus und Kundenpräferenzen, einzubinden oder auszuschließen.[50]

Diese dynamischen Lieferketten treiben u.a. die Entwicklung neuer Geschäftsstrategien voran. Darin wird auf neue Wege zur Einbindung von Kunden, der Auslagerung von Geschäftsfunktionen, der Zusammenarbeit mit Kunden und Lieferanten[51] und der Lagerverwaltung[52] fokussiert. Dadurch werden traditionelle lineare Lieferketten umgewandelt in dynamische LK-Netzwerke.[53]

---

[49] Der Begriff des Internet steht als Synonym für einen weltweiten Verbund aus lokalen, länderspezifischen und regionalen Netzwerken. Über die Anbindung an zentrale Netzknoten („backbone") wird für private, wissenschaftliche und kommerzielle Nutzer der Eindruck eines Gesamtnetzes geschaffen. Das Internet ist dadurch ein weltumspannendes, öffentliches Netz, das über Gateway-Server mit dem sog. Transmission Control Protocol/Internet Protocol (TCP/IP) weltweit Institutionen, Unternehmen und private Nutzer verbindet (vgl. Rebstock / Elektronische Geschäftsabwicklung 2000 / S. 6 f.; Schoder / Betriebliche Informationssysteme 2004 / S. 60)

[50] Vgl. Kuglin und Rosenbaum / Supply Chain Network 2001 / S. 59 f. Zur Durchdringung der Lieferkette durch das Internet und den Implikationen vgl. z.B. Coppe und Duffy / Internet logistics 1999 / S. 521 ff.

[51] Siehe hierzu das in diesem Absatz an früherer Stelle beschriebene Konzept des Collaborative Planning, Forecasting and Replenishment (CPFR)

[52] Hierunter fällt beispielsweise das Konzept des vom Lieferanten verwalteten Lagerbestands („Vendor Managed Inventory, VMI"), das wie folgt beschrieben werden kann. „Traditional responsibilities have changed. Large retailers obtain more and more sending orders to their suppliers, i.e., the customer goods manufacturers. Instead they install consignation stores whose contents are owned by their suppliers until the goods are withdrawn by the retailer. A supplier is responsible for filling up his inventory to an extent which is convenient for both the supplier and the retailer. Such an agreement is called Vendor Managed Inventory." (Meyr et al. / Basics For Modeling 2002 / S. 65)

[53] Vgl. Gensym / e-SCOR 2001 / S. 2

Ein weiteres integrales Element einer Lieferkette stellt ihr wertschöpfender Charakter („value-add") dar.[54] Demnach ist die Lieferkette ein Netzwerk von Organisationen, die vorwärts- und rückwärtsgerichtet miteinander verknüpft sind, um innerhalb diverser Prozesse und Tätigkeiten Wert zu generieren. Dieser Wert wird durch Produkte und Dienstleistungen reflektiert, die an Endverbraucher geliefert werden.[55]

Normann und Ramirez beschreiben den Zusammenhang zwischen der Wertschöpfung und der Unternehmens- bzw. LK-Strategie folgendermaßen:

„Strategy is the art of creating value. It provides the intellectual framework, conceptual models, and governing ideas that allow a company's managers to identify opportunities for bringing value to customers and for delivering that value at a profit. In this respect, strategy is the way a company defines its business ..."[56]

Unter Berücksichtigung der Wertschöpfung können schließlich zur Operationalisierung einer Lieferkette auch Aspekte der Informationstechnologie mit einbezogen werden. Das Resultat ist ein sog. Wertnetz („Value Net"). Ein Wertnetz ist demgemäß ein Geschäftsentwurf, der digitale Lieferkettenkonzepte benutzt, um sowohl hohe Kundenzufriedenheit[57] als auch Rentabilität[58] sicherzustellen.

---

[54] Im Rahmen der Lieferkettenstrategie („Supply Chain Strategy") ist zunächst die gewünschte Wertschöpfung des Unternehmens zu klären. Dabei gilt es, Fragen zu beantworten wie z.B.: Mit welchen Produkten und Dienstleistungen tritt das Unternehmen in den Wettbewerb? Wird ein Standardprodukt in einer Ausführung für alle Kunden oder werden kundenindividuelle Serienprodukte angeboten? Welche Größenklasse wird für Stückzahl angestrebt (wenige, viele)? Wird nur ein Produkt oder werden zusätzliche Serviceleistungen, wie z.B. Lagernachfüllung beim Kunden, mit angeboten? Wieweit reicht die Fertigungstiefe? (vgl. Geimer und Becker / Supply Chain-Strategien 2001 / S. 26)

[55] Vgl. Christopher / Logistics and Supply Chain Management 1998 / S. 15; Geimer und Becker / Supply Chain-Strategien 2001 / S. 26 f. Einem ähnlichen Denkansatz folgt die sog. Wertschöpfungskette („Value Chain"), die schon von Porter definiert worden ist (vgl. Porter / Wettbewerbsvorteile 1999 / S. 59 ff.; Porter / Wettbewerbsstrategie 1995 / S. 126 ff.; Kuglin / Supply Chain Management 1998 / S. 106 f.)

[56] Normann und Ramirez / Value Chain 2000 / S. 186

[57] Dieser Terminus lässt sich folgendermaßen operationalisieren: „Customer satisfaction is the degree to which expectations of attributes, customer service, and price have been or are expected to be met" (Hilton et al. / Cost Management 2004 / o.S.)

[58] Unter der Rentabilität („profitability") wird in diesem Zusammenhang die Fähigkeit eines Unternehmens verstanden, eine angemessene Verzinsung des eingesetzten Kapitals („Return on Investment, ROI") zu erzielen (vgl. Schierenbeck / Grundzüge der Betriebswirtschaftslehre 2003 / S. 65 f. u. 635 ff.; Wild / Financial Statement Analysis and Interpretation 2004 / o.S.; Horváth / Controlling 2001 / S. 571 ff.)

Kapitel A: Ziele, Methodik, Vorgehensweise und Begriffslegung 21

Das Wertnetz fokussiert vorrangig auf die Wettbewerbsfaktoren Zeit und Flexibilität[59] und hat damit das primäre Ziel, schnell und flexibel auf Kundenanforderungen reagieren zu können.

Die besonderen Kennzeichen eines Wertnetzes lassen sich wie folgt beschreiben und machen den Unterschied gegenüber einem traditionellen Geschäftsentwurf deutlich:[60]

- Auf den Kunden ausgerichtet („customer-aligned")
- Auf Zusammenarbeit beruhend und ganzheitlich („collaborative and systemic")
- Beweglich und skalierbar („agile and scaleable")
- Schnelle Material-, Zahlungs- und Informationsflüsse („fast flow")
- Gestützt auf Informationstechnologie (IT) („digital").

Ein Wertnetz geht damit über den Begriff der Lieferkette hinaus. Es setzt die Gegebenheiten einer Lieferkette voraus und fokussiert explizit auf die Generierung von Wert für alle involvierten Parteien (Unternehmen, Kunden und Lieferanten). Es stellt zwar zum größten Teil noch ein statisches System dar. Die darin (bilateral) fließenden Informationen werden jedoch häufig bereits durch moderne IT-Systeme unterstützt.[61]

---

[59] Das sog. „Strategische Dreieck" beschreibt drei entscheidende Faktoren im Wettbewerb: Kosten, Zeit und Qualität (vgl. Thaler / Supply Chain Management 2003 / S. 12 f.). Das „Strategische Viereck" fügt als weiteren Faktor die Flexibilität dazu (vgl. Werner / Supply Chain Management 2002 / S. 10 f.). Dabei kann die Flexibilität folgendermaßen definiert werden: „Flexibility is defined as the ability of the process to handle changes in its environment and in the requirements on the process." (Seibt / Consolidation Framework 1997 / S. 22)

[60] Der Begriff der Informationstechnologie („Information Technology, IT") soll im Rahmen der vorliegenden Arbeit definiert sein als „(...) denoting the technologies used for processing, storing, and transporting information in digital form." (Carr / Information Technology 2003 / S. 12). Zum Begriff der Digitalisierung vgl. beispielsweise Negroponte / Digital 1995; Rai et al. / Supply Chain Integration Capabilities 2005 / S. 2 ff.

[61] Vgl. Bovet und Martha / Value Nets 2000 / S. 4 ff. Zum Begriff des Value Net vgl. auch Cartwright und Oliver / Value Web 2000 / S. 22; Andrews und Hahn / Value Webs 1998 / S. 7 ff.

Die bisher dargstellten Ansätze gehen von physischen Partnern als Teilnehmer in der Lieferkette aus. Durch die zunehmende Bedeutung der sog. Virtualisierung entstehen virtuelle Wertnetze („virtual value net").[62] Das lineare, physische Wertkettenmodell hat sich demgemäß verschoben. Die Umgestaltung reicht über die physischen Grenzen eines Marktplatzes hinaus und in die globale und sich schnell entwickelnde digitale Wirtschaft hinein. Mit der Einführung des Internet und der neuen Rolle der Technologie als ein Katalysator neuer Strategien, stehen Unternehmen gleichzeitig neuen strategischen Anforderungen und Leitungsproblemen gegenüber.[63] Der Echtzeit-Informationsaustausch und das interaktive Leistungsvermögen des Internet haben die Geschäftsumwelt dahingehend verändert, dass nun sowohl Kunden als auch andere Unternehmen besseren Zugriff auf alternative Produkte und Dienstleistungen haben. Neue Verteilungskanäle etablieren sich und führen zu Gelegenheiten, die Wertschöpfung zu optimieren und Interaktionen gleichzeitig transparenter werden zu lassen. Die Gewinner in diesen virtuellen Wertnetzen werden diejenigen sein, die schnelleren Zugriff auf Informationen und Ressourcen haben und gleichzeitig die passenden Wettbewerbs- und Lieferketten-Strategien daraus ableiten können.[64]

Dadurch hat sich der traditionelle, physische Verbund zu einem virtuellen Verbund entwickelt, in der es eine gestiegene Zahl an möglichen LK-Partnern gibt, die Informationen austauschen. Das virtuelle Wertnetz repräsentiert eine Aneinanderreihung von Marktpartnern, die als eine Einheit zusammenarbeiten, wobei jeder sozusagen einen Bauteil des Werts hinzufügt. Die wertstiftenden Tätigkeiten verlaufen ausgehend von der Versorgungsseite („supply side") in Gestalt der Roh-

---

[62] Eine wesentliche Entwicklung im Rahmen der Lieferkette ist der Aufbau von sog. virtuellen Netzwerken. Eine virtuelle Unternehmung bezeichnet die temporäre Verschmelzung von Kernkompetenzen (d.h. über besondere Fähigkeiten oder auch Erfolgspotentiale auf bestimmten Gebieten zu verfügen – vgl. Prahalad und Hamel / Core Competence 1990 / S. 79 ff.) der beteiligten Unternehmen. Das resultierende Gebilde tritt dem Kunden gegenüber als eine Einheit auf. Nach innen besitzt eine virtuelle Unternehmung jedoch keine juristischen und aufbauorganisatorischen Verzahnungen (vgl. Werner / Supply Chain Management 2002 / S. 12; Kaluza und Blecker / Supply Chain Management 1999 / S. 4 ff.; Schäfer S. / Einführung von E-Business Systemen 2002 / S. 1 f.; Aldrich und Sonnenschein / Value Network 2000 / S. 35 ff.)

[63] Nickles et al. beschreiben den Zusammenhang folgendermaßen: „Business strategies have traditionally driven IT development, but IT can now be used to enable new business strategies." (Nickles et al. / Managing information technology 1999 / S. 495)

[64] Vgl. BearingPoint / Supply Chain Management 2004 / S. 2 f.

Kapitel A: Ziele, Methodik, Vorgehensweise und Begriffslegung   23

stoffe, der Eingangslogistik und Produktionsverfahren, bis hin zur Nachfrageseite („demand side") in Gestalt der Ausgangslogistik, des Marketing und Vertrieb.[65]

Michael Dell, der Gründer des Unternehmens Dell,[66] bezeichnet eine virtuell integrierte Organisation („virtually integrated organization") als eine Organisation, die nicht durch physische Vermögensgegenstände, sondern durch Informationen vernetzt ist[67] – anders gesagt: durch die Informationstechnologie (IT).

Konsequent weitergedacht ist die Lieferkette mithin ein Bestandteil eines übergeordneten Electronic Business (E-Business)-Konzeptes. Dieser Zusammenhang wird durch die Definition von Seibt veranschaulicht:

„Ein Unternehmen betreibt dann Electronic Business, wenn mehrere bis alle Geschäftsprozesse
- innerhalb des Unternehmens
- zwischen ihm und seinen Geschäftspartnern
- zwischen ihm und Dritten (z.B. Behörden)

ganz oder teilweise über elektronische Kommunikationsnetze realisiert und durch den Einsatz von Informations- & Kommunikationstechnik (I&K-Technik)-Systemen unterstützt werden."[68]

Vom E-Business zu unterscheiden ist das verwandte Konzept des Electronic Commerce (E-Commerce), das allgemein die elektronische Abwicklung des Geschäftsverkehrs bezeichnet.[69] Der die Lieferkette betreffende Teil des E-Business-Konzeptes wird auch häufig als Electronic Supply Chain Management (E-SCM) bezeichnet.[70]

---

[65] Vgl. Forbath und Chin / Virtual Value Web 2000 / S. 3 f.; Rayport und Sviokla / Virtual Value Chain 1995 / S. 75 ff.
[66] Für Hintergrundinformationen zum Unternehmen Dell siehe Kap. C, Abs. C.1.2.2
[67] Vgl. Dell und Fredmann / Direct from Dell 1999 / S. 101
[68] Seibt / Business der Zukunft 2000 / S. 11
[69] Ausgangspunkt der Beschreibung und Systematisierung des E-Commerce sind die Dimensionen des Geschäftsverkehrs, wie z.B. Markttypen, Marktdienste und Akteure (vgl. Klein und Szyperski / Referenzmodell zum Electronic Commerce 2004 / o.S.). Zum Zusammenhang zwischen LKM und E-Commerce vgl. auch Drummond / Electronic Commerce / 2002 / S. 29 ff. Zur Unterordnung des E-Commerce unter das E-Business und zur Abgrenzung der beiden Begriffe vgl. z.B. auch Schäfer S. / Einführung von E-Business Systemen 2002 / S. 11 ff.
[70] Vgl. etwa Kämpf und Martino / E-Business und Supply Chain Management 2004. Zum Begriff des Electronic Supply Chain Management (E-SCM) vgl. auch Hillek / Wertschöpfungspotenziale 2001 / S. 1 ff.; KPMG / eSupply Chain Management 2001 / S. 2 ff.

Ross beschreibt E-SCM als taktische und strategische Komponenten einer Unternehmensstrategie, die darauf abzielen, die gemeinsamen Produktionskapazitäten und -ressourcen sich überschneidender LK-Systeme mittels Internet-Technologie zu verknüpfen mit dem Ziel, Kundennutzen zu schaffen.[71]

Der Hauptunterschied zum „herkömmlichen" LKM bzw. Management der Wertkette wird mithin darin gesehen, dass die Internet-Technologie zur Unterstützung der optimalen Abwicklung des Güter- und Informationsflusses eingesetzt wird.[72]

A.3.2 Kategorien von Supply Chains

Die vorgenannten Definitionen haben auf verschiedene Eigenschaften oder Charakteristika von Lieferketten fokussiert. Darauf aufbauend lassen sich verschiedene Kategorisierungen vornehmen, auf die im Folgenden eingegangen werden soll.

Eine Möglichkeit liegt darin, zu unterscheiden, ob die Lieferkette vornehmlich auf das Produkt oder den Zielkunden ausgerichtet ist. Ayers schlägt in dem Zusammenhang folgende Unterscheidung vor:[73]

- Produktzentrierte Lieferketten („product-centric supply chains") sind gemäß spezieller Produkte zugeschnittene Lieferketten. Daraus können eine oder mehrere Produktangebote resultieren, die eine gesonderte Lieferkette konstituieren.
- Kundenzentrierte Lieferketten („customer-centric supply chains") sind gemäß spezieller Marktsegmente zugeschnittene Lieferketten. Daraus können eine oder mehrere Lieferketten resultieren, die um Marktsegmente herum organisiert sind.

---

[71] Zur Integration von SCM-Lösungen in die betriebliche Informationssystemarchitektur vgl. etwa Gronau et al. / Integration von SCM-Lösungen 2002 / S. 385 ff.; Kämpf und Roldan / Informationstechnische Unterstützung von SCM 2004 / o.S.
[72] Vgl. Ross / e-Supply Chain Management 2003 / S. 18
[73] Vgl. Ayers / Supply Chain Information Systems 2002 / S. 245 f.

Eine weitere Unterscheidung kann mittels der Geschäftsstrategie respektive den damit verbundenen Geschäftsanforderungen erfolgen:[74]

- Unmittelbare, offene Konkurrenz („arm's length, open competition"): Konkurrenzangebote und Ausschreibungen. Nachdruck liegt auf intensivem Handel.
- Handel von Massengütern („commodity trading"): Unabhängiger Handel, forciert durch die Notwendigkeit des Geschäftsabschlusses. Nachdruck liegt auf der Steuerung der Schwankungsbreiten von Massenwaren.
- Partnerschaften zum Wohle des Kunden („partnering for customer delight"): Offenheit, Vertrauen und Aufteilung der durchzuführenden Arbeiten. Nachdruck liegt auf Leistung vom Lieferanten hin zum Kunden (vorwärtsgerichtet in der Lieferkette) und dem Wertaspekt vom Kunden hin zum Lieferanten (rückwärtsgerichtet in der Lieferkette).
- Von den Lieferanten der Lieferanten zu den Kunden der Kunden („from supplier's suppliers to customer's customers"): Verbindung aller Marktteilnehmer innerhalb einer horizontalen Lieferkette. Nachdruck liegt auf nahtloser Lieferung, Optimierung und Integration.
- Schlanke Lieferketten und Systemintegration („lean supply chains and systems integration"): Kostenminimierung und schrittweise Umgestaltung der Kostenstruktur. Nachdruck liegt auf effizienter Kooperation, nicht jedoch auf Einsparungen, die zu Ressourcenengpässen führen können.
- Konkurrierende Konstellationen von verknüpften Firmen („competing constellations of linked companies"): Marktführer verbünden sich mit den besten Marktpartnern. Nachdruck liegt auf Leistungsvermögen, Fähigkeiten und organisationskultureller Vereinbarkeit.

---

[74] Vgl. Hughes et al. / Transform Your Supply Chain 1998 / S. 4. Zur Ausrichtung von Strategiedefinition und -umsetzung vgl. z.B. auch Fuchs et al. / Dynamic alignment of strategy and execution 1999 / S. 8 ff.

- Ineinandergreifende Netzwerkversorgung zwischen Wettbewerbern („interlocking network supply between competitors"): Zusammenschluss zur schrittweisen Abwicklung von Geschäften. Nachdruck liegt auf Vereinigung dort, wo ein geringer Wettbewerbsvorteil[75] besteht, mit dem Ziel, Synergien zu nutzen.

- Anlagegüter kontrollieren das Angebot, Marktführerschaft ist das Ziel („asset control supply – dominate or die"): Kontrolle über die Vermögenswerte erlangen und diese gezielt einsetzen. Nachdruck liegt auf der richtigen Nutzung der Wettbewerbsinstrumente in der Ausschreibungsphase.

- Virtuelles Angebot – keine Produktion, nur Kunden („virtual supply – no production, only customers"): Geringe Fixkosten[76] durch Auslagerung der Produktion. Nachdruck liegt auf den Marketing- und Distributionsfähigkeiten.

Die Betrachtung des primären Fokusbereichs der Lieferkette oder, anders gesagt, der unternehmenspolitischen Sichtweise, bietet eine weitere Möglichkeit zur Kategorisierung, wobei nach strategischer, funktionaler, Logistik-Transport- und Informationsmanagement-Sichtweise unterschieden werden kann.

Die strategische Sichtweise („strategic view") sieht das Design der Lieferkette als das maßgebliche Kriterium für die Wettbewerbsstrategie an. Die Lieferkette stellt darin eine Aneinanderreihung von Ressourcen dar, die dazu benutzt werden, die Position eines Produkts auf dem Markt im Hinblick auf die Kombination von Zielkunden, Preisberechnung und Verkaufsmaßnahmen zu unterstützen. Zweck ist die Verbesserung der Handelsspanne beim Produktumsatz.

---

[75] Der Begriff des Wettbewerbsvorteils kann folgendermaßen festgelegt werden: „The challenge of competitive strategy – whether it be overall low-cost, broad differentiation, best-cost, focused low-cost, or focused differentiation – is to create a competitive advantage for the firm. Competitive advantage comes from positioning a firm in the marketplace so it has an edge in coping with competitive forces and in attracting buyers." (Johnson und Strickland / Strategic Management 2004 / o.S.)

[76] Zum Begriff der Fixkosten vgl. beispielsweise Schierenbeck / Grundzüge der Betriebswirtschaftslehre 2003 / S. 233 f. u. 654 f.; QM / Fixkosten 2004 / o.S.

In der funktionalen Sichtweise („functional view") besteht die Lieferkette aus den einzelnen Organisationen, die benötigt werden, um Materialien einzukaufen, umzuwandeln und zu verkaufen. Im Mittelpunkt steht das Material, dessen Beschaffung, Beförderung, etc. Das Ziel sind niedrige Kosten in den erfolgsrelevanten Funktionsbereichen.[77]

Die Logistik-Transport Sichtweise („the logistics-transportation view") geht davon aus, dass die Lieferkette den physischen Verlauf eines Produkts durch eine Reihe von Betriebsanlagen und -einrichtungen darstellt, die durch einen Transportverbund verknüpft werden. Diese Einrichtungen und Anlagen schließen Fabriken, Lagerhäuser, Vertriebszentren, Fuhrpark und Verteilzentren ein. Das angestrebte Ziel liegt in der Minimierung von Logistikkosten.

In der Informationsmanagement-Sichtweise („information management view") repräsentiert der Fluss von Informationen zwischen den diversen Parteien den Integrationsfaktor. Eine integrierte Lieferkette verfügt in diesem Sinne über eine gemeinsame Informationsbasis sowie die Mechanismen, diese Informationen unter den Teilnehmern auszutauschen. Das Ziel sind niedrige Kosten der Informationsprozesse.[78]

In der vorliegenden Arbeit wird der letztgenannten Kategorisierung gefolgt. Diese Art der Gliederung ist am stärksten innerhalb des später zu behandelnden SCOR-Modells verankert.

---

[77] Die zugrunde liegende Wettbewerbsstrategie ist in dem Fall Kostenführerschaft. Die grundlegende Annahme von Porter's Strategiealternativen „Umfassende Kostenführerschaft" (d.h. eine Strategie, die auf den Wettbewerbsvorteil niedrigster Kosten im Vergleich zur Konkurrenz fokussiert), „Differenzierung" (d.h. die Schaffung mindestens eines in der ganzen Branche einzigartigen Leistungsmerkmals) und „Konzentration auf Schwerpunkte" (d.h. der Konzentration eines Anbieters auf ein Marktsegment bzw. auf eine bestimmte Nachfragegruppe) ist, dass ein Anbieter nur erfolgreich sein kann, wenn er sich auf eine der drei grundlegenden Strategietypen und die aus der Strategie resultierenden Wettbewerbsvorteile konzentriert. Andernfalls läuft das Unternehmen Gefahr, quasi „zwischen den Stühlen" zu sitzen („stuck in the middle") (vgl. hierzu Porter / Wettbewerbsstrategie 1995 / S. 62 ff.; Porter / Wettbewerbsvorteile 1999 / S. 19 ff.)

[78] Vgl. Stephens et al. / Reengineering the Supply Chain 2002 / S. 361 f. Zur Erlangung von Wettbewerbsvorteilen durch Informationstechnologie vgl. etwa Porter und Millar / Wettbewerbsvorteile durch Information 1988 / S. 62 ff.

Welche Bedeutung kommt aber nun der Lieferkette für den Wettbewerb zwischen Unternehmen zu? Die eindeutigste – und gleichzeitig „radikalste" – Antwort, mit welcher der Verfasser übereinstimmt, lautet wie folgt:

> „The leading-edge companies (...) have realized that the real competition is not company against company, but rather supply chain against supply chain."[79]

Diesem Zitat ist nicht mehr viel hinzuzufügen, unterstreicht es doch in hervorragender Weise, weshalb der Begriff eine neue Disziplin hervorgebracht hat, die sich in den vergangenen zehn Jahren mit hoher Geschwindigkeit weiterentwickelt hat: Das Management der Lieferkette bzw. Supply Chain Management.[80] Hierauf wird in der Folge differenzierter eingegangen.

---

[79] Christopher / Logistics and Supply Chain Management 1998 / S. 16. Vgl. hierzu auch o.V. / Logistics revolution 2006 / S. 14

[80] Zur Bezeichnung des Supply Chain Management bzw. Lieferketten-Management als eigenständige betriebswirtschaftliche Disziplin siehe die Ausführungen am Ende von Abschn. A.2. Die im weiteren Verlauf der Arbeit aufgezeigten Anwendungsfelder in der Praxis sollen ferner die aktuelle Bedeutung des LKM für die unternehmerische Praxis verdeutlichen

Kapitel A: Ziele, Methodik, Vorgehensweise und Begriffslegung 29

A.4 Überblick über den aktuellen Stand des Supply Chain Management in der Literatur

Die Rolle des Lieferkettenmanagement (LKM) bzw. Supply Chain Management (SCM)[81] innerhalb einer Organisation hat sich über die letzten drei Jahrzehnte hinweg beträchtlich geändert. In den 70er Jahren hat es sich, damals hauptsächlich als Logistik bekannt, auf die Integration von Lagerung und Beförderung innerhalb des Unternehmens beschränkt. Zusätzlich haben die hohen, im zweistelligen Bereich liegenden Zinssätze, die in den meisten Ländern während jenes Jahrzehnts vorlagen, Unternehmen dazu gezwungen, dem Einsatz ihres Kapitals besondere Aufmerksamkeit zu schenken. Logistik-Führungskräfte waren primär auf die Reduzierung von Lagerbeständen bedacht. Der Fokus lag hauptsächlich darauf, wie das Unternehmen interne Änderungen durchführen konnte, die die Lagerbestände und Logistikkosten verringern würden. Selbst Bemühungen, Fertigungs- und Lieferdurchlaufzeiten und folglich Sicherheitsbestände zu verringern, wurden als unternehmensintern fokussiert ausgerichtet, da Durchlaufzeiten hauptsächlich als Eingangsinformationen für den Prognose- und Beschaffungsprozess angesehen wurden.

In den 80er Jahren hat sich der Fokus hin zur Restrukturierung der Kostenstrukturen innerhalb der Lieferkette verschoben. Die Aufmerksamkeit wurde darauf gerichtet, die Verfahren der Lieferkette zu integrieren, um dadurch LK-Betriebskosten und den Kapitaleinsatz für die Lieferkette zu verringern. Gegen Ende der 80er Jahre hat sich das LKM dann von der Verminderung von Kosten hin zur Verbesserung des Kundendienstes verlagert. Die Vorteile, die durch eine Verbesserung der Leistung der Lieferkette angestrebt werden, umfassen ein höheres Umsatzwachstum und höhere Rentabilität, bedingt durch einen größeren Marktanteil und Preisgestaltungsvorteile gegenüber der Konkurrenz, was sich in Form höherer Margen niederschlägt.

---

[81] Im weiteren Verlauf werden die Begriffe „Lieferketten-Management" und „Supply Chain Management" bzw. die zugehörigen Abkürzungen „LKM" und „SCM" synonym verwendet

Das Interesse an einer Verbesserung des Kundenservice hat sich während der frühen 90er Jahre verstärkt. Ebenso wurde das Unternehmenswachstum, das in vielen Unternehmen lange als die Verantwortung der Produktentwicklung, des Marketing und Vertrieb angesehen worden war, nun auch als ein Ziel des LKM aufgefasst.

Im aktuellen Jahrzehnt hält eine neue Änderungswelle im Bereich des LKM in vielen Unternehmen Einzug, und zwar die Entwicklung des strategischen LKM („Strategic Supply Chain Management"). Entgegen der traditionellen Sichtweise, in der es nur ein Teil der operativen Zieldefinition war, hat das LKM dadurch eine strategische Funktion erlangt, die unmittelbar zum Unternehmenserfolg beiträgt, und es ist gleichzeitig zu einem immanenten Bestandteil der Unternehmensstrategie geworden. Der Standpunkt, der sich mehr und mehr durchsetzt, ist, dass das LKM die Geschäftsstrategie vieler Unternehmen sowohl determiniert als auch ermöglicht. Anders gesagt, LKM ist gleichzeitig Voraussetzung für die erfolgreiche Umsetzung der Geschäftsstrategie und determinierender Faktor für die Bestimmung der Geschäftsstrategie.[82]

Das LKM war außerdem zunächst stark auf Verbesserungen im Hinblick auf die angebotsseitigen Prozesse konzentriert. In dem Zusammenhang wurde jedoch übersehen, dass Unternehmen, die ihre Lieferkette in optimaler Weise steuern wollen, dieses Ziel nur erreichen können, wenn sie die grundlegende Verbindung zwischen Angebot und Nachfrage erkennen – und die daraus resultierenden Auswirkungen auf die LK-Strategie. Oftmals jedoch haben Unternehmen ihre angebotsseitigen Möglichkeiten überprüft, dabei aber den Nachfragefaktor vernachlässigt. Die Beziehung zwischen Angebots- und Nachfrageseite liegt darin, dass die Nachfrage das Lieferkettenziel bestimmt, also determinierenden Charakter hat, während das angebotsorientierte Leistungsvermögen die Erfüllung der Nachfrage unterstützt. Unternehmen müssen deshalb neue Wege für die koordinierte

---

[82] Vgl. Evans und Danks / Strategic supply chain management 1999 / S. 19 f. Zur Umsetzung von LK-Strategien vgl. auch Easton et al. / Dynamics of change / 1999 / S. 446 ff.

Steuerung der Angebots- und Nachfrageketten schaffen. Das LKM stellt einen zentralen Bestandteil dieser Anstrengungen dar.[83]

Die Möglichkeiten eines Unternehmens, Angebot und Nachfrage aneinander anzupassen, ist eine Funktion seiner reaktiven Kapazität oder mit anderen Worten: seiner Fähigkeit, zeitgerecht auf Marktsignale zu antworten. Diese Flexibilität wiederum wird maßgeblich von seinen Arbeits- und Betriebskapitalkosten beeinflusst. Unternehmen haben oftmals damit gekämpft, Angebot und Nachfrage anzupassen, da hierbei gewöhnlich auf die Verbesserung der Prognosegenauigkeit, Optimierung der Produktion und Lagerbestände und Verringerung von Durchlaufzeiten fokussiert worden ist.[84]

Dabei ist jedoch zu berücksichtigen, dass wenngleich diese Maßnahmen nützlich sind, sie doch keine ganzheitliche Lösung bieten. Unternehmen müssen deshalb auch solche Maßnahmen berücksichtigen, welche die Kosten von Arbeitskräften und Betriebsmitteln einbeziehen. Und sie müssen neue Wege finden, die Anreizsysteme sowohl unternehmensintern als auch innerhalb der erweiterten (d.h. auf die LK-Partner bezogen) Lieferkette auszurichten.[85]

A.4.1 Entstehung des Supply Chain Management

Lange bevor der Begriff der Lieferkette kreiert wurde und die neue Disziplin zur Gestaltung und Optimierung dieser Lieferkette – das Supply Chain Management – entstanden ist, wurde von einer sog. Logistikkette gesprochen. Diese Logistikkette stand im Zentrum einer Disziplin, die als Logistik bezeichnet wurde (und zum Teil auch heute noch wird).

---

[83] Vgl. Beech / Supply-Demand nexus 1999 / S. 92
[84] Vgl. Tyndall et al. / Supercharging Supply Chains 1998 / S. 65 ff.
[85] Vgl. Raman / Supply Chains 1999 / S. 171

Hugos gibt hierzu die folgende Beschreibung ab:

„The term 'supply chain management' arose in the 1980s and came into widespread use in the 1990s. Prior to that time, businesses used terms such as 'logistics' and 'operations management' instead."[86]

Daher sollen zunächst zur Begriffsabgrenzung einige Definitionen zur Logistik betrachtet werden. In der klassischen Terminologie des Council of Logistics Management (CLM)[87] wird Logistik beschrieben als der Prozess zur Planung, Umsetzung und Kontrolle des effizienten Flusses von Material, angefangen von der Lagerung von Rohmaterial über den Lagerbestand in Produktion („Work-in-process, WIP"), Fertigprodukte und Dienstleistungen sowie die zugehörigen Informationen vom Ausgangspunkt bis hin zum Punkt ihres Verbrauchs. Dies schließt Wareneingänge und Warenausgänge sowie interne und externe Materialbewegungen ein. Der Zweck ist letztlich, Kundenanforderungen erfüllen zu können.[88]

Die Logistik kann aber auch unter dem organisatorischen Aspekt gesehen werden. In dem Sinne stellt sie eine zielorientierte Logik dar, um den Prozess zur Planung, Allokation und Kontrolle von finanziellen Ressourcen und Arbeitskräften zu steuern, die für die physische Distribution, Fertigungsunterstützung und Einkaufstransaktionen vorgesehen sind.[89]

Darüber hinausgehende Definitionen fokussieren auf den konzeptuellen Integrationsgedanken, wonach Logistik die Schaffung von Zeit, Raum, Menge, Form und Besitzverhältnissen, sowohl innerhalb einer Firma als auch im Zusammenspiel mit anderen Firmen, einbezieht. Die Werkzeuge, derer sich die Logistik zur Erreichung ihrer Ziele bedient, sind das strategische Management, Infrastruktur- und Ressourcen-Management. Das Ziel ist, Produkte und Dienstleistungen zu erzeugen, die die Kundenbedürfnisse befriedigen. Dabei ist die Logistik in alle Auf-

---

[86] Hugos / Supply Chain Management 2003 / S. 2
[87] Für Hintergrundinformationen zum Council of Logistics Management (CLM) siehe Abschn. A.3
[88] Vgl. Novack et al. / Logistics Value 1995 / S. 27. Vgl. hierzu auch CLM / Supply Chain Management 2004 / o.S.
[89] Vgl. Bowersox und Closs / Logistical Management 1996 / S. 1

gaben der Planung und Ausführung involviert, sowohl auf strategischer als auch operativer und taktischer Ebene.[90]

Das Logistik-Management weist zwangsläufig auch Begrenzungen und Abhängigkeiten auf. So beinhalten die Logistikaktivitäten üblicherweise Eingangs- und Ausgangslogistik, Fuhrpark- bzw. Flottenmanagement, Lagerhaltung, Materialbewegung, Auftragserfassung und -erfüllung, Design des Logistiknetzwerks, Lagerverwaltung, Angebots- und Nachfrageplanung und die Koordination und Steuerung von Logistikdienstleistern.[91] Nur in begrenztem Umfang umfassen sie Beschaffung und Einkauf, Montage und Verpackung und Kundendienst.[92]

Damit wurde bereits die Brücke zum Management der Lieferkette („Supply Chain Management") geschlagen, wobei der wesentliche Unterschied im integrativen Charakter liegt. So bezieht das Lieferkettenmanagement (LKM) nicht alleine die Logistik mit ein, sondern darüber hinaus Unternehmensbereiche wie den Einkauf, das Marketing und die Informationstechnologie. Ein wesentlicher Zweck ist, die Effizienz der Lieferkette zu verbessern.[93]

Anders ausgedrückt, kann das LKM als integrierte Planung und Steuerung der Prozesse in der Wertschöpfungskette definiert werden. Das Ziel stellt die optimale Befriedigung von Kundenbedürfnissen dar.

---

[90] Vgl. hierzu Novack et al. / Logistics Management 1992 / S. 234; Simchi-Levi et al. / Supply Chain 2000 / S. 1. Eine Unterscheidung der Planungsebenen kann wie folgt vorgenommen werden: Operativ: kurzfristig (weniger als 1 Jahr, für die laufende Rechnungs- bzw. Berichtsperiode) und zumeist einen Teil des Betriebes bzw. der Aktivitäten betreffend. Taktisch: mittelfristig (Zeithorizont 1 bis 3 Jahre) und zumeist für einen größeren Teil des Betriebes bzw. der Aktivitäten. Strategisch: langfristig (Zeithorizont länger als 3 Jahre) und zumeist sachlich die wesentlichen Produktbereiche, Aktivitäten des Betriebes oder den Betrieb als Ganzes und die erfolgskritischen Aspekte betreffend (vgl. etwa Albach / Allgemeine Betriebswirtschaftslehre 2001 / S. 294 u. 329 f.)

[91] Logistikdienstleister („Logistics Service Provider") können wie folgt beschrieben werden: „Third-party logistics involves the use of external companies to perform logistics functions that have traditionally been performed within an organization. The functions performed by the third party can encompass the entire logistics process or selected activities within that process." (Skjoett-Larsen / Third party logistics 2000 / S. 112). Gemäß dieser Definition wird jede Beziehung zwischen einem Verlader und einem Logistikdienstleister als Third-Party Logistics bezeichnet

[92] Vgl. CLM / Logistics Management 2004 / o.S.

[93] Vgl. Kajüter / Cost Management 2002 / S. 36

In dem Sinne stellt das Logistik-Management einen Bestandteil des LKM dar. Dieser Bestandteil hat die Aufgabe, die Effizienz und Effektivität der vorwärts- und rückwärtsgerichteten Flüsse an Gütern, Dienstleistungen und zugehörigen Informationen zu planen, implementieren und kontrollieren mit der Absicht, Kundenanforderungen zu erfüllen.[94]

Das LKM stellt infolgedessen einen integrativen Funktionsbereich dar, der vorrangig dafür zuständig ist, Hauptgeschäftsfunktionen und -prozesse innerhalb eines Unternehmens als auch mit anderen Firmen, die in die Lieferkette eingebunden sind, in Form eines konsistenten und leistungsfähigen Geschäftsmodells zu verknüpfen. Dieses beinhaltet neben den Tätigkeiten des Logistikmanagement auch die Fertigungsabläufe und hat die Aufgabe, die Koordination der LK-Prozesse mit den Funktionsbereichen Marketing, Vertrieb, Produktgestaltung, Finanzen und Informationstechnologie sicherzustellen.[95]

Das LKM umfasst ebenfalls die Planung und Steuerung aller Aktivitäten des Logistikmanagements. Darüber hinaus jedoch beinhaltet es die Koordination von und Zusammenarbeit mit Partnern innerhalb der Lieferkette, wie Lieferanten, Zwischenhändler, Logistikdienstleister und Kunden. Im Wesentlichen integriert das LKM das Angebots- und Nachfragemanagement („Supply and Demand Management") innerhalb eines Unternehmens sowie über verschiedenen Firmen hinweg.[96]

Eine klare Begriffsabgrenzung des LKM ist jedoch keineswegs so einfach, wie man sich das im Hinblick auf die Verbreitung des Begriffs vorstellen würde. Tatsächlich wird der Terminus des LKM bzw. SCM mit verschiedenen Bedeutungen assoziiert. Im weitestgefassten Sinne umfasst es alle Logistikaktivitäten, Kunden-Lieferanten-Beziehungen, Neuproduktentwicklung und -einführung, Lagerverwaltung und Einrichtungen.

---

[94] Vgl. Hellingrath / Standards für die Supply Chain 1999 / S. 77. Zu den Begriffen Effektivität und Effizienz im vorliegenden Kontext siehe Abs. A.7.1
[95] Vgl. CLM / Logistics Management 2004 / o.S.
[96] Vgl. CLM / Supply Chain Management 2004 / o.S.

Kapitel A: Ziele, Methodik, Vorgehensweise und Begriffslegung 35

Das Konzept lässt sich analog auf den Dienstleistungsbereich anwenden. Viele Praktiker definieren das LKM enggefasster und beschränken die Definition auf Aktivitäten innerhalb der Lieferkette eines Unternehmens. Damit reduzieren sie zwangsläufig den Anwendungsbereich von Verbesserungsmaßnahmen auf ihr eigenes Unternehmen und damit die interne Lieferkette, ohne externe Lieferketten einzubeziehen.[97]

A.4.2 Definition des Begriffs Supply Chain Management

Um die Spannweite der Definition des Begriffs zu verdeutlichen, aber auch um eine für die vorliegende Arbeit anwendbare Abgrenzung zu finden, sollen nachfolgend einige exemplarische Definitionsansätze aufgeführt werden.[98]

Ausgehend vom klassischen Planungs- und Kontrollansatz stellt das LKM eine Ausweitung des bestehenden Ansatzes in einen unternehmensübergreifenden Planungs- und Kontrollansatz dar. Neben dem Begriff des LKM bzw. SCM findet sich hierfür auch der Begriff des fortschrittlichen Planungssystems („Advanced Planning System, APS"),[99] wobei Letztgenanntes jedoch den Aspekt der Unterstützung durch Informationstechnologie (IT) bereits explizit beinhaltet.

Wird die zeitliche Dimension bzw. der Planungshorizont mit einbezogen, kann das LKM als die Koordination der strategischen und langfristig orientierten Zusammenarbeit zwischen allen Teilnehmern innerhalb des gesamten LK-Netzwerks

---

[97] Vgl. Stephens et al. / Reengineering the Supply Chain 2002 / S. 360. Werner unterscheidet zwischen der unternehmensinternen und unternehmensintegrierten Lieferkette, wobei Letztere auf die Schnittstellen eines Unternehmens mit ihren externen Partners ausrichtet (vgl. Werner / Supply Chain Management 2002 / S. 6)

[98] Zu einem Überblick über verschiedene Begriffsdefinitionen und einen Klassifizierungsvorschlag vgl. beispielsweise Müller et al. / Supply Chain Management 2003 / S. 419 ff.; Schäfer S. / Einführung von E-Business Systemen 2002 / S. 47 ff.

[99] Vgl. Schönsleben / Integral Logistics Management 2000 / S. 152. Der Begriff des fortschrittlichen Planungssystems („Advanced Planning System, APS") kann folgendermaßen beschrieben werden: „An APS typically consists of several software modules (eventually again comprising several software components), each of them covering a certain range of planning tasks." (Rohde et al. / Supply Chain Planning Matrix 2000 / S. 10. Vgl. hierzu auch Meyr et al. / Advanced Planning Systems 2002 / S. 99 ff.; Poluha / SCM in der Praxis 2001 / S. 314 f.)

definiert werden.[100] Dies umfasst sowohl den Einkaufs- als auch den Fertigungsbereich und darüber hinaus das Gebiet der Produkt- und Prozessinnovation. Zweck ist es, Produkte zu entwickeln und herzustellen. Jeder LK-Teilnehmer agiert auf dem Gebiet, in dem er über Kernkompetenzen verfügt.[101] Die Auswahl weiterer LK-Partner wird hauptsächlich unter dem Gesichtspunkt getroffen, welches Potenzial zur Realisierung kürzerer Durchlaufzeiten („lead times") vorhanden ist.[102]

Unter Zugrundelegung eines Prozessansatzes lässt sich das LKM beschreiben als der Prozess der Planung, Einführung und Kontrolle eines effizienten und effektiven Flusses an Gütern, Dienstleistungen und den zugehörigen Informationen, vom Anfangspunkt der Lieferkette bis hin zum Punkt des Verbrauchs. Der Zweck ist die Befriedigung von Kundenanforderungen.[103] Durch eine weitergehende Differenzierung der prozessbezogenen Sichtweise kann das LKM als Design, Pflege und Betreiben von LK-Prozessen zur Befriedigung der Bedürfnisse von Endkunden betrachtet werden. In dem Sinne erstreckt sich das LKM sowohl auf die Formulierung der Lieferkette als auch den darauf folgenden Betrieb und die Pflege. Daraus ergeben sich neue Aufgaben für die involvierten Führungskräfte, da traditionelle Aufgaben in einer neuen Weise erledigt werden müssen. Grundsätzlich hat die Einführung einer (expliziten) LKM-Disziplin eine Erweiterung der Aufgaben- und Verantwortungsbereiche für eine Vielzahl an Mitarbeitern zur Folge.[104]

Die geschäftsprozessbezogene Definition kann außerdem dahingehend erweitert werden, dass das LKM die Integration der Geschäftsprozesse, vom Endkunden

---

[100] Zu den verschiedenen Planungsebenen, speziell im Bereich des Informationsmanagement, vgl. z.B. Schoder / Betriebliche Informationssysteme 2004 / S. 42
[101] Zum Begriff der Kernkompetenzen vgl. etwa Prahalad und Hamel / Core Competence 1990 / S. 79 ff.
[102] Vgl. Schönsleben / Integral Logistics Management 2000 / S. 54. „Lead time expresses the amount of time consumed for each functional transaction. (...) The main properties of the lead time of a process is the length and the predictability or precision of its executions." (Seibt / Consolidation Framework 1997 /S. 21)
[103] Vgl. Bowersox und Closs / Logistical Management 1996 / S. 4
[104] Vgl. Ayers / Primer on Supply Chain Management 2002 / S. 8

bis hin zu den Zulieferern, darstellt. Diese Integration stellt die Produkte, Dienstleistungen und Informationen bereit, die Wert für den Kunden generieren. Dahingehend führt das LKM zu einer Veränderung der bestehenden Lieferkette und generiert Kundennutzen mittels der gezielten Ausnutzung der mit der Lieferkette assoziierten Informationen.[105] Außerdem müssen die organisatorischen Prozesse in der Lieferkette geplant, überwacht und kontrolliert werden. Das erfordert ein allgemein akzeptiertes Zielsystem.[106]

Ausgehend vom (physikalischen) Güterfluss umfasst die Lieferkette alle Aktivitäten, die mit dem Fluss und der Transformation von Gütern verbunden sind, angefangen vom Rohmaterial bis hin zum Endverbraucher, sowie die zugehörigen Informationsflüsse. Das LKM repräsentiert folglich die Integration dieser Aktivitäten mittels verbesserter Beziehungen mit den LK-Partnern, um einen dauerhaften Wettbewerbsvorteil zu erzielen.[107]

Die Definition kann auch ausgehend von einer sich stetig fortentwickelnden Management-Philosophie festgelegt werden. Im Rahmen dieser Philosophie werde darauf abgezielt, die gemeinsamen Produktionskompetenzen und Produktionsressourcen der Geschäftsfunktionen zu vereinen, die sowohl innerhalb des Unternehmens als auch außerhalb bei den verbündeten LK-Partnern liegen. Das Ziel ist, ein in hohem Maße wettbewerbsfähiges und mit Nutzen für den Kunden versehenes LK-System zu schaffen, das auf die Entwicklung von innovativen Lösungen und die Synchronisation der Flüsse an Produkten, Dienstleistungen und Informationen abzielt. Das ultimative Ziel ist die Schaffung von maximalem Wert für die Kunden.[108]

Führt man diese gleichsam dialektische Entwicklung des LKM fort, so lässt sich eine Weiterentwicklung früherer Managementkonzepte, wie beispielsweise Lean

---

[105] Vgl. Premkumar / Interorganizational Systems 2002 / S. 368
[106] Vgl. Kaczmarek und Stüllenberg / Model Based Analysis 2002 / S. 275
[107] Vgl. Handfield und Nichols / Supply Chain Management 2000 / S. 2
[108] Vgl. Ross / Supply Chain Management 1997 / S. 9

Manufacturing,[109] zum heutigen Begriff des LKM erkennen. Dabei wird der Anwendungsbereich auf die Distribution ausgeweitet.[110] In dem Sinne ist das Ziel des LKM, die Effizienz des Produktauslieferungsprozesses zu verbessern, angefangen vom Materiallieferanten bis hin zum Endkunden, um das richtige Produkt zur richtigen Zeit mit einem Minimum an Abwicklungsaufwand und Sicherheitsbeständen zu liefern.[111] Der Fokus von Verbesserungsmaßnahmen liegt in den Bereichen Koordination, Distribution, Fertigung und Einkauf – über Organisationseinheiten und verschiedene Firmen hinweg.[112]

Von der funktionalen Seite aus betrachtet lässt sich LKM definieren als die systematische und strategische Koordination traditioneller Geschäftsfunktionen sowie

---

[109] Die Begriffe schlanke Produktion („Lean Production") bzw. schlankes Management („Lean Management") bezeichnen das Konzept der Steigerung von Effizienz, oft im Sinne von Dezentralisierung, Fertigungsauslagerung („Outsourcing"), flacherer Hierarchien, Leistungsverdichtung und damit weniger Personal. Dieses Konzept, wie auch andere Varianten von „Lean"-Konzepten, geht zurück auf eine Analyse der japanischen Automobilhersteller in einer Studie des Massachusetts Institute of Technology (MIT) Ende der 80er Jahre (für Hintergrundinformationen zum MIT, vgl. die diesbezüglichen Ausführungen unter Abschn. A.7.1). Danach produzierten die japanischen Autohersteller doppelt so effizient und flexibel wie die europäische und amerikanische Konkurrenz, bei gleichzeitig deutlich besserer Qualität. Die Gleichsetzung mit „schlank" im Sinne Dezentralisierung, Outsourcing, flacherer Hierarchien, Leistungsverdichtung und damit weniger Personal ist eine grobe Vereinfachung des japanischen Konzepts, das ein umfassendes Qualitätsmanagement („Total Quality Management, TQM") darstellt und nur auf der Grundlage dieses umfassenden Konzepts die angestrebten Effizienz- und Flexibilitätsvorteile erreicht, die als äußerlich sichtbare Auswirkungen beschrieben und auf organisatorischen Änderungen im Sinne „Lean ..." zurückgeführt werden. Differenziertere Interpretationen enthalten deshalb die wesentlichen Elemente des Qualitätsmanagement, es gibt jedoch keine einheitliche Bedeutung für die verschiedenen, mit „Lean" verbundenen Konzepte (vgl. Pollalis / Quality Management 2002 / S. 333 ff.; Thaler / Supply Chain Management 2003 / S. 113 f.)

[110] Distribution stellt einen Teilbereich des Auftragsmanagementprozesses dar, der auf die finale Auslieferung zum Kunden fokussiert. „For delivery, or distribution, the products are issued from stock (commissioning) and prepared for shipment, required transportation means and accompanying documents are provided, and delivery is executed." (Schönsleben / Integral Logistics Management 2000 / S. 139)

[111] Sicherheitsbestände („safety stock") im Rahmen des LKM können folgendermaßen beschrieben werden: „Safety stock has to protect against uncertainty which may arise from internal processes like production lead time, from unknown customer demand and from uncertain supplier lead time. This implies that the main drivers for safety stock levels are production and transportation disruptions, forecasting errors, and lead time variations. The benefit of safety stock is that it allows quick customer service and avoids lost sales, emergency shipments, and the lost of goodwill. Furthermore, safety stock for raw materials enables smoother flow of goods in the production process and avoids disruptions due to stockouts at the raw material level. Besides the uncertainty mentioned above the main driver for safety stock is the length of the lead time (production or procurement), which is necessary to replenish the stock." (Sürie und Wagner / Supply Chain Analysis 2002 / S. 41 f.)

[112] Vgl. Hoover et al. / Demand-Supply Chain 2001 / S. 9

die taktischen Maßnahmen über diese Geschäftsfunktionen hinweg. Das schließt sowohl die Funktionen innerhalb des betreffenden Unternehmens als auch über die verschiedenen Firmen, die als Partner in die Lieferkette eingebunden sind, ein. Zweck ist die Verbesserung der langfristigen Leistungsfähigkeit der einzelnen Firmen wie auch der Lieferkette als Ganzes.[113]

Von einem verhaltensorientierten Blickwinkel aus kann das LKM definiert werden als diejenigen Aktivitäten und Tätigkeiten, die durchgeführt werden, um das Verhalten der Lieferkette zu beeinflussen und die gewünschten Ergebnisse zu erhalten. Dergestalt repräsentiert das LKM die Koordination von Fertigung, Lagerbeständen, Standorten und den Transport unter den LK-Teilnehmern, um das beste Verhältnis zwischen Leistungsfähigkeit und Flexibilität („capability") auf der einen und Effizienz („efficiency") auf der anderen Seite sicherzustellen.[114] Auf beide Zielkriterien – Leistungsfähigkeit und Effizienz – wird im weiteren Verlauf der Arbeit noch genauer eingegangen, denn sie stellen sozusagen die beiden Säulen des SCOR-Modells dar – oder besser, die beiden Seiten der Gleichung im Hinblick auf die dem Modell zugrunde liegenden Leistungsindikatoren.[115]

Eine weitere mögliche Unterscheidung kann mittels den beiden Seiten der Lieferkette, d.h. der Steuerung der Lieferantenseite („supplier-centered supply chain management") einerseits und der Kundenseite („customer-centered supply chain management") andererseits, vorgenommen werden. Das Kennzeichen des lieferantenzentrierten Ansatzes besteht demnach darin, dass das Unternehmen und seine Lieferanten, Zwischenhändler und Kunden – d.h. alle Verbindungen des Unternehmens im weiteren Sinne – zusammenarbeiten, um den Markt mit einem gemeinsamen Produkt bzw. einer Dienstleistung zu versorgen, für die der Kunde bereit ist, den geforderten Betrag zu bezahlen.

---

[113] Vgl. Mentzer et al. / Supply Chain Management o.J. / S. 18
[114] Vgl. Hugos / Supply Chain Management 2003 / S. 3 f.
[115] Der Begriff „Indikator" steht gleichbedeutend für „Anzeiger" (vgl. Wahrig-Burfeind / Wahrig Fremdwörterlexikon 2004 / S. 164)

Die Gruppe an Firmen, die sich aus den LK-Partnern bzw. -Teilnehmern rekrutiert, fungiert gleichsam wie ein ausgedehntes Unternehmen[116] und stellt den optimalen Gebrauch an geteilten Ressourcen (Arbeitskräfte, Verfahren, Technologien und Leistungsmessung) sicher, um Synergien zu erreichen. Das Ergebnis sind Produkte und Dienste, die von hoher Qualität und preiswert sind sowie schnell zum Markt geliefert werden können.[117]

Die Definition des kundenzentrierten Ansatzes erfordert lediglich, dass die herkömmliche Definition folgendermaßen ausgedehnt wird (in Unterstreichung):

> Das Unternehmen und seine Lieferanten, Zwischenhändler und Kunden – d.h. alle Parteien der Lieferkette im weiteren Sinne – arbeiten zusammen, um den Markt mit einem gemeinsamen Produkt bzw. einer Dienstleistung zu versorgen, für die der Kunde bereit ist, den geforderten Betrag <u>über den gesamten Lebenszyklus des Produkts hinweg</u> zu bezahlen. Die Gruppe an Firmen, die sich aus den LK-Partnern bzw. -Teilnehmern rekrutiert, fungiert gleichsam wie ein ausgedehntes Unternehmen und stellt den optimalen Gebrauch an geteilten Ressourcen sicher, um Synergie zu erreichen.

---

[116] Damit ist die unternehmensexterne bzw. unternehmensintegrierte Lieferkette gemeint, die bereits näher ausgeführt worden ist (vgl. Werner / Supply Chain Management 2002 / S. 6)

[117] Die Verbindung der eigentlich konkurrierenden Zielgrößen referenziert auf die Wettbewerbsstrategie des sog. Outpacing. Während – wie bereits in Abs. A.3.2 ausgeführt – Porter die Strategiealternativen für unvereinbar hält, gehen Gilbert und Strebel davon aus, dass diese Alternativen, wenn auch nicht gleichzeitig, so jedoch zeitlich aufeinander folgend, kombiniert werden können. Die sog. Outpacing-Strategie zeichnet sich dadurch aus, dass ein Unternehmen bei der strategischen Ausrichtung seiner Aktivitäten rechtzeitig zwischen den beiden Strategiealternativen wechselt, um so einen nachhaltigen Vorsprung vor der Konkurrenz zu erzielen. Denn hat ein Anbieter einen Wettbewerbsvorteil erlangt, ist davon auszugehen, dass andere Anbieter versuchen werden, sich auf dem Markt zu positionieren und u.U. die Strategie zu imitieren. Es werden solange neue Anbieter auf den Markt drängen, bis keine Vorteile mehr zu realisieren sind und der Kosten- oder Differenzierungsführer keinen Wettbewerbsvorteil mehr verzeichnen kann. Gilbert und Strebel weisen jedoch kritisch darauf hin, dass nur die besten Unternehmen in der Lage sind, den Zielkonflikt zwischen Kundennutzen und niedrigen Kosten zu überwinden und bei gegebenem Kundennutzen ein niedriges Kostenniveau zu erlangen (vgl. Gilbert und Strebel / Strategies to outpace the competition 1987 / S. 28 ff.; Hamel und Prahalad / Competing for the Future 2000 / S. 125; Ekholm und Wallin / Strategic Priorities 2004 / S. 4 f.). Über die Outpacing-Strategie hinaus, die nicht von einer gleichzeitigen, sondern vielmehr sukzessiven Anwendung verschiedener Strategiealternativen ausgeht, gibt es außerdem noch sog. hybride Wettbewerbsstrategien, unter die beispielsweise die Simultanitätshypothese fällt, die davon ausgeht, dass zumindest temporär ein kombinierter Strategieeinsatz möglich ist (vgl. hierzu Corsten und Will / Wettbewerbsvorteile 1995 / S. 1 ff.)

Das Ergebnis sind Produkt und Dienste, die von hoher Qualität und preiswert sind sowie schnell zum Markt geliefert werden können und Kundenzufriedenheit sicherstellen.[118]

Für die Fokussierung des LKM auf die Kundenseite findet sich teilweise auch der Begriff des auftragsbezogenen LKM („demand-supply chain management") oder des nachfragebezogenen LKM („demand management"). Die primäre Absicht dieses Konzepts ist die Generierung von Wert für den Kunden bei gleichzeitiger Verbesserung der Leistungsfähigkeit hinsichtlich des Kapitaleinsatzes („asset performance") und der Kosteneffizienz („cost efficiency").[119]

Zusammenfassend kann festgehalten werden, dass das primäre Ziel des LKM die Steigerung des Absatzes von Gütern und Dienstleistungen an den Endkunden bzw. Endverbraucher, bei gleichzeitiger Senkung von Lagerbeständen und Minimierung von Kosten, darstellt.[120] Daraus erwachsen zwangsläufig Zielkonflikte („trade-offs"), da die dahinterliegenden Wettbewerbsfaktoren (Kosten, Zeit, Qualität und Flexibilität) in Konkurrenz zueinander stehen. Daher richtet sich das LKM auf die Optimierung der Effektivität und Effizienz der involvierten Unternehmensprozesse und die Harmonisierung der Zielkonflikte (unter Maßgabe der Prioritäten gemäß der jeweils gewählten Wettbewerbsstrategie).[121]

---

[118] Vgl. Kuglin / Supply Chain Management 1998 / S. 3 f.;vgl. auch Kuglin und Rosenbaum / Supply Chain Network 2001
[119] Vgl. Hoover et al. / Demand-Supply Chain 2001 / S. 48 ff.
[120] Vgl. Hugos / Supply Chain Management 2003 / S. 40
[121] Vgl. Werner / Supply Chain Management 2002 / S. 10 f.

A.4.3 Wertbasierte Supply Chain Strategien

In den letzten Jahren ist die Anzahl an Unternehmen, die eine sog. Wertkettenstrategie („value chain strategy") verfolgen, stark gestiegen. Diese Tendenz wurde weitgehend von Firmen vorangetrieben, die hoch entwickelte Informationstechnologien benutzen, um ihre Fähigkeit im Bereich des LKM zu verbessern. Einen entscheidenden Faktor für den Unternehmenserfolg stellt die Kompetenz dar, innovative Produkte in höchstmöglicher Qualität zu marktfähigen Preisen schneller als die Konkurrenz anbieten zu können.[122]

Die LK-Kompetenz[123] hat zum Ziel, durch entsprechende LK-Prozesse Kundenanforderungen besser zu bedienen, bessere Entscheidungen zu treffen und insgesamt die betriebliche Leistung zugunsten eines Wettbewerbsvorteils[124] steigern zu können. Die Konsequenz ist, dass eine Vielzahl von Organisationen Strategien entworfen haben, die auf die relevanten Prozesse zur Bedarfsdeckung („demand fulfillment process") fokussieren. Diese Strategien sollen letztlich dazu beitragen, Auftragsdurchlaufzeiten, Finanzströme („cash-flow"),[125] Kapitalrendite, Marktanteil und Rentabilität zu optimieren. Sie stellen die Grundlage der LK-Strategie dar.[126]

---

[122] Vgl. Schäfer S. und Seibt / Benchmarking 1998 / S. 365
[123] Der speziell auf die Lieferkette bezogenen Kompetenz kommt eine hohe Bedeutung im Rahmen des SCOR-Modells und der damit verbundenen Leistungsindikatoren zu, worauf zu Beginn von Abschn. A.7 dediziert eingegangen wird
[124] Zum Begriff des Wettbewerbsvorteils siehe Abs. A.3.2
[125] Der Einnahmenüberschuss („cash-flow") ist eine Kennziffer über den Mittelzufluss aus dem Umsatzprozess, aus der Einblicke in die Liquiditätslage und die finanzielle Entwicklung des Betriebes gewonnen werden können (vgl. Schierenbeck / Grundzüge der Betriebswirtschaftslehre 2003 / S. 316; Wöhe / Allgemeine Betriebswirtschaftslehre 1984 / S. 740). Im Kontext der Lieferkette umfasst der Cash-Flow alle finanziellen Transaktionen als Folge des Güter-, Waren- und Dienstleistungsverkehrs (vgl. Thaler / Supply Chain Management 2003 / S. 45)
[126] Die LK- oder SC-Strategie beschreibt, was ein Unternehmen mit der Lieferkette erreichen will und welche Leistungen damit zu erzielen sind. Mit der LK-Strategie definiert ein Unternehmen, wie es mit seinen LK-Prozessen und der LK-Infrastruktur einen Beitrag zur Wettbewerbsfähigkeit des Unternehmens leisten kann. Ziel der Strategiedefinition ist die Identifikation relevanter Wettbewerbsfaktoren und deren Umsetzung in der Lieferkette. Die LK-Strategie ist somit der Unternehmens- bzw. Wettbewerbsstrategie untergeordnet bzw. wird aus dieser abgeleitet und muss diese unterstützen. Ein wesentliches Merkmal einer erfolgreichen LK-Strategie ist folglich die Ausrichtung auf die Unternehmensstrategie und damit auf die strategische Kernvision des Unternehmens (vgl. z.B. Geimer und Becker / Supply Chain-Strategien 2001 / S. 21 ff.)

Das LKM repräsentiert eine wechselseitig abhängige Organisationsstruktur, die Funktionen, Firmen und Länder miteinander verknüpft, Güterbewegungen mit der Nachfragerate synchronisiert und den Wert, der im globalen Markt geschaffen wird, vermehrt. Für jedes Produkt gibt es eine Lieferkette und für jede Lieferkette gibt es einen Konkurrenten. Dabei wird die Entwicklung dieser Lieferketten von großen Konzernen forciert – typischerweise bedeutende Handelsketten und Original Equipment Manufacturer (OEM)[127] – welche die notwendige Vision und das Durchsetzungsvermögen haben, die Leistungsfähigkeit ihrer LK-Partner voranzutreiben, Daten auszutauschen und im Verbund zu arbeiten, um eine überlegene Marktposition und Effizienz der betrieblichen Funktionsbereiche sicherzustellen.[128]

Die Entwicklung der wertorientierten LK-Ansätze resultiert aus der Erkenntnis, dass die isolierte Optimierung von einzelnen Teilen der Lieferkette nicht zur kostengünstigsten Gesamtlösung führt. Goldrath fasst dies in der Erkenntnis zusammen, dass die Summe der lokalen Optima nicht gleich dem globalen Optimum ist.[129] Es ist deshalb erforderlich, die Aufeinanderfolge von Ereignissen innerhalb der Lieferkette gesamtheitlich („holistic") zu betrachten, angefangen beim Kundenauftrag bis zurück zum Einkaufsauftrag an den Rohmateriallieferanten sowie vorwärtsgerichtet durch alle folgenden Unternehmen hindurch, die in die Herstellung und Lieferung des Produkts zum Endkunden eingebunden sind.

---

[127] Es soll die folgende Begriffsdefinition für OEM verwendet werden: „OEM is an acronym for Original Equipment Manufacturer. An OEM is a company that builds components that are used in systems sold by another company called a Value-Added Reseller or VAR. The practice of a VAR selling products with components from OEMs is common in the electronics and computer industry. Typically an OEM will build to order based on designs of the VAR. In common usage, a VAR is sometimes called an OEM, despite this being a complete reversal of the literal meaning of both terms. This misunderstanding arises from use of the term OEM as a verb. For example, a VAR might say that they are going to OEM a new product, meaning they are going to offer a new product based on components from an OEM. In recent years, some OEM's have also taken on a larger role in the design of the product they are manufacturing. The term ODM, Original Design Manufacturer, is used to describe companies that design and manufacture a product that is then sold under other brand names." (WordIQ / OEM 2004 / o.S. Vgl. dazu auch Chakravarty / Market Driven Enterprise 2001 / S. 334)

[128] Vgl. Industry Directions / Synchronizing Organizational Performance 1998 / S. 2

[129] Vgl. Goldrath / Theory of Constraints 1999 / S. 4; Heinrich und Betts / Adaptive Business Network 2003 / S. 14

Die Fokussierung auf die ganzheitliche Lieferkette stellt den ersten Schritt dar, die Fokussierung auf das Produkt den zweiten und die Einbeziehung des Flusses zur Wertgenerierung im Sinne einer wertorientierten, LK-fokussierten Ablauforganisation (im Gegensatz zur traditionellen Leistungsmessung, die an der Aufbauorganisation aufgesetzt hat),[130] den dritten Schritt. Dadurch wird die Zuordnung eines Wertflusses („value stream") ermöglicht, der die heutigen Geschäftsprozesse besser abbildet, als dies im Rahmen der herkömmlichen Lieferkette der Fall wäre.[131]

A.4.4 Desintegrierte Supply Chain Strategien

Desintegrierte LK-Strategien („de-integrated supply chain strategies")[132] stellen einen diametral entgegengesetzten Ansatz im Zusammenhang mit LK-Strategien dar, da Letztgenannte ja gerade die Bedeutung der Integration ins Zentrum der Betrachtung rücken. Im Rahmen der Entwicklung des sog. SMART-Automobils[133] wurde zunächst eine Machbarkeitsstudie durchgeführt. Die in dem Kontext entwickelte Lieferkette stellte zu dem Zeitpunkt, Mitte der 90er Jahre, einen vollständig neuen Ansatz dar.

So wurden z.B. neue Modelle zur Einbeziehung von Lieferanten und der Auslagerung der Fertigung geschaffen, die durch Vormontage am Standort der Lieferanten, Einbindung von Zulieferern in das Design und die Endmontage, geteilte Besitzverhältnisse der Fertigungsstandorte, etc., gekennzeichnet waren. Zusätzliche Fragestellungen ergaben sich beispielsweise daraus, dass das initiierende Unternehmen nur etwa zu 15 Prozent des Mehrwerts innerhalb der Lieferkette beitrug.

---

[130] Zur Beschreibung von Aufbau- und Ablauforganisation vgl. z.B. Wöhe / Allgemeine Betriebswirtschaftslehre 1984 / S. 156 ff. u. 171 ff.; Grochla und Wittmann / Handwörterbuch der Betriebswirtschaft 1974 / Sp. 1 ff. u. 190 ff.
[131] Vgl. Hines et al. / Lean Accounting 2002 / S. 55
[132] Der Begriff „integriert" steht für „einbezogen, eingefügt, ergänzt" (vgl. Wahrig-Burfeind / Wahrig Fremdwörterlexikon 2004 / S. 189). Folglich kann „desintegriert" definiert werden als „nichteingegliedert"
[133] Selbstdarstellung des Unternehmens: "Die Smart GmbH ist eine 100%-ige Tochtergesellschaft der DaimlerChrysler AG. Gründung: April 1994, Mitarbeiter: 1.140 (Stand: Jan. 2003), Verwaltungszentrale: Böblingen (Deutschland), Produktionsstandort: Hambach (Frankreich), in 24 Ländern präsent (Stand: Januar 2003)" (Smart / Zahlen und Fakten 2004 / o.S.)

Die konkrete Frage, die daraus resultierte, war, wie eine Lieferkette kontrolliert werden kann, in der das zentrale Unternehmen nur einen relativ geringfügigen Mehrwertbeitrag leistet. Die im Rahmen der Machbarkeitsstudie entwickelte desintegrierte Lieferkette stellte die Grundlage für die Einführung der sog. kundenspezifischen Serienfertigung („mass customization")[134] dar.[135]

Campbell und Wilson bezeichnen den Ansatz einer desintegrierten Lieferkette mit dem Begriff des strategischen Netzwerks („strategic network") und definieren dieses als Gegenpol zu den bereits dargestellten wertorientierten LK-Ansätzen („value concepts"). Demnach sind die wertorientierten Ansätze innerhalb von Geschäftssystemen am effektivsten, die gleichzeitig eine enge Zusammenarbeit und die Beibehaltung unabhängiger Firmen postulieren.[136]

Es lassen sich vier charakteristische Merkmale eines Geschäftssystems identifizieren, die die Entwicklung strategischer Netzwerke begünstigen:[137]

1. Einige der kritischen LK-Aktivitäten müssen Vorteile aufweisen, wenn sie in einer desintegrierten Form durchgeführt werden. Das kann beispielsweise bedingt sein durch Unterschiede bzgl. Markteintrittsbarrieren, Wettbewerbsvorteilen, usw.
2. Spezialisierte Investitionen führen zu höheren Effizienzen. Die Investitionen können Kapitalinvestitionen oder Investitionen in Arbeitskräfte darstellen.

---

[134] Der Terminus der kundenindividuellen Massenfertigung („mass customization") repräsentiert eine weitere Variante der in Abs. A.4.2 angesprochenen hybriden Wettbewerbsstrategien. Im Kern wird darunter – expressis verbis – die kundenindividuelle Massenfertigung von Gütern für einen großen Absatzmarkt verstanden. Die Produkte müssen demzufolge die unterschiedlichen Bedürfnisse von Nachfragern treffen. Dabei sollen die Kosten in etwa denen einer Massenfertigung von standardisierten Produkten entsprechen. Der Ansatz sucht die ausgewogene Verknüpfung von kontinuierlich verlaufender Massenfertigung und der diskontinuierlichen Einzelfertigung (vgl. Piller / Kundenindividuelle Produkte 1997 / S. 16 ff.; Piller und Schoder / Mass Customization 1999 / S. 3 ff.; Chakravarty / Market Driven Enterprise 2001 / S. 132 ff. Vgl. hierzu auch Pine / Mass Customization 1993)
[135] Vgl. Van Hoek und Weken / Smart logistics 2000 / S. 3
[136] Vgl. Campbell und Wilson / Managed Networks 1995 / S. 14 f. Vgl. hierzu auch Jarillo / Strategic Networks 1993
[137] Vgl. Campbell und Wilson / Managed Networks 1995 / S. 14 f.

3. Die Anpassungsgeschwindigkeit („speed of responsiveness") ist von entscheidender Bedeutung
4. Innovationen setzen das Verständnis des ganzheitlichen LK-Systems voraus.[138]

---

[138] Der Begriff „Innovation" kann in folgendem Kontext gesehen und beschrieben werden: „Creativity is the ability to think and act in ways that are new and novel. In our minds, there are two kinds of creativity, innovation and invention. Innovation is thinking creatively about something that already exists (e.g., the tape recorder, Walkman, and CD player are all innovations on the phonograph). Invention is creating something that did not exist before (e.g. the phonograph). A business example illustrates the difference clearly. When a team bases its plans on the way the team has operated in the past, they are open only to innovation, such as increasing efficiency. However, a team that is inventive will ask itself: Can we create a different way to operate, one that will produce a different way of doing business?" (MHA / Innovation 2006 / o.S.). Für einen umfassenden Überblick zu der Thematik vgl. auch Hamel / Leading the Revolution 2002; Davenport / Process Innovation 1993

A.5 Methoden zur Analyse und Messung des Leistungsvermögens der Supply Chain

A.5.1 Beschreibung von Supply Chain-Prozessen

Ein Prozess („process") kann definiert werden als eine Reihe aufeinander folgender Aktivitäten und Handlungen, die durch Ereignisse im Zeitablauf angestoßen werden und zu einem Ergebnis führen. Prozesse lassen sich in Teilprozesse untergliedern. Weiterhin kann unterschieden werden zwischen Schlüsselprozessen („key processes"), die wesentliche Prozesse oder Teilprozesse umfassen und unmittelbar zur Zweckerfüllung im Kerngeschäft beitragen und Hilfsprozessen („support processes"), die zusammenhängende Aktivitäten zur Unterstützung der Schlüsselprozesse darstellen.[139]

Die nachfolgende Auflistung zeigt typische Schlüsselprozesse in produzierenden Unternehmen:[140]

- Produktentstehung
- Entwicklung
- Auftragsgewinnung
- Produktionsplanung
- Beschaffung
- Produktion
- Distribution und Entsorgung.

Häufig sind die genannten Schlüsselprozesse auch auf mehrere Unternehmen verteilt, wenn eine entsprechende Arbeitsteilung vorgegeben ist. Die Schlüsselprozesse sind in den bereits erwähnten Produktlebenszyklus („product life cycle") eingeordnet.[141]

---

[139] Vgl. etwa Schönsleben / Integral Logistics Management 2000 / S. 22
[140] Vgl. etwa Thaler / Supply Chain Management 2003 / S. 17 f. Siehe hierzu auch Nippa und Picot / Prozessmanagement 1995; Kuhn / Prozessketten / 1995; Turner und Thaler / European Supply Chains 1995
[141] Zu einer umfassenden Beschreibung der Struktur, der Elemente und der Steuerungsprinzipien einer Supply Chain vgl. etwa Stevens / Gestaltung und Steuerung von Supply Chains 2005

Grundsätzlich können zwei verschiedene primäre Ansätze zur Abbildung bzw. Beschreibung von Lieferketten unterschieden werden: Der Prozessketten-Ansatz („Process Chain Approach") und das Supply Chain Operations Reference Model (SCOR-Modell).

Das SCOR-Modell erstreckt sich über die komplette Lieferkette, angefangen vom Beschaffungsprozess („source of supply") bis zum Verbrauch („point of consumption"). Es ist ein idealtypischer und branchenübergreifender Ansatz, in dem die Abläufe innerhalb der Lieferkette von den Partnern einheitlich beschrieben werden.[142] Da auf das SCOR-Modell im weiteren Verlauf der Arbeit noch ausführlich eingegangen wird, soll nachfolgend zunächst der erstgenannte Ansatz erläutert werden.

Der Prozessketten-Ansatz („Process Chain Approach"), der auch als Prozessketten-Modell („Process Chain Model") bezeichnet wird, bildet die Lieferkette eines Unternehmens von einer reinen Prozessperspektive ausgehend ab. Das Resultat ist eine Art prozessfokussierte Lieferkette, für die sich auch die Bezeichnung der Prozesskette findet.[143] Das Prozessketten-Modell ermöglicht eine Visualisierung und Analyse sowie die Organisation von Prozessen innerhalb der Lieferkette. Dabei kann jeder Prozess innerhalb der Lieferkette mittels folgender Parameter, die sich in Form von Prozessketten-Elementen niederschlagen, dargestellt werden:[144]

- Eingangsgrößen („input")
- Ausgangsgrößen („output")
- Ressourcen („resources")
- Strukturen („structures")
- Kontrolle („control").

---

[142] Vgl. z.B. Werner / Supply Chain Management 2002 / S. 16; Heinzel / Supply Chain Operations Reference-Modells 2001 / S. 48 f.; Heck / Supply Chain Operations Reference Model 2004 / S. 1 f.; Hagemann / Darstellung des SCOR-Modells 2004 / S. 5 f.

[143] Die dem Modell zugrunde liegende Prozesskette („process chain") kann beispielsweise wie folgt definiert werden: „The process chain is defined as a set of chronological and logical related activities performed to achieve a defined business outcome." (Beckman / Supply Chain Management 1999 / S. 27)

[144] Vgl. Banfield / Value in the Supply Chain 1999 / S. 205 ff.; Handfield und Nichols / Supply Chain Redesign 2002 / S. 40 ff.

Ein Prozessketten-Element ist mit der Unternehmensumgebung durch die Eingangsgrößen verbunden, die sozusagen die Last beschreiben, unter welcher die Lieferkette steht, sowie durch die Ausgangsgrößen. Das jeweilige Prozessketten-Element transformiert eine gegebene Eingangsgröße gemäß der Prozessketten-Gestaltung in eine gegebene Ausgangsgröße. Der Prozess, der im Design hinterlegt ist, ist dabei durch Prozessketten-Elemente auf einer niedrigeren, d.h. detaillierteren Stufe beschrieben.[145]

A.5.2 Mengen-/Zeitengerüst im Kontext der Supply Chain

Der Vergleich zwischen Eingangs- und Ausgangsgrößen lässt Rückschlüsse auf die Produktivität („productivity")[146] der Prozesskette zu, und damit auch auf ihre Effektivität und Effizienz.[147] Der Ansatz hat damit ebenfalls zum Ziel, die erforderlichen Informationen zur Durchführung modellgestützter, quantitativer Leistungsanalysen der Lieferkette bereitzustellen. Im Hinblick auf die Messung der Indikatoren und die dazu erforderlichen Faktoren ist das Mengen-/Zeitengerüst von grundlegender Bedeutung.

Die Kalkulation stellt eine wesentliche Aufgabe der Kostenrechnung im Unternehmen dar. Bevor eine Kalkulation vorgenommen werden kann, sind eine Reihe von Entscheidungen zu treffen, wie beispielsweise in Bezug auf den Zeitpunkt der Kalkulation.

---

[145] Vgl. Kaczmarek und Stüllenberg / Model Based Analysis 2002 / S. 275 ff.
[146] Im allgemeinen Sinne kann der Begriff der Produktivität („productivity") wie folgt definiert werden: „The rate of output per unit of input." Auf den Bereich der BWL übertragen führt dies zu folgender Begriffsdefinition: „In factories and corporations, productivity is a measure of the ability to create goods and services from a given amount of labor, capital, materials, land, resources, knowledge, time, or any combination of those. Since capital goods tend to decline in value and wear out, most economists distinguish between gross capital productivity (total yield) and net capital productivity, which discounts depreciation." (Mintzer / Climate Change 1992 / S. 20. Vgl. beispielsweise auch Schierenbeck / Grundzüge der Betriebswirtschaftslehre 2003 / S. 107 u. 638)
[147] Auf die Begriffe der Effektivität („effectivity") und Effizienz („efficiency") sowie auf die Unterschiede und Zusammenhänge zwischen den Begriffen wird in Abs. A.7.1 näher eingegangen

Im Hinblick auf den Zeitpunkt kann wie folgt in Vor- und Nachkalkulation unterschieden werden:[148]

- Eine Vorkalkulation ist dann erforderlich, wenn ein Produkt neu auf den Markt gebracht wird. Genaue Kostendaten sind deshalb noch nicht bekannt, sie können aber aufgrund von angenommenen Einkaufspreisen, Bearbeitungszeiten, etc. abgeschätzt werden. Die Vorkalkulation ermöglicht mithin eine (initiale) Preisbestimmung.

- Eine Nachkalkulation wird dann meist nach Ablauf einer Abrechnungsperiode vorgenommen, und zwar auf Basis der tatsächlichen Kostendaten (Ist-Kosten). Dabei festgestellte Abweichungen können Preiskorrekturen erforderlich machen.

Kosten repräsentieren den bewerteten Verbrauch von Produktionsfaktoren zur Erstellung und zum Absatz der betrieblichen Leistung sowie zur Aufrechterhaltung der Betriebsbereitschaft. Anders ausgedrückt, werden Mengen und Zeiten mit Preisen oder Kalkulationssätzen multipliziert bzw. bewertet und dadurch die Kosten ermittelt.[149] Die Kalkulation, die auch als Selbstkostenrechnung bezeichnet wird, hat die Zurechnung der Kosten auf die einzelne Leistung zum Ziel. Sie ermittelt mithin die Selbstkosten und schafft damit die Grundlage für die Preispolitik im Sinne der Feststellung von Preisuntergrenzen bzw. der Kalkulation des Angebotspreises.[150]

Die Messung von Lieferkettenkosten (LK-Kosten) stellt häufig denjenigen Bereich dar, an dem Führungskräfte in Unternehmen am meisten interessiert sind. Die Messung bezieht sich außerdem auf ein Gebiet, das oft eine komplexe Aneinanderreihung von Aktivitäten umfasst, so dass eine genaue Messung erschwert wird.

---

[148] Vgl. Preißner / Controlling 2003 / S. 123
[149] Dabei sind die Kosten zu unterscheiden von Ausgaben und Aufwand (zu den verschiedenen Begriffen vgl. etwa Scherrer / Kostenrechnung 2001 / S. 629 f.)
[150] Vgl. Wöhe / Allgemeine Betriebswirtschaftslehre 1984 / S. 871

Es lassen sich zwei vorrangige Schritte identifizieren, die erfolgreich ausgeführt werden müssen, um sicherzustellen, dass die LK-Kosten genau gemessen werden:[151]

- Zuerst muss die Kostenstruktur der Lieferkette möglichst wirklichkeitsgetreu abgebildet werden.
- Dann muss darauf aufbauend das System entworfen werden, um diese Kosten zu messen und zu berichten.

Die Komponenten der Kosten im Allgemeinen wie auch der LK-Kosten im Besonderen, die konkret gemessen (in der Nachkalkulation) oder geschätzt (in der Vorkalkulation) werden können, sind Mengen und Zeiten. Das Mengen-/Zeitengerüst kann folglich in dem besagten Zusammenhang dazu dienen, die Vorzugswürdigkeit einer bestimmten Alternative zu bestimmen, ohne die oftmals aufwändige Problematik der Bewertung mit Preisen und/oder internen Kalkulationssätzen vorauszusetzen. Das gilt insbesondere dann, wenn davon ausgegangen werden kann, dass hinsichtlich der Mengen und Zeiten keine wesentlichen Unterschiede zu erwarten sind.

Stemmler fasst die sich aus diesen verschiedenen Aspekten konstituierende Bedeutung des Mengen-/Zeitengerüsts im Kontext der Lieferkette folgendermaßen zusammen:

„There is no doubt that a successful business depends on accurate and timely delivery of goods or services to its customers. Supply chain management aims at minimizing mass and time. Needless to say, an efficiently managed supply chain requires measurement of the costs[152] associated with the physical movement of goods and related information flows."[153]

Auf das Mengen-/Zeitengerüst und die damit verbundenen Kosten wird im Kontext der nachfolgend beschriebenen Leistungsindikatoren zurückgegriffen.

---

[151] Vgl. Kuglin / Supply Chain Management 1998 / S. 192 ff.
[152] Messung der Kosten in der Nachkalkulation, Abschätzung in der Vorkalkulation (Anm. d. Verf.)
[153] Stemmler / The Role of Finance in Supply Chain Management 2002 / S. 167

A.5.3 Spezielle Leistungsindikatoren der Supply Chain

Indikatoren, um das Leistungsvermögen („Performance") eines Unternehmens zu beurteilen („Performance Indicators"), sollten sowohl den Finanzbereich als auch die Betriebsabläufe abdecken, da das Ziel ist, Kundenzufriedenheit bei niedrigen Kosten zu erreichen und die langfristige Wettbewerbsfähigkeit sicherzustellen. In diesem Sinne sind Leistungsindikatoren nicht nur dazu bestimmt, zur kontinuierlichen Verbesserung der Performanz der Lieferkette beizutragen, sondern darüber hinaus die Unternehmens- und Wettbewerbsstrategie zu steuern. Die Leistungsindikatoren sollten einfach zu definieren, leicht anzuwenden und einfach zu verstehen sein, um den Führungskräften, die sie benutzen, zu ermöglichen, rasch und angemessen mit adäquaten Maßnahmen zu reagieren.

Die Performanz der Betriebsabläufe ist eine wesentliche Prämisse für die (externe) Kundenzufriedenheit. Das finanzielle Leistungsvermögen hingegen reflektiert die (interne) Rentabilität des Unternehmens und seine Fähigkeit, langfristig wettbewerbsfähig zu sein. Im Kurzfrist-Zeitraum besteht die Abschätzung des finanziellen Leistungsvermögens aus der Messung der Grenzkosten pro Einheit[154] für jede Aktivität und jedes Projekt, sowie der Messung der nicht-wertschöpfenden Ausgaben.[155] Mittel- und langfristig ist es schwierig, sie realistisch einzuschätzen. Das ist auf eine Reihe von Ursachen zurückzuführen, wie beispielsweise die Berücksichtigung von Kosten für Forschung und Entwicklung, F&E („Research and Development, R&D"): F&E-Kosten können nicht aufgespalten und auf jedes einzelne Produkt individuell angewendet werden.

---

[154] Grenzkosten sind definiert als die Herstellkosten der jeweils zuletzt ausgebrachten (produzierten) Einheit. Solange die Gesamtkostenkurve eines Produkts oder einer Kostenstelle linear verläuft, sind die Grenzkosten für jedes hergestellte Stück gleich und entsprechen den proportionalen Kosten bzw. den Produktkosten. Die Begriffe Produktkosten, proportionale Kosten und Grenzkosten sind gleichbedeutend. Folglich wird für die Grenzkostenrechnung auch synonym der Begriff der Proportionalkostenrechnung oder des Direct Costing verwendet (vgl. Schierenbeck / Grundzüge der Betriebswirtschaftslehre 2003 / S. 287 ff. u. 676 f.; QM / Grenzkosten 2004 / o.S.)

[155] Ausgaben bzw. Auszahlungen stellen einen negativen Zahlungsstrom im Sinne des Abflusses von Geld dar. Ihnen gegenübergestellt werden die Einnahmen bzw. die Einzahlungen (vgl. Scherrer / Kostenrechnung 2001 / S. 628 ff.)

Die Unternehmensleitung muss bei alledem noch berücksichtigen, dass Kapitalanleger primär auf die Maximierung der Kapitalproduktivität des eingesetzten Kapitals fokussiert sind, was eine Maximierung der Gewinnspanne und des Kapitalumschlags favorisiert. Und schließlich muss sie beim Treffen strategischer Entscheidungen ausreichend finanziellen Spielraum lassen, d.h. einen ausreichenden Finanzfluß („cash-flow") sicherstellen.[156]

Die Steuerung der Unternehmensleistung („Business Performance Management") hat die Intention, im Rahmen der Unternehmensführung sicherzustellen, dass der Fokus auf der Erreichung der definierten strategischen und betrieblichen Ziele liegt. Hierzu wird die Performanz mittels Leistungsindikatoren gemessen und überwacht. Dabei sind jedoch nicht alle Messverfahren und Indikatoren zielführend. Viele Organisationen sind kaum in der Lage, die Menge an Daten zu bewältigen, die entweder irrelevant, oft zu ausführlich, schlecht gegliedert und von geringem Wert für die Entscheidungsfindung sind, oder andererseits schwer verfügbar sein können. Ein „Zuviel" an Daten kann dysfunktional wirken.

Weiterhin haben einige der Indikatoren nur geringfügige Beziehung zu dem, was eine Organisation zu erreichen versucht. Sie sind mithin nicht relevant für die Zielerreichung. Andere Indikatoren können fehlinterpretiert werden, weil ihre Bedeutung unklar oder zweideutig ist. Die möglichen Auswirkungen können in Fehlentscheidungen mit möglicherweise weit reichenden Folgen bestehen. Dies hat zur Entwicklung eines Management-Berichtssystem geführt, das durch Schlüssel-Leistungsindikatoren („Key Performance Indicators, KPIs")[157] und deren Anwendung – beispielsweise im Rahmen einer ausgewogenen Wertungsliste („Balanced

---

[156] Vgl. Govil und Proth / Supply Chain Design 2002 / S. 87 ff. Zum Begriff des Einnahmenüberschusses („cash-flow") siehe die Fußnote unter Abs. A.4.3

[157] Der Terminus des Schlüssel-Leistungsindikators („Key Performance Indicator, KPI") kann wie folgt definiert werden: „A statistical measure of how well an organization is doing. A KPI may measure a company's financial performance or how it is holding up against customer requirements." (ASQ / Key Performance Indicator 2004 / o.S. Vgl. auch Sürie und Wagner / Supply Chain Analysis 2002 / S. 32 f.). Der Begriff soll im Rahmen der vorliegenden Arbeit als Sammelbegriff für andere verwandte Begriffe dienen, wie beispielsweise Leistungsattribute, Kennzahlen und Leistungsmessgrössen, auf die im weiteren Verlauf der Arbeit detailliert eingegangen wird

Scorecard"), auf die im nächsten Abschnitt näher eingegangen wird – gekennzeichnet ist. Die Schlüssel-Leistungsindikatoren müssen im Zusammenhang mit den sog. kritischen Erfolgsfaktoren („Critical Success Factors, CSF") gesehen werden: Kritische Erfolgsfaktoren haben den Zweck, die für den Erfolg eines Unternehmens wesentlichen Faktoren zu identifizieren.[158] Diese eher qualitativen kritischen Erfolgsfaktoren werden von den Schlüssel-Leistungsindikatoren quantifiziert und gemessen.[159]

Es hat sich in diversen Studien bestätigt, dass Unternehmen, die ihre Leistung durch Indikatoren gezielt kontrollieren und steuern, erfolgreicher sind als solche, die dies gar nicht oder nur in begrenztem Umfang tun.[160] Wenn die Führungskräfte eines Unternehmens gut über die Leistungsindikatoren und die Faktoren, die einen Einfluss auf diese haben und zu den Ergebnissen beitragen, informiert sind, können sie bessere und effektivere Entscheidungen treffen. Die Steuerung der Leistungsindikatoren muss dabei auf die Ziele, Problemfelder und Entscheidungsfaktoren, mit anderen Worten: die kritischen Erfolgsfaktoren, ausgerichtet sein.

Die daraus resultierenden Vorteile lassen sich wie folgt zusammenfassen:[161]
- Bessere Zielerreichung („better achievement of objectives")
- Bessere und raschere Entscheidungsfindung („better and quicker decision making")
- Orientierung des betreffenden Mitarbeiterstammes auf gemeinsame Ziele („all staff are aligned to common goals")
- Erhöhtes Vertrauen und gesteigerte Motivation bei Managern und Personal („managers and staff have greater confidence and motivation").

---

[158] Der Erfolg eines Unternehmens lässt sich als Differenz zwischen Leistung und Kosten oder als Differenz zwischen Erlösen (Umsatz) und Kosten ermitteln. In der Erfolgsrechnung wird er als Differenz zwischen Ertrag und Aufwand einer Periode in Form von Gewinn und Verlust ausgewiesen (vgl. Wöhe / Allgemeine Betriebswirtschaftslehre 1984 / S. 873 u. 1021 ff.)
[159] Vgl. Kerzner / Project Management 2003 / S. 63
[160] Vgl. etwa SAP / SAP Benchmarking Study 2004 / S. 2 ff.; SAP / Responsive and Cost-Efficient Supply Chains 2003; Reiner und Hofmann / Performance evaluation of supply chain processes 2004 / S. 1 ff.; PMG / Signals of Performance 2002 / S. 1 ff.
[161] Vgl. BMA / Performance Management 2004 / o.S.

Die den allgemeinen Leistungsindikatoren immanenten Probleme haben dazu geführt, dass spezielle Leistungsmessgrössen und -kennzahlen entwickelt wurden, um den Entscheidungsprozess von Unternehmen in speziellen Bereichen, wie beispielsweise dem LKM, zu unterstützen.

Novack et al. haben etwa einen Fragebogen zur Messung der Leistung im Logistikbereich („logistics service performance") entwickelt. Darin unterscheiden sie in zehn sog. Logistikaktivitäten („logistics activities") und fünf sog. Logistikservice-Ausgangsgrößen („logistics service outputs"). Die Logistikaktivitäten umfassen die Teilprozesse der Lieferkette:[162]

- Einkauf („purchasing")
- Anlieferung („inbound transportation")
- Verpacken („packaging")
- Lagerverwaltung („inventory management")
- Lagerhaltung („warehousing")
- Herstellung („manufacturing")
- Zwischenlieferung („intra-company transportation")
- Auftragsabwicklung („order processing")
- Auslieferung („outbound transportation")
- Logistikgestaltung und Strategieplanung („logistics design and strategic planning").

Die Logistikservice-Ausgangsgrößen messen die Leistung der o.g. Aktivitäten und stellen demnach Leistungsindikatoren dar. Im Einzelnen handelt es sich um:[163]

- Produktverfügbarkeit („product availability")
- Auftragsdurchlaufzeit („order cycle time")
- Logistiktätigkeiten-Reaktionszeit („logistics operations responsiveness")
- Logistik-Systeminformationen („logistics system information")
- Kundendienst („postsale customer support").

---
[162] Vgl. Novack et al. / Logistics Value 1995 / S. 235 ff.
[163] Ebd.

Eine andere Möglichkeit besteht in der Unterscheidung nach Prozess-Leistungsindikatoren („process measurements") und der Methode zur Messung der Indikatoren („metric measurements"). Die Prozess-Leistungsindikatoren beinhalten zum einen die Kundenzufriedenheit („customer satisfaction"). Sie kann durch das Erfassen und Auswerten von Kundenbeschwerden gemessen werden, wobei Kundenbefragungen ebenso zum Einsatz kommen können wie die Einbindung von Kunden in produkt- und verfahrensorientierte Leistungsbeurteilungen.[164]

Als weiterer Indikator ist die Qualität der Kundenlieferungen („quality of customer deliveries") enthalten. Er fokussiert auf die erfolgreiche Auslieferung eines Produkts an einen Kunden, seine Erwartungen erfüllt und Nutzen geschaffen zu haben. Diese Kundenerwartungen schließen in der Regel perfekte Auftragserfüllungsraten sowie die Lieferung der Produkte an den richtigen Ort, in gutem Zustand und zur rechten Zeit, mit ein.

Und schließlich ist die Zeit von der Auftragserteilung bis zur Lieferung bzw. der Bezahlung („order-to-deliver/cash cycle time") enthalten. Sie repräsentiert den Teil des Zyklus von der Auftragserteilung bis zum Zahlungseingang, der den Zeitraum von der Auftragserteilung bis zur Lieferung abdeckt und misst die Zeit, die zwischen dem kundenseitigen Plazieren eines Auftrags und dem Empfang der Lieferung bzw. der Zahlung vergeht.[165]

Ein Verfahren, das zur Messung der Kosten Anwendung findet, ist die sog. Prozesskostenrechnung („Activity-based costing, ABC").[166] Neben der klassischen

---

[164] Zum Terminus der Kundenzufriedenheit („customer satisfaction") und den relevanten Einflussfaktoren vgl. etwa Seibt / Consolidation Framework 1997 / S. 19 ff.
[165] Zu einem Überblick zu aktuellen Entwicklungen auf dem Gebiet des Lieferketten-Kostenmanagements vgl. etwa Cooper R. und Slagmulder / Supply Chain Development 1999
[166] Die Prozesskostenrechnung („Activity-based costing") ist dadurch gekennzeichnet, dass die Zuordnung der Produktgemeinkosten der indirekten Leistungsbereiche auf die hergestellten Produkte nicht unter Zugrundelegung wertmäßiger Bezugsgrößen, sondern entsprechend der zur Herstellung erforderlichen Tätigkeiten (Prozesse, Aktivitäten) unter Berücksichtigung der die Prozesse beeinflussenden Bezugsgrößen („cost drivers") erfolgt (vgl. Scherrer / Kostenrechnung 2001 / S. 655. Vgl. etwa auch Horváth und Mayer / Prozesskostenrechnung 1989 / S. 214 ff.; Cooper R. und Kaplan / Activity-based Costing 1991 / S. 130 ff.)

Zuordnung von Kosten auf Kostenstellen hat die Prozesskostenrechnung insbesondere für Logistikleistungen in den vergangenen Jahren an Bedeutung gewonnen. Da es sich bei Leistungen innerhalb der Lieferkette oftmals um übergreifende Aufgaben sowie um Querschnittsaufgaben handelt, gestaltet sich eine Kostenzuordnung auf interne Kostenstellen als schwierig. Darüber hinaus ist die Transparenz der Kostenverteilung auf inner- und überbetrieblicher Ebene oft nicht gegeben.[167]

Es ist daher im Rahmen der Prozesskostenermittlung notwendig, kostenrelevante Einflussfaktoren zu identifizieren. Diese Einflussfaktoren werden als Kostentreiber („cost driver") bezeichnet. Dabei werden mengen- und leistungsabhängige Kostentreiber unterschieden. Ziel ist es, die Kosten pro Prozessdurchführung zu ermitteln. Die relevanten Basisdaten werden aus den einzelnen Tätigkeiten des Prozesses gewonnen.[168]

A.5.4 Messung von Leistungsindikatoren: Balanced Scorecard und Supply Chain Scorecard

Um darzustellen, wie die zuvor genannten Leistungsindikatoren gemessen bzw. weiter konkretisiert werden können, soll zunächst auf ein Beispiel eingegangen und die dabei verwendete Vorgehensweise erläutert werden. Das nachfolgende Beispiel soll exemplarisch aufzeigen, wie Leistungsindikatoren im Logistikbereich klassifiziert und ermittelt werden können.[169] Zu dem Zweck wird zunächst Bezug genommen auf die bereits angesprochene Studie von Novack et al. zur Messung der Logistikserviceleistung („logistics service performance").[170]

---

[167] Vgl. Dekker und Van Goor / Activity-Based Costing 2000 / S. 41 ff.
[168] Vgl. Thaler / Supply Chain Management 2003 / S. 89. Vgl. hierzu auch Weber / Logistik-Controlling 1992
[169] Für einen Überblick zur betrieblichen Leistungsmessung als Bausteine eines Management-Informationssystems vgl. auch Müller-Hagedorn / Management-Informationssystem 1999 / S. 729 ff.
[170] Siehe unter Abs. A.5.3. Vgl. auch Novack et al. / Logistics Value 1995 / S. 235 ff.

Die Vorgehensweise zur Messung der Leistung der definierten Indikatoren wurde in diesem Zusammenhang dreistufig mittels eines Fragebogens durchgeführt.[171] Die Rücklaufquote lag bei ca. 1600 Führungskräften aus dem Bereich Logistik. Die Unternehmen waren über eine Vielzahl von Industriesektoren verteilt, wobei die meisten – etwa ein Viertel – aus der Nahrungsmittel- und Getränkeindustrie („Food and Beverage industry") kamen.

Die erste Stufe stellte die Ermittlung der Logistikaktivitätskosten und -leistung („logistics activity costs and performance") dar. Der Zweck dieses Teils des Fragebogens war, herauszufinden, welcher Anteil der befragten Unternehmen die Kosten messen, die mit der Leistung der Logistikaktivitäten verbunden sind. Hierbei wurde als Voraussetzung zugrunde gelegt, dass die grundsätzliche Messung von Kosten und Dienstleistungen eine Notwendigkeit für die Quantifizierung des Logistikwerts darstellt.

Den zweiten Teil stellte die Ermittlung der relativen Kosten und der relativen Wertschöpfung („relative cost and relative value creation") dar. Die Befragten wurden in der Umfrage gebeten, die zehn Logistikaktivitätsbereiche im Hinblick auf den Anteil ihrer Logistikaktivitätskosten an den Gesamtkosten der Firmen und der relativen Wertschöpfung jeder Aktivität für ihre Firmen einzuordnen. Ein Rangwert von „1" wurde dem höchsten relativen Logistikaktivitätskosten- und Wertschöpfungsanteil zugewiesen, ein Rangwert von „2" dem nächsthöheren und so weiter, bis hin zu einem Rangwert von „10" für den niedrigsten Anteil.

Dies wurde aus zweierlei Gründen getan: Zum einen, um zu bestimmen, ob es eine Beziehung gibt einerseits zwischen dem, was eine Firma misst, und andererseits den relativen Logistikaktivitätskosten- und Wertschöpfungsanteilen, die tatsächlich gemessen werden. Zum zweiten, um zu identifizieren, ob eine Beziehung besteht zwischen den Kosten einer Aktivität und der daraus resultierenden Wertschöpfung für ein Unternehmen.

---

[171] Auf die Einsatzmöglichkeiten und Besonderheiten eines Fragebogens im Rahmen einer Untersuchung unter Einbeziehung von Leistungsindikatoren wird in Kap. C detailliert eingegangen

Im dritten und letzten Schritt wurde die Logistikservice-Leistung („logistics service performance") ermittelt. Der Teil enthielt zwei getrennte Fragen. Zuerst wurden die Befragten um die Angabe gebeten, ob sie die Leistung der fünf Logistikservice-Ausgangsgrößen (Produktverfügbarkeit, Auftragsdurchlaufzeit, Logistiktätigkeiten-Reaktionszeit, Logistik-Systeminformationen und Kundendienst) überhaupt messen. Zweitens wurden sie gebeten, eine Rangfolge für die fünf Ausgangsgrößen zu vergeben (mit „1" für „ist am wichtigsten" und „5" für „ist am wenigsten wichtig"). Eines der im Rahmen der Studie ermittelten Ergebnisse war, dass Logistikaktivitäten wichtiger aus der Perspektive der Firma sind, während die Logistikservice-Ausgangsgrößen wichtiger für den Kunden sind. Ebenso konnten gute Schlüsse aus weiteren Ergebnissen gezogen werden.[172]

Die geschilderten Probleme hinsichtlich eines einheitlichen Verfahrens zur Messung von Leistungskennzahlen sowie die Annahme, dass die Mehrzahl der existierenden Ansätze zur Leistungsmessung vorrangig auf Finanzkennzahlen basierten, stellten den Auslöser dafür dar, dass Anfang 1990 am Nolan Norton Institute,[173] zu der Zeit der Forschungszweig der Beratungsgesellschaft KPMG,[174] eine Studie zum Thema „Leistungsmessung in Unternehmen der Zukunft" durchgeführt wurde. Die Studie bestätigte, dass sich neben den Problemen des redundanten Aufwands und der mangelnden Vergleichbarkeit konventionelle Ansätze der Leistungsmessung zu stark auf monetäre Größen beschränkten und dabei die wertschöpfenden und zukunftsweisenden Prozesse, wie beispielsweise die LK-

---

[172] Vgl. Novack et al. / Logistics Value 1995 / S. 235 ff.
[173] Selbstbeschreibung der Organisation: „Nolan Norton Institute carries out research in the areas of business strategy, organization development and IT strategy and management. The insights resulting from this are published and used in the consulting practice of Nolan, Norton & Co. The Nolan Norton Institute was founded after the American example in 1988 and since then became a leader in investigating, creating and disseminating knowledge on the management of informationage organizations. Nolan Norton Institute designs and executes research on corporate and business strategy, corporate and business governance and management." (NNI / Nolan Norton Institute 2004 / o.S.)
[174] Selbstdarstellung des Unternehmens: „KPMG was formed in 1987 with the merger of Peat Marwick International (PMI) and Klynveld Main Goerdeler (KMG) and their individual member firms. Spanning three centuries, the organization's history can be traced through the names of its principal founding members – whose initials form the name 'KPMG'. KPMG International is a Swiss cooperative of which all KPMG firms are members. KPMG International provides no services to clients. Each member firm is a separate and independent legal entity and each describes itself as such." (KPMG / History of KPMG 2004 / o.S.)

Prozesse, nur eingeschränkte Berücksichtigung fanden.[175] Die Studie legte außerdem einen Grundstein zur Modifizierung der Unternehmensleistungsmessung durch die Entwicklung einer ausgewogenen Wertungsliste, der sog. Balanced Scorecard (BSC). Die Weiterentwicklung lag vor allem darin, nicht nur auf die Optimierung bereits bestehender Prozesse, Strukturen und Verfahren einzugehen, sondern vielmehr auch neue Prozesse, Strukturen und Verfahren mit einzubeziehen. Dadurch gewinnt die Methode an Dynamik und Innovationskraft.[176]

Das Konzept der BSC wurde von Norton und Kaplan mit der Intention eingeführt, zur Entwicklung von Unternehmenszielen beizutragen, darauf aufbauend die Definition strategischer Initiativen zu unterstützen, um diese Ziele zu erreichen und schließlich die Messung der Ergebnisse im Zeitverlauf zu ermöglichen. Die Methode der BSC war zu dem Zeitpunkt, als sie entwickelt wurde (Anfang der 90er Jahre), nichts völlig Neues, da Firmen bereits eine Reihe von Indikatoren benutzten – sowohl finanzielle als auch nicht-finanzielle, taktische und operative. Aber die Anwendung in einem Verbund und in einer strukturierten Weise, um die Unternehmensleistung zu messen und zu bestimmen, ob die gesetzten Ziele erreicht wurden, war verhältnismäßig neu.[177] Die BSC ist dann zum bevorzugten Meßwerkzeug der größten Beratungsfirmen geworden.[178]

Die Methode ist auch zu einem Hilfsmittel zur Bewertung von Wertschöpfungsstrategien, zur Erfolgskontrolle wertorientierter Prozesse und zur Kontrolle, ob die

---

[175] Vgl. Kaplan und Norton / Balanced Scorecard 1997 / S. VII. Für einem umfassenden Überblick zur Balanced Scorecard vgl. auch Fitzgerald und Moon / Performance Measurement 1996
[176] Vgl. Werner / Supply Chain Management 2002 / S. 269
[177] Vgl. hierzu Kaplan und Norton / Balanced Scorecard 1996 / S. 12 ff. Zur Thematik der Balanced Scorecard vgl. auch Weber und Schäffer / Balanced Scorecard 1999; Horváth und Kaufmann / Balanced Scorecard 1998
[178] Vor allem die großen Strategieberatungsfirmen, wie beispielsweise McKinsey oder die Boston Consulting Group (BCG), haben dieses Verfahren im Rahmen ihrer Strategieprojekte intensiv eingesetzt (vgl. z.B. Koller und Peacock / Planning and Performance 2002 / S. 1 ff.). Darüber hinaus gibt es jedoch auch kleinere Beratungsfirmen, die sich auf die Anwendung des Konzepts spezialisiert haben. Eine der führenden Firmen dieser Art ist etwa Balanced Scorecard Collaborative (BSCol), eine auf die Anwendung der Balanced Scorecard spezialisierte und von Kaplan und Norton, den Schöpfern der Balanced Scorecard, gegründete Beratungsfirma. Das Unternehmen beschreibt sich selbst wie folgt: „Balanced Scorecard Collaborative is a new kind of professional services firm that facilitates the worldwide awareness, use, enhancement, and integrity of the Balanced Scorecard (BSC) as a value-added management process." (BSCol / Balanced Scorecard 2004 / o.S.)

involvierten Interessengruppen („stakeholders") den Wert erhalten, den sie erwarten – beispielsweise hinsichtlich der Kapitalrentabilität („Return on Investment, ROI")[179] – geworden.[180] Die BSC beinhaltet zwei grundlegende Elemente, die Ausgewogenheit („balance") und die Visualisierung von Indikatoren mittels einer Wertungsliste („scorecard"). Die Ausgewogenheit zielt auf den Ausgleich zwischen den folgenden Komponenten ab: Strategische vs. operative Indikatoren, monetäre vs. nicht-monetäre Größen, langfristige vs. kurzfristige Positionen, Kostentreiber vs. Leistungstreiber, harte vs. weiche Faktoren, interne vs. externe Prozesse, vergangene vs. zukünftige Leistungen.[181]

Bei der Visualisierung der Indikatoren mittels einer Wertungsliste steht die Vision eines Unternehmens, die von der Unternehmensleitung vorgegeben wird, im Zentrum der Betrachtung.[182] Diese Vision muss durch Strategien sowie Aktivitäten operationalisiert werden. Die Unternehmensvision, Strategien und Aktivitäten werden in der Regel von vier Perspektiven aus betrachtet:[183]

- Die Finanzperspektive („financial area"), die den Mittelrückfluß und die Wertschöpfung umfasst.

- Die Kundenperspektive („customer area"), die durch Kundenzufriedenheit, Kundenerhaltung, Marktanteil, usw. gekennzeichnet ist.

- Die Geschäftsprozessperspektive („business process area"), die Qualität, Reaktionszeit, Kosten und Neuprodukteinführungen enthält.

- Die Lern- und Entwicklungsperspektive („learning and growth area"), die die Mitarbeiterzufriedenheit und Verfügbarkeit von Informationssystemen einbezieht.

---

[179] Zum Begriff der Rentabilität siehe die Ausführungen unter Abs. A.3.1. Zur Berechnung des Return on Investment (ROI) vgl. etwa Preißner / Controlling 2003 / S. 181 ff.
[180] Vgl. Industry Directions / Performance Measurement 1998 / S. 5
[181] Vgl. Kaplan und Norton / Strategic Management System 1996 / S. 75 ff.; Werner / Supply Chain Management 2002 / S. 269 f.
[182] Die strategische Kernvision beschreibt den Auftrag des Unternehmens, die Kernkompetenzen, die Wettbewerbsorientierung zur Erzielung von Wettbewerbsvorteilen, die zukünftige Wettbewerbspositionierung, zukünftige Produktpalette und finanzielle Ziele (Wachstum, Umsatzrendite, usw.). Daraus lässt sich ableiten, in welchen Bereichen ein Unternehmen Spitzenleistungen erreichen muss. Die erfolgreiche Umsetzung lässt sich an der Bewertung der entsprechenden Leistung im Markt ablesen (vgl. Geimer und Becker / Supply Chain-Strategien 2001 / S. 22)
[183] Vgl. Kaplan und Norton / Strategic Management System 1996 / S. 75 ff.

Jede dieser Perspektiven innerhalb des Rahmens der BSC wird wiederum durch vier Ausprägungen determiniert: Strategische Absichten („objectives"), Indikatoren („measures"), Ziele („targets") und Initiativen („initiatives").[184] Die BSC gewährt quasi eine ausgewogene Perspektive („balanced view") der ausgewählten finanziellen und nicht-finanziellen Indikatoren, die notwendig sind, um den strategischen Plan voranzutreiben und die Unternehmensleistung zu überwachen. In den meisten Fällen sind die Indikatoren mittels Datenbanken („Data Warehouses")[185] und Tabellenkalkulationen umgesetzt worden. Sie waren jedoch zum einen nicht zwangsläufig auf die erfolgskritischen Unternehmensprozesse und -systeme im Allgemeinen und die LK-Prozesse und -Systeme im Besonderen ausgerichtet. Zum anderen gestaltete sich das Sammeln, Aggregieren und Analysieren der (richtigen) Daten oftmals als schwierig und teilweise sogar unmöglich, da die erforderlichen Daten nicht immer vorhanden waren.

Die BSC hat sich zu einer der am weitesten verbreiteten und anerkannten Methode zur Definition und Steuerung der Unternehmensstrategie entwickelt. Gemäß einer exemplarischen Studie zum Thema Leistungssteuerung gaben fast die Hälfte (46 Prozent) der befragten Führungskräfte an, dass ihre Firmen die Methode der BSC benutzten oder planen, sie zukünftig einzusetzen. Bemerkenswert war, dass die Verbreitung im industriellen Bereich und dem Handelssektor größer war als im Dienstleistungssektor. Der Einsatz der BSC wurde mehrheitlich vom Vorstandsvorsitzenden (Chief Executive Officer, CEO) oder dem Leiter der Finanzabteilung (Chief Financial Office, CFO) gefördert.[186]

Die genaue Ausprägung der Scorecard hängt maßgeblich vom jeweils untersuchten Unternehmensbereich ab. Für den Bereich der Lieferkette wurde eine spezi-

---

[184] Vgl. BMA / Balanced Scorecard 2004 / o.S. In diesem Zusammenhang ist es wichtig zu verstehen, dass die aufgelisteten Perspektiven nicht allgemeingültig, sondern unternehmensspezifischer Natur sind

[185] Data Warehouses können wie folgt definiert werden: „A logically consolidated store of data drawn from one or more sources within the enterprise and/or outside the enterprise." (Simon und Shaffer / Data Warehousing 2001 / S. 9)

[186] Vgl. Industry Directions / Performance Measurement 1998 / S. 5 ff.; Zeller / Controlling von Unternehmensnetzwerken 2003 / S. 8 ff.; Kummer / Supply Chain Controlling 2001 / S. 81 ff.

Kapitel A: Ziele, Methodik, Vorgehensweise und Begriffslegung 63

elle Lieferketten-Wertungsliste („Supply Chain Scorecard") entwickelt.[187] Die besonderen Indikatoren, die erforderlich sind, um die Leistung der Lieferkette („Supply Chain Performance") zu messen und zu steuern, variieren in Abhängigkeit vom Kundentyp, der Produktlinie, dem Industriesektor sowie weiteren Faktoren.[188]

Da die Lieferkette ultimativ auf den Endkunden abzielt, muss bei der Entwicklung einer SC-Scorecard und der Identifikation der speziellen Kennzahlen die Sichtweise des Endabnehmers einbezogen werden. Das schließt konsequenterweise Aspekte mit ein, die im Hinblick auf die Fähigkeiten der Lieferkette, Endkundenanforderungen kosteneffizient zu befriedigen, relevant sind.[189]

Weil die Entwicklung einer speziell auf die Lieferkette ausgerichteten Scorecard die Offenlegung von Unternehmenszielen und -daten zwischen den LK-Partnern voraussetzt, ist die Ausführung nicht praktikabel, wenn kein Vertrauen zwischen den innerhalb der Lieferkette kooperierenden Firmen besteht. Folglich erfordert eine SC-Scorecard, die von allen Parteien in der Lieferkette geteilt wird, ein weit reichendes Vertrauen. Gleichzeitig können jedoch die gemeinschaftliche Entwicklung einer SC-Scorecard und das damit verbundene Teilen von Daten das gegenseitige Vertrauen und die Partnerschaft stärken. Dennoch erscheint die Einführung einer auf die gesamte Lieferkette ausgerichteten Scorecard, obwohl theoretisch wünschenswert, in der Praxis relativ schwierig.[190]

Neben der Scorecard stellt das bereits erwähnte SCOR-Modell einen weiteren einheitlichen Ansatz insbesondere zur Messung der Lieferketten-Leistung („Supply Chain Performance") dar. Da sich der Ansatz über die komplette Lieferkette hinweg erstreckt, sind die Abläufe konfigurierbar und es besteht die Möglichkeit,

---

[187] Vgl. Werner / Balanced Scorecard im Supply Chain Management 2000 / S. 8 ff. u. 14 f.
[188] Für einen wissenschaftlich fundierten Überblick zu operativen und strategischen Management- und Controllingansätzen zur Messung der Leistungsfähigkeit von Lieferketten sei auf die Arbeit von Erdmann verwiesen (vgl. Erdmann / Supply Chain Performance Measurement 2003)
[189] Vgl. Sürie und Wagner / Supply Chain Analysis 2002 / S. 33 f.
[190] Vgl. Zimmermann / Balanced Scorecard 2002 / S. 413. Thaler spricht in dem Zusammenhang vom „Spannungsfeld" zwischen Hersteller und Zulieferer (vgl. Thaler / Supply Chain Management 2003 / S. 16)

unterschiedliche Alternativen eines gleichen Prozesses abzubilden. Dadurch entsteht sozusagen eine normierte Sprache für die unternehmensinterne und unternehmensübergreifende bzw. -integrierte Kommunikation, was wiederum eine wesentliche Voraussetzung für den Leistungsvergleich zwischen den LK-Partnern darstellt. Die Leistung der jeweiligen Abläufe in den standardisierten Lieferketten wird mit Hilfe spezieller Leistungsindikatoren gemessen.[191]

Auf die im Rahmen des SCOR-Modells verwendeten Indikatoren wird in den folgenden Kapiteln noch im Detail eingegangen.

---

[191] Vgl. z.B. Kanngießer / Supply Chain Modellierung mit dem SCOR-Modell 2002 / S. 9 ff.; Heck / Supply Chain Operations Reference Model 2004 / S. 13 ff.; Geimer und Becker / Supply Chain Operations Reference Modell 2001 / S. 128 ff.

Kapitel A: Ziele, Methodik, Vorgehensweise und Begriffslegung

A.6 Fokussierung der Arbeit auf das SCOR-Modell

Im Jahre 1996 wurde das sog. Supply-Chain Council (SCC) in den Vereinigten Staaten gegründet.[192] Mit dem Supply Chain Operations Reference (SCOR)-Modell hat diese Organisation eine Unterstützung bei der Standardisierung bzw. Normierung von Lieferketten sowohl innerhalb eines Unternehmens, als auch zwischen ihm und anderen Unternehmen, geschaffen. Das primäre Ziel des SCC ist es, ein gemeinsames Verständnis der Prozesse und Aktivitäten in den verschiedenen Unternehmen, die an einem Lieferketten-Netzwerk partizipieren, zu fördern. Die Prozesskategorien im SCOR Modell werden anhand der Dimensionen „Produktionskonzept" und „Ausrichtung der Produktstruktur" unterschieden. Die Ausprägung „discrete" entspricht hier der Ausrichtung auf die Montage, d.h. einer konvergenten Produktstruktur, während die Ausprägung „process" der Ausrichtung auf den Prozess, d.h. einer divergenten Produktstruktur, entspricht.[193]

Die Hauptaufgabe des im Vorfeld dargestellten Supply Chain Management (SCM)-Konzepts ist die kontinuierliche Synchronisierung von Wertschöpfung im gesamten Lieferketten-Netzwerk und die permanente Abstimmung mit der Verbrauchernachfrage. Darauf basiert die dem SCOR-Modell zugrunde liegende Lieferkette über die SCOR-Steuerungsprozesse in allen involvierten Unternehmen auf Lieferanten- und Kundenseite.[194]

---

[192] Eigendarstellung der Organisation: „The Supply-Chain Council was organized in 1996 by Pittiglio Rabin Todd & McGrath (PRTM) and Advanced Manufacturing Research (AMR), and initially included 69 voluntary member companies. The Supply-Chain Council now has closer to 1,000 corporate members worldwide and has established international chapters in Europe, Japan, Australia/New Zealand, South East Asia, and Southern Africa with additional requests for regional chapters pending. The Supply-Chain Council's membership is primarily practitioners representing a broad cross section of industries, including manufacturers, services, distributors, and retailers. The site is divided into a 'public' and a 'member's only' section. Nonmembers are welcome to browse the public section information including the Supply-Chain Operations Reference-model (SCOR) Overview materials, IT vendors, consultants, and researchers that support SCOR, calendar of upcoming events, links to other related organizations, and general information on the association. For a nominal annual fee members have access via password to the current version of SCOR, complete contact information on all members, email access to committee dialog on SCOR, given at Supply-Chain Council conferences, and research study results conducted by members and others under the auspices of the Supply-Chain Council." (Supply-Chain Council / About SCC 2006 / o.S.)

[193] Vgl. etwa Schönsleben / Integral Logistics Management 2000 / S. 152 f.; Meyr et al. / Basics For Modeling 2002 / S. 45 f.

[194] Auf die SCOR-Steuerungsprozesse wird in Kap. B ausführlich eingegangen

Alle Bedingungen und Möglichkeiten, die erforderlichen Prozess-Schritte zu erfüllen, werden als ein Ganzes von den Teilnehmern im Verbund getragen und gemeinschaftlich vereinbart. Die Planungs- und Kontrollmethoden, die erforderlich sind, dies zu ermöglichen, decken sich konsequenterweise mit den Methoden, die in Firmen zur internen Planung und Kontrolle benutzt werden. Weitere Maßnahmen schließen Verfahren ein, auf Daten zwischen Unternehmen zuzugreifen, insbesondere auf Lager- und Kapazitätsdaten.[195]

Ein großer Nutzen des SCOR-Modells liegt in der Definition einer gemeinsamen Sprache zur Kommunikation zwischen den verschiedenen innerbetrieblichen Funktionen und den ausserbetrieblichen Partnern der Lieferkette. Nur bei einem gemeinsamen Verständnis der relevanten Prozesse ist eine optimierte Gestaltung der Kunden-Lieferanten-Beziehungen über die gesamte Lieferkette möglich.[196] Die Definition von Indikatoren für die Leistung der Lieferkette („Supply Chain Performance") im SCOR-Modell schafft die Voraussetzung für deren kontinuierliche Bewertung und Optimierung. Des Weiteren ist der Vergleich der Performanz von Lieferketten mittels eines speziellen Vergleichsverfahrens, dem sog. Benchmarking,[197] erst auf Basis solcher Indikatoren möglich.[198]

---

[195] Vgl. Schönsleben / Integral Logistics Management 2000 / S. 152 f.
[196] Trommer fasst den genannten Sachverhalt folgendermaßen zusammen: „Various departments are now talking the same language (...), that's a notable achievement. The framework (gemeint ist das SCOR-Modell; d. Verf.) helped to break down functional silos and allowed people to look at real issues and practices holding back supply chain management improvements. It gave people the chance to look at the supply chain with customer-wide needs in mind." (Trommer / Reference Model 1996 / S. 59. Der Autor zitiert Vinay Asgekar, Leiter der Business Process Reengineering (BPR)-Gruppe des Unternehmens Rockwell Semiconductors)
[197] Der Begriff des Benchmarking kann wie folgt definiert werden: „The process of measuring products, services, and practices against the toughest competitors or those known as leaders in their field. The subjects that can be benchmarked include strategies, operations, processes, and procedures. The objective of benchmarking is to identify and learn 'best practices' and then to use those procedures to improve performance." (SQN / Benchmarking 2004 / o.S.). Vgl. hierzu ebenfalls Schäfer S. und Seibt / Benchmarking 1998 / S. 365 ff.; Schönsleben / Integral Logistics Management 2000 / S. 95; Schumann / Supply Chain Controlling 2001 / S. 102. Siehe hierzu auch die Ausführungen in Kap. C, Abs. C.1.1.1 u. C.1.1.2
[198] Vgl. Seuring / Supply Chain Costing 2002 / S. 20 f.; Werner / Supply Chain Management 2002 / S. 24

Die seit etwa Ende der 90er Jahre zunehmende breite Akzeptanz des SCOR-Modells in den USA sowie die rasch steigende Zahl von Mitgliedern im SCC sind ein deutliches Anzeichen dafür, dass sich hier ein De facto-Standard für die Analyse von Lieferketten entwickelt. Mit den verstärkten Bemühungen des SCC, durch die Gründung eines „European Chapter" in Europa eine Anwenderbasis zu schaffen, wird das SCOR-Modell voraussichtlich auch europaweit mehr und mehr Verbreitung finden.[199]

Welke greift den Standardisierungsaspekt auf und bezeichnet SCOR als ein normatives Model („normative model"). Ein normatives Modell setzt sich aus einem vordefinierten Satz an Alternativen zusammen. Es beschreibt, wie ein Objekt des Modells gesehen werden sollte und wie es sich verhalten sollte („should be seen and behave"). Der Wert von normativen Modellen liegt primär in folgenden Bereichen:[200]

- Vereinfachung der Modellierung („simplification of modelling – constrained choice vs. green field") durch einen höheren Abstraktionsgrad
- Ermöglichung des Austauschs von Modellen über Unternehmenseinheiten und Organisationen hinweg mittels Standardisierung („standardization")
- Beschreibung von allgemeingültigen Problemen und Kennzahlen („common problems and metrics") mittels Standardisierung
- Austausch von Industrienormen und optimalen Verfahren („benchmarking and best practices")[201] mittels Standardisierung.

---

[199] Vgl. Hellingrath / Standards für die Supply Chain 1999 / S. 78
[200] Vgl. Welke / End-to-end Business Processes 2003 / S. 13 ff. Die Thematik wurde auch in einem persönlichen Gespräch des Verfassers mit Welke eingehend diskutiert (s. Poluha / Themenbesprechung August 2004 / o.S.)
[201] Der Terminus „best practices" kann folgendermaßen definiert werden: 1. Vorbildliche Lösungen oder Verfahrensweisen, die zu Spitzenleistungen führen, sind „best practice". 2. Das Vorgehen, solche Verfahren zu ermitteln und für die Verbesserung der eigenen Prozesse zu nutzen, oft als Weiterführung von Benchmarking. Best practice ist ein pragmatisches Verfahren. Es systematisiert vorhandene Erfahrungen erfolgreicher Organisationen (oft auch Konkurrenten), Anwendern, usw., vergleicht unterschiedliche Lösungen, die in der Praxis eingesetzt werden, bewertet sie anhand betrieblicher Ziele und legt auf dieser Grundlage fest, welche Gestaltungen und Verfahrensweisen am besten zur Zielerreichung beitragen (vgl. O'Dell und Grayson / Best Practice 1998 / S. 167). Im weiteren Verlauf der Arbeit wird synonym die deutsche Übersetzung „optimale Verfahren" verwendet

Normative Modelle stellen dabei nichts grundsätzlich Neues dar, sondern sind bereits seit den 80er Jahren bekannt. Ihr Ursprung geht u.a. auf die sog. Business Information Analysis and Integration Technique (BIAIT) nach Burnstine und Soknacki zurück. Während das Wachstum in der Computerindustrie in den 80er Jahren überdurchschnittlich hoch gewesen ist, wurde dieses Wachstum nicht von einer analogen verbesserten Kommunikation zwischen den Führungskräften in Anwenderunternehmen und deren EDV-/IT-Managern hinsichtlich der effektiven Anwendung der neuen computergestützten Technologie begleitet. Es wurde offensichtlich, dass ein fundamentales Erfordernis bestand, Wege zu finden, um die Bedeutung von IT-Anwendungen für die Führungskräfte deutlich zu machen. Zur Lösung dieses Kommunikations- und Abschätzungsproblems wurde BIAIT entwickelt.[202]

Neben BIAIT gab es weitere – und teils frühere – Ansätze zur Entwicklung normativer Geschäftsprozessmodelle, wie beispielsweise das von Grochla entwickelte Kölner Integrationsmodell (KIM), das Modell der ganzheitlichen Informationssystem-Architektur (ISA) von Krcmar und die von Scheer entwickelte Architektur integrierter Informationssysteme (ARIS).[203]

Die normativen Modelle stellten einen Vorläufer für das SCOR-Modell dar, wobei das SCOR-Modell sich speziell auf die Lieferkette von Unternehmen konzentriert. Statt des Begriffes des normativen Modells findet sich häufig auch die Bezeichnung des Referenzmodells für SCOR. Hierauf wird im folgenden Kapitel B näher eingegangen.[204]

---

[202] Vgl. hierzu Burnstine und Soknacki / BIAIT 1979 / S. 115 ff. BIAIT ist im Rahmen eines IBM-Forschungsprojekts entstanden und wurde innerhalb von IBM weiterentwickelt. Der Anwendungsbereich umfasste die Prozessbereiche der Planung und Ausführung von Anwendungsentwicklung, Marketingplanung und Organisationsanalyse. Ein Planungsansatz zur Anwendungsentwicklung, der auf den BIAIT-Prinzipien beruht, ist das sog. Business Information Control Study (BICS). Der BICS-Ansatz führt zu einer umgehenden Identifikation der Problembereiche, die eine hohe Sichtbarkeit gegenüber der Unternehmensleitung und ein großes Potenzial zur Realisierung von Vorteilen durch den Gebrauch von Computern haben (vgl. Carlton / Business Information Analysis and Interaction Technique 1980 / S. 2)

[203] Vgl. Cremer / Geschäftsprozessmodellierung 2005 / S. 35 ff. Zum Kölner Integrationsmodell siehe auch Grochla et al. / Kölner Integrationsmodell (KIM) 1974

[204] Siehe Kap. B, Abschn. B.2

Die derzeit verfügbaren normativen Modelle lassen sich nach folgenden drei Kategorien systematisieren:[205]

1. Die Modellierungssicht, d.h. handelt es sich um ein Struktur- oder Verhaltensmodell
2. Der E-Business-Bereich, d.h. handelt es sich um Business-to-Business (B2B), Business-to-Consumer (B2C) oder etwa Government-to-Consumer (G2C)[206]
3. Den Wirtschaftszweig, d.h. handelt es sich um Unternehmen aus Industrie, Handel oder dem öffentlichen Sektor.

Die vorliegende Arbeit fokussiert auf Industrieunternehmen, da der Verfasser in diesem Wirtschaftszweig praktische Erfahrungen gesammelt hat. Ferner soll auf den E-Business-Bereich des B2B fokussiert werden, da davon ausgegangen werden kann, dass hier die größten Erfolgspotentiale im Wettbewerb liegen.[207] Darüber hinaus hat dieser Bereich den bei weitem größten Einfluss auf die Gestaltung und Steuerung von Lieferketten oder, anders gesagt: Das massive Wachstum im Bereich B2B hat die Bedeutung des LKM zweifellos hervorgehoben.[208]

Im Hinblick auf Modelle, die für B2B in der Industrie zur Verfügung stehen, gibt es derzeit lediglich ein ernstzunehmendes Modell, nämlich das SCOR-Modell. In der Literatur werden weitere Modelle für das E-Business beschrieben, die z.T. jedoch nicht umfassend dokumentiert sind oder keine normativen Modelle in dem hier eingeführten Sinne darstellen.[209]

---

[205] Vgl. Fettke und Loos / Referenzmodelle für das E-Business 2003 / S. 33 f.
[206] B2B fokussiert auf die Interaktionen institutioneller Partner untereinander, B2C auf das Geschäft mit dem Endverbraucher und G2C auf die Interaktionen zwischen öffentlicher Verwaltung und Endverbrauchern (vgl. z.B. Stadtler / Supply Chain Management 2002 / S. 15 f.; Kodweiss und Nadjmabadi / Supply Chain Management 2001 / S. 75 f.; Schäfer S. / Einführung von E-Business Systemen 2002 / S. 16 f.)
[207] Vgl. Werner / Supply Chain Management 2002 / S. 113
[208] Vgl. Premkumar / Interorganizational Systems 2002 / S. 367
[209] Vgl. Fettke und Loos / Referenzmodelle für das E-Business 2003 / S. 34

Aus den genannten Gründen wird im weiteren Verlauf der Arbeit auf das SCOR-Modell fokussiert. An späterer Stelle wird zudem noch deutlich gemacht werden, dass das SCOR-Modell mittlerweile auch massiven Einzug im Bereich des öffentlichen Sektors gehalten und dort an Bedeutung gewonnen hat. Das betrifft jedoch nicht den bereits dargestellten E-Business-Bereich G2C, sondern vielmehr die Bereiche Government-to-Government (G2G) und Government-to-Business (G2B). Die o.g. Einteilung kann folglich um diese Business-Bereiche erweitert werden, in der das SCOR-Modell zurzeit eine vorrangige Position einnimmt, wie noch deutlich gemacht wird.[210]

---

[210] Siehe dazu Kap. B, Abs. B.4.1.3

A.7 Analyse von Supply Chain-Prozessen unter Anwendung des SCOR-Modells

Razvi beantwortet die Frage, weshalb eine Planung und Analyse der Lieferkette („Supply Chain Planning and Analysis") essentiellen Charakter hat, wie folgt:

„Business today has evolved so that competition is between whole supply chains rather than individual companies. Selecting a few targeted key performance indicators can help a company to concentrate on its supply chain goals. Choosing the wrong indicators, on the other hand, could lead to a decline in supply chain performance. In addition, analyzing the supply chain based solely on individual events can have the opposite effect, causing turbulence in the supply chain."[211]

Die Aussage referenziert auf die Bedeutung, die der Analyse der Lieferkette und ihrer Performanz zukommt. Hugos definiert fünf sog. Treiber der Lieferkette („supply chain drivers"), die das Leistungsvermögen einer Lieferkette dominieren. Jeder dieser Treiber hat zwei Kompetenzen (bzw. im vorliegenden Kontext genauer: Lieferketten-Kompetenzen):[212] Die Leistungsfähigkeit („capability") und die Effizienz („efficiency"). Die fünf Treiber und die beiden Ausprägungen hängen folgendermaßen zusammen:[213]

- Fertigung („production"): Dieser Treiber kann sehr leistungsfähig gestaltet werden, beispielsweise durch den Bau zusätzlicher Fabriken, die überschüssige Kapazitäten aufweisen und flexible Herstellerverfahren benutzen, um ein großes Produktsortiment zu fertigen. Falls Effizienz angestrebt wird, kann eine Firma Fabriken mit geringer überschüssiger Kapazität aufbauen und die Fabriken für die Herstellung eines begrenzten Sortiments optimieren.

---

[211] Siehe Razvi / Supply Chain Performance Management 2002 / S. 3
[212] Schäfer und Seibt definieren Kompetenz als die Fähigkeit, „(...) innovative Produkte in höchster Qualität zu marktfähigen Preisen schneller als die Konkurrenz herstellen zu können. Um dies zu realisieren, müssen die Prozesse der Unternehmen kontinuierlich verbessert und durch die Integration neuer, innovativer Ideen effektiver und effizienter gestaltet werden." (Schäfer S. und Seibt / Benchmarking 1998 / S. 365). Im vorliegenden Zusammenhang beziehen sich diese Fähigkeit sowie die damit verbundenen Prozesse ausdrücklich auf die Lieferkette, was durch die Bezeichnung der Lieferketten (LK)-Kompetenz verdeutlicht wird. Die Kompetenz wiederum determiniert das Leistungsvermögen (Performanz)
[213] Vgl. Hugos / Supply Chain Management 2003 / S. 34 ff.

- Lagerbestände („inventory"): Leistungsfähigkeit kann hier durch die Haltung von hohen Lagerbeständen für ein großes Sortiment der Produkte erzielt werden. Effizienz im Hinblick auf die Lagerverwaltung würde die Verringerung von Bestandsmengen aller Produkte verlangen – insbesondere solcher, die eine geringe Umschlagshäufigkeit aufweisen.

- Standort („location"): Ein Standortansatz, der das Leistungsvermögen betont, wäre beispielsweise darin zu sehen, wo eine Computerfirma viele Filialen eröffnet, um physisch nahe an der Kundenbasis zu sein. Effizienz kann durch das Bedienen des Kundenstamms von nur wenigen Standorten und die Zentralisierung von Aktivitäten erzielt werden.

- Beförderung („transportation"): Leistungsfähigkeit kann durch einen Beförderungsmodus erreicht werden, der schnell und flexibel ist. Effizienz kann durch das Transportieren von Produkten in zusammengefassten Lieferungen („batches") und weniger häufige Auslieferungen erzielt werden.

- Information („information"): Der Einfluss dieses Treibers wächst kontinuierlich, während sich die Technologie zum Sammeln und Verteilen von Informationen zunehmend weiter verbreitet, leichter zu benutzen ist und kostengünstiger wird.[214] Ein hohes Leistungsvermögen kann von den Betrieben dadurch erreicht werden, dass Daten akkurat und zeitnah gesammelt werden, wobei das die Aufgabe der vier vorgenannten Treiber darstellt. Wenn das Ziel höhere Effizienz ist, kann dies dadurch erzielt werden, dass eine geringere Menge an Informationen gesammelt und dadurch die hierzu erforderlichen Aktivitäten verringert werden.

---

[214] Zur Bedeutung von Informationen im Kontext des LKM vgl. etwa Ayers / Supply Chain Information Systems 2002 / S. 241 ff.; Nickles et al. / Managing information technology 1999 / S. 494 ff.

Das folgende Schaubild fasst diese Zusammenhänge noch einmal anschaulich zusammen:

	Capability	Efficiency
1. Production	• Excess capacity • Flexible manufacturing • Many smaller factories	• Little excess capacity • Barrow focus • Few central plants
2. Inventory	• High inventory levels • Wide range of items	• Low inventory levels • Fewer items
3. Location	• Many locations close to customers	• Few central locations serve wide areas
4. Transportation	• Frequent shipments • Fast and flexible mode	• Shipments few, large • Slow, cheaper modes
5. Information	• Collect & share timely, accurate data	• Cost of information drops while other costs rise

Abb. A-2: Zusammenhang zwischen Lieferketten-Treibern und Lieferketten-Kompetenzen[215]

Auf die beiden genannten Lieferketten-Kompetenzen, Leistungsfähigkeit und Effizienz, wird in der Folge näher eingegangen. Beide werden in der vorliegenden Arbeit unter dem Begriff des Leistungsvermögens („Performance") subsumiert, welches – expressis verbis – durch die dargestellten KPIs gemessen wird.

---

[215] Vgl. Hugos / Supply Chain Management 2003 / S. 37

A.7.1 Effizienz der Supply Chain

Effektivität („effectivity") wird in der Betriebswirtschaftslehre als Grad der Zielerreichung definiert und ist dementsprechend eine Maßgröße für die Arbeitsleistung („output"). Es geht mithin darum, die richtigen Dinge zu tun („doing the right things").[216]

Die Effizienz („efficiency") als mögliches Unterziel der Effektivität stellt eine Relation von Eingangsvariablen und Ausgangsvariablen dar und kann deshalb als Maßstab für die Ressourcenwirtschaftlichkeit dienen.[217] Es geht somit darum, die Dinge, die getan werden, richtig zu tun („doing the things right"). Die Effektivität impliziert beispielsweise ein attraktives Preis-/Leistungsverhältnis für den Kunden, Wettbewerbsvorteile in den nutzenrelevanten Qualitätselementen, einen zielkonformen Markteinführungszeitpunkt oder einen plan- bzw. überplanmäßigen Absatz der neuen Produkte. Als effizient gelten Aktivitäten, wenn sie mit relativ geringen Kosten, einer relativ kurzen Entwicklungszeit oder der Nutzung von Synergieeffekten einhergehen. Gemeinsam beeinflussen Effektivität und Effizienz den wirtschaftlichen Erfolg.[218]

In einem Wirtschaftsunternehmen wird die Effizienz mithin maßgeblich durch die Kosten determiniert respektive reflektiert. Im Zusammenhang mit den Kosten innerhalb der Lieferkette spricht man auch von Lieferkettenkosten („supply chain costs"). Die LK-Kosten können im Rahmen einer auf die Lieferkette fokussierten

---

[216] Vgl. Werner / Supply Chain Management 2002 / S. 10. Seibt benutzt für „effectivity" synonym den Begriff „effectiveness" mit der folgenden Definition: „Effectiveness is the result factor that is frequently associated with output quality." (Seibt / Consolidation Framework 1997 / S. 20)
[217] Die Wirtschaftlichkeit ist definiert als Ertrag im Verhältnis zum Aufwand, oder Leistung im Verhältnis zu den Kosten. Dagegen ist die Produktivität als Ausbringungsmenge im Verhältnis zur Faktoreinsatzmenge festgelegt. Die Wirtschaftlichkeit wird deshalb auch als ökonomische Effizienz, die Produktivität als technische Effizienz bezeichnet. (vgl. Schierenbeck / Grundzüge der Betriebswirtschaftslehre 2003 / S. 593; Bea et al. / Allgemeine Betriebswirtschaftslehre: Leistungsprozess 1991 / S. 2 f.)
[218] Vgl. FHTE / Effizienz 2004 / o.S. Zum Begriff des unternehmerischen Erfolgs siehe Kap. A, Abs. A.5.3. Seibt definiert Effizienz wie folgt: „Efficiency is a measure of process economy and indicates the degree to which the process is able to produce a higher value of output with lower levels of cost." (Seibt / Consolidation Framework 1997 / S. 21)

Kapitel A: Ziele, Methodik, Vorgehensweise und Begriffslegung 75

Zielkostenrechnung („target costing in supply chains") erfasst werden.[219] Die lieferkettenfokussierte Grenzkostenrechnung dehnt das Betrachtungsfeld der Kostenkontrolle auf die gesamte Lieferkette aus. Das Betrachtungsfeld der konventionellen Kostenkontrolle ist eine einzelne Firma. Die grundlegende Idee der Kostenkontrolle innerhalb der Lieferkette ist, den Kostenkontroll-Ansatz auf die ganze Lieferkette auszudehnen, was einen Ansatz erfordert, der über organisatorische Grenzen hinausgeht.[220]

Die daraus resultierende inter-organisationale Kostenkontrolle stellt einen Ansatz dar, der zum Ziel hat, die Kosten und die daraus resultierenden Gewinne zu kontrollieren. Dabei werden Synergien ausgenutzt, die über mehrere Firmen in einer Lieferkette hinweg existieren. Traditionellen Kostenrechnungssystemen ist es nur bedingt gelungen, eine genaue Analyse der Kosten über die Produktionsdomäne hinaus sicherzustellen. Im Gegensatz dazu helfen Prozesskostenrechnungssysteme („Activity-based costing systems")[221] den Unternehmen, Kosten, die mit Lieferanten- und Kundenbeziehungen verbunden sind, genauer zuzuteilen. Diese lieferanten- und kundenorientierten Kosteninformationen sollen es Firmen ermöglichen, Gelegenheiten zur Erhöhung der Kosteneffizienz ihrer Handelsbeziehungen innerhalb der Lieferkette zu identifizieren.[222]

Das LKM hat wesentlich dazu beigetragen, operative Bestandspuffer und Kosten seitens der Hersteller, Großhändler und Einzelhändler zu senken. Firmen, die beispielsweise an dem vom Massachusetts Institute of Technology (MIT)[223] initi-

---

[219] Die Zielkostenrechung („Target Costing") im allgemeinen Sinne stellt eine kunden- bzw. marktorientierte Kostenbestimmung dar, bei der alle relevanten Kosteneinflussgrößen als Variablen betrachtet werden (vgl. Scherrer / Kostenrechnung 2001 / S. 660). Zum Begriff der lieferkettenbasierten Zielkostenrechnung vgl. beispielsweise Kajüter / Cost Management 2002 / S. 35 f.
[220] Vgl. Goldbach / Supply Chain Costing 2002 / S. 94 ff.
[221] Zum Begriff der Prozesskostenrechnung („Activity-based costing, ABC") siehe die Ausführungen unter Abs. A.5.3
[222] Vgl. Slagmulder / Managing Costs Across the Supply Chain 2002 / S. 86
[223] Selbstdarstellung der Organisation: „The Massachusetts Institute of Technology – a co-educational, privately endowed research university – is dedicated to advancing knowledge and educating students in science, technology, and other areas of scholarship that will best serve the nation and the world in the 21st century. The Institute has more than 900 faculty and 10,000 undergraduate and graduate students. (...) A great deal of research and teaching takes place in interdisciplinary programs (...) whose work extends beyond traditional departmental boundaries." (MIT / MIT Mission and Profile 2004 / o.S.)

ierten sog. Integrated Supply Chain Management Program (ISCM)[224] beteiligt waren, berichten von signifikanten Verbesserungen im Hinblick auf ihre Lieferkette. Firmen haben demnach Bestandspuffer um die Hälfte reduziert, fristgerechte Lieferungen um 40 Prozent gesteigert sowie den Anteil an nicht-lieferfähigen Produkten auf einen Bruchteil reduziert und gleichzeitig die Lagerumschlagshäufigkeit verdoppelt.[225]

Das Beratungsunternehmen Pittiglio Rabin Todd & McGrath (PRTM)[226] hat in einer Studie zum Vergleich der Performanz von Lieferketten („Supply Chain Benchmarking Study") herausgefunden, dass führende Lieferketten-Unternehmen im Durchschnitt zwischen drei Prozent und sieben Prozent Anteil an ihrem Umsatz weniger für das Management ihrer Lieferkette ausgeben, als ihre Konkurrenz. Dieser Kostenwirkungsgrad verbessert direkt den Anteil an der Handelsspanne, oder verschafft eine Gelegenheit, Preise permanent zu senken. Beispielsweise geben führende Unternehmen aus der Lebensmittelbranche etwa fünf Prozent geringere LK-Kosten an, als ihre Konkurrenten. In der Branche ist eine Steigerung der Handelsspanne um fünf Prozent (oder eine dadurch ermöglichte permanente Preissenkung, falls die Einsparungen – wenigstens partiell – an den Endverbraucher weitergeben werden) von großer Bedeutung.

---

[224] Die genannte Studie wird vom MIT wie folgt beschrieben: „The Integrated Supply Chain Management Program (ISCM) is a consortium of non-competing companies that was started in January 1995 by a group of faculty and staff from the Sloan School of Management and the Center for Transportation & Logistics, where the Program is currently managed. The purpose of the program is to accelerate the implementation of supply chain management principles within the sponsor companies, and to advance the state of the art of supply chain management. The ISCM Program enables sponsors to learn about the state-of-the-art and future supply chain practices in two main ways: 1. Facilitating best-practice-sharing and exchange among sponsors. 2. Creating new supply chain knowledge through ISCM and MIT research projects." (MIT / Integrated Supply Chain Management Program 2004 / o.S.)

[225] Vgl. Hoover et al. / Demand-Supply Chain 2001 / S. 7

[226] Eigenbeurteilung der Gesellschaft: „PRTM works closely with leading companies worldwide to achieve breakthrough business results. Since 1976, we've delivered measurable value to our clients, earning one of the highest levels of repeat business in the management consulting industry. PRTM is also a recognized thought leader and innovator. There are 14 PRTM offices and more than 400 consultants in the U.S., Europe, and Asia. Our proven methodologies have become the industry standard. The widely used Supply Chain Operations Reference (SCOR) model was originally developed by PRTM in collaboration with Advanced Manufacturing Research (AMR) and the Supply-Chain Council (SCC). PRTM has practices in product development, supply chain and operations, customer service and support, sales effectiveness, and strategic IT management, as well as a benchmarking subsidiary." (PRTM / About PRTM 2004 / o.S.)

Kapitel A: Ziele, Methodik, Vorgehensweise und Begriffslegung 77

Dabei beträgt die Handelsspanne für den typischen Einzelhändler weniger als die Hälfte der Kosteneinsparungen, die durch die im Bereich des LKM führenden Unternehmen erzielt werden können.[227]

Ein wesentlicher Bestandteil der Lieferkettenkosten sind die Lagerhaltungskosten,[228] die unter bestimmten Umständen schnell einen hohen Anteil des gesamten Lagerbestandswerts ausmachen können. In der Computer-Industrie beispielsweise kann eine grobe Schätzung der jährlichen Lagerhaltungskosten durch die Zusammenfassung der Kapitalkosten (10 Prozent) und der Preiserosion (25 Prozent) ermittelt werden, was einem Anteil von 35 Prozent des Inventarwerts entspricht.

Eine gute Orientierungsgröße kann dann durch die Kalkulation der Lagerhaltungskosten für ein 10 Tages-Intervall ermittelt werden. Die Formel hierfür lautet wie folgt: 10 Tage multipliziert mit 35 Prozent, dividiert durch 365 Tage, ergibt 1 Prozent. Das bedeutet, dass eine Reduzierung bzw. Zunahme der Einlagerungsdauer von 10 Tagen zu einer ein-prozentigen Verbesserung bzw. Verschlechterung des Mittelrückflusses führt.[229]

Für viele Firmen sind die Lagerhaltungskosten ein maßgeblicher Anstoß gewesen, Wertinnovationen im Sinne eines neuen Angebots, das Kunden eine signifikante Zunahme an Mehrwert verschafft, umzusetzen.

---

[227] Vgl. PMG / Signals of Performance 2002 / S. 1 ff. Vgl. hierzu auch PRTM / Supply-Chain Practice Maturity Model 2001

[228] Im Zusammenhang mit Lagerhaltungskosten können grundsätzlich die folgenden drei Arten von Lagerbeständen („inventory") unterschieden werden: 1. Zyklischer Bestand („cycle inventory"): Wird benötigt, um die Produktnachfrage zwischen normal geplanten Aufträgen zu erfüllen. 2. Saisonaler Bestand („seasonal inventory"): Repräsentiert gefertigte und eingelagerte Produkte, um die aufgrund saisonalen Bedarfs erwartete Nachfrage zu befriedigen. 3. Sicherheitsbestand („safety inventory"): Ist erforderlich, um Nachfrageunsicherheiten und Auftragsdurchlaufzeiten zu kompensieren. Dabei bestehen vier grundlegende Möglichkeiten zur Senkung von Sicherheitsbeständen („reduction of safety inventory"): Erstens, die Senkung der Nachfrageunsicherheit durch höhere Prognosegenauigkeit. Zweitens, kürzere Durchlaufzeiten, was einen geringeren Sicherheitsbestand zur Abdeckung nach sich führt. Drittens, eine Verringerung der Durchlaufzeitschwankungen. Und viertens, die Senkung der Verfügbarkeitsunsicherheit, d.h. Sicherstellung der Produktverfügbarkeit, wenn eine Nachfrage vorliegt (vgl. etwa Hugos / Supply Chain Management 2003 / S. 62 ff.)

[229] Vgl. Hoover et al. / Demand-Supply Chain 2001 / S.50

Die Lagerhaltungskosten setzen sich dabei aus den folgenden Komponenten zusammen:[230]

- Wertminderungen („obsolescence"), d.h. Preiserosion, Verschleiß, etc.
- Entgangener Umsatz („lost sales")
- Personalkosten („personnel costs"), d.h. bestandsinduzierte Arbeit
- Feste Vermögenswerte („fixed assets"), d.h. Lagerplatz und Zubehör
- Versicherungskosten („insurance")
- Verwaltungskosten („administration"), d.h. Bestandshaltung und Kosten für Informationstechnologie
- Kapitalkosten („capital costs"), d.h. Rohmaterial, Fertigprodukte und Güter, die sich in der Produktion befinden.

Die Lagerhaltungskosten sind als einer der hauptsächlichen Kostentreiber identifiziert worden, und sie haben einen maßgeblichen Einfluss auf die Rentabilität des Unternehmens. Der primäre Faktor, um die Lagerhaltungskosten positiv zu beeinflussen, ist das Lagerhaltungsmanagement, das einen integralen Bestandteil innerhalb der Steuerung der Lieferkette darstellt.[231]

A.7.2 Leistungsfähigkeit der Supply Chain

Nach Bovet und Martha umfasst die Leistungsfähigkeit („capability") im Kontext der Lieferkette die Zuverlässigkeit („reliability") und die Flexibilität („flexibility"). Der Zusammenhang wird von ihnen folgendermaßen beschrieben:

> „Reliability is an important dimension of super service. Reliability means predictable, on-time delivery of perfect orders, as expected by the customer. A perfect order is one that is shipped on time and complete, but more important, one received at the customer's desired location within a precise time window, in excellent condition, and ready to use. It also includes the flexibility to respond to last-minute changes by the customer at equally high service level."[232]

---

[230] Ebd.
[231] Vgl. Stemmler / The Role of Finance in Supply Chain Management 2002 / S. 172
[232] Bovet und Martha / Value Nets 2000 / S. 43

Die damit verbundenen Verbesserungen schlagen sich in Parametern nieder, die direkt oder indirekt die Leistungsfähigkeit einer Lieferkette beeinflussen. Die Messung dieser Indikatoren spielt, wie bereits in Abschnitt A.5 erläutert, eine zentrale Rolle im Rahmen der Umsetzung von Veränderungen. Sie baut eine Art „Kraftwirkung" auf und treibt die Aktivitäten voran.

Die Implementierung effektiver Messverfahren bringt permanente Herausforderungen für die Unternehmensleitung mit sich. Sie erfordert sowohl die Umstrukturierung existierender Leistungsmessungsverfahren als auch einen strukturierten Prozess zur Steuerung der Lieferkette.[233]

Evans und Danks leiten den Prozess der Wertschöpfung mittels einer strategischen Steuerung der Lieferkette („value creation through strategic supply chain management") unmittelbar aus dem Wert, der für die Anteilseigner des Unternehmens erzielt wird („Shareholder Value, SV"),[234] ab. Darauf aufbauend definieren sie den sog. Shareholder Value-Ansatz.[235] Der Ansatz fokussiert auf den Unternehmenswert bzw. den Nutzen dieses Wertes für die Anteilseigner (z.B. Aktionäre) eines Unternehmens. Das Ziel, den SV positiv zu beeinflussen, hat in vielen Fällen den Ausgangspunkt für strategische Verbesserungen der Lieferkette dargestellt.

---

[233] Hughes et al. / Transform Your Supply Chain 1998 / S. 183
[234] Zum Begriff des Anteilseigners („shareholder") vgl. beispielsweise Schierenbeck / Grundzüge der Betriebswirtschaftslehre 2003 / S. 86 ff.
[235] Der Anteilseigner-Wertansatz („Shareholder Value") kann wie folgt beschrieben werden: „At the end of the business cycle of a company, after all debts have been paid, money remains. This money, the free cash flow, is for the shareholder or shareholders. The free cash flow is the amount of money that is left after all creditors are paid within the appropriate period. The definition of Shareholder Value is the value of the company (firm) minus the future claims (debts). The value of the company can be calculated as the Net Present Value (NPV) of all future cash-flows plus the value of the non-operating assets of the company." (Value Based Management / Shareholder Value 2004 / o.S. Vgl. hierzu auch Albach / Allgemeine Betriebswirtschaftslehre 2001 / S. 301 ff.; Accenture / Supply Chain Performance Assessment 2004 / S. 2)

Die Lieferkette kann unmittelbar sowohl die Rentabilität als auch das eingesetzte Kapital beeinflussen, und zwar über folgende Determinanten:[236]

- Rentabilität („profitability"):[237] Zum einen umfasst sie den Umsatz („revenue") im Sinne von höherem Marktanteil, größeren Handelsspannen und höherer Produktverfügbarkeit. Zum anderen die Kosten („cost") mit dem Ziel niedrigerer Kosten für Vertrieb, Transport, Lagerhaltung, Materialbewegung und Distributionsplanung.

- Investiertes Kapital („invested capital"):[238] Dieses enthält einerseits das Arbeitskapital („working capital") mit dem Ziel niedrigerer Bestände an Rohmaterial und Fertigprodukten sowie kürzerer Rückzahlungszyklen. Andererseits beinhaltet es das Anlagevermögen („fixed capital") mit der primären Absicht, weniger physikalische Anlagegüter (wie z.B. Fuhrpark, Lagerhäuser, Zubehör für Materialbewegung) als Kapital zu binden.

Auf die genannten Determinanten für das Leistungsvermögen („Performance") einer Lieferkette wird in den folgenden Kapiteln noch mehrfach referenziert, da sie auch im Rahmen des SCOR-Modells Anwendung finden. Dabei wird konkret auf die getroffene Unterteilung des Leistungsvermögens einerseits in die Leistungsfähigkeit – als externe bzw. den Kunden betreffende Komponente – sowie andererseits die Effizienz – als interne bzw. das Unternehmen selbst betreffende Komponente – zurückgegriffen.[239]

---

[236] Vgl. Evans und Danks / Strategic supply chain management 1999 / S. 20 ff.
[237] Zum Begriff der Rentabilität („profitability") siehe Abs. A.3.1
[238] Vgl. etwa Schierenbeck / Grundzüge der Betriebswirtschaftslehre 2003 / S. 635 ff. Das investierte Kapital spielt eine große Rolle für die Rentabilität einer Investition, auf die in Kap. B, Abs. B.3.1 noch näher eingegangen wird
[239] Siehe Kap. B, Abs. B.1.4

Kapitel B: Das Supply Chain Operations Reference Model (SCOR-Modell) des Supply-Chain Council

Kapitel B fokussiert primär auf den Entdeckungszusammenhang im Rahmen des forschungslogischen Ablaufs nach Friedrichs.

„Unter ‚Entdeckungszusammenhang' ist der Anlass zu verstehen, der zu einem Forschungsprojekt geführt hat. (...) Die Anlässe sind unterschiedlich in ihrem Ausgangspunkt, der zu einer Untersuchung führt. Sie sind dennoch alle inhaltlich auf soziale Probleme bezogen ..."[240]

B.1 Ursprung und Ziele des SCOR-Modells

B.1.1 Intention des SCOR-Modells

Das Ziel des Supply-Chain Council (SCC)[241] ist die Schaffung eines quasi „idealen" Modells der Supply Chain. Hierzu wurde von den Mitgliedern des SCC das Supply Chain Operations Reference Model (SCOR-Modell) als ein standardisiertes Prozess-Referenzmodell der Supply Chain definiert und kontinuierlich weiterentwickelt. Mit dem SCOR-Modell soll mithin eine einheitliche Beschreibung, Analyse und Bewertung von Lieferketten, sowohl firmen- als auch branchenübergreifend, möglich sein.

Das SCOR-Modell findet in drei Aufgabenstellungen Anwendung:[242]
1. Das Leistungsvermögen von Lieferketten bewerten und vergleichen
2. Integrierte Lieferketten über die Partner der Logistikkette hinweg analysieren und darauf aufbauend ggf. optimieren
3. Die geeigneten Stellen für den Einsatz von Software in der Lieferkette sowie deren Funktionalität bestimmen.

---

[240] Friedrichs / Methoden empirischer Sozialforschung 1990 / S. 50 ff. Im vorliegenden Zusammenhang handelt es sich analog um betriebswirtschaftliche bzw. das Supply Chain Management betreffende Probleme
[241] Für Hintergrundsinformationen zum Supply-Chain Council (SCC) siehe Kap. A, Abschn. A.6
[242] Vgl. Hellingrath / Standards für die Supply Chain 1999 / S. 77 f.

Grundidee des SCOR-Modells ist, dass jedes Produktions- und Logistiknetz durch fünf grundlegende Basisprozesse beschrieben werden kann.[243] Mit jedem der vier ausführenden Hauptprozesse – Beschaffen, Herstellen, Liefern und Rückliefern – werden Materialien oder Produkte bearbeitet oder transportiert. Durch die Verbindung dieser Prozesse zu einer Kette werden Kunden-Lieferanten-Beziehungen definiert, für die durch den fünften Basisprozess, die Planung, Angebot und Nachfrage ausbalanciert werden. Fasst man alle Hauptprozesse zusammen, so erhält man ein Gesamtmodell des Produktions- und Logistiknetzes. Die Beschreibung dieser grundlegenden Prozesse in der Supply Chain ist ein maßgeblicher Bestandteil des SCOR-Modells.[244]

Hinzu kommen die Definition von Kennzahlen für die Bewertung der Performanz der Prozesse in der Lieferkette, die die Basis für einen Leistungsvergleich („Benchmarking") zu Unternehmen oder Lieferketten der gleichen Branche ermöglichen. Für die Hauptprozesse wurden von den SCC-Mitgliedern die besten bekannten Vorgehensweisen zur Erreichung eines hohen Leistungsvermögens, sog. optimale Verfahren („Best Practices"),[245] erarbeitet und in das Modell integriert. Letztendlich wurden von dem SCC in dem Modell noch die Anforderungen von Softwaresystemen hinzugefügt, die zur Realisierung dieser Praktiken hilfreich sind.[246] Zusammenfassend kann damit die Intention des SCOR-Modells wie folgt beschrieben werden:

> „The Supply-Chain Council has published a SCOR model that describes the (supply chain) at multiple levels of detail, identifies best practices, and defines associated KPIs[247] for each process. Organizations are beginning to leverage SCOR standards to drive consensus on terminology, processes, and expectations among trading partners."[248]

---

[243] Der Prozessbegriff lässt sich im vorliegenden Zusammenhang wie folgt definieren: „A co-ordinated (parallel and/or serial) set of process activity(s) that are connected in order to achieve a common goal. Such activities may consist of manual activity(s) and/or workflow activity(s)." (Hollingsworth / Workflow Reference Model 1995 / S. 52). Auf den Begriff des Workflow wird in Abschn. B.2 eingegangen
[244] Vgl. Supply-Chain Council / SCOR-Model Version 8.0 2006 / S. 2 ff.
[245] Zum Begriff des optimalen Verfahrens („best practice") siehe Kap. A, Abschn. A.6
[246] Vgl. Bolstorff und Rosenbaum / Supply Chain Excellence 2003 / S. 1 ff.; Geimer und Becker / Supply Chain Operations Reference Modell 2001 / S. 116 ff.
[247] Zum Begriff des Schlüssel-Leistungsindikators („Key Performance Indicator") siehe Kap. A, Abs. A.5.3
[248] Industry Directions / Performance Management 2001 / S. 9

B.1.2 Herkunft des SCOR-Modells

Das SCOR-Modell ist durch das Supply-Chain Council (SCC) als branchenübergreifender Standard für die Steuerung von Lieferketten entwickelt und gefördert worden. Das SCC wurde im Jahre 1996 in den USA durch die Beratungsgesellschaft Pittiglio Rabin Todd & McGrath (PRTM)[249] und Advanced Manufacturing Research (AMR)[250] gegründet und hat anfänglich 69 freiwillige Mitgliedsfirmen eingeschlossen. Die Mitgliedschaft steht allen Firmen und Organisationen offen, die daran interessiert sind, führende und hoch entwickelte Praktiken und Verfahren im Hinblick auf ihre Prozesse und Systeme zur Lieferkettensteuerung einzusetzen. Die Mehrheit der SCC-Mitglieder sind Praktiker, die einen breiten Querschnitt durch die verschiedenen Industriesektoren und Branchen – einschließlich Herstellern, Groß- und Einzelhändlern – darstellen.

Gleichermaßen wichtig für die Verbreitung des SCOR-Modells sind Hersteller und Implementierer von Systemtechnologien, Forscher und Wissenschaftler und die Regierungsorganisationen, die an den Aktivitäten des SCC und der Entwicklung sowie der Weiterentwicklung des Modells beteiligt sind. Mitte 2006 hatte das SCC ungefähr 1.000 Mitglieder weltweit und dabei globale Zweigstellen in Nordamerika, Europa, Japan, Australien/Neuseeland, Südostasien und Südafrika eingerichtet.[251]

Das SCC ist maßgeblich daran interessiert, die weitmöglichste Verbreitung des SCOR-Modells zu fördern. Die weit verbreitete Anwendung des Modells hat dabei bessere Kunden-Lieferantenbeziehungen sowie Softwaresysteme, welche die Mit-

---

[249] Für Hintergrundsinformationen zum Unternehmen PRTM siehe Kap. A, Abs. A.7.1
[250] Selbstbeschreibung der Organisation: „As an independent research analyst firm, Advanced Manufacturing Research (AMR) is committed to providing unbiased, frank analysis on the enterprise software sector, working with both the users and providers of technology to ensure that we have a clear, objective picture of a market or industry before publishing our research. Our research and advisory services are focused on the enterprise software applications and infrastructure – including Enterprise Resource Planning (ERP), Customer Relationship Management (CRM), and Supply Chain Management (SCM)." (AMR / About AMR 2004 / o.S.)
[251] Vgl. Werner / Supply Chain Management 2002 / S. 15 f.; Handfield und Nichols / Supply Chain Redesign 2002 / S. 67 f.; Meyr et al. / Basics For Modeling 2002 / S. 45 f.; Supply-Chain Council / About SCC 2006 / o.S.

glieder besser durch den Gebrauch gemeinsamer Kennzahlen und Begriffe unterstützen können, zum Ziel. Außerdem wird darauf abgezielt, optimale Verfahren schnell zu erkennen und zu übernehmen, unabhängig davon, wo diese ihren Ursprung haben.[252]

Während ein großer Teil des dem Modell zugrunde liegenden Inhalts viele Jahre von Praktikern benutzt worden ist, bietet es einen speziellen Rahmen, der Geschäftsprozesse, Leistungsindikatoren, optimale Verfahren und Systemtechnologien miteinander verknüpft. Das Resultat ist eine einheitliche Struktur, um die Kommunikation unter den Partnern der Lieferkette zu unterstützen sowie die Effektivität und Effizienz der Lieferkettensteuerung und diesbezüglicher Aktivitäten zur Verbesserung der Lieferkette zu steigern.[253]

Mitgliedsfirmen zahlen eine geringe jährliche Gebühr, um die Tätigkeiten des SCC zu unterstützen. Alle, die das SCOR-Modell benutzen, werden gebeten, in Dokumenten oder Darstellungen des Modells sowie im Falle seiner Anwendung auf das SCC zu referenzieren. Zusätzlich sind Mitglieder dazu angehalten, die Internetseite des SCC[254] regelmäßig aufzusuchen und sich mit den neuesten Informationen vertraut zu machen und sicherzustellen, dass sie die aktuelle Version von SCOR benutzen.[255] Das SCOR-Modell repräsentiert im übertragenen Sinne den Konsensus des SCC hinsichtlich des Managements der Lieferkette.[256]

---

[252] Vgl. Kaluza und Blecker / Supply Chain Management 1999 / S. 21 f.; Kanngießer / SCOR-Modell 2002 / S. 4 f.
[253] Vgl. McGrath / SCOR 1996 / S. 1 ff.
[254] Die Internetseite des SCC ist zu finden unter www.supply-chain.org
[255] Die Mitte 2006 gültige Version des SCOR-Modells stellt SCOR Version 8.0 dar
[256] Vgl. Supply-Chain Council / SCOR-Model 7.0 Overview 2005 / S. 2 ff.; Schäfer S. / Einführung von E-Business Systemen 2002 / S. 48 f.; Hellingrath / Standards für die Supply Chain 1999 / S. 77

B.1.3 Struktur und Prozesse des SCOR-Modells

Die fünf grundlegenden Steuerungsprozesse („basic management processes" oder „chevrons"), die dem SCOR-Modell zugrunde liegen, sind Planen („Plan"), Beschaffen („Source"), Herstellen („Make"), Liefern („Deliver") und Rückliefern („Return"). Neben diesen fünf Hauptprozessen oder Prozesselementen, welche die organisatorische Struktur des SCOR-Modells bilden, können die folgenden drei Prozessarten („process types") unterschieden werden:[257]

- Planung („Planning"): Ein Planungselement ist ein Prozess, der den erwarteten Ressourcenbedarf auf die erwarteten Nachfragebedingungen ausrichtet. Planungsprozesse gleichen die aggregierte Nachfrage über einen bestimmten Planungshorizont aus. Planungsprozesse finden gewöhnlich in regelmäßigen Abständen statt und können zur Lieferketten-Antwortzeit beitragen. Diese Prozessart referenziert auf den o.g. Steuerungsprozess des Planens „(plan").

- Ausführung („Execution"): Ausführungsprozesse werden von geplanter oder eigentlicher Nachfrage ausgelöst, die den Zustand eines Produkts ändern. Sie schließen Einplanung und Reihenfolgeplanung, die Veränderung von Materialien und Dienstleistungen und das Bewegen von Produkten ein. Diese Prozessart umfasst somit die o.g. Steuerungsprozesse Beschaffen („Source"), Herstellen („Make"), Liefern („Deliver") und Rückliefern („Return").

- Ermöglichung („Enable"), vorm. Infrastruktur („Infrastructure"): Ermöglichende Prozesse sind für die Vorbereitung, Pflege und Steuerung von Informationen oder Beziehungen verantwortlich, auf denen die vorgenannten Planungs- und Ausführungsprozesse beruhen.

---

[257] Vgl. etwa Bolstorff und Rosenbaum / Supply Chain Excellence 2003 / S. 154 f.; Hugos / Supply Chain Management 2003 / S. 44 ff.

Die nachfolgende Abbildung fasst den Modellaufbau in bildlicher Form zusammen.

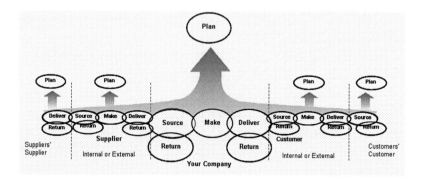

Abb. B-1: Anordnung des SCOR-Modells um fünf Hauptsteuerungsprozesse[258]

Entsprechend dem Schaubild schließt das Modell zunächst die eigene Lieferkette eines Unternehmens und die zugehörigen fünf Steuerungsprozesse ein. Darüber hinaus kann es aber auch die Lieferketten der Kunden einerseits als auch der Lieferanten andererseits umfassen. Und schließlich können die Lieferanten der eigenen Lieferanten („suppliers' supplier") und die Kunden der eigenen Kunden („customers' customer") mit einbezogen werden. In diesem Sinne beinhaltet das Modell alle Interaktionen mit Kunden, von der Auftragserfassung bis hin zur bezahlten Rechnung. Weiterhin alle Produkte, d.h. physisches Material und Dienstleistungen, von den Lieferanten der Lieferanten, bis hin zu den Kunden der Kunden, einschließlich Ausrüstungen, Zubehör, Ersatzteile, Software, usw. Und schließlich alle Interaktionen mit dem Markt, beginnend mit dem Verständnis der gesamten Nachfrage bis hin zur Auftragserfüllung.[259]

---

[258] Supply-Chain Council / SCOR-Model Version 8.0 2006 / S. 2
[259] Vgl. Supply-Chain Council / SCOR-Model Version 8.0 2006 / S. 2 f.

Die Notation des Modells ist festgelegt und folgt durchgängigen Bezeichnungskonventionen für die Steuerungsprozesse:

- Der Buchstabe „P" steht für Planungselemente („Plan elements")
- Der Buchstabe „S" stellt Beschaffungselemente („Source elements") dar
- Der Buchstabe „M" steht für Herstellungselemente „(Make elements")
- Der Buchstabe „D" stellt Lieferungselemente („Deliver elements") dar
- Der Buchstabe „R" steht für Rücklieferungselemente („Return elements").

Diese Steuerungsprozesse können auch als ermöglichende Prozesse ausgestaltet sein. In dem Fall wird dem betreffenden Steuerungsprozess der Buchstabe „E" vorangestellt, was darauf hinweist, dass der betreffende Steuerungsprozess ein Ermöglichungselement („Enable element") darstellt. Beispiel: „EP" stellt ein ermöglichendes Element innerhalb des Planungsprozesses dar.[260]

Innerhalb der Steuerungsprozesse liegt ebenfalls eine allgemeingültige Struktur vor, wobei das Modell quasi auf die „Produktumgebung" fokussiert, wie nachfolgend am Beispiel des Herstellungsprozesses („Make") dargestellt:[261]

- Lagerfertigung („Make-to-Stock") – M1
- Auftragsfertigung („Make-to-Order") – M2
- Spezialanfertigung („Engineer-to-Order") – M3
- Handelswaren („Retail Product") – M4.

Entsprechend gestaltet sich die Einteilung in Bezug auf den Beschaffungsprozess („Source"):[262]

- Lagerung lagergefertigter Produkte („Source Make-to-Stock Product") – S1
- Lagerung von auftragsgefertigten Produkten („Source Make-to-Order Product") – S2
- Lagerung spezialangefertigter Produkte („Source Engineer-to-Order Product") – S3.

---

[260] Vgl. Hagemann / Darstellung des Supply Chain Operations Reference Model 2004 / S. 6 f.; Geimer und Becker / Supply Chain Operations Reference Modell 2001 / S. 118 ff.
[261] Vgl. Werner / Supply Chain Management 2002 / S. 21 ff.; Hagemann / Darstellung des SCOR-Modells 2004 / S. 6 f.
[262] Ebd.

Analoges gilt für den Lieferprozess („Deliver"):[263]
- Liefern lagergefertigter Produkte („Deliver Make-to-Stock Product") – D1
- Liefern auftragsgefertigter Produkte „(Deliver Make-to-Order Product") – D2
- Liefern von spezialangefertigten Produkten („Deliver Engineer-to-Order Product") – D3.

Der Rücklieferungsprozess („Return") weicht hiervon zwangsläufig ab und ist durch folgende Unterprozesse gekennzeichnet:[264]
- Rücklieferung von defekten Produkten („Return Defective Product") – R1
- Rücklieferung zur Wartung, Reparatur oder Überholung („Return Maintenance, Repair or Overhaul") – R2
- Rücklieferung von Überschüssen („Return Excess Product") – R3.

Innerhalb jedes Abschnitts zur Beschreibung der Planungs- und Ausführungsprozesse sind ebenfalls die zugehörigen Ermöglichungselemente beschrieben. Auch bei diesen findet dasselbe Format wie oben dargelegt zur Beschreibung und grafischen Darstellung Anwendung.[265]

Die nachfolgende Abbildung, die unverändert der veröffentlichten Modellbeschreibung des Supply-Chain Council (SCC) entnommen ist, gibt einen zusammenfassenden Überblick über die Zusammenhänge und unterstreicht noch einmal, dass das Modell alle Prozesse vom Lieferanten bis hin zum Kunden umfasst.

---

[263] Vgl. Hagemann / Darstellung des SCOR-Modells 2004 / S. 6 f.; Werner / Supply Chain Management 2002 / S. 21 ff.
[264] Ebd.
[265] Vgl. Meyr et al. / Basics For Modeling 2002 / S. 48 f.

Kapitel B: Das Supply Chain Operations Reference-Modell des Supply-Chain Council

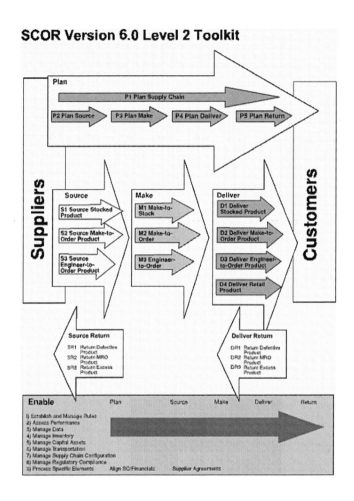

Abb. B-2: SCOR-Modellstruktur[266]

Zusätzlich handelt es sich bei SCOR um ein hierarchisches Modell mit mehreren Ebenen („level"). Die Lieferkette des Unternehmens selbst stellt die Ausgangsebe-

---

[266] Supply-Chain Council / SCOR-Model Version 8.0 2006 / S. 10. Qualitätseinbußen in der Wiedergabe der Abbildung resultieren aus der Übernahme aus dem Originaldokument, auf welches ggf. zur besseren Lesbarkeit zurückgegriffen werden kann

ne (Ebene 1) dar. Die darauf folgende Hauptprozessebene, z.B. Plan – P, stellt die zweite Ebene dar. Dies wird durch eine einstellige Ziffer angezeigt. Darunter folgt quasi das Zielobjekt des Hauptprozesses, beispielsweise P1 – Planen der Lieferkette („Plan Supply Chain"). Die genaue Nummer leitet sich aus der jeweiligen Position innerhalb der Modellstruktur ab. Eine weitere Ebene darunter, d.h. auf der dritten Ebene, befinden sich die dazugehörigen konkreten Prozessschritte, z.B. P1.1 – Identifikation, Priorisierung und Aggregation von Lieferkettenanforderungen („Identify, Prioritize, and Aggregate Supply Chain Requirements").[267]

Das nachfolgende Schaubild, das ebenfalls unverändert der Modellbeschreibung des SCC entnommen ist, stellt die Zusammenhänge in bildlicher Form am Beispiel des Steuerungsprozesses „Planen" dar. Dabei wird auf den in Abb. B-2 u.a. enthaltenen Steuerungsprozess „P1 – Plan Supply Chain", der der zweiten Ebene zugeordnet ist, referenziert und dessen Unterprozesse auf der darauf folgenden dritten Ebene dargestellt. Sinngemäß existieren in der Modellbeschreibung analoge Darstellungen für alle in Abb. B-2 enthaltenen Hauptprozesse und zugehörige Unterprozesse. Weitergehende Ebenen, d.h. unterhalb der dritten Ebene, sind jedoch nicht im Modell enthalten, da sie branchenspezifischen Charakter haben und damit dem Grundgedanken von SCOR, ein branchenübergreifendes Modell zu sein, widersprechen würden.[268]

Die Prozesse ab der vierten Ebene erweisen sich als derart branchenspezifisch und mit zunehmenden Ebenen sogar unternehmensspezifisch, dass eine Standardisierung nicht mehr möglich wäre. Die vierte sowie alle folgenden Ebenen stellen den Gegenstand von Implementierungsprojekten dar, wobei sich die vierte Ebene auf Aufgaben („tasks"), die fünfte Ebene auf Tätigkeiten („activities") und die sechste Ebene auf Arbeitsanweisungen („instructions") bezieht.[269]

---

[267] Vgl. Corsten und Gössinger / Supply Chain Management 2001 / S. 141; Becker / Supply Chain Prozesse 2002 / S. 68
[268] Vgl. etwa Klaus / Supply Chain Management 2005 / S. 79
[269] Vgl. Geimer und Becker / Supply Chain Operations Reference Modell 2001 / S. 123; Werner / Supply Chain Management 2002 / S. 26; Bolstorff und Rosenbaum / Supply Chain Excellence 2003 / S. 225

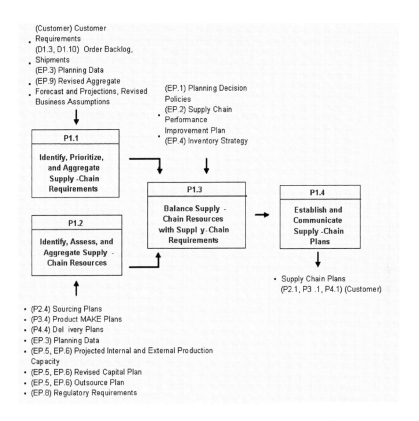

Abb. B-3: SCOR-Prozessschritte am Beispiel des Prozesses Planen („Plan")[270]

Die SCOR-Modelldokumentation des SCC enthält sieben grundlegende Abschnitte: Eine Einführung („Introduction"), einen Abschnitt je Steuerungsprozess der zweiten Ebene (Plan, Source, Make, Deliver, Return) sowie ein Glossar („Glossary"). Aus Gründen der Lieferketten-Modellierung ist der Steuerungsprozess Rückliefern („Return") im Zusammenhang mit zwei weiteren Steuerungspro-

---

[270] Supply-Chain Council / SCOR-Model Version 7.0 2005 / S. 13

zessen aufgeführt: Beschaffen („Source") und Liefern („Deliver"). Der Rücksendeprozess zu Lieferanten, d.h. die Rücksendung von Rohmaterial, ist dokumentiert als Beschaffen-Rückliefern-Aktivität („Source Return"). Der Prozess, welcher eine Organisation mit ihren Kunden verbindet, d.h. auf den Empfang rückgesendeter Endprodukte referenziert, wird als Liefern-Rückliefern-Aktivität („Deliver Return") dokumentiert. Das geht auf den in der Abb. B-1 dargestellten Grundgedanken der SCOR-Lieferkette zurück, wonach sie sich von den Lieferanten bis hin zu den Kunden erstreckt und diese einbezieht.[271]

Die Planungs- und Ausführungsprozessarten stellen das Zentrum der Dokumentation dar, während das Glossar eine Liste der Standardprozess- und Kennzahlenbegriffe enthält, die innerhalb der Dokumentation benutzt werden. Die Abschnitte, die auf die Planungs- und Ausführungsprozessarten eingehen, sind in Form einer einheitlichen Struktur organisiert. Am Anfang jedes Abschnitts steht ein Schaubild, das eine visuelle Darstellung der jeweiligen Prozesselemente enthält sowie ihre Beziehungen zueinander und die ein- und ausgehenden Informationen, die relevant für das jeweilige Prozesselement sind (zu einem Beispiel siehe obenstehende Abb. B-3).

Nach dem Schaubild folgen jeweils Tabellen mit Text, die folgende Informationen in der genannten Reihenfolge beinhalten:[272]

- Standardname des Prozesselements, z.B. Prozesskategorie „Planen der Lieferkette" („Process category – Plan Supply Chain")
- Notation des Prozesselements, beispielsweise Prozessnummer („Process number") P1
- Standarddefinition für das Prozesselement. Beispiel: Definition einer Prozesskategorie („Process category definition") mit folgender Beschreibung: Die Entwicklung und Durchführung von Abläufen über eine vorgegebene Zeitspanne zur geplanten Bereitstellung von Ressourcen, um bestimmte Lieferketten-Anforderungen zu erfüllen.

---

[271] Vgl. Meyr et al. / Basics For Modeling 2002 / S. 47 f.; Kanngießer / SCOR-Modell 2002 / S. 6 f.
[272] Vgl. Kanngießer / SCOR-Modell 2002 / S. 4 f.; Supply-Chain Council / SCOR-Model Version 8.0 2006 / S. 4 ff.

- Leistungsattribute („Performance attributes"), die mit dem Prozesselement verbunden sind. Beispiel: Leistungsattribut „Zuverlässigkeit" („Reliability"), Kennzahl „Auftragsdurchführungsleistung" („Delivery performance").[273]
- Optimale Verfahren („Best practices") für den jeweiligen speziellen Prozess, wobei es sich hierbei um Beispiele handelt, nicht um eine komplette Auflistung, sowie besondere Merkmale bzw. mögliche Ausgestaltungen („Features"), die zu einer Leistungssteigerung beitragen können. Ein exemplarisches optimales Verfahren ist, dass der LK-Prozess einen höheren Grad an Integration besitzen soll, angefangen vom Sammeln von Kundendaten bis zum Erhalt des Kundenauftrags, über die Fertigung hinweg, bis hin zum Bestellauftrag an Lieferanten. Eine mögliche Ausgestaltung könnte in einem integrierten LK-Planungssystem[274] liegen, mit Schnittstellen zu allen Angebots- und Nachfragedatenquellen mittels IT-basierten Systemen.

Die Leistungsattribute und Kennzahlen sind, analog zu den Prozesselementen, ebenfalls hierarchisch aufgebaut. Obwohl nicht explizit im Modell dargestellt, sind sie typischerweise der ersten Ebene des jeweiligen Steuerungsprozesses zugeordnet (z.B. P1 – Plan Supply Chain) und werden von hier ausgehend und der Hierarchie folgend zerlegt und den entsprechenden Planungs-, Ausführungs- und Ermöglichungselementen zugeordnet.[275] Darauf wird nachfolgend näher eingegangen.

B.1.4 Leistungsattribute und Kennzahlen der ersten Ebene

Kennzahlen der ersten Ebene („Metrics Level 1") sind primäre Messdaten auf einem höheren Niveau, die mehrere SCOR-Prozesse durchziehen können. Diese Kennzahlen der ersten Ebene beziehen sich nicht unbedingt explizit auf einen der

---

[273] Auf die Leistungsbegriffe wird in Kap. C, Abs. C.1.1 näher eingegangen
[274] Für ein automatisiertes LK-Planungssystem wird häufig auch der Begriff des fortschrittlichen Planungssystems („Advanced Planning System, APS") verwendet (zur Begriffsdefinition siehe Kap. A, Abs. A.4.2)
[275] Vgl. Heck / Supply Chain Operations Reference Model 2004 / S. 13 f.

SCOR-Steuerungsprozesse der ersten Ebene (Plan, Source, Make, Deliver, Return).

Wie in nachstehendem Schaubild wiedergegeben, sind die Kennzahlen im Zusammenhang mit den Leistungsattributen („Performance attributes") zu sehen. In der aktuellen Version des SCOR-Modells (Stand: Mitte 2006) werden die folgenden fünf Leistungsattribute verwendet: Lieferzuverlässigkeit („Reliability"), Reaktionsfähigkeit („Responsiveness"), Anpassungsfähigkeit („Flexibility"), Kosten („Costs") und Kapitalverwaltung („Asset Management").[276] Jedes dieser Leistungsattribute bezieht sich unmittelbar auf die Lieferkette, weshalb jeweils das Präfix „Supply Chain" vorangestellt werden kann (z.B. „Supply Chain Reliability", etc.).[277]

Das Schaubild, das unmittelbar der Modellbeschreibung des SCC entnommen ist, gibt einen Überblick über die im SCOR-Modell verwendeten Leistungsattribute („Performance Attributes"). Um die Leistungsattribute zu operationalisieren, müssen sie in einem weiteren Schritt mit den Kennzahlen der ersten Ebene („Metrics Level 1") verknüpft werden. Zum Beispiel kann die Kennzahl für die Durchlaufzeit („order fulfillment lead time") mit dem Leistungsattribut Reaktionsfähigkeit („responsiveness") gekoppelt werden.

Die verwendeten Leistungsattribute sind charakteristisch für eine Lieferkette, die darauf ausgerichtet ist, analysiert und gegen andere Lieferketten mit konkurrierenden Strategien verglichen zu werden. Ohne derartige Charakteristika wäre es äußerst schwierig, beispielsweise eine Organisation, die einer Strategie der niedrigen Kosten folgt (Kostenführerschaft), mit einer anderen zu vergleichen, die auf größtmögliche Lieferzuverlässigkeit ausgerichtet ist.[278]

---

[276] Vgl. Supply-Chain Council / SCOR-Model Version 8.0 2006 / S. 6 f.
[277] Vgl. Meyr et al. / Basics For Modeling 2002 / S. 50 ff.; Bolstorff und Rosenbaum / Supply Chain Excellence 2003 / S. 60 ff. Kanngießer / SCOR-Modell 2002 / S. 9 f.
[278] Vgl. hierzu auch Bolstorff / SCOR 2004 / S. 22 ff.; Geimer und Becker / Supply Chain Operations Reference Modell 2001 / S. 128 ff.

		Customer-Facing			Internal-Facing	
PERFORMANCE ATTRIBUTES METRICS LEVEL 1	Reliability	Responsiveness	Flexibility		Cost	Assets
Delivery Performance	x					
Fill Rate	x					
Perfect Order Fulfillment	x					
Order Fulfillment Lead Time		x				
Supply-Chain Response Time			x			
Production Flexibility			x			
Total Supply Chain Management Cost					x	
Cost of Goods Sold					x	
Value-Added Productivity					x	
Warranty Cost Or Returns Processing Cost					x	
Cash-To-Cash Cycle Time						x
Inventory Days Of Supply						x
Asset Turns						x

Abb. B-4: SCOR-Leistungsattribute und Kennzahlen der ersten Ebene[279]

Wie im obigen Schaubild dargestellt, sind die Leistungsattribute mit den Kennzahlen der ersten Ebene verbunden. Letztere stellen Rechengrößen dar, mittels derer eine Organisation messen kann, wie erfolgreich sie im Hinblick auf das Erreichen der von ihr angestrebten Positionierung innerhalb des konkurrenzfähigen Marktplatzes ist.[280] Obwohl die Leistungsattribute kritisch für die Anwendung des Modells sind, wurden formale Definitionen erst in spätere Versionen aufgenommen. So wurden z.B. in Version 4.0 des Modells Standardleistungsattribute eingeführt.

---
[279] Supply-Chain Council / SCOR-Model Version 6.0 2003 / S. 9
[280] Eine detaillierte Darstellung der verschiedenen Leistungsbegriffe und ihrer Zusammenhänge erfolgt in Kap. C, Abs. C.1.1.1

In Version 5.0 wurden die Prozessbeschreibungen, die den Aktivitäten der zweiten und dritten Ebene zugeordnet sind, angepasst, um sicherzustellen, dass die verwendeten Kennzahlen auch tatsächlich messen, wofür sie vorgesehen sind. Das sind nur zwei Beispiele, die deutlich machen, dass das SCOR-Modell durch einen iterativen Prozess entstanden ist und sich auch jetzt noch permanent weiterentwickelt. Dies stellt unzweifelhaft eine der wesentlichen Stärken des Modells dar.

Die verwendeten Kennzahlen sind hierarchischer Natur, analog zu den Prozesselementen. Die Kennzahlen der ersten Ebene resultieren aus aggregierten Berechnungen, die wiederum auf den Kennzahlen der darunterliegenden Ebenen (Ebene 2, usw.) basieren. So wird beispielsweise die Lieferleistung („delivery performance") als die Gesamtzahl an Produkten, die pünktlich und komplett geliefert wurden, kalkuliert. Darüber hinaus werden auch Kennzahlen auf niedrigerer Ebene eingesetzt, um Abweichungen der Leistung gegenüber dem Plan zu diagnostizieren. So kann es etwa für eine Organisation durchaus von Nutzen sein, die Korrelation zwischen dem geforderten Liefertermin („request date") und dem zugesagten Liefertermin („commit date") zu untersuchen.[281]

B.1.5 Änderungen in SCOR Version 6.0

Wie bereits ausgeführt, ist das SCOR-Modell durch eine Art evolutionären Prozess entstanden und von Version zu Version durch Änderungszyklen gegangen. Da im weiteren Verlauf auch Version 6.0 des SCOR-Modells Anwendung findet, primär im Hinblick auf die darin enthaltenen Leistungsindikatoren, soll im Folgenden auf die wesentlichen Unterschiede der Version gegenüber den Vorgängerversionen eingegangen werden. Diese zu verstehen ist relevant, um die Evolution des Modells einschätzen zu können. SCOR Version 6.0 stellt die sechste Hauptrevision seit der Einführung von SCOR dar.

---

[281] Vgl. Hugos / Supply Chain Management 2003 / S. 154 ff.; Heck / Supply Chain Operations Reference Model 2004 / S. 14 f.

Revisionen des Modells werden dann durchgeführt, wenn die Mitglieder des SCC zu der Feststellung gelangen, dass Änderungen erforderlich sind, um den Gebrauch des Modells in der Praxis zu fördern. So hatte beispielsweise das für die Kennzahlen zuständige Komitee bereits angekündigt, dass die Kennzahlen der ersten Ebene nicht durchgängig mit den Steuerungsprozessen auf der ersten Ebene korrespondieren. Der Schwachpunkt ist bereits größtenteils in Version 6.0 korrigiert worden, es waren aber noch geringfügige Änderungen für Version 7.0 geplant.[282]

In Version 6.0 gab es drei primäre Bereiche, in denen Änderungen durchgeführt wurden: Handelsprozesse („Retail processes"), Rücklieferungsprozesse „(Return processes") und Electronic Business (E-Business). Im Hinblick auf die Handelsprozesse sind die Lieferprozesse ausgeweitet und um ein neues Prozesselement, D4 – Lieferung von Handelswaren („Deliver Retail Product"), erweitert worden. Diese Hinzufügung trägt Besonderheiten hinsichtlich der Aktivitäten und deren Abfolge Rechnung, die mit der Lieferung eines Produkts (normalerweise an einen Endverbraucher) verbunden sind.

Innerhalb des Rücklieferungsprozesses ist das Prozesselement R2 – Rücklieferung von Wartung, Reparatur und Überholung („Return of Maintenance, Repair and Overhaul Product") – nach über einem Jahr des Einsatzes umgearbeitet worden, um den Prozessen in-praxi besser Genüge zu tragen. Die Prozesse, die mit der Rücklieferung der genannten Produkte (SR2, MR2) verbunden sind, sind für den besseren Gebrauch aktualisiert und die damit verbundenen Definitionen analog überarbeitet worden. In der vorliegenden Version des Modells sind nur die SR2 und die DR2 Elemente revidiert worden. In der nächsten Version ist angedacht, die Revisionen auf die SR1-, DR1-, SR3- und DR3-Prozesse auszudehnen.[283]

---

[282] Vgl. Supply-Chain Council / SCOR-Model Version 6.0 2003 / S. 4 f.
[283] Ebd.

Im Hinblick auf das Konzept des Electronic Business (E-Business)[284] sind optimale Verfahren („Best Practices") in den Herstellungsprozess aufgenommen worden. Das stellt eine Fortsetzung der Einführung optimaler Verfahren dar, die in Version 5.0 eingeleitet wurde. Das SCC ist bei der Untersuchung der Auswirkungen neuer Systemtechnologien auf die Steuerung der Lieferkette zu dem Schluss gelangt, dass obwohl sich die eingesetzten Technologien geändert haben, die der Lieferkette zugrunde liegenden Prozesse dennoch unverändert geblieben sind. Die eingesetzten optimalen Verfahren haben sich jedoch durch den Einfluss der neuen Technologien deutlich verändert.

Mit der Version 6.0 des SCOR-Modells wurde vorläufig die Überarbeitung der optimalen Verfahren und der dazugehörigen Technologiebeschreibungen abgeschlossen. Dies repräsentiert die formale Anerkennung erprobter E-Business-Methoden und E-Business-Technologien durch das SCC.[285]

B.1.6 Änderungen in SCOR Version 7.0

In SCOR Version 7.0, das im März 2005 vom Supply-Chain Council veröffentlicht wurde, sind primär in zwei Bereichen Änderungen durchgeführt worden.[286]

Zum einen ist die Anwendung der Leistungsindikatoren vereinfacht worden. Hierzu wurden die Leistungskennzahlen der ersten Ebene überarbeitet und die ihnen zugrunde liegende Struktur wurde deutlicher herausgearbeitet. Die Anzahl der Kennzahlen der ersten Ebene ist von dreizehn auf neun verringert worden.

Dies bedeutet jedoch nicht, dass die betreffenden Kennzahlen gänzlich weggefallen sind. Vielmehr sind sie der darunter liegenden Ebene der Leistungsmess-

---

[284] Zum Begriff des Electronic Business (E-Business) vgl. beispielsweise Seibt / Business der Zukunft 2001 / S. 11; KPMG / eBusiness 2000 / S. 2 ff.
[285] Vgl. Supply-Chain Council / SCOR-Model Version 6.0 2003 / S. 11 f.
[286] Vgl. Supply-Chain Council / SCOR-Model Version 7.0 2005 / S. 1 f. u. S. 8 f.

größen zugeordnet worden. Eine Konsequenz dieser Umstrukturierung war, dass die Prozesse innerhalb des SCOR-Prozesselements Liefern („Deliver") angepasst werden mussten. Die diesbezüglichen Prozesse auf der dritten Ebene wurden erweitert, um einen besseren Abgleich mit der Zykluszeit und den kostenspezifischen Leistungskennzahlen zu gewährleisten.[287]

Darüber hinaus wurde ein neuer Abschnitt zu den Leistungsindikatoren als Anhang hinzugefügt, der die einzelnen Kennzahlen und deren Kalkulation im Detail beschreibt. Zusätzlich sind die Erklärungen zum Einfluss der Kennzahlen deutlich erweitert worden.[288]

Im Anhang von Version 7 sind lediglich die Kennzahlen der ersten Ebene enthalten. Für zukünftige Versionen des SCOR-Modells ist angedacht, dort ähnlich detaillierte Beschreibungen für alle Leistungsindikatoren aufzunehmen.

Beim zweiten Bereich, in dem Änderungen durchgeführt wurden, handelt es sich um die optimalen Verfahren. Hier wurde eine Anzahl neuer Verfahren hinzugefügt. Im Einzelnen wurden zwölf neue optimale Verfahren aufgenommen, von denen vier bereits in SCOR Version 6.1 enthalten, jedoch nicht im Detail erklärt waren. Die neuen Verfahren sind im Anhang aufgelistet und werden dort eingehend definiert und diskutiert.[289]

Während der Anhang von SCOR Version 7 diejenigen optimalen Verfahren enthält, die neu aufgenommen oder geändert wurden, soll dort in zukünftigen Versionen des Modells die komplette Liste der optimalen Verfahren mit detaillierten Erläuterungen enthalten sein.

---

[287] Vgl. Supply-Chain Council / SCOR-Model Version 7.0 2005 / S. 1 f. u. S. 9
[288] Vgl. Supply-Chain Council / SCOR-Model Version 7.0 2005 / S. 296 ff.
[289] Vgl. Supply-Chain Council / SCOR-Model Version 7.0 2005 / S. 319 ff.

B.1.7 Änderungen in SCOR Version 8.0

Version 8.0 stellt die aktuelle Version des SCOR-Modells dar.[290] In Version 8.0 wurde eine Reihe von grundlegenden Überarbeitungen des Modells vorgenommen, wobei die Prozesse auf der ersten, zweiten und dritten Ebene unverändert zur vorhergehenden Version 7.0 geblieben sind. Die hauptsächlichen Veränderungen lagen in den Bereichen der Leistungsindikatoren, optimalen Verfahren, Darstellung von Eingangs- und Ausgangsgrößen, Ablaufdiagramme und der SCOR-Datenbank.[291]

Im Hinblick auf die Leistungsindikatoren findet sich eine zusätzliche Leistungskennzahl der ersten Ebene („Level 1 Metrics") – Verzinsung des Arbeitskapitals („Return on Working Capital")[292] – innerhalb des Leistungsattributs Kapitaleinsatz („Assets"). Einige weitere Leistungsindikatoren sind deutlich vereinfacht worden. Den Prozessen auf der zweiten Ebene sind nun ausschließlich Leistungskennzahlen der ersten Ebene zugeordnet. Außerdem wurde eine zusätzliche Kosten-Kennzahl für jeden einzelnen Prozess aufgenommen. Ähnlich wurde bereits in Version 7.0 mit der Aufnahme einer Zykluszeit-Kennzahl für jeden Prozess vorgegangen. Dadurch soll eine einfache Aggregation dieser beiden Kennzahlen zu den Leistungskennzahlen der ersten Ebene ermöglicht werden. Um die Aggregationsmöglichkeiten und zugrunde liegende Hierarchie zu veranschaulichen, wurde ein vollkommen neuer Anhang für die Leistungsindikatoren („Metrics Appendix") zur SCOR-Modelldokumentation hinzugefügt.[293]

Der Anhang für die optimalen Verfahren („Best Practices Appendix") wurde ebenfalls überarbeitet mit dem Ziel, eine klarere und konsistente Referenz zu schaffen. Änderungen zu einigen der Definitionen, die sich durch das ganze Modell ziehen,

---

[290] Stand: Mitte 2006
[291] Vgl. Supply-Chain Council / SCOR-Model 8.0 2006 / S. 1 ff.
[292] Das SCC gibt zum Begriff der Verzinsung des Arbeitskapitals folgende Definition ab: „Return on working capital is a measurement which assesses the magnitude of investment relative to a company's working capital position versus the revenue generated from a supply chain. Components include accounts receivable, accounts payable, inventory, supply chain revenue, cost of goods sold and supply chain management costs." (Supply-Chain Council / SCOR-Model 8.0 2006 / S. 13). Vgl. hierzu auch die Begriffsdefinitionen in Abschn. C.1.1.1
[293] Vgl. Supply-Chain Council / SCOR-Model Version 8.0 2006 / S. 8, 368 ff. u. 434 ff.

sind aktualisiert und die Zuordnung zu den korrespondierenden Prozessen entsprechend geändert worden. Die optimalen Verfahren enthalten nun nicht mehr die Spalte „Eigenschaft" („Feature"), da diese ein Überbleibsel aus der Zeit war, in der die Modellbeschreibung noch zugehörige Software-Merkmale enthielt, die aktuell nicht mehr durch das Supply-Chain Council gepflegt und ausgewiesen werden. Die diesbezügliche Spalte wurde ggf. durch eine Definition ersetzt.[294]

Neu in der Modellbeschreibung sind die Eingangs- und Ausgangsgrößen („Inputs and Outputs") sowie deren Definitionen. Diese sind in keiner der vorhergehenden Versionen des SCOR-Modells enthalten gewesen respektive beschrieben oder referenziert worden. Der Teil wurde von einer Gruppe innerhalb des SCC erstellt, die den ISA 95-Standard[295] der Organisation ISA[296] im Zusammenhang mit SCOR eingesetzt hat. Die korrespondierenden Definitionen wurden hinzugefügt, um sowohl SCOR-seitigen als auch ISA 95-seitigen Anforderungen zu genügen.[297]

Bedingt durch die erstmalige geänderte Ausrichtung des SCOR-Modells auf eine Geschäftsprozess-Management (GPM)-kompatible Darstellungsform[298] hin stellen sich die Arbeitsablauf-Diagramme („Workflow Graphics") stark unterschiedlich im Vergleich zu den früher im Microsoft Word-Format gehaltenen Format dar. Sie

---

[294] Vgl. Supply-Chain Council / SCOR-Model Version 8.0 2006 / S. 8, 386 ff. u. 511 ff.
[295] Bedeutung und Anwendung des ISA 95-Standard können wie folgt zusammengefasst werden: „Reconciling plant floor system information with business information is the biggest benefit manufacturers find in the ISA-95 enterprise and control integration standard, especially those in the food and beverage and pharmaceutical industries, where Parts 1 and 2 have been streamlining paper processes into real-time automated processes and skyrocketing productivity. Now, with Part 3 in the mix, these companies can reap the rewards of new manufacturing execution systems (MES) to help meet FDA (Food and Drug Administration; d. Verf.) requirements with tracking and traceability." (ISA / ISA-95 2006 / o.S.)
[296] Selbstdarstellung der Organisation: „Founded in 1945, ISA is a leading, global, nonprofit organization that is setting the standard for automation by helping over 30,000 worldwide members and other professionals solve difficult problems. Based in Research Triangle Park, North Carolina, ISA develops standards; certifies industry professionals; provides education and training; publishes books and technical articles; and hosts the largest conference and exhibition for automation professionals in the Western Hemisphere." (ISA / About ISA 2006 / o.S.)
[297] Vgl. Supply-Chain Council / SCOR-Model Version 8.0 2006 / S. 9 u. 419 ff.
[298] Geschäftsprozess-Management (GPM) („Business Process Management, BPM") kann folgendermaßen definiert werden: „BPM is a systematic approach to improving an organization's business processes. BPM activities seek to make business processes more effective, more efficient, and more capable of adapting to an ever-changing environment. BPM is a subset of infrastructure management, the administrative area of concern dealing with maintenance and optimization of an organization's equipment and core operations." (Bitpipe / Business Performance Management 2006 / o.S.)

enthalten jetzt auch die durchzuführenden Arbeiten bzw. Aufgaben („deliverables"), d.h. diejenigen Elemente, die sich von einem zum nächsten Prozess bewegen bzw. in einen Prozess hinein („input") und aus diesem wieder heraus („output") laufen. Als ein Resultat dieser komplexen Arbeitsabläufe und der Abbildung in einem speziellen Softwareprogramm anstelle von Microsoft-Word ist die Schriftgröße in den Arbeitsablauf-Diagrammen sehr klein. Sie sind deshalb auch zur besseren Lesbarkeit auf der Internetseite des Supply-Chain Council[299] im Hyper Text Markup Language (HTML)-Format mit einer Vergrößerungsfunktion verfügbar.[300]

Für die nächste Version von SCOR – wahrscheinlich Version 8.1 – ist geplant, die in der SCOR-Datenbank („SCOR Database") in der GPM-kompatiblen Darstellungsform gespeicherten Daten in einem herstellerunabhängigen Format abzubilden und anzubieten. Derzeit arbeitet das SCC gemeinsam mit den entsprechenden Systemanbietern an einem diesbezüglichen Vorschlag. Außerdem ist angedacht, ein Software-Lizenzprogramm hinsichtlich der Veröffentlichung von zukünftigen Versionen des SCOR-Modells in elektronischem Format zu entwickeln.[301]

Im weiteren Verlauf wird auf die aktuelle SCOR-Version 8.0 zurückgegriffen. Die einzige Ausnahme stellen die Leistungsindikatoren dar: Hier wird auf Version 6.0 referenziert, da diese zum Zeitpunkt der Erarbeitung des Thesenmodells die aktuelle Version dargestellt hat und dieses infolgedessen auf den in Version 6.0 enthaltenen Leistungsbegriffen basiert.

Die Gültigkeit der Auswertungen wird davon jedoch nicht beeinflusst, da wie oben ausgeführt weder Leistungsindikatoren entfernt noch neue hinzugenommen worden sind. Vielmehr hat sich lediglich die Position der Leistungsindikatoren in der entsprechenden Hierarchie geändert.

---

[299] Die Internsetseite lautet: www.supply-chain.org
[300] Vgl. Supply-Chain Council / SCOR-Model 8.0 2006 / S. 1 ff.; Supply-Chain Council / SCOR-Model Version 8.0 2006 / S. 9
[301] Vgl. Supply-Chain Council / SCOR-Model Version 8.0 2006 / S. 9

B.2 Abgrenzung des Einsatzbereiches des SCOR-Modells als Beschreibungsmodell zur Analyse der Supply Chain von Unternehmen

Wie bereits ausgeführt, ist das SCOR-Modell entwickelt worden, um die Lieferkette betreffende Geschäftstätigkeiten zu beschreiben, die mit allen Phasen verbunden sind, die durchlaufen werden, um Kundenbedürfnisse zu befriedigen. Das Modell ist durch fünf Steuerungsprozesse gekennzeichnet. Durch die Darstellung von Lieferketten mittels Verwendung dieser Prozessbausteine und den Gebrauch allgemeingültiger Definitionen kann das Modell dazu dienen, Lieferketten zu beschreiben, die sehr einfacher oder aber sehr komplizierter Natur sind.[302] Dadurch können ungleichartige Branchen verknüpft werden, um gleichsam die „Tiefe" und „Weite" einer beliebigen Lieferkette zu beschreiben. Das Modell hat erfolgreich dazu beitragen können, eine Grundlage für LK-Verbesserungen sowohl für globale als auch standortspezifische Projekte zu liefern.[303]

Wie im nachstehenden Schaubild dargestellt ist, repräsentiert das SCOR-Modell ein sog. Geschäftsprozess-Referenzmodell. Referenzmodelle zählen zu den in Kapitel A dargestellten normativen Modellen.[304] Es handelt sich bei SCOR im Besonderen um ein Modell, welches Prozesselemente, Leistungsindikatoren, optimale Verfahren und die Besonderheiten bezüglich der Ausführung von Lieferkettenaktivitäten in einer ganz speziellen Weise verbindet.

---

[302] Durch die Formulierungen „Darstellung von Lieferketten" und „... Lieferketten zu beschreiben..." wird indiziert, dass es sich bei dem SCOR-Modell um ein Beschreibungsmodell handelt. Es stellt mithin kein Gestaltungsmodell dar mit der Einschränkung, dass es durch die Identifikation und Durchführung erforderlicher Maßnahmen auch positiv zur Gestaltung der Supply Chain beitragen kann

[303] Vgl. Supply-Chain Council / SCOR-Model 7.0 Overview 2005 / S. 2 ff.

[304] Referenzmodelle sind den sog. normativen Modellen zuzurechnen, die in Kap. A, Abschn. A.6 näher beschrieben sind. Hierfür findet sich auch der Begriff des Referenzinformationsmodells: Ein Informationsmodell ist ein Modell, das ein Informationssystem eines Unternehmens repräsentiert. Ein Referenzinformationsmodell (kurz: Referenzmodell) ist ein konkretes Informationsmodell für ein Unternehmen, das vom Einzelfall abstrahiert und zur Darstellung eines standardisierten Ausschnitts der Realität verwendet wird. Referenzmodelle unterstützen die Entwicklung eines individuellen Informationsmodells eines Unternehmens (vgl. z.B. Fettke und Loos / Classification of reference models 2003 / S. 35 ff.). Für die Umsetzung des Supply Chain Management sind neben der Bereitschaft der Unternehmen zur Kooperation und zur Offenlegung aller Prozesse unternehmensübergreifende Informationssysteme notwendig, die einen schnellen Austausch von Informationen ermöglichen (vgl. Scholz-Reiter und Jakobza / Supply Chain Management 1999 / S. 7 ff.)

2. Abgrenzung des Einsatzbereiches des SCOR-Modells zur Analyse der Supply Chain

Die Einmaligkeit und Wirksamkeit des Modells und sein erfolgreicher Einsatz basieren hauptsächlich auf dem konzertierten und abgestimmten Einsatz dieser vier Elemente.[305]

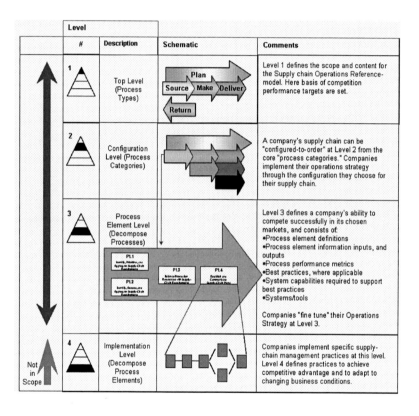

Abb. B-5: SCOR als hierarchisches Modell[306]

---

[305] Vgl. Migge / Referenzmodelle für das Supply Chain Management 2002 / S. 6 ff.; Kämpf und Trapero / Referenzmodelle für das Supply Chain Management 2004 / o.S. Für einen umfassenden Überblick zu Geschäftsprozess-Referenzmodellen vgl. etwa Scheer / Referenzmodelle für Geschäftsprozesse 1997

[306] Supply-Chain Council / SCOR-Model Version 8.0 2006 / S. 3. Qualitätseinbußen in der Wiedergabe der Abbildung resultieren aus der Übernahme aus dem Originaldokument, auf welches ggf. zur besseren Lesbarkeit zurückgegriffen werden kann

Referenzmodelle werden prinzipiell angewendet, um Geschäftsprozesse zu systematisieren und einheitlich darzustellen. Das SCOR-Modell baut auf dem Eingabe-, Durchsatz- und Ausgabeschema auf, das im Rahmen der Prozesssteuerung verwendet wird. Das Modell wird dazu angewendet, die Prozesse auf den verschiedenen Ebenen darzustellen und schrittweise auszuformulieren.[307]

Das SCC definiert den Begriff des Referenzmodells wie folgt:

„Process reference models integrate the well-known concepts of business process reengineering, benchmarking, and process measurement into a cross-functional framework."[308]

Referenzmodelle basieren auf den Arbeitsabläufen („Workflows") und der Steuerung dieser Arbeitsabläufe („Workflow Management").[309] Sie gehen von der Identifikation der Schnittstellen innerhalb der Arbeitsablaufstruktur aus, die es Produkten ermöglicht, auf verschiedenen Ebenen zu interagieren. Alle Systeme zur Steuerung der Arbeitsabläufe enthalten eine Anzahl allgemeingültiger Bausteine, die sich innerhalb eines definierten Satzes an Szenarien gegenseitig beeinflussen und die zusammenwirken. Verschiedene Produkte weisen typischerweise verschiedene Leistungsniveaus innerhalb der allgemeingültigen Bausteine auf.

Um Interoperabilität zwischen den verschiedenen Arbeitsabläufen zu erreichen, ist es notwendig, eine standardisierte Anzahl an Schnittstellen und Formaten für den Informationsaustausch festzulegen. Das kann durch das Aufstellen von eindeuti-

---

[307] Vgl. Seuring / Supply Chain Costing 2002 / S. 20 f.
[308] Supply-Chain Council / SCOR-Model 7.0 Overview 2005 / S. 1
[309] Arbeitsabläufe („Workflow") und das damit zusammenhängende System zur Steuerung dieser Arbeitsabläufe („Workflow Management System") können im Kontext von Geschäftsprozess-Referenzmodellen wie folgt definiert werden: „Workflow: The computerised facilitation or automation of a business process, in whole or part. Workflow is concerned with the automation of procedures where documents, information or tasks are passed between participants according to a defined set of rules to achieve, or contribute to, an overall business goal. While workflow may be manually organised, in practice most workflow is normally organised within the context of an IT system to provide computerised support for the procedural automation. (...) Workflow Management System: A system that completely defines, manages and executes 'workflows' through the execution of software whose order of execution is driven by a computer representation of the workflow logic." (vgl. Hollingsworth / Workflow Reference Model 1995 / S. 5)

gen Interaktionsszenarien mit Referenz auf diese Schnittstellen geschehen. Die Interaktionsszenarien dienen wiederum dazu, verschiedene Ebenen mit funktionaler Übereinstimmung zu identifizieren, die in Einklang mit der Bandbreite an Produkten stehen, die sich auf dem Markt befinden.[310]

Ein Referenzmodell repräsentiert außerdem ein Modell der Lieferkette, das die Einführung von Anwendungssystemen unterstützen kann.[311] Die Vorteile eines Referenzmodells resultieren in diesem Zusammenhang aus der Fähigkeit, die Detaillierung mehrerer Betrachtungsebenen und Fragestellungen zu ermöglichen. Zum einen umfasst dies die Beschreibung der Prozessvoraussetzungen und Prozessergebnisse, d.h. die Beantwortung der Fragen, welche Daten, Informationen und Ressourcen verwendet und welche Objekte bearbeitet werden.[312] Zum anderen beinhaltet es die Beschreibung des zusammenhängenden Ablaufs aus einer Prozesssicht, d.h. die Beantwortung der Fragen, welche Teilprozesse und Ergebnisse den Prozess steuern und welche organisatorischen Bereiche beteiligt sind.[313]

Ein wichtiger Punkt in dem Zusammenhang ist, dass das Modell explizit Prozesse und nicht etwa Funktionen beschreibt. Anders ausgedrückt, konzentriert sich das Modell auf die involvierten Aktivitäten, nicht die Personen oder organisatorischen Einheiten, die diese Aktivitäten durchführen.[314] Der zugehörige Prozess ist in nachstehender Abbildung wiedergegeben.

---

[310] Vgl. Hollingsworth / Workflow Reference Model 1995 / S. 20 f.
[311] Zur Thematik der Gestaltung, Implementierung und Ausführung von Geschäftsregeln zur Festlegung der Geschäftsabwicklung in und zwischen Unternehmen im Rahmen des SCM sowie zu verschiedenen Aspekten der Implementierung dieser Geschäftsregeln in Informationssystemen zur Unterstützung des SCM vgl. Klaus / Supply Chain Management 2005
[312] Vgl. Holten und Melchert / SCOR-Modell 2002 / S. 207 ff.
[313] Vgl. Heinzel / Supply Chain Operations Reference-Modells 2001 / S. 51 ff.; Thaler / Supply Chain Management 2003 / S. 48
[314] Der „Human Factor" wird in Kap. F, Abschn. F.1 behandelt

Kapitel B: Das Supply Chain Operations Reference-Modell des Supply-Chain Council 107

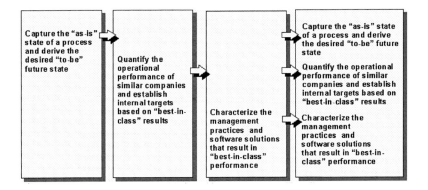

Abb. B-6: SCOR als aktivitätsorientiertes Geschäftsprozess-Referenzmodell[315]

Von Prozess-Referenzmodellen klar zu unterscheiden sind sog. Prozess-Zerlegungsmodelle („Process Decomposition Models"), deren Intention deutlich von den Erstgenannten abweicht. Das SCOR-Modell stellt eine Sprache zur Kommunikation zwischen den LK-Partnern zur Verfügung. Prozess-Zerlegungsmodelle sind hingegen dafür gedacht, eine spezielle Konfiguration an Prozesselementen zu betrachten. Ihnen fehlt mithin der integrative Charakter – sowohl hinsichtlich der unternehmensinternen als auch der unternehmensintegrierten Lieferkette.[316]

Als neue Anwendungsdomäne im Zusammenhang mit Referenzmodellen hat das Electronic Business (E-Business) in den vergangenen Jahren stark an Bedeutung gewonnen.[317] Nach Fettke und Loos sind Referenzmodelle für das E-Business

---

[315] Supply-Chain Council / SCOR-Model Version 8.0 2006 / S. 4
[316] Vgl. Werner / Supply Chain Management 2002 / S. 6; Supply-Chain Council / SCOR-Model Version 8.0 2006 / S. 4 f.
[317] In der vorliegenden Arbeit wird der prozessorientierten Definition des E-Business nach Seibt gefolgt, die am Ende von Kap. A, Abs. A.3.1. vorgestellt wurde (vgl. Seibt / Business der Zukunft 2001 / S. 11), da die vorliegenden Referenzmodelle im Allgemeinen und das SCOR-Modell im Besonderen ebenfalls als Prozessmodell aufgefasst werden

solche Modelle, welche die Gestaltung von E-Business-Systemen unterstützen.[318] Das SCOR-Modell kann folglich auch als ein E-Business-Referenzmodell verstanden werden, da seine Anwendung u.a. einen umfassenden Einsatz von Informationstechnologien bedingen kann.

---

[318] Vgl. Fettke und Loos / Referenzmodelle für das E-Business 2003 / S. 31. Vgl. auch Fettke und Loos / Classification of reference models 2003 / S. 35 ff.

B.3 Stärken und Schwächen des SCOR-Modells auf Grundlage der aktuellen Diskussion

B.3.1 Stärken und Potenziale des Modells

Als eine der größten Stärken beim Einsatz des SCOR-Modells im Rahmen eines Projekts zur Analyse der Lieferkette (im Folgenden kurz als SCOR-Projekt bezeichnet) kann die Zuverlässigkeit und Vorhersagbarkeit von zeitlicher Dauer und Kosten angesehen werden. SCOR-Projekte sind mit der Intention initiiert worden, beispielsweise folgende Größen positiv zu beeinflussen:[319]

- Verbesserung des Börsenkurses eines Unternehmens
- Erhöhung der Gewinne und Margen
- Erhöhung der verfügbaren finanziellen Mittel zur Durchführung von Investitionen (z.B. IT-Investitionen)
- Kostensenkung
- Optimierung des betrieblichen Planungs- und Ausführungssystems (Enterprise Resource Planning, ERP).[320]

Handfield und Nichols geben eine gute Zusammenfassung der mehr qualitativen Vorteile im Zusammenhang mit dem Einsatz des Modells ab:

„The major benefit of SCOR is that it gives interorganizational supply chain partners a basis for integration by providing them, often for the first time, with something tangible to talk about and work with."[321]

---

[319] Vgl. Seuring / Produkt-Kooperations-Matrix im Supply Chain Management 2001 / S. 26 f.; Kaluza und Blecker / Supply Chain Management 1999 / S. 22 ff.; Hofmann / Supply Chain Inefficiencies 2004 / S. 1 ff.

[320] Enterprise Resource Planning (ERP)-Systeme verfolgen die primäre Zielsetzung, die in einem Unternehmen vorhandenen und oftmals funktional ausgerichteten Lösungen für die diversen Unternehmensbereiche, wie z.B. Beschaffung, Produktion, Vertrieb, usw. sowie die zugehörigen Daten in einem System zu integrieren und zentral verfügbar zu machen. ERP-Systeme stellen in dem Sinne Transaktionssysteme dar, die hauptsächlich den Ist-Zustand eines Unternehmens abbilden und historische Daten verwalten (vgl. Kansky / Supply Chain 2001 / S. 205)

[321] Handfield and Nichols / Supply Chain Management 2000 / S. 53. Davenport gibt folgende weiterführende Beschreibung zu den qualitativen Vorteilen ab: „Hundreds of organizations (...) have begun to use the SCOR model to evaluate their own processes; software vendors (...) have begun to incorporate SCOR flows and metrics into their supply chain software packages. Some companies have already benefited greatly from a SCOR-based analysis of their supply chain processes." (Davenport / Commoditization of Processes 2005 / S. 102)

Neben qualitativen Verbesserungen, wie beispielsweise der verbesserten Kommunikation zwischen den betrieblichen Bereichen, konnten die folgenden (exemplarischen) quantitativen Resultate erzielt werden:[322]

- Verbesserung des Betriebsergebnisses um durchschnittlich drei Prozent in der initialen Projektphase mittels Kostenreduktion und Verbesserung des Kundenservice.

- Zwei- bis sechsfache Rentabilität[323] hinsichtlich der Projektinvestitionskosten innerhalb der ersten zwölf Monate, häufig verbunden mit Verbesserungen, welche die Kosten innerhalb der ersten sechs Monate kompensieren konnten.

- Verringerung der Ausgaben für Informationstechnologie (IT) mittels Minimierung von Systemanpassungen („customization") und dem besseren Gebrauch von verfügbarer Standardfunktionalität.

- Fortlaufende Aktualisierung des Projektportfolios[324] durch kontinuierliche Umsetzung von Lieferkettenverbesserungen mit dem Ziel, die Gewinne jährlich um ein Prozent bis zu drei Prozent zu steigern.

Hughes et al. führen folgende typische Verbesserungspotenziale respektive Optimierungsausmaße durch den Einsatz von SCOR im Rahmen von Initiativen zur Verbesserung der Lieferkettenleistung („Supply Chain improvement initiatives") an:[325]

- Rohmaterialbeschaffungskosten („raw materials purchase costs"): 25 Prozent
- Distributionskosten („costs of distribution"): 35 Prozent
- Gesamtressourceneinsatz („total resource deployed"): 50 Prozent
- Fertigungsfläche („manufacturing space"): 50 Prozent
- Investitionen in Zubehör („investment in tooling"): 50 Prozent

---

[322] Bolstorff und Rosenbaum / Supply Chain Excellence 2003 / S. 9
[323] Zum Begriff der Rentabilität siehe Kap. A, Abs. A.3.1
[324] Der Terminus des Projektportfolio kann wie folgt beschrieben werden: „Project portfolio management refers to the selection and support of projects or program investments. These investments in projects and programs are guided by the organization's strategic plan and available resources." (PMI / Project Management Body of Knowledge 2000 / S. 10)
[325] Vgl. Hughes et al. / Transform Your Supply Chain 1998 / S. 97

- Auftragsdurchlaufzeit („order cycle time"): 60 Prozent
- Neuproduktentwicklungszyklus („new product development cycle"): 60 Prozent
- Lagerbestände („inventory"): 70 Prozent
- Formulare und Dokumentation („paperwork and documentation"): 80 Prozent
- Qualitätsmängel („quality defects"): 100 Prozent.[326]

Stephens weist auf die folgenden erzielten Vorteile durch den Einsatz von SCOR im Sinne von quantitativen Verbesserungspotenzialen mittels Integrationsmaßnahmen („quantified benefits from integrating the Supply Chain") hin, wobei er auf eine Vergleichsstudie des SCC aus dem Jahre 1997 referenziert:[327]

- Verbesserung der Lieferleistung („delivery performance"): 16 bis 28 Prozent
- Senkung der Lagerkosten („inventory reduction"): 25 bis 60 Prozent
- Verkürzung der Auftragsdurchlaufzeit („order fulfillment cycle time"): 30 bis 50 Prozent
- Verbesserung der Prognosegenauigkeit („forecast accuracy"): 25 bis 80 Prozent
- Steigerung der Gesamtproduktivität („overall productivity"): 10 bis 16 Prozent
- Senkung der Lieferkettenkosten („lower supply chain costs"): 25 bis 50 Prozent
- Verbesserung der Lieferfähigkeit („fill rates"): 20 bis 30 Prozent
- Steigerung der Kapazitätsausnutzung („improved capacity realization"): 10 bis 20 Prozent.

---

[326] Anm. d. Verf.: Die Angabe, dass Qualitätsmängel um 100 Prozent gesenkt werden konnten, muss als zweifelhaft eingestuft werden, auch wenn dies das Ziel von Konzepten wie beispielsweise des Total Quality Management (TQM) darstellt (zum Konzept des TQM vgl. z.B. Pfohl / Total Quality Management 1992; Zink / Total Quality Management 1989)

[327] Vgl. Stephens / SCOR Model Overview 2000 / S. 39. Auf die Berechnung der angeführten Leistungsindikatoren wird in Kap. C, Abs. C.1.1 noch im Detail eingegangen

Ein weiterer, nicht unmittelbar quantifizierbarer Vorteil ist der branchenunabhängige Charakter des SCOR-Modells.[328] Dadurch wird u.a. ein Vergleich von Prozessen in Unternehmen verschiedener Branchen und eine daraus resultierende Prozessoptimierung ermöglicht.[329]

In einem Erfahrungsbericht beschreibt das Unternehmen Intel[330] die Vorteile, die sich aufgrund der Durchführung einer SCOR-Initiative ergeben haben. Die geschilderten Vorteile sind schwerpunktmäßig qualitativer Natur. Das Projektteam, das ursprünglich für das SCOR Projekt zuständig war, hat die Verbreitung des SCOR-Modells zum Einsatz über alle Bereiche der Intel-Lieferkette hinweg stark gefördert. Darin wird ein eindeutiges Indiz gesehen, dass das Team durch die gesammelten Erfahrungen von der Leistungsfähigkeit und den Vorteilen des Modells überzeugt war. Ein schwer messbarer, aber nachweisbarer und großer Vorteil war die Steigerung des Wissens der Projektteammitglieder hinsichtlich Geschäftsprozessen, Lieferkettenprozessen, sowie Beziehungen und Zusammenhängen innerhalb der Lieferkette.

Die Anwendung des SCOR-Modells wird außerdem an sich als positiv angesehen, um die zugrunde liegenden Zusammenhänge bzgl. einer allgemeingültigen Sprachkonvention und der Orientierung an einer durchgängigen Struktur zu verstehen und zu internalisieren. Die Einbindung von Vertretern aus den Geschäftsbereichen wird als weiterer großer Vorteil angegeben. Dadurch konnte dem Risiko vorgebeugt werden, das sich durch die einseitige Durchführung von Projekten zur Analyse und Optimierung der Lieferkette durch IT-Bereiche ergibt.[331]

---

[328] Vgl. Stewart / SCOR 1997 / S. 62 ff.
[329] Schäfer und Seibt sprechen in dem Zusammenhang vom generischen Benchmarking und geben folgende Beschreibung ab: „Der größte Nutzen von Benchmarking besteht darin, das Potenzial innovativer Praktiken zu enthüllen und zu integrieren, die in der eigenen Branche nicht gefunden wurden. Im Rahmen des generischen Benchmarking erfolgt ein Vergleich von Geschäftsprozessen, die verschiedene Funktionen involvieren und unterschiedlichen Branchen entstammen." (Schäfer S. und Seibt / Benchmarking 1998 / S. 376)
[330] Unternehmensparameter: „Year founded: 1968; Number of employees: 78,000; Revenues: $30.1 billion (2003); Products and services: over 450; Fortune 500 ranking: 65; Worldwide offices and facilities: 294." (Intel / Corporate Snapshot 2004 / o.S.)
[331] Vgl. Intel Information Technology / SCOR Experience 2002 / S. 6 ff.

Schließlich wird die zentrale Wissensdatenbank („repository"), die im Zuge des Projekts entstanden ist und heute einen wesentlichen Bestandteil des Wissensmanagement („Knowledge Management") [332] im Rahmen der Intel-Lieferkette darstellt, als ein signifikanter Vorteil genannt. Der Teil der Wissensdatenbank, der für alle SCOR-Projekte genutzt worden ist, wurde darüber hinaus auch für übergreifende Projekte verwendet, wie beispielsweise eine Initiative zur Geschäftsprozess-Modellierung im Rahmen der Einführung eines Enterprise Resource Planning (ERP)-Systems.[333]

Die Unternehmen SAP[334] und PRTM[335] haben im Jahr 2000 begonnen, gemeinsam an einem SCOR-basierten, standardisierten Programm zu arbeiten, das eingesetzt werden kann, um das Leistungsvermögen der Lieferkette von Unternehmen gegenüber der Konkurrenz zu vergleichen („Standardized Benchmarking Program based on SCOR"). Teilnehmer konnten ihre Ergebnisse mit den Konkurrenzwerten auf Basis der Kennzahlen des SCOR-Modells vergleichen.[336]

Auch das Unternehmen BASF[337] hat an einer solchen, von SAP und PRTM durchgeführten Vergleichsstudie teilgenommen. Das Unternehmen gibt an, dass das Projekt überaus positiv dazu beigetragen habe, die vielversprechendsten Bereiche für mögliche Verbesserungen zu analysieren und zu definieren. Durch die Studie sei man zu der Erkenntnis gelangt, dass die Anwendung des SCOR-Mo-

---

[332] Nach Seibt stellt das Management von Informations- und Wissensprozessen eine von vier Kernaufgaben des Informationsmanagement von Unternehmen dar („4-Säulen-Modell") (vgl. Seibt / Informationsmanagement 1993 / S. 3 ff.)
[333] Vgl. Intel Information Technology / SCOR Experience 2002 / S. 7
[334] Hinweise zum Unternehmen: „SAP (Systeme, Anwendungen, Produkte in der Datenverarbeitung) wurde 1972 von fünf IBM-Mitarbeitern gegründet und zählt mittlerweile rund 30.000 Beschäftigte. Allein in der Software-Entwicklung sind weltweit insgesamt 8.200 Mitarbeiter beschäftigt. Neben ihrem Hauptentwicklungszentrum am Stammsitz in Walldorf unterhält die SAP Entwicklungslabors unter anderem in Palo Alto (USA), Tokio (Japan), Bangalore (Indien) und Sophia Antipolis (Frankreich) sowie in Berlin, Karlsruhe und Saarbrücken. Mit Niederlassungen in mehr als 50 Ländern erzielte die SAP im Geschäftsjahr 2003 einen Umsatz von 7,0 Milliarden Euro." (SAP / Unternehmensüberblick 2004 / o.S.)
[335] Für Informationen zum Unternehmen PRTM siehe Kap. A, Abs. A.7.1
[336] Vgl. SAP / Benchmarking Study September 2003 / o.S.
[337] Unternehmenshinweise: „In ihren fünf Geschäftssegmenten erzielte die BASF 2003 einen Umsatz von 33,4 Milliarden Euro. Strategisches Ziel ist es, weiter profitabel zu wachsen. Auf fünf Kontinenten schaffen rund 87.000 Mitarbeiter den Erfolg der BASF." (BASF / Über uns 2004 / o.S.)

dells ein wesentliches Erfolgskriterium für die erfolgreiche Einführung von Lieferkettenlösungen darstellt.[338]

Die Ansicht führender IT Forschungsunternehmen, wie beispielsweise der Meta-Group,[339] weist in dieselbe Richtung. Der SCOR-basierte Leistungsvergleich von Lieferketten wird als gute Möglichkeit eingeschätzt, Unternehmen mit wertvollen Informationen zu versorgen, um ihre Geschäftsprozesse zu analysieren und zu optimieren. Insbesondere wird der Nutzen der Kennzahlen hervorgehoben, die es erlauben, das Leistungsvermögen der Lieferkette gegenüber Wettbewerbern zu vergleichen. In dem Zusammenhang wird der besondere Nutzen gegenüber dem in Kapitel A vorgestellten Lieferketten-Berichtsbogen („Supply Chain Scorecard") betont, wobei dieser als eher eindimensional und nur unzureichend integriert eingestuft wird. Dadurch wird die Einschätzung der Vorteile und Stärken der im Rahmen des SCOR-Modells verwendeten Kennzahlen deutlich reflektiert.[340]

B.3.2 Schwächen und Begrenzungen des Modells

Das Modell befindet sich, wie bereits ausgeführt, nach wie vor in einem evolutionären Zustand, d.h. es ist Änderungen unterworfen. Das stellt auf der einen Seite eine Stärke dar, denn es garantiert, dass das Modell kontinuierlich um aktuelle Themen erweitert wird.[341] Es kann sich dabei sogar um einen ganzen Steuerungsprozess handeln, wie die Einführung des Rücklieferungsprozesses („Return") in SCOR Version 4.0 gezeigt hat (wenn auch in den SCOR-Versionen 6.0, 7.0 und

---

[338] Vgl. SAP / Benchmarking Study 2003 / S. 2 f.
[339] Selbstdarstellung der Organisation: „Meta Group helps companies (...) as a leading provider of IT research, advisory services, and strategic consulting since 1989. Publicly traded (NASDAQ: METG) since December 1995, Meta Group offers proven models to ensure that organizations are fully prepared to optimize their use of technology, respond to demand, manage risk, seize market opportunities, and avoid expensive mistakes. Serving as each client's personal radar screen, Meta Group monitors the IT and business world to deliver an accurate, independent view." (Meta Group / Corporate Overview 2004 / S. 1)
[340] Vgl. SAP / Benchmarking Study 2003 / S. 3. Auf die verschiedenen Leistungsbegriffe und deren Variationen im Kontext des SCOR-Modells wird in Kap. C, Abs. C.1.1 ausführlich eingegangen (im obigen Text wird zunächst vereinfachend nur von Kennzahlen gesprochen)
[341] Wie beispielsweise das E-Business, wie unter Kap. A, Abs.A.3.1 u. Abschn. A.6 dargestellt

8.0 noch nicht alle Aktivitäten auf diesem Gebiet beinhaltet sind). Das bringt jedoch auf der anderen Seite ein gewisses Maß an (Planungs-) Unsicherheit mit sich, da heute gültige Elemente des Modells u.u. in der Zukunft geändert werden und damit zumindest einen Teil ihrer aktuellen Gültigkeit verlieren könnten.

Wie in der an früherer Stelle dargestellten Abbildung B-5 verdeutlicht, umfasst die SCOR-Modellhierarchie derzeit drei Ebenen, um Lieferketten verschiedener Komplexitäten und über verschiedene Branchen hinweg zu unterstützen. Das SCC hat klar gemacht, dass es nicht beabsichtigt, das Modell um weitere Ebenen auszudehnen und zu beschreiben, wie eine bestimmte Organisation ihr Geschäft leiten oder die bestehenden IT-Systeme und Informationsflüsse an die Markterfordernisse angleichen soll. Das resultiert aus der Prämisse des SCC, das Modell als ein Beschreibungsmodell aufzufassen, nicht etwa als ein Gestaltungsmodell. Das bedeutet jedoch nicht, dass die Anwendung des Modells eine nachfolgende respektive darauf aufbauende Optimierung der Lieferkette ausschließt – im Gegenteil, es macht ja sogar explizite Vorschläge in der Richtung, beispielsweise in Form von optimalen Verfahren.

Dennoch bedeutet es, dass jede Organisation, die Lieferkettenverbesserungen unter Anwendung des SCOR-Modells anstrebt, das Modell ausweiten muss – und zwar wenigstens um eine vierte Ebene, die die Aufgaben („tasks") abbildet. Dadurch wird die Einbindung organisationsspezifischer Prozesse, Systeme und Praktiken erforderlich. Diese organisationsspezifische Erweiterung wird nicht durch das SCOR-Modell unterstützt, wenigstens nicht in der aktuellen Version. Es gibt jedoch bereits diesbezügliche Ansätze zur Verbesserung der Einsatzmöglichkeiten des Modells auf diesem Gebiet, auf die in Kapitel E eingegangen wird.[342]

Weiterhin versucht das Modell nicht, jeden Geschäftsprozess oder jede Aktivität innerhalb der Lieferkette zu beschreiben. Diese bewusst ausgelassenen Komponenten sind im Einzelnen: Marketing und Vertrieb (d.h. die Nachfrageerzeugung),

---

[342] Vgl. Harmon / Standard Operations Reference Models 2004 / S. 5. Vgl. auch Supply-Chain Council / SCOR-Model Version 8.0 2006 / S. 2 f.

Forschung und Technologieentwicklung, Produktentwicklung und einige Bereiche des Kundendienstes.[343]

Darüber hinaus setzt das Modell einige Funktionsbereiche voraus, ohne diese ausdrücklich zu adressieren: Mitarbeiter- bzw. Personalbereich („Human Resources"), Ausbildung („Training"), Qualitätssicherung („Quality Assurance"), Informationstechnologie („Information Technology") und Verwaltung (soweit nicht auf die Lieferkettensteuerung bezogen). Die derzeitige Position des SCC ist, dass die betreffenden horizontalen Tätigkeiten implizit im Modell enthalten sind und dass es spezielle Organisationen gibt, die sich auf diese Bereiche spezialisieren. Das SCC überlässt es jenen Organisationen, hier qualifizierte Unterstützung anzubieten.[344]

B.3.3 Kritische Erfolgsfaktoren beim Einsatz des SCOR-Modells

Die kritischen Erfolgsfaktoren beim Einsatz des SCOR-Modells resultieren unmittelbar aus den o.g. Möglichkeiten und Begrenzungen des Modells und den Interdependenzen zwischen ihnen. So dient das Modell zweifellos zur branchenübergreifenden Standardisierung der Abläufe in der Lieferkette. Die beteiligten Unternehmen sprechen quasi eine Sprache, indem sie beispielsweise ihre Kennzahlen identisch definieren.[345]

Wenn das Unternehmen dem SCOR-Modell folgt, muss es jedoch das allgemeingültig formulierte Konzept auf die spezifische Wettbewerbssituation übertragen. Dadurch besteht der Zwang, sich kritisch mit den Ist-Abläufen in der Unternehmung auseinanderzusetzen, was eine gute Kenntnis derselben voraussetzt.

---

[343] Vgl. Supply-Chain Council / SCOR-Model 7.0 Overview 2005 / S. 3
[344] Vgl. Supply-Chain Council / SCOR-Model Version 8.0 2006 / S. 2
[345] Dieses Argument findet sich beispielsweise auch bei Handfield und Nichols (vgl. Handfield und Nichols / Supply Chain Redesign 2002 / S. 68)

Harmon charakterisiert die Voraussetzungen wie folgt:

„The use of a framework-based business process methodology is only possible in cases where a high level analysis of the processes to be analyzed already exists, and where measures of process success have already been standardized. Obviously, it will help if the standardization is done by a large, neutral standards group, like the Supply-Chain Council, since that will assure that the processes and measures are really well thought out and that individual practitioners will more readily buy into the common framework."[346]

Die in die Lieferkette involvierten Parteien können von den optimalen Verfahren hinsichtlich der Lieferkettensteuerung profitieren und die Kompatibilität innerhalb der unternehmensübergreifenden Lieferkette (d.h. unter Einbindung aller Parteien) steigt. Das umfasst auch die Abstimmung der jeweiligen Hard- und Softwarelösungen – ein heutzutage nicht zu unterschätzendes Kriterium, welches einen erheblichen Kostenfaktor darstellen kann und unbedingt im Kontext mit den zugehörigen Vorteilen zu sehen ist.[347] Es macht aber durch die höhere Komplexität die Abstimmung ungleich schwerer, als wenn sich die Unternehmen zunächst nur auf ihren eigenen Bereich konzentrieren würden. Daraus resultiert zwar das Erfordernis nach ausreichenden finanziellen Mitteln in einer relativ frühen Phase der Projektdurchführung. Jedoch können dadurch bereits von Anfang an in der Durchführungsphase Synergien ausgenutzt werden.

Das SCOR-Modell hat aufgrund seiner übergreifenden Betrachtung einen hohen Abstraktionsgrad.[348] Es ist deshalb bei einer instabilen Kooperationsbasis zwischen den beteiligten Lieferketten-Parteien kaum anwendbar, da es eine gewisse Kontinuität voraussetzt. Wird der Ansatz nachhaltig angewendet, steigt die Abhängigkeit zwischen den eingebundenen Partnern. Dadurch verlieren die Unternehmungen an Souveränität. Ob das einen Vor- oder Nachteil darstellt, hängt stark von der jeweiligen Unternehmensstrategie ab. Schließlich führt die enge Lieferan-

---

[346] Harmon / Standard Operations Reference Models 2004 / S. 6
[347] Vgl. etwa Carr / Information Technology 2003 / S. 5 ff.; Rai et al. / Supply Chain Integration Capabilities 2005 / S. 2
[348] Vgl. beispielsweise Klaus / Supply Chain Management 2005 / S. 79

ten-Kunden-Anbindung an den Schnittstellen zwangsläufig zur Preisgabe sensitiver Informationen, wodurch kritisches Wissen abfließen kann.[349]

Nach Ansicht des Verfassers stellen die genannten kritischen Erfolgsfaktoren jedoch nicht primär ein Problem des SCOR-Modells, sondern vielmehr der Lieferkettensteuerung bzw. des SCM an sich dar. Der Grund hierfür ist darin zu sehen, dass SCOR die Lieferkette eines Unternehmens abbildet, also ein Beschreibungsmodell darstellt. Es erhebt jedoch keinen Anspruch darauf, die Lieferkette unmittelbar zu gestalten, d.h. ein Gestaltungsmodell zu sein.[350]

Gleichwohl soll es durch entsprechende Empfehlungen dazu beitragen, die Lieferkette zu verbessern. Dies jedoch geschieht durch die Beschreibung und darauf folgende Ableitung von Aktionspunkten. Auf einen prägnanten Nenner gebracht: Das SCOR-Modell selbst gestaltet nicht, sondern trägt zur (besseren) Gestaltung bei. Dieser bereits mehrfach aufgegriffene Gedankengang stellt aber bei genauerem Hinsehen keinen Nachteil, sondern vielmehr einen Vorteil dar: Der hohe Abstraktionsgrad erlaubt es dem Modell erst, den Ansprüchen eines normativen Modells bzw. Referenzmodells gerecht zu werden, wie obenstehend ausgeführt. Es ist jedoch wichtig, die Einschränkungen für den erfolgreichen Einsatz des Modells zu berücksichtigen.

---

[349] Vgl. Werner / Supply Chain Management 2002 / S. 26 f.
[350] Diese Meinung wird beispielsweise auch von Seibt vertreten (s. Poluha / Themeneingrenzung August 2003 / o.S.)

B.4 Praktische Anwendung des SCOR-Modells

In diesem Abschnitt soll der Einsatz und die Anwendung des SCOR-Modells in der Praxis betrachtet werden. Dabei wird zwischen folgenden beiden Fällen unterschieden:

- Unternehmen, die das SCOR-Modell im Rahmen einer Unternehmensinitiative angewendet haben
- Externe Beratungsunternehmen, die das SCOR-Modell bei Kunden zu einer Analyse und ggf. darauf aufbauenden Optimierung der Lieferkette heranziehen.

B.4.1 Beispiele für den Einsatz von SCOR im Rahmen einer Unternehmensinitiative

In diesem Zusammenhang ist der Verfasser auf zwei aktuelle Beispiele von Unternehmen aus der High Tech-Branche gestoßen, Hewlett-Packard (HP) und Intel. Zusätzlich ist SCOR gegenwärtig ein intensiv diskutiertes Thema im Bereich Logistik des Verteidigungsministeriums der Vereinigten Staaten von Amerika (Department of Defense, DoD). Hierauf soll aufgrund des beachtlichen Umfangs und der Komplexität der diesbezüglichen Lieferkette ebenfalls näher eingegangen werden.

B.4.1.1 Anwendung von SCOR bei Hewlett-Packard (HP)

Die Business Process Management Gruppe (BPM) von Hewlett-Packard (HP)[351] hat aufbauend auf dem SCOR-Modell ein Bezugssystem für den Produktentwurf

---

[351] Hinweise zum Unternehmen: „HP delivers vital technology for business and life. The company's solutions span IT infrastructure, personal computing and access devices, global services and imaging and printing for consumers, enterprises and small and medium business. HP has a dynamic, powerful team of 142,000 employees with capabilities in 170 countries doing business in more than 40 currencies and more than 10 languages. Revenues were $73.1 billion for the fiscal year that ended October 31, 2003." (HP / Company Profile 2004 / o.S.)

und die für Kundenbeziehungen verantwortlichen Geschäftsbereiche entwickelt. Es hat darüber hinaus ein Bezugssystem für die Nachfragegenerierung (Marketing) hinzugefügt. Diese Bezugssysteme sind erfolgreich in zahlreichen Projekten benutzt worden, und HP hat sie den neu gebildeten Special Interest Groups (SIGs) des SCC – dem Design-Chain Council (DCC) und Customer-Chain Council (CCC) – überlassen,[352] so dass sie als offene Industriestandards zur Steuerung und Verbesserung von Geschäftsprozessen weiterentwickelt werden können.[353]

Ein weiteres Beispiel für die Anwendung des SCOR-Modells erfolgte im Rahmen der Fusion[354] mit Compaq im Jahre 2002.[355] Der Anwendungsfall wird von HP als beispielhaft für einen sog. Ansatz der zweiten Generation von Geschäftsprozessveränderungen („Second Generation Business Process Change") angesehen. Als die Fusion erstmalig angekündigt wurde, wurden von HP und Compaq Teams gebildet um zu planen, wie die Zusammenlegung der Lieferketten durchgeführt werden könnte. Zu dieser Zeit hatten sowohl Compaq als auch HP Dutzende von Lieferketten, die um die Welt verteilt waren. Die Lieferketten waren zu verschiedenen Zeiten entwickelt worden und basierten auf verschiedenen Softwaresystemen.

Neben dem für die Lieferkette zuständigen Projektteam gab es Teams, die dafür zuständig waren, die Softwaresysteme zu analysieren, die für die neuen kombinierten Funktionsbereiche Vertrieb, Marketing und Neuproduktentwicklung, als

---

[352] Das Customer-Chain Operations Reference Model (CCOR) und Design-Chain Process Reference Model (DCOR) sind vom SCC initiiert worden. Sie können gemeinsam mit dem SCOR-Modell zur Verbesserung der Unternehmensgeschäftsprozesse eingesetzt werden. Die Weiterentwicklung erfolgt innerhalb der eigens hierfür initiierten Special Interest Groups (SIGs) Design-Chain Council (DCC) und Customer-Chain Council (CCC) (vgl. Supply-Chain Council / Annual Meeting 2004 / o.S.).

[353] Vgl. Harmon / Standard Operations Reference Models 2004 / S. 3

[354] Begriffsbestimmung Fusion („merger"): „A merger occurs when two corporations join together into one, with one corporation surviving and the other corporation disappearing. The assets and liabilities of the disappearing entity are absorbed into the surviving entity." (BFI / Merger 2004 / o.S. Vgl. hierzu auch etwa Schierenbeck / Grundzüge der Betriebswirtschaftslehre 2003 / S. 427 f.)

[355] Zusatzinformationen: „Hewlett-Packard completed the largest technology merger in history by acquiring Compaq Computer. Closure of the deal was valued at an estimated $19 billion. (...) The combined company (with a combined work force of 150,000) will be the world's biggest maker of computers and printers, as well as the third-largest provider of technology services, ostensibly able to tackle IBM and Sun Microsystems, while becoming more competitive against Dell Computer." (CNET / HP Compaq deal 2002 / o.S.)

auch die Unterstützungsfunktionen wie Finanzwesen, Buchhaltung, Personalwesen und IT eingesetzt werden sollten.[356]

Die meisten der Teams begannen damit, eine Bestandsaufnahme der vorhandenen Systeme durchzuführen und im Anschluss daran die Vorteile der verschiedenen Applikationen zu diskutieren, um eine Entscheidung zu treffen, welche am besten für die Zukunft geeignet waren. Es war zur fraglichen Zeit bekannt, dass komplexe Lieferketten in relativ kurzer Zeit mittels SCOR-Diagrammen auf zweiter Ebene („Level 2 Thread Diagrams")[357] charakterisiert werden können und dass SCOR präzise Formeln für Geschäftskennzahlen zur Verfügung stellt, die auf die Daten der Vergangenheit angewendet werden können, um die Erfolgserreichung eines jeden Prozesses auf zweiter Ebene zu messen.

Aufgrund der Erfahrungen mit einem sog. Ansatz der ersten Generation von Geschäftsprozessveränderungen („First Generation Business Process Change")[358] war breite Skepsis vorhanden, ob die Durchführung des Projekts (die Analyse der Hauptprozesse der HP und Compaq Lieferketten, die Optimierung der gemeinsamen zukünftigen Prozesse und die Zuordnung von Kennzahlen) in der vorgegeben Zeit realistisch wäre. Zunächst wurden SCOR-Prozesse der zweiten Ebene analysiert, im Anschluss daran die Prozesse der dritten Ebene, um Gemeinsamkeiten der vorhandenen Lieferketten festzustellen. Es wurden auch frühere Daten benutzt, um die Erfolgserreichung eines jeden Prozesses zu überprüfen. In einigen Fällen waren zwei verschiedene Prozesse von HP und Compaq funktional

---

[356] Vgl. Harmon / Second Generation Business Process Methodologies 2003 / S. 7 f.
[357] Der Begriff des „Thread" ist in dem Kontext wie folgt definiert: „Configuring a supply chain 'thread' illustrates how SCOR configurations are done. Each thread can be used to describe, measure, and evaluate supply chain configurations. 1. Select the business entity to be modeled (geography, product set, organization). 2. Illustrate the physical locations of: Production facilities (Make), Distribution activities (Deliver), Sourcing activities (Source). 3. Illustrate primary point-to-point material flows using 'solid line' arrows. 4. Place the most appropriate Level 2 execution process categories to describe activities at each location." (Supply-Chain Council / SCOR-Model 7.0 Overview 2005 / S. 17)
[358] Der HP-Ansatz der ersten Generation von Geschäftsprozessveränderungen („First Generation Business Process Change") ging davon aus, dass die Teams jeden Lieferkettenprozess von Grund auf analysieren und aufarbeiten müssen

ähnlich, unterschieden sich jedoch deutlich hinsichtlich ihres auf den diesbezüglichen SCOR-Kennzahlen basierenden Leistungsvermögens.[359]

In anderen Fällen waren die Prozesse vergleichbar hinsichtlich ihres Leistungsvermögens, einer der beiden wies jedoch eine bessere Funktionalität auf, die mittels der Prozesse auf dritter Ebene beurteilt wurde. Die Anwendung des SCOR-Modells erlaubte es dem Team außerdem, die Lieferkettenprozesse mit der größten Effizienz zu identifizieren und darauf aufbauend die am besten geeigneten Softwareanwendungen zur Unterstützung der Prozesse auszuwählen. Der Erfolg des Projekts beruhte maßgeblich auf dem Vorhandensein eines Bezugssystems, das es erlaubte, in relativ kurzer Zeit und in konsistenter Weise Lieferkettenprozesse zu analysieren und zu optimieren sowie Kennzahlen anzuwenden, um die Effektivität und Effizienz eines jeden Prozesses (und zugehöriger Unterprozesse) beurteilen zu können. HP gibt deshalb an, dass der Projekterfolg primär auf den Einsatz des SCOR-Modell zurückzuführen war.

In den Monaten nach der Fusion hat das IT BPM-Team von HP sich darauf konzentriert, Möglichkeiten zu finden, wie das SCOR-Bezugssystem auf in der aktuellen Version nicht enthaltene Bereiche innerhalb des Unternehmens ausgeweitet werden könnte.[360] Im Rahmen mehrerer Entwicklungs- und Verfeinerungszyklen wurde das Modell gemeinsam mit Geschäftspartnern auf Basis regelmäßiger Betriebsvorfälle validiert. Das daraus resultierende Bezugssystem ist eine genaue Reflektion mehrerer Geschäftsbereiche bei HP und erwies sich als hinreichend allgemeingültig, die Geschäftsprozesse in beliebigen HP-Geschäftsbereichen zu analysieren und zu beschreiben.[361]

---

[359] Vgl. Harmon / Second Generation Business Process Methodologies 2003 / S. 7 f.
[360] Zu den Einschränkungen des SCOR-Modells siehe die Ausführungen unter Abs. B.3.2
[361] Vgl. Harmon / Second Generation Business Process Methodologies 2003 / S. 7 f.

Welke fasst eine solche Vorgehensweise als ein Ausweiten der Möglichkeiten des normativen Modells („broadening the normative model set")[362] folgendermaßen zusammen:

> „The full-enabling process set has been used by HP to manage the Merger and Acquisition process with Compaq. It has been the basis for the extension to an open standard, SCOR-style, normative model."[363]

Dadurch wurde somit der Schritt von einem universellen normativen Modell hin zu einem SCOR-basierten Modell vollzogen.

B.4.1.2 Anwendung von SCOR bei Intel

Intel[364] beschreibt die Art und den Erfolg der Anwendung des SCOR-Modells unter der Bezeichnung „Experience with SCOR at Intel". Dabei ist besonders bemerkenswert, dass im Rahmen des Projekts eine eigene Methode, die sog. Intel SCOR Best Known Method (BKM), entwickelt worden ist. Das BKM-Projekt zur Analyse und Optimierung der Lieferkette von Intel begann mit gezielten Vorbereitungen. Bevor ein Team von Mitarbeitern aus verschiedenen Funktionsbereichen gebildet wurde, wurden von einem Kernteam die Geschäftsinformationen gesammelt, die erforderlich waren, um eine klare Problemaussage zu definieren. Nachdem dann das funktionsübergreifende Team gebildet worden war, nahm das gesamte Team an einer Reihe von sog. Face-to-Face (FTF)-Arbeitssitzungen teil, um die Projektmeilensteine gemäß dem SCOR-Modell zu definieren.[365]

Die aus dieser Vorgehensweise entwickelte, Intel-spezifische Methode – BKM – empfiehlt etwa, dass das Kernteam die zugeteilten Aufgaben in kleinen Arbeitsgruppen abschließt und Detailinformationen sammelt, wie z.B. Kennzahlen, Vergleichswerte und Finanzinformationen und jene in der nächsten FTF-Arbeitssit-

---

[362] Auf den Begriff des normativen Modell ist bereits in Kap. A, Abschn. A.6 näher eingegangen worden
[363] Welke / End-to-end Business Processes 2003 / S. 30
[364] Information zum Unternehmen Intel finden sich in Abs. B.3.1
[365] Vgl. Intel Information Technology / SCOR Experience 2002 / S. 6 ff.

zung vorstellt. Zusätzlich wurden SCOR-basierte Simulationen früh im Projektablauf benutzt, um alternative Konfigurationen und Verbesserungen zu analysieren und später die Auswirkungen der vorgeschlagenen Änderungen zu bestätigen. In einigen Fällen war die Lieferkette von Intel nicht so effektiv bzw. reaktionsfähig, wie es für ein stark wachsendes Unternehmen mit hohen Geschäftsvolumina erforderlich gewesen wäre. Das traditionelle Geschäftsmodell von Intel war häufig nicht in der Lage, neu aufkommende Anforderungen bestimmter Geschäftsbereiche zu unterstützen.

Ferner waren einige der etablierten „Workarounds" nicht ausreichend effizient oder robust. Intel hatte das erste SCOR-Projekt mit dem Ziel begonnen, Verbesserungspotenziale in den Bereichen Kundenservice und Effizienz der internen, rein auf Intel bezogenen Lieferkette zu identifizieren. Das Projekt sollte den Gebrauch des SCOR-Modells und der dazugehörigen Werkzeuge innerhalb des Unternehmens testen und Richtlinien für die Anwendung erarbeiten und etablieren.[366]

Die angestrebten Ergebnisse des Projekts lagen in folgenden Bereichen:
- Dokumentation der Lieferkette und der Maßnahmen zu Verbesserungen der Lieferkettenprozesse
- Identifikation von kurzfristigen Verbesserungen
- Sicherstellung der Unterstützung seitens der Geschäftsbereiche und Unternehmensleitung und Identifikation der Verantwortlichen für langfristige Verbesserungen.[367]

Zusätzliche Ergebnisse beinhalteten eine Zusammenfassung der Projektergebnisse und der durch den Gebrauch des SCOR-Modells erzielten Lernfortschritte sowie die erarbeiteten Prinzipien zur Anwendung von SCOR in zukünftigen Initiati-

---

[366] Ebd.
[367] Die Sicherstellung der Unterstützung und Regelung der Verantwortlichkeiten referenziert auf die Rolle des sog. Projektsponsors. Die Bedeutung und Aufgaben dieser Rolle können wie folgt beschrieben werden: „Sponsor: The individual or group within or external to the performing organization that provides the financial resources, in cash or in kind, for the project." (PMI / Project Management Body of Knowledge 2000 / S. 16)

ven. Darüber hinaus wurde durch die Anwendung des SCOR-Modells eine Methode entwickelt, die den Vergleich der SCOR-basierten Kennzahlen gegenüber den Wettbewerbern, d.h. einen SCOR-basierten Leistungsvergleich, ermöglichen sollte.[368]

Die unternehmensweite Anwendung der SCOR BKM innerhalb aller Geschäftsbereiche wurde durch die Intel Supply Network Group (ISNG) unterstützt und gefördert. Die größte Herausforderung in diesem Zusammenhang wird in dem Erfordernis an ein umfassendes Training bei gleichzeitiger Beschleunigung der Weiterentwicklung der Methode gesehen. Um letztere Anforderung zu unterstützen, arbeitet die Intel IT-Forschungsgruppe mit der Network Decision Support Technology (NDST) Gruppe – einer für Simulationen zuständigen Gruppe innerhalb ISNG – zusammen. Das Ziel ist es, eine SCOR-basierte Lieferkettensimulation zu entwickeln, die alternative Entwürfe des Lieferketten-Netzwerks („Supply Network, SN") und die Auswirkungen von hochprioritären Systemlösungen untersucht.

BKM ist zwischenzeitlich um einen SCOR-basierten Planungsprozess hinsichtlich des Lieferketten-Netzwerks erweitert worden. Das Verfahren ist innerhalb einer ausgedehnten Lieferkette geprüft worden, die das Lieferkettenmodell des Baugruppen- und Bauteilgeschäfts mit einem europäischen Originalteilhersteller („Original Equipment Manufacturer, OEM") abgebildet hat. Der Fokus lag auf einem Szenario zur Nachfragereaktionsfähigkeit mit einem Neuaufwurf der Planung („Demand Response with Re-Planning"). Es war dabei möglich, die Auswirkungen des Ausgleichs von Nachfrageanforderungen quasi „vorwärtsgerichtet" innerhalb der Lieferkette (d.h. vom Lieferungs- hin zum Beschaffungsprozess) und des „Neuaufwurfs" des Planungsprozesses auf die Lieferleistung und Lieferketten-Kosten zu erforschen.[369]

Der Planungsprozess ermöglicht es darüber hinaus, effektiv Lagerbestände zur Auftragserfüllung bereitzustellen. Innerhalb von BKM ist der SCOR-Planungspro-

---

[368] Vgl. Intel Information Technology / SCOR Experience 2002 / S. 6 ff.
[369] Ebd.

zess speziell an die Geschäftsanforderungen von Intel und seinen Handelspartnern innerhalb der ausgedehnten Lieferkette angepasst worden. Dadurch wurden neue Möglichkeiten zur kollaborativen Planung mit Lieferanten sowie dem Teilen von Nachfrageinformationen eröffnet.[370]

Schließlich ist die SCOR-basierte Simulation mit Werkzeugen zur Anwendung diverser Prognosemethoden und zur Modellierung von Nachfrageerzeugung integriert worden. In diesem Kontext konnten sog. Verschiebungsstrategien („Postponement Strategies")[371] modelliert werden, die es erlauben, die Effektivität der Endmontage von Produkten an verschiedenen Standorten zu untersuchen.[372]

Intel hat sich über die oben dargestellten Bemühungen zur Anwendung und Weiterentwicklung von SCOR hinaus in jüngster Vergangenheit im Zusammenhang mit einem auf SCOR basierenden Modell engagiert, das unter der Bezeichnung Value Chain Operations Reference Model (VCOR) firmiert.[373] Die Förderung des Modells geschieht unter der Ägide einer Organisation namens Value Chain Group

---

[370] Der vorgestellte Ansatz hat starke Ähnlichkeit mit dem Konzept des Collaborative Planning, Forecasting and Replenishment (CPFR), das wie folgt beschrieben werden kann: CPFR ermöglicht den Käufern und Verkäufern eine unternehmensübergreifende Zusammenarbeit bei Bedarfs- und Auftragsprognosen sowie ein regelmäßiges Update von Plänen, das auf einem dynamischen Austausch von Informationen über das Internet basiert und zu optimalen Lagerbeständen der Kunden und reduziertem Bestand beim Lieferanten führen soll. Lieferant, Hersteller und Kunde entwickeln einen gemeinsamen Geschäftsplan, der bevorstehende Ereignisse (z.B. Promotions) zum Synchronisieren von Supply-Plänen und Prognosen beinhaltet. Wirksame Vorteile erzielen Unternehmen durch niedrige Lagerbestände sowie sich daraus ergebende Erlöse, verbesserten Finanzstrom und geringere Kapitalinvestitionen, was einem Unternehmen ermöglichen soll, gleichzeitig die Rentabilität und den Marktanteil zu verbessern (vgl. Schneider und Grünewald / Supply Chain Management-Lösungen 2001 / S. 198. Vgl. hierzu auch Hellingrath / Standards für die Supply Chain 1999 / S. 83)
[371] Der Begriff der Verschiebung („Postponement") lässt sich folgendermaßen beschreiben: „Postponement refers to product and supply chain design that allows for last-minute customizing of a product for delivery." (Ayers / Roles in Business Model Building 2002 / S. 658. Vgl. auch Colehower et al. / Adaptive Supply Chain 2003 / S. 1 ff.)
[372] Vgl. Harmon / Intel's Real Time Delivery Planning Application 2003 / S.1 ff.; Intel Information Technology / SCOR Experience 2002 / S. 9
[373] „The Value-Chain Operations Reference (VCOR) model describes the business activities associated with all phases of delivering maximum value to the end user of value chain networks. VCOR enables collaboration between all partners and supports the activities of project engineers, product developers, marketers, suppliers, logistics, point of sale and aftermarket service providers across the extended enterprise of a product or service." (Value Chain Group / Value Chain Operations Reference Model 2005 / o.S.)

(VCG).³⁷⁴ VCOR baut zwar auf dem SCOR-Modell auf, ist aber durch zwei hauptsächliche Unterschiede bzw. Variationen gekennzeichnet:³⁷⁵

- Zum einen wird der Plan-Prozess um zwei weitere sog. Makro-Prozesse („Macro Processes") erweitert: Steuern („Govern") und Ausführen („Execute"). Den drei Makro-Prozessen sind alle nachfolgenden Prozesse untergeordnet.

- Zum zweiten konstituiert sich das Modell statt durch die klassischen fünf SCOR-Hauptprozesse durch die folgenden acht Prozessklassifikationen („Prozess Classifications"): Vermarkten („Market"), Forschen („Research"), Entwickeln („Develop"), Aufkaufen („Acquire"), Erstellen („Build"), Verkaufen („Sell"), Erfüllen („Fulfill") und Unterstützen („Support").

Intel gibt folgende Beschreibung für den angestrebten Nutzen und Einsatz von VCOR und das damit verbundene Engagement ab:

> „A general consensus has developed among partners developing essential collaboration models for product design for supply chain that the long-term value proposition is to focus on a Value Chain Operations Reference model (VCOR). Defining business semantics in terms of the common vocabulary of VCOR aggregates business applications and business processes to a higher level of abstraction. In this way, value chain integration enables coordination across departmental, organizational, and enterprise boundaries from an overall business-level perspective. The benefit is that it facilitates service-composed processes and, thereby, brings service-oriented relevance to a complex IT landscape in which ongoing, flexible adaptation is necessary."³⁷⁶

Mithin kann die Fortentwicklung von VCOR auf Basis von SCOR als ein Versuch angesehen werden, die normativen Modelle weitergehend zu abstrahieren und um Wertketten- bzw. Value Chain-spezifische Aspekte zu bereichern.³⁷⁷

---

[374] Selbstdarstellung der Organisation: „The Value Chain Group (VCG) is a non-profit organization that develops and maintains the Value Chain Operations Reference (VCOR) model. The Value Chain Group exists to promote VCOR to be the Value Chain Reference framework of preference globally, enabling next generation Business Process Management." (Value Chain Group / Value Chain Group 2005 / o.S.)
[375] Vgl. Value Chain Group / Value Chain Operations Reference Model 2005 / o.S.
[376] Intel / Service-Oriented Architecture 2005 / o.S.
[377] Zu normativen Modellen siehe Kap. A, Abschn. A.6. Zum Begriff der Wertkette („value chain") siehe Kap. A, Abs. A.3.1 u. A.4.3

B.4.1.3 Anwendung von SCOR durch das US Department of Defense (DoD)

Das amerikanische Verteidigungsministerium (US Department of Defense, DoD) unterhält die wertmäßig weltweit größte Lieferkette. Innerhalb der Organisation ist das Supply Chain Integration Office of the Secretary of Defense (OSD) – Logistics and Material Readiness für das Betreiben der Lieferkette zuständig.[378] Die jährlichen Logistikausgaben lagen in 2004 bei mehr als 80 Milliarden US-Dollar,[379] die von mehr als einer Million Logistikmitarbeitern verwaltet wurden. Um die Lieferkettenkosten zu verringern und Kundenzufriedenheit zu verbessern, hatte das DoD vor einigen Jahren mit der Einführung des SCOR-Modells begonnen. Das übergeordnete Ziel war, eine integrierte Lieferkette zu implementieren.[380]

Das DoD geht davon aus, dass SCOR eine allgemeingültige Plattform und Sprache sowohl für die Zusammenarbeit mit privaten Unternehmen, als auch den jeweiligen Verteidigungsorganisationen ist, um gemeinsam optimale Verfahren zu entwickeln und einzusetzen und die Effizienz der Lieferketten zu evaluieren. Ende 2004 hatte das DoD das SCOR-Modell über viele Bereiche hinweg eingeführt. Das Modell stellt mithin einen immanenten Bestandteil der Strategie zur Steue-

---

[378] Selbstdarstellung der Organisation: „The Supply Chain Integration Office has primary responsibility within the Logistics and Material Readiness secretariat (of the Office of the Secretary of Defense) for the following: 1. To facilitate DoD Component implementation of supply chain management practice. 2. To identify business process changes which could be enabled or strengthened through the implementation of e-business capabilities. 3. To lead the development of modern supply chain policies in DoD, including the integration of acquisition logistics and e-commerce capabilities. 4. To develop and maintain DoD component implementation of supply chain management and end-to-end distribution capabilities required to meet 21st century deployment and sustainment requirements. 5. To develop and maintain DoD policy regarding Materiel Management and Supply Distribution, including supply depot operations, storage and issue processing. 6. To develop and maintain DoD policy for Inventory Control, including item accountability, physical inventories, reconciliations and security. 7. To develop and maintain DoD policy regarding Petroleum Resource Management. 8. To act as the DoD focal point for DLA (Defense Logistics Agency)." (DoD / Supply Chain Integration 2004 / o.S.)
[379] 80 Milliarden US-Dollar entsprachen mit Stand von September 2005 umgerechnet ca. 65 Milliarden Euro (vgl. Tiago Stock Consulting / Exchange Rates 2005 / o.S.)
[380] Das DoD gibt folgende Ausführungen zum Terminus des Integrated Supply Chain Management ab: „Vision: The transformation of DoD's logistics system into a fully integrated supply chain based on assured accountability and timely, accurate satisfaction of customer needs. Mission: To lead the implementation of a modern, integrated materiel supply chain process that fully supports military operational requirements. To promote customer confidence in the logistics process by building a responsive, cost-effective capacity to provide required products and services." (DoD / Integrated Supply Chain Management 2004 / o.S.)

rung der Lieferkette dar, und die Leitung des Logistikbereichs treibt zukünftige Entwicklungen von SCOR innerhalb des Supply-Chain Council voran.[381]

Das entwickelte Modell der Lieferkette des DoD hat den Zweck, die diesbezüglichen Informationen zu organisieren und für den Wissenstransfer („Knowledge Exchange") zur Verfügung zu stellen. Die innerhalb der Industrie verbreitete Version des vom SCC entwickelten SCOR-Modells hat sich hierbei in ein analytisches Werkzeug für die Steuerung der Lieferkette innerhalb des öffentlichen Sektor entwickelt.[382] Dies referenziert auf die bereits angesprochene Erweiterung des Einsatzspektrums des SCOR-Modells auf die E-Business-Bereiche Government-to-Government (G2G) und Government-to-Business (G2B).[383]

Zum Zweck des Wissenstransfers wurde die Terminologie an das vom OSD definierte DoD SCOR-Modell angepasst, das durch folgende Steuerungsprozesse gekennzeichnet ist: Beschaffen („Source"), Herstellen und Reparieren („Make/Repair"), Liefern („Deliver"), Wiederverwenden und Beseitigen („Reutilize/ Dispose"). Unter den Steuerungsprozessen liegen Funktionsbereiche, die dazu dienen, Lieferketteninformationen für den Wissenstransfer zu kategorisieren.

Bei den Funktionsbereichen handelt es sich um die Bestimmung der Ausrüstungsbedarfe („Materiel Requirements Determination"), den Einkauf („Purchasing"), das Ausrüstungsmanagement („Materiel Management"), Reparatur und Wartung („Repair/Maintenance"), Ausrüstungsverteilung („Materiel Distribution"), Beförderung („Transportation") und Materialdisposition („Material Disposition"). Das Resultat ist eine SCOR-basierte Lieferkette, die die besonderen Anforderungen der Logistik innerhalb des DoD berücksichtigt.[384] Das nachfolgende Schaubild fasst die Ausführungen anschaulich zusammen.

---

[381] Vgl. Gintic / d-Logistics Seminar 2002 / o.S.
[382] Vgl. DoD / Logistics Functional Requirements Guide 1998 / S. 7-1
[383] Zu den verschiedenen E-Business-Bereichen siehe Kap. A, Abschn. A.6
[384] Vgl. DoD / Supply Chain Management 2004 / o.S.

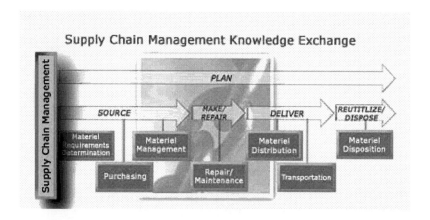

Abb. B-7: DoD-Modell des Supply Chain Management[385]

Das dargestellte Lieferkettenmodell für den Wissenstransfer berücksichtigt die zwei grundlegenden Perspektiven, aus denen eine Lieferkette betrachtet werden kann: Zum einen eine interne Lieferkette, die alle Steuerungsprozesse und Funktionsbereiche einer Organisation subsumiert, um Kundenaufträge zu erfüllen. Zum anderen eine externe Lieferkette, die definiert ist als eine Gruppe unabhängiger Organisationen, die innerhalb spezieller Kanäle zusammenarbeiten, um ein Produkt oder eine Dienstleistung zu liefern.[386]

Die Steuerung der DoD-Lieferkette („DoD Supply Chain Management") basiert auf einem integrierten Verfahren, das mit der Planung der kundenseitigen Anforderungen bzgl. Material und Dienstleistungen beginnt und mit der Lieferung des Materials zum Kunden endet. Darin ist die Rücklieferung von Material und der bi-direktionale Informationsfluss über Lieferanten, Logistikfunktionen und die Kunden hinweg eingeschlossen.[387]

---

[385] DoD / Supply Chain Management 2004 / o.S. Qualitätseinbußen in der Wiedergabe der Abbildung resultieren aus der Übernahme aus dem Original
[386] Vgl. hierzu DoD / Supply Chain Management Implementation Guide 2000 / S. 77
[387] Vgl. DoD / Supply Chain Management Implementation Guide 2000 / S. 14

Die Steuerung der Lieferkette erfordert darüber hinaus einen vollständig abgestimmten Satz an verwandten Prozesszyklen (einschließlich Planung, Beschaffung, Reparatur und Lieferung), die gemeinschaftlich optimiert werden, um sicherzustellen, dass Material- und Dienstleistungsanforderungen effizient geplant und ausgeführt werden, um die Kundenbedürfnisse zu befriedigen. Die Steuerung der DoD-Lieferkette fokussiert vorrangig darauf, Kundenanforderungen zu erfüllen und erst in zweiter Linie darauf, dies zu den niedrigsten Prozesskosten zu tun.[388]

B.4.2 Beispiele für den Einsatz des SCOR-Modells durch externe Beratungsunternehmen

Die Recherche des Verfassers im Hinblick auf die Anwendung des SCOR-Modells durch externe Berater hat zu folgenden Ergebnissen geführt:

- Es gibt eine Reihe von kleineren Beratungsfirmen, wie z.B. SCE Limited mit Sitz in Stillwater, Minnesota oder mi services group mit Sitz in Wayne, Philadelphia, die sich auf die Anwendung des SCOR-Modells spezialisiert haben. SCE Limited etwa beschreibt sich selbst als „center of excellence in SCOR application".[389] Unternehmen dieser Art haben in der Regel weniger als 500 Mitarbeiter.
- Beratungsunternehmen mittlerer Größe, in der Regel mit zwischen 500 und 1.000 Mitarbeitern, die SCOR als einen maßgeblichen Bestandteil ihres Beratungsportfolios ansehen. Das bekannteste Beispiel ist das Unternehmen Pittiglio Rabin Todd & McGrath (PRTM), das unmittelbar in die Schaffung des SCOR-Modells eingebunden war und heute noch ein Vorreiter auf dem Gebiet ist. Es hat außerdem einen auf Supply Chain Benchmarking spezialisierten Ableger, die Performance Measurement Group (PMG), gebildet.

---

[388] Vgl. DoD / Logistics Functional Requirements Guide / S. 7-1
[389] SCE / Company Information / o.S.

- Beratungsunternehmen mit mehr als 1.000 Mitarbeitern, die SCOR als immanenten Bestandteil ihres Beratungsportfolios im Supply Chain Management Bereich sehen. Hierbei handelt es sich primär um die abgespaltenen Unternehmensberatungen der sog. „Big Four" (bzw. vorm. „Big Five") Wirtschaftsprüfungsgesellschaften.[390] Nach Kenntnis des Verfassers war zum Zeitpunkt der Entstehung der Arbeit das einzige Beispiel eines Unternehmens dieser Kategorie, welches das SCOR-Modell ausdrücklich im Rahmen seiner Beratungsaktivitäten einsetzt, die Firma BearingPoint (vorm. KPMG Consulting) mit Sitz in McLean, Virginia.

- Softwareanbieter mit eigenem Beratungsbereich, in dem SCOR entweder auf dem Gebiet der SCM-Lösungen oder im Bereich des Reporting zum Einsatz kommt. Beispiele hierfür sind die Firmen BusinessObjects mit Sitz in San Jose, California,[391] und SAP mit Sitz in Walldorf.

- Und schließlich gibt es Institute, die mehrheitlich Universitäten assoziiert sind und sich die Weiterentwicklung und Anwendung des SCOR-Modells zum Ziel gesetzt haben. Ein Beispiel hierfür ist das Supply Chain Management Center des Singapore Institute of Manufacturing Technology (SIMTech) (vorm. Supply Chain Management Centre des Gintic Institute of Manufacturing Technology).

Zu jedem der fünf aufgeführten Fälle wird im Folgenden eines der jeweils genannten Unternehmen beispielhaft näher betrachtet.

---

[390] Definition der sog „Big Five": „Traditionally, the five largest Certified Public Accountants (CPA) firms in the world. They are: Andersen; PricewaterhouseCoopers; Deloitte & Touche LLP; Ernst & Young LLP; and KPMG." (AICPA / Big Five 2004 / o.S.). Durch den Konkurs des Unternehmens Andersen im Jahre 2002 spricht man heute von den vier verbleibenden Organisationen als „Big Four"

[391] Das Unternehmen macht folgende Aussage dazu: „Business Objects has incorporated the Supply Chain Operations Reference model into Business Objects Supply Chain Intelligence." (Business Objects / Supply Chain Intelligence 2002 / o.S.).

B.4.2.1 mi services group

Das von der mi services group[392] entwickelte und auf dem SCOR-Modell basierende Werkzeug, der sog. SCORWizard, hat den Zweck, die Anwendung des SCOR-Modells zu automatisieren. Ein derartiges Werkzeug ist klar von solchen Anwendungen zu trennen, die u.a. das Design der Lieferkette zum Ziel haben.[393] Im vorliegenden Fall handelt es sich lediglich um ein Werkzeug, um die Anwendung von SCOR als Beschreibungsmodell – nicht Gestaltungsmodell – für die Lieferkette zu unterstützen.[394]

Der SCORWizard besteht aus zwei Komponenten:

1. Ausgewogene strategische Kennzahlen („Balanced Strategic Measurement"):
- Ausrichtung von strategischen Zielen auf Lieferkettenziele hin
- Erstellung einer elektronischen Wertungsliste („Balanced SCORe Card")[395]
- Vergleich der Leistung mit der von Wettbewerbern („Benchmarking")
- Festlegung von Leistungszielen.

2. Durchgängige Darstellung der Lieferkette („End-to-End Visualisation"):
- Klare Zuweisung des physischen Umfangs der ausgedehnten Lieferkette
- Konfiguration aller Prozesselemente, Festlegung von Rollen und Beziehungen[396]
- Erstellung eines Bezugssystems für eine detaillierte Analyse.

---

[392] Hintergrundinformationen: „mi services group is an IT and management consultancy offering a wide range of technical and professional expertise, combined with broad business knowledge. (...) mi Services is an international organisation with headquarters in Reading, UK and a network of offices across the UK, USA and New Zealand. We currently employ more than 200 people worldwide, of whom the vast majority are Consultants involved in the analysis, design, development, implementation and support of software systems." (mi / About mi 2004 / o.S.)

[393] Auf die genannten Anwendungen wird in Kap. E, Abschn. E.3 näher eingegangen

[394] Ein Werkzeug kann in dem Kontext definiert werden als ein computergestütztes System bzw. Verfahren, von dem zumindest Teile programmiert und auf Computern zum Ablauf gebracht werden (vgl. Seibt / Betriebliche Informationssysteme 2004 / S. 19). In der englischsprachigen Literatur findet sich dafür auch sinngemäß der Begriff des „Tools"

[395] Die dargestellte elektronische Lieferketten-Wertungsliste („Balanced SCOReCard") stellt eine Weiterentwicklung bzw. Automatisierung der in Kap. A, Abs. A.5.4 vorgestellten Lieferketten-Wertungsliste („Supply Chain Scorecard") dar

[396] Das Konfigurieren der Lieferkette ist ein wesentlicher Bestandteil des SCOR-Modells: „SCOR must accurately reflect how a supply-chain's configuration impacts management processes and practices." (Supply-Chain Council / SCOR-Model 7.0 Overview 2005 / S. 13). Das vorgestellte Werkzeug dient der Automatisierung des Vorganges

Während das SCOR-Modell das generelle Bezugssystem liefert, automatisiert der SCORWizard einige der Schritte und soll einen zusätzlichen Detaillierungsgrad hinzufügen, ohne die Stärken von SCOR negativ zu beeinflussen. Es handelt sich mithin um den Einsatz eines das ursprüngliche SCOR-Modell unterstützenden Werkzeuges. Die genannten Vorteile sind wie folgt zu kennzeichnen:

- Einfaches Hinzufügen, Entfernen oder Verändern von optimalen Verfahren und Kennzahlen innerhalb des SCOR-Bezugssystems
- Schaffung einer speziellen Wissensdatenbank („knowledge base") für SCOR-Prozesse
- Einfache Erstellung von Vorlagen zur Abbildung der Lieferkette, die über Geschäftsbereiche hinweg konsistent sind
- Einfache Festlegung der optimierten Geschäftsprozesse und der unterstützenden Systemtechnologie.

Dadurch soll die Neufestlegung der Lieferkettenstrategie („Re-Definition of the Supply Chain Strategy") unterstützt und ein Bezugssystem für Verbesserungen entlang der Lieferkette geschaffen werden. Die Anwendung wird daher sowohl für Führungskräfte als auch Mitarbeiter im operativen Geschäft vorgeschlagen.[397]

B.4.2.2 PRTM

PRTM[398] war eines der ersten Beratungsunternehmen, das sich mit dem Vergleich des Leistungsvermögens von Lieferketten („Supply Chain Benchmarking") befasst hat. Daraus resultierend wurde eine umfassende Datenbank mit Lieferketten-Vergleichsinformationen gesammelt, wobei die zugrunde liegenden Kennzahlen auf dem SCOR-Modell beruhen. Die von PRTM eigens zu diesem Zweck ge-

---

[397] Vgl. mi / SCOR Wizard 2004 / S. 2 ff.
[398] Für Hintergrundinformationen zum Unternehmen PRTM siehe Kap. A, Abs. A.7.1

gründete Performance Measurement Group (PMG)[399] bezeichnet sich selbst als einen führenden Anbieter von Daten zum Leistungsvergleich von Lieferketten.

Das Spektrum der angebotenen Dienstleistungen reicht von individuell angepassten Leistungsvergleichen bis hin zu schnellen, effizienten Diagnosen auf Basis der PMG-Lieferkettendatenbank. In allen Fällen wird der Leistungsvergleich als ein Werkzeug angesehen, um den initialen Anstoß und Fokus für Verbesserungen der Lieferkette zu geben. Dabei wird davon ausgegangen, dass im Zuge der Projektdurchführung nicht nur die möglichen Verbesserungen identifiziert, sondern auch gleich die erforderlichen Verbesserungsinitiativen definiert werden können.

Die angebotenen Dienstleistungen umfassen im Einzelnen:[400]

- Datensammlung, Identifikation von Lücken und Umsetzungsplanung
- Zugriff auf die Lieferkettenkennzahlen-Datenbank
- Umfassender Satz an Daten zum Vergleich von Lieferketten, die vollständig konsistent mit dem SCOR-Modell sind
- Ein speziell entwickeltes Modell, das sog. Lieferketten-Reifemodell („Supply Chain Maturity Model"), das eine Vielzahl an Verfahren enthält, um den Entwicklungsstand der Lieferkette eines Unternehmens einzuschätzen
- Hochautomatisierte Analysewerkzeuge.

Auch hier handelt es sich, wie im ersten Beispiel dargestellt, um eine Automatisierung der dem SCOR-Modell zugrunde liegenden Schritte, mit sporadischen Weiterentwicklungen in ausgewählten Bereichen.

---

[399] Selbstdarstellung der Organisation: „The Performance Measurement Group, LLC was formed in 1998 to offer a pioneering benchmarking service in core business process areas. Our service gives participants confidential, customized benchmarking analysis online. Hundreds of companies use PMG's benchmarking services to measure their performance relative to best-in-class companies and identify opportunities to improve their business practices and use of IT. PMG's services are based on PRTM's leading thinking from 25 years of work in core business process management." (PMG / About PMG 2004 / o.S.)

[400] Vgl. PRTM / Supply Chain Benchmarking 2004 / o.S.

B.4.2.3 BearingPoint

BearingPoint (vorm. KPMG Consulting)[401] setzt das SCOR-Modell im Bereich der Lieferketten-Strategie („Supply Chain Strategy") als verbindliche Grundlage für die Abbildung von Lieferketten ein. Die im Rahmen von Beratungsprojekten genutzte Methodik zur Transformation der Lieferkette und die unterstützenden Werkzeuge sind vollständig auf das SCOR-Modell ausgerichtet.[402]

Die fünf Hauptprozesse des SCOR-Modells werden dabei anhand von vier Schlüsseldimensionen analysiert und bewertet:[403]
- Integration von Markt und Wertkette („market/value-chain integration")
- Prozessgestaltung („process design")
- Organisationsgestaltung („organizational design")
- Technologiegestaltung und Infrastruktur („technology design and infrastructure").

Im Vergleich zu den vorgenannten Beispielen hat das Unternehmen nicht versucht, das SCOR-Modell zu automatisieren oder zu erweitern. Vielmehr setzt es das Modell konsequent mit dem Ziel ein, konsistente Verfahren zu entwickeln.[404] Darüber hinaus hat BearingPoint in diesem Zusammenhang ein eigenes, auf quantitativen Fragebögen basierendes Werkzeug („KPI Benchmarking Question-

---

[401] Unternehmensbeschreibung: „BearingPoint is one of the world's largest business consulting and systems integration firms. (...) BearingPoint provides business and technology strategy, systems design, architecture, applications implementation, network, systems integration and managed services. (...) BearingPoint has four industry groups in which we possess significant industry-specific knowledge. These groups are Public Services, Communications & Content, Financial Services, and Consumer and Industrial Technology. We have existing operations in North America, Latin America, the Asian Pacific region, and Europe, the Middle East and Africa (EMEA). Our principal executive offices are located at 1676 International Drive, McLean Virginia." (BearingPoint / Corporate Profile 2004 / o.S.)
[402] Vgl. BearingPoint / Supply Chain Management 2004 / S. 8
[403] Eine ähnliche Meinung vertreten Becker und Geimer, wonach die Gestaltung der Supply Chain fünf Aktionsfelder umfasst: Strategieentwicklung, Prozessgestaltung, Leistungsmessung, Organisationsentwicklung und Technologiegestaltung. (vgl. Becker und Geimer / Prozessgestaltung und Leistungsmessung 1999 / S. 25 ff.)
[404] Vgl. BearingPoint / Supply Chain Strategy 2004 / o.S.

naire") entwickelt, auf das im folgenden Kapitel C noch detailliert eingegangen wird, da es die Grundlage der empirischen Untersuchung darstellt.[405]

B.4.2.4 SAP

SAP[406] hat gemeinsam mit PRTM in den Jahren 2002 und 2003 eine SCOR-basierte Lieferkettenstudie durchgeführt. Die Studie hat die Leistung der Lieferkette von mehr als 100 globalen SAP-Kunden bewertet und verfolgt, welchen Einfluss die Prozesse und Systeme zur Planung der Lieferkette auf die Leistungsfähigkeit von Unternehmen haben.

Dabei wurden zwei Arten von Kennzahlen unterschieden:[407]
- Intern ausgerichtete Kennzahlen („internal-facing metrics"): Lagerreichweite, Lagerhaltungskosten und Zahlungs-Zykluszeit,[408] etc.
- Extern ausgerichtete Kennzahlen („customer-facing metrics"): Erfüllung gemäß Auftragserteilung, pünktliche Lieferung, Auftragsdurchlaufzeiten, etc.

Die Studie befasste sich überdies mit dem Reifegrad des Entwicklungsstandes von Planungsverfahren für die Lieferkette sowie der unterstützenden Systeme („Maturity of Supply Chain Planning Practices"). Es wurde angenommen, dass „reife" Planungsverfahren und -systeme für Lieferketten dadurch gekennzeichnet sind, dass sie die Integration sowohl innerhalb des erweiterten Unternehmens, als auch mit externen Geschäftspartnern ermöglichen.

---

[405] Vgl. hierzu BearingPoint / Benchmarking Tools 2003 / S. 17 ff.
[406] Für Unternehmensinformationen zu SAP siehe Abs. B.3.1
[407] Vgl. SAP / Responsive and Cost-Efficient Supply Chains 2003 / S. 1 f.
[408] Mit der Zahlungs-Zykluszeit („cash-to-cash cycle time") wird gemessen, wie lange ein Unternehmen von der Bezahlung des Lieferanten bis zum Erhalt des Rechnungsbetrages vom Kunden benötigt. Aufgrund vieler Studien ist diese aggregierte Größe ein guter Bewertungsmaßstab für die Effizienz in der Auftragsabwicklung (vgl. Geimer und Becker / Supply Chain Operations Reference Modell 2001 / S. 130)

Die Studie ist zu einigen aufschlussreichen Erkenntnissen gelangt:[409]

- Die signifikantesten Kostensenkungen wurden im Bereich der Lagerhaltungskosten festgestellt. So konnten Unternehmen mit einem hohen Reifegrad bis zu 63 Prozent Kosten einsparen bzw. eine 1,7-prozentige Verbesserung der Umsatzrentabilität erreichen.[410]

- Den bedeutendsten Faktor in dem Zusammenhang stellte die Bestandsüberalterung („obsolescence") dar. Die Unternehmen mit dem höchsten Reifegrad konnten den Lagerwertverfall bis zu 84 Prozent verringern.

- Zusätzlich konnte durch den Einsatz von führenden Planungsverfahren und -systemen zur Neuproduktentwicklung die Bestandüberalterung von 0,9 Prozent des Umsatzes auf 0,3 Prozent gesenkt werden.

- Es ergab sich, dass Unternehmen mit hohem Reifegrad im Durchschnitt eine um 17 Prozent bessere pünktliche Auftragserfüllungsquote aufweisen und um 7 Prozent bessere pünktliche Lieferungen. Aufgrund von Erfahrungswerten wurde davon ausgegangen, dass eine 17-prozentige Verbesserung der Auftragserfüllungsquote einem Umsatzzuwachs von ca. 3,4 Prozent entspricht.

- Darüber hinaus zeigte sich, dass diese Firmen eine um über 45 Prozent kürzere Auftragsdurchlaufzeit aufwiesen. Eine Senkung der Auftragsdurchlaufzeit um 45 Prozent kann erfahrungsgemäß zu einer entsprechenden Bestandsreduktion um 45 Prozent führen.

Neben den o.g. Schlussfolgerungen sind jedoch auch solche gezogen worden, die sich nicht durch wissenschaftliche Methoden aus den gesammelten Ergebnissen ableiten lassen und eher marketingorientierten Charakter haben. So wurde beispielsweise angegeben, dass Unternehmen, die das Planungssystem von SAP einsetzen, besonders positive Resultate im Hinblick auf interne und externe Kenn-

---

[409] Vgl. SAP / SAP Benchmarking Study 2004 / S. 2 ff.
[410] Unter Anwendung des sog. Gesetzes von Little („Little's Law") entspricht der Lagerbestand der Ausbringungsmenge in Produkteinheiten pro Tag, multipliziert mit der Durchlaufzeit (vgl. WordIQ / Little's Law 2004 / o.S.)

zahlen aufgewiesen hätten.[411] Außerdem wurde darauf verwiesen, dass Kunden, die die SAP-Anwendungsprogramme einsetzen, einen um drei Viertel höheren Nettogewinn als Unternehmen im Durchschnitt erzielten (14 Prozent gegenüber 8 Prozent).[412]

B.4.2.5 Singapore Institute of Manufacturing Technology (SIMTech)

Das Supply Chain Management Center des Singapore Institute of Manufacturing Technology (SIMTech)[413] führt jährlich eine auf dem SCOR-Modell basierende Supply Chain Benchmarking Studie für den südostasiatischen Raum durch.[414] Die teilnehmenden Unternehmen kommen aus Indonesien, Malaysia, den Philippinen, Singapur und Thailand. Das Projekt ist im Jahre 2000 gestartet worden, so dass bis dato bereits vier Ergebnisberichte vorliegen.

Die Studie basiert vollständig auf dem SCOR-Modell und den damit verbundenen Kennzahlen. Das Ziel ist es, den teilnehmenden Firmen einen klaren Einblick darüber zu vermitteln, wie sie gegenüber ihren Wettbewerbern positioniert sind und in welchem Maße sie sich verbessern müssten, um zu den Besten ihrer Klasse zu gehören („Best in class"). Die Zielgruppe beschränkt sich dabei auf den industriellen Sektor.

---

[411] Im Rahmen des SCM spielt die Reorganisation der Planungsprozesse eine wichtige Rolle. Der Einsatz moderner Softwaresysteme bietet hier große Potentiale, die mittels des (Sukzessiv-) Planungskonzeptes herkömmlicher PPS- bzw. ERP-Systeme nicht erschlossen werden können. Durch die Einführung sog. fortschrittlicher Planungssysteme („Advanced Planning Systems, APS") werden die Teilnehmer der Lieferkette über gemeinsame Daten und Planung integriert und die Defizite der PPS-Systeme, gerade im Bereich der Kapazitätsplanung, weitestgehend beseitigt (vgl. Rohde et al. / Supply Chain Planning Matrix 2000 / S. 10 ff.). Zu einem Überblick zum Zusammenspiel verschiedener Anwendungen, wie ERP, APS, etc., vgl. auch Ayers / Supply Chain Management 2002 / S. 35 ff.
[412] Vgl. SAP / Benchmarking Study 2003 / S. 1 ff.
[413] Zusatzinformationen: „The Singapore Institute of Manufacturing Technology (SIMTech) (...) contributes to the competitiveness of Singapore industry through the development of high value manufacturing technology and human capital. It is one of the research institutes of the Agency for Science, Technology and Research." (SIMTech / Institute Profile 2004 / o.S.)
[414] Vgl. hierzu Gintic / 2000 Annual Supply Chain Benchmarking Study Mai 2001; Gintic / 2001 Annual Supply Chain Benchmarking Study März 2002; SIMTech / 2002 Annual Supply Chain Benchmarking Study Dezember 2002; SIMTech / 2003 Annual Supply Chain Benchmarking Study November 2003

Ferner wird angestrebt, bessere Daten zum Vergleich des Leistungsvermögens von Unternehmen und ihren Lieferketten im asiatischen Raum zu erheben. Speziell aufgrund der verschiedenen Geschäftsumgebungen und regionalen Besonderheiten wird das starke Erfordernis gesehen, solche Vergleichsdaten zu sammeln.

Um die Vergleichbarkeit der gesammelten Daten sowohl im asiatischen Raum wie auch mit Wettbewerbern in Nordamerika und Europa zu gewährleisten, wurde die Entscheidung getroffen, das SCOR-Modell anzuwenden. Den Ausschlag dafür hat zum einen gegeben, dass das SCOR-Modell als eine umfassende Methodik zur Analyse von Lieferketten angesehen wird, die ihre Anwendbarkeit und den Nutzen ihrer Anwendung bereits erfolgreich nachweisen konnte. Zum anderen war die weite Verbreitung des SCOR-Modells und die damit einhergehende Verfügbarkeit von Vergleichsdaten, primär in Nordamerika, ein ausschlaggebendes Kriterium.

Die Initiatoren gehen davon aus, dass sich die Studie mit zunehmender Laufzeit und dem damit verbundenen Zuwachs an gesammelten Daten zu einer immer wichtigeren Informationsquelle für die betreffenden Unternehmen der Region entwickeln wird.[415]

---

[415] Vgl. SIMTech / 2003 Annual Supply Chain Benchmarking Study November 2003 / S. 2 f.

Kapitel C: Empirische Studie auf Grundlage einer quantitativen Fragebogen-Erhebung

In Kapitel C steht der Begründungszusammenhang im Rahmen des forschungslogischen Ablaufs im Zentrum der Betrachtung. Gemäß Friedrichs lässt sich dieser Kontext wie folgt kennzeichnen:

> „Unter ‚Begründungszusammenhang' sind die methodologischen Schritte zu verstehen, mit deren Hilfe das Problem untersucht werden soll. Es ist ein methodologisches Vorgehen, bei dem die einzelnen Schritte interdependent sind; Ziel ist eine möglichst exakte, nachprüfbare und objektive Prüfung der Hypothesen."[416]

Eine Hypothese oder These[417] soll dabei als eine Vermutung über den Zusammenhang zwischen mindestens zwei Sachverhalten verstanden werden. Eine empirische Theorie stellt dann ein System logisch widerspruchsfreier Aussagen im Sinne von Hypothesen hinsichtlich des jeweiligen Untersuchungsgegenstandes mit den zugehörigen Definitionen der verwendeten Begriffe dar. Zu einer Theorie gehören mithin mehrere Hypothesen bzw. ein System von Hypothesen.[418] Durch die vorliegende Arbeit soll ein erster Beitrag zu einer diesbezüglichen Theorie geleistet werden. Es wurde dazu einem explorativen Ansatz[419] gefolgt, bei dem ein sukzessiver Erkenntniszugewinn im Vordergrund steht, der auch nach Abschluss

---

[416] Friedrichs / Methoden empirischer Sozialforschung 1990 / S. 52 f.
[417] Die Begriffe „These" und „Hypothese" sollen im Rahmen der Arbeit als synonym angesehen werden. Unter einer Hypothese („Hypothesis") versteht man in der empirischen Sozialforschung eine anhand empirischer Daten zu prüfende Annahme. Im Rahmen der quantitativen bzw. standardisierten Sozialforschung meint man vor allem eine Annahme, die einem statistischen Test unterworfen werden kann. Diese Annahme richtet sich meistens darauf, dass zwischen zwei Merkmalen ein Zusammenhang oder dass zwischen Gruppen ein Unterschied besteht. Es sind aber auch zahlreiche weitere Hypothesen denkbar, so etwa solche über eine bestimmte Form des Zusammenhangs (linear, exponentiell, usw.) (vgl. Ludwig-Mayerhofer / Methoden der empirischen Sozialforschung 2004 / o.S.)
[418] Vgl. Kromrey / Empirische Sozialforschung 2002 / S. 48 f.
[419] Während unter dem Begriff der Exploration oftmals die erste empirische und theoretische Orientierung in einem Forschungsbereich verstanden wird, soll im vorliegenden Fall die Definition von Wollnik zugrunde gelegt werden, wonach Exploration allgemeiner als informationale Ausschöpfung von systematisch gewonnenem Erfahrungswissen zum Zweck der Theoriebildung aufgefasst werden kann (vgl. Wollnik / Explorative Verwendung systematischen Erfahrungswissens 1977 / S. 42 ff.).

der Arbeit durch weitere darauf aufbauende, iterative Untersuchungen weitergeführt werden muss.[420]

Die der vorliegenden Untersuchung zugrunde liegende und zu testende zentrale Annahme lautet wie folgt:[421]

> Das SCOR-Modell ist um eine Hauptachse herum gruppiert, mit einer kundenorientierten („customer-facing") Kompetenz auf der einen und einer unternehmensinternen („internal-facing") Kompetenz auf der anderen Seite.[422]
>
> Den beiden LK-Kompetenzen sind jeweils Leistungsattribute („Performance Attributes") zugeordnet: Lieferzuverlässigkeit und Reaktionsfähigkeit („Reliability and Responsiveness") sowie Flexibilität („Flexibility") auf der kundenorientierten, Kosten („Cost") und Kapitaleinsatz („Assets") auf der unternehmensinternen Seite.
>
> Es wird darauf aufbauend angenommen, dass die den Leistungsattributen innerhalb einer der beiden LK-Kompetenzen zugeordneten Leistungsmessgrößen („Performance Measures") untereinander konsistent sind, d.h. quasi in dieselbe Richtung weisen. Die den Leistungsattributen zwischen den beiden Kompetenzen zugeordneten Leistungsmessgrößen ergänzen sich gegenseitig, d.h. sie gewährleisten ein Gleichgewicht zwischen den verschiedenen Zielsetzungen.

Es darf keinesfalls außer Acht gelassen werden, dass neben der Abbildung des Modells, die zum Zweck der Überprüfung im Rahmen der vorliegenden Arbeit ent-

---

[420] Zu einer ähnlichen Vorgehensweise im Rahmen einer empirischen Untersuchung vgl. etwa Schäfer S. / Einführung von E-Business Systemen 2002 / S. 91 f.
[421] Vgl. hierzu Geimer und Becker / Supply Chain Operations Reference Modell 2001 / S. 129; Meyr et al. / Basics For Modeling 2002 / S. 50 ff.; Schary und Skjott-Larsen / Global Supply Chain 2001 / S. 18 ff.; Grünauer et al. / Supply Chain Management Systems 2001 / S. 177 ff.
[422] Zum Begriff der Kompetenz bzw. im vorliegenden Falle konkret der Lieferketten (LK)-Kompetenz siehe die Ausführungen zu Beginn von Kap. A, Abschn. A.7

wickelt worden ist und sich in der o.g. zentralen Annahme widerspiegelt, theoretisch noch eine Vielzahl weiterer alternativer Abbildungsmöglichkeiten bestehen. Der Rückschluss auf das SCOR-Modell im allgemeinen Sinne muss daher unbedingt vor diesem Hintergrund gesehen werden.[423] Zur Überprüfung der zentralen Annahme werden nachfolgend Hypothesen, genauer: ein System von Hypothesen, gebildet und anhand statistischer Verfahren überprüft. Dabei wird einem hypothesenerkundendem Ansatz gefolgt.[424] Einige der dazu erforderlichen Begriffe wurden bereits in den Kapiteln A und B erläutert, weitere werden nachfolgend vor Darstellung der empirischen Untersuchung eingeführt.

C.1 Ziele der empirischen Untersuchung

Im abschließenden Abschnitt von Kapitel B ist aufgezeigt worden, dass die Verbreitung und Anwendung des SCOR-Modells in den vergangenen drei bis vier Jahren v.a. im amerikanischen und asiatischen Raum beträchtlich zugenommen hat. Dennoch konnten trotz intensiver und eingehender Literaturrecherchen keine wissenschaftlichen Studien gefunden werden, welche die Grundstruktur des SCOR-Modells sowie die zugrunde liegenden Annahmen einer wissenschaftlich-fundierten Untersuchung unterzogen haben. Es lassen sich zumeist nur eher allgemein gehaltene Hinweise hierzu in der Literatur auffinden, die sich auf Erfahrungswerte stützen. Das mag daran liegen, dass die Akzeptanz des SCOR-Modells, trotz stetig steigender Mitgliederzahlen und ständiger Weiterentwicklung, nicht überall in Wissenschaft und Praxis vorhanden ist.[425]

Die im Zentrum der vorliegenden Arbeit stehende Untersuchung soll daher auf diesen Aspekt eingehen und einen wissenschaftlichen Beitrag zur Erforschung

---

[423] Diese Auffassung wird beispielsweise auch von Schoder vertreten (s. Poluha / Doktorandenseminar Februar 2005 / o.S.)
[424] Hypothesenerkundende Untersuchungen werden primär mit dem Ziel durchgeführt, in einem wissenschaftlich relativ unerforschten Untersuchungsbereich neue Hypothesen zu entwickeln oder begriffliche Voraussetzungen zu schaffen (vgl. etwa Bortz / Empirische Forschung 1984 / S. 26)
[425] Vgl. Heck / Supply Chain Operations Reference Model 2004 / S. 15

der SCOR-Modellstruktur leisten.[426] Im Befundteil wird dann primär das Datenmaterial bzw. die Verknüpfung der einzelnen Variablen (gemäß der Thesen) auf empirischer Basis überprüft. Interpretationen – es sei denn hinsichtlich der statistischen Haltbarkeit der Thesen – oder Wertungen bezüglich konkreter Handlungsempfehlungen sollen für den Befundteil keine Rolle spielen.[427] Die entsprechenden Schlussfolgerungen sind vielmehr im weiteren Verlauf der Arbeit im Kontext des Verwertungszusammenhanges zu ziehen (siehe Kapitel E), um dem Werturteilsfreiheits-Postulat der Erfahrungswissenschaft Rechnung zu tragen.[428]

Als Instrument zur Untersuchung der Modellstruktur dient eine ausgewogene SCOR-basierte Lieferketten-Wertungsliste („Balanced SCOR-based Supply Chain Scorecard"), für die im Folgenden der Begriff SCORcard benutzt wird. Bolstorff und Rosenbaum führen den Begriff der SCORcard im Zusammenhang mit einem Praxisbeispiel bei einem amerikanischen Unternehmen mit den Namen Fowlers Inc. als „Fowler's SCORcard Matrix" ein.[429] Der Aufbau dieser SCORcard wird im nächsten Abschnitt erläutert.

---

[426] Dieses Defizit und das daraus resultierende Erfordernis nach einer wissenschaftlich-fundierten Untersuchung der Modellstruktur werden auch von Seibt als relevant angesehen. Er geht dabei – konsistent zu den Anforderungen an explorative und hypothesentestende Untersuchungen – davon aus, dass die vorliegende empirische Untersuchung ein erster Schritt in diese Richtung ist, die von weiteren Studien aufgegriffen, vertieft und erweitert werden kann (s. Poluha / Thesendiskussion Dezember 2003 / o.S.)

[427] Dadurch wird der Aspekt unterschiedlicher Ziele von Wissenschaft und Unternehmenspraxis adressiert

[428] Gemäß dem sog. Werturteilsfreiheits-Postulat der Erfahrungswissenschaft stellen Wertungen für das Wissenschaftskonzept des kritischen Rationalismus in mehrfacher Hinsicht ein Problem dar (vgl. hierzu Kromrey / Empirische Sozialforschung 2002 / S. 77 ff.). Das Wertneutralitätspostulat bezieht sich dabei ausschließlich auf den Begründungszusammenhang, der die methodischen Schritte beschreibt, mit deren Hilfe ein Problem untersucht werden soll (hierzu und zur Unterscheidung zwischen Entdeckungs-, Begründungs- sowie Verwertungs- und Wirkungszusammenhang in der Forschung vgl. Friedrichs / Methoden empirischer Sozialforschung 1990 / S. 50 ff.)

[429] Vgl. Bolstorff und Rosenbaum / Supply Chain Excellence 2003 / S. 49 ff. SCE verwendet den Begriff ebenfalls und definiert ihn wie folgt: „The resulting SCORcard provides a direct connection to the balance sheet. Performance requirements are established with respect to your competition and are prioritized by both definitions of a supply chain – product and channel. These priorities will help in the design phase of a SCOR project. The SCORcard also summarizes actual performance against benchmark performance with a gap analysis that defines the value of improvements." (SCE / Supply Chain Operations Reference Model 2004 / S. 8)

C.1.1 Aspektekonkretisierung und Thesengestaltung

Zunächst soll der Zusammenhang zwischen den dem SCOR-Modell zugrunde liegenden leistungsbezogenen Begriffen aufgezeigt werden, um daraus eine Art SCORcard im bereits dargestellten Sinne als Grundlage für die empirische Untersuchung abzuleiten.[430] Dazu müssen vorab die relevanten Daten und deren Zusammenhang definiert werden.

C.1.1.1 Übersicht der untersuchungsrelevanten Leistungsbegriffe

Das nachfolgende Schaubild stellt die im SCOR-Modell verwendeten fünf Leistungsattribute („Performance Attributes") sowie deren Definition und die zugehörigen dreizehn Leistungskennzahlen der ersten Ebene („Level 1 Metrics") dar.

Perf. Attribute	Performance Attribute Definition	Level 1 Metrics
Supply Chain Delivery Reliability	The performance of the supply chain in delivering: the correct product, to the correct place, at the correct time, in the correct condition and packaging, in the correct quantity, with the correct documentation, to the correct customer	(1) Delivery Performance (2) Fill Rates (3) Perfect Order Fulfillment
Supply Chain Responsiveness	The velocity at which a supply chain provides products to the customer	(4) Order Fulfillment Lead Times
Supply Chain Flexibility	The agility of a supply chain in responding to marketplace changes to gain or maintain competitive advantage.	(5) Supply Chain Response Time (6) Production Flexibility
Supply Chain Costs	The costs associated with operating the supply chain	(7) Cost of Goods Sold (8) Total SCM Costs (9) Value-Added Productivity (10) Warranty / Returns Processing Costs
Supply Chain Asset Management Efficiency	The effectiveness of an organization in managing assets to support demand satisfaction. Includes the management of all assets: fixed and working capital	(11) Cash-to-Cash Cycle Time (12) Inventory Days of Supply (13) Asset Turns

Abb. C-1: SCOR-Leistungsattribute und assoziierte Leistungskennzahlen auf der ersten Ebene[431]

---

[430] Siehe hierzu Kap. A, Abs. A.5.4
[431] Vgl. Supply-Chain Council / SCOR-Model 6.0 Overview 2003 / S. 7

Die in Abb. C-1 dargestellten Leistungskennzahlen der ersten Ebene („Level 1 Metrics") sind wiederum folgendermaßen definiert:[432]

Ad (1): Auftragsabwicklungsleistung („Delivery Performance [to commit date]"): Anteil an Aufträgen, die zum oder vor dem zugesagten Termin ausgeliefert wurden.

Ad (2): Lieferfähigkeit („Fill Rate"):
Anteil an Lieferungen vom Lager innerhalb von 24 Stunden nach Auftragseingang. Für Dienstleistungen ist der Anteil an Serviceleistungen gemeint, die innerhalb von 24 Stunden abgeschlossen wurden.

Ad (3): Fehlerlose Auftragsausführung („Perfect Order Fulfillment"):
Ein perfekter Auftrag („perfect order") ist definiert als ein Auftrag, der alle folgenden Anforderungen erfüllt: Vollständig ausgeliefert mit alle enthaltenen Auftragspositionen. Ausgeliefert zum Termin, der vom Kunden angefragt wurde, wobei die Kundendefinition einer pünktlichen Lieferung („on-time delivery") angewendet wird.[433] Die Auftragsdokumente (Packzettel, Ladeschein, Rechnung, usw.) sind komplett und akkurat. Die Lieferung ist in einwandfreiem und schadensfreiem Zustand. Die Installation, soweit anwendbar, ist fehlerlos durchgeführt, entspricht den Konfigurationsanforderungen und ist übernahmebereit.

Ad (4): Lieferzeit („Order Fulfillment Lead Times"):
Durchschnittliche tatsächliche Auftragsdurchlaufzeit, die konsistent und reproduzierbar erzielt wird. Der Prozess beinhaltet die folgenden Schritte: Kundenunterschrift bzw. Genehmigung bis zur Auftragsbestätigung, von da bis zum Abschluss der Auftragserfassung, weiter zum Beginn der Fertigung und/oder Erteilung der Einkaufsaufträge, anschließend bis zur Versandbereitschaft des Auftrags, von da zum Warenausgang und schließlich ggf. zur Installation.

---

[432] Vgl. Supply-Chain Council / SCOR-Model Version 6.0 2003 / S. 242 ff.; Geimer und Becker / Supply Chain Operations Reference Modell 2001 / S. 129 ff.; SIMTech / 2003 Annual Supply Chain Benchmarking Study November 2003 / S. 5

[433] Zur Problematik und Bedeutung der Bestimmung der Liefertreue vgl. z.B. Geimer und Becker / Supply Chain Operations Reference Modell 2001 / S. 131 f.

Ad (5): Lieferketten-Reaktionszeit („Supply Chain Response Time"):

Gibt an, wie schnell sich ein Unternehmen den Veränderungen am Markt anpassen kann.

Ad (6): Produktionsflexibilität („Production Flexibility"):

Die Produktionsflexibilität tritt in zwei Ausprägungen auf:

- Aufwärtsflexibilität („upside flexibility"): Anzahl an Tagen, die erforderlich sind, um einen ungeplanten, nachhaltigen Produktionszuwachs von 20 Prozent sicherzustellen.

- Abwärtsflexibilität („downside flexibility"): Anzahl an Tagen, um auf eine x-prozentige, nachhaltige Verringerung des Auftragsvolumens, die 30 Tage vor dem geplanten Auslieferungstermin auftritt, zu reagieren, ohne Lagerbestände aufzubauen oder eine Vertragsstrafe zu erheben.

Ad (7): Gesamte Lieferkettenkosten („Total SCM Cost"):

Summe aller Kosten, die in einem Unternehmen zur Abwicklung einer integrierten Lieferkette anfallen. Beinhaltet alle lieferkettenbezogenen Kosten für das Management-Informationssystem (MIS),[434] Finanzen, Planung, Lagerbestände, Materialbeschaffung und Auftragssteuerung.

Ad (8): Vertriebskosten („Cost of Goods Sold, COGS"):

Sowohl direkte und indirekte Kosten, die in einem Unternehmen anfallen, um Endprodukte herzustellen.[435] Repräsentiert die Handelsspanne als Anteil an den gesamten Erträgen.

Ad (9): Wertschöpfungsproduktivität („Value-Added Productivity"):

Berechnet als gesamte Produkterlöse, abzüglich gesamter Materialeinkäufe.

---

[434] Für einen Überblick zum Begriff des Management-Informationssystems sowie verwandter Begriffe (Business Intelligence, etc.) vgl. etwa Kemper / Management Unterstützungs-Systeme 1999 / S. 25 ff.

[435] Für die Begriffe der direkten und indirekten Kosten werden auch die bereits erläuterten Begriffe der fixen und variablen Kosten benutzt (vgl. etwa Albach / Allgemeine Betriebswirtschaftslehre 2001 / S. 252; Schierenbeck / Grundzüge der Betriebswirtschaftslehre 2003 / S. 233 ff.)

Ad (10): Garantiekosten („Warranty Cost or Returns Processing Cost"):
Anzahl an Rücklieferungen innerhalb der Garantiezeit. Garantie ist eine (explizite oder implizite) Zusicherung, dass eine bestimmte Gegebenheit hinsichtlich eines Vertragsgegenstandes aktuell zutrifft oder ggf. dahingehend angepasst wird. Garantiekosten beinhalten Material- und Arbeitskosten sowie Kosten für die Untersuchung eines Defekts.

Ad (11): Zahlungs-Zykluszeit („Cash-to-Cash Cycle Time"):
Benötigte Zeit, bis ein bestimmter Betrag in das Unternehmen zurückgeflossen ist, nachdem er für die Materialbeschaffung ausgegeben wurde. Der Wert stellt eine der Hauptkennzahlen dar, um festzustellen, wie effizient ein Unternehmen den Finanzfluss von Kunden und Lieferanten steuert.

Ad (12): Bestandsreichweite („Inventory Days of Supply"):
Anzahl an Tagen, die benötigt werden, um Güter herzustellen und zu verkaufen. Repräsentiert mithin die benötigte Zeit, um eine Investition in Lagerbestände in verkaufte Güter umzuwandeln.

Ad (13): Kapitalumschlag („Asset Turns"):
Verhältnis zwischen jährlichen Verkäufen und gesamtem Inventarwert.

Die Abb. C-1 diente der Veranschaulichung der Beziehung zwischen den Leistungsattributen („Performance Attributes") und den Leistungskennzahlen der ersten Ebene („Level 1 Metrics"). Nun soll der Zusammenhang mit den bereits dargestellten Kompetenzen der Lieferkette – der kundenzentrierten LK-Leistungsfähigkeit („Capability") auf der einen und der unternehmensbezogenen Effizienz („Efficiency") auf der anderen Seite – verdeutlicht werden.[436]

Dieser Zusammenhang korrespondiert beispielsweise mit der von Geimer und Becker vertretenen Auffassung, wonach die Messgrößen des SCOR-Modells um vier Hauptachsen oder Leistungsattribute herum gruppiert sind: Kundenservice,

---

[436] Vgl. Supply-Chain Council / SCOR-Model Version 6.0 2003 / S. 6. Siehe hierzu auch Abb. A-2 in Kap. A und Abb. B-4 in Kap. B

Flexibilität, Kosten und Kapitaleinsatz. Während die ersten beiden Bereiche kundenorientiert sind, stellen die beiden anderen Bereiche unternehmensinterne Prioritäten in den Vordergrund.[437]

Sürie und Wagner gehen einen Schritt weiter und beschreiben die genannten Leistungsattribute als universell gültig und für jede Lieferkette im Rahmen einer Lieferketten-Wertungsliste („Supply Chain Scorecard") zutreffend und relevant – unabhängig vom zugrunde liegenden Modell. Sie gehen davon aus, dass obwohl jede Lieferkette einmalig ist und eine spezielle Herangehensweise erfordert, es dennoch einige Leistungsmerkmale gibt, die in den allermeisten Fällen zutreffen. Da sie auf verschiedene Aspekte der Lieferkette fokussieren, können sie entsprechend den Leistungsattributen grundsätzlich in die genannten Kategorien (Lieferzuverlässigkeit und Reaktionsfähigkeit, Flexibilität, Kosten, Kapitaleinsatz) eingeteilt werden.[438]

Dem Ansatz soll im weiteren Verlauf gefolgt werden, wobei sinnvollerweise unter dem Leistungsattribut Kundenservice („Customer service") die beiden Leistungsattribute Lieferzuverlässigkeit („Reliability") und Reaktionsfähigkeit („Responsiveness") zusammengefasst werden.

Bovet und Martha vertreten einen ähnlichen Standpunkt, wobei – wie bereits näher ausgeführt – die Leistungsfähigkeit („Capability") der Lieferkette der Effizienz („Efficiency") gegenübergestellt wird.[439] Die LK-Leistungsfähigkeit wird in anderen Darstellungen des SCOR-Modells auch als kundenzentrierte Komponente und die Effizienz als unternehmensbezogene Komponente bezeichnet.[440]

---

[437] Vgl. Geimer und Becker / Supply Chain Operations Reference Modell / S. 128 f. Im Gegensatz zu den Autoren benutzt der Verfasser implizit den Begriff der „Lieferkettenkosten" statt des im Original angegebenen Begriffs der „Logistikkosten". Diese Änderung war aus Konsistenzgründen aufgrund der in Kap. A gemachten Unterscheidung zwischen den Begriffen „Logistik" und „Lieferkette" notwendig
[438] Vgl. Sürie und Wagner / Supply Chain Analysis 2002 / S. 33
[439] Vgl. Bovet und Martha / Value Nets 2000 / S. 43. Siehe hierzu auch Kap. A, Abschn. A.7
[440] Vgl. Heinzel / Supply Chain Operations Reference-Modells 2001 / S. 54; Supply-Chain Council / SCOR-Model Version 6.0 2003 / S. 9; Kanngießer / SCOR-Modell 2002 / S. 9

Die in Abb. C-1 dargestellten Leistungskennzahlen der ersten Ebene („Level 1 Metrics") müssen im nächsten Schritt den Leistungsmessgrößen („Performance Measures"), die mit einem enger gefassten Spektrum an Unterprozessen verknüpft sind, zugeordnet werden.[441] Von den ca. zweihundert Leistungsmessgrößen („Performance Metrics"), die in SCOR Version 6 referenziert werden, wurde im Kontext der vorliegenden Arbeit auf rund sechzig Messgrößen fokussiert.[442]

Die Grundlage dafür stellte der im Rahmen der empirischen Untersuchung angewendete quantitative Fragebogen („KPI Benchmarking questionnaire")[443] dar, der im Zusammenhang mit einem internen Projekt in der Unternehmensberatung auf Basis des SCOR-Modells entwickelt worden ist.[444] Die darin einfließenden Erfahrungen haben zur Fokussierung auf rund 60 primäre Leistungsmessgrößen geführt, auf die im Rahmen der empirischen Untersuchung zurückgegriffen wurde. Die hauptsächliche Intention dabei war, Redundanzen zu vermeiden und eine Konzentration auf die relevantesten Messgrößen zu ermöglichen, gleichzeitig jedoch eine repräsentative Abdeckung der maßgeblichen Einflussfaktoren (Kosten,

---

[441] So misst z.B. die Auftragsabwicklungsleistung die gesamte Zahl an Produkten, die pünktlich und komplett zum zugesagten Termin ausgeliefert wurden. Unterhalb dieser Kennzahl findet sich u.a. eine Leistungsmessgröße, die den Wert an Auftragsrückständen („backorders value") misst. Zur Zuordnung von Leistungsmessgrößen („Performance Measures") zu den Kennzahlen der ersten Ebene („Metrics Level 1") und weiterhin zu den Leistungsattributen („Performance Attributes") vgl. beispielsweise Bolstorff und Rosenbaum / Supply Chain Excellence 2003 / S. 51 ff.; Christopher / Logistics and Supply Chain Management 1998 / S. 107

[442] Die genauen Definitionen und Berechnungsformeln der Leistungsmessgrößen sind dem Anhang zu entnehmen (siehe dort Abschn. 2 u. 3 für einen Überblick und Abschn. 4 für die zugehörigen Detailinformationen)

[443] Es wurde einer quantitativen Untersuchung der Vorzug gegeben, da es sich bei dem SCOR-Modell um ein relativ bekanntes Themengebiet handelte und bereits eine Grundlage an allgemeingültigem Wissen und Vokabular erwartet werden konnte (vgl. Lamnek / Sozialforschung 1995 / S. 17 ff.; Schnell et al. / Methoden der empirischen Sozialforschung 1992 / S. 389)

[444] Reiner und Hofmann standen vor einer ähnlichen Aufgabe im Rahmen einer empirischen Studie und entschieden sich dafür, ebenfalls auf dem SCOR-Modell aufzubauen, und zwar aus den folgenden Gründen: „Benchmarking methods for process improvements are mostly developed and introduced by practitioners. Many practitioners use simple techniques rather than analytical solution methods. That is why a strong demand for effective methods of analyzing benchmarking results that can be used for design, analysis and improvement of processes exists. (...) It is important to use an adequate Performance Measurement System for empirical research. We use a widely accepted industry standard, the Supply Chain Operations Reference (SCOR) model developed by the Supply-Chain Council (SCC)." (Reiner und Hofmann / Performance Evaluation 2004 / S. 2)

Qualität, Zeit und Produktivität)[445] sicherzustellen.[446]

Da die Leistungsmessgrößen operationalisierbar sind und daraus Maßnahmen zur Verbesserung abgeleitet werden können, findet sich dafür auch stellenweise der Begriff der Diagnoseinstrumente („Diagnostics").[447] Die Diagnoseinstrumente sollen beispielsweise die Abweichung der ausgelieferten Aufträge gegenüber dem ursprünglichen Plan diagnostizieren helfen.[448]

C.1.1.2 Begriffsklärung zu den Leistungsbegriffen

Im Kontext mit den genannten Leistungsindikatoren konnten deutliche Unzulänglichkeiten hinsichtlich des Wortgebrauchs in der diesbezüglichen Literatur festgestellt werden.[449] Es wurde deshalb die Anregung von Seibt aufgegriffen und eine für den weiteren Verlauf der Arbeit gültige Nomenklatur festgelegt.[450]

---

[445] Das sog. „Strategische Dreieck" beschreibt drei entscheidende Faktoren im Wettbewerb: Kosten, Zeit und Qualität (vgl. Thaler / Supply Chain Management 2003 / S. 12 f.). Die Produktivität wird durch das Zusammenspiel und die Priorisierung dieser drei Faktoren determiniert

[446] Vgl. BearingPoint / Supply Chain KPI Benchmarking 2003 / S. 5.

[447] Unter dem Begriff der Diagnose versteht etwa Zetterberg die Beschreibung eines Objekts oder Problems im Rahmen einer begrenzten Zahl von Definitionen und Dimensionen (vgl. Zetterberg / Theory and Verification in Sociology 1967 / S. 67. Vgl. auch Friedrichs / Methoden empirischer Sozialforschung 1990 / S. 108)

[448] Eine Maßnahme könnte in diesem Kontext beispielsweise darin bestehen, die Korrelation zwischen Anforderungsdatum („request date"), ursprünglich zugesagtem Auslieferungsdatum („commit date") und tatsächlichem Liefertermin („delivery date") zu verbessern (vgl. Supply-Chain Council / SCOR-Model 7.0 Overview 2005 / S. 15 f. u. 20)

[449] Die angesprochenen Unzulänglichkeiten sollen an einigen Beispielen verdeutlicht werden, wobei sich die Liste weiter fortsetzen ließe: Paul benutzt die Begriffe „Metrics" und „KPIs" synonym (vgl. Paul / D-Logistic seminar 2002 / S. 19). Christopher verwendet für die vom Supply-Chain Council als „Performance Attributes" („Leistungsattribute") bezeichneten Größen den Begriff „integrated supply chain metrics" (vgl. Christopher / Logistics and Supply Chain Management 1998 / S. 106 f.; Supply-Chain Council / SCOR-Model 7.0 Overview 2005 / S. 8). Werner gibt an, dass die jeweiligen Abläufe in den standardisierten Lieferketten im SCOR-Modells mittels „Kennzahlen" gemessen werden (vgl. Werner / Supply Chain Management 2002 / S. 16), während Thaler für den selben Zusammenhang den Begriff „Messgrößen" verwendet (vgl. Thaler / Supply Chain Management 2003 / S. 48). Und Zeller setzt die Begriffe „Kennzahlen", „Maßzahlen" und „Metriken" synonym ein und benutzt den Begriff „Kennzahlenklasse" gleichbedeutend für „Leistungsattribute" (vgl. Zeller / Controlling von Unternehmensnetzwerken 2003 /S. 12 u. 19)

[450] Siehe Poluha / Arbeitsfortschritt September 2004 / o.S.

Diese konstituiert sich hierarchisch folgendermaßen, wobei u.a. den Empfehlungen von Ossola-Haring hinsichtlich Kennzahlen zur Unternehmensführung gefolgt wurde:[451]

- Den beiden LK-Kompetenzen, Leistungsfähigkeit und Effizienz, sind die vier Leistungsattribute ("Performance Attributes") zugeordnet:
  - Kundenservice ("customer service")
  - Flexibilität ("flexibility")
  - Kosten ("cost")
  - Kapitaleinsatz ("assets").

  Die Leistungsattribute stellen aggregierte Konstrukte dar und entziehen sich mithin einer direkten Messbarkeit oder Berechenbarkeit.[452]

- Darunter folgen dann die dreizehn Leistungskennzahlen der ersten Ebene ("Level 1 Metrics"):
  - Auftragsabwicklungsleistung ("delivery performance [to commit date]")
  - Lieferleistung ("fill rate")
  - usw.

  Die Leistungskennzahlen stellen sog. Verhältniskennzahlen dar, d.h. sie setzen zwei (oder mehr) absolute Größen miteinander in Relation.[453]

- Leistungsmessgrößen ("Performance Measures") sind den Leistungskennzahlen zugeordnet und dienen deren Operationalisierung. Jeder Kennzahl sind dabei mehrere Messgrößen zuordenbar. Die Leistungsmessgrößen repräsentieren sog. absolute Kennzahlen, d.h. sie ergeben sich aus Einzelzahlen, Summen oder Differenzen.[454]

---

[451] Vgl. Ossola-Haring / Kennzahlen zur Unternehmensführung 2003 / S. 167 ff.
[452] Vgl. Backhaus et al. / Multivariate Analysemethoden 2003 / S. 355. Im Zusammenhang mit den sog. Meta-Thesen wird an späterer Stelle in Kap. C (siehe Abs. C.4.2.3) sowie in Kap. D (siehe Abs. D.3.2) auf Möglichkeiten zur unmittelbaren statistischen Erfassung von derartigen hypothetischen Konstrukten eingegangen
[453] Vgl. Preißner / Controlling 2003 / S. 178 u. 195 ff. Siehe hierzu auch die Ausführungen unter Kap. B, Abs. B.1.4
[454] Ebd.

- Für die o.g. Leistungsbegriffe wird der in Kapitel A eingeführte Sammelbegriff der Schlüssel-Leistungsindikatoren („Key Performance Indicator, KPI") verwendet.[455] Die Anwendung der unter diesen KPIs subsumierten Leistungsbegriffen im Rahmen einer SCOR-basierten quantitativen Analyse der Lieferkette („KPI Benchmarking") steht im Zentrum der weiteren Betrachtung, wobei vorrangig auf den Leistungsvergleich von Prozessen – genauer gesagt: von LK-Prozessen – im Sinne eines Prozess-Benchmarking fokussiert wird.[456]

In welchem genauen Verhältnis die betreffenden Leistungsindikatoren zueinander stehen kann Abschn. 3 im Anhang entnommen werden, wobei dort die Hierarchie von links nach rechts durchlaufen wird (ausgehend von den Leistungsattributen auf der linken Seite der Tabelle über die Leistungskennzahlen hin zu den Leistungsmessgrößen).

C.1.2 Thesenfundierung und SCOR-Modellgruppen

Die im Folgenden zu entwickelnden Arbeitsthesen beziehen sich auf Zusammenhänge von in der Regel intervallskalierten Modellparametern des SCOR-Modells. Die abzuleitenden Arbeitsthesen lassen sich, analog zur eingangs des Kapitels formulierten zentralen Annahme, in drei SCOR-Modellgruppen unterteilen:

1. Innerhalb eines SCOR-Leistungsattributs:
   Es werden Kennzahlen und zugehörige Leistungsmessgrößen untersucht, die einem bestimmten Leistungsattribut zugeordnet sind. Hierfür soll im weiteren Verlauf der Begriff bzw. die Abkürzung Intra-Leistungsattribut (I-L) benutzt werden.

---

[455] Vgl. Schumann / Supply Chain Controlling 2001 / S. 105. Siehe auch Kap. A, Abs. A.5.3

[456] Schäfer und Seibt beschreiben den Sachverhalt wie folgt: „Im Vordergrund des Prozess-Benchmarking stehen nicht die Metriken, die aussagen, wie groß der identifizierte Abstand zu anderen Unternehmen ist, sondern die Praktiken, die zu den vorbildlichen Ergebnissen führen. Nur durch die Kenntnis der überlegenen Praktiken können Veränderungen initiiert werden, die zur Verbesserung der eigenen Geschäftsprozesse führen." (Schäfer S. und Seibt / Benchmarking 1998 / S. 27). Zum Begriff des Benchmarking vgl. auch Horváth und Lamla / Benchmarking 1995

2. Zwischen SCOR-Leistungsattributen, „auf einer Seite der Gleichung":
Es wird auf Kennzahlen und zugehörige Leistungsmessgrößen innerhalb einer der beiden LK-Kompetenzen fokussiert, d.h. jeweils ausschließlich eine Seite der Gleichung betrachtet. Hierfür soll im weiteren Verlauf der Begriff bzw. die Abkürzung Intra-Kompetenz (I-K) benutzt werden.[457]

3. Zwischen SCOR-Leistungsattributen, jedoch „auf verschiedenen Seiten der Gleichung":
Es werden Kennzahlen und zugehörige Leistungsmessgrößen zwischen den beiden LK-Kompetenzen, d.h. auf beiden Seiten der Gleichung, betrachtet (und damit zwangsläufig zwischen verschiedenen Leistungsattributen). Hierfür soll im weiteren Verlauf der Begriff bzw. die Abkürzung Inter-Kompetenz/Leistungsattribut (I-KL) benutzt werden.

Nachfolgend wird zunächst eine argumentative Fundierung der drei SCOR-Modellgruppen vorgenommen. Darauf aufbauend werden dann im Anschluss daran die später zu untersuchenden Arbeitsthesen hergeleitet.

C.1.2.1 Intra-Leistungsattribut (I-L)

Die zugehörigen Arbeitsthesen beziehen sich ausschließlich auf Kennzahlen innerhalb eines Leistungsattributes, z.B. innerhalb der Flexibilität oder der Kosten. In dem Fall müssen die Thesen positiv korreliert und quasi „gleichgerichtet" sein, d.h. ein hoher (niedriger) Wert für den einen Faktor bedeutet gleichzeitig einen hohen (niedrigen) Wert für den anderen Faktor. Beispiel: Zusammenhang zwischen Auftragsabwicklungsleistung und Lieferfähigkeit.

Der genannte Sachverhalt wird durch ein Praxisbeispiel aus der Computer-Industrie mittels des Zusammenhangs zwischen den Lagerbeständen und der Umsatzrentabilität deutlich.

---

[457] Siehe hierzu auch die Ausführungen in Kap. A, Abschn. A.7 zu den Lieferketten-Treibern und den Lieferketten-Kompetenzen

So kann eine grobe Schätzung der jährlichen Inventarkosten für das PC-Geschäft durch die Aggregation der Investitionskosten (10 Prozent) und der Preiserosion (25 Prozent) erfolgen, was insgesamt 35 Prozent des Inventarwerts entspricht. Eine gute Näherung kann dann durch die Kalkulation der Lagerhaltungskosten für ein Zeitintervall von zehn Tagen wie folgt vorgenommen werden: 10 Tage multipliziert mit 35 Prozent dividiert durch 365 Tage. Daraus ergibt sich ein Ergebnis von 1 Prozent. Das bedeutet, dass die Reduktion oder Zunahme von 10 Tagen Lagerbestand („days on stock, DOS") die Umsatzrentabilität zu einem Prozent beeinflusst.[458]

Davon ist unmittelbar eine dem Leistungsattribut „Kosten" zugeordnete Kennzahl der ersten Ebene betroffen, nämlich die gesamten Lieferketten-Kosten („total Supply Chain Management costs"). Unter der Kennzahl ist u.a. die Leistungsmessgröße der Lagerverwaltungskosten als Anteil am Umsatz („inventory management cost as a percentage of revenue") subsumiert, die den o.g. Zusammenhang zwischen Lagerbeständen und Umsatzrentabilität wiedergibt.

C.1.2.2 Intra-Kompetenz (I-K)

Die Arbeitsthesen beziehen in dem Fall Kennzahlen ein, die verschiedenen Leistungsattributen zugehören. Die Leistungsattribute liegen aber auf einer Seite der Gleichung, d.h. sind entweder durchweg kundenorientierter oder unternehmensinterner Ausprägung. Beispiel: Lieferfähigkeit und Reaktionszeit.

Geimer und Becker gehen davon aus, dass die Kennzahlen innerhalb einer Kompetenz (kundenzentriert vs. unternehmensintern) die verschiedenen Leistungsperspektiven darstellen, die das Gleichgewicht zwischen den unterschiedlichen Zielsetzungen gewährleisten. Dieses Gleichgewicht ist wichtig für den Gesamterfolg des Unternehmens. So wäre es z.B. nicht zweckführend, die Lieferzeit („order ful-

---

[458] Vgl. Ayers / Roles in Business Model Building 2002 / S. 657 f.

fillment lead time") zu verkürzen, ohne die Auswirkungen auf die Produktionsflexibilität („production flexibility") zu berücksichtigen.[459]

Ein weiteres Beispiel findet sich innerhalb der unternehmensbezogenen Kompetenz. Das Supply-Chain Council hat im SCOR-Modell bewusst zwischen den Begriffen Durchlaufzeit („lead time") und Zykluszeit („cycle time") unterschieden. Die Durchlaufzeit schlägt sich sowohl in Form der gesamten LK-Kosten („total Supply Chain Management cost") als auch der Bestandsreichweite („inventory days of supply") nieder. Die Unterscheidung zwischen den Begriffen ist relevant für die Wettbewerbsposition eines Unternehmens und kann folgendermaßen vorgenommen werden:

1. Die Durchlaufzeit ist mit einem Produkt oder einer Dienstleistung verbunden, das durch die Lieferkette bereitgestellt wird. Die Durchlaufzeit wird damit der Lieferkette quasi durch das Wettbewerbsumfeld „auferlegt" und hängt von Kundenerwartungen, Lieferketteninnovationen sowie dem Konkurrenzdruck ab.
2. Die Zykluszeit basiert unmittelbar auf den Prozessen der Lieferkette. Die geringstmögliche Zykluszeit für die Lieferkette eines Produkts stellt die Summe aller einzelnen Zykluszeiten, d.h. der Zykluszeiten der Unterprozesse, dar.

Die hauptsächliche Ursache für Lagerbestände und die damit verbundenen Kosten beruht auf dem Ungleichgewicht zwischen der Durchlaufzeit und der Zykluszeit. Wenn die Durchlaufzeit, die vom Markt verlangt wird, geringer ist als die entsprechende Zykluszeit, sind Lagerbestände erforderlich. Ferner gilt: Je größer das Ungleichgewicht ist, desto höher ist der erforderliche Lagerbestand. Aus diesem Grund streben führende Unternehmen eine Synchronisierung der Betriebsabläufe und effiziente Gestaltung der Beschaffungs- und Produktionsprozesse an, mit dem Ziel, die Differenz zu verringern.[460]

---

[459] Vgl. Geimer und Becker / Supply Chain Operations Reference Modell 2001 / S. 129
[460] Vgl. Ayers / Roles in Business Model Building 2002 / S. 657 f.

Das Unternehmen Dell[461] hat beispielsweise die Durchlaufzeiten für kundenspezifische Computer so weit gesenkt, dass es über eine positive Zahlungs-Zykluszeit („cash-to-cash cycle time")[462] verfügt. Dell erhält somit Zahlungen von Kunden, noch bevor die zugehörigen Rechnungen für die Lieferanten bezahlt werden müssen. Das darf natürlich nicht darüber hinwegtäuschen, dass weiterhin Lagerbestände erforderlich sind. Dell hat lediglich seine eigenen Bestände abgebaut, die nun von seinen Lieferanten getragen werden müssen.[463]

C.1.2.3 Inter-Kompetenz/Leistungsattribut (I-KL)

In diesem Fall beziehen sich die Arbeitsthesen auf Kennzahlen, die verschiedenen Leistungsattributen angehören und zusätzlich auf verschiedenen Seiten der Gleichung liegen (d.h. sowohl kundenorientiert als auch unternehmensbezogen). Beispiel: Lieferfähigkeit und gesamte LK-Kosten.

Auf die beiden LK-Kompetenzen – Leistungsfähigkeit und Effizienz – ist bereits an anderer Stelle näher eingegangen worden.[464] Der Zusammenhang zwischen den beiden Begriffen kann mittels einem Exempel zum zugrunde liegenden Zielkonflikt veranschaulicht werden: So macht es für einen Lieferanten keinen Sinn, intensiv in den Aufbau von Fertigungskapazitäten und Lagerbeständen zu investieren, um einem potentiellen Umsatzentgang bei Produkten mit niedrigen Handelsspannen vorzubauen. Dagegen kann dies durchaus sinnvoll sein, wenn es sich um Produkte mit hohen Gewinnspannen handelt.[465]

---

[461] Hintergrundinformationen: „Headquartered in Round Rock, Texas, Dell is a premier provider of products and services required for customers worldwide to build their information technology and Internet infrastructures. Dell's climb to market leadership is the result of a persistent focus on delivering the best possible customer experience by directly selling standard-based computing products and services. Revenue for the last four quarters totalled $45.4 billion and the company employs approximately 50,000 team members around the globe." (Dell / Company Facts 2004 / o.S.)

[462] Die Zahlungs-Zykluszeit („cash-to-cash cycle time") gibt die Zeit an, die ein Unternehmen benötigt, bis ein bestimmter Betrag in das Unternehmen zurückgeflossen ist, der für die Materialbeschaffung ausgegeben wurde (vgl. etwa Supply-Chain Council / SCOR-Model Version 6.0 2003 / S. 262)

[463] Vgl. Ayers / Roles in Business Model Building 2002 / S. 659

[464] Siehe hierzu auch Kap. A, Abschn. A.7

[465] Vgl. Hoover et al. / Demand-Supply Chain 2001 / S.9

Anders ausgedrückt: Ein hoher Wert für den einen Faktors ist zwangsläufig mit einem niedrigen Wert des anderen Faktors verbunden, et vice versa. Der Zusammenhang ist bereits am Beispiel des sog. LK-Treiber/LK-Kompetenz-Ansatzes nach Hugos erläutert worden. Hohe Produktionskapazitäten bedingen demnach eine hohe Leistungsfähigkeit (konkret: Reaktionsfähigkeit) der Lieferkette, aber auf der anderen Seite gleichzeitig geringe Effizienz. Umgekehrt bedingen geringe Produktionskapazitäten eine hohe Effizienz, aber auf der anderen Seite eine geringe Reaktionsfähigkeit. Analog gilt für bezogene Produkte: Hohe Lagerbestände bedingen eine hohe Reaktionsfähigkeit, führen aber andererseits zu geringer Effizienz. Umgekehrt bedingen niedrige Lagerbestände zwar eine hohe Effizienz, zum anderen jedoch gleichzeitig geringe Reaktionsfähigkeit.[466]

Meyr et al. bezeichnen den Zusammenhang als Zielkonflikt („trade-off") zwischen Kundenservice und Lagerinvestition.[467]

Ein weiteres Beispiel ist der Zusammenhang zwischen Kundenservice und Kapitaleinsatz. Die Zahlungs-Zykluszeit („cash-to-cash cycle time") hängt u.a. von der jeweiligen Industrie ab, in der sich ein Unternehmen befindet. So sind beispielsweise in der Nahrungsmittel- und Getränkeindustrie („Food and Beverage") verhältnismäßig kurze Zahlungs-Zykluszeiten üblich. Dennoch ist eine Tendenz erkennbar, wonach führende Unternehmen etwa halb so lange Zahlungs-Zykluszeiten haben, wie ihre Konkurrenten. Anders formuliert, erhalten also diese Unternehmen ihre Zahlungen „in der halben Zeit", was ihnen einen offensichtlichen Wettbewerbsvorteil verschafft, da sie beispielsweise geringere Finanzierungskosten für die Betriebsmittel aufbringen müssen.[468]

Typischerweise korrespondiert die zugehörige Leistungskennzahl mit der Auftragsabwicklungsleistung: Unternehmen, die eine hohe Auftragsabwicklungsleistung aufweisen, haben tendenziell weniger Probleme mit Kunden im Hinblick auf

---

[466] Vgl. Hugos / Supply Chain Management 2003 / S. 37
[467] Vgl. Meyr et al. / Basics For Modeling 2002 / S. 52
[468] Vgl. SIMTech / 2003 Annual Supply Chain Benchmarking Study November 2003 / S. 10

falsche oder verspätete Lieferungen, inkorrekte Lieferdokumente oder Rechnungen, etc. Das wiederum wirkt sich für die Mehrzahl der betreffenden Firmen in kürzeren Zahlungs-Zykluszeiten aus, da Kunden z.B. weniger Gründe haben, eine Zahlung zu verzögern.[469]

Es gibt eine Reihe weiterer Gründe dafür, dass eine höhere Auftragsabwicklungsleistung zu finanziellen Vorteilen führt und damit einen Zusammenhang zwischen Kundenservice auf der einen und Kosten und Kapitaleinsatz auf der anderen Seite bedingt. Unternehmen mit kürzeren Durchlaufzeiten und höherem Kundenservicegrad können die Betriebsabläufe signifikant beschleunigen. Dadurch kann ein Unternehmen eine strategische Ausrichtung von Kundengruppen und Finanz- und Unternehmenszielen vornehmen. Außerdem wird die Entwicklung besserer Kundenbeziehungen ermöglicht, was einen direkten Einfluss auf die Kundenverbleibsquote („customer retention rate") und die damit verbundenen Kosten hat.[470]

Schary und Skjott-Larsen fassen den dargestellten Sachverhalt wie folgt zusammen:

> „The objectives of the supply chain become a difficult balance. (…) The dominant purpose is to provide service to final customers, to deliver products reliably, as rapidly and with as much variety as possible. Service, however, commits resources and incurs costs. Supply chain management must seek to control assets and costs to obtain profit as a return on the assets employed."[471]

---

[469] Ebd.
[470] Vgl. PMG / Signals of Performance 2002 / S. 2
[471] Schary und Skjott-Larsen / Global Supply Chain 2001 / S. 18. Vgl. dazu auch Grünauer et al. / Supply Chain Management Systems 2001 / S. 177 ff.

C.1.2.4 Hypothesenformulierung und Thesenmodell

Bei den Thesen handelt es sich primär um bivariate Zusammenhangsvermutungen, die – angesichts kontinuierlicher Variablen (Intervallskalenniveau) – mittels korrelativer statistischer Verfahren anhand der üblichen Produkt-Moment-Korrelation nach Pearson überprüft werden können.[472]

Die Thesen bzw. Hypothesen enthalten Beziehungen zwischen Variablen, wobei die Variablen den SCOR-Leistungsmessgrößen entsprechen. Derartige Beziehungen lassen sich anhand mehrerer Kriterien genauer angeben, wobei zwischen verschiedenen grundsätzlichen Fällen unterschieden werden kann, wie beispielsweise deterministische oder statistische Variablenbeziehung.[473] Einige dieser Beziehungen sind im Rahmen der Thesenformulierung von Relevanz und kommen in dem Zusammenhang zur Anwendung.

Das Thesenmodell ist, wie bereits ausführlich dargestellt, hierarchisch über die Ebenen Leistungsattribute („Performance Attributes") – Kennzahlen der Ebene 1 („Metrics Level 1") – Leistungsmessgrößen („Performance Measures") aufgebaut. Die Thesenformulierung folgt diesem hierarchischen Aufbau, wobei von der untersten Ebene, d.h. den Leistungsmessgrößen, ausgegangen wird. Die Thesenfundierung bzw. Modellannahmen hingegen setzen auf Basis der höchsten Ebene, d.h. den Leistungsattributen, an. Die Thesenüberprüfung geschieht folglich auf der Ebene der Leistungsmessgrößen, und der Rückschluss zur Überprüfung der Modellannahmen erfolgt schließlich mittels Aggregation der Thesen in Form von Meta-Thesen auf Basis der Leistungsattribute.

---

[472] Zur Vorgehensweise vgl. beispielsweise Rochel / Planung und Auswertung von Untersuchungen 1983 / S. 143 ff.

[473] Grundsätzlich kann zwischen folgenden Arten von Variablenbeziehungen unterschieden werden: Deterministisch (wenn X, dann immer Y) oder statistisch (wenn X, dann wahrscheinlich Y); reversibel (wenn X, dann Y; wenn Y, dann X) oder irreversibel (wenn X, dann Y; wenn Y, dann nicht X); hinreichend (wenn X, dann immer Y) oder bedingt (wenn X, dann Y, aber nur wenn Z vorliegt); notwendig (wenn X, dann und auch nur dann Y) oder substituierbar (wenn X, dann Y; aber wenn Z, dann auch Y) (vgl. Zetterberg / Theory and Verification in Sociology 1967 / S. 82 f.; Friedrichs / Methoden empirischer Sozialforschung 1990 / S. 105)

Die Zuordnung des jeweiligen SCOR-Steuerungsprozesses zur jeweiligen Leistungsmessgröße ist möglich, hat aber nur bedingten Einfluss auf die Thesenformulierung. Der Grund ist, dass es teilweise durchaus Sinn machen kann, Leistungsmessgrößen, die verschiedenen Steuerungsprozessen zugeordnet sind, zu vergleichen. Ein Beispiel dafür stellen die dem Beschaffungsprozess zugeordnete Leistungsmessgröße „Anteil an Einkaufsaufträgen, die pünktlich und einwandfrei geliefert wurden", und die dem Lieferungsprozess zugeordnete Leistungsmessgröße „Wert an Auftragsrückständen" dar. Das Interesse an der Untersuchung eines Zusammenhangs zwischen diesen beiden Größen ist offensichtlich.

Die nachfolgenden Schaubilder geben das Thesenmodell in bildlicher Form wieder, wobei zwischen den hergeleiteten SCOR-Modellgruppen unterschieden wird. Dabei stellen die schraffierten Bereiche lediglich Beispiele für die jeweilige SCOR-Modellgruppe dar. So werden etwa im Hinblick auf die Modellgruppe Intra-Leistungsattribut (I-L) neben der dargestellten Flexibilität selbstverständlich auch die anderen drei Leistungsattribute (Kundenservice, Kosten, Kapitaleinsatz) untersucht. Analoges gilt für die anderen SCOR-Modellgruppen und die zugehörigen Leistungsindikatoren.

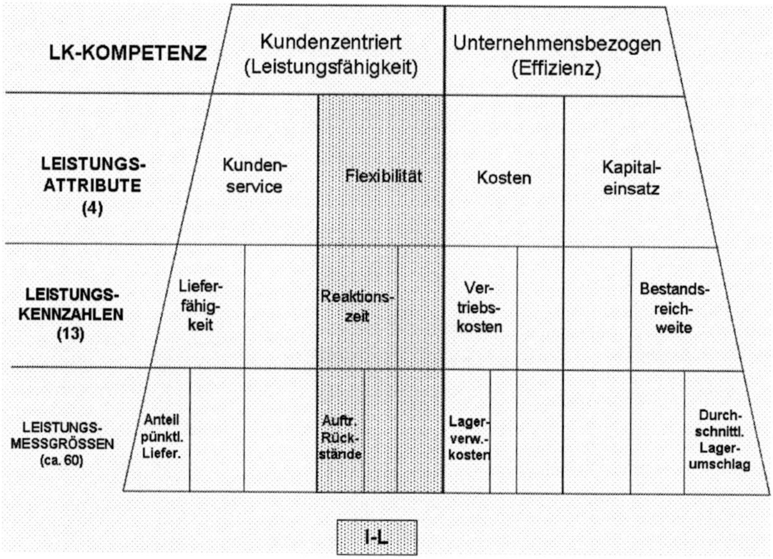

1. Ziele der empirischen Untersuchung

LK-KOMPETENZ	Kundenzentriert (Leistungsfähigkeit)		Unternehmensbezogen (Effizienz)	
LEISTUNGS-ATTRIBUTE (4)	Kundenservice	Flexibilität	Kosten	Kapitaleinsatz
LEISTUNGS-KENNZAHLEN (13)	Lieferfähigkeit	Reaktionszeit	Vertriebskosten	Bestandsreichweite
LEISTUNGS-MESSGRÖSSEN (ca. 60)	Anteil pünktl. Liefer.	Auftr. Rückstände	Lagerverw.-kosten	Durchschnittl. Lagerumschlag

I-L

Abb. C-2: Lieferketten-Kompetenz und Schlüssel-Leistungsindikatoren als Bausteine eines SCOR-basierten Thesenmodells: Intra-Leistungsattribut (I-L)

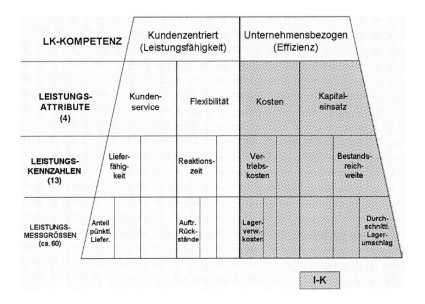

Abb. C-3: Lieferketten-Kompetenz und Schlüssel-Leistungsindikatoren als Bausteine eines SCOR-basierten Thesenmodells: Intra-Kompetenz (I-K)

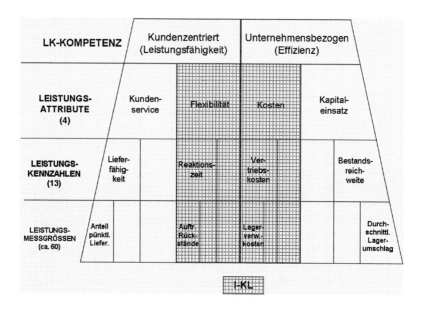

Abb. C-4: Lieferketten-Kompetenz und Schlüssel-Leistungsindikatoren als Bausteine eines SCOR-basierten Thesenmodells: Inter-Kompetenz/Leistungsattribut (I-KL)

Bevor auf Grundlage des entwickelten Thesenmodells die zu untersuchenden Arbeitsthesen abgeleitet werden, soll zunächst exemplarisch auf mögliche Varianten eingegangen werden. Da das zu untersuchende Thesenmodell konkret auf lieferkettenspezifische Leistungsindikatoren abstellt, werden speziell alternative Ansätze zur Beurteilung des Leistungsvermögens der Lieferkette betrachtet.[474]

---

[474] Zu einem Überblick über die nachfolgend dargestellten sowie weitere diesbezügliche Ansätze vgl. z.B. Barker / Time-based performance measurement 1993 / S. 4 ff.; Kiesel / Performance Measurement 1996 / S. 55 ff.; Gleich / Performance Measurement 1997 / S. 358 ff.; Link / Controlling Kennzahlen 1998 / S. 185 ff.; Erdmann / Supply Chain Performance Measurement 2003 / S. 59 ff.

C.1.2.5 Varianten von Ansätzen und Modellen zur Abbildung und Messung der Lieferketten-Performanz

Rummler und Brache identifizieren in ihrem Ansatz zur Messung der Lieferketten-Performanz drei grundlegende Leistungsdimensionen und unterscheiden zwischen qualitäts-, produktivitäts- und kostenorientierten Leistungsindikatoren. Sie unterscheiden weiterhin zwischen drei Leistungsebenen: der Organisations-, Prozess- und Arbeitsplatz- bzw. Mitarbeiterebene.[475] Die Leistungsindikatoren der obersten Ebene werden durch die jeweiligen Anforderungen des Marktes und die erfolgsbestimmenden Funktionen der Organisation geprägt. Art und Umfang der betrachteten Leistungsindikatoren orientieren sich zudem an der Organisationsstrategie, den organisationsweiten Zielsetzungen und der Organisationsstruktur. Neuhäuser-Metternich und Witt unterscheiden vier verschiedene Leistungsbereiche und trennen zwischen zeit-, kosten, qualitäts- und leistungsbezogenen Maßgrößen.[476] Sellenheim unterscheidet fünf verschiedene Dimensionen und verwendet neben kosten-, qualitäts- und zeitbezogenen Leistungsindikatoren auch flexibilitäts- und bereitstellungsorientierte Indikatoren.[477] Beischel und Smith identifizieren ebenfalls fünf erfolgskritische Dimensionen und verwenden kosten-, qualitäts-, flexibilitäts- sowie service- und ressourcenbezogene Leistungsindikatoren.[478]

Gemeinsam ist allen o.g. Ansätzen, dass nicht-monetären Leistungsdimensionen (z. B. Qualität, Zeit, Flexibilität und Produktivität) eine deutlich erhöhte Bedeutung zukommt und monetäre Leistungsgrößen nur marginale Betrachtung finden.[479]

---

[475] Vgl. Rummler und Brache / Improving performance 1990 / S. 143
[476] Vgl. Neuhäuser-Metternich und Witt / Kommunikation und Berichtswesen 1996 / S. 266
[477] Vgl. Sellenheim / Performance Measurement 1991 / S. 51 ff.
[478] Vgl. Beischel und Smith / Shop floor 1991 / S. 25 ff. Einen sehr ähnlichen Ansatz verfolgen auch Taylor und Convey (vgl. Taylor und Convey / Performance measurement 1993 / S. 23 f.)
[479] Versucht man, die möglichen Zielvorstellungen, die die Zielfunktionen der Unternehmen beeinflussen können, zu systematisieren, so bietet sich eine grundsätzliche Unterscheidung in monetäre und nicht-monetäre Zielvorstellungen an. Unter monetären (oder finanziellen) Zielvorstellungen versteht man dabei Ziele, die sich in Geldeinheiten messen lassen, wie z.B. das Gewinn- und Umsatzstreben. Weitere monetäre Zielvorstellungen sind beispielsweise die Sicherung der Zahlungsbereitschaft und die Kapitalerhaltung. Dagegen beinhalten die nicht-monetären Zielsetzungen Größen wie etwa das Erreichen bestimmter Wachstums- oder Produktivitätsziele, das Streben nach Marktanteilsvergrößerung oder die Sicherstellung bestimmter Qualitätsanforderungen (vgl. Wöhe / Allgemeine Betriebswirtschaftslehre 1984 / S. 110 f.)

Ein hauptsächlicher Grund ist darin zu sehen, dass nicht-finanzielle Leistungsindikatoren einem Prozessmodell, wie es beispielsweise SCOR darstellt,[480] entgegen kommen, da die Ursachen von Leistungsabweichungen sichtbar gemacht und dadurch gezielte Korrekturmaßnahmen ermöglicht werden. Wird etwa ein Qualitätsabfall (z.B. Erhöhung der Ausschussrate oder Steigerung der Nacharbeitsquote) verzeichnet, können unmittelbar entsprechende Maßnahmen getroffen werden.[481]

Die Verwendung nicht-monetärer Leistungsindikatoren bringt jedoch auch zwangsläufig Nachteile bzw. Restriktionen mit sich. So lassen sich nicht-monetäre Indikatoren nur schwer verdichten.[482] Weiterhin ist häufig nur schwer ein Bezug zwischen den an nicht-monetären Indikatoren festgestellten Verbesserungen und den erzielten Gewinnen herzustellen. Mithin kann nicht grundsätzlich davon ausgegangen werden, dass die auf der Grundlage nicht-monetärer Größen gemessenen Verbesserungen auch tatsächlich eine Auswirkung auf das finanzielle Ergebnis haben. So kann etwa die monetäre Quantifizierung rückläufiger Fertigungszykluszeiten zu einem schwierigen Unterfangen werden. Dagegen ist z.B. der bei rückläufigem Lieferbereitschaftsgrad eintretende Umsatzrückgang und die damit einhergehende Auswirkung auf den Gewinn relativ gut abschätzbar.[483]

Aus diesem Grund wurden erweiterte Modelle bzw. Ansätze entwickelt, die neben den nicht-finanziellen ebenfalls explizit monetäre Messgrößen einbeziehen.[484] Greene und Flentov legen zu dem Zweck drei Leistungsebenen zugrunde: Die Unternehmens- bzw. Werksebene, Funktionsebene und Arbeitsplatzebene. Die Leistungsindikatoren der obersten Ebenen messen die Performanz des Unternehmens bzw. Werks in Bezug auf die Erreichung markt- und wettbewerbsbezogener kritischer Erfolgsfaktoren. Weiterhin wird auf der Ebene die Leistungsfähigkeit funktionsübergreifender Abläufe gemessen. Die Indikatoren der Funktionsebene werden verwendet, um den Beitrag jeder Funktion zur Erreichung der strategi-

---

[480] Siehe hierzu Kap. B, Abschn. B.2
[481] Vgl. Fisher /Nichtfinanzielle Leistungsmaßstäbe 1995 / S. 195
[482] Vgl. Fickert / Management Accounting 1993 / S. 208
[483] Vgl. Fisher /Nichtfinanzielle Leistungsmaßstäbe 1995 / S. 196 f.
[484] Vgl. Welz / Kennzahlensysteme 2005 / S. 6 f.

schen Ziele des Unternehmens zu erfassen. Sie messen, wie effektiv die Ressourcen genutzt werden, um die strategischen und taktischen Zielvorgaben zu erfüllen. Die Leistungsindikatoren der dritten Ebene schließlich erfassen die Fertigungsleistung auf Arbeitsplatzebene. Ihre Hauptaufgabe ist es, frühzeitig Abweichungen anzuzeigen, so dass rechtzeitig korrektive Maßnahmen eingeleitet werden können.[485]

Utzig unterscheidet in vier Leistungsebenen: Die Marktebene, Gesamtunternehmensebene, Werksebene und Arbeitsplatzebene. Die Indikatoren der Marktebene sollen die Performanz des Gesamtunternehmens gegenüber den Wettbewerbern messen, um dadurch die Wettbewerbsposition des Unternehmens bestimmen zu können. Die verwendeten Leistungsindikatoren können sich dabei z.B. auf Qualität, Service, Kosten und Marktanteile beziehen. Auf der Gesamtunternehmensebene geht es darum, die aktuelle Ertragssituation sowie das zukünftige Ertragspotenzial zu erfassen. Indikatoren sind etwa der Jahresüberschuss, die Gesamtkapital- oder Umsatzrentabilität und der Marktanteil. Auf der Werksebene finden ebenfalls sowohl finanzielle als auch nicht-finanzielle Indikatoren Verwendung, wie beispielsweise Kosten, Produktivität und Lieferzeiten. Und auf der untersten Ebene soll die Leistung auf Arbeitsplatzebene erfasst werden, wobei Indikatoren wie Bestandsgrößen und Durchlaufzeiten zum Tragen kommen.[486]

Neben wissenschaftlichen Ansätzen gibt es auch eine Reihe von Modellen aus der Unternehmenspraxis, die sowohl monetäre als auch nicht-monetäre Leistungsindikatoren beinhalten, wie z.B. das Tableau de Bord. Dieses integriert überwiegend quantitative Leistungsindikatoren, qualitativen kommt lediglich eine untergeordnete Bedeutung zu. Die einzelnen Indikatoren werden top-down aus der Unternehmensstrategie abgeleitet, um eine Verknüpfung von operativen Aktivitäten mit den strategischen Unternehmenszielen zu ermöglichen. Die enthaltenen Leistungsindikatoren sind sowohl kurzfristig als auch langfristig orientiert.[487]

---

[485] Vgl. Greene und Flentov / Managing performance 1990 / S. 53 ff.
[486] Vgl. Berliner und Brimson / Cost management 1988 / S. 161 ff.
[487] Vgl. Epstein und Manzoni / Tableau de Bord 1998 / S. 191; Epstein und Manzoni / The Balanced Scorecard and Tableau de Bord 1997 / S. 29

Der J. I. Case-Ansatz beinhaltet neben finanziellen auch eine Vielzahl nicht-finanzieller Leistungsindikatoren. Es werden darüber hinaus nicht nur quantitative, sondern auch qualitative Größen erfasst (z.B. zur Abschätzung der Kundenzufriedenheit).[488] Beim Harman-Ansatz werden ebenfalls monetäre und nicht-monetäre Leistungsindikatoren integriert. Qualitative Größen sind hingegen nicht eingebunden. Die Indikatoren werden „top-down" aus den kritischen Erfolgsfaktoren abgeleitet, womit eine konsistente Zielausrichtung über alle Unternehmensebenen angestrebt wird.[489] Der Caterpillar-Ansatz integriert sowohl monetäre und nicht-monetäre als auch harte und weiche Leistungsindikatoren (z.B. Kunden- und Mitarbeiterzufriedenheit),[490] wogegen der Skandia-Navigator neben den traditionellen monetären auch eine Vielzahl nicht-finanzieller Messgrößen beinhaltet und dabei quantitative und qualitative Leistungsindikatoren integriert. Neben internen (z.B. Mitarbeiter) werden auch externe Stakeholder (z.B. Kunden) explizit in das Konzept eingebunden.[491]

Die Data Envelopment Analysis liefert eine Spitzenkennzahl, den sog. Effizienzwert. Es ist aber dennoch möglich, mehrere input- und outputbezogene Leistungsindikatoren zu berücksichtigen. Dabei ist der Ansatz ausreichend flexibel, um die zeit-, ausrichtungs-, steuerungsziel, dimensions-, format- und outputbezogenen Dimension einzubeziehen. Allerdings werden die Leistungsdaten so stark aggregiert, dass sie insbesondere für operative Bereiche nicht mehr ausreichend transparent sind.[492] Die Performance Measurement Matrix beinhaltet sowohl monetäre und nicht-monetäre als auch intern und extern orientierte Leistungsindikatoren. Der Ansatz fordert die Entwicklung strategiekonformer Messgrößen sowie deren ebenenspezifische Ausrichtung.[493]

---

[488] Vgl. Sellenheim / Performance Measurement 1991 / S. 52 f.
[489] Vgl. Beischel und Smith /Shop floor 1991 / S. 25 ff. Eine sehr ähnliche Vorgehensweise beschreiben Taylor und Convey (vgl. Taylor und Convey / Performance measurement 1993 / S. 22 ff.
[490] Vgl. Hendricks et al. / Performance Measures 1996 / S. 21 f.
[491] Vgl. Edvinsson und Malone / Intellectual capital 1997 / S. 68, 82 f. u. 151 ff. Zu Informationen zum Skandia-Navigator vgl. auch Skandia / Skandia Navigator 2005 / o.S.
[492] Vgl. Brokemper / Data Envelopment Analysis 1995 / S. 242 ff.; Werner T. und Brokemper / Data Envelopment Analysis 1996 / S. 165 ff.
[493] Vgl. Keegan et al. / Performance measures 1989 / S. 45 ff.

Die Performance Pyramid verbindet sowohl monetäre und nicht-monetäre als auch intern und extern orientierte Leistungsindikatoren. Die Indikatoren werden „top-down" aus der Unternehmensstrategie abgeleitet. Es wird zwischen verschiedenen Leistungsebenen differenziert, und es werden hoch aggregierte finanzielle Informationen für die höheren Unternehmensebenen als auch transparente Leistungsdaten für die operativen Unternehmensbereiche bereitgestellt. Dabei finden primär quantitative Leistungsindikatoren Anwendung, qualitative werden hingegen nur in eingeschränktem Umfang berücksichtigt.[494]

Die Balanced Scorecard (BSC) von Kaplan und Norton, auf die bereits näher eingegangen wurde,[495] gruppiert in die Kategorien Finanzen, Kunden, Prozesse sowie Innovation und Wachstum. Die verwendeten Leistungsindikatoren beziehen sich dabei u.a. auf die Dimensionen Kosten, Qualität, Zeit und Produktivität.[496] Die BSC hat sich in zunehmendem Masse zu einem De facto-Standard bzw. Referenzmodell zur Leistungsmessung entwickelt.[497] Und beim Quantum Performance Measurement Ansatz werden sowohl kosten- (monetäre) als auch qualitäts- und zeitbezogene (nicht-monetäre) Leistungsindikatoren integriert. Die repräsentierten Dimensionen sind somit Kosten, Qualität und Zeit. Dabei werden neben quantitativen auch qualitative Performanzdaten berücksichtigt. Der Ansatz unterscheidet zwischen drei Leistungsebenen: Organisationsebene (eher langfristig orientiert), Prozess- und Mitarbeiterebene (eher mittel- oder kurzfristig angelegt).[498]

Unter den dargestellten Ansätzen bzw. Modellen zur Messung der Lieferketten-Performanz weisen lediglich die Performance Pyramid, die Balanced Scorecard sowie der Quantum Performance Measurement Ansatz eine relativ stark ausge-

---

[494] Vgl. McNair et al. / Financial and nonfinancial Performance measures 1990 / S. 28 ff.; Lynch und Cross / Continuous improvement 1995 / S. 66 f. u. 72 ff.
[495] Siehe Kap. A, Abs. A.5.4
[496] Vgl. Kaplan und Norton / Balanced Scorecard 1992 / S. 71 ff. (siehe zur Balanced Scorecard auch die Ausführungen unter Kap. A, Abs. A.5.4). Zu einer ähnlichen Einteilung vgl. auch Horváth und Lamla / Benchmarking 1995 / S. 82; Wuest und Schnait / Kennzahlen und Kennzahlensysteme 1996 / S. 101
[497] Jacob führt etwa an, dass bereits Ende 1999 rund 60 Prozent aller US-amerikanischen Unternehmen die BSC eingeführt hatten (vgl. Jacob / Balanced Scorecard 1999 / S. 44 f.)
[498] Vgl. Hronec / Indikatoren der Leistungsfähigkeit 1996 / S. 17 ff. u. 32 ff.

prägte Prozessorientierung auf, so dass sie dem SCOR-Modell als ausgesprochenes Prozess-Referenzmodell vergleichbar sind. Die anderen Ansätze und Modelle sind unter dem Aspekt nur schwach bis mäßig ausgeprägt. Von den drei Ansätzen weist jedoch wiederum lediglich die Balanced Scorecard eine eigene Perspektive für prozessbezogene Leistungsindikatoren auf und kommt damit von der Modellstruktur her dem konkret zu untersuchenden Modell, d.h. einer leistungsindikatorenspezifischen Abbildung des SCOR-Modells, am nächsten.

Es ist jedoch zu berücksichtigen, dass die BSC in ihrer ursprünglichen Ausprägung nicht explizit auf Supply Chain-Prozesse ausgerichtet ist. In Kapitel A wurde bereits darauf eingegangen, welche speziellen Anforderungen für eine Fokussierung auf Lieferkettenprozesse zu berücksichtigen wären.[499] Da die der BSC und dem SCOR-Modell zugrunde liegenden Wirkungszusammenhänge folglich auf unterschiedlichen Leistungsmessgrößen beruhen, finden sich auch keine analog anwendbaren Beispiele zum Vergleich mit den in den nachfolgend vorgestellten Thesen enthaltenen Wirkungszusammenhängen. Die Arbeit betritt auch hier quasi Neuland, was andererseits aber auch ihren explorativen Charakter unterstreicht.

Weiterhin ist zu berücksichtigen, dass das SCOR-Modell unter die oben genannte Kategorie eines Modells fällt, das explizit auf nicht-monetäre Leistungsindikatoren fokussiert. Daraus resultiert zwangsläufig die Einschränkung, dass finanzielle Größen nicht ausdrücklich einbezogen werden.[500] Im Rahmen der zur empirischen Untersuchung herangezogenen Fragebogen-Erhebung wurden jedoch auch zu einem Teil finanzbezogene Daten erhoben, wie z.B. Umsatz oder Gesamtkapitalrentabilität. Bei den Auswertungen wurden diese Informationen falls sinnvoll für zusätzliche diskriminierende Auswertungen genutzt, um festzustellen, ob dies zu relevanten Veränderungen in den Ergebnissen bzw. daraus ableitbaren Zusatzerkenntnissen führt. Hierauf wird an anderer Stelle noch näher eingegangen.[501]

---

[499] Siehe dazu Kap. A, Abs. A.5.4
[500] Vgl. Heinzel / Supply Chain Operations Reference-Modells 2001 / S. 53 f.; Hagemann / Darstellung des SCOR-Modells 2004 / S. 10 f.; Heck / Supply Chain Operations Reference Model 2004 / S. 13 f.
[501] Siehe Kap. C, Abs. C.3.5

Obwohl es Bestrebungen gibt, zu einer standardisierten, SCOR-basierten Supply Chain Scorecard zu gelangen (quasi eine „Referenz-SCORCard"),[502] sind diese bislang projektspezifischer Natur geblieben.[503] Eine (empirische) Untersuchung dieser Ansätze unter wissenschaftlichen Gesichtspunkten hat nach Kenntnis des Verfassers bislang jedoch noch nicht stattgefunden.[504] Dieser Punkt wird am Ende der Arbeit im Zusammenhang mit Vorschlägen zur weitergehenden Forschung nochmals aufgegriffen.[505]

---

[502] Vgl. etwa Bolstorff und Rosenbaum / Supply Chain Excellence 2003 / S. 49 ff.
[503] Das Unternehmen 3Com hat beispielsweise eine sog. „Supply-Chain Scorecard for 3Com" entwickelt und im Einsatz, die explizit auf dem SCOR-Modell basiert (vgl. Cohen und Russel / Strategic Supply Chain Management 2005 / S. 213 ff.)
[504] Stand: Mitte 2005
[505] Siehe Kap. F, Abschn. F.2

C.2 Herleitung der zentralen Arbeitsthesen

Aufbauend auf dem entwickelten Thesenmodell und dessen argumentativer Begründung sollen nun nachfolgend die zu untersuchenden Thesen abgeleitet werden.[506] Bereits hier war das zu Verfügung stehende und verwendete Datenmaterial von großer Bedeutung, da es einen unmittelbaren Einfluss auf die Herleitung der Hypothesen hatte. Die zugrunde liegenden Variablen, die dabei zum Einsatz kamen, können dem Anhang entnommen werden. Dort ist in Abschnitt 3 ein Überblick zu den verwendeten Leistungsmessgrößen wiedergegeben, und Abschnitt 4 enthält die genauen Definitionen, Berechungsformeln sowie weitere Informationen zu jeder der rund sechzig Leistungsmessgrößen.

Während sich die folgenden Einzelthesen direkt auf die Leistungsmessgrößen, genauer: jeweils eine Kombination zweier Leistungsmessgrößen beziehen (bivariate Zusammenhangsvermutung), sind die zu Anfang eines jeden Absatzes stehenden Meta-Thesen auf einer höheren Ebene, nämlich auf Ebene der Leistungsattribute, angesiedelt. Dabei ist davon auszugehen, dass nicht jede einer Meta-These zugeordnete Einzelthese in gleich starker Weise mit der jeweiligen Meta-These korreliert. Ferner müssen die kennzahlenspezifischen Unterschiede der Leistungsbegriffe berücksichtigt werden, die am Ende von Abs. C.1.1 erläutert wurden. Aufgrund dessen ist eine Operationalisierung der Einzelthesen wesentlich unmittelbarer und präziser möglich, als dies für die Meta-Thesen der Fall ist.

Aus diesen genannten Gründen dienen die Meta-Thesen lediglich einer anschließenden Gegenprüfung auf aggregierter Ebene, wogegen die detaillierten Auswertungen im Vorfeld auf Ebene der Einzelthesen – und mithin der Leistungsattribute – erfolgen. Die Überprüfung der Meta-Thesen mittels speziell dafür geeigneter Verfahren stellt dabei einen Versuch dar; die Validität der zu den Einzelthesen gewonnenen Ergebnisse hängt jedoch nicht davon ab, ob der erprobte Einsatz dieser speziellen Verfahren gelingt oder nicht.

---

[506] Zur generellen Vorgehensweise bei der Hypothesenformulierung vgl. z.B. Friedrichs / Methoden empirischer Sozialforschung 1990 / S. 103 ff.

C.2.1 Thesen der SCOR-Modellgruppe Intra-Leistungsattribut (I-L)

META-THESE I: Die Leistungsmessgrößen innerhalb eines Leistungsattributs verhalten sich zueinander konform (Konsistenzkriterium der Leistungsmessgrößen).

C.2.1.1 Leistungsattribut Kundenservice („reliability and responsiveness")[507]

a. Auftragsabwicklungsleistung („delivery performance") und Lieferfähigkeit („fill rate"):

These 1: Ein hoher Anteil pünktlicher Lieferungen für Lagerein- und -ausgänge („on-time delivery percentage – inbound and outbound") führt zu einer hohen Kundenverbleibsquote („customer retention rate").

b. Auftragsabwicklungsleistung („delivery performance") und fehlerlose Auftragsausführung („perfect order fulfillment"):

These 2: Ein hoher Anteil an einwandfreien Kundenaufträgen („perfect orders rate") führt zu einer hohen Kundenverbleibsquote („customer retention rate").

These 3: Ein geringer Anteil an pünktlichen Lieferungen („on-time delivery percentage – inbound and outbound") korreliert mit einem geringen Anteil einwandfreier Kundenaufträge („perfect orders rate").

c. Auftragsabwicklungsleistung („delivery performance") und Lieferzeit („order fulfillment lead time"):

These 4: Hohe durchschnittliche Fertigungsdurchlaufzeiten („average manufacturing cycle time") korrelieren mit einem geringen Anteil pünktlicher Lieferungen („on-time delivery percentage – inbound and outbound").

---

[507] Zur Herleitung der zugrunde liegenden Wirkungszusammenhänge siehe Kap. C, Abs. C.1.2.1

d. Lieferfähigkeit („fill rate") und fehlerlose Auftragsausführung („perfect order fulfillment"):

> These 5: Wenn ein hoher Anteil an Einkaufsaufträgen, die pünktlich und einwandfrei geliefert wurden („percentage of purchased orders received on time and complete"), vorliegt, findet sich gleichzeitig ein hoher Anteil an einwandfreien Kundenaufträgen („perfect orders rate").

e. Lieferfähigkeit („fill rate") und Lieferzeit („order fulfillment lead time"):

> These 6: Eine hohe durchschnittliche Fabriklieferleistung für Fertigungsaufträge („average MPS plant delivery performance – work orders") führt zu einer kurzen durchschnittlichen Fertigungsdurchlaufzeit („average manufacturing cycle time").

f. Fehlerlose Auftragsausführung („perfect order fulfillment") und Lieferzeit („order fulfillment lead time"):

> These 7: Eine kurze durchschnittliche Lieferdurchlaufzeit für Bestellanforderungen („average purchase requisition to delivery cycle time") bedingt eine hohe pünktliche Erfüllungsrate von Kundenauftragspositionen („lines on-time fill rate").

C.2.1.2 Leistungsattribut Flexibilität („flexibility")[508]

a. Lieferketten-Reaktionszeit („supply chain response time") und Produktionsflexibilität („production flexibility"):

> These 8: Ein hoher Anteil an nicht-verfügbarem Lagermaterial („inventory stockout percentage") führt zu einem hohen Ausmaß an Auftragsrückständen („backorders value").

---

[508] Zur Herleitung der zugrunde liegenden Wirkungszusammenhänge siehe Kap. C, Abs. C.1.2.1

C.2.1.3 Leistungsattribut Kosten („cost")[509]

a. Gesamte Lieferkettenkosten („total supply chain cost") und Vertriebskosten („cost of goods sold"):

> These 9: Hohe Einkaufskosten als Anteil vom Umsatz („purchasing cost as a percentage of revenue") korrelieren mit hohen Lagerverwaltungskosten als Anteil am Umsatz („inventory management cost as a percentage of revenue").

b. Gesamte Lieferkettenkosten („total supply chain cost") und Wertschöpfungsproduktivität („value added productivity"):

> These 10: Hohe Lagerverwaltungskosten als Anteil am Umsatz („inventory management cost as a percentage of revenue") gehen mit hohen Lagerverwaltungskosten pro Mitarbeiter einher („inventory management cost per FTE").

> These 11: Hohe Transportkosten als Anteil am Umsatz („transportation cost as a percentage of revenue") korrelieren mit hohen Transportkosten pro Mitarbeiter („transportation cost per FTE").

c. Gesamte Lieferkettenkosten („total supply chain cost") und Garantiekosten („warranty cost or returns processing cost"):

> These 12: Hohe Transportkosten als Anteil am Umsatz („transportation cost as a percentage of revenue") korrelieren mit geringen Lieferschäden („damaged shipments").

d. Vertriebskosten („cost of goods sold") und Wertschöpfungsproduktivität („value added productivity"):

> These 13: Hohe Einkaufskosten als Anteil vom Umsatz („purchasing cost as a percentage of revenue") gehen mit hohen Einkaufskosten pro Mitarbeiter („purchasing cost per FTE") einher.

---

[509] Ebd.

e. Wertschöpfungsproduktivität („value added productivity") und Garantiekosten („warranty cost or returns processing cost"):

> These 14: Hohe Kundenservicekosten pro Mitarbeiter („customer service cost per FTE") korrelieren mit geringen Kundenstreitigkeiten („customer disputes").

> These 15: Hohe Transportkosten pro Mitarbeiter („transportation cost per FTE") korrelieren mit geringen Lieferschäden („damaged shipments").

C.2.1.4 Leistungsattribut Kapitaleinsatz („assets")[510]

a. Zahlungs-Zykluszeit („cash-to-cash cycle time") und Bestandsreichweite („inventory days of supply"):

> These 16: Ein hoher Anteil inaktiven Materials am Lagerbestandswert („inactive inventory percentage") tritt mit einem niedrigen durchschnittlichen Lagerumschlag („average inventory turnover") auf.

b. Zahlungs-Zykluszeit („Cash-to-cash cycle time") und Kapitalumschlag („asset turns"):

> These 17: Ein hoher Anteil inaktiven Materials am Lagerbestandswert („inactive inventory percentage") geht mit einer hohen durchschnittlichen Ausnutzung der Lagerfläche („average warehousing space utilization") einher.

c. Bestandsreichweite („inventory days of supply") und Kapitalumschlag („asset turns"):

> These 18: Ein hoher durchschnittlicher Lagerumschlag („average inventory turnover") korreliert mit einer niedrigen durchschnittlichen Ausnutzung der Lagerfläche („average warehousing space utilization").

---

[510] Zur Herleitung der zugrunde liegenden Wirkungszusammenhänge siehe Kap. C, Abs. C.1.2.1

C.2.2 Thesen der SCOR-Modellgruppe Intra-Kompetenz (I-K)

C.2.2.1 Kundenbezogene Kennzahlen („customer-facing metrics")[511]

Kundenservice („reliability and responsiveness") vs. Flexibilität („flexibility"):

META-THESE II: Ein hoher (niedriger) Kundenservice korreliert mit einer hohen (niedrigen) Flexibilität.

a. Auftragsabwicklungsleistung („delivery performance") und Lieferketten-Reaktionszeit („supply chain response time"):

These 19: Ein hoher Anteil pünktlicher Lieferungen für Lagerein- und -ausgänge („on-time delivery percentage – inbound and outbound") geht mit einem geringen Wert an Auftragsrückständen („backorders value") einher.

b. Auftragsabwicklungsleistung („delivery performance") und Produktionsflexibilität („production flexibility"):

These 20: Ein niedriger Anteil an nicht-verfügbarem Lagermaterial („inventory stockout percentage") korreliert mit einem hohen Anteil pünktlicher Lieferungen („on-time delivery percentage – inbound and outbound").

c. Lieferfähigkeit („fill rate") und Lieferketten-Reaktionszeit („supply chain response time"):

These 21: Ein hoher Anteil an Einkaufsaufträgen, die pünktlich und einwandfrei geliefert wurden („percentage of purchased orders received on time and complete") trägt zu einem geringen Wert an Auftragsrückständen („backorders value") bei.

These 22: Ein hoher Anteil an Einkaufsauftragspositionen, die pünktlich und einwandfrei geliefert wurden („percentage of purchased lines received on time and complete") trägt zu einem geringen Wert an Auftragsrückständen („backorders value") bei.

---

[511] Zur Herleitung der zugrunde liegenden Wirkungszusammenhänge siehe Kap. C, Abs. C.1.2.2

d. Lieferfähigkeit („fill rate") und Produktionsflexibilität („production flexibility"):

> These 23: Ein hoher Anteil an nicht-verfügbarem Lagermaterial („inventory stockout percentage") korreliert mit einer geringen durchschnittlichen Fabriklieferleistung für Fertigungsaufträge („average MPS plant delivery performance – work orders").

e. Fehlerlose Auftragsausführung („perfect order fulfillment") und Lieferketten-Reaktionszeit („supply chain response time"):

> These 24: Eine hohe pünktliche Erfüllungsrate von Kundenauftragspositionen („lines on-time fill rate") trägt zu einem geringen Wert an Auftragsrückständen („backorders value") bei.

f. Fehlerlose Auftragsausführung („perfect order fulfillment") und Produktionsflexibilität („production flexibility"):

> These 25: Ein geringer Anteil an nicht-verfügbarem Lagermaterial („inventory stockout percentage") korreliert mit einem hohen Anteil an einwandfreien Kundenaufträgen („perfect orders rate").

> These 26: Ein geringer Anteil an nicht-verfügbarem Lagermaterial („inventory stockout percentage") trägt zu einer hohen pünktlichen Erfüllungsrate von Kundenauftragspositionen („lines on-time fill rate") bei.

g. Lieferzeit („order fulfillment lead time") und Lieferketten-Reaktionszeit („supply chain response time"):

> These 27: Eine kurze durchschnittliche Fertigungsdurchlaufzeit („average manufacturing cycle time") trägt zu einem geringen Wert an Auftragsrückständen („backorders value") bei.

h. Lieferzeit („order fulfillment lead time") und Produktionsflexibilität („production flexibility"):

> These 28: Ein hoher Anteil an nicht-verfügbarem Lagermaterial („inventory stockout percentage") korreliert mit einer hohen durchschnittlichen Fertigungsdurchlaufzeit („average manufacturing cycle time").

C.2.2.2 Unternehmensbezogene Kennzahlen („internal-facing metrics")[512]

Kosten („cost") vs. Kapitaleinsatz („assets"):

> META-THESE III: Hohe (geringe) Kosten korrelieren mit einem hohen (niedrigen) Kapitaleinsatz.

a. Gesamte Lieferkettensteuerungskosten („total SCM cost") und Zahlungs-Zykluszeit („cash-to-cash cycle time"):

> These 29: Hohe Lagerverwaltungskosten als Anteil am Umsatz („inventory management cost as a percentage of revenue") korrelieren mit einer hohen durchschnittlichen Umschlagszeit für bezogene Endprodukte („average received finished goods turnaround time").

> These 30: Hohe Kosten des Lagerbestandswertverlusts als Anteil am Umsatz („inventory obsolescence cost as a percentage of revenue") gehen mit einem hohen Anteil inaktiven Materials am Lagerbestandswert („inactive inventory percentage") einher.

---

[512] Zur Herleitung der zugrunde liegenden Wirkungszusammenhänge siehe Kap. C, Abs. C.1.2.2

b. Gesamte Lieferkettensteuerungskosten („total SCM cost") und Bestandsreichweite („inventory days of supply"):

> These 31: Hohe Kosten des Lagerbestandswertverlusts als Anteil am Umsatz („inventory obsolescence cost as a percentage of revenue") gehen mit einem niedrigen durchschnittlichen Lagerumschlag („average inventory turnover") einher.

c. Gesamte Lieferkettensteuerungskosten („total SCM cost") und Kapitalumschlag („asset turns"):

> These 32: Hohe Lagerverwaltungskosten pro Kundenauftrag („inventory management cost per customer order") korrelieren mit einer geringen durchschnittlichen Ausnutzung der Lagerfläche („average warehousing space utilization").

d. Wertschöpfungsproduktivität („value added productivity") und Zahlungs-Zykluszeit („cash-to-cash cycle time"):

> These 33: Hohe Lagerverwaltungskosten pro Mitarbeiter („inventory management cost per FTE") finden sich bei hoher durchschnittlicher Umschlagszeit für bezogene Endprodukte („average received finished goods turn-around time").

e. Wertschöpfungsproduktivität („value added productivity") und Bestandsreichweite („inventory days of supply"):

> These 34: Hohe Lagerverwaltungskosten pro Mitarbeiter („inventory management cost per FTE") finden sich bei niedrigem durchschnittlichen Lagerumschlag („average inventory turnover").

f. Wertschöpfungsproduktivität („value added productivity") und Kapitalumschlag („asset turns"):

> These 35: Ein hoher durchschnittlicher Durchsatz pro Mitarbeiter („average throughput per FTE") korreliert mit einer hohen durchschnittlichen Auslastung der Fabrikkapazität („average plant capacity utilization") für gefertigte Produkte.

> These 36: Hohe Lagerverwaltungskosten pro Mitarbeiter („inventory management cost per FTE") gehen einher mit niedriger durchschnittlicher Ausnutzung der Lagerfläche („average warehousing space utilization").

g. Garantiekosten („warranty cost or return processing cost") und Zahlungs-Zykluszeit („cash-to-cash cycle time"):

Nicht anwendbar.[513]

h. Garantiekosten („warranty cost or return processing cost") und Bestandsreichweite („inventory days of supply"):

> These 37: Eine geringe durchschnittliche Durchlaufzeit vom Kundenauftrag zum Versand („average order-to-shipment lead time") korreliert mit einer geringen Anzahl an Kundenstreitigkeiten („customer disputes").

i. Garantiekosten („warranty cost or return processing cost") und Kapitalumschlag („asset turns"):

Nicht anwendbar.[514]

---

[513] Es besteht lediglich ein indirekter Zusammenhang zwischen den Leistungsmessgrößen derart, dass ein geringer Lagerbestand wenig Kapital bindet, was zwar ein geringeres Risiko an Lagerwertverlust in sich birgt, jedoch andererseits zu ungenügender Lieferbereitschaft führen kann. Dies wiederum kann in unzufriedenen Kunden resultieren und zur Folge haben, dass sich die Zahlungs-Zykluszeit erhöht (vgl. Schumann / Supply Chain Controlling 2001 / S. 99 f.). Die Vermutung von solchen hergeleiteten kundenseitigen Verhaltensmustern im Kontext der Lieferkette ist nicht im SCOR-Modell vorgesehen und soll deshalb im Rahmen der vorliegenden Arbeit nicht weiter erforscht werden. Zu einer Verknüpfung dieser beiden Forschungszweige, Supply Chain Management und Kundenverhalten, siehe etwa die grundlegende Arbeit von Best zu deterministischen Nachfrageschwankungen in Lieferketten (vgl. Best / Deterministische Nachfrageschwankungen in Supply Chains 2003)

[514] Siehe die Ausführungen unter vorhergehender Fußnote, die im vorliegenden Fall analog anwendbar sind

C.2.3 Thesen der SCOR-Modellgruppe Inter-Kompetenz/Leistungsattribut (I-KL)

C.2.3.1 Kundenservice („reliability and responsiveness") vs. Kosten („cost")[515]

> **META-THESE IV:** Ein hoher (niedriger) Kundenservice korreliert mit hohen (geringen) Kosten.

a. Auftragsabwicklungsleistung („delivery performance") und gesamte Lieferkettensteuerungskosten („total SCM cost"):

> **These 38:** Hohe Lagerverwaltungskosten als Anteil am Umsatz („inventory management cost as a percentage of revenue") korrelieren mit einem geringen Wert an Auftragsrückständen („backorders value").

b. Auftragsabwicklungsleistung („delivery performance") und Vertriebskosten („cost of goods sold"):

> **These 39:** Hohe Kosten für Kundenservice als Anteil vom Umsatz („customer service cost as a percentage of revenue") gehen einher mit einem hohen Anteil pünktlicher Lieferungen („on-time delivery percentage – inbound and outbound").

c. Auftragsabwicklungsleistung („delivery performance") und Wertschöpfungsproduktivität („value added productivity"):

> **These 40:** Hohe Kosten für Kundenservice pro Mitarbeiter („customer service cost per FTE") korrelieren mit einem hohen Anteil pünktlicher Lieferungen („on-time delivery percentage – inbound and outbound").

d. Auftragsabwicklungsleistung („delivery performance") und Garantiekosten („warranty cost or returns processing cost"):

> **These 41:** Eine niedrige Anzahl an ausgeprägten Kundenstreitigkeiten („customer disputes") geht mit einer hohen Kundenverbleibsquote („customer retention rate") einher.

---

[515] Zur Herleitung der zugrunde liegenden Wirkungszusammenhänge siehe Kap. C, Abs. C.1.2.3

e. Lieferfähigkeit („fill rate") und gesamte Lieferkettensteuerungskosten („total SCM cost"):

> These 42: Eine hohe Zählgenauigkeit von Lagerzyklen („cycle count accuracy percentage") korreliert mit hohen Lagerverwaltungskosten als Anteil am Lagerbestandswert („inventory management cost as a percentage of inventory value").

f. Lieferfähigkeit („fill rate") und Vertriebskosten („cost of goods sold"):

> These 43: Ein hoher Anteil an Einkaufsaufträgen, die pünktlich und einwandfrei geliefert wurden („percentage of purchased orders received on time and complete") korrespondiert mit hohen Einkaufskosten als Anteil vom Umsatz („purchasing cost as a percentage of revenue").

g. Lieferfähigkeit („fill rate") und Wertschöpfungsproduktivität („value added productivity"):

> These 44: Ein hoher Anteil an Einkaufsaufträgen, die pünktlich und einwandfrei geliefert wurden („percentage of purchased orders received on time and complete"), geht einher mit hohen Einkaufskosten pro Mitarbeiter („purchasing cost per FTE").

> These 45: Hohe Produktionskosten pro Mitarbeiter („manufacturing cost per FTE") korrelieren mit einer hohen durchschnittlichen Fabriklieferleistung für Fertigungsaufträge („average MPS plant delivery performance – work orders").

h. Lieferfähigkeit („fill rate") und Garantiekosten („warranty cost or returns processing cost"):

> These 46: Ein hoher Anteil an Einkaufsaufträgen, die pünktlich und einwandfrei geliefert wurden („percentage of purchased orders received on time and complete") korreliert mit wenigen Lieferschäden („damaged shipments").

> **These 47:** Eine hohe durchschnittliche Fabriklieferleistung für Fertigungsaufträge („average MPS plant delivery performance") geht mit einer geringen Anzahl an Kundenstreitigkeiten („customer disputes") einher.

i. Fehlerlose Auftragsabwicklung („perfect order fulfillment") und gesamte Lieferkettensteuerungskosten („total SCM cost"):

> **These 48:** Hohe Lagerverwaltungskosten pro Kundenauftrag („inventory management cost per customer order") korrelieren mit einem hohen Anteil an einwandfreien Kundenaufträgen („perfect orders rate").

> **These 49:** Hohe Lagerverwaltungskosten pro Kundenauftrag („inventory management cost per customer order") gehen mit einer hohen pünktlichen Erfüllungsrate von Kundenauftragspositionen(„lines on-time fill rate") einher.

k. Fehlerlose Auftragsabwicklung („perfect order fulfillment") und Vertriebskosten („cost of goods sold"):

> **These 50:** Hohe Kosten für Kundenservice als Anteil vom Umsatz („customer service cost as a percentage of revenue") korrelieren mit einem hohen Anteil an einwandfreien Kundenaufträgen („perfect orders rate").

l. Fehlerlose Auftragsabwicklung („perfect order fulfillment") und Wertschöpfungsproduktivität („value added productivity"):

> **These 51:** Hohe Kundenservicekosten pro Mitarbeiter („customer service cost per FTE") tragen zu einer hohen pünktlichen Erfüllungsrate von Kundenauftragspositionen („lines on-time fill rate") bei.

m. Fehlerlose Auftragsabwicklung („perfect order fulfillment") und Garantiekosten („warranty cost or returns processing cost"):

> **These 52:** Ein geringer Anteil an einwandfreien Kundenaufträgen („perfect orders rate") korreliert mit einer hohen Anzahl an Kundenstreitigkeiten („customer disputes").

n. Lieferzeit („order fulfillment lead time") und gesamte Lieferkettensteuerungskosten („total SCM cost"):

> These 53: Eine niedrige durchschnittliche Lieferdurchlaufzeit für Bestellanforderungen („average purchase requisition to delivery cycle time") geht mit hohen Lagerverwaltungskosten als Anteil am Umsatz („inventory management cost as a percentage of revenue") einher.

o. Lieferzeit („order fulfillment lead time") und Vertriebskosten („cost of goods sold"):

> These 54: Eine hohe durchschnittliche Lieferdurchlaufzeit für Bestellanforderungen („average purchase requisition to delivery cycle time") korreliert mit geringen Einkaufskosten pro Einkaufsauftrag („purchasing cost per purchase order").

p. Lieferzeit („order fulfillment lead time") und Wertschöpfungsproduktivität („value added productivity"):

> These 55: Hohe Einkaufskosten pro Mitarbeiter („purchasing cost per FTE") korrelieren mit hohen durchschnittlichen Lieferdurchlaufzeiten für Bestellanforderungen („average purchase requisition to delivery cycle time").

> These 56: Hohen Produktionskosten pro Mitarbeiter („manufacturing cost per FTE") stehen niedrige durchschnittliche Fertigungsdurchlaufzeiten („average manufacturing cycle time") gegenüber.

q. Lieferzeit („order fulfillment lead time") und Garantiekosten („warranty cost or returns processing cost"):

> These 57: Eine niedrige durchschnittliche Lieferdurchlaufzeit für Bestellanforderungen („average purchase requisition to delivery cycle time") geht mit einer niedrigen Anzahl an Kundenstreitigkeiten („customer disputes") einher.

C.2.3.2 Flexibilität („flexibility") vs. Kosten („cost")[516]

META-THESE V: Eine hohe (geringe) Lieferketten-Flexibilität korreliert mit hohen (niedrigen) Kosten.

a. Lieferkettenreaktionszeit („supply chain response time") und gesamte Lieferkettensteuerungskosten („total SCM cost"):

These 58: Hohe Lagerverwaltungskosten als Anteil am Lagerbestandswert („inventory management cost as a percentage of inventory value") gehen mit einem geringen Wert an Auftragsrückständen („backorders value") einher.

b. Lieferkettenreaktionszeit („supply chain response time") und Vertriebskosten („cost of goods sold"):

These 59: Hohe Produktionskosten als Anteil am Umsatz („manufacturing cost as a percentage of revenue") korrellieren mit einem geringen Wert an Auftragsrückständen („backorders value").

c. Lieferkettenreaktionszeit („supply chain response time") und Wertschöpfungsproduktivität („value added productivity"):

These 60: Niedrige Kundenservicekosten pro Mitarbeiter („customer service cost per FTE") treten mit einem hohen Wert an Auftragsrückständen („backorders value") auf.

d. Lieferkettenreaktionszeit („supply chain response time") und Garantiekosten („warranty cost or returns processing cost"):

These 61: Ein geringer Wert an Auftragsrückständen („backorders value") korreliert mit einer geringen Anzahl an Kundenstreitigkeiten („customer disputes").

---

[516] Zur Herleitung der zugrunde liegenden Wirkungszusammenhänge siehe Kap. C, Abs. C.1.2.3

e. Produktionsflexibilität („prodcution flexibility") und gesamte Lieferkettensteuerungskosten („total SCM cost"):

These 62: Ein hoher Anteil an nicht-verfügbarem Lagermaterial („inventory stockout percentage") korreliert mit hohen Kosten des Lagerbestandswertverlusts als Anteil am Umsatz („inventory obsolescence cost as a percentage of revenue").

f. Produktionsflexibilität („production flexibility") und Vertriebskosten („cost of goods sold"):

These 63: Ein geringer Anteil an nicht-verfügbarem Lagermaterial („inventory stockout percentage") geht mit hohen Produktionskosten als Anteil am Umsatz („manufacturing cost as a percentage of revenue") einher.

g. Produktionsflexibilität („production flexibility") und Wertschöpfungsproduktivität („value added productivity"):

These 64: Hohe Produktionskosten pro Mitarbeiter („manufacturing cost per FTE") korrelieren mit einem geringen Anteil an nicht-verfügbarem Lagermaterial („inventory stockout percentage").

These 65: Hohe Kundenservicekosten pro Mitarbeiter („customer service cost per FTE") treten mit einem geringen Anteil an nicht-verfügbarem Lagermaterial („inventory stockout percentage") auf.

C.2.3.3 Kundenservice („reliability and responsiveness") vs. Kapitaleinsatz („assets")[517]

> META-THESE VI: Ein hoher (geringer) Kundenservice korreliert mit einem hohen (geringen) Kapitaleinsatz.

a. Auftragsabwicklungsleistung („delivery performance") und Zahlungs-Zykluszeit („cash-to-cash cycle time"):

> These 66: Ein hoher Anteil an pünktlichen Lieferungen („on-time delivery percentage – inbound and outbound") korreliert mit einem geringen Anteil inaktiven Materials am Lagerbestandswert („inactive inventory percentage").

b. Auftragsabwicklungsleistung („delivery performance") und Bestandsreichweite („inventory days of supply"):

> These 67: Ein hoher durchschnittlicher Lagerumschlag („average inventory turnover") findet sich gleichzeitig mit einem geringen Wert an Auftragsrückständen („backorders value").

> These 68: Eine geringe durchschnittliche Durchlaufzeit vom Kundenauftrag zum Versand („average order-to-shipment lead time") geht mit einem hohen Anteil pünktlicher Lieferungen („on-time delivery percentage – inbound and outbound") einher.

c. Auftragsabwicklungsleistung („delivery performance") und Kapitalumschlag („asset turns"):
Nicht anwendbar.[518]

---

[517] Zur Herleitung der zugrunde liegenden Wirkungszusammenhänge siehe Kap. C, Abs. C.1.2.3
[518] Die Zahlungs-Zykluszeit („cash-to-cash cycle time") stellt erfahrungsgemäß einen guten Maßstab zur Bewertung der Effizienz in der Auftragsabwicklung dar. Es lässt sich jedoch keine (direkte) Abhängigkeit zwischen der Auftragsabwicklungsleistung und dem Kapitalumschlag herleiten (vgl. Geimer und Becker / Supply Chain Operations Reference Modell 2001 / S. 130)

d. Lieferfähigkeit („fill rate") und Zahlungs-Zykluszeit („cash-to-cash cycle time"):

> These 69: Eine hohe Zählgenauigkeit von Lagerzyklen („cycle count accuracy percentage") korreliert mit einem geringen Anteil inaktiven Materials am Lagerbestandswert („inactive inventory percentage").

e. Lieferfähigkeit („fill rate") und Bestandsreichweite („inventory days of supply"):

> These 70: Ein hoher Anteil an Einkaufsauftragspositionen, die pünktlich und einwandfrei geliefert wurden („percentage of purchased lines received on time and complete") geht mit einer geringen durchschnittlichen Durchlaufzeit vom Kundenauftrag zum Versand („average order-to-shipment lead time") einher.

f. Lieferfähigkeit („fill rate") und Kapitalumschlag („asset turns"):
Nicht anwendbar.[519]

g. Fehlerlose Auftragsabwicklung („perfect order fulfillment") und Zahlungs-Zykluszeit („cash-to-cash cycle time"):

> These 71: Ein hoher Anteil inaktiven Materials am Lagerbestandswert („inactive inventory percentage") tritt gemeinsam mit einer hohen pünktlichen Erfüllungsrate von Kundenauftragspositionen („lines on-time fill rate") auf.

h. Fehlerlose Auftragsabwicklung („perfect order fulfillment") und Bestandsreichweite („inventory days of supply"):

> These 72: Eine hohe durchschnittliche Durchlaufzeit vom Kundenauftrag zum Versand („average order-to-shipment lead time") korreliert mit einer hohen pünktlichen Erfüllungsrate von Kundenauftragspositionen („lines on-time fill rate").

---

[519] Siehe die Ausführungen unter vorhergehender Fußnote, die im vorliegenden Fall analog anwendbar sind

i. Fehlerlose Auftragsabwicklung („perfect order fulfillment") und Kapitalumschlag („asset turns"):
Nicht anwendbar.[520]

k. Lieferzeit („order fulfillment lead time") und Zahlungs-Zykluszeit („cash-to-cash cycle time"):

> These 73: Eine hohe Anzahl der per Internet oder EDI übermittelten Einkaufstransaktionen („transactions processed via web/EDI") geht mit einer niedrigen durchschnittlichen Umschlagszeit für bezogene Endprodukte („average received finished goods turnaround time") einher.

l. Lieferzeit („order fulfillment lead time") und Bestandsreichweite („inventory days of supply"):

> These 74: Ein hoher Anteil an Verkäufen über das Internet („percentage of sales via web") korreliert mit einer geringen durchschnittlichen Durchlaufzeit vom Kundenauftrag zum Versand („average order-to-shipment lead time").

m. Lieferzeit („order fulfillment lead time") und Kapitalumschlag („asset turns")
Nicht anwendbar.[521]

---

[520] Siehe die Ausführungen unter vorhergehender Fußnote, die im vorliegenden Fall analog anwendbar sind
[521] Ebd.

C.2.3.4 Flexibilität („flexibility") vs. Kapitaleinsatz („assets")[522]

META-THESE VII: Eine hohe (geringe) Flexibilität korreliert mit einem hohen (geringen) Kapitaleinsatz.

a. Lieferkettenreaktionszeit („supply chain response time") und Zahlungs-Zykluszeit („cash-to-cash cycle time"):

These 75: Eine geringe durchschnittliche Umschlagszeit für bezogene Endprodukte („average received finished goods turnaround time") korreliert mit einem geringen Wert an Auftragsrückständen („backorders value").

b. Lieferkettenreaktionszeit („supply chain response time") und Bestandsreichweite („inventory days of supply"):

These 76: Ein hoher durchschnittlicher Lagerumschlag („average inventory turnover") tritt gleichzeitig mit einem geringen Wert an Auftragsrückständen („backorders value") auf.

c. Lieferkettenreaktionszeit („supply chain response time") und Kapitalumschlag („asset turns"):

Nicht anwendbar.[523]

d. Produktionsflexibilität („production flexibility") und Zahlungs-Zykluszeit („cash-to-cash cycle time"):

These 77: Ein geringer Anteil an nicht-verfügbarem Lagermaterial („inventory stockout percentage") korreliert mit einer niedrigen durchschnittlichen Umschlagszeit für bezogene Endprodukte („average received finished goods turnaround time").

---

[522] Zur Herleitung der zugrunde liegenden Wirkungszusammenhänge siehe Kap. C, Abs. C.1.2.3
[523] Die Zahlungs-Zykluszeit („cash-to-cash cycle time") stellt erfahrungsgemäß einen guten Maßstab zur Bewertung der Effizienz in der Auftragsabwicklung dar. Es lässt sich jedoch keine (direkte) Abhängigkeit zwischen der Lieferketten-Reaktionszeit und dem Kapitalumschlag herleiten (vgl. Geimer und Becker / Supply Chain Operations Reference Modell 2001 / S. 130)

e. Produktionsflexibilität („production flexibility") und Bestandsreichweite („inventory days of supply"):

These 78: Ein geringer Anteil an nicht-verfügbarem Lagermaterial („inventory stockout percentage") geht mit einer geringen durchschnittlichen Durchlaufzeit vom Kundenauftrag zum Versand („average order-to-shipment lead time") einher.

These 79: Ein hoher Anteil an nicht-verfügbarem Lagermaterial („inventory stockout percentage") geht mit einem geringen durchschnittlichen Lagerumschlag („average inventory turnover") einher.

f. Produktionsflexibilität („production flexibility") und Kapitalumschlag („asset turns"):

These 80: Ein geringer Anteil an nicht-verfügbarem Lagermaterial („inventory stockout percentage") korreliert mit einer hohen durchschnittlichen Auslastung von Betriebsanlagen („average operating-equipment efficiency rate – OEE") für gefertigte Produkte.

C.3 Planung und Design der empirischen Untersuchung
C.3.1 Informationsquellen *(Arten der Informationsgewinnung)*

Prinzipiell können zwei Arten der Informationsgewinnung unterschieden werden, die Primär- und die Sekundärforschung. Eine Primärforschung bzw. unmittelbare Erhebung („field research") liegt dann vor, wenn eigene Ermittlungen durchgeführt werden, um Informationen zu erhalten. Es handelt sich also um die Erhebung neuer, für die Forschung bislang unbekannter Daten, was nicht unbedingt heißen muss, dass diese originärer Art sein müssen. Für den Tatbestand der Primärerhebung spielt es keine Rolle, wer der Träger einer solchen Erhebung ist.[524]

Von Sekundärforschung oder mittelbarer Erhebung („desk research") wird dann gesprochen, wenn bei der Informationsbeschaffung auf bereits vorhandenes Material zurückgegriffen werden kann, das durch andere Institutionen für andere Zwecke zusammengetragen worden ist. Folglich ist der Gegenstand der Sekundärforschung die Sammlung und Auswertung von Daten, die bereits zu einem früheren Zeitpunkt aus einem anderen als dem jetzt vorliegenden Zweck erhoben und zusammengetragen worden sind.[525]

Bereits vorhandene Daten werden also einer Zweit- oder Drittauswertung unterworfen, daher die Bezeichnung Sekundärforschung im Gegensatz zur Primärforschung, d.h. der erstmaligen auf einen konkret beschriebenen Zielgegenstand bezogenen Datenerhebung. Da die erneute Bearbeitung der Daten im Wesentlichen am Schreibtisch bzw. im Büro stattfinden kann, findet sich hierfür auch der Begriff der „Schreibtischforschung" („desk research").[526]

---

[524] Vgl. Schäfer E. und Knoblich / Marktforschung 1978 / S. 248
[525] Vgl. Klingemann und Mochmann / Sekundäranalyse 1975 / S. 178 f.
[526] Vgl. Rogge / Marktforschung 1981 / S. 49

Im Falle der vorliegenden Untersuchung liegt im Hinblick auf die Art der Informationsgewinnung ein zweistufiger Ansatz vor: Im ersten Schritt wurden innerhalb einer unmittelbaren Erhebung (Primärforschung) Daten bei Industrieunternehmen gesammelt. Diese Daten wurden im zweiten Schritt im Rahmen der vorliegenden durchzuführenden Untersuchung als Sekundärforschung zu einem anderen als dem originären Zweck verwendet.

C.3.2 Datenerhebung (Auswahlverfahren)

Wer bei einer Primärerhebung als Beobachtungs- oder Auskunftsquelle dient, bestimmt sich vor allem nach der gewünschten Information, hat also sachbezogenen Charakter. Bei einer Erhebung wird jenes Gesamtspektrum von Elementen, über das bestimmte Aufschlüsse gewonnen werden sollen, als Grundgesamtheit oder Gesamtmasse („universe") bezeichnet. Wird jedes einzelne Element auf die interessierenden Merkmale tatsächlich untersucht, so handelt es sich um eine Vollerhebung (Totalerhebung).

Es erweist sich in den meisten Fällen aber bei einem größeren Umfang der Grundgesamtheit aus finanziellen, zeitlichen oder organisatorischen Gründen als praktisch unmöglich, eine solche Vollerhebung durchzuführen. Deshalb erfolgt aus forschungsökonomischen Gründen eine Beschränkung auf die Untersuchung nur eines Teils der Grundgesamtheit, der sog. Teilmasse oder Stichprobe („sample").[527]

---

[527] Da im Falle repräsentativer Erhebungen die Untersuchung nach wie vor Aufschlüsse über die Grundgesamtheit erbringen soll, muss die Auswahl dieser Stichprobe so erfolgen, dass aus dem Ergebnis der Teilerhebung möglichst exakt und sicher auf die Verhältnisse der Gesamtmasse geschlossen werden kann. Das ist dann der Fall, wenn die Stichprobe repräsentativ ist, wobei eine Repräsentativität im Hinblick auf die untersuchungsrelevanten Merkmale als ausreichend angesehen wird. Eine Teilmasse ist dann repräsentativ, wenn sie in der Verteilung aller interessierenden Merkmale der Gesamtmasse entspricht, d.h. ein zwar verkleinertes, aber sonst wirklichkeitsgetreues Abbild der Gesamtheit darstellt (vgl. Berekoven et al. / Marktforschung 1987 / S. 42; Kromrey / Empirische Sozialforschung 2002 / S. 257 ff.)

Die heute bekannten Auswahlverfahren oder Stichprobentechniken lassen sich nach zwei Kriterien beurteilen, die sich teilweise überschneiden, nämlich die Gültigkeit oder Verbindlichkeit der Ergebnisse und die Anwendung des Zufallsprinzips:[528]

1. Gültigkeit oder Verbindlichkeit der Ergebnisse:

   Nach der Gültigkeit der Ergebnisse kann eine Unterscheidung in Verfahren, die zu nicht repräsentativen Ergebnissen führen (sog. Auswahl aufs Geratewohl oder willkürliche Auswahl), unterschieden werden von Verfahren, die repräsentative Ergebnisse liefern. Bei repräsentativen Verfahren kann eine weitere Untergliederung vorgenommen werden in Auswahlverfahren, die auf dem Zufallsprinzip beruhen (systematische Zufallsauswahl) und solche, die nicht auf dem Zufallsprinzip beruhen (bewusste Auswahl).[529]

2. Anwendung des Zufallsprinzips:

   Eine Einordnung hinsichtlich der Anwendung nach dem Zufallsprinzip führt zu einer weiteren Zweiteilung in zufallsgesteuerte und nicht-zufallsgesteuerte Auswahlen. Zu den nicht auf dem Zufallsprinzip beruhenden Auswahlverfahren werden die willkürliche Auswahl (Auswahl aufs Geratewohl) und die bewusste Auswahl (gezielte Auswahl, Auswahl nach Gutdünken) gerechnet. Hier sind in irgendeiner Phase der Auswahl subjektive Entscheidungen erforderlich.[530]

Eine ähnliche Einteilung findet sich bei Hammann und Erichson, die die Auswahlprinzipien in „Zufallsauswahl" und „nicht zufällige Auswahl" unterscheiden.[531]

---

[528] Vgl. etwa Selg und Bauer / Forschungsmethoden 1976 / S. 87 ff.
[529] In beiden Fällen soll die der Erhebung zugrunde liegende Teilmasse ein zwar eingeschränktes, jedoch sonst proportionsgetreues Abbild der Grundgesamtheit darstellen („pars pro toto") (vgl. Monka und Voß / Statistik 2002 / S. 299 f.)
[530] Für die willkürlichen Auswahlen gilt, dass sie für statistisch-kontrollierte wissenschaftliche Aussagen oftmals unbrauchbar sind. Bei den auf dem Zufallsprinzip beruhenden Auswahlverfahren hängt das Ziehen der Stichproben allein vom Zufall ab. Zu nennen sind hier die reine, uneingeschränkte Zufallsauswahl sowie die differenzierte Zufallsauswahl (vgl. Schäfer E. und Knoblich / Marktforschung 1978 / S. 255; Friedrichs / Methoden empirischer Sozialforschung 1990 / S. 130 ff.)
[531] Hammann und Erichson untergliedern dabei folgendermaßen weiter: 1. Auswahltypen der Zufallsauswahl sind einfache Auswahl, geschichtete Auswahl, Klumpenauswahl, mehrstufige Stichprobe und sequentielle Auswahl. 2. Auswahltypen der nicht-zufälligen Auswahl (oder auch Verfahren der bewussten Auswahl) sind Quotenverfahren, Konzentrationsverfahren oder Abschneideverfahren („Cut-off Methode"), Auswahl typischer Fälle und Auswahl aufs Geratewohl (vgl. Hammann und Erichson / Marktforschung 1990 / S. 108)

Während also die Verfahren der Zufallsauswahl auf Zufallsmechanismen basieren, wird bei den Verfahren der bewussten Auswahl das Sample konstruiert. Die Auswahl erfolgt gezielt und überlegt nach sachrelevanten Merkmalen.[532]

Im Rahmen der vorliegenden Arbeit wurde das Verfahren der typischen Auswahl angewendet. Das Verfahren eignet sich besonders bei hypothesentestenden Untersuchungen. Die Grundüberlegung bei der Auswahl typischer Fälle besteht darin, die Analyse auf relativ wenige Elemente der Grundgesamtheit zu beschränken, die als charakteristisch oder besonders typisch anzusehen sind. Jeder einzelne ausgewählte Fall soll demnach eine größere Zahl sozusagen gleichartiger Fälle repräsentieren.[533]

Da im vorliegenden Fall die Untersuchung der entwickelten Abbildung des SCOR-Modells im Zentrum der Betrachtung stand, orientierten sich die Kriterien zur Auswahl typischer Daten an den SCOR-spezifischen Charakteristika der im Datenpool befindlichen Unternehmen. Die auch im Thesenmodell reflektierte Abbildung des SCOR-Modells deckt zwingend alle SCOR-Prozessbereiche („chevrons") ab. Daher wurden zum Zweck der Sekundärauswertung all jene Unternehmen ausgewählt, für die auch tatsächlich Daten in allen SCOR-Prozessbereichen („chevrons") vorlagen. Daraus resultierte eine zu untersuchende Fallzahl von 73 Unternehmen. Gründe dafür, dass Unternehmen keine Angaben zu einzelnen SCOR-Prozessbereichen machten, sind primär in der jeweiligen Lieferkettenstrategie zu sehen. So konnten beispielsweise Unternehmen, die ihre Fertigung ausgelagert haben (Outsourcing), zwangsläufig keine Angaben zum SCOR-Prozessbereich „Make" machen. Analoges gilt für die weiteren SCOR-Prozessbereiche.[534]

Darüber hinaus wurde auf die maximale Verfügbarkeit der benötigten Daten abgestellt und im Umkehrschluss die Minimierung von fehlenden Daten („missing data") angestrebt, d.h. es wurden solche Datensätze aus der Auswahl genom-

---

[532] Vgl. Berekoven et al. / Marktforschung 1987 / S. 51
[533] Zum Prinzip der Repräsentation gleichartiger Fälle vgl. etwa Kromrey / Empirische Sozialforschung 2002 / S. 257 ff. u. 273 f.
[534] Siehe hierzu auch den Fragebogen im Anhang, Abschn. 1

men, zu denen zwar prinzipiell Angaben zu allen SCOR-Prozessbereichen gemacht wurden, jedoch teilweise unvollständige Angaben innerhalb eines Bereichs oder mehrerer Bereiche vorlagen. Dadurch sollte eine Verzerrung der Ergebnisse aufgrund einer fluktuierenden Stichprobengröße – und der damit verbundenen Zusammensetzung der Stichprobe – vermieden und der Datensatz weitgehend kontrolliert werden. Dies darf jedoch nicht darüber hinwegtäuschen, dass die Ergebnisse keinesfalls den Anspruch erheben können, repräsentativ zu sein. Auf den Sachverhalt wird noch näher in Absatz C.3.5 eingegangen.

C.3.3 Erhebungsarten

Bei Primärerhebungen werden Befragung, Beobachtung und Experiment als mögliche Erfassungsweisen unterschieden. Die am häufigsten verwendete Erhebungsweise stellt dabei die Befragung dar. Befragung bedeutet in dem Zusammenhang entweder die Aufforderung zu Auskünften über Tatsachen, die den Befragten bekannt sind, oder die Aufforderung zu Meinungsäußerungen (Urteilen) über solche Tatbestände, zu denen der Befragte einer Äußerung fähig scheint. Nach der Art des Vorgehens können unsystematische (uneigentliche) Befragungen und systematische Befragungen unterschieden werden.[535]

Hammann und Erichson nehmen folgende Unterscheidung der Befragungsformen vor:[536]

1. Schriftliche Befragung
2. Mündliche Befragung: Persönliche Befragung, telefonische Befragung
3. Elektronische Befragung, entweder als Online- oder Offline-Befragung.

---

[535] Die unsystematischen Befragungen, auch Gelegenheitsbefragungen genannt, lassen sich meist im Zusammenhang mit anderen geschäftlichen Vorgängen erledigen. Die systematischen Befragungen haben ein genau definiertes Untersuchungsziel und müssen planmäßig angelegt und vorbereitet sein. Nach dem Merkmal der Häufigkeit, der Stetigkeit der Befragung, ergibt sich eine Zweiteilung in einmalige Befragung und wiederholte Befragung. Bei den einmaligen Befragungen, die auch als ad-hoc Befragungen bezeichnet werden, wird ein ganz bestimmtes Thema untersucht. Sie haben mithin eine Art Diagnosecharakter, kommen aber auch zur Klärung der Verhältnisse vor wichtigen Entscheidungen in Betracht (vgl. Schäfer E. und Knoblich / Marktforschung 1978 / S. 248 ff.; Friedrichs / Methoden empirischer Sozialforschung 1990 / S. 192 ff.)

[536] Vgl. Hammann und Erichson / Marktforschung 1990 / S. 78 ff.

Eine schriftliche Befragung ist beispielsweise dann gegeben, wenn die Erhebung der Äußerungen von Personen mit Hilfe eines Fragebogens („questionnaire") erfolgt. Dabei werden den Auskunftspersonen die Fragen in standardisierter, schriftlicher Form vorgelegt und von diesen auch schriftlich beantwortet. Die Befragten empfangen also sämtliche Auskunftsstimuli aus den ihnen übermittelten schriftlichen Unterlagen und tragen ihre Auskünfte selbständig in den Fragebogen ein.[537]

Im Falle der Primärerhebung, die zu den im Rahmen der vorliegenden Arbeit verwendeten Daten als Grundlage für die Sekundärerhebung geführt hat, wurde eine elektronische Befragung, konkret als Online-Befragung (via Internet), eingesetzt.[538]

Die Datenerhebung zum Zweck der Primäruntersuchung erfolgte im Zeitraum von Mitte 2001 bis Ende 2003. Insgesamt wurden knapp 170 Unternehmen in die Befragung einbezogen. Die Beantwortung der Fragen wurde gemäß der SCOR-Hauptprozesse („chevrons") aufgeteilt. Analog lag die Verantwortung für die Beantwortung bei den für die jeweiligen Prozessbereiche zuständigen Bereichsleitern. So war beispielsweise der Einkaufsleiter für die Beantwortung des Fragenblocks „Source (purchasing)" verantwortlich.[539] Die Beantwortung der generellen und finanzbezogenen Informationen lag beim Leiter des Finanzbereichs bzw. dem Chief Financial Officer (CFO), der in der Regel auch als Sponsor seitens des Unternehmens fungierte.[540] Das schließt natürlich nicht aus, dass je nach Erfordernis weitere Hierarchieebenen zur Unterstützung bei der Datensammlung einbezogen worden sind.

---

[537] Vgl Bortz / Empirische Forschung 1984 / S. 180 ff.; Berekoven et al. / Marktforschung 1987 / S. 112
[538] Zu einem Beispiel des Online-Fragebogens siehe Abschn. 5 im Anhang
[539] Siehe hierzu auch den Fragebogen im Anhang, Abschn. 1
[540] Hierauf wird im Zusammenhang mit dem Untersuchungsablauf in Abs. C.4.1.1 zurückgekommen

C.3.4 Gestaltung des Fragebogens

Für den Erfolg einer Befragungsaktion spielt die zweckmäßige Gestaltung des Fragebogens, die in einer bestimmten Anordnung und Abfolge der Fragen zum Ausdruck kommt, eine wichtige Rolle. Im Laufe der Zeit hat sich eine Reihe von Grundregeln für die Fragebogengestaltung herausgebildet, die als verbindlich angesehen werden können. So werden üblicherweise im Rahmen eines Fragebogens vier Phasen und entsprechend vier Fragegruppen unterschieden:[541]

1. Einleitungsphase (Kontaktfragen)
2. Phase der Informationsgewinnung
3. Kontrollphase (Kontrollfragen)
4. Angaben zur Person bzw. zur Organisation.

Hinsichtlich der Art der Fragen kann unterschieden werden nach geschlossenen Fragen und Alternativfragen. Geschlossene Fragen können wiederum danach unterteilt werden, in welchem Umfang die Kategorien im Fragebogen vorgegeben werden und inwieweit diese Kategorien den Auskunftspersonen tatsächlich bekannt gemacht werden.[542] Darüber hinaus muss auch der äußeren Gestaltung des Fragebogens ausreichende Aufmerksamkeit geschenkt werden.[543]

---

[541] Vgl. etwa Schnell et al. / Methoden der empirischen Sozialforschung 1992 / S. 367 ff.
[542] Die sog. Skala-Frage ist eine exemplarische Unterform der geschlossenen Frage. Hier sollen sich die Auskunftspersonen über die Intensität eines Tatbestands äußern, die in (verbal formulierten) abgestuften Kategorien oder als Kontinuum vorgegeben sind. Damit ist eine ordinale Messung von Mengen oder Häufigkeiten möglich. Alternativfragen oder Skalafragen werden auch als Auswahlfragen bezeichnet, da jeweils nur eine Antwort möglich ist. Die einfachste Form der Alternativfrage ist die „Ja-Nein-Frage". Bei den sog. Katalogfragen bekommt die Auswahlperson eine Reihe qualitativ unterschiedlicher Antwortmöglichkeiten zur Auswahl, die sich keinem Kontinuum zuordnen lassen („Multiple Choice"). Sofern sie sich gegenseitig ausschließen, liegt auch hier der Fall der Auswahlfrage vor. Gelegentlich sind auch mehrere Antworten zulässig, man spricht dann von sog. Mehrfach-Auswahlfragen. Die Antwortvorgaben können in allen o.g. Fällen aus Stichworten oder ganzen Sätzen bestehen (vgl. Müller-Böling und Klandt / Methoden empirischer Sozialforschung 1996 / S. 42 f.; Friedrichs / Methoden empirischer Sozialforschung 1990 / S. 236 ff.)
[543] Dies betrifft das handliche Format, die übersichtliche und doch den Raum optimal ausnutzende Anordnung der Fragen und die Reservierung von genügend freiem Raum für die Protokollierung der Antworten (sofern nicht nach dem Multiple Choice-Prinzip vorgegangen wird) (vgl. Schäfer E. und Knoblich / Marktforschung 1978 / S. 294 f.)

Im Falle der Primärerhebung, die zur Sammlung der im Rahmen der vorliegenden Untersuchung verwendeten Daten diente, wurden Alternativfragen, Skalafragen und Katalogfragen eingesetzt. Der Aufbau folgte den oben dargestellten vier Phasen. Die Gestaltung des Fragebogens erfolgte in Form eines Online-Fragebogens („KPI Benchmarking Questionnaire").[544]

Der Fragebogen zur Primärerhebung wurde im Rahmen eines internen Projekts der Unternehmensberatung BearingPoint (vorm. KPMG Consulting)[545] in Zusammenarbeit mit einem auf die Erstellung von fragebogenbasierten Umfragen spezialisierten Beratungsunternehmen erarbeitet und bis Anfang 2001 fertig gestellt. Zu dem Zeitpunkt war SCOR Version 4 verfügbar. Die Änderungen von dieser Version über Version 5 hin zu Version 6, die der vorliegenden Arbeit zugrunde liegt, hatten jedoch keinen Einfluss auf die Ableitung des zu untersuchenden Thesenmodells, da die Modellstruktur zum genannten Zeitpunkt bereits der zu operationalisierenden und zu analysierenden Modellstruktur in den relevanten Teilen entsprach.[546]

C.3.5 Zu verarbeitende Praxisbeispiele

Für die zu verarbeitenden Praxisfälle wurden sowohl Unternehmen aus verschiedenen Regionen bzw. Ländern als auch aus verschiedenen Industriegruppen einbezogen. Dadurch sollte vermieden werden, dass die Ergebnisse in zu schwachem Grade generalisierbar sind, da sie beispielsweise primär die Telekommunikationsindustrie in Nordamerika widerspiegeln. Vielmehr sollten die Ergebnisse möglichst allgemeingültig und industrienunabhängig gehalten werden. Dies folgt einem dem Benchmarking zugrunde liegenden Leitgedanken, nämlich sog. optimale Verfahren („Best Practices") für die Optimierung einzelner Prozesse wie auch der Leistungsfähigkeit der Lieferkette branchenübergreifend zu definieren.

---

[544] Der komplette Fragebogen ist dem Anhang (s. Abschn. 1) zu entnehmen, ebenso wie ein Beispiel zur Online-Eingabemaske (s. Abschn. 5)
[545] Für Informationen zum Unternehmen BearingPoint siehe Kap. B, Abs. B.4.2.3
[546] Zu den Änderungen seit SCOR Version 4 siehe Kap. B, Abs. B.1.5

Die „Fall"-Anzahl orientierte sich – wie erörtert – an den im Rahmen der Primärerhebung gesammelten Daten. Die Auswahl der zu verarbeitenden Praxisbeispiele erfolgte auf Grundlage des verfügbaren empirischen Datenmaterials anhand von typischen Fällen.[547] Es wurden daraus resultierend die Ergebnisse von mehr als siebzig realen Unternehmen als Praxisbeispiele herangezogen und die entsprechenden Daten verarbeitet.

Dabei konnte zwangsläufig nicht dem Ideal der Repräsentativität entsprochen werden.[548] Dennoch wird davon ausgegangen, dass die gewonnenen Ergebnisse aufgrund der in der Folge noch näher erläuterten Stichprobencharakteristik und auch angesichts der gezielt auf das SCOR-Modells zugeschnittenen Datensammlung im Rahmen der Primärerhebung und der speziell für den Zweck der vorliegenden Untersuchung getroffenen Auswahl einen empirisch und wissenschaftlich aussagekräftigen Nutzen stiften können. In diesem Kontext sei auch darauf hingewiesen, dass empirische Arbeiten mit größeren Fallzahlen und aussagekräftigen Kriteriumsvariablen, die das SCOR-Modell zum Thema haben, Mitte 2006 nach wie vor selten sind.

Eine Unterscheidung nach regionaler Zuordnung und Branchenzugehörigkeit führt im vorliegenden Falle zu folgenden Ergebnissen:

Die Unternehmen haben ihre Standorte in den folgenden Regionen bzw. Ländern und verteilen sich wie folgt:[549]

- Nordamerika (USA und Kanada): 75,3 Prozent

---

[547] Siehe hierzu die Ausführungen unter Abs. C.3.2
[548] Guß und Walther beispielsweise führen eine vom Beratungsunternehmen Deloitte Consulting in Kooperation mit der Fachhochschule Braunschweig/Wolfenbüttel im Zeitraum von 1999 bis 2000 durchgeführte Studie zum Supply Chain Management in Deutschland und der Schweiz an. Im Rahmen der Studie wurden schließlich rund 70 Fragebögen ausgewertet und interpretiert, wobei keine weitergehende Unterscheidung nach Region, Branche, Unternehmensgröße, usw. vorgenommen wurde (vgl. Guß und Walther / Supply Chain Management 2001 / S. 159 ff.). Die Studie entsprach demnach der vorliegenden Arbeit weitgehend sowohl im Hinblick auf den Stichprobenumfang als auch das Auswahlverfahren. Zu einer ähnlichen Studie, die im nordamerikanischen Raum – wenngleich mit einer deutlich höheren Anzahl befragter Unternehmen – durchgeführt wurde, vgl. Deloitte / Trends and Issues in Supply Chain Management 2000 / S. 2 ff.
[549] Eine Deskription der genauen Verteilung ist in Kap. D, Abschn. D.1 wiedergegeben

- Europa (Frankreich, Deutschland, Ungarn, Italien, Türkei und UK): 16,5 Prozent
- Asien (Indien, Indonesien und Singapur): 8,2 Prozent.

Die Unternehmen decken den industriellen Sektor ab und setzen sich aus folgenden Branchen bzw. Industriengruppen zusammen:[550]

- Luft- und Raumfahrtindustrie („Aerospace and Defense")
- Agrar- und Biotechnologie („Agriculture and Biotechnology")
- Bekleidungsindustrie („Apparel Productions")
- Automobilindustrie („Automotive")
- Biotechnologie („Biotechnology")
- Chemische und Arzneimittelindustrie („Chemicals & Pharmaceuticals")
- Computerhersteller und Konsumelektronik („Computers and Consumer Electronics")
- Verbrauchsgüter („Consumer Packaged Goods, CPG")
- Elektronikzubehör („Electric equipment")
- Haushaltsgeräte („Household appliances")
- Maschinenbau („Machinery and Equipment")
- Metallindustrie („Metal Products")
- Büro- und Druckmaschinen („Office and Printing Machines")
- Kunststoffindustrie („Rubber and Plastic Products")
- Telekommunikation („Telecommunications")
- Handel („Retail and Distribution").

Die o.g. Zuordnung bezieht sich auf die ausgewählten 73 Unternehmen, trifft jedoch auch auf den Datenpool der Primärerhebung zu. Die Namen der Unternehmen mussten aus Gründen des Kundenschutzes anonym gehalten werden.

Eine Einteilung der speziell für die Sekundärerhebung zu betrachtenden Unternehmen nach Größenklassen hinsichtlich Umsatz und Mitarbeiterzahl unter Maß-

---

[550] Eine Deskription der genauen Verteilung ist in Kap. D, Abschn. D.1 wiedergegeben

gabe der Unternehmensgrößenklassen gemäß Handelsgesetzbuch (HGB) führt zu folgendem Ergebnis:[551]

- Kleinbetriebe: 2 Prozent
- Mittelbetriebe: 37,5 Prozent
- Großbetriebe: 60,5 Prozent

Die betrachteten Unternehmen verteilen sich im Hinblick auf Ihren Geschäftserfolg folgendermaßen, wobei die Gesamtkapitalrentabilität bzw. abgekürzt GKR („Return on Assets, ROA")[552] als Beurteilungsmaßstab herangezogen wurde:[553]

- GKR negativ: 9,6 Prozent der Unternehmen
- GKR zwischen 0 und 10 Prozent: 63 Prozent der Unternehmen
- GKR über 10 Prozent: 27,4 Prozent der Unternehmen

Von den betrachteten 73 Unternehmen waren Mitte 2005 sieben nicht mehr in der zum Erhebungszeitpunkt vorhandenen Form vertreten. Vier davon sind von anderen Unternehmen übernommen worden oder zu einem neuen Unternehmen fusioniert, drei sind gar nicht mehr am Markt vertreten bzw. es konnten keine Informationen mehr zum aktuellen Verbleib ermittelt werden. Unter diesen drei Unternehmen war keines vorhanden, das zum Erhebungszeitpunkt eine negative GKR aufgewiesen hatte.[554]

---

[551] Zur Einteilung der Unternehmen in Größenklassen gemäß HGB vgl. Schierenbeck / Grundzüge der Betriebswirtschaftslehre 2003 / S. 37 f. Eine Deskription der genauen Verteilung ist in Kap. D, Abschn. D.1 wiedergegeben. Die Unterschiede in den Zahlen resultieren daraus, dass bei der obenstehenden Auflistung beide Kriterien zur Einteilung in eine Größenklasse (nach Umsatz und nach Mitarbeiterzahl) gleichzeitig erfüllt sein mussten

[552] Die Gesamtkapitalrentabilität („Return on Assets, ROA") wird ermittelt, indem der Nettogewinn ins Verhältnis zum Gesamtkapital gesetzt wird. Da die Gesamtkapitalrentabilität die Verzinsung des gesamten im Unternehmen investierten Kapitals angibt, ist sie aussagefähiger als die Eigenkapitalrentabilität („Return on Equity, ROE") (vgl. etwa Wöhe / Allgemeine Betriebswirtschaftslehre 1984 / S. 48 f.). Eine Deskription der genauen Verteilung ist Kap. D, Abschn. D.1 zu entnehmen

[553] Eine gängige Zielvorgabe für die GKR für Industrieunternehmen liegt im Durchschnitt bei rund 10 Prozent (vgl. Controlling Portal / Erfolgskennzahlen 2005 / o.S.). Demgemäß kann beispielsweise eine grobe Einteilung in Unternehmen mit negativem GKR („Verlierer"), positivem GKR bis 10 Prozent („Durchschnitt") und Unternehmen mit einem GKR größer 10 Prozent („Gewinner") vorgenommen werden (vgl. Aktien-Portal / Rentabilität 2005 / o.S.). Die Spannweite der Kategorien soll wirtschaftsraumbedingten bzw. regionalen Schwankungen Rechnung tragen (vgl. Deutsche Bundesbank / Unternehmensrentabilität 1997 / S. 35 ff.)

[554] Die Informationen resultieren aus einer im Juli 2005 vom Verf. durchgeführten Recherche

Die aus der Auswahl der Unternehmen zum Zwecke der Sekundärerhebung resultierende Variabilität der zu untersuchenden Daten hinsichtlich der Branchenzugehörigkeit entspricht dem Grundgedanken, auf dem das SCOR-Modell basiert und demzufolge es als ein branchenunabhängiges Geschäftsprozess-Referenzmodell intendiert ist.[555] Diese Variabilität birgt zwangsläufig auch gewisse Nachteile in sich, denn in der Regel wird man mit solch einer Stichprobe auf generalisierbare Aussagen, also die allgemeine Eignung des abgebildeten Modells (hier genauer: der entwickelten Abbildung des SCOR-Modells), und weniger auf subgruppenspezifische Aussagen abzielen (wobei für letztgenanntes Anliegen, etwa im Sinne einer Clusterung, die untersuchte Fallzahl kritisch erscheinen musste).[556] Zur explorativen Annäherung an diese Zielstellung erschien die vorliegende Datengrundlage, trotz der stichprobenimmanenten Einschränkungen, geeignet.[557]

Eine Unterscheidung nach verschiedenen Strategietypen bzw. im vorliegenden Fall genauer: Lieferkettenstrategietypen, wie z.B. Mass Customization,[558] konnte nicht vorgenommen werden, da innerhalb der Primärerhebung keine hierzu erforderlichen Daten gesammelt wurden, die eine derartige Unterscheidung erlaubt hätten. Die Primärerhebung wiederum hatte diese Daten nicht im Fokus, da das SCOR-Modell in der betrachteten Form, d.h. auf den SCOR-Ebenen 1 bis 3, keine

---

[555] Vgl. Hinkelmann / Referenzmodelle am Beispiel SCOR 2003 / S. 14; Supply-Chain Council / SCOR-Model 7.0 Overview 2005 / S. 21

[556] Dies entspricht den von Methodikern wie etwa Rochel vertretenen Testkonzepten, bei denen – im Sinne eines hierarchischen Aufbaus – zunächst Aussagen zur generellen Tragfähigkeit von Modellvorstellungen abgeleitet werden sollen („Haupteffekte") (vgl. Rochel / Auswertung von Untersuchungen 1983 / S. 118 ff.). Diese Ausrichtung wurde auch in der vorliegenden Arbeit angestrebt. Gleichwohl wurde, um dem explorativen Charakter der Arbeit gerecht zu werden, der mögliche Erklärungswert von Zusatzvariablen – wie etwa des Umsatzvolumens und der Mitarbeiterzahl – untersucht. Variablen mit einer sehr heterogenen Struktur, wie etwa der Branchenbezug, eigneten sich für diese Betrachtung nicht, da die entsprechenden Fallzahlen zu gering gewesen wären. In nur eingeschränktem Masse eigneten sich auch Variablen, bei denen bestimmte Ausprägungen stark überwogen und die somit keine hinreichende Differenzierung erlaubten, wie etwa im Falle der Gesamtkapitalrentabilität

[557] Dies entbindet selbstverständlich nicht von der Notwendigkeit, Einschränkungen und Besonderheiten der Modellvorstellungen anhand weiterer diskriminierender Parameter in neuen und ggf. auch auf Spezialbereiche konzentrierten Untersuchungen zu vertiefen (siehe hierzu auch die Folgeerläuterungen sowie die Anmerkungen unter Kap. F, Abschn. F.3)

[558] Zu den verschiedenen Lieferkettenstrategien vgl. etwa Werner / Supply Chain Management 2002 / S. 64 ff. Zum Begriff der Mass Customization siehe die Ausführungen unter Kap. A, Abs. A.4.4

derartige Unterscheidung vorsieht.[559] Unterschiede solcher Gestalt finden sich, analog zur Unterscheidung nach Branchengruppen, erst ab der vierten Ebene, also auf einer projektspezifischen Granularität.[560]

Die damit einhergehende Heterogenität des Datensatzes birgt, analog zu der aus der oben dargestellten branchenabhängigen Betrachtung resultierenden Variabilität, wiederum das potenzielle Risiko von ergebnisbeeinflussenden Sondereffekten. Dieses kann hinsichtlich seiner möglichen Ausprägung wegen der dargestellten Nichtverfügbarkeit genauerer Daten allerdings nicht näher quantifiziert werden. Jedoch sei auch in diesem Kontext darauf hingewiesen, dass sich der Analyseschwerpunkt zunächst auf die grundsätzliche Tragfähigkeit des abgebildeten Modells und nicht auf schwer bestimmbare Sondereffekte beziehen sollte.[561]

Darüber hinaus wurde bei der Datenauswertung im Rahmen der empirischen Studie neben den Parametern Umsatz und Mitarbeiterzahl (s.o.) testweise auch der Unternehmenserfolg anhand der oben aufgeführten Unterteilung nach Gesamtkapitalrentabilität unterschieden, um Heterogenität im Datensatz weitmöglichst abzufangen.[562] In den Fällen, in denen dies zu einem inkrementellen Erkenntnisgewinn führte, ist dies jeweils bei den Ergebnissen vermerkt. Falls keine weiteren Erklärungen gemacht werden, konnten aus der diskriminierenden Betrachtung keine zusätzlichen Erkenntnisse gewonnen werden.

---

[559] Vgl. Supply-Chain Council / SCOR-Model Version 8.0 2006 / S. 2 f.
[560] Siehe hierzu die Ausführungen unter Kap. B, Abs. B.1.3
[561] Siehe dazu auch die obigen Anmerkungen zu Testkonzepten, wie von Rochel vertreten, im Kontext mit der Unterscheidung nach Strategietypen und Branchenzugehörigkeit
[562] Die Unternehmensgröße auf Basis der vorstehenden Dreistufen-Einteilung nach Mitarbeiterzahl und Umsatz gemäß HGB führte in den meisten Fällen zu derselben Einstufung (siehe die detaillierten Deskriptionstabellen in Kap. D, Abschn. D.1). Einschränkend ist bei der Gesamtkapitalrentabilität zu vermerken, dass diese für die weit überwiegende Zahl der Unternehmen im „durchschnittlichen" Bereich zwischen 0 und 10 % lag und insofern für die Diskriminierung nur bedingt verwendbar war (siehe hierzu ebenfalls die in in Kap. D, Abschn. D.1 wiedergegebene Deskriptionstabelle) Eine Unterscheidung nach Wirtschaftsraum bzw. Region war als diskriminierende Variable nicht geeignet, da Unternehmen aus Nordamerika mit rund drei Viertel der Stichprobe dominierten und die restlichen Unternehmen verschiedenen Regionen entstammten. Überdies positioniert sich das SCOR-Modell dazu in ähnlicher Form wie zur Branchenausrichtung, d.h. es verfolgt die Intention, auf einer Ebene zu bleiben, auf der regionenspezifische Faktoren keine Berücksichtigung finden (vgl. Supply-Chain Council / SCOR-Model Version 8.0 2006 / S. 2 f.)

C.4 Durchführung der empirischen Untersuchung

C.4.1 Eingesetzte Methode zur Datenerhebung (Primärerhebung)

Die Beratungsfirma BearingPoint (vorm. KPMG Consulting)[563] hat das SCOR-Modell als immanenten Bestandteil im Rahmen der eingesetzten Methoden zur Analyse und darauf aufbauenden Optimierung von Lieferketten implementiert. Die Methode zur Transformation der Lieferkette und die hierbei verwendeten Werkzeuge sind ausdrücklich auf das SCOR-Modell ausgerichtet und auf dieses abgestimmt. Das Unternehmen hat jedoch das SCOR-Modell leicht modifiziert und weiterentwickelt. Folgende Unterschiede sind hervorzuheben[564]

1. Der Lieferprozess („Deliver") wurde in zwei Teilprozesse aufgespalten: Einen Lagerungsprozess („Store") und einen Transportprozess („Transport"). Als Grund gibt BearingPoint an, dass dadurch die Logistikfunktionen besser und übersichtlicher dargestellt werden können.

2. Als neuer Prozess innerhalb des Lieferungsprozesses wurde der Verkaufsprozess („Sell") eingeführt. Als Grund gibt das Unternehmen an, dass dies der zunehmenden Bedeutung des Zusammenhangs zwischen Angebots- und Bedarfssteuerung („Supply and Demand Management") Rechnung tragen soll.

3. Die Neuproduktentwicklung („New Product Development") wurde hinzugefügt. Als Grund gibt BearingPoint an, dass der Prozess nicht im derzeitigen SCOR-Modell enthalten ist, jedoch beispielsweise im Zusammenhang mit der Fokussierung auf Kernkompetenzen („Core competencies") und der ständig zunehmenden Bedeutung von Auslagerungsstrategien („Outsourcing") zukünftig immer wichtiger für den Unternehmenserfolg sein wird.

4. Der Planungsprozess wurde in die anderen o.g. Steuerungsprozesse integriert und tritt deshalb nicht explizit in Erscheinung. Als Grund gibt das Unternehmen an, dass Funktionen des Planungsprozesses an allen Stellen der Lieferkette auftreten.

---

[563] Vgl. BearingPoint / Benchmarking Tools 2003 / S. 4 f.
[564] Für Hintergrundinformationen zum Unternehmen BearingPoint siehe Kap. B, Abs. B.4.2.3

Eine der von BearingPoint entwickelten Methoden zur Analyse der Lieferkette stellt ein auf dem SCOR-Modell basierender Fragebogen dar.[565] Im Mittelpunkt stehen hierbei Schlüssel-Leistungsindikatoren („Key Performance Indicator, KPI"), die mit den Werten anderer Unternehmen verglichen werden sollen („Benchmarking"). Es handelt sich somit um eine quantitativ-orientierte Fragebogen-Erhebung („KPI Benchmarking"). Das Ziel des Einsatzes dieser Methode besteht gemäß BearingPoint darin, die Leistungsfähigkeit und Effizienz der Lieferkette von Firmen innerhalb einer relativ kurzen Zeit umfassend analysieren, darstellen und mit derjenigen von anderen Firmen vergleichen zu können. Das Unternehmen gibt als weiteren Vorteil an, dass das Verfahren auch den Aufbau und Transfer von Wissen fördert.[566]

C.4.1.1 Untersuchungsablauf

Die Planung der Untersuchung hat auf Seiten des Kunden wie auch auf Seiten des Beratungsunternehmens zu erfolgen. Die einzelnen Schritte sind wie folgt:[567]

1. Vorbereitungsphase („preparation"):
    - Kundenunternehmen:
        - Identifikation der Mitarbeiter im Unternehmen, die an der Untersuchung teilnehmen und den Fragebogen ausfüllen sollen
        - Identifikation eines Sponsors, idealerweise aus der Unternehmensleitung, zur Sicherstellung einer hohen Rücklaufquote.[568]

---

[565] Eine Methode kann definiert werden als systematische Vorgehensweise bzw. Regeln und Vorschriften, die zur Abwicklung einer Reihe von Aktivitäten angewendet werden, um bestimmte Gestaltungsziele zu erreichen. Eine Fragebogen-Erhebung kann in dem Sinne als eine Methode aufgefasst werden. Demgegenüber stellt ein Verfahren eine ausgeprägte bzw. ausgereifte Methode dar, die die Vorgehensweise zur Erreichung bestimmter Gestaltungsziele bis auf die Ebene einzelner Arbeitsschritte regelt (vgl. Seibt / Betriebliche Informationssysteme 2004 / S. 19)
[566] Vgl. BearingPoint / Benchmarking Tools 2003 / S. 4 ff.
[567] Vgl. BearingPoint / Benchmarking Tools 2003 / S. 21
[568] Zur Problematik der Rücklaufquote vgl. beispielsweise Bortz / Empirische Forschung 1984 / S. 184; Friedrichs / Methoden empirischer Sozialforschung 1990 / S. 241 ff.

- BearingPoint:
  - Einrichten einer Zugangsberechtigung für die Online-Beantwortung des Fragebogens
  - Unterstützung bei der Datensammlung.

2. Ausführungsphase („Execution"):
- Kundenunternehmen:
  - Ausfüllen des Fragebogens[569]
- BearingPoint:
  - Unterstützung bei der Datensammlung.

3. Auswertungsphase („Analysis"):
- Kundenunternehmen:
  - Beantwortung von weitergehenden Fragen und Bereitstellung von weiterem Informationsmaterial falls erforderlich.
- BearingPoint:
  - Auswertung der gesammelten Daten[570]
  - Erarbeitung von Aktionspunkten zur Verbesserung der Lieferkette.

4. Ergebnisphase („Results"):
- Kundenunternehmen:
  - Validierung der Ergebnisse
  - Validierung der Aktionspunkte.
- BearingPoint:
  - Präsentation der Ergebnisse
  - Präsentation der vorgeschlagenen Aktionspunkte.

---

[569] Der Fragebogen und die genauen Fragen sind dem Anhang (Abschn. 1) zu entnehmen
[570] Die einzelnen Leistungsindikatoren („Key Performance Indicators") und deren Berechnung sind dem Anhang (Abschn. 4) zu entnehmen

C.4.1.2 Untersuchungsergebnisse

Der Ergebnisbericht beinhaltet die aggregierten Ergebnisse der erfassten Daten über alle Teilnehmer der Erhebung. Die vorgestellten Ergebnisse bestehen aus individuellen Berichten zum Leistungsvergleich, unterstützt durch Grafiken. Darin sind auch festgestellte Verbesserungspotentiale enthalten. Die Ergebnisse können darüber hinaus in ein SCORcard-Format unter Zugrundelegung der SCOR-Prozesse aggregiert werden.[571]

Der Ergebnisbericht beinhaltet eine Kombination von grafischen Darstellungsformen, wie z.B. Balkendiagramme, um Durchschnitte für Vergleichsgruppen anzugeben und Quartilsdiagramme, um Ergebnisse gegenüber dem Mittelwert einer Vergleichsgruppe zu standardisieren.[572] Dabei kann von der Gesamtsicht ausgehend eine Detailsicht für jeden SCOR-Prozess abgerufen werden. Von hier aus können die jeweils dahinter liegenden Leistungsmessgrößen im Detail betrachtet werden. Da dies die Diagnoseebene betrifft, sind hierin auch Vorschläge für Verbesserungsmaßnahmen enthalten.[573]

C.4.2 Auswertung der Ergebnisse der empirischen Untersuchung (Sekundärerhebung)

Im Folgenden soll auf die Auswertung der Ergebnisse der empirischen Erhebung eingegangen werden. Davon ist das im vorangegangenen Abschnitt dargestellte Erhebungsverfahren zu unterscheiden, welches die Art der Primärerhebung durch das Beratungsunternehmen BearingPoint behandelt hat. In der vorliegenden Arbeit sind vielmehr die dabei gesammelten Ergebnisse in Form einer Sekundärerhebung verwendet worden.

---

[571] Zu einem Beispiel der Ergebnisdarstellung siehe Abschn. 5 im Anhang
[572] Zu verschiedenen grafischen Darstellungsmöglichkeiten vgl. z.B. Wöhe / Allgemeine Betriebswirtschaftslehre 1984 / S. 1245 ff.
[573] Vgl. BearingPoint / Benchmarking Tools 2003 / S. 26 ff.

C.4.2.1 Datenauswertung

Die generelle Aufgabe der Datenauswertung ist es, die erhobenen Daten zu ordnen, zu prüfen, zu analysieren und auf ein für die Entscheidungsfindung notwendiges und überschaubares Maß zu verdichten. Letztlich geht es also um aussagekräftige, informative Kenngrößen, um so die den Daten immanenten Zusammenhänge erkennen zu können.[574]

Der Befundteil orientiert sich an den im Vorfeld aufgestellten Thesen und wurde gemäß denselben klar und übersichtlich gegliedert. Eine derartige Vorgehensweise deckt sich mit den Hinweisen zur empirischen Forschung.[575] In dem Sinne wurde das vorhandene Datenmaterial ausgewertet, um die Verknüpfung der einzelnen Variablen gemäß den Thesen auf empirischer Basis zu überprüfen. Interpretationen beschränken sich dabei ausschließlich auf die statistische Haltbarkeit der Thesen. Wertungen bezüglich konkreter Handlungsempfehlungen spielen für den Befundteil keine Rolle, die entsprechenden Schlussfolgerungen werden vielmehr im weiteren Verlauf der Arbeit gezogen.[576]

Ausgehend von den in der Erhebungsphase gesammelten und auf Vollständigkeit geprüften Daten erfolgt die Datenauswertung typischerweise im Prinzip in vier Schritten:[577]

1. Datenaufbereitung
2. Datenverarbeitung
3. Interpretation
4. Bericht und Präsentation der Ergebnisse.

---

[574] Vgl. Kromrey / Empirische Sozialforschung 2002 / S. 405 ff.
[575] Vgl. etwa Friedrichs / Methoden empirischer Sozialforschung 1990 / S. 54 f.
[576] Hierzu sei auf Kap. E und Kap. F verwiesen
[577] Vgl. z.B. Berekoven et al. / Marktforschung 1987 / S. 162 ff.

C.4.2.2 Auswertungsmethodik für die Einzelthesen

Für die Datenaufbereitung, Datenverarbeitung und Präsentation der Ergebnisse wurde ein Anwendungsprogramm des Unternehmens SPSS mit dem gleichlautenden Namen SPSS (abgekürzt für „Statistical Product and Service Solutions", vorm. „Statistical Package for Social Sciences")[578] eingesetzt.[579]

Dabei wurden die dem Verfasser zur Verfügung stehenden Daten von einer Excel-Datei in das Auswertungsprogramm übertragen und darauf basierend insbesondere die folgenden statistischen Werte ermittelt:[580]

- Arithmetisches Mittel („Arithmetic Mean"):[581]
  Ein Lagemaß[582] zur Kennzeichnung von metrischen (also mindestens intervallskalierten) Daten. Oft auch einfach als „Mittelwert" bezeichnet, was streng genommen wegen der Existenz anderer Mittelwerte (etwa geometrisches oder harmonisches Mittel) nicht korrekt ist. Der arithmetische Mittelwert wird berechnet als die Summe der Einzelwerte des Datenbündels, dividiert durch die Zahl der Elemente.

- Variations- oder Spannbreite („Range"):
  Die Variationsbreite stellt ein Streuungsmaß dar. Sie wird errechnet als die Differenz zwischen dem größten Wert (Maximum) und dem kleinsten Wert (Minimum) eines Datenbündels.

---

[578] Zu weitergehenden Informationen zur Produktpalette im Allgemeinen und SPSS für Windows im Besonderen vgl. etwa SPSS / SPSS für Windows 2003 / S. 2 ff.; SPSS / SPSS für Windows 2004 / o.S.

[579] Zum Einsatz von Programmen wie SPSS zur Datenanalyse vgl. beispielsweise Allerbeck / Empirische Sozialforschung 1972. Zur Anwendung von SPSS vgl. z.B. Bühl und Zöfel / Einführung in die moderne Datenanalyse 2002; Backhaus et al. / Multivariate Analysemethoden 2003 / S. 15 ff.

[580] Vgl. hierzu Bortz / Empirische Forschung 1984 / S. 534; Friedrichs / Methoden empirischer Sozialforschung 1990 / S. 136 ff; Kromrey / Empirische Sozialforschung 2002 / S. 424 ff.; Voelker et al. / Statistics 2001 / S. 23 ff.; Ludwig-Mayerhofer / Methoden der empirischen Sozialforschung 2004 / o.S. Zu den Verfahren der statistischen Datenauswertung vgl. auch Ehrenberg / Statistik 1986

[581] Der Median, auch als Zentralwert („Median") bezeichnet, als ein vor allem für Ordinalskalen geeignetes Maß der zentralen Tendenz sei hier nicht weiter berücksichtigt

[582] Lagemaße oder lagetypische Maße („Measures of Location, Measures of Central Tendency") sollen Auskunft darüber geben, wo der Schwerpunkt eines eindimensionalen Datenbündels liegt. Sie werden deshalb auch als Maße der zentralen Tendenz bezeichnet (vgl. Monka und Voß / Statistik 2002 / S. 98)

- Standardabweichung („Standard Deviation"):
  Die Standardabweichung wird berechnet als Wurzel aus der Varianz eines Datenbündels. Wie bei der Varianz ist zu unterscheiden zwischen der Standardabweichung, die die gegebenen Daten charakterisiert (empirische Standardabweichung) und derjenigen, die aus Stichprobendaten als Schätzwert für die Grundgesamtheit berechnet wird.

- Alpha (α)-Fehler („Type I Error"):
  Das fälschliche Ablehnen einer Nullhypothese[583] wird als Alpha-Fehler bezeichnet.[584] Er reflektiert das Risiko, eine Nullhypothese nur aufgrund der Zufälligkeit der Stichprobenziehung abzulehnen, also einen Zusammenhang oder Unterschied zu vermuten, der de facto nicht besteht. Ein Wert von $P(α) = 0.05$ steht beispielsweise für einen Alpha-Fehler bzw. eine „Irrtumswahrscheinlichkeit" von 5 Prozent.[585]

- Korrelationskoeffizient („Correlation Coefficient"):
  Korrelationsmaße drücken die Stärke des Zusammenhangs zwischen zwei Variablen aus. Werden dabei Zusammenhänge zwischen diesen und weiteren Variablen berücksichtigt, so spricht man von Partialkorrelation oder partieller Korrelation. Maße für die Stärke der Korrelation werden in der Regel als Korrelationskoeffizienten bezeichnet. Häufig können Korrelationskoeffizienten Werte zwischen minimal -1 und maximal +1 annehmen. Dabei bezeichnet -1 einen perfekten negativen und +1 einen perfekten positiven Zusammenhang. Die Wahl des Korrelationskoeffizienten hängt vom Messniveau der Variablen ab.

---

[583] Beim statistischen Test wird eine sog. Nullhypothese aufgestellt, die im Allgemeinen besagt, dass der postulierte Zusammenhang oder Unterschied nicht besteht. Es wird eine Teststatistik berechnet, die angibt, ob ein in den Daten beobachteter Zusammenhang oder Unterschied mit der Nullhypothese kompatibel ist. Überschreitet die Teststatistik einen bestimmten, vorab festzulegenden Wert, so wird die Nullhypothese verworfen und die eigentliche Forschungshypothese, die Alternativhypothese, gilt als vorläufig nicht widerlegt (vgl. Voelker et al. / Statistics 2001 / S. 62 ff.)

[584] Neben dem Alpha-Fehler gibt es den Beta-Fehler („Type II Error"), der das fälschliche Beibehalten einer Nullhypothese beschreibt. Er reflektiert mithin das Risiko, eine Nullhypothese beizubehalten, obwohl in Wahrheit die Alternativhypothese (d.h. die eigentliche Forschungshypothese) zutrifft (vgl. Ludwig-Mayerhofer / Methoden der empirischen Sozialforschung 2004 / o.S.). Der Beta-Fehler findet im weiteren Verlauf der Arbeit keine weitere Berücksichtigung

[585] Der Buchstabe „P" bezeichnet das Vertrauensniveau oder die statistische Sicherheit („Probability"), mit der die Hypothese als richtig bzw. zutreffend angenommen werden soll. Die sog. „Irrtumswahrscheinlichkeit" berechnet sich dann als $P(α) = 100\% - P$ (vgl. Gottwald / Statistik 2000 / S. 51 u. 61 f.)

Bei zwei metrischen Merkmalen wird häufig die sog. Produkt-Moment-Korrelation (PM-Korrelation) und der damit korrespondierende Bravais-Pearson'sche Korrelationskoeffizient (BPK) verwendet, der auch mit dem Buchstaben „R" abgekürzt werden kann. Der BPK wird berechnet als Kovarianz[586] der beiden interessierenden Variablen, dividiert durch das Produkt der Standardabweichungen der beiden Variablen. Er kann Werte zwischen +1 (perfekter positiver Zusammenhang) und -1 (perfekter negativer Zusammenhang) annehmen. Ein Wert von 0 indiziert die Abwesenheit eines (linearen) Zusammenhanges.[587] Auf mögliche methodische Störeinflüsse infolge nicht gegebener Linearität von Variablenbeziehungen (etwa polynomiale Verläufe) und entsprechenden Absicherungsmaßnahmen in der vorliegenden Arbeit wird in der Folge noch näher eingegangen.

Da es sich bei den untersuchten Thesen primär um bivariate Zusammenhangsvermutungen auf Basis von metrischen Merkmalspaaren bzw. kontinuierlichen Variablen (Intervallskalenniveau) in Form von SCOR-Leistungsmessgrößen handelte, wurde als Korrelationskoeffizient der BPK gewählt.

Als Mindestanforderung für einen Signifikanzschluss wurde das in der (wirtschafts-) wissenschaftlichen Statistik übliche Kriterium von $P(\alpha)<0,05$ zugrunde gelegt.[588] Im Zusammenhang mit der statistischen Signifikanz wurde davon ausgegangen, dass das Ergebnis eines Hypothesentests als signifikant angesehen werden kann, wenn die Annahme berechtigt ist, dass ein theoretisch angenommener und in den Daten vorgefundener Zusammenhang oder Unterschied zwischen Merkmalen nicht alleine durch die Unschärfe erklärt werden kann, die mit der Stichprobenziehung verbunden ist.[589]

---

[586] Die Kovarianz beschreibt den Zusammenhang zwischen zwei metrischen Merkmalen. Sie wird ermittelt, indem für jeden Wert der beiden Variablen ihre jeweiligen vom arithmetischen Mittel (durch Subtraktion desselben) berechnet wird. Für jeden Fall wird nun das Produkt dieser beiden Abweichungen gebildet, die Produkte werden aufsummiert und dann durch N-1 dividiert (wobei N der Zahl der Fälle entspricht). Dabei ist zu beachten, dass die Berechnung der Kovarianz nur bei metrischen Variablen sinnvoll ist (vgl. Backhaus et al. / Multivariate Analysemethoden 2003 / S. 340 ff.)

[587] Zur Vorgehensweise vgl. beispielsweise Rochel / Planung und Auswertung von Untersuchungen 1983 / S. 143 ff.

[588] Vgl. beispielsweise Bortz / Statistik 1985 / S. 156 f.; Friedrichs / Methoden empirischer Sozialforschung 1990 / S. 389

[589] Vgl. z.B. Ludwig-Mayerhofer / Methoden der empirischen Sozialforschung 2004 / o.S.

Neben der inferenzstatistischen bzw. schließenden Datenanalyse[590] erfolgt für exemplarische Befunde – eindeutige systematische Variablenkoppelungen vorausgesetzt – eine Veranschaulichung der gewonnenen Ergebnisse mittels zusätzlicher Deskriptionsgrafiken.[591] Konkret wurde auf die Darstellung üblicher Maße der zentralen Tendenz in Form von Blockdiagrammen zurückgegriffen.[592] Dabei wurde – je nach Befundlage – besonderes Augenmerk auch darauf gerichtet, ob Unternehmen in Abhängigkeit von Faktoren wie Umsatz und Mitarbeiterzahl von einer gegebenen Grundtendenz abweichen oder diese besonders gut „abdeckten", um für solche Abweichungsfälle später mögliche Erklärungsversuche herleiten zu können.[593]

Die korrelationsimmanenten statistischen Nullhypothesen beziehen sich jeweils auf nicht gegebenen „Gleichlauf" (d.h. kein Zusammenhang) der im konkreten Fall involvierten, bivariaten Messreihen. Da fehlende Daten („missing data") im vorliegenden Fall keine Relevanz hatten, bedürfen signifikanzmodulierende Effekte in Folge unterschiedlicher Stichprobengrößen für gegebene Fragestellungen keiner weiteren Berücksichtigung.[594]

Die dargestellten statistischen Werte werden dazu herangezogen, die aufgestellten Thesen zu bestätigen oder zu verwerfen (falsifizieren) und daraus resultierend zu interpretieren. Den Endzweck stellt die möglichst problemgerechte Beantwortung der der Gesamtuntersuchung zugrunde liegenden Fragen dar.[595]

---

[590] Die Inferenzstatistik („Inferential Statistics"), auch Prüf-, induktive oder schließende Statistik genannt, beschäftigt sich mit der Frage, wie von einer Stichprobe, also einer Auswahl von Untersuchungseinheiten, auf die Grundgesamtheit zurückgeschlossen werden kann, aus der die Stichprobe stammt (vgl. Monka und Voß / Statistik 2002 / S. 19)

[591] Die deskriptive Statistik („Descriptive Statistics") befasst sich mit Maßzahlen zur Charakterisierung von Daten. Sie hat die Aufgabe, Fragen zu beantworten wie etwa: Wie kann die zentrale Tendenz eines Datenbündels gekennzeichnet werden, wie die Streuung? Wie können Zusammenhänge zwischen zwei oder mehreren Variablen charakterisiert werden, wie Daten gebündelt werden? (vgl. Gottwald / Statistik 2000 / S. 4)

[592] Zu den verschiedenen Möglichkeiten der grafischen Darstellung statistischer Ergebnisse vgl. etwa Voelker et al. / Statistics 2001 / S. 8 ff.; Wöhe / Allgemeine Betriebswirtschaftslehre 1984 / S. 1245 ff.

[593] Vgl. etwa Ehrenberg / Statistik 1986 / S. 48 ff. Zu weiterführenden Erläuterungen der für die Auswertung verwendeten Verfahren und statistischen Prinzipien vgl. auch Cramer / Statistics 1999

[594] Zu einer solchen Problematik vgl. beispielsweise Bortz / Statistik 1985 / S. 156 ff.

[595] Vgl. Berekoven et al. / Marktforschung 1987 / S. 162 ff.

Der obige Hinweis auf das Signifikanzniveau der Inferenzstatistik darf jedoch nicht darüber hinwegtäuschen, dass diese Vorgehensweise durchaus auch das Akzeptieren von Modellvorstellungen zulassen kann, die – für sich genommen – keine grundsätzlich überzufälligen Effekte enthalten, aber zusammenfassend doch ein homogenes Muster beinhalten. In Anbetracht dieser Tatsache wird auch bei der folgenden Darstellung der Thesenresultate in der ersten Stufe (klassische Inferenzstatistik, hier: Korrelationsanalysen) derart vorgegangen, völlig unsystematische, d.h. etwa im Bereich der absoluten Korrelationshöhe 0 bis 0,1 liegende Befunde von zumindest ansatzweise tendenziellen oder „streng"-substanziellen, also auch statistisch überzufälligen Ergebnissen abzugrenzen.

Selbstverständlich wird in der Folge die konventionelle Dichotomie bzw. Unterscheidung zwischen „überzufällig" (signifikant) und „nicht überzufällig" gewahrt. Diese Binärunterscheidung stellt das grundsätzliche und inferenzstatistisch abgesicherte Bewertungskriterium für die untersuchten Thesen dar. Allerdings stellt es einen gewichtigen Unterschied dar, ob:

- eine These korrelativ in überzufälliger Weise bestätigt wird,
- der postulierte bivariate Zusammenhang schlichtweg als unsystematisch (s.o.) zu kennzeichnen ist oder
- das Beziehungsmuster sich in statistisch signifikanter Weise gegenteilig zur Erwartung ergibt.

Die in der vorliegenden Arbeit genutzte Einteilung zur Einordnung der untersuchten bivariaten Zusammenhänge kann – unbeschadet der Relevanz der grundsätzlichen Binäreinteilung – zu einem differenzierteren Verständnis der Befundlage beitragen.[596]

---

[596] Beispielsweise würde es bei einer Thesentestbatterie eine Rolle spielen, ob alle Thesen im völlig unsystematischen R-Bereich um absolut 0,00 liegen oder alle im modellkonformen Bereich mit „knapper" Verfehlung des Überzufälligkeitskriteriums. Bei ausschließlicher Anwendung des Überzufälligkeitskriteriums wäre die Schlussfolgerung jedoch in beiden Fällen die gleiche, nämlich die unsystematischer Befunde. Auch in neuesten wissenschaftlichen BWL-Arbeiten, deren Hypothesenprüfungen schwerpunktmäßig korrelativ ausgerichtet sind, wird durchaus eine ähnliche Differenzierung in eindeutig hypothesenkonforme und tendenzielle Befunde vorgenommen (vgl. hierzu etwa Hannappel / Public Private Partnership 2005 / S. 129 ff.)

Es wird demnach in folgende Gruppen unterschieden:
- in überzufälliger Weise modellkonform
- in überzufälliger Weise modellkonträr (d.h. auf signifikante Art zur Erwartung gegenläufige Korrelation)
- unsystematisch in der R-Bandbreite von -0,10 bis +0,10
- sowie tendenziell modellkonform oder modellkonträr (also die erwartete respektive konträre, jedoch noch nicht überzufällige Korrelationsrichtung aufweisend).

Es handelt sich bei der Einteilung insofern um eine rein pragmatische Illustration, bei der zusammenfassenden Darstellung der Thesenbefunde wird ebenfalls die Binäreinteilung zugrunde gelegt.[597]

C.4.2.3 Spezielles Auswertungsverfahren für die Meta-Thesen

Als Untersuchungsmodell wurde ferner für ausgewählte Beispiele, konkret zur Überprüfung der entwickelten Meta-Thesen, in einem zweiten Schritt der Versuch unternommen, ein sog. Strukturgleichungsmodell („Structural Equation Model, SEM") oder genauer, ein Kovarianzstrukturmodell („Covariance Structure Model"), einzusetzen.[598] Konkret handelte es sich um das sog. AMOS-Verfahren, wobei AMOS für Analysis of Moment Structures steht.[599] Die Wahl fiel nicht zuletzt deshalb auf AMOS, da das Verfahren Datenmatrizen aus SPSS analysieren und Ergebnisse mit SPSS austauschen kann.[600] Da SPSS bereits zur Überprüfung der Einzelthesen verwendet wurde, hatte der angestrebte Einsatz von AMOS forschungsökonomische Vorteile.

---

[597] Siehe hierzu Kap. D, Abs. D.2.3.3 und Kap. E, Abs. E.1.1
[598] Zu einem Beispiel des Einsatzes der angeführten Methode siehe etwa Madeja und Schoder / Electronic Commerce CRM / 2003, S. 4 ff. Für weitergehende Ausführungen zu Strukturgleichungsmodellen („Structural Equation Models, SEM") vgl. auch Byrne / Structural Equation Modeling 1998; Kline / Structural Equation Modeling 1998
[599] Zum AMOS-Verfahren vgl. beispielsweise Byrne / Structural Equation Modeling with AMOS 2000; SPSS / Structural Equation Modeling with Amos 2004 / S. 142 ff.
[600] Vgl. Backhaus et al. / Multivariate Analysemethoden 2003 / S. 11; SPSS / AMOS 2004 / o.S.

Rechenprozeduren bzw. Programme wie AMOS oder das verwandte LISREL[601] sind wie gesagt den Strukturgleichungsmodellen zuzuordnen. Es handelt sich hierbei um eine Form der Statistik, die über die zur Überprüfung der Einzelthesen eingesetzte Inferenzstatistik und deskriptiv-statistische Verfahren hinausgeht. Daher spricht man in der jüngeren Vergangenheit im Zusammenhang mit AMOS und verwandten Verfahren auch teilweise von Verfahren der „neueren Generation". Tatsache ist jedoch, dass diese Verfahren bereits vor rund 30 Jahren konzipiert wurden. Allerdings hat sich die entsprechende Software erst in der jüngeren Zeit immer mehr in Richtung erhöhter Benutzerfreundlichkeit entwickelt und steht damit einem erweiterten Feld von Anwendern zur Verfügung.[602]

Zusammenfassend betrachtet, erlauben es also Programme wie LISREL und AMOS, komplexere Modellvorstellungen sozusagen „en bloc" auf Angemessenheit zu testen. Die zu testenden Modelle enthalten dabei im Regelfall Aussagen bzw. Hypothesen über Wirkungszusammenhänge von sog. Konstrukten, die in der Regel wiederum aus bestimmten Einzelvariablen (Indikatoren) bestehen. AMOS und LISREL ermöglichen den Schluss, ob die Modellvorstellungen beibehalten werden können (Modellbestätigung) oder aber zu verwerfen sind (Modellablehnung). Optimal für die Modellüberprüfungen sind hohe Fallzahlen, etwa N>150, wobei jedoch AMOS und LISREL auch bereits ab Fallzahlen von 40 durchaus berechnet werden können. Voraussetzung ist dann allerdings, dass ein zu überprüfendes Modell einen nicht zu hohen Komplexitätsgrad aufweist.[603] Auf diesen Sachverhalt wird in Kapitel D näher eingegangen.[604]

Für die Modellbewertung im Rahmen von Strukturgleichungsverfahren stehen verschiedene statistische Kennziffern zur Verfügung, wobei sich der sog. Goodness-of-Fit-Index (GFI) als eine ganz wesentliche Kennziffer herauskristallisiert hat. Der

---

[601] LISREL steht für Linear Structural Relationships. Zum LISREL-Modell vgl. beispielsweise SSI / LISREL Model 2000 / Section General; Hayduk / Structural Equation Modeling with Lisrel 1987
[602] Vgl. SSI / LISREL Model 2004 / o.S.
[603] Vgl. Backhaus et al. / Multivariate Analysemethoden 2003 / S. 334 ff. Zur Thematik der Anwendbarkeit strukturanalytischer Verfahren vgl. auch Hoyle / Structural Equation Modeling 1995; Schumacker und Lomax / Structural Equation Modeling 1996
[604] Siehe Kap. D, Abschn. D.3

GFI gibt, ähnlich wie ein herkömmliches Signifikanzniveau, quasi eine Leitlinie vor, ab wann ein postuliertes Modell noch als angemessen (d.h. ausreichender „Fit" zwischen Daten und Modellannahmen) und ab wann als unangemessen anzusehen ist. Der GFI misst die relative Menge an Varianz und Kovarianz, die dem Modell insgesamt Rechnung tragen und entspricht weitgehend dem Bestimmtheitsmaß im Rahmen der Regressionsanalyse.[605] Der GFI kann Werte zwischen 0 und 1 annehmen, wobei ein Wert von 1 bedeutet, dass alle empirischen Varianzen und Kovarianzen durch das Modell exakt wiedergegeben werden („perfekter Modellfit", in der Regel ein theoretischer Fall).

Ein weiterer Wert im Kontext von Strukturgleichungsmodellen ist der Adjusted-Goodness-of-Fit-Index (AGFI). Der AGFI ist ebenfalls ein Maß für die im Modell erklärte Varianz, das aber zusätzlich noch die Modellkomplexität in Form der Freiheitsgrade berücksichtigt.[606] Der AGFI nimmt ebenfalls Werte zwischen 0 und 1 an. Je mehr er sich an einen Wert von 1 annähert, als desto besser ist der „Fit" des Modells anzusehen.[607]

Ohne der weiteren Ergebnisdarstellung vorgreifen zu wollen, sei darauf verwiesen, dass bereits im Rahmen der herkömmlichen inferenzstatistischen (also korrelationsanalytischen) Betrachtung der Thesen zwingende Rückschlüsse auf die Angemessenheit des entwickelten Thesenmodells abgeleitet werden konnten. Die strukturanalytische Vorgehensweise hatte insofern vorrangig die Intention, durch Fokussierung zentraler Modellannahmen einen quasi „ganzheitlichen" Beitrag zur Modellbeurteilung anzustreben.

---

[605] Das Bestimmtheitsmaß, auch Determinationskoeffizient genannt, misst sozusagen die Anpassungsgüte der Regressionsfunktion an die empirischen Daten („goodness of fit"). Die Basis hierfür bilden die Residualgrößen, d.h. die Abweichungen zwischen den Beobachtungswerten und den geschätzten Werten (vgl. Gottwald / Statistik 2000 / S. 114)

[606] Der Adjusted-Goodness-of-Fit-Index (AGFI) berücksichtigt zusätzlich die Anzahl der Freiheitsgrade im Vergleich zu einem sog. „Nullmodell". Der Freiheitsgrad, f („degree of freedom, df"), ist dabei in einer Datenreihe der vorliegende Anzahl an Daten (N) vermindert um 1. Die Anzahl der Freiheitsgrade entspricht der Anzahl an unabhängigen Messwerten in einer Datenreihe. Es ist zu beachten, dass sich bei strukturanalytischer Vorgehensweise die Freiheitsgrade nach einem komplexeren Schema (fallzahl- und variablenbezogen) berechnen, als bei der referenzierten herkömmlichen Statistik – etwa im Rahmen der Varianzanalyse (vgl. Gottwald / Statistik 2000 / S. 25 f.).

[607] Vgl. Backhaus et al. / Multivariate Analysemethoden 2003 / S. 374

Kapitel D: Gegenüberstellung von Arbeitsthesen und Erkenntnisresultaten der empirischen Untersuchung

Kapitel D führt den im vorangegangenen Kapitel begonnenen Begründungszusammenhang im Rahmen des forschungslogischen Ablaufs nach Friedrichs fort.

> „Auswertung, statistische Prüfung und Interpretation der Ergebnisse transformieren Daten in Aussagen. (...) Die Auswertung geschieht nicht planlos, sondern ist geleitet von den Hypothesen. (...) Beschreibung, Analyse und Erklärungen sind die wichtigsten Teile des Interpretationsprozesses."[608]

D.1 Resultate der Auswertungen zu den Thesen

Nachfolgend werden die Ergebnisse der Auswertungen unter Anwendung statistischer Verfahren zu den im Vorfeld entwickelten Thesen dargestellt. Die Statistik kann in dem Zusammenhang als die Kunst aufgefasst werden, gewonnene Daten zu analysieren, darzustellen und zu interpretieren, damit der Anwender zu neuem Wissen gelangt.[609]

Essentielle Bedeutung hatte in dem Zusammenhang das in der Unternehmenspraxis gesammelte und für die Auswertung zur Verfügung stehende Datenmaterial von mehr als siebzig realen Unternehmen. Die Berechnung der einzelnen Variablen bzw. Leistungsmessgrößen sowie weitergehende Informationen zu diesen können Abschnitt 4 des Anhangs entnommen werden. Das komplette Datenmaterial ist beim Verf. verfügbar. Die hohe thematische Nähe zwischen der Datenbasis und der zentralen Fragestellung der Arbeit erleichterte es, der Forderung nach einem Rückbezug zu den untersuchungsleitenden Hypothesen im Zuge der Interpretation der Untersuchungsergebnisse nachzukommen.[610]

---

[608] Friedrichs / Methoden empirischer Sozialforschung 1990 / S. 53 f.
[609] Vgl. Gottwald / Statistik 2000 / S. 3
[610] Vgl. hierzu Kromrey / Empirische Sozialforschung 2002 / S. 405

Für einen möglichen „Mis-Match" zwischen erhobenen Daten und empirischer Realität können mehrere Faktoren ursächlich sein.[611] Auf der Ebene der Stichprobenziehung können beispielsweise die Erhebungseinheiten bzw. die Befragten für Informationen über den maßgeblichen Untersuchungsgegenstand schlichtweg ungeeignet sein oder aber es liegt eine eingeschränkte oder verzerrte Auswahl vor. Der letztgenannte Fall könnte etwa im Falle einer Befragung, deren Ergebnisse auf große Industrieunternehmen generalisierbar sein sollen, in Folge einer Erhebung bei Unternehmungen, die nur einer ganz bestimmten Branche angehören, auftreten.[612]

Neben mehreren anderen Artefaktquellen[613] kann ein „Mis-Match" insbesondere daraus resultieren, dass – trotz teils grundsätzlicher Eignung einer Auswahl – Untersucher und Befragte über ein unterschiedliches Bezugssystem verfügen. Dieses Risiko ist als besonders „heikel" einzustufen, da es zu erheblichen inhaltlichen Fehlschlüssen führen kann, ohne dass diese stets unmittelbar offensichtlich würden, etwa in Form eines schwachen Rücklaufs an Fragebögen oder durch artikulierte Kritik der Befragten bzw. durch vergleichbare Auffälligkeiten.[614] Im vorliegenden Fall könnte eine solche Unterschiedlichkeit des Bezugssystems zum Beispiel darin bestanden haben, dass Untersucher und Befragte die teils relativ hoch spezialisierten Abfragekategorien verschiedenartig verstanden haben. Desgleichen wäre prinzipiell der Fall denkbar, dass aus sozialer Erwünschtheit heraus die Befragten Informationen zu Abfragekategorien erteilten, die sich mit der Unternehmensrealität gar nicht deckten (etwa Schätzung von Angaben zu bestimmten Attributen von Lieferprozessen, die im betreffenden Unternehmen nicht verfolgt und mithin nicht explizit erhoben wurden).

---

[611] Auf den Aspekt der Übereinstimmung von theoretischen Aussagen und empirischer Realität (im vorliegenden Fall genauer: betriebswirtschaftlicher bzw. unternehmerischer Realität) wird in Kap. E, Abs. E.1.3 nochmals im Kontext der „Wahrheitstreue" und der Korrespondenztheorie zurückgekommen

[612] Die Reduktion dieses Risikos in der hier durchgeführten Untersuchung wurde bereits an anderer Stelle erörtert (siehe Kap. C, Abs. C.3.5)

[613] Für eine ausführliche Auflistung verschiedenartiger Artefaktquellen bei der Konstruktion von Testverfahren und deren Anwendung sei beispielsweise verwiesen auf Wottawa / Testtheorie 1980 / S. 208 ff.

[614] Vgl. Kromrey / Empirische Sozialforschung 2002 / S. 359 ff.; vgl. auch Alemann / Forschungsprozess 1977 / S. 209 f.

Nachdem – wie an anderer Stelle bereits ausführlich dargelegt[615] – aus dem Fundus der Primärerhebung jene Rückmeldungen fokussiert wurden, die lückenlose und differenzierte Angaben erhielten, müssen hier die vorgenannten Risiken doch als eher unwahrscheinlich erscheinen (Umkehrschluss auf hohe Authentizität der Angaben). Der Rückschluss auf Unwahrscheinlichkeit der Risiken stellt sich für die vorliegende Untersuchung mithin um so mehr, als die Angaben von auf die Supply Chain-Fragen spezialisierten Führungskräften der jeweiligen Unternehmen abgegeben wurden,[616] welche bei einem vorliegenden „Mis-Match" zwischen Abfrageraster und Unternehmensrealität sicherlich weitaus eher Kritik geäußert hätten als etwa fachlich weniger versierte Ansprechpartner. Der Fall, dass zu den einzelnen Supply Chain-Attributen lückenlose und differenzierte Angaben erfolgt wären, falls sich die verwendeten Abfragekategorien nicht mit der Unternehmensrealität gedeckt hätten, ist als relativ unwahrscheinlich einzustufen. Gänzlich auszuschließen sind die vorgenannten Risiken allerdings nicht, wobei eine völlige Artefaktvermeidung jedoch praktisch in keiner empirischen Untersuchung, in der der „Human Factor" zum Tragen kommt (Befragungsauskünfte, etc.), erreichbar ist.[617]

Alle folgenden Auswertungen sind zusätzlich entsprechend der in Abs. C.3.5 dargestellten Gruppierungen diskriminiert vorgenommen worden, um Heterogenität im Datensatz abzufangen bzw. auf der Auswerteseite die Eingangsgrößen hinsichtlich möglicher ergebnisbeeinflussender Verzerrungen kontrollieren zu können. In den Fällen, in denen dies zu einem inkrementellen Erkenntnisgewinn führte, ist dies jeweils bei den Ergebnissen vermerkt. Falls keine weiteren Erklärungen gemacht werden, konnten aus der diskriminierenden Betrachtung mithin keine zusätzlichen Erkenntnisse gewonnen werden. Die Befundlage stellte sich unter dieser Bedingung in etwa vergleichbar für die durch verschiedene Diskriminanten-

---

[615] Siehe hierzu die Ausführungen unter Kap. C, Abs. C.3.2
[616] Siehe dazu Kap. C, Abs. C.3.3
[617] Diese Schlussfolgerung hat auch Implikationen für die Diskussion nicht zu bestätigender Thesen. Derartige Nichtbestätigungen können (a) aus Artefakten bzw. mangelnder Aussagekraft der Daten oder (b) aus einer Nichtabdeckung der Unternehmensrealität mit den noch nicht in extenso empirisch untersuchten SCOR-Modellabbildungen herrühren (d.h. inhaltlicher Änderungs- oder Erweiterungsbedarf der Modellabbildungen). In der vorliegenden Arbeit wurden beide Möglichkeiten berücksichtigt, wobei von der Position ausgegangen wurde, dass – bei kritischer Berücksichtigung der aufgezeigten Einschränkungen (siehe hierzu auch die Ausführungen unter Kap. C, Abs. C.3.2 und C.3.5) – die Validität der Daten gegeben ist und dementsprechend die inhaltliche Diskussion überwiegen muss

ausprägungen charakterisierbaren Unternehmen dar, d.h. es lagen keine inferenzstatistisch relevanten Interaktionen vor.[618]

Die Darstellung und Interpretation der Ergebnisse wurde anhand folgenden groben Rasters vorgenommen:

- Beschreibung der Auswertungsergebnisse mittels statistischer Werte, wie z.B. Mittelwert, Standardabweichung, usw.
- Darstellung des bivariaten Zusammenhangs mittels statistischer Werte, wie beispielsweise Bravais-Pearson'sche Korrelationskoeffizient (R) und Alpha-Fehler (P(α)).
- Schlussfolgerung dahingehend, ob die These bestätigt, verworfen (falsifiziert) oder als unsystematisch beurteilt wurde.[619]
- Exemplarische grafische Darstellung der Ergebnisse, falls sinnvoll. Hier wurde aus inferenzstatistischen wie inhaltlichen Gründen entschieden, eine Visualisierung der bivariaten Zusammenhänge ab einer Korrelationshöhe von R = 0,30 (absolut) vorzunehmen.[620]

Zum besseren Verständnis der folgenden Darlegungen erschien es allerdings wichtig, zunächst die einschlägigen deskriptiv-statistischen Maße der zentralen Tendenz und Dispersion (insbes. Mittelwerte und Standardabweichungen) sowie die jeweilige „Maßeinheit" (etwa prozentuale Maße, Erfassung in Stunden oder Tagen, etc.) aller in den Zusammenhangspostulaten involvierten Modellparameter darzustellen. Die notwendigen Angaben gehen aus den nachfolgenden Tabellen

---

[618] Zum Interaktionsbegriff in der statistischen Methodik und zu den unterschiedlichen Überprüfungsprozeduren vgl. etwa Rochel / Planung und Auswertung von Untersuchungen 1983 / S. 60 ff.

[619] Im Sinne des „Kritischen Rationalismus" der Forschungslogik müssen Aussagen bzw. Hypothesen prinzipiell an der Erfahrung scheitern können, d.h. falsifizierbar sein (vgl. Popper / Logik der Forschung 1989 / S. 15). Demgemäß kann die Bezeichnung „bestätigt" gleichgesetzt werden mit „vorläufig nicht falsifiziert"

[620] Die Interpretation der „Bedeutsamkeit" eines Korrelationskoeffizienten hängt wesentlich von inhaltlichen Gesichtspunkten einer empirischen Fragestellung ab. Voelker et al. beschreiben den Zusammenhang wie folgt: „Whether a correlation of a given magnitude is substantively or practically significant depends greatly on the phenomenon being studied." (Voelker et al. / Statistics 2001 / S. 101). Mithin konnte im vorliegenden Fall angesichts einer Höhe von R$\geq$0,30 von zu grafischen Darstellungszwecken substanziellen Zusammenhängen ausgegangen werden, die auch auf dem „fortgeschrittenen" P(α)-Niveau von 0,01 signifikant waren. Eine kritische Reflektion der korrelationsanalytisch ermittelten Befunde wird im Übrigen am Ende des Kapitels im Kontext der Diskussion möglicher Fehler und Störeinflüsse vorgenommen

D-2a bis D-2e hervor. Zuvor erfolgt in den Tabellen D-1a bis D-1e ein Überblick zur Verteilung der untersuchten Stichprobe.

Land	Region	Anzahl	Prozent
Kanada	Nord-Amerika	2	2,74
USA	Nord-Amerika	53	72,6
Frankreich	Europa	1	1,37
Deutschland	Europa	1	1,37
Ungarn	Europa	1	1,37
Italien	Europa	5	6,85
Türkei	Europa	1	1,37
UK	Europa	3	4,11
Indien	Asien	2	2,74
Indonesien	Asien	3	4,11
Singapur	Asien	1	1,37

Tab. D-1a: Verteilung der untersuchten Unternehmen (N = 73) nach Region und Land[621]

Branche	Industry	Anzahl	Prozent
Luft- und Raumfahrt	Aerospace and Defense	2	2,74
Agrar- und Biotechnologie	Agriculture and Biotechnology	3	4,11
Bekleidungsindustrie	Apparel Productions	3	4,11
Automobilindustrie	Automotive	2	2,74
Chemische und Arzneimittelindustrie	Chemicals and Pharmaceuticals	7	9,59
Computerhersteller und Konsumelektronik	Computers and Consumer Electronics	7	9,59
Verbrauchsgüter	Consumer Packaged Goods	7	9,59
Elektronikzubehör	Electric Utilities	4	5,48
Haushaltsgeräte	Household Appliances	3	4,11
Maschinenbau	Machinery and Equipment	6	8,22
Metallindustrie	Metal Products	5	6,84
Büro- und Druckmaschinen	Office and Printing Machines	4	5,48
Kunststoffindustrie	Rubber and Plastic Products	5	6,85
Telekommunikation	Telecommunications	7	9,59
Handel	Retail and Distribution	6	8,22
Andere	Others	2	2,74

Tab. D-1b: Verteilung der untersuchten Unternehmen (N = 73) nach Branchenzugehörigkeit[622]

---

[621] Ermittelt auf Grundlage von BearingPoint / Supply Chain Benchmarking Results 2003 / o.S.
[622] Ebd.

Größenklasse	Umsatz	Anzahl	Prozent
Kleinunternehmen	unter 6,77 Mio. Euro	3	4,1
Mittelunternehmen	6,77 bis 27,5 Mio. Euro	14	19,2
Großunternehmen	über 27,5 Mio. Euro	56	76,7

Tab. D-1c: Verteilung der untersuchten Unternehmen (N = 73) nach Größenklassen basierend auf Umsatz gemäß HGB[623]

Größenklasse	Mitarbeiter	Anzahl	Prozent
Kleinunternehmen	unter 50	2	2,7
Mittelunternehmen	50 bis 250	16	21,9
Großunternehmen	über 250	55	75,4

Tab. D-1d: Verteilung der untersuchten Unternehmen (N = 73) nach Größenklassen basierend auf Mitarbeiterzahl gemäß HGB[624]

Gesamtkapitalrentabilität (GKR)	Anzahl	Prozent
Negativ	7	9,6
0 bis 10 Prozent	46	63,0
über 10 Prozent	20	27,4

Tab. D-1e: Verteilung der untersuchten Unternehmen (N = 73) nach Gesamtkapitalrentabilität (GKR)[625]

---

[623] Ermittelt auf Grundlage von BearingPoint / Supply Chain Benchmarking Results 2003 / o.S. Zur Einteilung gemäß HGB vgl. Schierenbeck / Grundzüge der Betriebswirtschaftslehre 2003 / S. 37 f. Die zugrunde liegenden Werte in Euro wurden anhand des Umrechnungskurses mit Stand zum 21. Juni 2005 umgerechnet (vgl. Tiago Stock Consulting / Exchange Rates 2005 / o. S.)

[624] Ermittelt auf Grundlage von BearingPoint / Supply Chain Benchmarking Results 2003 / o.S. Zur Einteilung gemäß HGB vgl. Schierenbeck / Grundzüge der Betriebswirtschaftslehre 2003 / S. 37 f.

[625] Ermittelt auf Grundlage von BearingPoint / Supply Chain Benchmarking Results 2003 / o.S. Zur Berechnung der Gesamtkapitalrentabilität (GKR) siehe Kap. C, Abs. C.3.5

Kapitel D: Gegenüberstellung von Arbeitsthesen und Erkenntnisresultaten 225

Nr.	Parameter (Leistungsmessgröße)	Parameter (Performance Measure)	ME[626]	x[627]	s[628]	Min[629]	Max[630]	V[631]
1	Einkaufskosten als Anteil vom Umsatz	Purchasing cost as a percentage of revenue	Prozent	1,33	0,64	0,23	3,67	3,44
2	Anteil an pünktlich und einwandfrei gelieferten Einkaufsaufträgen	Percentage of purchased orders received on time and complete	Prozent	80,64	18,56	5^{632}	99	94
3	Anteil an pünktlich und einwandfrei gelieferten Einkaufsauftragspositionen	Percentage of purchased lines received on time and complete	Prozent	81,79	20,32	0^{633}	99	83,4
4a	Anteil der per Internet übermittelten Einkaufstransaktionen	Transactions processed via web	Prozent	4,45	13,18	0^{634}	90	90
4b	Anteil der per EDI übermittelten Einkaufstransaktionen	Transactions processed via EDI	Prozent	3,27	13,19	0^{635}	90	90
5	Anzahl an aktiven Lieferanten pro Mitarbeiter	Number of active suppliers per FTE	Anzahl	81,92	121,95	1^{636}	550	549
6	Einkaufskosten pro Mitarbeiter	Purchasing cost per FTE	Dollar	72.692	45.614	66	199.200	199.134

Tab. D-2a: Deskription von Beschaffung („Source")[637]

---

[626] „ME" abgekürzt für die Maßeinheit
[627] „x" abgekürzt für den arithmetischen Mittelwert („arithmetic mean")
[628] „s" abgekürzt für Standardabweichung („Standard deviation")
[629] „Min" abgekürzt für Minimum
[630] „Max" abgekürzt für Maximum
[631] „V" abgekürzt für Variationsbreite („Range")
[632] Durch Rundung
[633] Ebd.
[634] Ebd.
[635] Ebd.
[636] Ebd.
[637] Ermittelt auf Grundlage von BearingPoint / Supply Chain Benchmarking Results 2003 / o.S.

1. Resultate der Auswertungen zu den Thesen

Nr.	Parameter (Leistungsmessgröße)	Parameter (Performance Measure)	ME	x	s	Min	Max	V
1	Produktionskosten als Anteil am Umsatz	Manufacturing cost as percent. of revenue	Prozent	60,11	20,17	8,89	65,38	56,49
2	Durchschnittliche Auslastung von Betriebsanlagen	Average operating-equipment efficiency rate	Prozent	84,80	14,25	45,00	99,80	54,80
3	Durchschnittliche Fertigungsdurchlaufzeit	Average manufacturing cycle time	Prozent	201,52	356,70	1^{638}	2.160	2.160
4	Durchschnittliche Fabriklieferleistung für Fertigungsaufträge	Average MPS plant delivery performance	Prozent	87,16	13,93	15	95	80
5	Durchschnittliche Auslastung der Fabrikkapazität	Average plant capacity utilization	Prozent	70,35	19,85	20	94	74
6	Produktionskosten pro Mitarbeiter	Manufacturing cost per FTE	Dollar	387.266	752.362	29.851	3,81818 Mio.	3,81815 Mio.
7	Durchschnittlicher Durchsatz pro Mitarbeiter	Average throughput per FTE	Stück	496.616	909.367	481	5,454555 Mio.	5,454554 Mio.

Tab. D-2b: Deskription von Fertigung („Produce")[639]

---

[638] Durch Rundung
[639] Ermittelt auf Grundlage von BearingPoint / Supply Chain Benchmarking Results 2003 / o.S.

Nr.	Parameter (Leistungsmessgröße)	Parameter (Performance Measure)	ME	x	s	Min	Max	V
1	Lagerverwaltungskosten als Anteil am Umsatz	Inventory management cost as percentage of revenue	Prozent	1,95	1,54	$0,02^{640}$	7,88	7,86
2	Lagerverwaltungskosten als Anteil am Lagerwert	Inventory mgmt. cost as percentage of inventory value	Prozent	37,16	33,04	0,79	80	79,21
3	Durchschnittlicher Lagerumschlag	Average inventory turnover	Stück	15,08	19,73	2	109	107
4	Anteil inaktiven Materials am Lagerwert	Inactive inventory percentage	Prozent	10,16	17,28	3	67	64
5	Kosten des Lagerwertverlusts als Anteil am Umsatz	Inventory obsolescence cost as percentage of revenue	Prozent	1,07	2,29	0,50	11,64	11,14
6	Zählgenauigkeit von Lagerzyklen	Cycle count accuracy percent.	Prozent	90,34	19,22	1,89	98	96,11
7	Durchschnittliche Umschlagszeit für eingegangene Endprodukte	Average received finished goods turnaround time	Stunden	19,20	38,34	1	240	239
8	Anteil an nicht-verfügbarem Lagermaterial	Inventory stockout percentage	Prozent	14,00	20,13	5^{641}	60	55
9	Durchschnittliche Ausnutzung der Lagerfläche	Average warehousing space utilization	Prozent	84,45	16,27	30	96	66
10	Lagerverwaltungskosten pro Mitarbeiter	Inventory management cost per FTE	Dollar	253.331	1,07689 Mio.	480	7,75 Mio.	7,74952 Mio.
11	Lagerverwaltungskosten pro Kundenauftrag	Inventory mgmt. cost per customer order	Dollar	219,83	320,62	10	1.500	1.490

Tab. D-2c: Deskription von Lieferung - Lagerung („Deliver - Store")[642]

---

[640] Bedingt durch Konzepte zur Auslagerung der Lagerverwaltung und der damit verbundenen Kosten, wie z.B. das bereits erwähnte Vendor Managed Inventory (VMI)
[641] Durch Rundung
[642] Ermittelt auf Grundlage von BearingPoint / Supply Chain Benchmarking Results 2003 / o.S.

Nr.	Parameter (Leistungsmessgröße)	Parameter (Performance Measure)	ME	x	s	Min	Max	V
1	Transportkosten als Anteil am Umsatz	Transportation cost as percentage of revenue	Prozent	3,93	5,20	1	35,23	34,23
2a	Anteil an Lagereingangskosten	Percentage of inbound cost	Prozent	40,04	25,86	5	80	75
2b	Anteil an Lagerausgangskosten	Percentage of outbound cost	Prozent	62,34	26,01	10	80	70
3	Lieferschäden	Damaged shipments	Anzahl	1,56	2,16	0[643]	10	10
4a	Anteil pünktlicher Lieferungen (Lagereingänge)	On-time delivery percentage (inbound)	Prozent	92,04	8,91	60	98	38
4b	Anteil pünktlicher Lieferungen (Lagerausgänge)	On-time delivery percentage (outbound)	Prozent	94,01	7,29	60	99	39
5	Transportkosten pro Mitarbeiter	Transportation cost per FTE	Dollar	1,04822 Mio.	1,61365 Mio.	1,8298 Mio.	8,1032 Mio.	6,2734 Mio.

Tab. D-2d: Deskription von Lieferung - Transport („Deliver - Transport")[644]

---

[643] Durch Rundung
[644] Ermittelt auf Grundlage von BearingPoint / Supply Chain Benchmarking Results 2003 / o.S.

Nr.	Parameter (Leistungsmessgröße)	Parameter (Performance Measure)	ME	x	s	Min	Max	V
1	Kosten für Kundenservice als Anteil vom Umsatz	Customer service cost as percentage of revenue	Prozent	3,21	7,87	0,50	56,10	55,60
2	Kundenverbleibsquote	Customer retention rate	Prozent	85,03	18,17	30	97	67
3	Kundenstreitigkeiten	Customer disputes	Prozent	4,33	7,56	1	50	49
4	Anteil an einwandfreien Kundenaufträgen	Perfect orders rate	Prozent	85,12	16,28	25	98	73
5	Pünktliche Erfüllungsrate von Kundenauftragspositionen	Lines on-time fill rate	Prozent	88,95	10,14	60	98	38
6	Wert an Auftragsrückständen	Backorders value	Dollar	11,17801 Mio.	28,7459 Mio.	10.000	1,38359 Mrd.	1,38358 Mrd.
7	Durchschnittliche Durchlaufzeit vom Kundenauftrag zum Versand	Average order-to-shipment lead time	Stunden	281,88	378,21	1	2.000	1.999
8	Kundenservicekosten pro Mitarbeiter	Customer service cost per FTE	Dollar	108.577	254.600	221.900	1,81912 Mio.	1,5972 Mio.
9	Anteil an Verkäufen über das Internet	Percentage of sales via web	Prozent	22,07	33,32	0[645]	100[646]	100

Tab. D-2e: Deskription von Lieferung - Verkaufen („Deliver - Sell")[647]

---

[645] Korrekte Extremwerte durch unterschiedliche Ausrichtung der Unternehmen
[646] Ebd.
[647] Ermittelt auf Grundlage von BearingPoint / Supply Chain Benchmarking Results 2003 / o.S.

D.1.1 Resultate zu Thesen der SCOR-Modellgruppe Intra-Leistungsattribut (I-L)

D.1.1.1 Leistungsattribut Kundenservice („reliability and responsiveness")

These 1:

Die These, dass ein hoher Anteil pünktlicher Lieferungen für Lagerein- und -ausgänge („on-time delivery percentage – inbound / outbound") zu einer hohen Kundenverbleibsquote führen würde, ließ sich für die „inbound"-Komponente (Lieferantenseite) korrelationsanalytisch bestätigen. Mit einem erhöhten Anteil pünktlicher Lieferungen („inbound") waren ebenfalls erhöhte Kundenverbleibsquoten gekoppelt. Für die „outbound"-Komponente lag mithin ein unsystematisches Ergebnis vor. Die entsprechenden Produkt-Moment (PM)-Korrelationen finden sich in der Tab. D-3 zusammengefasst.[648]

Die zusätzliche Berücksichtigung der Parameter „Unternehmensumsatz" und „Mitarbeiterzahl" in einer multiplen Regression (Prozentsatz pünktlicher Lieferungen als Kriterium, Fertigungslaufzeit sowie o.g. Parameter als Prädikatoren) erbrachte keinerlei inkrementellen Nutzwert. Das bedeutet, dass sich die als substanziell zu bewertende Korrelation im Wesentlichen auch als unabhängig von der umsatz- und belegschaftsmäßig operationalisierten Unternehmensgröße darstellte.

Ganz überwiegend galt die Aussage auch für alle anderen Thesen, weshalb nachfolgend diese Aspekte nur bei tatsächlich gegebenem inkrementellen Informationswert („Zusatzerklärungswert") der Parameter „Unternehmensumsatz" und „Mitarbeiterzahl" aufgegriffen werden.

---

[648] Zur Produkt-Moment (PM)-Korrelation siehe Kap. C, Abs. C.4.2.2

Kapitel D: Gegenüberstellung von Arbeitsthesen und Erkenntnisresultaten   231

Zusammenhang	N^{649}	R^{650}	$P(\alpha)^{651}$	M^{652}
Anteil pünktlicher „inbound"-Lieferungen und Kundenverbleibsquote	73	+0,23	< 0,05	I-L
Anteil pünktlicher „outbound"-Lieferungen und Kundenverbleibsquote	73	-0,04	nicht signif.	I-L

Tab. D-3: Zusammenhang zwischen pünktlichen Lieferungen und Kundenverbleibsquote

These 2:

Für die These, wonach ein hoher Anteil an einwandfreien Kundenaufträgen („perfect orders rate") eine hohe Kundenverbleibsquote („customer retention rate") bedinge, konnte auf Basis der PM-Korrelation nur eine tendenzielle Bestätigung erbracht werden (s. Tab. D-4). Der Zusammenhang stellt sich insofern statistisch zwar nicht als überzufällig, zumindest aber als ansatzweise dar.

Zusammenhang	N	R	$P(\alpha)$	M
Anteil einwandfreier Kundenaufträge und Kundenverbleibsquote	73	+0,17	nicht signif.	I-L

Tab. D-4: Zusammenhang zwischen Kundenauftragsgüte und Kundenverbleibsquote

---

[649] „N" steht für die Anzahl („Number") an Fällen, die insgesamt untersucht wurden
[650] „R" repräsentiert den Bravais-Pearson'schen Korrelationskoeffizienten (BPK), der in Kap. C, Abs. C.4.2.2 näher erläutert wurde
[651] „P(α)" steht für die „Irrtumswahrscheinlichkeit" und berechnet sich als P(α) = 100% - P, wobei „P" das Vertrauensniveau oder die statistische Sicherheit („Probability") bezeichnet. Zu detaillierteren Erläuterungen siehe Kap. C, Abs. C.4.2.2
[652] Mit „M" wird die SCOR-Modellgruppe abgekürzt, der der jeweilige Zusammenhang zugeordnet ist. Dabei werden – analog zur Struktur der aufgestellten Thesen – folgende Zuordnungsfälle unterschieden: I-L = Intra-Leistungsattribut, I-K = Intra-Kompetenz, I-KL = Inter-Kompetenz/ Leistungsattribut (zu detaillierten Ausführungen s. Kap. C, Abs. C.1.2)

These 3:

Die Position, wonach ein geringer Anteil pünktlicher Lieferungen („on-time delivery percentage – inbound/outbound") mit einem geringen Anteil an einwandfreien Kundenaufträgen („perfect orders rate") korreliere, konnte im Falle der „outbound"-Komponente sehr nachhaltig bestätigt werden. Außerdem ergab sich vice versa eine extrem homogene Beziehung zwischen einem hohen Anteil pünktlicher Lieferungen und einem stark ausgeprägten Anteil an einwandfreien Kundenaufträgen. Es lag mithin eine reversible Variablenbeziehung vor.[653] Im Hinblick auf die „inbound"-Komponente war hingegen nur von einem tendenziellen Zusammenhang auszugehen.

Die entsprechenden PM-Korrelationen und sonstigen Auswertungsergebnisse sind der Tab. C-5 zu entnehmen.[654] Der Sachverhalt lässt sich durch eine gruppierte Betrachtung[655] zusätzlich differenzieren (s. Abb. D-1).

Zusammenhang	N	R	P(α)	M
Anteil pünktlicher „inbound"-Lieferungen und Anteil einwandfreier Kundenaufträge	73	+0,16	nicht signif.	I-L
Anteil pünktlicher „outbound"-Lieferungen und Anteil einwandfreier Kundenaufträge	73	+0,48	< 0,001	I-L

Tab. D-5: Zusammenhang zwischen pünktlichen Lieferungen und Kundenauftragsgüte

---

[653] Zu den verschiedenen Fällen von Variablenbeziehungen siehe die entsprechende Fußnote unter Kap. C, Abs. C.1.2.4
[654] Die Abkürzung „n" in dieser Abbildung sowie den nachfolgenden Grafiken steht für die Anzahl („number") als Anteil an der jeweiligen Gruppe (im Gegensatz zur gesamten Anzahl untersuchter Fälle, die durch den Buchstaben „N" dargestellt ist)
[655] Bei dieser Gruppierung wurde – wie auch bei den Folgedarstellungen – zu „Lasten" gleicher Intervallbreiten eine etwa gleiche Besetzung angestrebt. Zu detaillierteren Hinweisen zur Gruppierung und Intervallbreitenfestsetzung bzw. zur Erfordernis nach Ausgewogenheit vgl. auch Bortz / Statistik 1985 / S. 35 f.

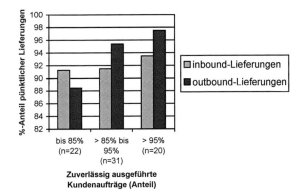

Abb. D-1: Pünktliche Lieferungen („inbound/outbound") und zuverlässig ausgeführte Kundenaufträge

These 4:

Die These eines gegenläufigen Zusammenhanges zwischen der Fertigungslaufzeit auf der einen und dem Anteil pünktlicher Lieferungen („inbound/outbound") auf der anderen Seite ließ sich korrelationsanalytisch untermauern. Die dementsprechend negativen PM-Korrelationskoeffizienten (s. Tab. D-6) bedeuten inhaltlich, dass mit höherer Fertigungslaufzeit der Anteil pünktlicher Lieferungen abnimmt. Vice versa nimmt er mit sinkender Fertigungsdurchlaufzeit zu, d.h. Vorliegen einer reversiblen Variablenbeziehung. Folglich war der Zusammenhang nur für die „outbound"-Komponente als substanziell zu erachten.

Auf Grundlage der Ergebnisse kann von einer gegenläufigen Beziehung zwischen dem Ausmaß pünktlicher „outbound"-Lieferungen und der Fertigungsdurchlaufzeit ausgegangen werden. Im Falle der „inbound"-Lieferungen konnte hingegen letztlich nur eine marginale Korrelation verzeichnet werden.

1. Resultate der Auswertungen zu den Thesen

Zusammenhang	N	R	P(α)	M
Anteil pünktlicher „inbound"-Lieferungen und durchschnittliche Fertigungsdurchlaufzeit	73	-0,09	nicht signif.	I-L
Anteil pünktlicher „outbound"-Lieferungen und durchschnittliche Fertigungsdurchlaufzeit	73	-0,22	< 0,05	I-L

Tab. D-6: Zusammenhang zwischen pünktlichen Lieferungen und Fertigungsdurchlaufzeit

Die zuverlässige Lieferausführung der Einkaufsaufträge war auf Basis der empirischen Daten also eindeutig an ebenfalls mängellose (einwandfreie) Kundenaufträge gebunden. Es konnte mithin eine positive Beziehung der beiden Parameter untermauert werden.

These 5:

Ein positiver Zusammenhang zwischen dem Anteil an pünktlich und einwandfrei gelieferten Einkaufsaufträgen („percentage of purchased orders received on time and complete") und dem Anteil an einwandfreien Kundenaufträgen („perfect orders rate") war als statistisch überzufällig zu bestätigen (s. Tab. D-7). Mithin konnte eine deterministische Variablenbeziehung nachgewiesen werden.

Zusammenhang	N	R	P(α)	M
Anteil an zuverlässig gelieferten / erfüllten Einkaufsaufträgen und Anteil einwandfreier Kundenaufträge	73	+0,27	< 0,05	I-L

Tab. D-7: Zusammenhang zwischen zuverlässig gelieferten bzw. erfüllten Einkaufskaufsaufträgen und Kundenauftragsgüte

Die diesbezügliche Korrelationshöhe lag folglich in einem Bereich, der bereits auf eine mäßig enge Koppelung der Parameter zurückschließen ließ.[656]

These 6:

Für die Modellvorstellung, wonach zwischen durchschnittlicher Fabriklieferleistung für Fertigungsaufträge („average MPS plant delivery performance – work orders") und Fertigungsdurchlaufzeit („average manufacturing cycle time") eine gegenläufige Koppelung bestehe, konnte eine signifikante Stützung erbracht werden (s. Tab. D-8).

Hohe durchschnittliche Fabriklieferleistungen für Fertigungsaufträge gingen insofern mit verkürzten durchschnittlichen Fertigungsdurchlaufzeiten einher, umgekehrt traten „niedrige" Fabriklieferleistungen in überzufälliger Weise mit erhöhter Fertigungslaufzeit einhergehend auf. Es konnte also eine entgegengesetzte Relation der beiden Parameter und somit eine deterministische Beziehung nachgewiesen werden.

Zusammenhang	N	R	P(α)	M
Durchschnittliche Fabriklieferleistung für Fertigungsaufträge und durchschnittliche Fertigungsdurchlaufzeit	73	-0,26	< 0,05	I-L

Tab. D-8: Zusammenhang zwischen Fabriklieferleistung für Fertigungsaufträge und Fertigungsdurchlaufzeit

---

[656] Die Varianzaufklärung an der Kriteriumsvariable „Anteil an pünktlich und einwandfrei gelieferten Einkaufsaufträgen" wurde durch die Einbeziehung des Prädiktors „Unternehmensumsatz" bzw. „Mitarbeiterzahl" in eine multiple Regression erkennbar erhöht. Vereinfacht ausgedrückt, verweist dies auf einen eindeutigeren Zusammenhang für die größeren Unternehmen, wobei allerdings Kriterien statistischer Signifikanz nicht erreicht wurden (siehe hierzu auch weiterführende Hinweise zur Untersuchung der inkrementellen Funktion unter These 1)

These 7:

Die Position, dass eine kurze durchschnittliche Lieferdurchlaufzeit für Bestellanforderungen („average purchase requisition to delivery cycle time") eine hohe pünktliche Erfüllungsrate von Kundenauftragspositionen („lines on-time fill rate") bedinge, ließ sich empirisch nicht hinreichend untermauern. Der Zusammenhang beider Parameter kann als weitestgehend unsystematisch charakterisiert werden (s. Tab. D-9).

Zusammenhang	N	R	$P(\alpha)$	M
Durchschnittliche Lieferdurchlaufzeit für Bestellanforderungen und pünktliche Erfüllungsrate von Kundenauftragspositionen	73	+0,09	nicht signif.	I-L

Tab. D-9: Zusammenhang zwischen Lieferdurchlaufzeit für Bestellanforderungen und Erfüllung der Kundenauftragspositionen

D.1.1.2 Leistungsattribut Flexibilität („flexibility")

These 8:

Auch für die Annahme, wonach ein hoher Anteil an nicht-verfügbarem Lagermaterial („inventory stockout percentage") zu einem hohen Ausmaß an Auftragsrückständen („backorders value") führe, fand sich keine empirische Bestätigung. Die beiden Parameter standen zwar in einer positiven, aber letztlich doch nur als unsystematisch zu charakterisierenden Relation (Tab. D-10).

Zusammenhang	N	R	P(α)	M
Anteil an nicht-verfügbarem Lagermaterial und Ausmaß an Auftragsrückständen	73	+0,06	nicht signif.	I-L

Tab. D-10: Zusammenhang zwischen nicht-verfügbarem Lagermaterial und Auftragsrückständen

D.1.1.3 Leistungsattribut Kosten („cost")

<u>These 9:</u>

Erwartet wurde eine positive Beziehung zwischen Einkaufskosten als Anteil vom Umsatz („purchasing cost as a percentage of revenue") und Lagerverwaltungskosten als Anteil am Umsatz („inventory management cost as a percentage of revenue"). Diese Annahme erfuhr auf der Grundlage des Datenmaterials eine nachhaltige Bestätigung (s. Tab. D-11).

Hohe Einkaufskosten als Anteil vom Umsatz fanden sich insoweit in überzufälliger Weise bei hohen Lagerverwaltungskosten als Anteil am Umsatz, auf der anderen Seite waren niedrige Einkaufskosten entsprechend bei niedrigen Lagerverwaltungskosten gegeben.

Zusammenhang	N	R	P(α)	M
Einkaufskosten als Anteil vom Umsatz und Lagerverwaltungskosten als Anteil am Umsatz	73	+0,34	< 0,01	I-L

Tab. D-11: Zusammenhang zwischen umsatzbezogenen Einkaufs- und Lagerverwaltungskosten

Der „Gleichklang" der beiden involvierten Parameter und die damit verbundene deterministische Beziehung lässt sich auch durch die gruppierte Betrachtung überzeugend untermauern, wie Abb. D-2 entnommen werden kann.

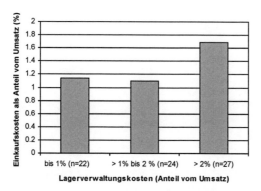

Abb. D-2: Umsatzbezogene Einkaufs- und Lagerverwaltungskosten

These 10:

Für die These, dass hohe Lagerverwaltungskosten als Anteil am Umsatz („inventory management cost as a percentage of revenue") mit hohen Lagerverwaltungskosten pro Mitarbeiter einhergehen würden, ergaben sich per PM-Korrelation nur tendenzielle Anhaltspunkte. Die errechnete Relation (s. Tab. D-12) kann demnach zwar nicht als signifikant gekennzeichnet werden. Dennoch konnte ein ansatzweise positiver Zusammenhang nachgewiesen werden.

Zusammenhang	N	R	P(α)	M
Lagerverwaltungskosten als Anteil am Umsatz und Lagerverwaltungskosten pro Mitarbeiter	73	+0,16	nicht signif.	I-L

Tab. D-12: Zusammenhang zwischen umsatz- und mitarbeiterbezogenen Lagerverwaltungskosten

These 11:

Die Annahme einer positiven Korrelation zwischen hohen Transportkosten als Anteil am Umsatz („transportation cost as a percentage of revenue") und hohen Transportkosten pro Mitarbeiter („transportation cost per FTE") ließ sich nachhaltig untermauern. Beide Parameter wiesen eine extrem homogene und statistisch signifikante Beziehung auf (s. Tab. D-13).

Zusammenhang	N	R	P(α)	M
Transportkosten als Anteil am Umsatz und Transportkosten pro Mitarbeiter	73	+0,67	< 0,001	I-L

Tab. D-13: Zusammenhang zwischen umsatz- und mitarbeiterbezogenen Transportkosten

Die eindeutige deterministische Beziehung beider Parameter geht auch aus der nachfolgenden grafischen Darlegung (gruppierter Betrachtungsmodus) hervor.

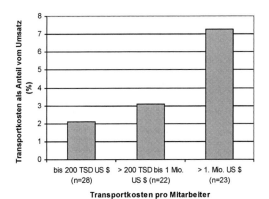

Abb. D-3: Umsatz- und mitarbeiterbezogene Transportkosten

These 12:

Erwartet wurde eine gegenläufige Relation zwischen der Ausprägung von Transportkosten als Anteil am Umsatz („transportation cost as a percentage of revenue") und dem Ausmaß an Lieferschäden („damaged shipments"). Wie der nachstehenden Tabelle zu entnehmen ist (s. Tab. D-14), wurde auf Grundlage der empirischen Daten zwar ein negativer Zusammenhang der beiden involvierten Parameter errechnet. Jener war allerdings – gemessen an der Höhe des BPK – als letztlich unsystematisch zu kennzeichnen.

Zusammenhang	N	R	P(α)	M
Transportkosten als Anteil am Umsatz und Ausmaß an Lieferschäden	73	-0,06	nicht signif.	I-L

Tab. D-14: Zusammenhang zwischen umsatzbezogenen Transportkosten und Lieferschäden

These 13:

Die These, dass hohe Einkaufskosten als Anteil vom Umsatz („purchasing cost as a percentage of revenue") mit hohen Einkaufskosten pro Mitarbeiter („purchasing cost per FTE") einhergehen würden, ließ sich empirisch bestätigen. Auch die Kriterien statistischer Signifikanz wurden dabei trotz der nicht übermäßig stark ausgeprägten Korrelationshöhe noch erreicht.

Zusammenhang	N	R	P(α)	M
Einkaufskosten als Anteil am Umsatz und Einkaufskosten pro Mitarbeiter	73	+0,20	< 0,05	I-L

Tab. D-15: Zusammenhang zwischen umsatz- und mitarbeiterbezogenen Einkaufskosten

Auf Grundlage der untersuchten Daten konnte somit, wie Tab. D-15 zu entnehmen ist, eine deterministische Variablenbeziehung nachgewiesen werden.

These 14:

Eine empirische Bestätigung dafür, dass hohe Kundenservicekosten pro Mitarbeiter („customer service cost per FTE") mit geringen Kundenstreitigkeiten („customer disputes") korrelieren, konnte nicht erbracht werden. Zwischen den Kundenservicekosten pro Mitarbeiter und dem Ausmaß an Kundenstreitigkeiten existierte im vorliegenden Datenpool faktisch überhaupt keine Beziehung (s Tab. D-16).

Zusammenhang	N	R	$P(\alpha)$	M
Kundenservicekosten pro Mitarbeiter und Ausmaß von Kundenstreitigkeiten	73	-0,01	nicht signif.	I-L

Tab. D-16: Zusammenhang zwischen mitarbeiterbezogenen Kundenservicekosten und Kundenstreitigkeiten

These 15:

Auch hier ergab sich ein – wie bereits im Falle von These 14 – völlig unsystematisches Resultat und somit keine Berechtigung zur Annahme der Modellvorstellung. Zwischen dem Parameter „Transportkosten pro Mitarbeiter (‚transportation cost per FTE')" und dem Ausmaß an Lieferschäden („damaged shipments") war letztlich auf Basis der Korrelationsanalyse ein „Non-Zusammenhang" gegeben (s. Tab. D-17).

Zusammenhang	N	R	P(α)	M
Transportkosten pro Mitarbeiter und Lieferschädenausmaß	73	-0,03	nicht signif.	I-L

Tab. D-17: Zusammenhang zwischen mitarbeiterbezogenen Transportkosten und Lieferschäden

D.1.1.4 Leistungsattribut Kapitaleinsatz („assets")

These 16:

Erwartet wurde eine gegenläufige Relation zwischen den Parametern „Lagerbestandswert (‚inactive inventory percentage')" und „durchschnittlicher Lagerumschlag (‚average inventory turnover')". Tatsächlich ließ sich empirisch die tendenziell-konträre Beziehung der beiden Parameter nachweisen. Allerdings wurden dabei die Kriterien statistischer Überzufälligkeit – wenngleich knapp – verfehlt (Tab. D-18).

Zusammenhang	N	R	P(α)	M
Anteil inaktiven Materials am Lagerbestandswert und durchschnittlicher Lagerumschlag	73	-0,18	nicht signif.	I-L

Tab. D-18: Zusammenhang zwischen inaktivem Lagerbestandswertanteil und Lagerumschlag

In der Grundtendenz ist aufgrund der Ergebnisse gleichwohl davon auszugehen, dass ein erhöhter Anteil inaktiven Materials am Lagerbestandswert eher mit einem niedrigen durchschnittlichen Lagerumschlag einhergeht.

These 17:

Für die These, wonach ein hoher Anteil inaktiven Materials am Lagerbestandswert („inactive inventory percentage") mit einer hohen durchschnittlichen Ausnutzung der Lagerfläche („average warehousing space utilization") gekoppelt sei, konnte keine empirische Bestätigung gefunden werden. Die beiden Parameter standen in einer weitestgehend unsystematischen Beziehung zueinander (s. Tab. D-19).

Zusammenhang	N	R	P(α)	M
Anteil inaktiven Materials am Lagerbestandswert und durchschnittliche Ausnutzung der Lagerfläche	73	+0,08	nicht signif.	I-L

Tab. D-19: Zusammenhang zwischen inaktivem Lagerbestandswertanteil und Ausnutzung der Lagerfläche

These 18:

Die Annahme, dass ein hoher durchschnittlicher Lagerumschlag („average inventory turnover") mit einer niedrigen durchschnittlichen Ausnutzung der Lagerfläche („average warehousing space utilization") einhergehe, konnte ebenfalls nicht empirisch untermauert werden. Zwar wies die entsprechende PM-Korrelation ein negatives Vorzeichen auf, die Korrelationshöhe lag jedoch in einem völlig unsystematischen Bereich (s. Tab. D-20).

Zusammenhang	N	R	P(α)	M
Durchschnittlicher Lagerumschlag und durchschnittliche Ausnutzung der Lagerfläche	73	-0,04	nicht signif.	I-L

Tab. D-20: Zusammenhang zwischen Lagerumschlag und Ausnutzung der Lagerfläche

D.1.2 Resultate zu Thesen der SCOR-Modellgruppe Intra-Kompetenz (I-K)

D.1.2.1 Kundenbezogene Kennzahlen („customer-facing metrics")

These 19:

Erwartet wurde eine gegenläufige Beziehung des Anteils pünktlicher Lieferungen („on-time delivery percentage – inbound/outbound") und des Wertes an Auftragsrückständen („backorders value"). Hohe Anteile pünktlicher Lieferungen sollten insofern mit niedrigen Werten an Auftragsrückständen einhergehen (Annahme einer negativen Korrelation).

Grenzwertig könnten die zu dieser Fragestellung positiven Korrelationen (s. Tab. D-21) noch als tendenziell angesehen werden, wenn auch in modellkonträrer Richtung. Allerdings war die Koppelung des Anteils beider Komponenten pünktlicher Lieferungen („inbound", „outbound") mit dem Wert respektive Ausmaß an Auftragsrückständen nicht hinlänglich eindeutig. Festzuhalten bleibt damit, dass die ermittelten Befunde nicht modellkonform ausgefallen sind, wenngleich auch nicht auf signifikante Weise.

Zusammenhang	N	R	P(α)	M
Anteil pünktlicher „inbound"-Lieferungen und Wert an Auftragsrückständen	73	+0,13	nicht signif.	I-K
Anteil pünktlicher „outbound"-Lieferungen und Wert an Auftragsrückständen	73	+0,12	nicht signif.	I-K

Tab. D-21: Zusammenhang zwischen pünktlichen Lieferungen und Auftragsrückstandswert

These 20:

Im Falle der vorliegenden These fällt auf, dass sich der postulierte Zusammenhang zwischen einem niedrigen Anteil an nicht verfügbarem Lagermaterial („inventory stockout percentage") und einem hohen Anteil pünktlicher Lieferungen („on-time delivery percentage – inbound and outbound") im Falle der „inbound"-Komponente nicht erhärten ließ (unsystematisches Muster, s. Tab. D-22). Im Falle der „outbound"-Komponente stellte sich das Postulat hingegen überdeutlich dar (s. ebenfalls Tab. D-22).

Zusammenhang	N	R	P(α)	M
Anteil nicht-verfügbaren Lagermaterials und Anteil pünktlicher „inbound"-Lieferungen	73	-0,05	nicht signif.	I-K
Anteil nicht-verfügbaren Lagermaterials und Anteil pünktlicher „outbound"-Lieferungen	73	-0,46	< 0,001	I-K

Tab. D-22: Zusammenhang zwischen nicht-verfügbarem Lagermaterial und pünktlichen Lieferungen

Insofern bleibt festzuhalten, dass der besagte gegenläufige Variablenzusammenhang offenkundig primär für die „outbound"-Situation, d.h. die Lagerabgänge bzw. Kundenseite, existiert. Abb. D-4 veranschaulicht den Sachverhalt in grafischer Form.

1. Resultate der Auswertungen zu den Thesen

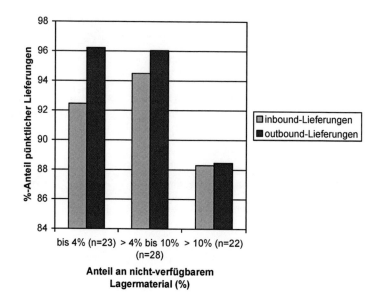

Abb. D-4: Pünktliche Lieferungen („inbound/outbound") und Nichtverfügbarkeit von Lagermaterial[657]

These 21:

Die These, dass ein hoher Anteil an Einkaufsaufträgen, die pünktlich und einwandfrei geliefert wurden („percentage of purchased orders received on time and complete"), zu einem geringen Wert an Auftragsrückständen („backorders value") beisteuere, konnte für den empirischen Datenpool bestätigt werden. Der entsprechend konträre Zusammenhang erwies sich als mäßig ausgeprägt, jedoch noch

---

[657] Parameter „pünktliche Lieferungen" wurde hier aus Gründen der Übersichtlichkeit auf der Ordinate abgetragen

als statistisch eindeutig (s. Tab. D-23). Somit konnte nachgewiesen werden, dass beide Parameter in einem zueinander gegenläufigen Verhältnis standen.[658]

Zusammenhang	N	R	P(α)	M
Anteil an Einkaufsaufträgen, die pünktlich und einwandfrei geliefert wurden, und Wert an Auftragsrückständen	73	-0,21	< 0,05	I-K

Tab. D-23: Zusammenhang zwischen zuverlässig gelieferten Einkaufsaufträgen und Auftragsrückständen

These 22:

Die Datenlage zu dieser These gestaltete sich vergleichbar wie jene zu der vorstehenden, inhaltlich ähnlichen These: Stark ausgeprägte Anteile an Einkaufsauftragspositionen, die zuverlässig geliefert wurden („percentage of purchased lines received on time and complete"), steuerten in signifikanter Weise zu einem geringen Wert an Auftragsrückständen („backorders value") bei (s. Tab. D-24).[659]

---

[658] Die Varianzaufklärung an der Kriteriumsvariable „Anteil an pünktlich und einwandfrei gelieferten Einkaufsaufträgen" wurde durch die Prädiktoren „Unternehmensumsatz" bzw. „Mitarbeiterzahl" in eine multiple Regression erhöht. Dies zeigt einen eindeutigeren bivariaten (hier negativen) Zusammenhang für die größeren Unternehmen (siehe hierzu auch weiterführende Hinweise zur Untersuchung der inkrementellen Funktion unter These 1)

[659] Die an der Kriteriumsvariable „Anteil an pünktlich und einwandfrei gelieferten Einkaufsauftragspositionen" geleistete Varianzaufklärung wurde auch hier durch die Prädiktoren „Unternehmensumsatz" bzw. „Mitarbeiterzahl" in eine multiple Regression gesteigert. Insofern spiegelt sich wieder ein deutlicherer bivariater (negativer) Zusammenhang für die größeren Firmen wider (siehe ebenfalls die Erläuterungen zur Untersuchung der inkrementellen Funktion unter These 1)

Zusammenhang	N	R	P(α)	M
Anteil an Einkaufsauftragspositionen, die pünktlich und einwandfrei geliefert wurden, und Wert an Auftragsrückständen	73	-0,37	< 0,01	I-K

Tab. D-24: Zusammenhang zwischen zuverlässig gelieferten Einkaufsauftragspositionen und Auftragsrückständen

Dass die Relation als durchaus eindeutig zu charakterisieren ist, kann auch der zugehörigen Abb. D-5 entnommen werden (gruppierte Betrachtung).

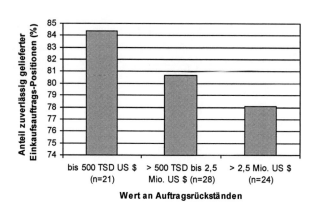

Abb. D-5: Zuverlässig gelieferte Einkaufsauftragspositionen und Rückstände an Aufträgen

These 23:

Die durchgeführte Korrelationsanalyse erbrachte für das Postulat eines gegenläufigen Zusammenhanges zwischen dem Anteil an nicht-verfügbarem Lagermaterial und der Fabriklieferleistung für Fertigungsaufträge eine nachhaltige Stützung (s. Tab. D-25).

Zusammenhang	N	R	P(α)	M
Anteil an nicht-verfügbarem Lagermaterial und durchschnittliche Fabriklieferleistung für Fertigungsaufträge	73	-0,63	< 0,001	I-K

Tab. D-25: Zusammenhang zwischen nicht-verfügbarem Lagermaterial und Fabriklieferleistung für Fertigungsaufträge

Die Ausprägungen beider Parameter verhielten sich tatsächlich extrem zueinander entgegengesetzt. Das bedeutet, dass hohe Anteile an nicht-verfügbarem Lagermaterial nachweisbar mit einer reduzierten Fabriklieferleistung für Fertigungsaufträge einher gingen (vice versa für niedrige Anteile an nicht-verfügbarem Lagermaterial, d.h. Vorliegen von reversibler Variablenbeziehung). Die Befundkonstellation war somit eindeutig, was auch in der zugehörigen Abb. D-6 klar zum Ausdruck kommt.

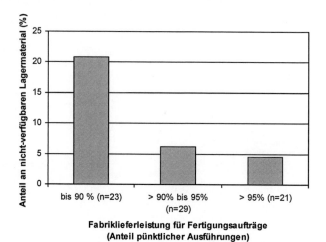

Abb. D-6: Nichtverfügbarkeit von Lagermaterial und Fabriklieferleistung für Fertigungsaufträge

These 24:

Wenngleich nicht in einer solch ausgeprägt starken Art und Weise, wie im Falle der letztgenannten These, so ließ sich doch auch dieses Postulat einer gegenläufigen Beziehung von Kundenauftragspositionen und Auftragsrückständen als statistisch signifikant bestätigen (s. Tab. D-26).

Zusammenhang	N	R	P(α)	M
Pünktliche Erfüllungsrate von Kundenauftragspositionen und Wert an Auftragsrückständen	73	-0,19	< 0,05	I-K

Tab. D-26: Zusammenhang zwischen Erfüllungsrate von Kundenauftragspositionen und Auftragsrückständen

Hohe pünktliche Erfüllungsraten von Kundenauftragspositionen („lines on-time fill rate") steuerten somit empirisch nachweisbar zu eher reduzierten Werten an Auftragsrückständen („backorders value") bei. Dabei verhielten sich beide Parameter deutlich einander entgegengesetzt.

<u>These 25:</u>

Die Modellannahme, wonach ein geringer Anteil an nicht-verfügbarem Lagermaterial („inventory stockout percentage") mit einem hohen Anteil an einwandfreien Kundenaufträgen („perfect orders rate") einhergehe, konnte überzeugend bestätigt werden. Es resultierte ein sehr zwingender „Gegenlauf" der beiden Parameter (s. Tab. D-27). Die konträre Konstellation beider Parameter wird durch die grafische Darstellung in Abb. D-7 zusätzlich unterstrichen.

Zusammenhang	N	R	P(α)	M
Anteil an nicht-verfügbarem Lagermaterial und Anteil an einwandfreien Kundenaufträgen	73	-0,64	< 0,001	I-K

Tab. D-27: Zusammenhang zwischen nicht-verfügbarem Lagermaterial und einwandfreien Kundenaufträgen

Niedrige Anteile an nicht-verfügbarem Lagermaterial waren demnach sehr deutlich gekoppelt an erhöhte Auftretenswahrscheinlichkeiten für einwandfreie Kundenaufträge. Umgekehrtes ergab sich für hohe Anteile an nicht-verfügbarem Lagermaterial, d.h. es lag ein reversibler Variablenzusammenhang vor.

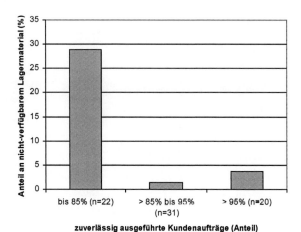

Abb. D-7: Nichtverfügbarkeit von Lagermaterial und zuverlässig ausgeführte Kundenaufträge

These 26:

Auch die zur These 25 inhaltsverwandte These 26, wonach niedrige Anteile an nicht-verfügbarem Lagermaterial („inventory stockout percentage") zu hohen pünktlichen Erfüllungsraten von Kundenauftragspositionen („lines on-time fill rate") mit beisteuern, ließ sich unmissverständlich erhärten. Beide Parameter standen in einer ausgeprägt konträren Beziehung zueinander (s. Tab. D-28).[660]

Zusammenhang	N	R	P(α)	M
Anteil an nicht-verfügbarem Lagermaterial und Erfüllungsrate von Kundenauftragspositionen	73	-0,49	< 0,001	I-K

Tab. D-28: Zusammenhang zwischen nicht-verfügbarem Lagermaterial und Erfüllung der Kundenauftragspositionen

Die Eindeutigkeit der konträren Beziehung (deterministischer Variablenzusammenhang) zeigt sich auch bei entsprechender Visualisierung, wie Abb. D-8 entnommen werden kann.

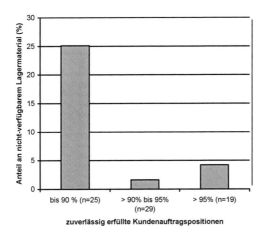

Abb. D-8: Nichtverfügbarkeit von Lagermaterial und Erfüllung der Kundenauftragspositionen

---

[660] Die Varianzaufklärung am Kriterium „anteilige Verfügbarkeit von Lagermaterial" stellte sich dabei – in der modellkonformen „Richtung" – für umsatzmäßig kleinere Unternehmen noch erkennbar deutlicher als für die größeren Unternehmen dar. Somit lag ein nicht-signifikanter Effekt bei multipler Regression vor (siehe auch detailliertere Hinweise zur Analyse dieser inkrementellen Funktion unter These 1)

These 27:

Die These, dass niedrige durchschnittliche Fertigungsdurchlaufzeiten („average manufacturing cycle time") zu einem verringerten Wert an Auftragsrückständen („backorders value") beitragen, wurde durch die errechnete Korrelation nicht bestätigt. Vielmehr zeigte sich eine eher gegenläufige Relation dieser beiden Parameter. Die Relation erwies sich allerdings als relativ schwach; ein Schluss auf statistische Überzufälligkeit schied entsprechend aus (s. Tab. D-29).

Zusammenhang	N	R	P(α)	M
Durchschnittliche Fertigungsdurchlaufzeit und Wert an Auftragsrückständen	73	-0,15	nicht signif.	I-K

Tab. D-29: Zusammenhang zwischen Fertigungsdurchlaufzeit und Auftragsrückständen

These 28:

Für die Modellannahme eines positiven Zusammenhanges des Anteils an nichtverfügbarem Lagermaterial („inventory stockout percentage") mit einer hohen durchschnittlichen Fertigungsdurchlaufzeit („average manufacturing cycle time") ergab sich keine empirische Bestätigung. Faktisch erwies sich die Beziehung beider Parameter zwar als positiv, jedoch – gemessen an der ermittelten Korrelationshöhe – als nahezu völlig unsystematisch (s. Tab. D-30).

Zusammenhang	N	R	P(α)	M
Anteil an nicht-verfügbarem Lagermaterial und durchschnittliche Fertigungsdurchlaufzeit	73	+0,03	nicht signif.	I-K

Tab. D-30: Zusammenhang zwischen nicht-verfügbarem Lagermaterial und Fertigungsdurchlaufzeit

D.1.2.2 Unternehmensbezogene Kennzahlen („internal-facing metrics")

<u>These 29:</u>

Hinsichtlich der postulierten Modellbeziehung zwischen Lagerverwaltungskosten als Anteil am Umsatz („inventory management cost as a percentage of revenue") und der durchschnittlichen Umschlagszeit für bezogene Endprodukte („average received finished goods turnaround time") ergab sich auf Basis des Datenpools eine klare Bestätigung. Tatsächlich standen beide Parameter in einer ausgesprochen positiven Beziehung (s. Tab. D-31).

Zusammenhang	N	R	P(α)	M
Lagerverwaltungskosten als Anteil am Umsatz und durchschnittliche Umschlagszeit für bezogene Endprodukte	73	+0,41	< 0,001	I-K

Tab. D-31: Zusammenhang zwischen Lagerverwaltungskosten und Umschlagszeit der Endprodukte

Insofern gingen hohe Lagerverwaltungskosten als Anteil am Umsatz in deutlichem Maße mit einer erhöhten Umschlagszeit für bezogene Endprodukte einher. Damit konnte ein „Gleichlauf" zwischen den beiden Parametern und mithin eine deterministische Variablenbeziehung nachgewiesen werden. Der Sachverhalt wird in Abb. D-9 zusätzlich grafisch veranschaulicht.

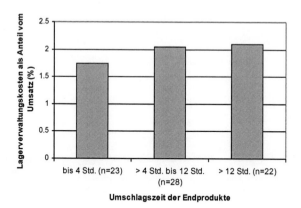

Abb. D-9: Lagerverwaltungskosten und Umschlagszeit der Endprodukte

These 30:

Die These, dass eine Parallelität erhöhter Kosten des Lagerbestandswertverlusts als Anteil am Umsatz („inventory obsolescence cost as a percentage of revenue") und eines ebenfalls erhöhten Anteils inaktiven Materials am Lagerbestandswert („inactive inventory percentage") bestehe, erwies sich als empirisch haltbar. Beide Parameter korrelierten substanziell positiv miteinander (s. Tab. D-32).

Somit konnte eine Koppelung der Kosten des Lagerbestandswertverlusts mit den inaktiven Lagerbestandswertanteilen als nachgewiesen angesehen werden.

Zusammenhang	N	R	P(α)	M
Kosten des Lagerbestandswertverlusts als Anteil am Umsatz und Anteil inaktiven Materials am Lagerbestandswert	73	+0,29	< 0,01	I-K

Tab. D-32: Zusammenhang zwischen Lagerbestandswertverlust und inaktivem Material am Lagerbestandswert

These 31:

Für die Modellannahme, dass hohe Kosten des Lagerbestandswertverlusts als Anteil am Umsatz („inventory obsolescence cost as a percentage of revenue") eine gegenläufige Entwicklung zu einem niedrigen durchschnittlichen Lagerumschlag („average inventory turnover") einnehmen würden, fand sich keine nachhaltige Bestätigung.

Einerseits war der erwartete Negativzusammenhang der beiden Parameter vorzufinden. Andererseits drückte sich dieser in einem Grade – sprich einer Korrelationshöhe – aus, der letztlich eine Wertung als „substanziell-eng" nicht erlaubte (s. Tab. D-33).

Zusammenhang	N	R	P(α)	M
Kosten des Lagerbestandswertverlusts als Anteil am Umsatz und durchschnittlicher Lagerumschlag	73	-0,13	nicht signif.	I-K

Tab. D-33: Zusammenhang zwischen Lagerbestandswertverlust und Lagerumschlag

These 32:

Für die These einer gegenläufigen Beziehung zwischen hohen Lagerverwaltungskosten pro Kundenauftrag („inventory management cost per customer order") und einer geringen durchschnittlichen Ausnutzung der Lagerfläche („average warehousing space utilization") konnte auf Basis des ausgewerteten Datenmaterials keine Stützung erbracht werden (s. Tab. D-34).

Faktisch handelte es sich um keinen systematischen Zusammenhang; beide Parameter wiesen weder eine systematische Kopplung in positiver noch in negativer Richtung auf. Demnach konnte vielmehr ein vorliegender „Non-Zusammenhang" nachgewiesen werden.

Zusammenhang	N	R	$P(\alpha)$	M
Lagerverwaltungskosten pro Kundenauftrag und durchschnittliche Ausnutzung der Lagerfläche	73	+0,03	nicht signif.	I-K

Tab. D-34: Zusammenhang zwischen Lagerverwaltungskosten/Kundenauftrag und Lagerflächenausnutzung

These 33:

Auch für die These 33, wonach hohe Lagerverwaltungskosten pro Mitarbeiter („inventory management cost per FTE") bei hoher durchschnittlicher Umschlagszeit für bezogene Endprodukte („average received finished goods turnaround time") gegeben sein würden, fand sich kein überzeugender empirischer Beleg. Zwar zeigte die errechnete Korrelation ein positives Vorzeichen; die Korrelationshöhe lag jedoch in einem letztlich nur als unsystematisch zu kennzeichnenden Bereich (s. Tab. D-35).

Kapitel D: Gegenüberstellung von Arbeitsthesen und Erkenntnisresultaten 259

Zusammenhang	N	R	P(α)	M
Lagerverwaltungskosten pro Mitarbeiter und durchschnittliche Umschlagszeit für bezogene Endprodukte	73	+0,05	nicht signif.	I-K

Tab. D-35: Zusammenhang zwischen Lagerverwaltungskosten/Mitarbeiter und Umschlagszeit der Endprodukte

These 34:

Das Postulat einer negativen Koppelung der Lagerverwaltungskosten pro Mitarbeiter („inventory management cost per FTE") mit dem durchschnittlichen Lagerumschlag („average inventory turnover") ließ sich in statistisch signifikanter Weise bestätigen. Obgleich dieser konträre Zusammenhang nicht „massiv" ausgeprägt war, fand sich doch eine überzufällig erhöhte Auftretenswahrscheinlichkeit hoher Lagerverwaltungskosten pro Mitarbeiter bei niedrigem durchschnittlichen Lagerumschlag (s. Tab. D-36).

Zusammenhang	N	R	P(α)	M
Lagerverwaltungskosten pro Mitarbeiter und durchschnittlicher Lagerumschlag	73	-0,21	< 0,05	I-K

Tab. D-36: Zusammenhang zwischen Lagerverwaltungskosten/Mitarbeiter und Lagerumschlag

These 35:

Die These, dass ein hoher durchschnittlicher Durchsatz pro Mitarbeiter („average throughput per FTE") mit einer hohen durchschnittlichen Auslastung der Fabrikkapazität („average plant capacity utilization") für gefertigte Produkte korreliere, war nicht mit hinlänglicher Sicherheit zu erhärten. Beide Parameter korrelierten zwar in der – wie erwartet – positiven Weise (s. Tab. D-37). Allerdings konnte angesichts der vorgefundenen Korrelationshöhe dabei noch nicht von einem deutlichen Zusammenhang ausgegangen werden. Gleichwohl konnte die zumindest ansatzweise positive Beziehung der Parameter nachgewiesen werden.

Zusammenhang	N	R	P(α)	M
Durchschnittlicher Durchsatz pro Mitarbeiter und durchschnittliche Auslastung der Fabrikkapazität	73	+0,11	nicht signif.	I-K

Tab. D-37: Zusammenhang zwischen Durchsatz pro Mitarbeiter und Auslastung der Fabrikkapazität

These 36:

Für die Annahme einer gegenläufigen Beziehung der Lagerverwaltungskosten pro Mitarbeiter („inventory management cost per FTE") und der durchschnittlichen Ausnutzung der Lagerfläche („average warehousing space utilization") konnte keine statistisch signifikante Absicherung erbracht werden.

Ähnlich wie im Falle der These 35 zeigte sich zwar die erwartete (hier negative) Ausrichtung in der Beziehung beider Parameter. Gemessen an der Korrelationshöhe war jedoch die Variablenbeziehung letztlich noch nicht als substanziell zu erachten (s. Tab. D-38).

Zusammenhang	N	R	P(α)	M
Lagerverwaltungskosten pro Mitarbeiter und durchschnittliche Ausnutzung der Lagerfläche	73	-0,12	nicht signif.	I-K

Tab. D-38: Zusammenhang zwischen Lagerverwaltungskosten/Mitarbeiter und Lagerflächenausnutzung

These 37:

Hinsichtlich der These 37, bei der von einem „Gleichklang" einer geringen durchschnittlichen Durchlaufzeit vom Kundenauftrag zum Versand („average order-to-shipment lead time") mit einer geringen Anzahl an Kundenstreitigkeiten („customer disputes") ausgegangen wurde, zeigte sich ein weitestgehend unsystematischer Befund.

Die Korrelationshöhe lag im marginalisierten Bereich, wie in Tab. D-39 dargestellt. Faktisch konnte damit nicht von einer systematischen Kopplung der beiden Parameter ausgegangen werden.

Zusammenhang	N	R	P(α)	M
Durchlaufzeit vom Kundenauftrag zum Versand und Anzahl an Kundenstreitigkeiten	73	-0,05	nicht signif.	I-K

Tab. D-39: Zusammenhang zwischen Durchlaufzeit der Kundenaufträge und Kundenstreitigkeiten

D.1.3 Resultate zu Thesen der SCOR-Modellgruppe Inter-Kompetenz/Leistungsattribut (I-KL)

D.1.3.1 Kundenservice („reliability and responsiveness") vs. Kosten („cost")

These 38:

Die Modellvorstellung, gemäß der hohe Lagerverwaltungskosten als Anteil am Umsatz („inventory management cost as a percentage of revenue") mit geringen Werten an Auftragsrückständen einhergehen würden, fand keine empirische Stützung. Der zwischen beiden Parametern ermittelte Zusammenhang war letztlich nur als unsystematisch zu kennzeichnen. Die entsprechenden Korrelationswerte gehen aus Tab. D-40 hervor. Faktisch konnte damit auf Basis des empirischen Datenmaterials nicht von einer systematischen Kopplung der beiden involvierten Parameter ausgegangen werden.

Zusammenhang	N	R	P(α)	M
Lagerverwaltungskosten als Anteil am Umsatz und Wert an Auftragsrückständen	73	+0,03	nicht signif.	I-KL

Tab. D-40: Zusammenhang zwischen Lagerverwaltungskosten und Auftragsrückständen

These 39:

Es wurde davon ausgegangen, dass zwischen den Kosten für Kundenservice als Anteil vom Umsatz („customer service cost as a percentage of revenue") und dem Anteil pünktlicher Lieferungen („on-time delivery percentage – inbound and outbound") ein positiver Zusammenhang bestehen würde. Die Korrelationsanalyse konnte einen derartigen Zusammenhang jedoch nicht bestätigen. Es fanden sich sogar negative Beziehungen zwischen den Kosten für Kundenservice auf der einen und den Anteilen pünktlicher Lieferungen auf der anderen Seite. Allerdings waren die konträren Konstellationen angesichts der empirisch ermittelten Korrelationshöhen nicht als substanziell zu erachten (s. Tab. D-41).

Zusammenhang	N	R	P(α)	M
Kosten für Kundenservice als Anteil vom Umsatz und Anteil pünktlicher „inbound"-Lieferungen	73	-0,03	nicht signif.	I-KL
Kosten für Kundenservice als Anteil vom Umsatz und Anteil pünktlicher „outbound"-Lieferungen	73	-0,08	nicht signif.	I-KL

Tab. D-41: Zusammenhang zwischen umsatzanteiligen Kundenservicekosten und pünktlichen Lieferungen

These 40:

Im Hinblick auf die These, wonach hohe Kosten für Kundenservice pro Mitarbeiter („customer service cost per FTE") mit einem hohen Anteil pünktlicher Lieferungen („on-time delivery percentage – inbound and outbound") korrelieren würden, ergab sich zwar kein „strenges" Zusammenhangsmuster. Jedoch fielen die Korrelationen insgesamt konsistent positiv in der erwarteten Richtung aus. Im Falle der „inbound"-Komponente wurden die Kriterien statistischer Überzufälligkeit erreicht (s. Tab. D-42).

Zusammenfassend konnte damit festgehalten werden, dass hohe mitarbeiterbezogene Kosten für den Kundenservice durchaus mit einem erhöhten Grad an pünktlichen Lieferungen einhergingen.

Zusammenhang	N	R	P(α)	M
Kosten für Kundenservice pro Mitarbeiter und Anteil pünktlicher „inbound"-Lieferungen	73	+0,19	< 0,05	I-KL
Kosten für Kundenservice pro Mitarbeiter und Anteil pünktlicher „outbound"-Lieferungen	73	+0,14	nicht signif.	I-KL

Tab. D-42: Zusammenhang zwischen mitarbeiterbezogenen Kundenservicekosten und pünktlichen Lieferungen

These 41:

Für die These 41, gemäß der vom Einhergehen einer niedrigen Anzahl an ausgeprägten Kundenstreitigkeiten („customer disputes") mit einer hohen Kundenverbleibsquote („customer retention rate") ausgegangen wurde, ließ sich kein überzeugender empirischer Beleg finden.

Zwar war die entsprechende Korrelationsrichtung negativ und somit wie erwartet gegenläufig, doch gemessen an der Korrelationshöhe konnte der Zusammenhang nicht anders als unsystematisch bezeichnet werden (s. Tab. D-43).

Zusammenhang	N	R	P(α)	M
Anzahl an ausgeprägten Kundenstreitigkeiten und Kundenverbleibsquote	73	-0,04	nicht signif.	I-KL

Tab. D-43: Zusammenhang zwischen Kundenstreitigkeiten und dem Kundenverbleib

These 42:

Auch die Modellannahme einer positiven Relation der Zählgenauigkeit von Lagerzyklen („cycle count accuracy percentage") und den Lagerverwaltungskosten als Anteil am Lagerbestandswert („inventory management cost as a percentage of inventory value") wurde letztlich mit hinreichender empirischer Sicherheit nicht untermauert. Einerseits war der „Gleichlauf" beider Parameter gegeben (positive Korrelation). Auf der anderen Seite lag die Korrelationshöhe aber nicht in einem Bereich, der es erlaubt hätte, bereits von einem substanziellen Zusammenhang auszugehen (s. Tab. D-44).

Zusammenhang	N	R	P(α)	M
Zählgenauigkeit von Lagerzyklen und Lagerverwaltungskosten als Anteil am Lagerbestandswert	73	+0,06	nicht signif.	I-KL

Tab. D-44: Zusammenhang zwischen Lagerzyklen (Zählgenauigkeit) und Lagerverwaltungskosten

These 43:

Hinsichtlich der Modellvorstellung, wonach ein hoher Anteil an Einkaufsaufträgen, die pünktlich und einwandfrei geliefert wurden („percentage of purchased orders received on time and complete"), mit hohen Einkaufskosten als Anteil vom Umsatz („purchasing cost as a percentage of revenue") korreliere, war ein uneinheitlicher Befund zu verzeichnen.

Das Vorzeichen der Korrelation zu den beiden Parameter erwies sich als negativ, wobei jedoch die entsprechende Gegenläufigkeit angesichts der Korrelationshöhe letztlich nur als unsystematisch einzustufen war (s. Tab. D-45).

Zusammenhang	N	R	P(α)	M
Anteil an Einkaufsaufträgen, die pünktlich und einwandfrei geliefert, und Einkaufskosten als Anteil vom Umsatz	73	-0,09	nicht signif.	I-KL

Tab. D-45: Zusammenhang zwischen zuverlässig erfüllten Einkaufsaufträgen und umsatzanteiligen Einkaufskosten

These 44:

Für die These einer positiven Korrelation des Anteils an Einkaufsaufträgen, die pünktlich und einwandfrei geliefert wurden („percentage of purchased orders received on time and complete"), mit den Einkaufskosten pro Mitarbeiter („purchasing cost per FTE") ließ sich aus dem empirischen Datenmaterial eine zumindest ansatzweise Bestätigung ableiten.

Beide Parameter korrelierten positiv miteinander, d.h. mit einem hohen Anteil an pünktlich und einwandfrei gelieferten Einkaufsaufträgen gingen vermehrt hohe Einkaufskosten pro Mitarbeiter einher. Jedoch wurde im Falle der vorliegenden Korrelation eine statistische Überzufälligkeit noch nicht erreicht (s Tab. D-46). Gleichwohl kann die grundlegend positive Koppelung beider Parameter als nachgewiesen angesehen werden.

Zusammenhang	N	R	P(α)	M
Anteil an Einkaufsaufträgen, die pünktlich und einwandfrei geliefert werden, und Einkaufskosten pro Mitarbeiter	73	+0,14	nicht signif.	I-KL

Tab. D-46: Zusammenhang zwischen zuverlässig erfüllten Einkaufsaufträgen und mitarbeiterbezogenen Einkaufskosten

These 45:

Die Beziehung zwischen den Produktionskosten pro Mitarbeiter („manufacturing cost per FTE") und der durchschnittlichen Fabriklieferleistung gestaltete sich in der prognostizierten Richtung, d.h. es resultierte der erwartet positive Korrelationskoeffizient.

Trotz der Überzufälligkeit des Befundes war dabei angesichts der empirisch eruierten Korrelationshöhe jedoch nicht von einem allzu engen Zusammenhang der beiden Parameter auszugehen (s. Tab. D-47). Dennoch konnte anhand der Auswertungsergebnisse von einem insgesamt gegebenen „Gleichlauf" von mitarbeiterbezogenen Produktionskosten und Fabriklieferleistung ausgegangen werden.

Zusammenhang	N	R	P(α)	M
Produktionskosten pro Mitarbeiter und durchschnittliche Fabriklieferleistung für Fertigungsaufträge	73	+0,20	< 0,05	I-KL

Tab. D-47: Zusammenhang zwischen mitarbeiterbezogenen Produktionskosten und Fertigungsfabriklieferleistung

These 46:

Die These, dass ein stark ausgeprägtes Ausmaß an pünktlich und einwandfrei gelieferten Einkaufsaufträgen („percentage of purchased orders received on time and complete") bevorzugt mit einem reduzierten Ausmaß an Lieferschäden („damaged shipments") auftreten würde, erfuhr im vorliegenden Datenpool volle Bestätigung.

Zuverlässig ausgeführte Einkaufsaufträge und Lieferschäden standen demnach tatsächlich in statistisch signifikanter Weise in der postulierten Negativbeziehung zueinander (s. Tab. D-48). Die konträre Relation der beiden Variablen konnte folglich überzeugend nachgewiesen werden.[661]

Zusammenhang	N	R	P(α)	M
Anteil an Einkaufsaufträgen, die pünktlich und einwandfrei geliefert wurden, und Lieferschäden	73	-0,27	< 0,01	I-KL

Tab. D-48: Zusammenhang zwischen zuverlässig erfüllten Einkaufsaufträgen und Lieferschäden

<u>These 47</u>

Eine konträre Relation der durchschnittlichen Fabriklieferleistung für Fertigungsaufträge („average MPS plant delivery performance") und der Anzahl an Kundenstreitigkeiten („customer disputes") wurde auf der Basis des empirischen Datenmaterials überzeugend untermauert. Zwischen beiden Parametern bestand zwar keine drastische, aber doch eine signifikant negative Korrelation, d.h. hohe Fabriklieferleistungen für Fertigungsaufträge traten in überzufälliger Koppelung mit reduzierter Zahl von Kundendisputen auf. Der Zusammenhang kann Tab. D-49 entnommen werden.

Zusammenhang	N	R	P(α)	M
Durchschnittliche Fabriklieferleistung für Fertigungsaufträge und Anzahl an Kundenstreitigkeiten	73	-0,22	< 0,05	I-KL

Tab. D-49: Zusammenhang zwischen Fertigungsfabriklieferleistung und Kundenstreitigkeiten

---

[661] Die Varianzaufklärung am Kriterium „Anteil an pünktlich und einwandfrei gelieferten Einkaufsaufträgen" wurde durch die Prädiktoren „Unternehmensumsatz" bzw. „Mitarbeiterzahl" in eine multiple Regression verbessert. Dies legt einen eindeutigeren bivariaten (hier negativen) Zusammenhang für die größeren Unternehmen nahe (siehe ebenfalls Hinweise zur Untersuchung der inkrementellen Funktion unter These 1)

These 48:

Die These, dass hohe Lagerverwaltungskosten pro Kundenauftrag („inventory management cost per customer order") mit einem hohen Anteil an einwandfreien Kundenaufträgen („perfect orders rate") korrelieren, bestätigte sich für den empirischen Datenpool. Zwischen beiden Parametern existierte wenn auch keine strenge, so doch eine als überzufällig zu kennzeichnende deterministische Beziehung in der erwarteten Positivrichtung, wie in Tab. D-50 verdeutlicht.

Zusammenhang	N	R	P(α)	M
Lagerverwaltungskosten pro Kundenauftrag und Anteil an einwandfreien Kundenaufträgen	73	+0,19	< 0,05	I-KL

Tab. D-50: Zusammenhang zwischen Lagerverwaltungskosten/Kundenauftrag und Kundenauftragsgüte

These 49:

Die Annahme, gemäß der eine positive Beziehung zwischen den Lagerverwaltungskosten pro Kundenauftrag und der Rate zuverlässiger Erfüllung von Kundenauftragspositionen zu erwarten war, darf als empirisch abgesichert angesehen werden. Zwischen beiden Parametern zeigte sich die postulierte Positivrelation in signifikanter Weise (s. Tab. D-51).

Hohe Lagerverwaltungskosten pro Kundenauftrag gingen insofern mit einer ebenfalls hohen pünktlichen Erfüllungsrate von Kundenauftragspositionen einher, und es konnte eine deterministische Variablenbeziehung nachgewiesen werden.[662]

---

[662] Durch Hinzunahme des Prädiktors „Gesamtkapitalrentabilität (GKR)" in eine multiple Regression ließ sich der oben beschriebene Zusammenhang verstärkt aufzeigen. Vereinfacht formuliert, verweist dies auf einen eindeutigeren Zusammenhang für die Unternehmen mit erhöhter GKR, wobei allerdings Kriterien statistischer Signifikanz nicht erreicht wurden (siehe hierzu auch weiterführende Hinweise zur Untersuchung der inkrementellen Funktion unter These 1, die analog anwendbar sind)

Zusammenhang	N	R	P(α)	M
Lagerverwaltungskosten pro Kundenauftrag und pünktliche Erfüllungsrate von Kundenauftragspositionen	73	+0,25	< 0,05	I-KL

Tab. D-51: Zusammenhang zwischen Lagerverwaltungskosten/Kundenauftrag und verlässlicher Erfüllung von Kundenauftragspositionen

These 50:

Die erwartete Parallelität hoher Kosten für Kundenservice als Anteil vom Umsatz („customer service cost as a percentage of revenue") und eines hohen Anteils an einwandfreien Kundenaufträgen („perfect orders rate") ließ sich vorliegend nicht bestätigen. Im Gegenteil lag zu einer solchen Annahme zwischen beiden Parametern sogar eine gegenläufige Beziehung vor (s. Tab. D-52). In Anbetracht der ermittelten Korrelationshöhe war der Zusammenhang allerdings insgesamt als weitestgehend unsystematisch einzustufen.

Zusammenhang	N	R	P(α)	M
Kundenservice als Anteil vom Umsatz und Anteil an einwandfreien Kundenaufträgen	73	-0,07	nicht signif.	I-KL

Tab. D-52: Zusammenhang zwischen umsatzanteiligem Kundenservice und Kundenauftragsgüte

These 51:

Es wurde davon ausgegangen, dass sich ein positiver Zusammenhang zwischen den Kundenservicekosten pro Mitarbeiter („customer service cost per FTE") und einer pünktlichen Erfüllungsrate von Kundenauftragspositionen („lines on-time fill rate") feststellen lassen müsste. Tatsächlich lag zwischen beiden Parametern eine solche positive Korrelation vor (s. Tab. D-53).

Zusammenhang	N	R	P(α)	M
Kundenservicekosten pro Mitarbeiter und pünktliche Erfüllungsrate von Kundenauftragspositionen	73	+0,13	nicht signif.	I-KL

Tab. D-53: Zusammenhang zwischen mitarbeiterbezogenen Kundenservicekosten und zuverlässiger Erfüllung von Kundenauftragspositionen

Allerdings lag die Korrelation in einem Bereich, der nicht die Schlussfolgerung zulässt, dass hohe mitarbeiterbezogene Kundenservicekosten im Sinne einer strengen und eindeutigen Gesetzmäßigkeit zu hohen pünktlichen Erfüllungsraten von Kundenauftragspositionen beitragen. Insofern konnte hier – auf der Grundlage der beobachteten Daten – lediglich ein tendenzieller „Gleichlauf" unterstellt werden. Auf Grundlage der Untersuchungsergebnisse kann mithin zumindest im Ansatz von einer gegebenen „Gleichgerichtetheit" der fraglichen Parameter ausgegangen werden.

These 52:

Die These eines gegenläufigen Zusammenhanges des Anteils an einwandfreien Kundenaufträgen („perfect orders rate") und der Anzahl an Kundenstreitigkeiten („customer disputes") ließ sich anhand der empirischen Daten nicht erhärten.

Die entsprechende Korrelationshöhe bewegte sich in einem statistisch nahezu vollkommen unsystematischen Bereich. Faktisch bestand zwischen den beiden Parametern somit also kein substanzieller oder auch nur tendenzieller Zusammenhang (s. Tab. D-54).

Zusammenhang	N	R	P(α)	M
Anteil an einwandfreien Kundenaufträgen und Anzahl an Kundenstreitigkeiten	73	+0,04	nicht signif.	I-KL

Tab. D-54: Zusammenhang zwischen einwandfreien Kundenaufträgen und Kundenstreitigkeiten

These 53:

Erwartet wurde eine Parallelität von niedriger durchschnittlicher Lieferdurchlaufzeit für Bestellanforderungen („average purchase requisition to delivery cycle time") mit hohen Lagerverwaltungskosten als Anteil am Umsatz („inventory management cost as a percentage of revenue"). Die korrelationsanalytische Überprüfung erbrachte allerdings keinen hinlänglichen Beleg für die Angemessenheit einer solchen Annahme. Tatsächlich bestand kein erkennbarer Zusammenhang beider Parameter (s. Tab. D-55). Vielmehr erwies sich die errechnete Korrelation als unsystematisch.

Zusammenhang	N	R	P(α)	M
Durchschnittliche Lieferdurchlaufzeit für Bestellanforderungen und Lagerverwaltungskosten als Anteil am Umsatz	73	+0,03	nicht signif.	I-KL

Tab. D-55: Zusammenhang zwischen Lieferdurchlaufzeit für Bestellanforderungen und umsatzanteiligen Lagerverwaltungskosten

These 54:

Hinsichtlich der These, gemäß der eine hohe durchschnittliche Lieferdurchlaufzeit für Bestellanforderungen („average purchase requisition to delivery cycle time") mit geringen Einkaufskosten pro Einkaufsauftrag korrelieren würde, fand sich auf empirischer Ebene keine eindeutige Bestätigung. Einerseits war die Korrelationsrichtung erwartungsgemäß negativ und verwies damit auf eine gegenläufige Beziehung beider Parameter. Gemessen an der Korrelationshöhe wäre es andererseits jedoch unangemessen gewesen, hier bereits den Schluss auf einen substanziellen Zusammenhang abzuleiten (s. Tab. D-56).

Zusammenhang	N	R	P(α)	M
Durchschnittliche Lieferdurchlaufzeit für Bestellanforderungen und Einkaufskosten pro Einkaufsauftrag	73	-0,08	nicht signif.	I-KL

Tab. D-56: Zusammenhang zwischen Lieferdurchlaufzeit für Bestellanforderungen und auftragsbezogenen Einkaufskosten

These 55:

Eine eindeutige Unterstützung ließ sich für die These ableiten, wonach zwischen den Einkaufskosten pro Mitarbeiter („purchasing cost per FTE") und den durchschnittlichen Lieferdurchlaufzeiten für Bestellanforderungen („average purchase requisition to delivery cycle time") eine positive Beziehung vorliegen sollte. Beide Parameter korrelierten signifikant positiv miteinander und ergaben ein entsprechendes Zusammenhangsmuster (s. Tab. D-57). Insofern traten erhöhte Einkaufskosten pro Mitarbeiter tatsächlich in überzufälliger Weise vermehrt mit erhöhten Lieferzeiten auf.

Zusammenhang	N	R	P(α)	M
Einkaufskosten pro Mitarbeiter und durchschnittliche Lieferdurchlaufzeiten für Bestellanforderungen	73	+0,25	< 0,05	I-KL

Tab. D-57: Zusammenhang zwischen mitarbeiterbezogenen Einkaufskosten und Lieferdurchlaufzeiten für Bestellanforderungen

These 56:

Hinsichtlich der These eines gegenläufigen Zusammenhanges der Produktionskosten pro Mitarbeiter („manufacturing cost per FTE") und der durchschnittlichen Fertigungsdurchlaufzeiten zeigte sich im Datenmaterial ein grenzwertiges Bild: Erwartungsgemäß korrelierten beide Parameter negativ miteinander, d.h. erhöhte mitarbeiterbezogene Produktionskosten gingen mit reduzierten Fertigungsdurchlaufzeiten einher (Tab. D-58).

Allerdings verfehlte der dabei ermittelte Korrelationskoeffizient – wenngleich eher knapp – die Kriterien statistischer Signifikanz, so dass hier letztlich nicht von einem substanziellen Zusammenhang ausgegangen werden konnte. Die gewonnenen Auswertungsergebnisse lassen aber durchaus den Schluss zu, dass eine insgesamt konträre Beziehung der fraglichen Parameter vorliegt.

Zusammenhang	N	R	P(α)	M
Produktionskosten pro Mitarbeiter und durchschnittliche Fertigungsdurchlaufzeiten	73	+0,16	nicht signif.	I-KL

Tab. D-58: Zusammenhang zwischen mitarbeiterbezogenen Produktionskosten und Fertigungsdurchlaufzeiten

These 57:

Auch bei der These 57 resultierte ein grenzwertiger Befund: Erwartet wurde eine homogene Relation von niedrigen Lieferdurchlaufzeiten für Bestellanforderungen („average purchase requisition to delivery cycle time") und einer ebenfalls reduzierten Anzahl an Kundenstreitigkeiten („customer disputes"). Die empirischen Daten legten eine genau gegenteilige Koppelung nahe, denn beide Parameter korrelierten negativ miteinander, wie Tab. D-59 entnommen werden kann.

Kapitel D: Gegenüberstellung von Arbeitsthesen und Erkenntnisresultaten   275

Zusammenhang	N	R	P(α)	M
Durchschnittliche Lieferdurchlaufzeit für Bestellanforderungen und Anzahl an Kundenstreitigkeiten	73	-0,17	nicht signif.	I-KL

Tab. D-59: Zusammenhang zwischen Lieferdurchlaufzeit für Bestellanforderungen und Kundenstreitigkeiten

Dennoch konnte auch hier angesichts der eruierten Korrelationshöhe noch nicht von einem substanziellen Effekt ausgegangen werden. Gleichwohl konnte die These nicht aufrechterhalten werden (zu einem Erklärungsversuch siehe auch die weiterführenden Erläuterungen im Anschluss an die Thesendarstellung).[663]

D.1.3.2 Flexibilität („flexibility") vs. Kosten („cost")

These 58:

Bei der These 58 wurde von einer gegenläufigen Beziehung zwischen den Lagerverwaltungskosten als Anteil am Lagerbestandswert („inventory management cost as a percentage of inventory value") und dem Wert an Auftragsrückständen („backorders value") ausgegangen. Die empirische Prüfung der Sachlage erbrachte zumindest einen ansatzweisen Verweis auf die Angemessenheit dieser These.

Zusammenhang	N	R	P(α)	M
Lagerverwaltungskosten als Anteil am Lagerbestandswert und Wert an Auftragsrückständen	73	-0,13	nicht signif.	I-KL

Tab. D-60: Zusammenhang zwischen Lagerverwaltungskosten als Anteil am Lagerbestandswert und Auftragsrückstandswert

---
[663] Siehe hierzu die Ausführungen unter Abs. D.2 von Kap. D

Beide Parameter korrelierten erwartungsgemäß negativ miteinander, d.h. stark ausgeprägte Lagerverwaltungskosten als Anteil am Lagerbestandswert gingen tatsächlich mit eher reduzierten Auftragsrückstandswerten einher (s. Tab. D-60). Eine Absicherung der somit tendenziell modellkonformen Konstellation als statistisch überzufällig war jedoch noch nicht gegeben.

These 59:

Die These, dass erhöhte Produktionskosten als Anteil am Umsatz („manufacturing cost as a percentage of revenue") mit einem geringen Wert an Auftragsrückständen („backorders value") einhergehen würden, konnte nachhaltig bestätigt werden. Der ermittelte korrelationsanalytische Befund unterstrich die Gegenläufigkeit beider Parameter in signifikanter Weise, wie Tab. D-61 entnommen werden kann.

Zusammenhang	N	R	P(α)	M
Produktionskosten als Anteil am Umsatz und Wert an Auftragsrückständen	73	-0,30	< 0,01	I-KL

Tab. D-61: Zusammenhang zwischen umsatzanteiligen Produktionskosten und Auftragsrückstandswert

Auch die nachfolgende Abb. D-10 verdeutlicht die einander entgegengesetzte Verlaufsrichtung von umsatzanteiligen Produktionskosten und dem Auftragsrückstandswert.

Kapitel D: Gegenüberstellung von Arbeitsthesen und Erkenntnisresultaten 277

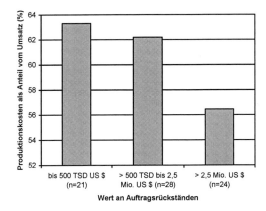

Abb. D-10: Umsatzanteilige Produktionskosten und Wert an Auftragsrückständen

These 60:

Der zu einer Untermauerung der These 60 erforderliche empirische Nachweis, wonach niedrige Kundenservicekosten pro Mitarbeiter („customer service cost per FTE") vermehrt mit einem hohen Wert an Auftragsrückständen („backorders value") auftreten würden, konnte nicht mit hinlänglicher Sicherheit erbracht werden. Es zeigte sich jedoch, dass beide Parameter erwartungsgemäß negativ miteinander korrelierten. Jedoch lag die Relation letztlich in einem statistisch weitgehend unsystematischen Bereich (s. Tab. D-62).

Zusammenhang	N	R	P(α)	M
Kundenservicekosten pro Mitarbeiter und Wert an Auftragsrückständen	73	-0,06	nicht signif.	I-KL

Tab. D-62: Zusammenhang zwischen Kundenservicekosten/Mitarbeiter und Auftragsrückstandswert

These 61:

Die These, gemäß der ein geringer Wert an Auftragsrückständen („backorders value") mit einer geringen Anzahl an Kundenstreitigkeiten („customer disputes") einhergehen würde, konnte nicht angenommen werden. Zwischen beiden Parametern bestand mithin eine negative Korrelation (s. Tab. D-63). Allerdings lag die Höhe der Korrelation in einem Wertebereich, der nur den Schluss auf eine weitestgehend unsystematische Beziehung beider Parameter zuließ.

Zusammenhang	N	R	P(α)	M
Wert an Auftragsrückständen und Anzahl an Kundenstreitigkeiten	73	-0,05	nicht signif.	I-KL

Tab. D-63: Zusammenhang zwischen Auftragsrückständen und Kundenstreitigkeiten

These 62:

Die Modellannahme legte eine positive Beziehung des Anteils an nicht-verfügbarem Lagermaterial („inventory stockout percentage") und der Kosten des Lagerbestandswertverlusts als Anteil am Umsatz („inventory obsolescence cost as a percentage of revenue") nahe. Tatsächlich wurde eine positive Korrelation beider Parameter errechnet (s. Tab. D-64).

Zusammenhang	N	R	P(α)	M
Anteil an nicht-verfügbarem Lagermaterial und Kosten des Lagerbestandswertverlusts als Anteil am Umsatz	73	+0,13	nicht signif.	I-KL

Tab. D-64: Zusammenhang zwischen nicht-verfügbarem Lagermaterial und umsatzanteiligem Lagerbestandswertverlust

Mithin konnte bestätigt werden, dass hohe Anteile an nicht-verfügbarem Lagermaterial mit hohen umsatzanteiligen Kosten des Lagerbestandswertverlusts einhergingen. Die Korrelation lag allerdings noch nicht in einer Höhe, die man als substanziell bezeichnen könnte.

These 63:

Erwartet wurde, dass ein geringer Anteil an nicht-verfügbarem Lagermaterial („inventory stockout percentage") vermehrt mit hohen Produktionskosten als Anteil am Umsatz („manufacturing cost as a percentage of revenue") auftreten würde. Die insofern angenommene Negativkorrelation fand sich tatsächlich auf Basis des empirischen Datenmaterials (s. Tab. D-65).

Zusammenhang	N	R	$P(\alpha)$	M
Anteil an nicht-verfügbarem Lagermaterial und Produktionskosten als Anteil am Umsatz	73	-0,14	nicht signif.	I-KL

Tab. D-65: Zusammenhang zwischen nicht-verfügbarem Lagermaterial und umsatzanteiligen Produktionskosten

Allerdings lag auch bei dieser inferenzstatistischen Prüfung noch keine Höhe des Zusammenhangsmaßes vor, welche den Schluss auf Eindeutigkeit bzw. „Strenge" des (gegenläufigen) Zusammenhanges beider Parameter gerechtfertigt hätte.

These 64:

Auch bei der These 64 beinhaltete die Modellerwartung eine entgegengesetzte Beziehung der beiden Parameter. Angenommen wurde, dass hohe Produktionskosten pro Mitarbeiter („manufacturing cost per FTE") mit einem geringen Anteil an nicht-verfügbarem Lagermaterial („inventory stockout percentage") korrelieren würden. Die Modellerwartung ließ sich anhand des Datenpools untermauern. Die Beziehung der beiden Parameter erwies sich dabei zwar nicht als ausgeprägt eng, jedoch bereits als statistisch signifikant, wie Tab. D-66 zu entnehmen ist.

Zusammenhang	N	R	P(α)	M
Produktionskosten pro Mitarbeiter und Anteil an nicht-verfügbarem Lagermaterial	73	-0,19	< 0,05	I-KL

Tab. D-66: Zusammenhang zwischen mitarbeiterbezogenen Produktionskosten und nicht-verfügbarem Lagermaterial

These 65

Die These, wonach hohe Kundenservicekosten pro Mitarbeiter („customer service cost per FTE") gehäuft mit einem geringen Anteil an nicht-verfügbarem Lagermaterial („inventory stockout percentage") auftreten sollten, konnte nicht mit hinlänglicher Sicherheit bestätigt werden. Allerdings kann dieser Befund als tendenziell grenzwertig angesehen werden: Auf der einen Seite zeigte sich tatsächlich die erwartete Negativkorrelation, d.h. die Gegenläufigkeit der beiden Parameter war gegeben.

Andererseits hatte die Korrelationshöhe jedoch noch keine statistisch überzufällige Ausprägung erreicht, wie der Tab. D-67 entnommen werden kann. Daher musste von einer Bewertung des in der Grundtendenz modellkonformen Zusammenhanges als „eindeutig" letztlich abgesehen werden.

Zusammenhang	N	R	P(α)	M
Kundenservicekosten pro Mitarbeiter und Anteil an nicht-verfügbarem Lagermaterial	73	-0,12	nicht signif.	I-KL

Tab. D-67: Zusammenhang zwischen mitarbeiterbezogenen Kundenservicekosten und nicht-verfügbarem Lagermaterial

D.1.3.3 Kundenservice („reliability and responsiveness") vs. Kapitaleinsatz („assets")

<u>These 66:</u>

Für die These, gemäß der ein hoher Anteil pünktlicher Lieferungen („on-time delivery percentage – inbound and outbound") mit einem geringen Anteil inaktiven Materials am Lagerbestandswert („inactive inventory percentage") korrelieren würde, fand sich keine empirische Absicherung, wie in nachstehender Tab. D-68 wiedergegeben.

Zusammenhang	N	R	P(α)	M
Anteil pünktlicher „inbound"-Lieferungen und Anteil inaktiven Materials am Lagerbestandswert	73	+0,02	nicht signif.	I-KL
Anteil pünktlicher „outbound"-Lieferungen und Anteil inaktiven Materials am Lagerbestandswert	73	+0,07	nicht signif.	I-KL

Tab. D-68: Zusammenhang zwischen pünktlichen Lieferungen und inaktiven Lagerbestandswertanteilen

Mithin erbrachte die Analyse des Datenmaterials, dass die Anteile pünktlicher Lieferungen im Falle beider Komponenten („inbound/outbound") mit dem Anteil inaktiven Materials am Lagerbestandswert nicht in der angenommenen Negativbeziehung standen. Vielmehr handelte es sich um weitestgehend unspezifische Korrelationen und insofern um ein unsystematisches Zusammenhangsmuster,

These 67:

Erwartet wurde eine gesteigerte Auftretenswahrscheinlichkeit eines hohen durchschnittlichen Lagerumschlages („average inventory turnover") bei einem reduzierten Wert an Auftragsrückständen („backorders value"). Die ermittelte Korrelation entsprach dieser Annahme und war negativ ausgefallen (s. Tab. D-69).

Zusammenhang	N	R	P(α)	M
Durchschnittlicher Lagerumschlag und Wert an Auftragsrückständen	73	-0,15	nicht signif.	I-KL

Tab. D-69: Zusammenhang zwischen Lagerumschlag und Auftragsrückstandswert

Allerdings konnte angesichts des resultierenden Korrelationsmaßes allenfalls auf einen tendenziellen, nicht jedoch einen streng ausgeprägten Zusammenhang geschlossen werden.

These 68:

Die These eines gegenläufigen Zusammenhanges zwischen durchschnittlicher Durchlaufzeit vom Kundenauftrag zum Versand („average order-to-shipment lead time") und eines hohen Anteils pünktlicher Lieferungen („on-time delivery percentage – inbound and outbound") konnte auf der Grundlage des empirischen Materials überzeugend bestätigt werden.

Im Falle beider Komponenten „inbound" und „outbound" ging ein hoher Grad an deren pünktlicher Ausführung mit einer reduzierten Durchlaufzeit vom Kundenauftrag zum Versand einher, d.h. es konnte eine deterministische Variablenbeziehung nachgewiesen werden. (s. Tab. D-70).

Zusammenhang	N	R	P(α)	M
Durchschnittliche Durchlaufzeit vom Kundenauftrag zum Versand und Anteil pünktlicher „inbound"-Lieferungen	73	-0,22	< 0,05	I-KL
Durchschnittliche Durchlaufzeit vom Kundenauftrag zum Versand und Anteil pünktlicher „outbound"-Lieferungen	73	-0,43	< 0,001	I-KL

Tab. D-70: Zusammenhang zwischen Durchlaufzeit vom Kundenauftrag zum Versand und pünktlichen Lieferungen

Die konträre Relation erwies sich somit – wiederum für beide genannten Komponenten – auch als statistisch überzufällig. Besonders ausgeprägt präsentierte sich die Gegenläufigkeit für die „outbound"-Komponente, d.h. auf der Kundenseite. Die nachstehende Abb. D-11 soll der weiterführenden Veranschaulichung dienen.

1. Resultate der Auswertungen zu den Thesen

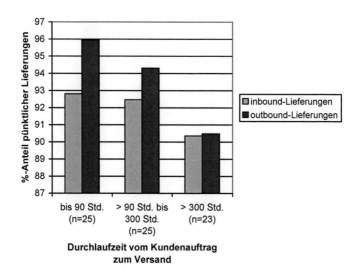

Abb. D-11: Pünktliche Lieferungen („inbound/outbound") und Durchlaufzeit vom Kundenauftrag zum Versand[664]

These 69:

Die These, dass zwischen der Zählgenauigkeit von Lagerzyklen („cycle count accuracy percentage") und dem Anteil inaktiven Materials am Lagerbestandswert eine gegenläufige Beziehung bestehen würde, ließ sich insgesamt bestätigen. Die Korrelation auf Basis der empirischen Daten fiel negativ aus. Damit zeigten sich die Datenrelationen in modellkonformer Weise. Der Zusammenhang erwies sich zwar nicht als stark ausgeprägt bzw. „streng". Gleichwohl wurden die inferenzstatistischen Signifikanzkriterien erreicht, wie Tab. D-71 zeigt.

---

[664] Parameter „pünktliche Lieferungen" wurde hier aus Gründen der Übersichtlichkeit auf der Ordinate abgetragen

Zusammenhang	N	R	P(α)	M
Zählgenauigkeit von Lagerzyklen und Anteil inaktiven Materials am Lagerbestandswert	73	-0,20	< 0,05	I-KL

Tab. D-71: Zusammenhang zwischen Zählgenauigkeit von Lagerzyklen und inaktiven Lagerbestandsanteilen

These 70:

Die Modellannahme, gemäß der ein hoher Anteil an pünktlich und einwandfrei gelieferten Einkaufsauftragspositionen („percentage of purchased lines received on time and complete") mit einer geringen durchschnittlichen Durchlaufzeit vom Kundenauftrag zum Versand („average order-to-shipment lead time") auftreten würde, ließ sich anhand der empirischen Daten nicht erhärten.

Es konnte mithin keine eindeutige Gegenläufigkeit der beiden Parameter festgestellt werden. Vielmehr standen sie in einer weitestgehend unsystematischen Relation zueinander („Non-Zusammenhang", s. Tab. D-72).

Zusammenhang	N	R	P(α)	M
Anteil an Einkaufsauftragspositionen, die pünktlich und einwandfrei geliefert wurden, und durchschnittliche Durchlaufzeit vom Kundenauftrag zum Versand	73	-0,02	nicht signif.	I-KL

Tab. D-72: Zusammenhang zwischen zuverlässig gelieferten Einkaufsauftragspositionen und Durchlaufzeit vom Kundenauftrag zum Versand

These 71:

Die These, nach der eine erhöhte Auftretenswahrscheinlichkeit eines hohen Anteils inaktiven Materials am Lagerbestandswert („inactive inventory percentage") gemeinsam mit einer hohen pünktlichen Erfüllungsrate von Kundenauftragspositionen („lines on-time fill rate") vorliegen würde, ließ sich nicht bestätigen. Gemäß der Datenlage war die Beziehung beider Parameter sogar negativ, wie in nachstehender Tab. D-73 dargestellt.

Zusammenhang	N	R	P(α)	M
Anteil inaktiven Materials am Lagerbestandswert und pünktliche Erfüllungsrate von Kundenauftragspositionen	73	-0,09	nicht signif.	I-KL

Tab. D-73: Zusammenhang zwischen inaktivem Material am Lagerbestandswert und zuverlässiger Erfüllung von Kundenauftragspositionen

Allerdings konnte angesichts der ermittelten Korrelationshöhe ohnehin nur von einem letztlich nur unsystematischen Zusammenhang zwischen den involvierten Variablen ausgegangen werden.

These 72:

Erwartet wurde eine stringent-positive Relation der durchschnittlichen Durchlaufzeit vom Kundenauftrag zum Versand („average order-to-shipment lead time") und der pünktlichen Erfüllungsrate von Kundenauftragspositionen. Die errechnete Korrelation der beiden Parameter konnte diese Annahme nicht bestätigen.

Es lag eine erkennbar negative Korrelation vor, die allerdings die Kriterien statistischer Signifikanz noch nicht erreichen konnte, wie anschaulich in Tab. D-74 reflektiert ist.

Kapitel D: Gegenüberstellung von Arbeitsthesen und Erkenntnisresultaten   287

Zusammenhang	N	R	P(α)	M
Durchschnittliche Durchlaufzeit vom Kundenauftrag zum Versand und pünktliche Erfüllungsrate von Kundenauftragspositionen	73	-0,14	nicht signif.	I-KL

Tab. D-74: Zusammenhang zwischen Durchlaufzeit vom Kundenauftrag zum Versand und zuverlässiger Erfüllung von Kundenauftragspositionen

Gleichwohl ist daraus der Schluss zu ziehen, dass im empirischen Datenpool eine hohe durchschnittliche Durchlaufzeit vom Kundenauftrag zum Versand nicht mit einer ebenfalls hohen, sondern tendenziell mit einer eher reduzierten pünktlichen Erfüllungsrate von Kundenauftragspositionen einherging. Die Konstellation hat demnach tendenziell modellkonträren Charakter, wie die Auswertungsergebnisse gezeigt haben.

These 73:

Im Falle der These 73 wurde von einer stringent-negativen Beziehung zwischen der Anzahl der per Internet oder EDI übermittelten Einkaufstransaktionen („transactions processed via web/EDI") und der durchschnittlichen Umschlagszeit für bezogene Endprodukte („average received finished goods turnaround time") ausgegangen.

Die beobachteten Daten deuteten jedoch darauf hin, dass zwischen beiden Parametern sowohl im Falle des „Web" als auch bei „EDI" ein „umgekehrter", also tatsächlich ein positiver Zusammenhang bestand. Beide Korrelationen erwiesen sich als erkennbar positiv – wenngleich auch nicht als „ausgeprägt streng", wie der nachfolgenden Tab. D-75 entnommen werden kann.

1. Resultate der Auswertungen zu den Thesen

Zusammenhang	N	R	P(α)	M
Anzahl der per Web/Internet übermittelten Einkaufstransaktionen und durchschnittliche Umschlagszeit für bezogene Endprodukte	73	-0,13	nicht signif.	I-KL
Anzahl der per EDI übermittelten Einkaufstransaktionen und durchschnittliche Umschlagszeit für bezogene Endprodukte	73	-0,20	< 0,05	I-KL

Tab D-75: Zusammenhang zwischen den per Internet bzw. EDI übermittelten Einkaufstransaktionen und der Umschlagszeit für bezogene Endprodukte

Bei der Korrelation der „Anzahl der per EDI übermittelten Einkaufstransaktionen" und der „Umschlagszeit für bezogene Endprodukte" wurde sogar ein auch statistisch überzufälliges Resultat ermittelt. Erklärungsmöglichkeiten für den insofern im Grundsatz modellkonträren Befund werden an anderer Stelle noch detaillierter erläutert.[665]

These 74:

Hinsichtlich der These 74, gemäß der ein hoher Anteil an Verkäufen über das Internet („percentage of sales via web") mit einer geringen durchschnittlichen Durchlaufzeit vom Kundenauftrag zum Versand („average order-to-shipment lead time") korrelieren würde, lag auf Basis des empirischen Datenpools erwartungsgemäß die tendenzielle negative Beziehung der beiden Parameter vor.

Allerdings war die Korrelationshöhe in einem Wertebereich angesiedelt, der als völlig unsystematisch erachtet werden konnte, wie aus zugehöriger Tab. D-76 deutlich wird.

---

[665] Siehe hierzu Abschn. D2

Kapitel D: Gegenüberstellung von Arbeitsthesen und Erkenntnisresultaten 289

Zusammenhang	N	R	P(α)	M
Anteil an Verkäufen über das Internet und durchschnittliche Durchlaufzeit vom Kundenauftrag zum Versand	73	0,00[666]	nicht signif.	I-KL

Tab. D-76: Zusammenhang zwischen Verkäufen über das Internet und Durchlaufzeit vom Kundenauftrag zum Versand

Ein Rückschluss auf eine in substanzieller Weise erfolgte Bestätigung der Modellannahme wäre daher nicht vertretbar gewesen.

D.1.3.4 Flexibilität („flexibility") vs. Kapitaleinsatz („assets")

These 75:

Im Falle der These 75 wurde ein „Gleichklang" der bivariaten Parameterbeziehung erwartet: Geringe durchschnittliche Umschlagszeiten für bezogene Endprodukte („average received finished goods turnaround time") sollten mit einem geringen Wert an Auftragsrückständen korrelieren (vice versa für hohe Ausprägungen beider Parameter).

Zusammenhang	N	R	P(α)	M
Durchschnittliche Umschlagszeit für bezogene Endprodukte und Wert an Auftragsrückständen	73	-0,02	nicht signif.	I-KL

Tab. D-77: Zusammenhang zwischen Umschlagszeit für bezogene Endprodukte und Wert an Auftragsrückständen

---

[666] Durch Rundung

Die These ließ sich, wie obenstehender Tab. D-77 zu entnehmen ist, anhand der beobachteten Daten nicht untermauern. Vielmehr standen die Umschlagszeiten für bezogene Endprodukte und der Wert an Auftragsrückständen in einer statistisch nahezu völlig unsystematischen Beziehung zueinander (quasi „Non-Zusammenhang").

These 76:

Für die These, gemäß der ein hoher durchschnittlicher Lagerumschlag („average inventory turnover") parallel zu einem reduzierten Wert an Auftragsrückständen konstatierbar sein würde, konnte keine überzeugende empirische Bestätigung erbracht werden. Zwar bestand zwischen den beiden Parametern der angenommene Negativzusammenhang; die entsprechende Korrelationshöhe erreichte jedoch einen letztlich kaum aussagekräftigen (und damit unsystematischen) Wertebereich, wie Tab. D-78 zu entnehmen ist.

Zusammenhang	N	R	P(α)	M
Durchschnittlicher Lagerumschlag und Wert an Auftragsrückständen	73	-0,08	nicht signif.	I-KL

Tab. D-78: Zusammenhang zwischen Lagerumschlag und Auftragsrückstandswert

These 77:

Die Modellannahme, dass ein geringer Anteil an nicht-verfügbarem Lagermaterial („inventory stockout percentage") mit einer niedrigen durchschnittlichen Umschlagszeit für bezogene Endprodukte („average received finished goods turnaround time") einhergehe (vice versa für hohe Ausprägungen der beiden Parameter), ließ sich anhand des Datenmaterials eindeutig bestätigen. Demnach war eine reversible deterministische Variablenbeziehung nachweisbar.

Zusammenhang	N	R	P(α)	M
Anteil an nicht-verfügbarem Lagermaterial und durchschnittliche Umschlagszeit für bezogene Endprodukte	73	+0,27	< 0,05	I-KL

Tab. D-79: Zusammenhang zwischen nicht-verfügbarem Lagermaterial und Umschlagszeit bezogener Endprodukte

Die Ausprägungen des Anteils an nicht-verfügbarem Lagermaterials und der Umschlagszeit für die bezogenen Endprodukte wiesen die modellkonforme „Gleichgerichtetheit" auf, wie in Tab. D-79 dargestellt. Die entsprechende Korrelation war zudem statistisch signifikant.

These 78:

Erwartet wurde eine gleichgerichtete Beziehung zwischen dem Anteil an nicht-verfügbarem Lagermaterial („inventory stockout percentage") und der durchschnittlichen Durchlaufzeit vom Kundenauftrag zum Versand („average order-to-shipment lead time"). Geringe Anteile an nicht-verfügbarem Lagermaterial sollten daher parallel mit reduzierten Durchlaufzeiten vom Kundenauftrag zum Versand auftreten (im umgekehrten Fall „Gleichgerichtetheit" jeweils hoher Ausprägungen der Parameter).

Eine modellkonforme Korrelation lag de facto im empirischen Datenpool vor. Das Zutreffen der Modellannahme konnte darüber hinaus als statistisch überzufällig untermauert und ein reversibler deterministischer Variablenzusammenhang nachgewiesen werden (s. Tab. D-80).

Zusammenhang	N	R	P(α)	M
Anteil an nicht-verfügbarem Lagermaterial und durchschnittliche Durchlaufzeit vom Kundenauftrag zum Versand	73	+0,24	< 0,05	I-KL

Tab. D-80: Zusammenhang zwischen nicht-verfügbarem Lagermaterial und Durchlaufzeit vom Kundenauftrag zum Versand

These 79:

Gemäß den Modellvorstellungen wurde eine gegenläufige Beziehung zwischen dem Anteil an nicht-verfügbarem Lagermaterial („inventory stockout percentage") und dem durchschnittlichen Lagerumschlag („average inventory turnover") erwartet. Diese Beziehung ließ sich auf der Grundlage des vorliegenden Datenmaterials als modellkonform erhärten. Der entsprechende Korrelationskoeffizient erwies sich dabei auch als statistisch signifikant, wie aus Tab. D-81 ersichtlich wird.

Zusammenhang	N	R	P(α)	M
Anteil an nicht-verfügbarem Lagermaterial und durchschnittlicher Lagerumschlag	73	-0,21	< 0,05	I-KL

Tab. D-81: Zusammenhang zwischen nicht-verfügbarem Lagermaterial und Lagerumschlag

These 80:

Es wurde von einer gegenläufigen Beziehung zwischen dem Anteil an nicht-verfügbarem Lagermaterial („inventory stockout percentage") und der durchschnittlichen Auslastung von Betriebsanlagen („average operating-equipment efficiency rate – OEE") für gefertigte Produkte ausgegangen.

Zusammenhang	N	R	P(α)	M
Anteil an nicht-verfügbarem Lagermaterial und durchschnittliche Auslastung von Betriebsanlagen für gefertigte Produkte	73	-0,10	nicht signif.	I-KL

Tab. D-82: Zusammenhang zwischen nicht-verfügbarem Lagermaterial und Auslastung von Betriebsanlagen

Tatsächlich zeigte die ermittelte Korrelation, dass ein solchermaßen konträrer Zusammenhang beider Parameter vorlag: Schwach ausgeprägte Anteile an nicht-verfügbarem Lagermaterial traten also vermehrt mit erhöhten Auslastungsgraden der Betriebsanlagen auf.

Gleichwohl konnte der Befund allenfalls als grenzwertig betrachtet werden, denn der empirische Zusammenhang der Parameter lag letztlich noch nicht in einer als „streng" bzw. bedeutsam zu beurteilenden Ausprägung vor. Die Kriterien statistischer Signifikanz wurden entsprechend verfehlt, wie in obenstehender Tab. D-82 dargestellt ist.

D.2 Beurteilung der Untersuchungsergebnisse zu den Einzelthesen

Im vorliegenden Abschnitt sollen auf Grundlage der dargestellten Untersuchungsergebnisse folgende Fragestellungen beantwortet werden:

- Welche Thesen konnten (vorläufig) bestätigt werden und wie sind diese Resultate einzuordnen?[667]
- Welche Thesen sind nicht bestätigt oder mussten verworfen werden? Was sind mögliche Gründe hierfür?
- Welche Thesen sollten wie verändert werden, damit sie entweder bestätigt oder in zukünftigen empirischen Untersuchungen validiert werden können?

D.2.1 Konsequenzen aus den Differenzen bzw. Übereinstimmungen zwischen Thesen und Ist-Ergebnissen

Von den ausgewerteten 80 Einzelthesen konnten ca. 60 Prozent als überzufällig oder zumindest als die prognostizierte Korrelationsrichtung aufweisend bestätigt werden. Weitere rund 35 Prozent erwiesen sich als unsystematisch, 5 Prozent waren faktisch modellkonträr und mussten daher unbedingt verworfen (falsifiziert) werden. Die Details zu den bestätigten Thesen können den o.g. Auswertungsergebnissen entnommen werden. Die mit dem SCOR-Modell konformen Thesen untermauern die eingangs von Kapitel C aufgestellte zentrale Annahme und das zugrunde liegende System von Hypothesen.

Nachfolgend wird detailliert auf die zweite und dritte Kategorie eingegangen. Dabei werden die vier modellkonträren Thesen einzeln diskutiert und es wird versucht, Erklärungen abzuleiten. Die unsystematischen Thesen werden in sinnvollen Themenblöcken besprochen.

---

[667] Beziehungsweise im Sinne des „Kritischen Rationalismus" der Forschungslogik: Welche Thesen mussten (vorläufig) nicht verworfen werden? In der Folge ist deshalb mit „bestätigt" gleichwohl „vorläufig nicht verworfen" gemeint (siehe hierzu auch die Anmerkungen zu Beginn von Abschn. D.1)

D.2.2 Erklärungsansätze zu den unsystematischen Thesen

Die statistisch völlig unsubstanziellen und daher als unsystematisch eingestuften Thesen widerlegen die angenommene zentrale Annahme bzw. das zugrunde liegende System von Hypothesen letztlich nicht. Vielmehr war es nicht möglich, sie in statistisch eindeutiger Weise zu bestätigen oder zu verwerfen. Im Folgenden sollen für die zu diesen Thesen ermittelten nicht nachweisbaren Zusammenhänge („Non-Zusammenhänge") der jeweils involvierten Parameter mögliche Erklärungen gefunden werden. Es werden Effekte diskutiert, die dazu beigetragen haben können, ein unsystematisches Bild zu erzeugen. In dem Kontext sind auch die in Kapitel B aufgezeigten Einschränkungen („boundaries") des SCOR-Modells zu reflektieren.

Demnach erhebt das Modell nicht den Anspruch, jeden Geschäftsprozess oder jede Aktivität explizit einzubeziehen.[668] Für diejenigen Leistungsmessgrößen, die derartige Geschäftsprozesse betreffen, können sich deshalb durchaus unsystematische Ergebnisse ergeben. In den Fällen, in denen bei unsystematischen Ergebnissen dieser Zusammenhang möglich ist, wird im Folgenden ausdrücklich darauf hingewiesen. Die unsystematischen Thesen lassen sich aufgrund der Ergebnisse den folgenden vier Kategorien zuordnen: Kundenauftragsmanagement, Lagerverwaltung, Transport und Beschaffung.

D.2.2.1 Kundenauftragsmanagement

Hierunter fielen 15 Thesen, und zwar:
- Innerhalb der SCOR-Modellgruppe Intra-Leistungsattribut (I-L):
  Nr. 7, 8, 14[669]

---

[668] Wie in Kap. B, Abs. B.3.2 näher ausgeführt, fallen hierunter Vertrieb und Marketing (Nachfragegenerierung), Forschung und Technologieentwicklung, Produktentwicklung und teilweise der Kundendienst nach Auslieferung (vgl. Supply-Chain Council / SCOR-Model 7.0 Overview 2005 / S. 3)
[669] Zu den detaillierten Untersuchungsergebnissen siehe Abs. D.1.1

- Innerhalb der SCOR-Modellgruppe Intra-Kompetenz (I-K):
  Nr. 27, 37[670]
- Innerhalb SCOR-Modellgruppe Inter-Kompetenz/Leistungsattribut (I-KL):
  38, 39, 41, 50, 52, 60, 61, 70, 74, 75.[671]

In der Kategorie Kundenauftragsmanagement konnten die Thesen wiederum zwei Unterkategorien zugeordnet werden:
- Zeit: Pünktliche Lieferungen, pünktliche Erfüllungsrate von Auftragspositionen, Durchlaufzeit vom Kundenauftrag zum Versand, Auftragsrückstände
- Qualität: Einwandfreie Kundenaufträge, Kundenstreitigkeiten.

Die beiden weiteren Wettbewerbsfaktoren im sog. „strategischen Viereck" des Lieferketten-Management, Kosten und Flexibilität, sind implizit in denjenigen Faktoren enthalten, die den beiden erstgenannten Parametern „Zeit" und „Qualität" zugeordnet sind.[672] Im Einzelnen konnten folgende Zusammenhänge nicht nachgewiesen werden:

Pünktliche Lieferungen, pünktliche Erfüllungsrate von Auftragpositionen, Auftragsrückstände und:
- Lieferdurchlaufzeit für Bestellanforderungen: Es könnte sein, dass die Zuordnung der beiden Variablen zu verschiedenen SCOR-Prozessen (Liefern auf der einen und Beschaffen auf der anderen Seite) die Ursache dafür darstellt, dass lediglich eine unsystematische Korrelation zwischen den beiden Variablen nachweisbar war. Der Zusammenhang müsste sich andernfalls sozusagen über die ganze Lieferkette ziehen.[673]

---

[670] Zu den detaillierten Untersuchungsergebnissen siehe Abs. D.1.2
[671] Zu den detaillierten Untersuchungsergebnissen siehe Abs. D.1.3
[672] Zum „strategischen Viereck" im Kontext des Lieferketten-Management vgl. etwa Ellram und Cooper M. / Supply Chain Management 1990 / S. 1 ff.; Weber et al. / Supply Chain Management und Logistik 2000 / S. 264 ff. Siehe hierzu auch die diesbezüglichen Ausführungen unter Kap. A, Abs. A.3.1
[673] Vgl. Fleischmann et al. / Advanced Planning 2002 / S. 76 ff. Siehe hierzu auch die von Rohde et al. dargestellte Supply Chain Planning Matrix mit den zwei Dimensionen Planungshorizont („planning horizon") und Lieferketten- (LK-) Prozess („supply chain process"), wobei im vorliegenden Kontext v.a. der LK-Prozess von Bedeutung ist (vgl. Rohde et al. / Supply Chain Planning Matrix 2000 / S. 10 ff.).

Möglicherweise wäre eine größere Fallzahl innerhalb der Stichprobe erforderlich, um den Zusammenhang nachweisen zu können und eine ausreichend starke Indikation zu erhalten.

- Nicht-verfügbares Lagermaterial: Eine mögliche Ursache kann darin liegen, dass ein Teil der untersuchten Unternehmen ausreichende Lagerbestände aufgebaut hat oder leistungsfähige Produktions- und Lagerbestandsplanungssysteme einsetzt, um sich – zumindest teilweise – von Lieferengpässen unabhängig zu machen. Im Zusammenspiel mit den Unternehmen, bei denen das nicht zutrifft, könnte dies durchaus zu einem in Summe unsystematischen Bild und daraus resultierend zu einem nicht nachweisbaren Zusammenhang beitragen.[674]

- Kosten für Kundenservice: Möglicherweise wird die Lieferzuverlässigkeit von weiteren Parametern so stark mit beeinflusst, dass ein erhöhter Kapitaleinsatz allein keinen signifikanten Einfluss ausüben kann. Daraus könnte sich durchaus ein unsystematisches Gesamtbild ergeben. Die Überlegung basiert auf der Annahme, dass die Lieferzuverlässigkeit allein nicht mehr ausreicht, den zur Erhaltung der Wettbewerbsposition erforderlichen Kundenservice sicherzustellen.[675] Eine weitere mögliche Erklärung könnte in aktuellen Bestrebungen liegen, durch geeignete Lieferketten-Konzepte einen besseren Kundenservice bei gleichzeitig niedrigeren Kosten sicherstellen zu können.[676]

---

[674] Vgl. Norek / Inventory Management 1999 / S. 381 ff.; Raman / Supply Chains 1999 / S. 174 f.; Chakravarty / Market Driven Enterprise 2001 / S. 372

[675] Vgl. Hugos / Supply Chain Management 2003 / S. 96 f. Copacino definiert eine sog. Kundenservice-Pyramide („Customer Service Pyramid"), in der die Lieferzuverlässigkeit lediglich die Grundlage darstellt, auf der die Elastizität („Resilience") und Kreativität („Creativity") bzw. Innovation („Innovation") mit den zugehörigen Service-Elementen aufbauen (vgl. Copacino / Supply Chain Management 1997 / S. 74 f.)

[676] Vgl. Christopher / Logistics and Supply Chain Management 1998 / S. 12 f. In dieselbe Richtung weisen die Ergebnisse eines in 2003 durchgeführten gemeinsamen Forschungsprojektes des Instituts für Supply Chain Management der Universität Münster und der Unternehmensberatung McKinsey, bei dem das Lieferketten-Management von 40 der 74 größten deutschen Konsumgüterhersteller und von 18 der 40 größten Handelsunternehmen untersucht wurde. Dabei ergab sich u.a., dass geringe Kosten und guter Service sich nicht mehr per se ausschließen müssen. Die Autoren verwenden für Unternehmen, die auf beiden Dimensionen besser abschneiden als die Konkurrenzunternehmen, den Begriff der „Supply Chain Champions" (vgl. Behrenbeck und Thonemann / Supply Chain Champions 2003 / S. 1. Zu detaillierten Ausführungen siehe auch Thonemann et al. / Supply Chain Champions 2003)

Eine entgegengesetzte, aber auch interessante Fragestellung würde dahingehend lauten, ob Unternehmen besser in anderen Bereichen investieren und Kundenservicekosten einsparen sollten.[677] Auf den Sachverhalt wird in Kapitel E genauer eingegangen.

- Lagerverwaltungskosten: Der nicht nachweisbare Zusammenhang könnte darauf zurückzuführen sein, dass ein Teil der untersuchten Unternehmen mit dem Konzept des bereits dargestellten lieferantenverwalteten Lagerbestands („Vendor Managed Inventory, VMI") arbeitet. Größere Mengen an noch nicht verarbeitetem oder ausgeliefertem Material würden dann nur einen eingeschränkten Einfluss auf die Lagerkosten haben. Genau genommen würden die Kosten auf den Lieferanten abgewälzt und quasi „externalisiert".[678]

Ähnliches dürfte für den Zusammenhang mit der Umschlagszeit gelten: Längere Umschlagszeiten wirken sich nicht adäquat in höheren Lagerverwaltungskosten aus, da dem durch entsprechende Lagerstrategien entgegengewirkt wird.[679]

- Umschlagszeit für bezogene Endprodukte: Die unternehmensinterne Umschlagszeit hat einen maßgeblichen Einfluss auf die letztendliche Lieferung des Endprodukts an den Kunden und damit die pünktliche Auftragserfüllung. Üblicherweise enthalten deshalb Leistungsindikatoren für die Lieferkette diese interne Komponente als Bestandteil der Lieferleistung.[680] Es ist daher anzunehmen, dass das Datenmaterial in dem Zusammenhang nicht konsistent gewesen ist.

- Kundenstreitigkeiten: Der Zusammenhang fällt unter den Aspekt des Kundendienstes nach Auslieferung, den das SCOR-Modell u.a. als gegeben annimmt. Eine Möglichkeit, diesen Zusammenhang zu operationalisieren,

---

[677] Vgl. Miller / Customer Expectations 2002 / S. 665 ff.
[678] Vgl. Christopher / Logistics and Supply Chain Management 1998 / S. 195 f.; Raman / Supply Chains 1999 / S. 182 f. Alt et al. gehen davon aus, dass das Konzept des bereits beschriebenen Vendor Managed Inventory (VMI) als eine Komponente der Lieferketten-Strategie alle SCOR-Hauptprozesse beeinflusst (vgl. Alt et al. / Business Networking 2001 / S. 106)
[679] Vgl. Copacino / Supply Chain Management 1997 / S. 15 f. u. 96 ff.; Poirier / E-Supply Chain 2000 / S. 57; Handfield und Nichols / Supply Chain Management 2000 / S. 7 f. Thaler bezeichnet die verschiedenen Lagerstrategien als „bedarfsgerechte Lagerlogistik" (vgl. Thaler / Supply Chain Management 2003 / S. 212 ff.)
[680] Vgl. Kuglin / Supply Chain Management 1998 / S. 196 f.

könnte mittels eines Fragebogens zur Ermittlung der Kundeneinschätzung der Lieferleistung erfolgen.[681] Es ist anzunehmen, dass weitere Parameter einen maßgeblichen Einfluss auf die Häufigkeit an Kundenstreitigkeiten haben.

- Pünktliche Einkaufsaufträge: Es kann davon ausgegangen werden, dass die Beschaffungsstrategie und das damit verbundene Ziel pünktlicher Einkaufsaufträge einen Einfluss auf die Lieferleistung haben.[682] Die Einkaufsaufträge allein haben jedoch möglicherweise keinen ausreichend hohen Einfluss auf die gesamte Auftragsabwicklungsdauer. Ein Grund könnte darin liegen, dass die Unternehmen ausreichend Lagerbestände aufgebaut haben, um Lieferschwankungen ausgleichen zu können. Das wiederum würde auf Einsparungspotentiale hindeuten. Ein anderer möglicher Erklärungsansatz könnte in entsprechenden Beschaffungsstrategien zur Zusammenarbeit mit Lieferanten liegen, wie z.B. dem Strategic Sourcing.[683]

- Verkäufe über das Internet: Das Internet hat anscheinend zu keiner „Beschleunigung" der Durchlaufzeit von Aufträgen beitragen können. Die Internet-Nutzung im Vertrieb scheint demnach Unternehmen zwar einen Vertriebskanal zur Verfügung stellen zu können, der dazu beitragen kann, Marktanteile und Umsätze zu erhöhen, jedoch nicht unbedingt zu einer wesentlichen Verkürzung der Prozesszeit führen muss.[684]

Einwandfreie Kundenaufträge und:

- Kosten für Kundenservice: Hier gilt analog, was zu den pünktlichen Lieferungen ausgeführt wurde (s.o.): Einwandfreie Kundenaufträge werden möglicherweise von weiteren Parametern so stark mit beeinflusst, dass ein erhöhter Kapitaleinsatz allein keinen nachweisbaren Einfluss hat. Auch hier könnte eine mögliche sich ergebende Fragestellung sein, ob Unternehmen

---

[681] Vgl. Miller / Customer Expectations 2002 / S. 665 ff. Copacino postuliert eine Kundenservice-Umfrage von mehr generellem Charakter, da er davon ausgeht, dass eine durchgängige Kundenservice-Strategie erfolgskritische Relevanz hat (vgl. Copacino / Supply Chain Management 1997 / S. 73 ff.)
[682] Vgl. Kuglin / Supply Chain Management 1998 / S. 256 ff.
[683] Vgl. Banfield / Value in the Supply Chain 1999 / S. 19 ff. Für einen Überblick zu strategischen Beschaffungskonzepten vgl. etwa Arnold und Eßig / Beschaffungsstrategie 2000 / S. 122 ff.
[684] Vgl. Schäfer S. / Einführung von E-Business Systemen 2002 / S. 29

besser in anderen Bereichen investieren und Kundenservicekosten einsparen sollten. Hierauf wird in Kapitel E näher eingegangen.

- Kundenstreitigkeiten: Wenn einwandfreie Kundenaufträge keinen nachweisbaren positiven Einfluss auf die Anzahl an Kundenstreitigkeiten haben, bedeutet dies im Umkehrschluss, dass nicht einwandfreie Aufträge zu keiner erhöhten Anzahl an Streitigkeiten führen müssen. Das würde den Rückschluss nahe legen, dass ein Teil der untersuchten Unternehmen größere Beträge darauf verwenden, um sozusagen „nachzubessern", damit Streitigkeiten vermieden werden.[685]

Es konnte jedoch ebenfalls kein nachweisbarer Zusammenhang zwischen der Anzahl an Kundenstreitigkeiten und den Kundenservicekosten nachgewiesen werden. Auch war kein signifikanter Zusammenhang zwischen den Kundenstreitigkeiten und der Kundenverbleibsquote nachweisbar. Der Zusammenhang fällt jedoch unter die Kategorie des Kundendienstes nach Auslieferung, den das SCOR-Modell – wie oben erörtert – als gegeben annimmt. Daraus resultieren zum einen Verbesserungsmöglichkeiten hinsichtlich des SCOR-Modells. Zum anderen resultieren daraus auch Möglichkeiten zur Prozessoptimierung für die Unternehmen.[686] Auf beide Fälle wird ebenfalls in Kapitel E zurückgekommen.

D.2.2.2 Lagerverwaltung

Unter die Kategorie fielen insgesamt 8 Thesen, und zwar:
- Innerhalb der SCOR-Modellgruppe Intra-Leistungsattribut (I-L):
  Nr. 17, 18[687]
- Innerhalb der SCOR-Modellgruppe Intra-Kompetenz (I-K):
  Nr. 28, 32, 33[688]

---

[685] Vgl. Hoover et al. / Demand-Supply Chain 2001 / S. 27 f.
[686] Vgl. Bovet und Martha / Value Nets 2000 / S. 217 f.
[687] Zu den detaillierten Untersuchungsergebnissen siehe Abs. D.1.1
[688] Zu den detaillierten Untersuchungsergebnissen siehe Abs. D.1.2

- Innerhalb SCOR-Modellgruppe Inter-Kompetenz/Leistungsattribut (I-KL): Nr. 42, 53, 66.[689]

In der Kategorie Lagerverwaltung konnten wiederum Unterkategorien gebildet werden:

- Effektivität: Lagerumschlagshäufigkeit, Materialverfügbarkeit
- Effizienz: Ausnutzung der Lagerfläche, Lagerumschlagszeit, Lagerverwaltungskosten

Folgende Zusammenhänge konnten nicht nachgewiesen werden:

Ausnutzung der Lagerfläche und:

- Lagerumschlagshäufigkeit: Es ist anzunehmen, dass hier ähnliches zutrifft, wie im o.g. Fall von Lieferfähigkeit und Lagerverwaltungskosten: Die Umschlagshäufigkeit hat wahrscheinlich deshalb einen nicht nachweisbaren Einfluss auf die Lagerflächeneffizienz, weil ein Teil der untersuchten Unternehmen mit dem Konzept des lieferantenverwalteten Lagerbestands („Vendor Managed Inventory, VMI") arbeitet. Auch in dem Fall würden die Kosten auf den Lieferanten abgewälzt und quasi „externalisiert".[690]

Analoges gilt dann für die Lagerverwaltungskosten: Die Lagerverwaltungskosten wären in diesem Fall ausgelagert und sozusagen von der Ausnutzung der Lagerfläche entkoppelt. Das würde ebenfalls erklären, weshalb auch kein nachweisbarer Zusammenhang zwischen den Lagerverwaltungskosten und der Zählgenauigkeit von Lagerzyklen nachgewiesen werden konnte. Die Verantwortung für die Zählgenauigkeit läge – zumindest teilweise – beim Lieferanten.[691]

---

[689] Zu den detaillierten Untersuchungsergebnissen siehe Abs. D.1.3
[690] Siehe den Zusammenhang zwischen „pünktliche Lieferungen, pünktliche Erfüllungsrate von Auftragspositionen, Auftragsrückstände und Lagerverwaltungskosten" unter Kundenauftragsmanagement
[691] Vgl. Werner / Supply Chain Management 2002 / S. 65 ff.; Wildemann / Entwicklungsstrategien für Zulieferer 1992 / S. 391 ff.

- Inaktives eingelagertes Material: Eine mögliche Ursache dafür, dass kein signifikanter Zusammenhang festgestellt werden konnte, könnte darin liegen, dass ein Teil der untersuchten Unternehmen durch Produkte mit einem relativ kurzen Lebenszyklus charakterisiert sind. Der Lebenszyklus von eingelagertem Material hat einen direkten Einfluss auf die Lagerveralterung: Je kürzer der Lebenszyklus ist, desto häufiger muss altes bzw. inaktives Material durch neues ersetzt werden.[692] Neben dem Lebenszyklus ist jedoch auch der angestrebte Servicelevel relevant: Je höher dieser ist, desto höher das Risiko, inaktives Material aufzubauen.[693]

- Lagerverwaltungskosten: Der nicht nachweisbare Zusammenhang könnte ein weiteres Indiz dafür darstellen, dass die untersuchten Unternehmen bereits in hohem Maße auf das Konzept des Vendor Managed Inventory (VMI) oder verwandte Konzepte zurückgreifen.

Nicht-verfügbares Lagermaterial und Fertigungsdurchlaufzeit: Es ist anzunehmen, dass bei den untersuchten Unternehmen bereits eine – zumindest teilweise – Entkoppelung von Lagerbeständen („stocking levels") und dem Produktionsprozess stattgefunden hat.[694] Dadurch wäre die Abhängigkeit bzw. Korrelation zwischen den Faktoren nur gering und der Zusammenhang nicht nachweisbar.

D.2.2.3 Transport

Der Kategorie konnten 2 Thesen zugeordnet werden, die in die SCOR-Modellgruppe Intra-Leistungsattribut (I-L) fallen: Nr. 12 und 15.[695]

Beide Thesen lassen sich den Kosten zuordnen. Konkret konnte kein Zusammenhang zwischen Transportkosten (als Anteil am Umsatz und pro Mitarbeiter) und

---

[692] Vgl. Meyr et al. / Basics For Modeling 2002 / S. 57
[693] Vgl. Hugos / Supply Chain Management 2003 / S. 168
[694] Vgl. Schönsleben / Integral Logistics Management 2000 / S. 116 ff. Ayers benutzt in diesem Zusammenhang den Begriff der Produktionsflexibilität („production flexibility") (vgl. Ayers / Supply Chain Strategies 2002 / S. 110 f.)
[695] Zu den detaillierten Untersuchungsergebnissen siehe Abs. D.1.1

dem Umfang an Lieferschäden nachgewiesen werden. Eine mögliche Ursache könnte sein, dass eine Reihe der untersuchten Unternehmen bereits intensiv mit externen Logistikdienstleistern („Third-Party Logistics Service Provider, 3PL") zusammenarbeiten. Das stünde im Einklang mit aktuellen Tendenzen, wonach die Zusammenarbeit mit einem 3PL eine große Rolle für eine zunehmende Zahl an Unternehmen spielt.[696]

D.2.2.4 Einkauf

Unter die Kategorie fielen 2 Thesen innerhalb der SCOR-Modellgruppe Inter-Kompetenz/Leistungsattribut (I-KL): Nr. 43 und 54.[697]

Auch hier lassen sich beide Thesen den Kosten zuordnen. Es konnte demnach kein signifikanter Zusammenhang nachgewiesen werden zwischen Einkaufskosten und:

- Pünktlichen Einkaufsaufträgen: Höhere Ausgaben im Einkaufsbereich scheinen nicht dazu beizutragen, eine bessere Abwicklung von Einkaufsaufträgen zu gewährleisten. Dies könnte darauf zurückzuführen sein, dass ein Hauptproblem des Beschaffungsprozesses in der Regel in dem hohen Aufwand für die Informationsbeschaffung, den komplexen Prozessketten und der Vielzahl an manuellen Tätigkeiten liegt.[698]
- Lieferdurchlaufzeit für Bestellanforderungen: Hier gilt Analoges wie im vorhergehenden Fall: Die Ursache, dass der Zusammenhang nicht nachweisbar war, könnte in der hohen Komplexität des Beschaffungsprozesses liegen.[699]

---

[696] Vgl. Berger und Gottorna / Supply Chain 2001 / S. 73 f.; Handfield und Nichols / Supply Chain Redesign 2002 / S. 63 f.
[697] Zu den detaillierten Untersuchungsergebnissen siehe Abs. D.1.3
[698] Vgl. Dörflein und Thome / Electronic Procurement 2000 / S. 47
[699] Vgl. Schäfer S. / Einführung von E-Business Systemen 2002 / S. 39 f.

D.2.3 Erklärungsmöglichkeiten zu den modellkonträren Thesen

Bei den Thesen, die sich in überzufälliger oder zumindest tendenzieller Weise als erkennbar modellkonträr erwiesen haben, liegt faktisch ein genau „umgekehrter" Zusammenhang vor, als bei der initialen Thesenentwicklung angenommen wurde. Insofern wären die ursprünglichen Thesen in Form neuer „Gegenthesen" darzustellen, um die Modellanpassung an die empirische Realität zu erhöhen (modellkonforme Korrelation). Auf die Ableitung und Angemessenheit (respektive inhaltliche Nichtvertretbarkeit) derartiger Gegenthesen wird nachfolgend im Zusammenhang mit der Suche nach Gründen für die modellkonträren Befundkonstellationen näher eingegangen. Aus den herausgearbeiteten potenziellen Gründen resultieren Verbesserungsvorschläge für das SCOR-Modell, die in Kapitel E näher behandelt werden.[700]

Die modellkonträren Fälle stellen zweifellos die problematischste Gruppe dar, da sie die angenommene zentrale Annahme „invalidieren" können. Maßgeblich ist jedoch der Anteil, den sie an den insgesamt untersuchten Thesen ausmachen. Im vorliegenden Fall liegt ihr Anteil in der Größenordnung von fünf Prozent, was erheblich von einem Anteil entfernt ist, der nötig wäre, um das zugrunde liegende Hypothesensystem grundsätzlich als unangemessen einzuschätzen.[701]

Eine These fiel in die SCOR-Modellgruppe Intra-Kompetenz (I-K): Nr. 19. Die weiteren drei Thesen waren der SCOR-Modellgruppe Inter-Kompetenz/Leistungsattribut (I-KL) zuzuordnen: Nr. 58, 72 und 73.

---

[700] Siehe hierzu Kap. E, Abs. E.1.2
[701] Ohne den weiteren Ausführungen vorausgreifen zu wollen, verweist die Relation von – gemessen an den prognostizierten Zusammenhängen – zutreffenden Thesen zu den unsystematischen und konträren Thesen vielmehr darauf, dass das Modell mit den empirischen Fakten kompatibel ist. Statistische Sondereinflüsse, wie etwa die sog. „Alphafehler-Inflation", können im vorliegenden Fall nicht dazu herangezogen werden, diese grundsätzliche Kompatibilität in Frage zu stellen (vgl. hierzu etwa Rochel / Planung und Auswertung von Untersuchungen 1983 / S. 129 f.)

D.2.3.1 Modellkonträre These der SCOR-Modellgruppe Intra-Kompetenz (I-K)

Der in These 19 vermutete (gegenläufige) Zusammenhang innerhalb der kundenbezogenen Kennzahlen („customer-facing metrics") zwischen Kundenservice („reliability and responsiveness"), konkret der Auftragsabwicklungsleistung („delivery performance – inbound/outbound"), und Flexibilität (flexibility"), konkret Lieferketten-Reaktionszeit („supply chain response time"), musste als modellkonträr verworfen werden, die entsprechenden Korrelationen waren genau „umgekehrt". Die resultierende Gegenthese würde wie folgt lauten:

> Ein hoher Anteil an pünktlichen Lieferungen („on-time delivery percentage – inbound and outbound") geht mit einem hohen Wert an Auftragsrückständen („backorders value") einher.

Die Gegenthese ist inhaltlich unter Plausibilitätsaspekten nicht sinnvoll, da es gerade die primäre Intention pünktlicher Lieferungen ist, Auftragsrückstände zu vermeiden.[702]

Die Gegenthese kann insofern modelltheoretisch nicht vertreten werden. Es ist zu vermuten, dass Inkonsistenzen im zur Verfügung stehenden Datenmaterial die Ursache für den Untersuchungsbefund darstellen. Zudem ist darauf hinzuweisen, dass zwar angesichts der empirischen Konstellation die modellkonträre Gegenläufigkeit der ursprünglichen Thesen abzuleiten war, diese Ableitung jedoch (noch) nicht auf überzufällige Weise erfolgte. Insofern wird der Schluss auf Inkonsistenzen bzw. „Zufallsschwankungen" im Datenmaterial untermauert.

---

[702] Vgl. Schönsleben / Integral Logistics Management 2000 / S. 444 f.; Hugos / Supply Chain Management 2003 / S. 91 ff.

D.2.3.2 Modellkonträre Thesen der SCOR-Modellgruppe Inter-Kompetenz/ Leistungsattribut (I-KL)

Der in These 57 angenommene (positive) Zusammenhang zwischen Kundenservice („reliability and responsiveness"), konkret der Lieferzeit („order fulfillment lead time"), und Kosten („cost"), konkret Garantiekosten („warranty cost or returns processing cost"), musste verworfen werden; die Konstellation auf Basis der empirischen Daten erwies sich als gegenläufig. Die <u>Gegenthese</u> kann somit folgendermaßen formuliert werden:

> Eine niedrige durchschnittliche Lieferdurchlaufzeit für Bestellanforderungen („average purchase requisition to delivery cycle time") tritt mit einer hohen Anzahl an Kundenstreitigkeiten („customer disputes") auf.

Unter inhaltlichen Gesichtspunkten erscheint eine derartige Gegenthese durchaus plausibel: Die hohe Komplexität der Beschaffungsprozesse bedingt es, dass auch bei der Beschaffung einfachster bzw. geringwertiger Produkte mehrere Abteilungen in den Beschaffungsprozess involviert werden müssen.[703]

Das SCOR-Modell in der gegenwärtigen Form trägt offensichtlich dem Einfluss der heutigen Komplexität der Beschaffungsprozesse auf die Kundenzufriedenheit (noch) nicht ausreichend Rechnung. Ein möglicher Grund dafür könnte sein, dass SCOR ein funktions- bzw. prozessorientiertes Modell, nicht jedoch ein datenorientiertes Modell darstellt. Datenorientierte Modelle sind dazu in der Lage, Daten und Beziehungen abzubilden, wozu beispielsweise die Beziehung zwischen Lieferdaten und Kundendaten fällt. Eine Möglichkeit, das SCOR-Modell dahingehend weiterzuentwickeln, könnte die Erweiterung des Prozessmodells zur Abbildung von zusammenhängenden Material- und Informationsflüssen zwischen Kunden und Lieferanten darstellen.[704]

---
[703] Vgl. Schäfer S. / Einführung von E-Business Systemen 2002 / S. 39; KPMG / Beschaffungsprozess 1997 / S. 2 ff.
[704] Vgl. Thaler / Supply Chain Management 2003 / S. 48 ff.

Der in These 72 angenommene (positive) Zusammenhang zwischen Kundenservice („reliability and responsiveness"), konkret fehlerlose Auftragsabwicklung („perfect order fulfillment"), und Kapitaleinsatz („assets"), konkret Bestandsreichweite („inventory days of supply"), musste verworfen werden, da auf Basis des empirischen Materials eine erkennbar konträre Beziehung der beiden Parameter bestand. Die mögliche Gegenthese lautet somit:

> Eine niedrige durchschnittliche Durchlaufzeit vom Kundenauftrag zum Versand („average order-to-shipment lead time") korreliert mit einer hohen pünktlichen Erfüllungsrate von Kundenauftragspositionen („lines on-time fill rate").

Anhaltspunkte für die Vertretbarkeit einer derartigen Gegenthese lassen sich wie folgt identifizieren: Es ist zu vermuten, dass der Reduktion der Durchlaufzeit in heutigen Lieferketten-Strategien eine hohe Bedeutung zukommt. Eine mögliche Auswirkung wäre die Erreichung der pünktlichen Erfüllung von Kundenaufträgen.[705] Die Optimierung der auf die Durchlaufzeit bezogenen Prozesse stellt für eine Vielzahl von Unternehmen bereits eine wesentliche Komponente der Lieferketten- bzw. Wettbewerbsstrategie dar.[706]

Und setzt man voraus, dass eine hohe pünktliche Auftragserfüllungsrate überdies einen positiven Einfluss auf die Zahlung seitens der Kunden hat, hat die Prozessbeschleunigung im Sinne einer Durchlaufzeitverkürzung eine wesentliche Bedeutung für den Wettbewerbsfaktor Zeit im Kontext aktueller Wettbewerbsstrategien.[707]

Als Fazit kann gezogen werden, dass das SCOR-Modell anscheinend den Umstand, dass durch die aktuelle Priorisierung der Durchlaufzeitenverkürzung kein

---
[705] Vgl. Ayers / Supply Chain Information Systems 2002 / S. 248 ff.
[706] Vgl. Geimer und Becker / Supply Chain-Strategien 2001 / S. 28
[707] Vgl. Werner / Supply Chain Management 2002 / S. 54 u. 175

gegenläufiger Einfluss mehr auf die Auftragserfüllungsrate vorliegt, noch nicht ausreichend einbezieht.[708]

Der in These 73 angenommene Zusammenhang zwischen Kundenservice („reliability and responsiveness"), konkret Lieferzeit („order fulfillment lead time"), und Kapitaleinsatz („assets"), konkret Zahlungs-Zykluszeit („cash-to-cash cycle time"), wurde angesichts des auf überzufällige Weise gegenläufigen Befundes verworfen. Die mögliche Gegenthese lautet dementsprechend wie folgt:

> Eine hohe Anzahl der per Internet oder EDI übermittelten Einkaufstransaktionen („transactions processed via web/EDI") geht mit einer hohen durchschnittlichen Umschlagszeit für bezogene Endprodukte („average received finished goods turnaround time") einher.

Eine mögliche Erklärung für die Vertretbarkeit der Gegenthese könnte darin liegen, dass – obwohl die elektronische Abwicklung von Beschaffungsprozessen zwar je nach Branche Kosteneinsparungen von 10 bis 20 Prozent der Prozesskosten und 3 bis 12,5 Prozent der Gesamtkosten ermöglichen kann – die Einsparungen wahrscheinlich nicht über die Verkürzung von Prozesszeiten erzielt werden. Vielmehr führen eine (noch) fehlende Vernetzung und Abstimmung zwischen den involvierten Abteilungen zu redundanten Bearbeitungsschritten, die überwiegend manuell durchgeführt werden müssen und damit relativ personal- und zeitintensiv sind.[709]

Das SCOR-Modell trägt dem aufgrund der gewonnenen Erkenntnisse noch nicht ausreichend Rechnung bzw. bezieht den Faktor noch nicht mit der notwendigen Gewichtung ein. Eine Ursache dafür könnte sein, dass das Konzept des E-Business erst in SCOR Version 6 in das Modell einbezogen worden ist.[710]

---

[708] Vgl. Hugos / Supply Chain Management 2003 / S. 144 ff.; Hausman / Supply Chain Performance Metrics 2000 / o.S.
[709] Vgl. Schäfer S. / Einführung von E-Business Systemen 2002 / S. 39 f.
[710] Vgl. Supply-Chain Council / SCOR-Model Version 6.0 2003 / S. 8 f.

D.2.4 Fazit zu den gewonnenen Untersuchungsergebnissen der Einzelthesen

Von den ausgewerteten 80 Einzelthesen erwies sich ein Anteil von rund drei Fünftel als überzufällig oder zumindest als die prognostizierte Korrelationsrichtung aufweisend modellkonform.[711] Etwa ein Drittel der Thesen erwies sich als unsystematisch im definierten Sinne.[712] Und ein geringer Anteil von rund einem Zwanzigstel musste als überzufällig oder zumindest als die prognostizierte Korrelationsrichtung aufweisend modellkonträr eingestuft werden.[713]

Bei Heranziehung der reinen Binäreinteilung nach der p(α)-Irrtumswahrscheinlichkeit (gegeben vs. nicht gegeben) waren etwa 37 Prozent der Thesen als überzufällig modellkonform und rund 1,5 Prozent als überzufällig modellkonträr einzustufen.[714]

Es ist in dem Zusammenhang zu berücksichtigen, dass die summarische Aufreihung von Einzelthesen statistisch-methodisch nur unter restriktiven Bedingungen geeignet ist, eine Theorie – verstanden als Hypothesensystem – zu bestätigen. Zu einer Theorie gehören in dem Sinne mehrere Hypothesen bzw. ein System von Hypothesen.[715]

Wie eingangs der Arbeit deutlich gemacht wurde, war es u.a. das Ziel, einen ersten Beitrag zu einer diesbezüglichen Theorie zu leisten. Keinesfalls aber erhebt die Arbeit den Anspruch, eine Theorie abschließend zu untersuchen.[716] Es sollte vielmehr einem explorativen Ansatz gefolgt werden, bei dem ein sukzessiver Erkenntniszugewinn im Vordergrund stand, der unbedingt auch nach Abschluss der

---

[711] Der Anteil lag bei 61 Prozent (gerundet)
[712] Der Anteil lag bei 33 Prozent (gerundet)
[713] Der Anteil lag bei 6 Prozent (gerundet)
[714] Der verbleibende Anteil erwies sich als nicht überzufällig (siehe hierzu auch die Ausführungen unter Kap. C, Abs. C.4.2.2)
[715] Vgl. Kromrey / Empirische Sozialforschung 2002 / S. 48 f.
[716] In dem Sinne wurde auch bewusst der Begriff einer zu untersuchenden zentralen Annahme gewählt

Arbeit durch weitere, darauf aufbauende, iterative Untersuchungen weitergeführt werden muss.[717]

Ferner existieren neben der für die vorliegenden Arbeit relevanten Abbildung des Modells theoretisch noch eine Vielzahl alternativer Abbildungsmöglichkeiten. Der Rückschluss auf das SCOR-Modell im allgemeinen Sinne ist unbedingt vor diesem Hintergrund zu sehen.

Darüber hinaus dürfen auch die bei der Untersuchung mit an Sicherheit grenzender Wahrscheinlichkeit aufgetretenen Störeinflüsse und die vorliegenden Einschränkungen nicht außer Acht gelassen werden. Diese werden am Ende des vorliegenden Kapitels behandelt. Weiterhin sollen auf Basis der gewonnenen Ergebnisse konkrete Verbesserungsvorschläge bzw. Innovationshinweise hinsichtlich des SCOR-Modells und seiner Anwendung abgeleitet werden. Darauf wird in Kapitel E eingegangen.[718]

---

[717] Siehe hierzu die hinführenden Anmerkungen zu Beginn von Kap. C
[718] Siehe Kap. E, Abs. E.1.2

D.3 Versuch der Anwendung von strukturanalytischen Verfahren zur Überprüfung der Meta-Thesen

D.3.1 Untersuchungsdesign

Im Anschluss an die Prüfung der Einzelthesen mittels inferenzstatistischer Verfahren wurde der Versuch unternommen, die aufgestellten sieben Meta-Thesen[719] mittels eines strukturanalytischen Verfahrens zu untersuchen. Konkret kam hierbei das AMOS-Verfahren zum Einsatz.[720] Da die Meta-Thesen auf eine übergeordnete Ebene fokussieren, lag der Einsatz dieses Verfahrens nahe. Dabei ist jedoch wichtig anzumerken, dass die unter einer Meta-These für die Strukturanalysen subsumierten Einzelthesen keinesfalls in gleichem Maße der jeweiligen Meta-Thesen zuzuordnen sind. Das lässt sich schon daraus ablesen, dass es Einzelthesen gab, die deutlich modellkonform waren, während andere unsystematisch und wiederum andere teilweise sogar modellkonträr waren. Die möglichen Gründe dafür sind ebenfalls dargestellt worden.

Vor dem Hintergrund ist der Versuch der Anwendung des strukturanalytischen Verfahrens zu sehen: Es sollte dazu dienen, herauszufinden, ob die im Rahmen der detaillierten (inferenzstatistischen) Untersuchung und (interpretativen) Betrachtung hinsichtlich der Einzelthesen gewonnenen Ergebnisse tendenziell bestätigt werden können und falls nicht, was mögliche Ursachen dafür sein könnten. Es sollte dabei nicht darum gehen, komplette Thesenblöcke (auf Ebene der Meta-Thesen) quasi ex-post mittels Strukturanalysen zu bestätigen (oder zu verwerfen).

Zum einen lag der Fokus im Rahmen der vorliegenden Arbeit eindeutig auf der detaillierten Untersuchung bivariater Zusammenhangsvermutungen auf Basis der erarbeiteten Einzelthesen. Zum anderen wäre alleine der Stichprobenumfang von N = 73 keinesfalls ausreichend gewesen, um sich ausschließlich auf Strukturglei-

---

[719] Siehe hierzu Kap. C, Abs. C.2
[720] Details zu Strukturgleichungsverfahren im Allgemeinen und AMOS sowie dessen Anwendung im Besonderen können Kap. C, Abs. C.4.2.3 entnommen werden

chungsverfahren zu stützen.[721] Im Rahmen der strukturanalytischen Zusatzberechnungen wurde in Anbetracht dieser Überlegungen – jeweils getrennt nach den sieben verschiedenen Meta-Thesen – der Versuch unternommen, die vorliegenden und bis dahin auf bivariater Ebene ausgewerteten Parameter in komplexere Modelle zu überführen. Die Überprüfung dieser Partialmodelle auf hinreichende Abdeckung mit der empirisch ermittelten Datenlage erfolgte mittels des bereits erläuterten AMOS-Anwendungsprogramms.

Hinsichtlich der Auswahl der zu testenden Partialmodelle sei darauf verwiesen, dass nur solche Zusammenhangsmuster herangezogen werden sollten, welche die folgenden beiden Voraussetzungen erfüllten:

1. Die Partialmodelle ergaben sich logisch aus den jeweils einer Meta-These zugehörigen Einzelthesen. Sie umfassten mithin die anhand von Einzelthesen postulierten bivariaten Zusammenhänge.
2. Die Partialmodelle gingen über das Komplexitätsniveau von Einzelthesen, die sich ausschließlich auf bivariater Ebene befanden, auch tatsächlich hinaus und bildeten zumindest die einer Meta-These zugehörigen Zusammenhangsvermutungen ab.

Die zweite Anforderung beinhaltete also, ein Zusammenhangsmuster aus mehreren Parametern abzubilden. Die messtheoretische Haltbarkeit wurde in Anlehnung an die einschlägige Literatur[722] dann angenommen, wenn bestimmte Indikatoren[723] in nachvollziehbarer Weise einem Faktor respektive einer zugrunde liegen-

---

[721] Üblicherweise wird zur Parameterschätzung im Zusammenhang mit Strukturgleichungsmodellen ein Stichprobenumfang von N ≥ 100, teils auch von N ≥ 200 als ausreichend angesehen (vgl. etwa Loehlin / Variable Models 1987 / S. 60 f.). Eine zu geringe Stichprobengröße kann dazu führen, dass selbst ein sich durch zutreffende Dimensions- bzw. Dimensions-Indikatoren-Beziehungen auszeichnendes Modell auf Basis der strukturanalytischen Schätzverfahren nicht angenommen wird. Ringle verweist in diesem Zusammenhang auf die auch in der methodischen Literatur geschilderte Sollfallzahl (Minimum) von 200 (vgl. Ringle / Messung von Kausalmodellen / S. 16 f.).

[722] Im Vordergrund steht hierbei die sog. Operationalisierung, d.h. die sinnvolle Abdeckung eines Gesamtbegriffes durch geeignete Indikatoren, die – nimmt man einen homogenen Begriff bzw. ein homogenes „Konstrukt" an – logischerweise auch unter sich enge Beziehungen aufweisen müssen (vgl. Wottawa / Testtheorie 1980 / S. 18 ff.).

[723] „Indikatoren sind unmittelbar messbare Sachverhalte, welche das Vorliegen der gemeinten, aber nicht direkt erfassbaren Phänomene (...) anzeigen." (Kroeber-Riel und Weinberg / Konsumentenverhalten 2003 / S. 31)

den Dimension zugeordnet werden konnten und diese statistische Zuordnung auch im Sinne faktorenanalytischer Konventionen, d.h. bei substanziell hohen Interkorrelationen der betreffenden Indikatoren untereinander, haltbar war.[724] Da grundsätzlich mehr als zwei Variablen involviert waren, lagen „erweiterte" bedingte und/oder substituierbare Variablenbeziehungen vor.[725]

Bei der Darstellung der gebildeten Partialmodelle wurde eine Orientierung an den strukturanalytischen Konventionen angestrebt, wonach herkömmlicherweise folgende Symbole benutzt werden:[726]

- Ellipsen repräsentieren Dimensionen bzw. Faktoren, die sich aus Indikatoren (Einzelgrößen) konstituieren. Sie werden in der Fachliteratur je nach Anwendungsfeld auch als hypothetische Konstrukte bzw. latente, nicht direkt messbare Dimensionen bezeichnet.
- Rechteckige Kästen stellen sog. Indikatoren als Operationalisierung von Faktoren dar.
- Pfeile veranschaulichen als substanziell postulierte Beziehungen, wobei die Pfeilrichtung die Richtung der Abhängigkeit bezeichnet (vermutete Kausalitätsrichtung) und das Vorzeichen angibt, ob die betrachteten Größen konvergieren oder divergieren.

Hinsichtlich der Kriterien zur Annahme oder Verwerfung strukturanalytischer Modelle finden sich in der Literatur unterschiedliche Angaben, wobei die Orientierung anhand des bereits erläuterten Goodness-of-Fit Index (GFI) oder Adjusted Good-

---

[724] Ergänzend sei darauf hingewiesen, dass im Rahmen des AMOS-Programms die Zulässigkeit der Zuordnung von Indikatoren (Einzelgrößen) zu postulierten Faktoren bzw. Konstrukten oder latenten Dimensionen ohnehin überprüft wird. Das bedeutet, dass ein Modell mit inadäquater Konstruktoperationalisierung infolge zu schwacher oder unsystematischer Interkorrelationen der fraglichen Indikatoren zwangsläufig verworfen wird (vgl. etwa Hair et al. / Multivariate Data Analysis 1995 / S. 680 ff.)

[725] Zu den diversen Arten von Variablenbeziehungen siehe die Ausführungen unter Kap. C, Abs. C.1.2.4

[726] Vgl. Backhaus et al. / Multivariate Analysemethoden 2003 / S. 335 f.; Wottawa / Testtheorie 1980 / S. 198 ff.; Hodapp / Kausalmodelle 1984 / S. 47

ness-of-Fit Index (AGFI) erfolgt.[727] Zum Teil wird ein GFI bzw. AGFI von >0,9 gefordert, teils ein Wert von >0,8 und ein positiver Freiheitsgrad[728] des Modells.[729]

D.3.2 Überprüfung der Eignung der Meta-Thesen zur Bildung strukturanalytischer Partialmodelle

Wie bereits an anderer Stelle einführend umrissen,[730] ist es zur Überprüfung eines strukturanalytischen Modells und der darin postulierten kausalen Abhängigkeiten notwendig, sog. hypothetische Konstrukte zu operationalisieren, indem für diese geeignete Messindikatoren heran gezogen werden. In der wissenschaftlichen Methodik verweist man in diesem Zusammenhang auf eine „theoretische" und eine „Beobachtungssprache". Die theoretische Sprache bzw. die Sprache auf der Ebene einer generellen Modellbeschreibung arbeitet primär mit den hypothetischen Konstrukten, während die Beobachtungssprache Begriffe verwendet, die sich auf die direkt beobachtbaren empirischen Phänomene beziehen.[731]

Zur Beschreibung der Beziehungen zwischen den hypothetischen Konstrukten ist es unverzichtbar, jede latente Variable mittels eines Indikators oder besser noch mit mehreren Indikatoren zu definieren. Dabei stellen – wie oben ausgeführt – die Indikatoren die empirische Repräsentation der nicht beobachtbaren latenten Variablen dar. Die Zuordnung erfolgt mit Hilfe von Korrespondenzhypothesen, die die

---

[727] Zu näheren Ausführungen zum Goodness-of-Fit-Index (GFI) und Adjusted Goodness-of-Fit-Index (AGFI) siehe Kap. C, Abschn. C.4.2.3
[728] Es ist empfehlenswert, bei der empirischen Erhebung sicherzustellen, dass mindestens so viele Indikatorvariablen erhoben werden, wie erforderlich sind, um eine positive Zahl von Freiheitsgraden zu erreichen. Für die Lösbarkeit eines Strukturgleichungsmodells ist es somit unbedingt erforderlich (notwendige Bedingung), dass die Zahl der Freiheitsgrade größer oder gleich Null ist (vgl. etwa Backhaus et al. / Multivariate Analysemethoden 2003 / S. 360 f.). Zum Begriff des Freiheitsgrades im Zusammenhang mit dem AGFI siehe auch Kap. C, Abs. C.4.2.3
[729] Beim GFI bzw. AGFI bewegt sich die Indexausprägung ähnlich wie bei einem Korrelationskoeffizienten zwischen 0 und 1. Werte <0,7 legen eine kaum mehr gegebene Abdeckung zwischen Modellvorstellung und empirischen Daten nahe. Zur Bildung, Relevanz und auch der Strittigkeit dieser Kenngrößen vgl. beispielsweise Hair et al. / Multivariate Data Analysis 1995 / S. 686 ff.
[730] Siehe hierzu ebenfalls Kap. C, Abs. C.4.2.3
[731] Vgl. Backhaus et al. / Multivariate Analysemethoden 2003 / S. 336.

theoretischen Begriffe mit Begriffen der Beobachtungssprache verbinden.[732]

Auch der für die im vorliegenden Fall einer Modellbewertung nutzbare AMOS-Ansatz der Kausalanalyse gründet auf den vorgenannten Vorstellungen: Es wird ein Strukturmodell gebildet, das theoretisch bzw. sachlogisch hergeleitete Beziehungen zwischen hypothetischen Konstrukten abbildet. Die abhängigen latenten Variablen werden als endogene und die unabhängigen Variablen als exogene Größen dargestellt. Im Anschluss wird sowohl für die latenten exogenen Variablen als auch für die latenten endogenen Variablen ein Messmodell festgelegt. Die Erfassung der latenten Variablen kann nur über die empirischen Indikatoren (Operationalisierung der Konstrukte) erfolgen.

Zwischen den Indikatorvariablen gegebene Kausalbeziehungen werden unter AMOS durch Kovarianzen und Korrelationen definiert. Es lässt sich dabei, wie aus den obigen Erläuterungen hervor geht, nach Beziehungen zwischen latenten Variablen und ihren Indikatoren sowie vor allem nach den für eine Modellprüfung wichtigen Beziehungen zwischen latenten endogenen und exogenen Variablen differenzieren. Insgesamt beinhaltet das AMOS-Verfahren eine Analyse auf der Ebene aggregierten Datenmaterials (Kovarianz- oder Korrelationsdaten) und ist dazu in der Lage, ein gegebenes Hypothesensystem gleichsam en bloc, also in seiner Gesamtheit, zu beurteilen.[733]

Im vorliegenden Fall lässt sich ein exemplarisches Partialmodell, das auf den Vorgaben von AMOS aufbaut, skizzenhaft wie in nachfolgender Abbildung wiedergegeben konzipieren. Konkret handelt es sich dabei um die Darstellung des Meta-These VI zugehörigen Partialmodells.[734] Dabei sind die postulierbaren latenten Dimensionen und overten Indikatoren dargestellt, wobei die den Meta-Thesen zugrunde liegenden Leistungsattribute („Performance Attributes") – die nicht unmit-

---

[732] Vgl. Hodapp / Kausalmodelle 1984 / S. 47
[733] Vgl. SPSS / Structural Equation Modeling with Amos 2004 / S. 142 ff.
[734] Der Meta-These sind die Einzelthesen 66 bis 74 zugeordnet (siehe Kap. C, Abs. C.2.3.3). Analog können auf Basis des Thesenmodells die Partialmodelle zu den weiteren Meta-Thesen abgebildet werden

telbar gemessen werden können – latente Dimensionen repräsentieren. Es erfolgt mithin eine „bottom-up" Zuordnung von (unmittelbar messbaren) Leistungsmessgrößen („Performance Measures") als overte Indikatoren (dargestellt als rechteckige Kästen) zu Leistungsattributen in Form von hypothetischen Konstrukten (dargestellt als Ellipsen). Auf eine Darstellung von Residualvariablen bzw. Messfehlern wurde aus Gründen der Übersichtlichkeit verzichtet.[735]

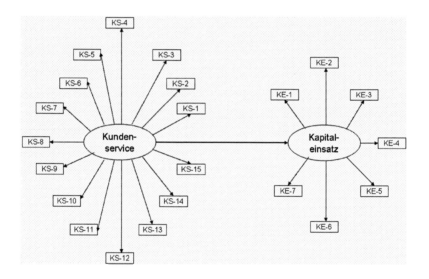

Abb. D-12: Skizze des strukturanalytischen Partialmodells zu Meta-These VI

---

[735] Die grafische Übersicht orientiert sich dabei an den auf unmittelbare Nachvollziehbarkeit abzielenden Visualisierungsempfehlungen von Wottawa (vgl. Wottawa / Testtheorie 1980 / S. 199 f.). Zu einem anschaulichen Beispiel der Abbildung verschiedener strukturanalytischer Messvariablen in einer grafischen Darstellung vgl. etwa Madeja und Schoder / Electronic Commerce CRM 2003 / S. 5

Index	Leistungsmessgröße	Performance Measure
KS-1	Kundenverbleibsquote	Customer retention rate
KS-2	Wert an Auftragsrückständen	Backorders value
KS-3	Anteil pünktlicher Lieferungen (Lagerein- und -ausgänge)	On-time delivery percentage (inbound and outbound)
KS-4	Anteil an Einkaufaufträgen, die pünktlich und einwandfrei geliefert wurden	Percentage of purchased orders received on time and complete
KS-5	Anteil an Einkaufsauftragspositionen, die pünktlich und einwandfrei geliefert wurden	Percentage of purchased lines received on time and complete
KS-6	Durchschnittliche Fabriklieferleistung für Fertigungsaufträge	Average MPS plant delivery performance (work orders)
KS-7	Zählgenauigkeit von Lagerzyklen	Cycle count accuracy percentage
KS-8	Anteil pünktlicher Lieferungen (Lagerein- und -ausgänge)	On-time delivery percentage (inbound and outbound)
KS-9	Anteil an einwandfreien Kundenaufträgen	Perfect orders rate
KS-10	Pünktliche Erfüllungsrate von Kundenauftragpositionen	Lines on-time fill rate
KS-11	Kundenverbleibsquote	Customer retention rate
KS-12	Durchschnittliche Lieferdurchlaufzeit für Bestellanforderung	Average purchase requisition to delivery cycle time
KS-13	Anzahl der per Internet oder EDI übermittelten Einkaufstransaktionen	Transactions processed via web/EDI
KS-14	Durchschnittliche Fertigungsdurchlaufzeit	Average manufacturing cycle time
KS-15	Anteil an Verkäufen über das Internet	Percentage of sales via web
KE-1	Durchschnittliche Umschlagszeit für eingegangene Endprodukte	Average received finished goods turn-around time
KE-2	Anteil inaktiven Materials am Lagerwert	Inactive inventory percentage
KE-3	Durchschnittliche Durchlaufzeit vom Kundenauftrag zum Versand	Average order-to-shipment lead time
KE-4	Durchschnittlicher Lagerumschlag	Average inventory turnover
KE-5	Durchschnittliche Auslastung von Betriebsanlagen	Average operating-equipment efficiency rate (OEE)
KE-6	Durchschnittliche Auslastung der Fabrikkapazität	Average plant capacity utilization
KE-7	Durchschnittliche Ausnutzung der Lagerfläche	Average warehousing space utilization

Tab. D-83: Legende zu Abb. D-12: Index der verwendeten Leistungsmessgrößen[736]

---

[736] Siehe hierzu Abschn. 3 im Anhang

Nach Festlegung der Modellstruktur unter AMOS ist zu überprüfen, inwieweit die Schätzung der Modellparameter mathematisch überhaupt durchführbar ist. So ist etwa zu prüfen, ob die Anzahl der Freiheitsgrade den zu schätzenden Parametern entspricht. Demnach ist es für die Lösung eines Strukturgleichungsmodells erforderlich, dass die Zahl der Freiheitsgrade größer oder gleich Null beträgt. Die folgende Formel drückt diesen Sachverhalt aus:[737]

$$t = p^* = \frac{1}{2}(p+q)(p+q+q)$$

mit: t = Zahl der zu schätzenden Parameter
 p = Zahl der y-Variablen
 q = Zahl der x-Variablen

Die Testung auf Identifizierbarkeit der Modellstruktur gewährleistet auch AMOS selbst (über die automatische Parameterschätzung), da das Programm im Falle nicht identifizierbarer Modelle die Berechnung nicht zum Ende führt, insofern als keine eindeutige Lösung des Gleichungssystems gegeben ist. Im Übrigen ist die Modellgüte bei negativen Varianzen, Korrelationen > 1 (konventionsgemäß ohnehin ausgeschlossen) oder sehr hohen Standardfehlern und Fehlervarianzen fraglich, da derartige Effekte den Schluss auf Probleme bei der Identifikation des Modells nahe legen.

Grundsätzlich wird die Durchführung strukturanalytischer Berechnungen mittels AMOS durch ausreichend hohe Stichprobenumfänge erleichtert. Bei Vorliegen von eingeschränkten Stichprobenumfängen hat sich zwecks der Parameterbestimmung teils die Methode der Unweighted-Least-Squares bewährt.[738] Diese Methode bietet gegenüber den alternativen Schätzprozeduren, beispielsweise der Maximum-Likelihood-Variante, den Vorteil, dass unabhängig von einem Stichprobenmindestumfang konsistente Schätzungen möglich sind.[739]

---

[737] Vgl. Backhaus et al. / Multivariate Analysemethoden 2003 / S. 360 f.
[738] Die Methode der Unweighted-Least-Squares repräsentiert hierzulande eines der am häufigsten in der Marketingforschung eingesetzten Schätzverfahren (vgl. dazu etwa Backhaus und Büschken / Business-to-business interactions 1997 / S. 166)
[739] Vgl. Backhaus et al. / Multivariate Analysemethoden 2003 / S. 363 f.

Mit anzahlmäßig zur hier durchgeführten Untersuchung vergleichbaren Stichproben konnten – unter Berücksichtigung der vorgenannten Vorbehalte bei der Parameterschätzung und in Anbetracht von allerdings eher einfachen Modellstrukturen – in anderen strukturanalytischen Studien reliable und valide Resultate erzielt werden.[740] Gleichwohl war von vornherein klar, dass die für die vorliegende Untersuchung erzielbare Probandenzahl an oder unterhalb der Mindestgrenze des erforderlichen Stichprobenumfanges für eine Modellgesamttestung lag.[741]

Aus diesem Grunde war die Überprüfung der Modellstruktur für die Partialmodelle, insoweit als hier alle dafür relevanten Einzelthesen mitverarbeitet wurden, nicht erfolgreich realisierbar. Notwendig wären hier die von Backhaus et al. und anderen Forschern empfohlenen Fallzahlen von wenigstens N = 100, nach Möglichkeit jedoch noch umfangreichere Stichproben, gewesen. Folglich war eine Überprüfung des Gesamtmodells, d.h. der kompletten Kombination der einzelnen Partialmodelle, ebenfalls nicht möglich.

Als Fazit lässt sich festhalten, dass es im vorliegenden Fall nicht möglich war, ein strukturanalytisches Modell zu entwickeln, das eine hinsichtlich der zugehörigen Variablen ausreichende Abdeckung bei gleichzeitiger Erfüllung der erforderlichen Annahmevoraussetzungen gewährleistet und damit wissenschaftlichen Anforderungen genügt hätte. Es wäre zwar prinzipiell möglich gewesen, Partialmodelle aufzusetzen, die lediglich eine eingeschränkte Zahl an Variablen enthalten. Dadurch wäre jedoch zusätzlich zu dem für strukturanalytische Auswertungen unter Anlegung strenger wissenschaftlicher Maßstäbe ohnehin schon kritischen Stichprobenumfang (N = 73) der Aussagegehalt weiterhin verringert worden.

Ferner ist zu berücksichtigen, dass Strukturgleichungsmodelle neben statistischen Kriterien auch bestimmte inhaltliche Anforderungen an das zu untersuchende Datenmaterial stellen, wie beispielsweise das Vorliegen einer – zumindest ansatzweise – gesicherten Theorie.[742]

---

[740] Vgl. Schewe / Strategic option 1996 / S. 55 ff. Vgl. hierzu auch Fritz / Warentest 1984
[741] Vgl. hierzu etwa Backhaus und Büschken / Business-to-business interactions 1997 / S. 13 ff.
[742] Vgl. Backhaus et al. / Multivariate Analysemethoden 2003 / S. 408

Da die vorliegende Arbeit explorativer Prägung ist, konnte sie diesem „universellen" Anspruch zwangsläufig nicht in hinreichendem Maße gerecht werden, sondern bestenfalls einen ersten Beitrag hierzu leisten. Dieser Gedankengang wird nochmals an anderer Stelle in Kapitel F im Zusammenhang mit den Möglichkeiten zum Einsatz strukturanalytischer Verfahren in zukünftigen Studien aufgegriffen.[743]

---

[743] Siehe dazu Kap. F, Abs. F.3.2

D.4 Feststellung von Störeinflüssen und Fehlern

D.4.1 Kritik am Auswahlverfahren

Das für die vorliegende Arbeit angewendete Verfahren der Auswahl typischer Fälle weist einige bekannte Nachteile auf.

So besteht das erste Problem darin, festzulegen, nach welchen Kriterien die betrachteten Elemente als typisch eingestuft werden sollen. Die Kriterien können nur vom Untersuchungsziel her definiert werden, was einen schwer abschätzbaren Einfluss auf die Untersuchungsergebnisse haben kann.

Zweitens setzt das Verfahren bereits entsprechende Vorkenntnisse über die Grundgesamtheit voraus, d.h. man muss vorher wissen, wie die relevanten Merkmale, nach denen die typischen Fälle definiert werden, in der Grundgesamtheit verteilt sind.

Drittens kann sich die Auswahl im empirischen Kontext häufig nicht an den eigentlich interessierenden Merkmalen ausrichten, sondern es müssen zur Bestimmung der typischen Fälle Ersatzmerkmale herangezogen werden. Dabei ist zu berücksichtigen, dass die Ersatzmerkmale auch hinsichtlich der eigentlich interessierenden Merkmale typisch sein müssen.[744]

Der erste genannte Nachteil trifft zu. Jedoch ist anzumerken, dass das Untersuchungsziel ausreichend gut bekannt war. Die Nachteile zwei und drei sind deshalb nur eingeschränkt gültig, da es sich bei der Art der Informationsgewinnung um Sekundärforschung handelt. Dadurch waren bereits Kenntnisse über die Grundgesamtheit vorhanden und eine typische Auswahl wurde vereinfacht. Unabhängig davon ist der Sekundäranalytiker gleichwohl in der Hypothesenprüfung begrenzt durch die Qualität des verwendeten Materials, die durch Faktoren wie z.B. die Methode der Primärerhebung, die Stichprobe, usw. determiniert wird.[745]

---

[744] Vgl. beispielsweise Kromrey / Empirische Sozialforschung 2002 / S. 274 f.; Kops / Auswahlverfahren 1977 / S. 179 f.
[745] Vgl. Friedrichs / Methoden empirischer Sozialforschung 1990 / S. 355

Darüber hinaus waren die eigentlich interessierenden Merkmale zum Zeitpunkt der Durchführung der Untersuchung bekannt, so dass keine Ersatzmerkmale definiert werden mussten. Dennoch bleibt festzuhalten, dass die Art der durchgeführten Stichprobenauswahl keinesfalls den Anspruch auf Repräsentativität der Untersuchungsergebnisse erhebt.

D.4.2 Unschärfe der hierarchischen Zuordnung von Leistungsindikatoren

Im Hinblick auf die Zuordnung von Leistungsindikatoren von nachgelagerten zu vorgelagerten Ebenen (z.B. Leistungsmessgrößen zu Kennzahlen der ersten Ebene) sind Unschärfen möglich. Das Supply-Chain Council räumt ein, dass im SCOR-Modell die Leistungsindikatoren nicht ohne weiteres bzw. nicht immer eindeutig den SCOR-Hauptprozessen („chevrons") zuordenbar sind.[746]

Darüber hinaus ergeben sich teilweise Überschneidungen bei den Leistungsindikatoren, die durch die umfassende Detaillierung des Modells zustande kommen.[747] Die im Rahmen der Untersuchung verwendeten Leistungsindikatoren referenzieren hingegen unmittelbar auf einen SCOR-Hauptprozess.[748]

Dem Nachteil wurde dadurch zu begegnen versucht, dass im Falle der Ablehnung (Falsifizierung) einer These nachgeprüft wurde, worin die Gründe für die Ablehnung liegen könnten. Im Kontext dieses weitergehenden, interpretativen Erklärungsversuchs wurde die angesprochene Unschärfe der Zuordenbarkeit mit berücksichtigt.[749]

---

[746] Das Supply-Chain Council beschreibt den Sachverhalt wie folgt: „Level 1 Metrics are primary, high level measures that may cross multiple SCOR processes. Level 1 Metrics do not necessarily relate to a SCOR Level 1 process (Plan, Source, Make, Deliver, Return)." (Supply-Chain Council / SCOR-Model Version 8.0 2006 / S. 6)
[747] Vgl. Heck / Supply Chain Operations Reference Model 2004 / S. 14
[748] Vgl. BearingPoint / Benchmarking Tools 2003 / S. 22
[749] Siehe hierzu Abs. D.4.2

D.4.3 Durchführung der Untersuchung als Sekundäranalyse

Die vorliegende Untersuchung wurde als Sekundäranalyse durchgeführt, was sowohl Vor- als auch Nachteile in sich birgt. Der größte Vorteil kann sicherlich darin gesehen werden, dass die benötigten Daten nicht erst erhoben werden mussten, sondern bereits vorlagen. Die damit verbundenen forschungsökonomischen und zeitlichen Aspekte waren entscheidende Kriterien bei der Wahl des Analyseverfahrens.

Ein wesentlicher Nachteil von Sekundäranalysen besteht jedoch darin, dass sich die Auswertung zwangsläufig auf das bereits vorhandene Datenmaterial beschränken muss. Der Forscher, der die Untersuchung plant, benötigt deshalb auf jeden Fall ein Muster des bei der Primäranalyse eingesetzten Fragebogens, die Interviewanweisungen und die Ergebnisdaten.[750]

Im vorliegenden Fall lagen dem Verfasser die geforderten Informationen jederzeit uneingeschränkt vor. Dadurch war eine Beurteilung der zu verwendenden Datenbasis auf Brauchbarkeit hin in ausreichendem Maße möglich. Der vollständige Fragebogen und die Anleitungen zum Ausfüllen sind dem Anhang zu entnehmen,[751] das Datenmaterial ist komplett beim Verfasser verfügbar.[752]

D.4.4 Umfang der Stichprobe

Die für den Zweck der Sekundäruntersuchung ausgewählte Stichprobe umfasste Daten von 73 (typischen) Unternehmen. Als Stichprobenumfang für aussagefähige deskriptiv-statistische und korrelationsanalytische Resultate erschien dieser Umfang durchaus angemessen. Bei dem gegebenen Umfang wird auch das Risi-

---

[750] Vgl. Klingemann und Mochmann / Sekundäranalyse 1975 / S. 178 f.; Kromrey / Empirische Sozialforschung 2002 / S. 526 f.
[751] Siehe hierzu Abschn. 1 im Anhang. Da es sich um eine Online-Befragung handelte, beschränken sich die Interviewanweisungen auf die genauen Anleitungen zum Ausfüllen des Fragebogens
[752] Siehe hierzu unter Abschn. 3 („Eigene Quellen") im Quellenverzeichnis

ko minimiert, dass die ermittelte Korrelationshöhe durch Extremwerte wesentlich verzerrt wird.[753]

Als ausreichender Stichprobenumfang für Strukturgleichungsmodelle, wie dem angewendeten AMOS-Verfahren, wird allerdings in der Regel, wie bereits erwähnt, eine Stichprobengröße über 100 favorisiert.[754] Dem Kritikpunkt wurde dadurch begegnet, dass ein zweistufiger Ansatz gewählt wurde: Zunächst wurde eine Korrelationsanalyse durchgeführt und daran anschließend lediglich für ausgewählte Spezialfälle, konkret zur Überprüfung der Meta-Thesen, der Versuch unternommen, ein Strukturgleichungsmodell anzuwenden. Die Einschränkung trifft daher lediglich auf diejenigen Fälle zu, bei denen die zweite Stufe zur Anwendung kam. Überdies diente die zweite Stufe primär der versuchsweisen zusätzlichen Untermauerung von mittels inferenzstatistischer Methoden und deskriptiv-statistischer Darlegungen im Vorfeld ausgearbeiteten Ergebnissen.[755]

D.4.5 Unzulänglichkeiten in der Begriffsfestlegung zu den Leistungsbegriffen

In Kapitel C wurde ausführlich auf die vorgefundenen Unzulänglichkeiten hinsichtlich der Begriffsfestlegung zu den im Zusammenhang mit dem SCOR-Modell verwendeten Leistungsbegriffen eingegangen.[756] Dem Problem wurde versucht, dadurch zu begegnen, dass die Anregung von Seibt aufgenommen und für die vorliegende Arbeit eine konsistente Begriffslegung vorgenommen und dieser durchgängig gefolgt wurde.[757]

---

[753] Vgl. Bortz / Statistik 1985 / S. 269. Ein weiteres Risiko der hier gewählten korrelationsanalytischen Vorgehensweise kann messtheoretisch darin bestehen, ausgeprägte bivariat-nonlineare Zusammenhänge gleichsam zu „übersehen". Durchgeführte Testberechnungen auf Basis von polynomialen, d.h. eindeutig auf derartige nicht-lineare Verläufe abstellender Verfahren, im Rahmen der vorliegenden Untersuchung erbrachten jedoch keinerlei Hinweise auf relevante Zusatzerkenntnisse (zur polynomialen Überprüfung vgl. beispielsweise die konkrete Beschreibung bei Rochel / Planung und Auswertung von Untersuchungen 1983 / S. 162 ff.)
[754] Vgl. etwa Backhaus et al. / Multivariate Analysemethoden 2003 / S. 410
[755] Siehe dazu Abschn. D.2 u. D.3
[756] Siehe hierzu Kap. C, Abs. C.1.1.2
[757] Siehe Poluha / Arbeitsfortschritt September 2004 / o.S.

Kapitel E: Zusammenfassende Schlussfolgerungen und innovative Ansätze

Kapitel E hat den Verwertungs- oder Wirkungszusammenhang im Rahmen des forschungslogischen Ablaufs nach Friedrichs zum Thema. Dieser Kontext, der stets auch seitens der kritischen Theorie sozialwissenschaftlicher Forschung thematisiert wurde,[758] lässt sich wie folgt kennzeichnen:

> „Unter ‚Verwertungs- oder Wirkungszusammenhang' sollen die Effekte einer Untersuchung verstanden werden, ihr Beitrag zur Lösung des anfangs gestellten Problems. Die Untersuchung hat eine erkenntnistheoretische Funktion, indem sie unser Wissen über soziale Zusammenhänge erweitert ..."[759]

E.1 Gesamtbewertung und Interpretation des SCOR-Modells anhand der Ergebnisse der Untersuchung

Nachfolgend werden die empirischen Befunde unter Heranziehung der Einzelthesen-Blöcke innerhalb der SCOR-Modellgruppen noch einmal zusammenfassend reflektiert mit dem Ziel, eine Gesamtbewertung der im Rahmen der vorliegenden Arbeit entwickelten Abbildung und des mittels dem abgeleiteten Thesenmodell operationalisierten SCOR-Modells vorzunehmen. Es soll mithin eine hermeneutische Betrachtung[760] der Ergebnisse zu den Einzelthesen auf aggregierter Ebene erfolgen. Gemeinsam mit der detaillierten Darstellung der Untersuchungsergebnisse und der sich daran anschließenden Beurteilung bzw. Interpretation der Ergebnisse in Kapitel D soll dadurch dem Postulat Rechnung getragen werden, dass (statistische) Auswertungen und (inhaltlich-theoretische) Interpretationen zusammen die Analyse der mit empirischen Instrumenten erhobenen Daten (in anderen Worten: des in Form von Zahlen vorliegenden empirischen Materials) aus-

---

[758] Vgl. etwa Moser / Theorie der Sozialwissenschaften 1975 / S. 123 ff.
[759] Friedrichs / Methoden empirischer Sozialforschung 1990 / S. 54. Im vorliegenden Fall bezieht sich die Wissenserweiterung entsprechend auf betriebswirtschaftliche bzw. das Supply Chain Management betreffende Zusammenhänge
[760] Zum Begriff der Hermeneutik ((„Hermeneutics") vgl. etwa Ludwig-Mayerhofer / Methoden der empirischen Sozialforschung 2004 / o.S.

machen.[761] Außerdem findet sich in Kapitel D eine Erörterung möglicher Gründe für kaum oder definitiv nicht mit den Modellvorstellungen kompatiblen Befunde.[762]

Wie bereits eingangs deutlich gemacht, kann und will die vorliegende Arbeit nicht den Anspruch erheben, das SCOR-Modell per se auf „Angemessenheit" hin zu überprüfen. Vielmehr wird ein explorativer Forschungsbeitrag hierzu geleistet, der durch zukünftige Studien aufgegriffen und weitergeführt werden muss. Die nachfolgenden Ausführungen sind unbedingt unter dieser Prämisse zu sehen.

E.1.1 Reflektion des SCOR-Modells auf Grundlage der Ergebnisse zu den SCOR-Modellgruppen

Die erste aufgestellte Meta-These bezog sich auf die SCOR-Modellgruppe Intra-Leistungsattribut (I-L).[763] Danach verhalten sich die Leistungsmessgrößen innerhalb eines Leistungsattributs zueinander konform und es muss insofern Konsistenz dieser Leistungsmessgrößen gegeben sein. Die Meta-These konnte anhand des empirischen Datenmaterials eindeutig bestätigt werden. Von den achtzehn unter dieser Meta-These subsumierten Einzelthesen ließen sich elf in überzufälliger oder zumindest tendenzieller Weise als modellgerecht einordnen. Zu sieben der überprüften Thesen lag ein unsystematischer Befund vor, d.h. korrelationsanalytisch war von einer „Non-Beziehung" auszugehen.[764] Folglich wurde eine klar modellkonträre Relation der untersuchten Parameter bei dieser Meta-These für keine der zugehörigen (Einzel-) Thesen ermittelt.

Bei Heranziehung der reinen Binäreinteilung nach der p(α)-Irrtumswahrscheinlichkeit (gegeben vs. nicht gegeben) waren somit rund 38 Prozent der Thesen als überzufällig modellkonform und 0 Prozent als überzufällig modellkonträr einzustufen.[765]

---

[761] Vgl. Kromrey / Empirische Sozialforschung 2002 / S. 405
[762] Siehe hierzu Kap. D, Abschn. D.2
[763] Siehe hierzu Kap. C, Abs. C.1.2.1
[764] In diesem Kontext ist darauf hinzuweisen, dass sich die erwarteten Parameterbeziehungen für das Leistungsattribut „Kapitaleinsatz" eher schwach darstellten
[765] Der verbleibende Anteil erwies sich als nicht überzufällig (siehe hierzu auch die Ausführungen unter Kap. C, Abs. C.4.2.2 und die grafische Darstellung der Ergebnisse im Anhang, Abs. 6.1)

Kapitel E: Zusammenfassende Schlussfolgerungen und innovative Ansätze 327

Die SCOR-Modellgruppe Intra-Leistungsattribut (I-L) kann mithin als (vorläufig) bestätigt gelten.

Die zweite und dritte Meta-These bezogen sich auf die SCOR-Modellgruppe Intra-Kompetenz (I-K).[766] Die zweite Meta-These beinhaltete die Korrelation von Kundenservice und Flexibilität. Erwartet wurde demgemäß die Bestätigung der generellen Aussage, dass ein hoher (niedriger) Kundenservice mit einer hohen (niedrigen) Flexibilität einhergehen würde. Diese Aussage darf auf Grundlage der beobachteten Tatsachenzusammenhänge als nachhaltig erhärtet angesehen werden. Für die hier relevanten zehn Einzelthesen lagen in zwei Fällen eine tendenziell – nicht statistisch bedeutsame – modellkonträre und in einem Fall eine gänzlich unsystematische Konstellation vor. Die Resultate zu allen anderen Thesen deckten sich insgesamt mit dem durch die Meta-These II vertretenen Modellpostulat.

Bei Heranziehung der reinen Binäreinteilung nach der $p(\alpha)$-Irrtumswahrscheinlichkeit (gegeben vs. nicht gegeben) sind somit rund 58 Prozent der Thesen als überzufällig modellkonform und 0 Prozent als überzufällig modellkonträr einzustufen.[767]

Meta-These III nahm eine gleichgerichtete Beziehung der Kosten mit dem Kapitaleinsatz an. Bei den hierbei aufgestellten neun Einzelthesen war eine – selbst nur tendenziell bzw. ansatzweise – modellkonträre Befundlage ausnahmslos nicht gegeben. Lediglich für drei Einzelthesen musste angesichts eruierter Korrelationshöhen im Bereich von 0,00 bis 0,10 (absolut) der Schluss auf weitestgehend unsystematische Sachverhalten gezogen werden. Insgesamt sprach aber auch hier nichts gegen die grundsätzliche Angemessenheit der betreffenden Meta-These.

Bei Heranziehung der reinen Binäreinteilung nach der $p(\alpha)$-Irrtumswahrscheinlichkeit (gegeben vs. nicht gegeben) waren rund 33 Prozent der Thesen als überzufällig modellkonform und 0 Prozent als überzufällig modellkonträr einzustufen.[768]

---

[766] Siehe hierzu Kap. C, Abs. C.1.2.2
[767] Der verbleibende Anteil erwies sich als nicht überzufällig (siehe hierzu auch die grafische Darstellung der Ergebnisse im Anhang, Abs. 6.2)
[768] Ebd.

Damit kann die SCOR-Modellgruppe Intra-Kompetenz (I-K) ebenfalls als (vorläufig) bestätigt gelten.

Die Meta-Thesen IV bis VII schließlich hatten die SCOR-Modellgruppe Inter-Kompetenz/Leistungsattribut (I-KL) zum Bezug.[769] Unter die vierte Meta-These, gemäß der ein hoher (niedriger) Kundenservice mit hohen (geringen) Kosten korrelierte, konnte eine vergleichsweise hohe Anzahl von Einzelthesen eingeordnet werden. Von diesen zwanzig Einzelthesen erwiesen sich die Hälfte als überzufällig oder zumindest tendenziell modellkonform. Von den verbleibenden Einzelthesen war das Gros als statistisch mehr oder minder unsystematisch einzustufen. Lediglich zu einer Einzelthese konnte eine modellkonträre Parameterbeziehung festgestellt werden (erwartete „Gleichgerichtetheit" von Lieferdurchlaufzeiten für Bestellanforderungen und Anzahl an Kundenstreitigkeiten).[770] Insgesamt wurde also ebenfalls zur Meta-These IV eine modellkompatible Befundlage vorgefunden, wenngleich diese Kompatibilität im Vergleich zu den Meta-Thesen I bis III etwas schwächer ausgeprägt war.[771]

Bei Heranziehung der reinen Binäreinteilung nach der $p(\alpha)$-Irrtumswahrscheinlichkeit (gegeben vs. nicht gegeben) waren rund 32 Prozent der Thesen als überzufällig modellkonform und 0 Prozent als überzufällig modellkonträr einzustufen.[772]

Die Meta-These V, die davon ausging, dass eine positive Korrelation zwischen der Flexibilität und den Kosten bestehen würde, umfasste acht Einzelthesen. Nur ein Viertel dieser Einzelthesen waren als unsystematisch einzustufen, ein modellkonträrer Zusammenhang lag nicht vor. Alle anderen Einzelthesen erwiesen sich in Anbetracht der ermittelten Beziehungsrichtungen zwischen den Parametern als grundsätzlich modellkonform, wenngleich jedoch mit einem deutlichen nur tenden-

---

[769] Siehe hierzu Kap. C, Abs. C.1.2.3
[770] Zur Begründung der modellkonträren Konstellation siehe Kap. D, Abs. D.2.3
[771] Zu einem möglichen Erklärungsansatz siehe die Ausführungen unter dem nachfolgenden Abs. E.1.2. Der Effekt basiert vermutlich auf der selben Ursache, wie beim nachfolgend näher beschriebenen Kapitaleinsatz, wenngleich er im Hinblick auf die Kosten nicht so stark zum Tragen kommt
[772] Der verbleibende Anteil erwies sich als nicht überzufällig (siehe hierzu auch die grafische Darstellung der Ergebnisse im Anhang, Abs. 6.3)

ziell-modellkompatiblen Anteil. Insofern erschien diese Meta-These, gemessen an den empirischen Fakten, akzeptabel.

Bei Heranziehung der reinen Binäreinteilung nach der $p(\alpha)$-Irrtumswahrscheinlichkeit (gegeben vs. nicht gegeben) waren rund 25 Prozent der Thesen als überzufällig modellkonform und 0 Prozent als überzufällig modellkonträr einzustufen.[773]

Hinsichtlich der sechsten Meta-These musste jedoch eine andere Schlussfolgerung gezogen werden. Hier wurde von einer positiven Korrelation, also einer „Gleichgerichtetheit" von Kundenservice und Kapitaleinsatz, ausgegangen. Zwar konnte etwa die Hälfte der entsprechenden neun Einzelthesen als modelladäquat beurteilt werden. Zwei Einzelthesen erwiesen sich dagegen in substanzieller Weise oder zumindest ansatzweise als modellkonträr und die restlichen Einzelthesen als statistisch weitestgehend unsystematisch. Angesichts dieser empirischen Befundlage stellt sich die Notwendigkeit, mögliche Ursachen einer solchen – zumindest partiellen – Modellinadäquatheit näher zu reflektieren und entsprechende Innovationsmöglichkeiten herauszuarbeiten. Dies geschieht im folgenden Absatz.

Bei Heranziehung der reinen Binäreinteilung nach der $p(\alpha)$-Irrtumswahrscheinlichkeit (gegeben vs. nicht gegeben) waren rund 25 Prozent der Thesen als überzufällig modellkonform und rund 8 Prozent als überzufällig modellkonträr einzustufen.[774]

Im Falle der Meta-These VII, wonach von einer positiven Korrelation zwischen Flexibilität und Kapitaleinsatz auszugehen war, zeigte sich ein insgesamt modellkonformes Muster. Von den unter dieser These eingeordneten sechs Einzelthesen war die Hälfte in statistisch überzufälliger Weise modellkonform. Zwei Einzel-

---

[773] Ebd.
[774] Der verbleibende Anteil erwies sich als nicht überzufällig (siehe hierzu auch die grafische Darstellung der Ergebnisse im Anhang, Abs. 6.3). Es handelte sich zwar um 9 Einzelthesen; durch das Vorhandensein von mehrgeteilten Einzelthesen aufgrund der Unterscheidung in eine Inbound- und Outbound-Komponente lagen hier jedoch insgesamt 12 Ergebnisfälle vor (siehe Kap. D, Abs. D.1.3.3). Von diesen wiederum verhielt sich ein Fall in signifikanter Weise modellkonträr

thesen erwiesen sich als tendenziell bestätigt, lediglich eine erwies sich als statistisch unsystematisch.[775]

Bei Heranziehung der reinen Binäreinteilung nach der p(α)-Irrtumswahrscheinlichkeit (gegeben vs. nicht gegeben) waren 50 Prozent der Thesen als überzufällig modellkonform und 0 Prozent als überzufällig modellkonträr einzustufen.[776]

Die SCOR-Modellgruppe Inter-Kompetenz/Leistungsattribut (I-KL) kann somit auch als (vorläufig) bestätigt gelten.

Konsequenterweise ergibt sich die folgende Aussage hinsichtlich der zum Zwecke der empirischen Untersuchung aufgestellten zentralen Annahme:[777]

Es kann für die entwickelte und in Thesenform überführte Abbildung des SCOR-Modells unter Berücksichtigung der o.g. Einschränkungen als (vorläufig) bestätigt betrachtet werden, dass die den Leistungsattributen innerhalb einer der beiden Lieferketten-Kompetenzen (Leistungsfähigkeit und Effizienz) zugeordneten Leistungsmessgrößen („Performance Measures") untereinander konsistent sind, d.h. quasi in dieselbe Richtung weisen. Die den Leistungsattributen zwischen den beiden Kompetenzen zugeordneten Leistungsmessgrößen ergänzen sich gegenseitig, d.h. sie gewährleisten ein Gleichgewicht zwischen den verschiedenen Zielsetzungen.

Diese Bewertung stützt sich insbesondere auch auf das deutliche Überwiegen von in statistisch signifikanter Weise bestätigten Thesen gegenüber überzufällig modellkonträren Thesen. Empirisch spielte der letztgenannte Fall nur eine untergeordnete Rolle.

---

[775] Die statistisch unsystematische These kann sogar noch als „grenzwertig" angesehen werden, d.h. sie lag im prognostizierten Bereich, konnte allerdings angesichts der ermittelten Korrelationshöhe letztlich noch nicht als wirklich fassbare Modelluntermauerung eingeschätzt werden (siehe Kap. D, Abs. D.1.3.4).
[776] Der verbleibende Anteil erwies sich als nicht überzufällig (siehe hierzu auch die grafische Darstellung der Ergebnisse im Anhang, Abs. 6.3).
[777] Siehe hierzu die Einleitung zu Kap. C

Auf Grundlage der gewonnenen Untersuchungsergebnisse können – neben der Ableitung der o.g. Schlussfolgerungen – weitere Schlüsse in Form von Empfehlungen abgeleitet werden. Darauf soll im nachfolgenden Absatz eingegangen werden. Wie bereits mehrfach angesprochen, darf dabei keinesfalls außer Acht gelassen werden, dass sich die Empfehlungen in erster Linie auf eine Operationalisierung des SCOR-Modells beziehen. Wie im Vorfeld aufgezeigt wurde, sind selbstverständlich auch andersförmige Modell-Operationalisierungen denkbar.[778] Ein Rückschluss auf das (abstrakte) SCOR-Modell muss deshalb unbedingt im jeweiligen Kontext betrachtet werden. Generalisierungen sind folglich nur in eingeschränktem Maße möglich und zwingend unter der Prämisse einer explorativen Herangehensweise zu sehen.[779]

E.1.2 Verbesserungspotenziale und Empfehlungen

Die Ergebnisse zur Meta-These VI deuteten darauf hin, dass v.a. im Hinblick auf den Zusammenhang zwischen Kundenservice und Kapitaleinsatz Verbesserungspotenziale des SCOR-Modells zu bestehen scheinen. Im Detail ging die Meta-These davon aus, dass ein hoher (geringer) Kundenservice mit einem hohen (geringen) Kapitaleinsatz korreliert.

Wie bereits an anderer Stelle der Arbeit erläutert, versucht das Modell nicht, jeden Geschäftsprozess oder jede Aktivität innerhalb der Lieferkette zu beschreiben.[780] Bei den somit bewusst „ausgelassenen" Komponenten handelt es sich im Einzelnen um Marketing und Vertrieb (d.h. die Nachfrageerzeugung), Forschung und Technologieentwicklung, Produktentwicklung und einige Bereiche des Kundendienstes.[781] Die Ergebnisse der vorliegenden Untersuchung legen den Schluss nahe, dass im hier skizzierten Kontext eine Einbeziehung von Marketing und Ver-

---

[778] Siehe hierzu die Ausführungen unter Kap. C, Abs. C.1.2.5 zu alternativen Ansätzen und Modellen zur Abbildung und Messung der Lieferketten-Performanz
[779] Siehe hierzu auch die Ausführungen unter Kap. A, Abschn. A.1.1
[780] Siehe Kap. B, Abs. B.3.2
[781] Vgl. Supply-Chain Council / SCOR-Model Version 8.0 2006 / S. 2

trieb doch erforderlich wäre, zumal jene im heutigen Wettbewerbsumfeld wesentliche Bestandteile des Kundenservice darstellen.[782]

Heutige Lieferketten- (LK-) Strategien[783] gehen in der Regel von einer vertriebs- bzw. absatzgesteuerten Lieferverfügbarkeit aus.[784] Daraus ergeben sich zwangsläufig Konsequenzen für die Bestandshöhe und die Bestandsreichweite.[785] Entscheidend ist in dem Zusammenhang, dass die gleichzeitige Forderung nach hohem Kundenservice, speziell hoher Lieferzuverlässigkeit und kurzer Lieferzeit, einen entscheidenden Einfluss auf die LK-Strategie und damit letztlich auch auf den erforderlichen Kapitaleinsatz, speziell die Bestandsreichweite, hat.[786] Außerdem wird dadurch der Schritt vom traditionellen Lieferketten-Management (LKM) hin zu einem wertschöpfungsorientierten Ansatz – wie an früherer Stelle unter dem Begriff der Wertkette oder Wertschöpfungskette („Value Chain") beschrieben – eingeleitet.[787]

---

[782] Zur Unterstützung der Aussage vgl. auch Christopher / Logistics and Supply Chain Management 1998 / S. 35 ff.; Hieber et al. / SCOR-Modell 2002 / S. 6. Zur Einbindung von Marketing und Vertrieb in das Strategiekonzept vgl. etwa Kotler und Bliemel / Marketing-Management 1992 / S. 453 ff.

[783] Die LK-Strategie als Bestandteil einer übergeordneten Unternehmens- bzw. Wettbewerbsstrategie kann wie folgt definiert werden: „Supply chain strategies, which are part of a level of strategy development called functional strategies, specify how purchasing/operations/logistics will (1) support the desired competitive business level strategy and (2) complement other functional strategies." (Handfield und Nichols / Supply Chain Redesign 2002 / S. 247)

[784] Beim auftrags- oder verbrauchsgesteuerten LK-Prozess („pull process") initiieren tatsächlich vorliegende Kundenaufträge die Planung und Ausführung der Teilprozesse innerhalb der Lieferkette, angefangen bei der Beschaffung bis hin zur Auslieferung. Dafür findet sich stellenweise auch die Bezeichnung des marktwirtschaftlichen LK-Modells („market economy model") oder der Nachfrageketten-Steuerung („demand chain management"). Dagegen ist im Falle des vorschau- oder bedarfsgesteuerten LK-Prozesses („push process") die prognostizierte Nachfrageentwicklung der Auslöser für die LK-Teilprozesse. Hierfür findet sich teilweise auch die Bezeichnung des vernetzten LK-Modells („network economy model") (vgl. Schönsleben / Integral Logistics Management 2000 / S. 30 ff.; Reddy R. und Reddy S. / Supply Chains to Virtual Integration 2001 / S. 192; Hoover et al. / Demand-Supply Chain 2001 / S. 13 ff.)

[785] Vgl. Geimer und Becker / Supply Chain-Strategien 2001 / S. 34. Siehe hierzu auch das Prinzip der sog. Risiko-Spirale („risk spiral") nach Christopher und Lee, wonach ein ungenügendes Vertrauen der Netzwerkteilnehmer in ihre Partner und die damit einhergehende inhärente Unsicherheit zum Aufbau von Lagerbeständen führen kann. Dadurch erhöht sich zwangsläufig die Bestandsreichweite, was wiederum zu Intransparenz führt, und die Spirale wird von Neuem durchlaufen (vgl. Christopher und Lee / Supply Chain Confidence 2001 / S. 3. Vgl. hierzu auch Markillie / When the chain breaks 2006 / S. 18 ff.)

[786] Vgl. Thaler / Supply Chain Management 2003 / S. 15; Aldrich / Value Chain 2002 / S. 155 f.

[787] Vgl. Bovet und Martha / Value Nets 2000 / S. 2 ff.; Kuglin / Supply Chain Management 1998 / S. 106 f. Zum Begriff der Wert(schöpfungs)kette („Value Chain") vgl. auch Porter / Wettbewerbsvorteile 1999 / S. 59 ff. Siehe hierzu auch die Ausführungen unter Kap. A, Abschn. A.3

Da der wertschöpfungsorientierte Ansatz auf die sukzessive Wertsteigerung fokussiert, bezieht er neben der eigentlichen physischen Verfügbarkeit, Beseitigung, Verwendung und Verwertung von Gütern auch explizit marketing- und vertriebsorientierte Elemente mit ein.[788] Dennoch sind in den SCOR-Versionen 7.0 und 8.0 keine Anstrengungen in der Richtung unternommen worden.[789] Daraus resultiert die nachstehende Empfehlung.

Erste Empfehlung: Aufgrund der Ergebnisse der Untersuchung sowie aktueller Entwicklungen im Wettbewerbsumfeld der Unternehmen sind Tendenzen erkennbar, wonach die Einbeziehung von Marketing und Vertrieb in eine zukünftige Version des SCOR-Modells dazu beitragen könnte, Schwachstellen zu verbessern und damit das Modell weiter zu optimieren.

Wie in Kapitel D im Kontext der Interpretation modellkonträrer Befunde ausgeführt wurde,[790] besteht unter Zugrundelegung von SCOR Version 6.0 offensichtlich noch Verbesserungspotenzial im Hinblick auf die Beschaffungsprozesse. Diese Situation hat sich in den Versionen 7.0 und 8.0 von SCOR nicht verändert.[791] Aufgrund dessen lässt sich folgende weitere Empfehlung ableiten:

Zweite Empfehlung: Die Untersuchungsergebnisse legen den Schluss nahe, dass das SCOR-Modell in der gegenwärtigen Form dem Einfluss der heutigen Komplexität der Beschaffungsprozesse auf die Kundenzufriedenheit (noch) nicht ausreichend Rechnung trägt. Eine Möglichkeit zur adäquaten Weiterentwicklung des SCOR-Modells könnte die Erweiterung des Prozessmodells zur Abbildung von zusammenhängenden Material- und Informationsflüssen zwischen Kunden und Lieferanten darstellen.

---

[788] Vgl. Werner / Supply Chain Management 2002 / S. 13 f.
[789] Vgl. Supply-Chain Council / SCOR-Model Version 8.0 2006 / S. 2
[790] Siehe hierzu Kap. D, Abs. D.2.3
[791] Vgl. Supply-Chain Council / SCOR-Model Version 8.0 2006 / S. 2

Eine weitere Erkenntnis ebenfalls auf Basis der modellkonträren Ergebnisse war, dass die elektronische Abwicklung von Beschaffungsprozessen im SCOR-Modell in der Version 6.0 noch nicht ausreichend ausgeprägt zu sein scheint.[792] Auch hier waren bis dato keine signifikanten Veränderungen in den nachfolgenden Versionen des SCOR-Modells erkennbar.[793] Die daraus resultierende Empfehlung lautet folgendermaßen:

> Dritte Empfehlung: Die Einbeziehung des Konzepts des E-Business in das SCOR-Modell, die mit Version 6.0 begonnen wurde, sollte konsequent weitergeführt werden, konkret im Hinblick auf die elektronische Abwicklung von Einkaufsprozessen. Dadurch könnte u.a. der Forderung nach einer zunehmenden Vernetzung und Abstimmung zwischen den involvierten Abteilungen in der Beschaffung besser Rechnung getragen werden. Vorschläge zu optimalen Verfahren würden außerdem eine Unterstützung zur Realisierung von Verbesserungen in der Prozessabwicklung bieten.

Es ist zu berücksichtigen, dass es sich bei den o.g. Empfehlungen nicht etwa um eine Erweiterung der SCOR-Modellstruktur handeln würde, sondern vielmehr um ein weitergehendes „Ausfüllen" der bereits bestehenden Modellstruktur. Dieser Aspekt wird nochmals an späterer Stelle im Rahmen der Vorschläge zur weiterführenden Forschung aufgegriffen.[794]

---

[792] Siehe hierzu Kap. D, Abs. D.2.3
[793] Vgl. Supply-Chain Council / SCOR-Model Version 8.0 2006 / S. 2
[794] Siehe Kap. F, Abs. F.3.1

E.1.3 Gesamtwürdigung der Operationalisierung des SCOR-Modells

Die oben dargestellten drei SCOR-Modellgruppen decken gemeinsam die entwickelte Operationalisierung des SCOR-Modells in seiner Gesamtheit ab, mit den LK-Kompetenzen Kundenzentriertheit („customer-facing") und Unternehmensbezogenheit („internal-facing") auf der einen Seite sowie den hierarchisch aufgebauten Schlüssel-Leistungsindikatoren (Leistungsattribute – Kennzahlen – Leistungsmessgrößen) auf der anderen Seite.[795] Eine hermeneutische Bewertung[796] der Ergebnisse zu den sieben „verdichteten" Meta-Thesen respektive den damit zusammenhängenden Einzelthesen-Blöcken lässt den Schluss zu, dass diese als insgesamt tragfähig zu erachten sind.

Auf Grundlage der Untersuchungsergebnisse kann mithin die im Rahmen der Arbeit entwickelte Abbildung des SCOR-Modells als angemessen bzw. „wahrheitsgetreu"[797] angesehen werden. Dabei ist unbedingt zu berücksichtigen, dass es sich um eine explorative Untersuchung des Modells handelte. Folglich kann auf Basis der gewonnenen Erkenntnisse alleine keinesfalls eine allgemeingültige Aussage zur Adäquatheit bzw. „Wahrheitstreue" des SCOR-Modells per se gemacht werden. Vielmehr stellen sie einen ersten Beitrag in Gestalt einer bestätigten zentralen Annahme[798] hin zu einer allgemeingültigen Aussage dar.[799]

---

[795] Siehe hierzu Kap. C, Abs. C.1.2
[796] Zum Begriff der Hermeneutik siehe die Fußnote zu Beginn von Abschn. E.1
[797] Im Hinblick auf die „Wahrheitstreue" wird auf das „Wahrheitskriterium" im Sinne der Übereinstimmung von theoretischen Aussagen und – hier: der betriebswirtschaftlichen bzw. unternehmerischen – Realität referenziert (Korrespondenztheorie). Dabei wird von einem fortgesetzten Vergleich von theoretischer Aussage und beobachtbarer Realität im hermeneutischen Sinne ausgegangen (vgl. Esser et al. / Wissenschaftstheorie 1977 / S. 167). Das SCOR-Modell trägt dem dadurch Rechnung, dass es quasi ein „evolutionäres" Modell darstellt, das in regelmäßigen Zyklen an die (geänderte) Realität angepasst wird (vgl. Geimer und Becker / Supply Chain Operations Reference Modell 2001 / S. 117; Kanngießer / SCOR-Modell 2002 / S. 4. Siehe hierzu auch die entsprechenden Ausführungen unter Kap. B, Abs. B.1.2 u. B.1.5). Im Hinblick auf den im Rahmen der vorliegenden Arbeit angestrebten wissenschaftlichen Nachweis der Angemessenheit bzw. „Wahrheitstreue" des SCOR-Modells dürfen jedoch keineswegs die aufgezeigten Störeinflüsse und Fehler außer Acht gelassen werden (siehe hierzu auch Kap. D, Abschn. D.4)
[798] Siehe hierzu die Einleitung zu Kap. C
[799] Dieser Standpunkt wird beispielsweise auch von Schoder vertreten (s. Poluha / Doktorandenseminar Februar 2005 / o.S.). Zu beachten ist, dass eine spezielle Abbildung des Modells entwickelt und untersucht wurde. Verallgemeinernde Rückschlüsse auf das Modell per se sind deshalb unter dieser Prämisse zu sehen

Auffällige Diskrepanzen zwischen Modellvorstellung und empirischer Realität waren insgesamt nicht abzuleiten.[800] Allerdings eröffneten sich gewisse Defizite im Falle der die Relationen von Kundenservice und Kapitaleinsatz beinhaltenden Meta-These VI, zu denen Verbesserungsmöglichkeiten aufgezeigt wurden.

In der Folge soll nun damit begonnen werden, auf Basis der gewonnenen Untersuchungsergebnisse moderne Konzepte und Werkzeuge zur Gestaltung der Lieferkette unter Anwendung des SCOR-Modells darzustellen. Zu dem Zweck sollen die folgenden weiterführenden Fragestellungen formuliert und danach aufgegriffen werden:

- Welche innovativen Ansätze zur Gestaltung und Optimierung der Lieferkette werden derzeit in Wissenschaft und Unternehmenspraxis diskutiert?
- Welche Möglichkeiten und modernen Werkzeuge gibt es, die zur Verbesserung der Nutzung des SCOR-Modells eingesetzt und damit zur Gestaltung und Optimierung der Lieferkette beitragen können?[801]

Wie zu Beginn dargestellt, hat die Arbeit insbesondere das Ziel verfolgt, die folgenden Forschungsfragen zu beantworten:[802]

- Wie könnte das SCOR-Modell auf Grundlage von modellimmanenten Leistungsindikatoren in ein Thesenmodell überführt und damit operationalisiert werden?
- Wie könnte die in Thesen überführte Abbildung des SCOR-Modells auf Grundlage empirischer Daten einer explorativen Überprüfung unterzogen werden?

---

[800] Die Modellvorstellung steht für die theoretische Aussage, die empirische Realität für die betriebswirtschaftliche bzw. unternehmerische Realität. Es wird mithin wiederum auf die in einer der vorangegangenen Fußnoten im vorliegenden Abs. E.1.3 beschriebenen Korrespondenztheorie Bezug genommen (vgl. dazu auch Friedrichs / Methoden empirischer Sozialforschung 1990 / S. 27)

[801] Es wurde bereits mehrfach darauf hingewiesen, dass das SCOR-Modell im ursprünglichen Sinne ein Beschreibungsmodell darstellt (vgl. Supply-Chain Council / SCOR-Model Version 8.0 2006 / S. 2; Supply-Chain Council / SCOR-Model 7.0 Overview 2005 / S. 3. Siehe hierzu auch Kap. B, Abschn. B.2 sowie Abs. B.3.3). Die weiterführenden Überlegungen gehen deshalb in die Richtung einer möglichen Fortentwicklung zu einem Gestaltungsmodell

[802] Siehe hierzu Kap. A, Abs. A.1.1

Die Arbeit hatte mithin explizit zum Ziel, eine spezielle Form der Operationalisierung des SCOR-Modells zu entwickeln und auf Adäquatheit und „Wahrheitstreue" hin zu untersuchen. Es soll daher weiterführenden Arbeiten überlassen bleiben, den Versuch zu unternehmen, die o.g. sowie daraus resultierende weitere Fragestellungen in einem ebenfalls explorativ-empirischen Kontext erschöpfender zu beantworten und mittels wissenschaftlicher Untersuchungen zu untermauern. In Kapitel F wird versucht, konkrete Vorschläge dazu abzuleiten, auf welchen Gebieten und in welcher Form dies geschehen könnte.[803]

---

[803] Siehe Kap. F, Abschn. F.3

E.2 Innovative Ansätze zur Gestaltung und Optimierung der Supply Chain

E.2.1 Darstellung der Adaptiven Supply Chain

Seit etwa dem Jahre 2000 hat sich für viele Unternehmen, v.a. aus den Bereichen des produzierenden Gewerbes und des Groß- und Einzelhandels, gezeigt, dass im heutigen Wettbewerbsumfeld die Leistungsfähigkeit und Effizienz der Lieferkette notwendige Bedingungen für den Unternehmenserfolg darstellen. Zur Sicherstellung dieser Bedingungen werden aktuell sog. anpassungsfähige Lieferketten („Adaptive Supply Chains") oder anpassungsfähige Lieferkettennetzwerke („Adaptive Business Networks") diskutiert.[804]

Diese adaptiven Lieferketten (ALK) weisen bewusste Redundanzen auf, um mit unvorhersagbaren Ereignissen umgehen zu können. Sie sind derzeit (Stand: Mitte 2006) im Begriff, die eingangs dargestellten traditionellen LK-Ansätze, einschließlich der fortgeschritteneren virtuellen LK-Netzwerke, zu ersetzen. ALK besitzen die Flexibilität, sich kontinuierlich an wechselnde Markterfordernisse anzupassen und damit in optimaler Weise, d.h. mit maximaler Effizienz und in Echtzeit („real time"), auf die Umgebungsvariablen zu reagieren.[805]

Um diese Anforderungen erfüllen zu können, verbinden ALK Angebots-, Planungs-, Fertigungs- und Distributionsabläufe zu integrierten Unternehmensprozessen und versorgen das LK-Netzwerk mit Echtzeit-Informationen. Dadurch ermöglichen sie schnelle Entscheidungen sowie deren effiziente und effektive Ausführung.[806]

---

[804] Die Anpassungsfähigkeit („adaptability") kann im konkret vorliegenden Fall beschrieben werden als „... capability to adapt or be flexible amid changing conditions." (Heinrich und Betts / Adaptive Business Network 2003 / S. 205). Christopher verwendet den Begriff der „Agile Supply Chain", wobei der maßgebliche Unterschied darin liegt, dass bei ihm (und mithin im Falle der „Agile Supply Chains") der Aspekt der Informationstechnologie bzw. der Durchdringung der Lieferkette durch das E-Business nur ansatzweise ausgeprägt ist (vgl. Christopher /Agile Supply Chain 2001 / S. 1 ff.). Zum Begriff der „Adaptability" vgl. auch Seibt / Consolidation Framework 1997 / S. 23 u. 32
[805] Vgl. HP / Adaptive Supply Chain Solution 2003 / S. 2 ff.
[806] Vgl. SAP / Adaptive Supply Chain Networks 2004 / S. 5

Die Vorteile von ALK lassen sich wie folgt zusammenfassen:

„Adaptive Supply Chains provide a cohesive process infrastructure that connects network participants, provides visibility, and monitors for changing conditions. When conditions change, the consequences are immediately determined and affected parties are notified with recommended courses of action for optimal results. Once approved, a new action is executed and the plan is adapted within context of this new process. The result is performance improvements across the global supply chain network."[807]

Die Umwandlung einer traditionellen Lieferkette in eine ALK macht es erforderlich, die der Lieferkette zugrunde liegenden Geschäftsprozesse zu überprüfen und ggf. zu verändern, um konkurrenzfähig zu bleiben. Die Lieferkette stellt dann kein statisches System mehr dar, sondern vielmehr ein dynamisches, sich permanent veränderndes und anpassendes, hoch leistungsfähiges Netzwerk. Dabei spielen die durch das Internet bedingten Veränderungen der Marktbedingungen eine maßgebliche Rolle.[808]

Die Definition der daraus resultierenden ALK muss im Kontext mit den heute verfügbaren, Internet-basierten Möglichkeiten gesehen werden.[809] Deshalb wird bei der Definition u.a. auf die bereits an anderer Stelle dargestellte Definition der Lieferkette im Sinne einer Informationsmanagement-Sichtweise („Information Management View") und dem E-Business-Konzept nach Seibt zurückgegriffen.[810]

Eine <u>Adaptive Lieferkette (ALK)</u> basiert auf einer mittels Informationstechnologie integrierten Lieferkette, in der der Fluss von Informationen zwischen den diversen Parteien den Integrationsfaktor darstellt. Sie verfügt in diesem Sinne

---

[807] Industry Directions / Adaptive Supply Chains 2003 / S. 1
[808] Vgl. CapGemini / Adaptive Supply Chains 2004 / o.S.
[809] Vgl. Stephens et al. / Reengineering the Supply Chain 2002 / S. 361 f. Zur Erlangung von Wettbewerbsvorteilen durch Informationstechnologie vgl. auch Porter und Millar / Wettbewerbsvorteile durch Information 1988 / S. 62 ff. Zur Bedeutung der Informationstechnologie für die Bildung von Unternehmensnetzwerken vgl. auch Klein / Interorganisationssysteme und Unternehmensnetzwerke 1996
[810] Siehe hierzu am Ende von Kap. A, Abschn. A.3.1. Die genannten Kriterien stellen notwendige Bedingungen dar, d.h. die angeführten Kriterien sind zwingend erforderlich, um eine adaptive Lieferkette (ALK) zu konstituieren (zur Notwendigkeit von Bedingungen vgl. auch Zetterberg / Theory and Verification in Sociology 1967 / S. 82 f.)

über eine gemeinsame Informationsbasis sowie die Mechanismen, diese Informationen unter den Teilnehmern auszutauschen.

Zu dem Zweck werden mehrere bis alle die Lieferkette betreffenden Geschäftsprozesse
- innerhalb des Unternehmens
- zwischen ihm und seinen Geschäftspartnern
- zwischen ihm und Dritten (z.B. Behörden)

ganz oder teilweise über elektronische Kommunikationsnetze realisiert und durch den Einsatz von Informations- & Kommunikationstechnik (I&K-Technik)-Systemen unterstützt.[811]

Nachdem aufgezeigt wurde, um was es sich im Falle einer ALK handelt, soll nun darauf eingegangen werde, wie diese Art der Lieferkette umgesetzt bzw. erreicht werden kann.

E.2.2 Umsetzung von Adaptiven Supply Chains

Die Umsetzung von Adaptiven Lieferketten (ALK) geht von einer bestehenden Lieferkette aus und kann am anschaulichsten in Form eines schrittweisen Prozesses dargestellt werden. Heinrich und Betts beispielsweise beschreiben das Vorgehen, um zu einer ALK zu gelangen, anhand eines vierstufigen Prozesses:[812]
- Erster Schritt: Transparenz („Visibility"):
  Austausch von Informationen mit den LK-Partnern, Standard-Prozesse für die meisten Routinetransaktionen mit den LK-Partnern, Informationsaustausch mittels Internet-basierter Technologie und weitergehende Einblickmöglichkeiten in Geschäftsprozess- und Datenprobleme.

---

[811] In Anlehnung an Stephens et al. / Reengineering the Supply Chain 2002 / S. 361 f. und Seibt / Business der Zukunft 2000 / S. 11
[812] Vgl. Heinrich und Betts / Adaptive Business Network 2003 / S. 79 ff.

- Zweiter Schritt: Lieferketten-Gemeinschaft („Community"):
  Abwicklung regelmäßig wiederkehrender Transaktionen mittels sog. Portale,[813] Einführung von Mindest- und Höchstkontrollwerten (z.B. für Lagerbestände), Senkung von Lagerbeständen und Effizienzsteigerung von Prozessabläufen mittels Automatisierung.

- Dritter Schritt: Zusammenarbeit („Collaboration"):
  Austausch von Kundenbedarfsinformationen unter den LK-Partnern,[814] Festsetzung von Zielgrößen zur Bestandsauffüllung,[815] Übertragung der Verantwortung für die Auffüllung der Lagerbestände an die Lieferanten[816] und die Möglichkeit, Lagerbestände entsprechend dem Auftragseingang zuzuweisen, um eine maximale Anzahl an Aufträgen erfüllen zu können.[817]

- Vierter Schritt: Anpassungsfähigkeit („Adaptability"):
  Signifikante Verkürzung der Prozesszeiten, vielfach Eliminierung von Arbeitsschritten, signifikante Senkung von Lagerbeständen und Arbeitskapital, Eröffnung neuer Marktchancen durch strategische Partnerschaften und Einführung neuer Produkte.

Die Schritte eins bis drei wurden bereits in der Vergangenheit im Rahmen von traditionellen LK- und Wertketten-Strategien entwickelt und angewendet. Der maßgebliche Unterschied zur ALK liegt im vierten Schritt, da konventionelle Lieferket-

---

[813] Als Plattform oder Portal wird ein virtueller Marktplatz bezeichnet, der es den Anwendern ermöglicht, elektronische Geschäfte abzuwickeln. Portale werden im Rahmen des LKM in unterschiedlichen Zielrichtungen bzw. Anwendungsszenarien genutzt, wie z.B. zur Auftragsabwicklung und für den Beschaffungsprozess (vgl. Lawrenz und Nenninger / eBusiness Networks 2001 / S. 329 f.). Relevante Geschäftsszenarien, die durch Portale unterstützt werden, stellen die an früherer Stelle erläuterten E-Business-Bereiche dar, wie z.B. B2B, B2C und G2B (siehe hierzu Kap. A, Abschn. A.6)

[814] Hierunter fällt beispielsweise das Konzept der gemeinsamen Auftragsplanung („Collaborative Order Planning"), das den Austausch von Auftrags- und Planungsdaten zwischen verschiedenen LK-Akteuren bezeichnet (vgl. Thaler / Supply Chain Management 2003 / S. 133 f.)

[815] Siehe hierzu beispielsweise das bereits dargestellte Konzept des Collaborative Planning, Forecasting and Replenishment (CPFR)

[816] Siehe hierzu etwa das bereits dargestellte Konzept des Vendor Managed Inventory (VMI)

[817] Im Hinblick auf die optimale Erfüllung von Aufträgen ist zwischen einer quantitativen und qualitativen Komponente zu unterscheiden. Während die quantitative Sichtweise ausschließlich auf die reine Anzahl bzw. den Anteil an termingerecht ausgelieferten Aufträgen fokussiert, bezieht die qualitative Sichtweise die Klassifizierung der Kunden mit ein. So kann aus Gründen des strategischen Kundenmanagements die termingerechte Belieferung eines Schlüsselkunden („Key Account Customer") Vorrang vor der Auslieferung an mehrere „B-Kunden" haben (vgl. Industry Directions / Successful Supply Chain Management 2001 / S. 7 f.)

ten statischer Natur sind. Erst der vierte Schritt ermöglicht die Entwicklung hin zu einer ALK.[818]

Heinrich und Betts charakterisieren diesen vierten Schritt und die damit einhergehenden Veränderungen wie folgt:

„In step four, companies begin to automate many more business processes (...). In addition, the move from step three to step four involves increased technology complexity and a heightened degree of automation among an expanding number of network partners."[819]

Lawrenz und Nenninger benennen den Übergang von einer linearen Lieferkette zu einer ALK, d.h. von Schritt drei zu Schritt vier, auch als einen Übergang zu E-Business Netzwerken („E-Business Networks").[820] Übereinstimmend damit kommt Schäfer im Rahmen einer von ihm durchgeführten empirischen Studie zu dem Schluss, dass nahezu 97 Prozent der befragten Unternehmen der Aussage zustimmen, dass das Internet – als ein Instrument des E-Business – vollkommen neue Möglichkeiten bietet, Geschäftsprozesse unternehmensübergreifend zu gestalten.[821]

Die besonderen Herausforderungen im Hinblick auf ALK resultierten aus dem Erfordernis, Informationen sowohl innerhalb des Unternehmens als auch mit den relevanten LK-Partnern auszutauschen. Um den Prozess der Schaffung elektronischer Partnerschaften und Allianzen effektiv zu gestalten, müssen Firmen verschiedenartige Informationssysteme eingliedern, um Ineffizienzen und Redundanzen zu vermeiden. Die aktuell (Stand: Mitte 2006) anzutreffenden fortschrittlichen LK-Umgebungen sind zunehmend komplexer Natur und bestehen aus einer Vielzahl von Sub-Prozessen und Aktivitäten. Dabei stellen Industrieunternehmen nicht die einzige Gruppe dar, die auf eine Optimierung der Geschäftsprozesse im Allgemeinen und der LK-Prozesse im Besonderen abzielen. Das gleiche gilt für den

---

[818] Vgl. hierzu Radjou / Adaptive Supply Nets 2001 / S. 1 ff.
[819] Heinrich und Betts / Adaptive Business Network 2003 / S. 152
[820] Vgl. Lawrenz und Nenninger / eBusiness Networks 2001 / S. 335 ff.
[821] Vgl. Schäfer S. / Einführung von E-Business Systemen 2002 / S. 452

öffentlichen Sektor, wie bereits an anderer Stelle am Beispiel des amerikanischen Verteidigungsministeriums (US Department of Defense, DoD) beschrieben wurde.[822] Die wettbewerbsseitigen Anforderungen forcieren regelrecht revolutionäre Veränderung der bestehenden LK-Prozesse. Die Folge ist die Umwandlung von traditionellen linearen und statischen Lieferketten in dynamische Wertketten oder, mit anderen Worten, in ALK.[823]

Radjou et al. führen in dem Zusammenhang das folgende Postulat an:

„To cope with volatility firms need to migrate their static supply chains to adaptive supply networks."[824]

Die bestehenden Werkzeuge und Anwendungen zum Management der Lieferkette, wie sie bereits an anderer Stelle im Kontext des Lieferketten-Management beschrieben wurden, sind oftmals nicht mehr oder nur äußerst bedingt in der Lage, Schritt mit den Veränderungen zu halten, die umgesetzt werden müssen, um höhere Effizienzen zu erzielen.[825] Auf die modernen Werkzeuge, die hier Abhilfe schaffen sollen, wird im nächsten Abschnitt eingegangen.

Da diese Werkzeuge auf dem SCOR-Modell basieren, wäre es auch denkbar gewesen, sie bereits im Zusammenhang mit dem aktuellen Stand der Entwicklung des SCOR-Modells vorzustellen.[826] Da sie jedoch – wie nachfolgend verdeutlicht werden soll – auf den im vorangegangenen Abschnitt diskutierten Adaptiven Lieferketten beruhen, erschien es nahe liegender, sie daran anschließend darzustellen. Deshalb findet sich eingangs der Arbeit eine Darstellung bereits etablierter Supply Chain-Konzepte und SCOR-Anwendungen, während im vorliegenden Kapitel ein aktueller Ausblick auf neue, gleichwohl aber noch nicht weiter verbreitete und erprobte Konzepte und Einsatzmöglichkeiten gegeben wird.

---

[822] Siehe hierzu Kap. B, Abs. B.4.1.3
[823] Vgl. Gensym / e-SCOR 2001 / S. 2
[824] Radjou et al. / Adaptive Supply Networks 2003 / S. 3
[825] Vgl. Segal / Adaptive Supply Chains 2003 / o.S.
[826] Siehe Kap. B, Abschn. B.2 und B.3

E.3 Moderne Werkzeuge zur Verbesserung der Nutzungs- und Einsatzmöglichkeiten des SCOR-Modells

Wie bereits mehrfach angesprochen, stellt das SCOR-Modell ein Beschreibungsmodell für die Lieferkette, nicht jedoch ein Gestaltungsmodell dar. Zwar zeigt das Modell Schwachstellen und damit Optimierungspotenziale der Lieferkette auf. Diese müssen dann jedoch mittels anderer Maßnahmen beseitigt bzw. realisiert werden. Eine derartige Maßnahme zur Verbesserung der Lieferkette stellt beispielsweise die Geschäftsprozess-Optimierung, GPO („Business Process Reengineering, BPR") dar.[827] Im Rahmen der Literatur zu GPO wird die Informationstechnologie (IT) häufig als ein wesentliches Mittel zur Ermöglichung („essential enabler")[828] für den Veränderungsprozess angesehen. Keinem anderen Faktor wird ein vergleichbar großes Potenzial zur Erzielung radikaler Prozessverbesserungen zugesprochen.[829]

Hofmann fasst das Erfordernis eines kontinuierlichen (Re-) Designs in Anbetracht einer sich permanent verändernden Lieferkette bzw. ALK prägnant wie folgt zusammen:

> „The faster the supply chain changes, the more important supply chain design becomes."[830]

---

[827] Der Terminus der Geschäftsprozess-Optimierung, GPO („Business Process Reengineering, BPR") kann mit Blick auf das LKM folgendermaßen definiert werden: „The terms transformation and business process reengineering are used rather loosely to describe three main types of business change efforts: 1. Business design, 2. 'Big' business process reengineering, 3. 'Little' business process engineering. When translated into supply chain terms, these three change efforts have various meaning: Business design = Restructuring businesses, 'Big' business process reengineering = Transforming the supply chain order-to-cash cycle, 'Little' business process reengineering = Transforming logistics functions (for example, transportation or warehousing)." (Kuglin / Supply Chain Management 1998 / S. 99)

[828] Wie in Kap. B, Abs. B.1.3 ausgeführt, stellt die Ermöglichung („enable") eine der drei Prozessarten des SCOR-Modells dar. Es ist bezeichnend, dass diese Prozessart vormals als Infrastruktur („infrastructure") benannt wurde (vgl. z.B. Bolstorff und Rosenbaum / Supply Chain Excellence 2003 / S. 154 f.)

[829] Vgl. etwa Hammer und Champy / Reengineering 1993 / S. 44 u. 83 ff.; Davenport / Process Innovation 1993 / S. 16 ff.; Venkatraman / Business Reconfiguration 1991 / S. 127 ff. Die Informationstechnologie alleine reicht jedoch nicht aus, um Geschäftsprozesse zu verändern bzw. verbessern. Daneben spielen organisatorische und menschliche Faktoren ebenfalls eine Rolle (vgl. Schäfer S. / Einführung von E-Business Systemen 2002 / S. 2). Auf diese wird in Kap. F, Abschn. F.1 eingegangen

[830] Hofmann / Supply Chain Inefficiencies 2004 / S. 86

Das SCOR-Modell geht nicht näher auf Ebenen unterhalb der dritten Ebene ein. Dies wird beispielsweise daraus ersichtlich, dass das SCC die vierte Ebene als Einführungsebene („Implementation Level") beschreibt, auf der Unternehmen spezifische Lieferkettenabläufe implementieren.[831] Auf diesen tieferen Ebenen des SCOR-Modells können dann Prozess-, Design- und Modellierungs-Tools zur Analyse und Dokumentation eingesetzt werden. Für eine derartige Modellierung stehen heute erste Werkzeuge für statische, aber auch dynamische Simulationen zur Verfügung.

Die meisten Unternehmen beginnen mit dem SCOR-Modell und den darin enthaltenen Definitionen und Leistungsindikatoren, ihre bestehende Logistikkette zu analysieren und auf Verbesserungspotenziale hin zu untersuchen. Dadurch können Prozessbrüche und Ineffizienzen in der Prozessleistung aufgedeckt werden. Erste Verbesserungen können dann beispielsweise mittels einer auf die Lieferkette bezogenen GPO-Initiative durchgeführt werden. Das schließt in der Regel auch die Definition, Implementierung und das kontinuierliche Messen von Leistungsindikatoren mit ein. Dabei dominiert das Bestreben, ein gegenüber den Wettbewerbern führendes Leistungsniveau aller relevanten LK-Prozesse zu erreichen.[832]

E.3.1 Begriff des Supply Chain Design Management (SCDM)

Das Supply Chain Design Management (SCDM) basiert auf einem gegebenen LK-Modell und zielt auf Möglichkeiten zur Simulation und kontinuierlichen Optimierung der ALK ab. Es ist eine neue Art von Werkzeug, das Firmen helfen soll, LK-Prozesse, Leistungsindikatoren und Informationsflüsse innerhalb eines Unternehmens und mit anderen LK-Partnern zu identifizieren und zu verbessern.[833] Im Folgenden wird ausschließlich auf solche Anwendungen und Werkzeuge fokussiert, die auf dem SCOR-Modell beruhen.

---

[831] Vgl. Supply-Chain Council / SCOR-Model Version 8.0 2006 / S. 2 f.; Supply-Chain Council / SCOR-Model 7.0 Overview 2005 / S. 12. Siehe hierzu auch Kap. B, Abs. B.1.3
[832] Vgl. Heinzel / Supply Chain Operations Reference-Modells 2001 / S. 53
[833] Zum Begriff des Werkzeug im vorliegenden Sinne und zur Abgrenzung von anderen Begriffen (Verfahren, etc.) vgl. etwa Seibt / Betriebliche Informationssysteme 2004 / S. 19

Das SCDM hat primär die folgenden Ziele:[834]

- Validierung des aktuellen LK-Modells anhand von bestehenden bzw. Ist-Geschäftsprozessen („As-Is business processes")
- Simulation und Vorhersage des Einflusses auf die LK-Leistung im Falle der Veränderung der LK-Struktur hin zu den angestrebten bzw. Soll-Geschäftsprozessen („To-Be configuration")
- Anwendung von Leistungsindikatoren gemäß Industriestandards zur Durchführung der Analyse von alternativen LK-Szenarios („What-if impact analysis")
- Messung, Vorhersage und Kontrolle von LK-Einflussfaktoren zur Identifikation von Verbesserungspotenzialen
- Verknüpfung von Geschäfts- und LK-Prozessen auf tieferen Ebenen, die für die Steuerung von Betriebsabläufen und -systemen relevant sind.

Ein auf SCDM basierendes LK-Modell ist v.a. dann von hoher Effektivität, wenn es sowohl unternehmensintern bei den entscheidungsverantwortlichen Führungskräften als auch bei externen LK-Partnern anerkannt ist. Damit können beispielsweise Nachfrageveränderungen und daraus resultierende alternative Szenarios schnell analysiert werden, um festzulegen, welchen Einfluss sie auf unternehmenspolitische, finanzielle und LK-spezifische Leistungsindikatoren haben.[835]

Das Resultat ist ein klares Verständnis der Optionen, Risiken und Auswirkungen auf die Lieferkette. Dadurch verschafft das SCDM den Unternehmen größere Flexibilität und Anpassungsfähigkeit. Auf strategischer Ebene dient SCDM sowohl zum initialen Design, als auch zum kontinuierlichen Redesign der kompletten Lieferkette und damit zur Ermöglichung und Unterstützung einer ALK.[836]

---

[834] Vgl. etwa Holcomb et. al. / Transition from Tactical to Adaptive Supply Chains 2003 / S. 2 ff.; Boyer et al. / Extending the Supply Chain 2004 / S. 171 ff.
[835] Vgl. Goetschalckx / Strategic Network Planning 2002 / S. 105 f.
[836] Vgl. Metcalfe / Creating Adaptive Supply Networks 2003 / S. 32 ff.; Radjou et al. / Adaptive Supply Networks 2003 / S. 14 ff.

Zusammengefasst kann der Nutzen des SCDM in Abhängigkeit von der Planungsebene wie folgt beschrieben werden:[837]

- Auf strategischer Ebene dient es beispielsweise der Analyse der Leistungsfähigkeit der Lieferkette mittels Anwendung alternativer Szenarios, der Analyse möglicher Auswirkungen von Veränderungen der LK-Struktur im Kontext eines Redesigns, der Identifikation optimaler LK-Strategien, unter die beispielsweise die bereits angesprochenen Verschiebungsstrategien („Postponement Strategies") fallen und der Untersuchung des Einflusses neuer Systeme und Anwendungen zur Unterstützung der LK-Prozesse, wie z.B. ERP-Systeme oder APS.

- Auf operativer Ebene dient es beispielsweise zur Bedarfsprognose und der Analyse und Simulation möglicher Nachfrageveränderungen, der Unterstützung des Collaborative Planning, Forecasting and Replenishment (CPFR)-Konzepts, der Identifikation verfügbarer Kapazitäten zur Reaktion auf Nachfrageveränderungen und der Bestimmung des optimalen Vorgehens bei Lieferausfällen seitens von Lieferanten.

Unter Berücksichtigung dieser Prämissen und unter Einbeziehung der aufgestellten Definition der ALK kann das SCDM folgendermaßen in den Kontext eingebettet werden:

Das Supply Chain Design Management (SCDM) stellt als Mindestanforderung eine allgemeingültige Sprachkonvention für Lieferketten-Geschäftsprozesse zur Verfügung (bevorzugt auf Grundlage des SCOR-Modells), bildet die erweiterte (d.h. unternehmensinterne und unternehmensübergreifende) Lieferkette ab, ermöglicht eine Analyse möglicher Auswirkungen bei Veränderungen von Angebots- und Nachfragefaktoren sowie die Simulation von Änderungen der Lieferketten-Struktur und -Prozesse.

---

[837] Vgl. Industry Directions / Successful Supply Chain Management 2001 / S. 7 f. Zur Unterscheidung zwischen strategischer und operativer Planung vgl. etwa Schierenbeck / Grundzüge der Betriebswirtschaftslehre 2003 / S. 128 f.

Es dient mithin der Realisierung und Unterstützung von Adaptiven Lieferketten (ALK), zu deren Design und kontinuierlichem Redesign. Es muss als ein Bestandteil des E-Business-Systems im gesamten Systemlebenszyklus kontinuierlich an Marktentwicklungen und geänderte Anforderungen angepasst werden.[838]

Im Folgenden soll nun evaluiert werden, welche IT-gestützten Anwendungen heute verfügbar sind, um das SCDM gezielt zu unterstützen.

E.3.2 Anwendungen für das Supply Chain Design Management

Die Anwendungen zur Gestaltung der Lieferkette sind nicht zu verwechseln mit Anwendungen zur Planung der Betriebsabläufe, zu denen u.a. die Enterprise Resource Planning (ERP)-Lösungen fallen. Einige Hersteller solcher integrierter, LK-orientierter Lösungen – wie z.B. International Business Systems (IBS)[839] oder Business Objects[840] – geben an, dass sich ihre Produkte am SCOR-Modell orientieren bzw. auf dem SCOR-Modell basieren.[841]

---

[838] Seibt geht davon aus, dass Unternehmen ihre E-Business Systeme aufgrund der dynamischen Marktentwicklung und der Entwicklungsgeschwindigkeit im Technikbereich im gesamten Systemlebenszyklus kontinuierlich an Marktentwicklungen und geänderte Anforderungen anpassen müssen (vgl. Seibt / Systemlebenszyklus 1997 / S. 393 ff.)

[839] Unternehmensdarstellung: „IBS, International Business Systems, ist ein weltweit führender Software-Anbieter für (...) integrierte IT-Lösungen für Distributions- und Supply Chain-orientierte Unternehmen. (...) Zu unseren international agierenden Kunden gehören z. B. ABB, Cartier, Ciba Vision, Galenica, General Electric, Honda, Maxell, Miele, Pioneer und Volvo. Insgesamt haben sich schon mehr als 5000 Kunden in über 40 Ländern für die Software-Lösungen von IBS entschieden. Seit über 25 Jahren versorgt unser globales Netzwerk aus Niederlassungen und Geschäftspartnern zukunftsorientierte Unternehmen mit Software, Hardware und Service-Leistungen. 2000 IBS-Mitarbeiter arbeiten in 90 Niederlassungen in 26 Ländern. In weiteren 10 Ländern arbeitet IBS sehr erfolgreich mit Business-Partnern zusammen. IBS ist an der Stockholmer Wertpapierbörse notiert." (IBS / IBS im Überblick 2004 / o.S.)

[840] Eigendarstellung des Unternehmens: „Business Objects helps the world's leading organizations track, understand, and manage their business in order to improve enterprise performance. With more than 26,000 customers in 80 countries worldwide, Business Objects is the clear market leader in the business intelligence industry. Founded in: 1990. 2003 Revenue: $560.8 million. Employees: 3,900. Headquarters: San Jose, California and Paris, France." (Business Objects / About Business Objects 2004 / o.S.)

[841] Vgl. IBS / Supply Chain Business Intelligence 2004 / o.S.; IBS / Supply-Chain Council Award 2003 / o.S.; Business Objects / Supply Chain 2002 / o.S. Die vorliegende Arbeit hat nicht zum Gegenstand, die Richtigkeit dieser Aussage zu verifizieren (bzw. falsifizieren). Vielmehr soll lediglich die entsprechende Kategorie von Anwendungen exemplarisch aufgezeigt werden

Die Anwendungen sind außerdem nicht zu verwechseln mit solchen, die zum initialen Design und möglicherweise sporadischen Re-Design der Lieferkette eingesetzt werden. Hierunter fallen beispielsweise die bereits genannten betrieblichen Planungssysteme (ERP) oder Advanced Planning Systems (APS).[842]

Bis vor kurzem hat es keine elektronischen Werkzeuge für das kontinuierliche Design bzw. Redesign der Lieferkette gegeben. Für den weiteren Verlauf der Arbeit wurde für Werkzeuge dieser Art der Begriff der SCDM-Anwendungen verwendet. Das Ziel der SCDM-Anwendungen ist es, komplexe Lieferketten für strategische, taktische und operative Voraussagen zu entwerfen. Das Forschungsunternehmen Gartner[843] geht davon aus, dass der Markt für SCDM-Anwendungen derzeit an Bedeutung gewinnt und auch zukünftig weiter gewinnen wird.[844]

Die Recherche des Verfassers hat ergeben, dass es mit Stand zu Mitte 2006 tatsächlich nur wenige Anwendungen gibt, die die Gestaltung der Lieferkette im Rahmen eines SCDM unmittelbar unterstützen. Darunter fallen die folgenden drei ernstzunehmenden Hersteller und Anwendungen, die einheitlich auf dem SCOR-

---

[842] Ein Überblick zu den verschiedenen Anwendungen zur IT-Unterstützung des Lieferketten-Management (LKM) findet sich beispielsweise bei Richmond et al. (vgl. Richmond et al. / Supply chain management tools 1999 / S. 509 ff.). Zu einem Beispiel, wie die verschiedenen Anwendungen Hardware-seitig unterstützt werden können, vgl. etwa Sun und CGE&Y / Adaptive Supply Chain Enterprises 2003 / S. 2

[843] Hintergrundinformation: „Gartner, Inc. is the leading provider of research and analysis on the global IT industry. Our goal is to support enterprises as they drive innovation and growth through the use of technology. We help clients make informed technology and business decisions by providing in-depth analysis and actionable advice on virtually all aspects of technology. This year (2004; d. Verf.) marks the 25th anniversary of Gartner and the founding of our industry. We take pride in our pioneering work to assist our clients and our industry in benefiting from the use of technology. Gartner clients trust in our rigorous standards that safeguard the independence and objectivity of our research and advice. With $858 million in revenue in 2003, and more than 10,000 clients and 75 locations worldwide, we are the clear market leader." (Gartner / About Gartner 2004 / o.S.)

[844] Vgl. Gartner / Business Process Modeling Solutions 2002 / S. 1 ff. In der Terminologie von Gartner entspricht der im Rahmen der vorliegenden Arbeit definierte Begriff des SCDM weitgehend einer Kombination der automatisierten Abwicklung von Geschäftsvorfällen („Business Rules Engine, BRE") und dem Management von Geschäftsprozessen („Business Process Management, BPM") (vgl. Sinur / Business Rule Engine 2003 / S. 2)

Modell basieren:[845]

- e-SCOR von Gensym
- ARIS EasySCOR von IDS
- ADOLog von BOC.

Die nachfolgend näher betrachteten Anwendungen haben, wie bereits im vorangegangenen Absatz ausgeführt, den expliziten Zweck, die Gestaltung bzw. das Design und kontinuierliche Redesign der Lieferkette auf Basis des SCOR-Modells zu unterstützen. Dabei wird keine Bewertung der Anwendungen vorgenommen, sondern lediglich ein exemplarischer Überblick über deren Funktionsumfang und die hauptsächlichen Einsatzmöglichkeiten gegeben.[846]

E.3.2.1 e-SCOR von Gensym

Der Anbieter Gensym[847] hat eine Anwendung mit dem Namen e-SCOR entwickelt. Die Anwendung entwirft, simuliert und steuert grafisch-gestützte LK-Szenarien. e-SCOR basiert auf dem SCOR-Modell mit den dazugehörigen Prozessen und Leistungsindikatoren. Die hauptsächlichen Stärken werden in der Fähigkeit gesehen, LK-Strukturen und das Verhalten der Lieferkette zu simulieren sowie die Genauigkeit eines bestehenden LK-Modells zu analysieren. Dies geschieht mittels

---

[845] Vgl. Hinkelmann / Referenzmodelle am Beispiel SCOR 2003 / S. 27. Unter „ernstzunehmenden Anwendungen" versteht der Verf. solche, die bereits im Breiteneinsatz u.a. bei größeren und großen Unternehmen zum Einsatz gekommen sind (zur Klassifizierung der Größe von Unternehmen vgl. z.B. Schierenbeck / Grundzüge der Betriebswirtschaftslehre 2003 / S. 34 ff. u. 540 f.). Daneben existieren vergleichbare Anwendungen, wie beispielsweise ProSCOR von Proforma (vgl. Proforma / ProSCOR 2004 / o.S.) oder PowerChain von Optiant (vgl. Optiant / PowerChain Architect 2004 / o.S.), die bislang jedoch nur in relativ begrenztem Umfang und bei kleineren Unternehmen zum Einsatz gekommen sind

[846] Zu einem Überblick und einer Einschätzung der derzeitig verfügbaren SCDM-Hersteller und Anwendungen vgl. etwa Gartner / Business Process Modeling Solutions 2002 / S. 1 ff.; Hall und Harmon / Business Process Trends 2005 / S. 13 ff.

[847] Selbstdarstellung der Organisation: „Founded in 1986, Gensym Corporation (Burlington, Massachusetts) is a provider of software products and services that enable organizations to automate aspects of their operations that have historically required the direct attention of human experts. Gensym's product and service offerings are all based on or relate to Gensym's flagship product G2, which can emulate the reasoning of human experts as they assess, diagnose, and respond to unusual operating situations or as they seek to optimize operations." (Gensym / Corporate Overview 2004 / o.S.)

der Beschreibung der LK-Struktur, -Prozesse und -Informationsflüsse auf einer aggregierten Ebene und umfasst die erweiterte Lieferkette.

Die aggregierte Analyseebene ist mit den tieferen Ebenen des SCOR-Modells (unterhalb der dritten Ebene) verknüpft. Nachdem die jeweiligen Rollen (im Sinne von LK-Teilnehmern und -Funktionen) festgelegt und die LK-Prozesse erfasst worden sind, kann das bestehende Modell („As-Is Model") dargestellt und mittels Arbeitsablaufinformationen und Leistungsindikatoren validiert werden. Dadurch wird eine Vergleichsbasis („Baseline") zur Ermittlung der Auswirkungen von Veränderungen geschaffen.[848]

Weiterhin können alternative Soll-Geschäftsszenarien („To-Be scenarios") simuliert werden, die automatisch SCOR-basierte Leistungsindikatoren in die Zukunft projizieren. Darin ist auch die Messung und die Simulation der Auswirkungen von Änderungen der LK-Struktur und -Prozesse auf die relevanten Leistungsindikatoren („What-if scenarios") eingeschlossen. Außerdem können parallel Modelländerungen vorgenommen werden, um deren Auswirkung in Echtzeit zu demonstrieren. Zusätzliche charakteristische Eigenschaften von e-SCOR sind die Analysemöglichkeiten im Hinblick auf Auftragserfüllungs- und Distributionsstrategien, Planungs- und Beschaffungsstrategien sowie der finanziellen Leistungsfähigkeit.[849]

Dadurch, dass die Leistungsindikatoren mit den SCOR-Leistungsindikatoren korrespondieren, werden einerseits kundenorientierte („customer-facing") Leistungsindikatoren, wie beispielsweise Lieferfähigkeit und Auftragsabwicklungsleistung, einbezogen. Andererseits werden auch unternehmensbezogene („internal-facing") Leistungsindikatoren, wie z.B. die Zahlungs-Zykluszeit und der Kapitalumschlag, berücksichtigt. Auf die Art können die bekannten Zielkonflikte zwischen den Leistungsindikatoren analysiert und deren Auswirkungen deutlich gemacht werden.[850]

---

[848] Vgl. Gensym / e-SCOR 2001 / S. 1 ff.
[849] Vgl. Gensym / e-SCOR for Supply Chain 2004 / o.S.
[850] Vgl. Industry Directions / Successful Supply Chain Management 2001 / S. 9 f. Siehe hierzu auch Kap. C, Abs. C.1.2

E.3.2.2 ARIS EasySCOR von IDS

Das Unternehmen IDS[851] vertreibt eine Anwendung mit dem Namen ARIS EasySCOR. Das Produkt gehört zur ARIS-Produktfamilie, die dem Geschäftsprozess-Design („Business Process Design") im allgemeinen Sinne dient. IDS zufolge bedeutet das Geschäftsprozess-Design für Unternehmen, ihre Geschäftsprozesse in drei Schritten an den eigenen Anforderungen und Bedürfnissen sowie denen des Marktes auszurichten.

Der zugehörige Abschnitt im Kreislauf der kontinuierlichen Verbesserung („Continuous Improvement") umfasst die drei Aspekte Design, Analyse und Optimierung. Das Prozessdesign, also die grafische Darstellung bestehender Abläufe, beantwortet die Frage, wer was in welcher Reihenfolge macht, welche Leistungen erbracht werden und welche Software-Systeme dabei eingesetzt werden.[852]

Im nächsten Schritt geht es um die Analyse und Bewertung der Ist-Prozesse. Dabei werden Schwachstellen in den Abläufen aufgedeckt und Verbesserungspotenziale erschlossen. Die anschließende Ableitung von Soll-Prozessen, also die Art und Weise, wie diese zukünftig das Unternehmen bei der Wertschöpfung unterstützen sollen, basiert auf den Ergebnissen der vorangegangenen Analyse und rundet die Vorgehensweise ab.[853]

---

[851] Unternehmensbeschreibung: „IDS Scheer wurde 1984 von Prof. Dr. Dr. h.c. mult. August-Wilhelm Scheer als kleine Beratungsfirma mit Mitarbeitern der Universität des Saarlandes gegründet. Heute ist das internationale Unternehmen mit Partnern in 50 Ländern vertreten und Global Services Partner von SAP. Bei IDS Scheer (...) engagieren sich über 2.000 Mitarbeiter als kompetente Ansprechpartner in allen wichtigen Fragen der Prozessorganisation – sowohl in den Bereichen Customer Relationship Management, Supply Chain Management und Enterprise Management als auch auf den Gebieten Application Management, Outsourcing und Technologieberatung. (...) IDS Scheer ist in Deutschland in Saarbrücken, Berlin, Düsseldorf, Frankfurt, Hamburg, München, Freiburg und Nürnberg vertreten und hat Niederlassungen in 20 Ländern, darunter Großbritannien und Frankreich, die Staaten Mittel- und Osteuropas, Brasilien, Kanada und die USA, sowie Japan, China und Singapur." (IDS / Firmenporträt 2004 / o.S.)
[852] Vgl. IDS / Business Process Design 2004 / o.S.
[853] Ebd.

ARIS EasySCOR fokussiert speziell auf den Bereich der Lieferkette und beinhaltet die folgenden Funktionalitäten:[854]

- Design von Geschäftsprozessen
- Design dynamischer Geschäftsprozess-Modelle
- Durchführung von Simulationen im Hinblick auf Änderungen des LK-Designs
- Kontinuierliche Überwachung und ggf. Anpassung („Redesign") der Geschäftsprozesse
- Integration automatisierter Entscheidungsprozesse in die bestehenden (subjektiven) Verfahren zur Entscheidungsfindung.

EasySCOR stellt mithin eine Anwendung zur Analyse, dem Design und fortlaufenden Redesign von Lieferketten dar. Es kombiniert das Geschäftsprozess-Design, das bereits in ARIS enthalten ist, mit dem SCOR-Modell. Die daraus resultierende Kombination soll effizientes Design, Analyse und Optimierung von LK-Prozessen gemäß dem SCOR-Modell und den vom SCC definierten Standards ermöglichen. Die aktuelle Version von ARIS EasySCOR enthält Prozessdefinitionen, optimale Verfahren und Leistungsindikatoren für die SCOR-Hauptprozesse Plan, Source, Make, Deliver and Return.[855] EasySCOR soll durch die Nutzung von vordefinierten und standardisierten Elementen die Identifikation von Engpässen, Schwachstellen und Verbesserungspotenzialen innerhalb der Lieferkette erleichtern und beschleunigen.

Darüber hinaus erlaubt es, die eigenen LK-Prozesse und deren Leistungsfähigkeit auf Basis der SCOR-Leistungsindikatoren im Rahmen eines Benchmarking mit denen von Wettbewerbern zu vergleichen. Ferner können bestehende Prozesse auf einfache Weise definiert und dokumentiert sowie verschiedenste Szenarien an LK-Modellen simuliert und untersucht werden, bevor Änderungen im Rahmen eines LK-Redesign durchgeführt werden.[856] Die nachfolgende Abbildung gibt einen Einblick in die Anwendung.

---

[854] Vgl. IDS / Business Process Management 2003 / S. 1
[855] Vgl. Gunther / ARIS EasySCOR 2003 / S. 4 ff.
[856] Vgl. IDS / ARIS EasySCOR 2004 / o.S.

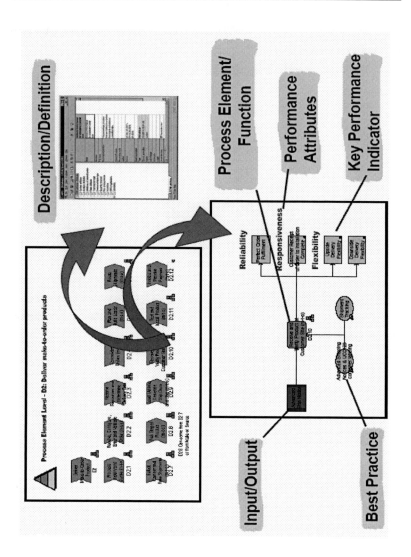

Abb. E-1: Darstellungsbeispiel aus ARIS EasySCOR[857]

---

[857] Gunther / ARIS EasySCOR 2003 / S. 8. Qualitätseinbußen in der Wiedergabe der Abbildung resultieren aus der Übernahme aus dem Originaldokument, auf welches ggf. zur besseren Lesbarkeit zurückgegriffen werden kann. Anhand der Abbildung soll primär die Konsistenz der Anwendung mit dem SCOR-Modell veranschaulicht werden

Die starke Integration mit SCOR wird anschaulich durch die bekannten konstituierenden Elemente des Modells (Prozesselemente, Leistungsattribute, usw.) reflektiert. Die aktuelle Version von ARIS EasySCOR (Version 6.0) ist konsistent mit Version 6.0 des SCOR-Modells. Sie wird von einigen bereits genannten Organisationen eingesetzt, wie z.B. Intel und dem US Department of Defense (DoD).[858]

E.3.2.3 ADOLog von BOC

Der Anbieter BOC[859] hat eine SCDM-Anwendung mit dem Namen ADOLog entwickelt. Die Anwendung basiert auf dem SCOR-Modell und ist konsistent mit den darin enthaltenen Prozessen und Leistungsindikatoren. Sie bietet eine Unterstützung bei strategischen Planungs- und Entscheidungsprozessen im Rahmen des Lieferketten-Management. ADOLog soll Unterstützung für Supply Chain-Manager und die Mitarbeiter im SCM-Bereich bieten, um angestrebte Rentabilitäts- und Leistungsziele effizienter erreichen zu können. Die Modellierung der LK-Prozesse auf Basis des SCOR-Modells soll in dem Zusammenhang als Basis für die Optimierung der Lieferkette dienen.

Die in der Anwendung vorhandene Beschreibung und Darstellung der LK-Prozesse sollen es ermöglichen, die Prozesse aus Sicht des jeweiligen Unternehmens zu integrieren und sog. transversale Analysen[860] durchzuführen, welche die Trennung zwischen einzelnen Unternehmensbereichen aufheben sollen. Dabei

---

[858] Vgl. Sydow / ARIS in der Praxis 2003 / S. 18 ff.
[859] Unternehmensdarstellung: „Die BOC Information Technologies Consulting GmbH wurde 1995 in Wien als Spin-off (d.h. eine Ausgliederung und Verselbständigung eines Unternehmensbereiches; Anm. d. Verf.) der BPMS (Business Process Management Systems)-Gruppe der Abteilung Knowledge Engineering der Universität Wien gegründet. Dank der raschen Expansion des deutschen Marktes wurde 1996 die erste unabhängige Landesgesellschaft in Berlin gegründet. Ausgehend vom Stammsitz in Wien entstanden weitere Landesgesellschaften in Madrid (1997), Dublin (1998), Athen (1999) und Warschau (2002). BOC Information Technologies Consulting GmbH ist ein international tätiges Beratungs- und Softwarehaus, welches sich auf Strategie-, Geschäftsprozess- und IT-Management spezialisiert hat. Derzeit beschäftigt die BOC über 100 Mitarbeiter." (BOC / Firmenprofil 2004 / o.S.)
[860] Im Sinne der Analyse von betrieblichen Querschnittsfunktionen (zu den verschiedenen betrieblichen Organisationsformen vgl. z.B. Schierenbeck / Grundzüge der Betriebswirtschaftslehre 2003 / S. 115 f.)

wird auf die im SCOR-Modell dokumentierten Prozesse angeknüpft, die mithin als Referenzprozesse fungieren.[861] Da die in ADOLog implementierte Modellierungsmethode vollständig auf dem SCOR-Modell basiert, enthält die Anwendung außerdem alle Konzepte, die vom SCC entwickelt wurden, um dem internationalen Beschreibungs- und Evaluationsstandard für Lieferketten gemäß SCOR zu entsprechen. Es wird davon ausgegangen, dass SCOR die beste Möglichkeit darstellt, um eine ausführliche Überprüfung („Audit") der Lieferkette durchzuführen – auch wenn einige Unternehmen über selbst entwickelte Anwendungen zur Evaluation interner Prozesse verfügen.

In dem Zusammenhang werden alle Vorteile des SCOR-Modells genutzt, wie beispielsweise eine standardisierte Terminologie, eine unternehmensübergreifende Beschreibung der Lieferkette, vordefinierte Leistungsindikatoren als Basis für einen Leistungsvergleich („Benchmarking") sowie optimale Verfahren als Orientierungshilfe. Darauf aufbauend soll ADOLog Entscheidungen, die die Lieferkette betreffen, durch Fakten und Zahlen untermauern, Abweichungen von angestrebten Leistungszahlen identifizieren und daraus resultierende Anpassungen des LK-Design ermöglichen.[862]

ADOLog ist durch die folgenden vier Vorgehensschritte gekennzeichnet:[863]

1. Geographic Product Flow: Standorte und Infrastruktur:

Die sog. Geographic Product Flow (GPF)-Modelle dienen der räumlich geografischen Abbildung von Standorten und Infrastruktur. Dem Anwender steht dafür eine Reihe von Karten zur Verfügung, mit deren Hilfe die physische Lage und die Entfernungen einzelner Standorte anschaulich illustriert werden können. Als Standorte sind im GPF-Modell insbesondere Produktionsanlagen, Beschaffungs- und Distributionsaktivitäten von Interesse. Sowohl Material- als auch Informationsflüsse können visualisiert werden. Des Weiteren wird die Spezifikation der für einzelne Materialflüsse benötigten Ressourcen (Transportmittel) unterstützt.

---

[861] Vgl. BOC / Supply Chain Design 2002 / S. 1 ff.
[862] Vgl. BOC / SCOR-Modell 2002 / S. 1 f.
[863] Vgl. BOC / ADOLog-Methode 2002/ S. 1 ff.

2. SCOR-Level II: Konfiguration:

Hier wird die physische Abbildung der Lieferkette aus dem GPF-Modell in die prozessorientierte Terminologie des SCOR-Modells überführt, d.h. es erfolgt eine Umsetzung in die SCOR-Standardprozesse anhand der bekannten Prozesskategorien. Produkte durchlaufen dabei eine Serie idealtypischer SCOR-Steuerungsprozesse (Beschaffen, Herstellen und Liefern) sowie verschiedene alternative Ausführungen der Lieferkette, von der Lagerproduktion bis hin zur Sonderfertigung. Die Tiefe der Modellierung hängt von der Bedeutung vor- und nachgelagerter Fertigungsstufen ab. Derart lassen sich durchgängige Lieferketten (d.h. vom Lieferanten des Lieferanten bis hin zum Kunden des Kunden) modellieren.

3. SCOR-Level III: Dekomposition:

Hier werden die in Level II gewonnenen Ergebnisse in einzelne standardisierte Prozesselemente zerlegt. Jede Prozesskategorie beinhaltet einen Verweis auf ein gesondertes Level III-Modell. Die Prozesselemente repräsentieren SCOR-definierte Standardprozesse, welche konkrete Lieferketten-Aktivitäten beschreiben. Zu jedem Prozesselement sind Eingangs- und Ausgangs-Informationen, Leistungsindikatoren und optimale Verfahren definiert.

4. Level IV: Prozesse und Organisation:

Level-IV-Modelle bilden die einzelnen unternehmensspezifischen Abläufe ab und generieren durch Simulation Daten für die Optimierung der Supply Chain-Konfiguration. In dem Zusammenhang sollen Level-IV-Prozessmodelle die detaillierte Abbildung der einzelnen Geschäftsprozesse ermöglichen. Jeder Arbeitsschritt wird dabei durch eine Aktivität repräsentiert. Mittels Variablen und Entscheidungsalternativen werden die unterschiedlichen Ablaufvarianten abgebildet und später simuliert. Darüber hinaus repräsentieren Level-IV-Organisationsmodelle die benötigten Personal- und Sachressourcen. Außerdem finden sich im Organisationsmodell die Sachressourcen, wie z.B. IT-Infrastruktur und Produktionsanlagen.

E.3.2.4 Zusammenfassende Betrachtung der SCDM-Anwendungen

Die herkömmlichen Anwendungen zum Management der Lieferkette unterstützen die Entscheidungsfindung lediglich durch einfache, statische Geschäftsregeln, die in Geschäftsabläufe eingebettet sind. Die Mehrzahl an Geschäftsentscheidungen sowie die zugrunde liegenden Geschäftsprozesse erfordern nach wie vor Fachwissen, das die sich kontinuierlich verändernden Umgebungsvariablen einbezieht. Aus diesem Grund können viele der damit verbundenen Vorgänge gegenwärtig noch nicht automatisiert werden, was zur Folge hat, dass die Geschäftsentscheidungen häufig noch primär bei den jeweiligen Fachleuten liegen und folglich (zumindest teilweise) subjektiver Natur sind.

Um eine automatisierte Abwicklung im Kontext des SCDM sicherzustellen, müssen die diesbezüglichen Anwendungen Transparenz hinsichtlich der Regeln für die Geschäftsabwicklung, der dynamischen Modifikation, Szenario-Planung und permanenten Verbesserung ermöglichen. Die bestehenden Anwendungen, wie beispielsweise ERP-Systeme und APS-Anwendungen, sind aktuell nicht darauf ausgerichtet, die erforderliche Funktionalität zur Verfügung zu stellen.[864]

Die dargestellten SCDM-Anwendungen gehen darüber hinaus und haben das hauptsächliche Ziel, Unternehmensprozesse – genauer gesagt: LK-Prozesse – kontinuierlich zu analysieren und zu verbessern. Sie sollen folglich die dem SCOR-Modell zugrunde liegenden LK-Kompetenzen – kundenseitige Leistungsfähigkeit und unternehmensbezogene Effizienz – unterstützen und mithin zur Steigerung der Performanz beitragen.[865]

---

[864] Vgl. Sinur / Business Rule Engine 2003 / S. 2 ff.; Heinrich und Betts / Adaptive Business Network 2003 / S. 14
[865] Zum Begriff der Lieferketten-Kompetenz im vorliegenden Kontext siehe Kap. A, Abschn. A.7

Schäfer und Seibt fassen den beschriebenen Sachverhalt folgendermaßen zusammen:

„Entscheidender Faktor für den künftigen Unternehmenserfolg wird die Kompetenz, innovative Produkte in höchster Qualität zu marktfähigen Preisen schneller als die Konkurrenz herstellen zu können. Um dies zu realisieren, müssen die Prozesse der Unternehmen kontinuierlich verbessert und durch die Integration neuer, innovativer Ideen effektiver und effizienter gestaltet werden."[866]

Auf die SCDM-Anwendungen und die zugrunde liegenden ALK wird am Ende von Kapitel F nochmals im Rahmen von Vorschlägen und Möglichkeiten zur weiterführenden Forschung zurückgekommen. Zunächst soll nun jedoch wieder auf das SCOR-Modell fokussiert und dessen derzeitigen Grenzen diskutiert werden.

---

[866] Schäfer S. und Seibt / Benchmarking 1998 / S. 365. Im vorliegenden Fall liegt der Fokus auf der Lieferkette und deren Management. Analog bezieht sich der Sachverhalt auf die die Lieferkette betreffende Kompetenz, welche in der vorliegenden Arbeit als LK-Kompetenz bezeichnet wurde

Kapitel F: Grenzen des gegenwärtig verfügbaren SCOR-Modells

„Organizations today face multiple environmental forces affecting their survival, growth, and success. In such a complex reality it is desirable to see an organization as a social, technological, economic, and human system. In this context, it is important to see the interrelationship of individual, group, and organization development processes as needed for organization renewal. Renewal, in this context, implies purposeful and planned change."[867]

F.1 Betrachtung der Dimensionen organisatorischer und personeller Gestaltung im vorliegenden Kontext

In Kapitel B ist bereits auf generelle Schwächen und Begrenzungen des SCOR-Modells eingegangen worden.[868] In Kapitel E wurden dann spezielle Verbesserungspotenziale anhand der Ergebnisse der empirischen Untersuchung diskutiert.[869] Ein Vergleich der generellen Begrenzungen und der erarbeiteten Verbesserungspotenziale zeigt, dass die vom Supply-Chain Council als gegeben vorausgesetzten Funktionsbereiche – Mitarbeiter- bzw. Personalbereich, Qualitätssicherung und Training[870] – zu keinen nennenswerten Indikatoren auf Seiten der Untersuchungsergebnisse geführt haben. Das erklärt sich daraus, dass der zum Zweck der Primärdatenerhebung entwickelte quantitative Fragebogen konsequenterweise – und konsistent mit dem SCOR-Modell – nicht näher auf diese Funktionsbereiche eingeht. Der Aspekt der Qualitätssicherung wird zumindest noch implizit mittels Leistungsmessgrößen, wie beispielsweise Lieferschäden und Kundenstreitigkeiten, abgefragt.[871] Auf den Mitarbeiter- und Personalbereich („Human Resources, HR")[872] wird hingegen gar nicht eingegangen. Gleiches gilt für das Training,

---

[867] Lippitt / Organizational Renewal 1982 / S. 1
[868] Siehe Kap. B, Abs. B.3.2
[869] Siehe Kap.E, Abs. E.1.2
[870] Das Supply-Chain Council gibt in diesem Zusammenhang folgende Erklärung in der Modellbeschreibung ab: „The Model is silent in the areas of human resources, training, and quality assurance among others. Currently, it is the position of the Council that these horizontal activities are implicit in the Model ..." (Supply-Chain Council / SCOR-Model Version 8.0 2006 / S. 3)
[871] Siehe im Anhang, Abschn. 1
[872] Der Begriff kann folgendermaßen definiert werden: „Human resources cover all process related human factors that are relevant to the improvement of the capabilities and motivation of the employees involved." (Seibt / Consolidation Framework 1997 / S. 13). Vgl. hierzu auch Lawrence P.A. und Lee / Insight into management 1984 / S. 54 ff.

wobei dieses der Personalentwicklung zugeordnet und damit als ein Bestandteil des Personalbereichs aufgefasst werden kann.[873] Zunächst soll jedoch versucht werden, den hier vorliegenden Kontext genauer zu definieren. Zu diesem Zweck wird die Organisation als Betrachtungsrahmen festgelegt.[874]

Nach Leavitt konstituiert sich eine Organisation aus vier unabhängigen Systemvariablen:[875]

1. Strategie/Aufgabe („task"): Damit ist die Bereitstellung von Gütern und Dienstleitungen gemeint, einschließlich aller zugeordneten operativen Unteraufgaben („sub-tasks").
2. Menschen („people/actors"): Hierunter fällt vorrangig die Betrachtung der involvierten Personen bzw. Akteure.
3. Organisationsstruktur („structure"): Kommunikationssysteme, Rollenmodelle und Arbeitsabläufe.
4. Technologie („technology"): Damit sind unmittelbar problemlösende Erfindungen gemeint, wie z.B. Technologien zur Messung der Arbeitsleistung oder Computer.

Diese Variablen werden dazu eingesetzt, verschiedene Ansätze zur organisatorischen Veränderung („organizational change") zu kategorisieren. Während die technik- und organisationsstrukturzentrierten Ansätze vorrangig auf Mechanismen zur Problemlösung fokussieren, geht es bei den personenzentrierten Ansätzen in erster Linie um den Veränderungsprozess („organizational change"). Alle genannten Ansätze haben letztlich zum Ziel, die Leistungsfähigkeit des zu verändernden

---

[873] Die Entwicklungsplanung umfasst zum einen die Einsatzplanung, die mittels Training on-the-job unterstützt wird und zum anderen die Fortbildungsplanung, die mittels Training off-the-job sichergestellt wird (vgl. Schierenbeck / Grundzüge der Betriebswirtschaftslehre 2003 / S. 152)

[874] Eine Organisation soll dabei im Grundsatz wie folgt definiert sein: „Organizations are composed of individuals and groups, created in order to achieve certain goals and objectives, operated by means of differentiated functions that are intended to be rationally coordinated and directed, in existence through time on a continuous basis." (Lawler und Rhode / Information and Control in Organizations 1976 / S. 32)

[875] Leavitt verwendet die Bezeichnung „four-variable conception of organizations" (vgl. Leavitt / Organizational Change 1965 / S. 1144 ff.). Seibt bezeichnet die Systemvariablen auch als „Dimensionen der Informationssystem-Gestaltung" (vgl. Seibt / Informationssystem-Architekturen 1991 / S. 251 ff.). Zu einer ausführlichen Diskussion der Thematik vgl. auch Seibt / Consolidation Framework 1997

Teilbereichs zu verbessern.[876] Die personenzentrierten Ansätze gehen jedoch davon aus, dass eine Veränderung der Organisation zunächst eine Veränderung des Verhaltens der Organisationsmitglieder, d.h. der involvierten Akteure, voraussetzt und messen deshalb der Variable „Mensch" eine ganz besondere Bedeutung bei.[877]

In dem Zusammenhang lassen sich zwei hauptsächliche Denkrichtungen unterscheiden:[878]

- Beeinflussung und Änderung des Verhaltens der Akteure selbst:
  Als Vertreter zu nennen sind hier etwa Guest[879] und O'Shaughnessy,[880] die den Führungsstil ins Zentrum der Betrachtung stellen oder Lawrence und Lorsch, die die Interaktion zwischen den Akteuren, der Organisation und der Unternehmensumwelt thematisieren.[881]

- Ausstattung der „passenden" Mitarbeiter mit Weisungsbefugnissen zur Umsetzung von Änderungen (Power-Equalization Theory):[882]
  Darunter fallen zum einen diejenigen Vertreter, die das Gruppenverhalten thematisieren („changing groups"), wie beispielsweise Lippitt.[883] Andererseits gibt es Vertreter, welche die Änderung der Organisation an sich durch die mit Weisungsbefugnissen ausgestatteten Mitarbeiter betrachten („changing organizations"), wie etwa Likert[884] oder Litterer.[885]

---

[876] Vgl. Schäfer S. / Einführung von E-Business Systemen 2002 / S. 99
[877] Leavitt beschreibt die besondere Bedeutung des „People approach" wie folgt: „By changing human behavior, it is argued, one can cause the creative invention of new tools, or one can cause modifications in structure (...) By either or both of these means, changing human behavior will cause changes in task solutions and task performance and also cause changes toward human growth and fulfillment ..." (Leavitt / Organizational Change 1965 / S. 1151)
[878] Vgl. Galbraith / Organization Design 1977 / S. 26
[879] Vgl. Guest / Organizational Change 1962
[880] Vgl. O'Shaughnessy / Business Organization 1976
[881] Der Ansatz wird bereits in der Definition einer Organisation deutlich, die die Autoren wie folgt abgeben: „An organization is the coordination of different activities of individual contributors to carry out planned transactions with the environment." (Lawrence P.R. und Lorsch / Developing Organizations 1969 / S. 3)
[882] Vgl. Leavitt / Organizational Change 1965 / S. 1153 ff.
[883] Vgl. Lippitt / Organizational Renewal 1982
[884] Vgl. Likert / New Patterns of Management 1961
[885] Litterer geht davon aus, dass es zwei maßgebliche Einflussfaktoren für Organisationen gibt: Organisationsmitglieder („members") und Technologie („technology") (vgl. Litterer / Analysis of Organizations 1973 / S. 104 ff.)

1. Betrachtung der Dimensionen organisatorischer und personeller Gestaltung

Die verschiedenen Ansätze zur Organisationsentwicklung sollen hier nicht weiter vertieft werden.[886] Festzuhalten ist, dass die Systemvariable „Mensch" einen wesentlichen Faktor bei der Umsetzung von organisatorischen Veränderungen repräsentiert.[887] Allerdings wurde auf diese Variable im Gegensatz zu den anderen Variablen aus den o.g. Gründen bislang nicht näher eingegangen.

Überträgt man die Systemvariablen nun auf den Bereich der Lieferkette, so konstituiert sich das Lieferketten-Management aus den folgenden fünf Dimensionen organisatorischer Gestaltung:[888]

1. Strategieentwicklung: Diese soll die Konzeption einer Lieferkette basierend auf den Unternehmenszielen und den Markterfordernissen ermöglichen.[889]
2. Prozessgestaltung: Hier werden die Tätigkeiten beschrieben, die für die Abläufe und das Management der Lieferkette erforderlich sind. Darin eingeschlossen sind die Beziehungen zwischen den Prozessen und die entsprechenden optimalen Verfahren.
3. Leistungsmessung: Um die Leistungsfähigkeit und Effizienz der Lieferkette messen, bewerten und steuern zu können, ist eine ausgewogene Auswahl prozessbezogener Leistungsindikatoren erforderlich.[890]
4. Organisationsmodell: Umfasst die Beschreibung des Aufbaus der Organisation, der Verantwortlichkeiten der Abteilungen sowie der Aufgaben und Zuständigkeiten der einzelnen Mitarbeiter. Darunter fällt auch das Management der Human Resources.[891]

---

[886] Zur Thematik der organisatorischen Gestaltung vgl. auch Grochla / Grundlagen der organisatorischen Gestaltung 1982; Grochla / Unternehmensorganisation 1983
[887] Zur Bedeutung der Systemvariable „Mensch", speziell im Kontext von die Lieferkette betreffenden organisatorischen Veränderungen, vgl. auch Cohen und Russel / Strategic Supply Chain Management 2005 / S. 229 ff.
[888] Vgl. etwa Becker und Geimer / Prozessgestaltung und Leistungsmessung 1999 / S. 25 ff.
[889] Das entspricht weitgehend den dem SCOR-Modell zugrunde liegenden Lieferketten-Kompetenzen: Kundenzentrierte Leistungsfähigkeit auf der einen und unternehmensbezogene Effizienz auf der anderen Seite
[890] Anders gesagt, sollen die Leistungsindikatoren der Messung, Bewertung und Steuerung der beiden LK-Kompetenzen, aus denen sich das SCOR-Modell konstituiert, dienen
[891] Das Human Resource (HR)-Management wird beispielsweise auch im Wertketten-Ansatz von Porter, der bereits in Kap. A, Abs. A.3.1 dargestellt wurde, als essentieller Bestandteil des Lieferketten-Managements angesehen: Porter geht davon aus, dass personalwirtschaftliche Aktivitäten in den verschiedensten Teilen des Unternehmens stattfinden und das Management der menschlichen Ressourcen sowohl einzelne primäre und unterstützende Aktivitäten als auch die gesamte Wertkette unterstützt (vgl. Porter / Wettbewerbsvorteile 1999 / S. 68 ff.)

Kapitel F: Grenzen des gegenwärtig verfügbaren SCOR-Modells

5. Technologiegestaltung: Integrierte Informationssysteme (IS) stellen erforderliche Hilfsmittel zur Planung und Ausführung der Supply Chain-Prozese dar.[892]

Es zeigt sich, dass das oben angeführte Konzept von Leavitt sowie die darin enthaltenen Systemvariablen auch auf den Bereich des Managements der Lieferkette zutreffen. Dies ist konsistent mit der Annahme, dass das Lieferketten-Management einen Teilbereich der Unternehmensführung darstellt und folglich auf die übergeordneten Unternehmensziele ausgerichtet sein muss.[893]

Die besondere Bedeutung des Faktors „People" im Zusammenhang mit dem Konzept des E-Business – das auch, wie aufgezeigt wurde, den Bezugsrahmen für das Lieferketten-Management und mithin die Anwendung von SCOR darstellt[894] – konnte beispielsweise von Schäfer im Rahmen einer empirischen Untersuchung nachgewiesen werden. Demnach stimmten mehr als drei Viertel der befragten Unternehmen damit überein, dass der Faktor „Mensch" die größte Herausforderung für ein erfolgreiches E-Business darstellt. Darüber hinaus zeigte sich, dass die Nutzenpotenziale ohne einen systematischen Wissensaufbau im Rahmen von Qualifizierungsmaßnahmen nicht ausgeschöpft werden können.[895]

---

[892] In diesem Kontext ist es relevant, die Rolle der Technologie als „Enabler" zu sehen, wie in Kap. E, Abschn. E.3 ausgeführt. Collins beschreibt dies folgendermaßen: „Technology can accelerate a transformation, but technology cannot cause a transformation." (Collins / Good to Great 2001 / S. 11)

[893] Vgl. Geimer und Becker / Supply Chain-Strategien 2001 / S. 22 f.

[894] Siehe hierzu die Ausführungen in Kap. A, Abs. A.3.1

[895] Vgl. Schäfer S. / Einführung von E-Business Systemen 2002 / S. 358 u. 370. Kajüter führt folgendes Ergebnis auf der Grundlage empirischer Studien im Kontext der Geschäftsprozess-Optimierung an: „Reengineering concepts confirmed the findings of earlier research identifying human factors (e.g. resistance against organizational change) as the major reason for the failure of corporate restructuring." (Kajüter / Cost Management 2002 / S. 35). Handfield und Nichols kommen zu einem ähnlichen Schluss: „Organizations are continually faced with the challenge of managing the 'people' part of the equation. (...) A number of supply chain initiatives fail however due to poor communication of expectations and resulting behaviors that occur. (...) The management of interpersonal relationships between the different people in the organization is often the most difficult part." (Handfield und Nichols / Supply Chain Management 2000 / S. 67)

Kuglin und Rosenbaum heben die Bedeutung der personenorientierten Variable besonders hervor, indem sie explizit deren Ausrichtung auf die weiteren Systemvariablen postulieren:

> „People are the key to success in any organization. Therefore, it is essential that organizational structures and performance metrics be established so that everyone is working together to achieve the overall strategic goals of the company."[896]

Daraus resultieren zwangsläufig Grenzen für die Anwendung von SCOR: Da der Faktor „Mensch" nicht in der SCOR-Modellstruktur abgebildet ist, sind keine Leistungsindikatoren vorgesehen, die die Messung der diesbezüglichen Leistungsfähigkeit ermöglichen. Folglich können nur begrenzt Verbesserungspotenziale in der Richtung ermittelt werden. Schließlich sind in der Modellbeschreibung keine optimalen Verfahren enthalten, die zu Prozessverbesserungen beitragen könnten.

Aufgrund der Schwerpunktsetzung der Arbeit ergeben sich im vorliegenden Fall folgende Fokusbereiche bzw. Dimensionen der Lieferketten-Gestaltung:
1. Strategie/Aufgabe: Ausprägung der Lieferkette
2. Prozesse und Organisationsstruktur: Supply Chain-Referenzmodell
3. Technologie: Unterstützende Supply Chain-Anwendungen
4. Menschen („People"): Die menschlichen Ressourcen („Human Resources") zur Abwicklung aller die Lieferkette betreffenden Aktivitäten sowie deren Einfluss im Rahmen des Veränderungsprozesses („renewal").[897]

Im nachstehenden Schaubild wurde der Versuch unternommen, die betrachteten Ansätze und Verfahren unter Anwendung der o.g. Schwerpunktlegung in einen Bezugsrahmen zu setzen. Dabei wird keinesfalls ein Anspruch auf Vollständigkeit erhoben, sondern es soll vielmehr ein exemplarischer Überblick vermittelt werden.

---

[896] Kuglin und Rosenbaum / Supply Chain Network 2001 / S. 170
[897] Hamel beschreibt den Veränderungsprozess („renewal") folgendermaßen: „Renewal is the capacity to reinvent not only processes and systems, but purpose and mission as well." (Hamel / Leading the Revolution 2002 / S. ix)

Der Zeitstrahl dient lediglich einer groben Orientierung, de facto liegen oftmals fließende Übergänge vor. Der Pfeil zwischen den Systemvariablen „Menschen (‚people')" und „Prozesse und Organisation (‚structure')" ist bewusst in gestrichelter Form wiedergegeben, um die beschriebene Problematik grafisch darzustellen.

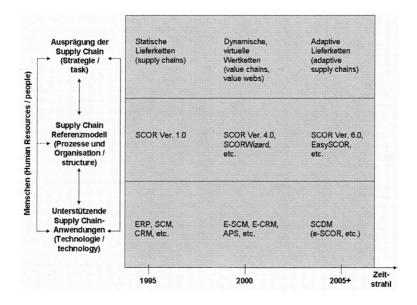

Abb. F-1: Dimensionen der Gestaltung im Kontext der Supply Chain[898]

Die auf der linken Seite des Schaubilds wiedergegebenen Gestaltungsdimensionen repräsentieren im übertragenen Sinne den organisatorischen Wandel, während die rechte Seite die konkrete Ausgestaltung der damit verbundenen Verän-

---

[898] In Anlehnung an Leavitt / Organizational Change 1965 / S. 1145

derungen bezeichnet, d.h. die Art und Weise der konkreten Manifestation des Veränderungsprozesses. Daraus wird auch ersichtlich, weshalb der Zeitstrahl maßgeblich auf die rechte Seite zutrifft: Das Change Management bedingt einen permanenten Veränderungsprozess.[899]

---

[899] Schumann beispielsweise bezeichnet das Change Management als einen „Prozess der permanenten Veränderung" (vgl. Schumann / Supply Chain Controlling 2001 / S. 102). Zur Bedeutung des Change Management im Zusammenhang mit dem Supply Chain Management vgl. auch Poluha / SCM in der Praxis 2001 / S. 317 ff.

Kapitel F: Grenzen des gegenwärtig verfügbaren SCOR-Modells   369

F.2 Konsequenzen aus den Randbedingungen und Fehlern der eigenen Arbeit

Nachfolgend soll nun versucht werden, mögliche Antworten auf folgende Fragen zu finden:

- Welche Gegebenheiten bzw. Voraussetzungen wirkten einschränkend oder nachteilig bei der Durchführung der vorliegenden Arbeit?
- Wie lässt sich der Einfluss der o.g. Punkte auf die Arbeit charakterisieren und wie wurde versucht, etwaige negative Einflüsse zu minimieren?
- Was könnte man als Forscher zukünftig besser bzw. anders machen?

Leider konnte trotz intensiver Literaturrecherche kein Material zu bereits existierenden Studien, die ebenfalls eine empirische Untersuchung der SCOR-Modellstruktur zum Inhalt hatten und wissenschaftlichen Ansprüchen genügten, gefunden werden. Vielmehr konnten entweder allgemein gehaltene Optimierungspotenziale in der Literatur nachgewiesen werden, die sich auf Erfahrungswerte stützen,[900] oder es handelte sich um Studien bzw. Projekte, die auf dem SCOR-Modell aufgebaut[901] oder es eingesetzt[902] haben Eine Ursache dafür ist sicherlich, dass das SCOR-Modell nicht aus dem wissenschaftlichem Umfeld, sondern vielmehr aus der Unternehmenspraxis hervorgegangen ist.[903] Als Konsequenz daraus ergab sich, dass mit der vorliegenden Arbeit im Hinblick auf die konkret angestrebte Zielsetzung zu einem gewissen Grad quasi Neuland betreten worden ist

---

[900] Vgl. etwa Hieber et al. / SCOR-Modell 2002 / S. 6 f.
[901] Es existieren zwar eine Reihe wissenschaftlich fundierter Studien, bei denen das SCOR-Modell im Zentrum steht. In diesen wird aber die Modellstruktur bereits als gegeben angenommen und darauf aufsetzende Untersuchungen durchgeführt (vgl. etwa Huan et al. / Supply chain operations reference (SCOR) model 2004 / S. 23 ff.; Lockamy und McCormack / SCOR planning practices 2004 / S. 1192 ff.; Gardner und Cooper M. / Strategic Supply Chain Mapping Approaches 2003 / S. 37 ff.; Lambert und Pohlen / Supply Chain Metrics 2001 / S. 1 ff.)
[902] Beispielsweise wurde am Forschungsinstitut für Rationalisierung an der RWTH Aachen (fir) im Zeitraum von 01.03.2002 bis 31.08.2004 unter der Förder-Nr. IST-2000-61205 ein Projekt mit der Bezeichnung ProdChain durchgeführt. Es hatte die Entwicklung einer Vorgehensweise zur Analyse und Verbesserung von Logistikleistungen in Produktionsnetzwerken zum Ziel und basierte auf dem SCOR-Modell des Supply-Chain Council. Das Projekt untersuchte jedoch nicht das SCOR-Modell per se, sondern setzte dessen „Angemessenheit" voraus und wendete es an, um Kennzahlen der Logistik als Indikatoren für die kontinuierliche Verbesserung der Logistikleistung in Produktionsnetzwerken zu entwickeln, über die je nach analysierter Logistikleistung gezielte Gestaltungsvorschläge gemacht werden könnten (vgl. fir / Projekt ProdChain 2004 / o.S.
[903] Vgl. Bolstorff und Rosenbaum / Supply Chain Excellence 2003 / S. 1 f.

und sie folglich eine unverkennbare explorative Prägung aufweisen musste.[904] Um dabei der unter wissenschaftlichen Aspekten erforderlichen Ausgewogenheit und Pluralität gerecht zu werden, wurde u.a. in einem erheblichem Ausmaß aktuelle Literatur sowohl aus der Wissenschaft als auch der Unternehmenspraxis herangezogen und ausgewertet.

Weiterhin ist zu berücksichtigen, dass es sich bei dem SCOR-Modell trotz allem noch um ein relativ neues Konzept handelt, das erst vor rund zehn Jahren initiiert wurde.[905] Das mag ein Grund dafür sein, dass die Akzeptanz des Modells, trotz stetig steigender Mitgliederzahlen und ständiger Weiterentwicklung, immer noch nicht überall in Wissenschaft und Praxis vorhanden ist.[906] Bezeichnend ist hier die Studie von Göpfert und Neher, die im Jahre 2002 durchgeführt wurde und in der 85 Prozent der von den Autoren befragten Unternehmen angaben, das SCOR-Modell entweder nicht einzusetzen oder nicht planten, es in Zukunft einsetzen zu wollen.[907] Es ist anzumerken, dass diese Studie speziell auf den deutschen Markt ausgerichtet war. Die in Kapitel B dargestellten Beispiele aus dem amerikanischen und asiatischen Raum zeigen, dass die Entwicklung dort bereits wesentlich weiter fortgeschritten ist. Darüber hinaus kann durchaus davon ausgegangen werden, dass in Europa und speziell in Deutschland die Bedeutung und Verbreitung des SCOR-Modells in den nächsten Jahren deutlich zunehmen wird.[908]

Im Hinblick auf die im Kontext mit der empirischen Untersuchung möglichen Störeinflüsse und Fehler sei auf die detaillierten Ausführungen in Kapitel D verwie-

---

[904] Zum Begriff der Exploration vgl. etwa Kromrey / Empirische Sozialforschung 2002 / S. 67 f. Siehe hierzu ebenfalls die Anmerkungen unter Kap. A, Abs. A.1.2
[905] Die erste Version des SCOR-Modells wurde im November 1996 veröffentlicht (vgl. beispielsweise. Hagemann / Darstellung des SCOR-Modells 2004 / S. 4)
[906] Vgl. Heck / Supply Chain Operations Reference Model 2004 / S. 15
[907] Vgl. Göpfert und Neher / Controlling-Instrumente 2002 / S. 37
[908] Vgl. z.B. Heinzel / Supply Chain Operations Reference-Modells 2001 / S. 50 f. Diese Meinung wird z.B. auch von Welke vertreten, der davon ausgeht, dass die Entwicklung im europäischen Raum zunehmend von multinationalen Unternehmen vorangetrieben wird, die möglicherweise bereits Erfahrungen mit dem SCOR-Modell in ihren amerikanischen Niederlassungen gesammelt haben, wie beispielsweise Daimler-Chrysler und Siemens, oder die ihren Hauptsitz in Amerika haben und ebenfalls in Europa tätig sind, wie z.B. die bereits im Zusammenhang mit der Anwendung von SCOR genannten Unternehmen HP und Intel (s. Poluha / Themenbesprechung August 2004 / o.S.)

sen.[909] Für eine daraus resultierende Abwägung des Beitrags der empirischen Untersuchung gegenüber den Restriktionen und Unzulänglichkeiten ist zu berücksichtigen, dass es sich nur um einen ersten Schritt zur wissenschaftlichen Fundierung im Kontext einer explorativen Vorgehensweise handeln kann. Die vorliegende Arbeit kann zwangsläufig nicht ohne weiteres auf die Wirtschafts- bzw. Logistik-Verhältnisse hierzulande oder gar in Nordamerika oder Asien generalisiert werden. Und keinesfalls erhebt die Arbeit den Anspruch, eine abschließende empirische Wertung zum SCOR-Modell und dessen Eignung zur Analyse der Lieferkette abzugeben. Vielmehr stellt sie eine hinführende Grundlage für weiterführende Studien zur Verfügung, wie die im nachfolgenden Abschnitt vorgeschlagenen Beispiele verdeutlichen sollen.

Die Art der Datenerhebung in Gestalt einer Sekundärerhebung, wie sie im Rahmen der Arbeit gewählt wurde, birgt zwangsläufig den Nachteil einer zeitlichen Verzögerung in sich. Die Alternative wäre gewesen, mittels einer Primärerhebung vorzugehen. Dabei ist jedoch der forschungsökonomische Aspekt ins Kalkül zu ziehen, zumal Daten von Unternehmen aus dem europäischen, nordamerikanischen und asiatischen Raum einbezogen wurden. Außerdem sollte der Einfluss der zeitlichen Verzögerung nur beschränkte Auswirkung auf die Güte der Untersuchungsergebnisse haben: Wenngleich sich das SCOR-Modell in einem kontinuierlichen Weiterentwicklungsprozess befindet, sind die modellseitigen Grundannahmen zu einem überwiegenden Teil doch fundamentaler Natur und nur in relativ begrenztem Umfang Änderungen unterworfen. Der Aspekt der Veränderung trifft vielmehr primär auf Weiterentwicklungen und Verbesserungen zu, wie beispielsweise auf die vollzogene Einbeziehung des E-Business in der Version 6.0 oder eine angestrebte Innovation unternehmensübergreifender Aspekte, die noch aussteht.[910] Hierunter würde auch die angesprochene Optimierungsempfehlung hinsichtlich einer expliziten Einbeziehung von Marketing und Vertrieb in zukünftige Versionen des Modells fallen.

---

[909] Siehe hierzu Kap. D, Abschn. D.4
[910] Vgl. Supply-Chain Council / SCOR-Model Version 6.0 2003 / S. 1; Hieber et al. / SCOR-Modell 2002 / S. 6

F.3 Vorschläge zur weiteren Forschung auf den Gebieten Supply Chain Management und SCOR

Auch wenn die vorliegende Arbeit hilfreiche Einblicke in die Thematik des Supply Chain Management im Allgemeinen und des SCOR-Modells im Besonderen eröffnen sollte, bleiben zwangsläufig eine Reihe von Punkten unbeantwortet. Diese können in zukünftigen Studien näher untersucht und möglicherweise beantwortet werden. Eines der Postulate im Kontext empirischer Sozialforschung ist, dass eine Theorie u.a. Hinweise auf gegebene Wissenslücken geben soll.[911] Mit der Arbeit wurde ein erster – explorativer – Beitrag zur Entwicklung einer diesbezüglichen Theorie angestrebt.

Auf Grundlage der im Rahmen der empirischen Untersuchung gewonnenen Erkenntnisse, der im vorangegangenen Kapitel E vorgestellten aktuellen Entwicklungen und der in Abschnitt F.1 diskutierten Restriktionen wird nachfolgend der Versuch unternommen, weiterführende Forschungsvorschläge abzuleiten. Dabei wird auch exemplarisch auf bereits vorhandene Forschungsbemühungen verwiesen und versucht, ein konkretes Beispiel für ein theoretisch fundiertes empirisches Anschluss-Forschungsprojekt abzuleiten.

Durch das Aufgreifen der aufgeführten sowie darüber hinausgehender möglicher Anregungen zur weiteren Forschung auf diesem Gebiet könnten weitere Schritte unternommen werden, um das wissenschaftliche Fundament des SCOR-Modells über die vorliegende Arbeit hinaus auszubauen und mit dem Abbau von damit verbundenen Unsicherheiten fortzufahren.

---

[911] Vgl. Kromrey / Empirische Sozialforschung 2002 / S. 53 f.

Kapitel F: Grenzen des gegenwärtig verfügbaren SCOR-Modells 373

F.3.1 Weiterführende Forschungsvorschläge

1. Untersuchungsdesign und Thesenmodell:
- Die Untersuchung des SCOR-Modells an sich sollte in ähnlicher Weise wiederholt werden, um die gefundenen Ergebnisse zu validieren. Eine zeitabhängige Komponente wird eher als marginal angesehen, da die fundamentale Gültigkeit des Modells nur begrenzt zeitlichen Veränderungen unterworfen sein darf. Eine Einschränkung hierzu stellen Weiterentwicklungen des Modells dar, wie sie mit jeder neuen Version des Modells erfolgen.
- Weiterführende Untersuchungen könnten zudem nach bestimmten Kriterien unterscheiden, wie z.B. Unternehmensgröße oder Region.[912] Eine maßgebliche Voraussetzung für die Berücksichtigung möglicher diskriminierender Faktoren stellt das Vorhandensein einer entsprechenden Datenbasis bzw. einer ausreichend hohen Fallzahl dar.[913] Im vorliegenden Fall konnte anhand der berücksichtigten Zusatzvariablen keine eindeutigere Modelladaptation erreicht werden. Zwar lagen im Sinne inkrementeller Information gewisse Indikatoren dafür vor, dass sich die SCOR-Modellabbildung insbesondere mit der Situation größerer (und teils erfolgreicherer) Unternehmungen deckte.[914] Für eine Generalisierung dieser Aussage erscheinen die Befunde jedoch nicht ausreichend. Insofern wäre diesbezüglich fortgesetzte empirische Arbeit erforderlich.
- Eine Anzahl von Thesen erwies sich aufgrund der Befunde als unsystematisch. Zu einigen konnte nur ansatzweise ein stimmiger Erklärungsversuch hergeleitet werden, wie in Kapitel D ausführlich erörtert.[915] Es wäre in jedem Fall interessant, in zukünftigen Studien die entsprechenden Konstellationen intensiver zu untersuchen und Erklärungsansätze für derzeit noch unklare Befundlagen herzuleiten.

---

[912] Zur Relevanz von Vergleichsdaten auf regionaler Ebene vgl. beispielsweise SIMTech / 2003 Annual Supply Chain Benchmarking Study November 2003; SIMTech / 2002 Annual Supply Chain Benchmarking Study Dezember 2002; Gintic / 2001 Annual Supply Chain Benchmarking Study März 2002; Gintic / 2000 Annual Supply Chain Benchmarking Study Mai 2001
[913] Siehe hierzu die Ausführungen unter Kap. C, Abs. C.3.5
[914] Ein möglicher Erklärungsansatz hierfür wäre, dass diese Unternehmen vermehrt Ressourcen in die Umsetzung des SCOR-Modells investiert haben respektive sich in unternehmenspolitischen bzw. logistischen Entscheidungen stärker daran ausgerichtet haben
[915] Siehe Kap. D, Abs. D.2.2

2. Moderne Konzepte und Werkzeuge zur Gestaltung der Lieferkette:

- Es bleibt abzuwarten, ob sich das Konzept der Adaptiven Lieferkette (ALK) etabliert oder aber von anderen Konzepten vorzeitig abgelöst wird. Aktuell finden sich, wie dargestellt, eine Vielzahl von Abhandlungen zu dem Thema, sowohl aus Praxis- wie auch wissenschaftlicher Sicht. Dies resultiert aus den Möglichkeiten neuer I&K-Technologien, wie beispielsweise dem Internet, wodurch die Gestaltungsmöglichkeiten sowohl unternehmensinterner als auch unternehmensübergreifender Geschäftsprozesse auf eine neue Basis gestellt wurden.[916] Eine Auswirkung im Bereich der Lieferkette ist die Weiterentwicklung zur ALK. Das darf jedoch nicht darüber hinwegtäuschen, dass wissenschaftliche Studien zu dem Konzept der ALK und dem Einfluss auf die Leistungsfähigkeit eines Unternehmens derzeit noch fehlen. In dem Bereich besteht ein klares Erfordernis nach weiterführenden Studien.[917]

- Ähnliches gilt für das Supply Chain Design Management (SCDM) und die damit verbundenen Anwendungen: Obwohl das Konzept als sehr relevant eingestuft wird, fehlen derzeit noch wissenschaftliche Belege für das Ausmaß seines Einflusses auf die Leistungsindikatoren. Die wirklich substanziellen Anwendungen in dem Kontext basieren durchweg auf dem SCOR-Modell. Weiterführende Studien könnten deshalb auf den im Rahmen der vorliegenden Arbeit gefundenen Ergebnissen aufbauen und dazu beitragen, objektive und vergleichbare Messgrößen zum Einfluss der SCDM-Anwendungen auf den Unternehmenserfolg zu liefern.[918]

---

[916] Vgl. Schäfer S. / Einführung von E-Business Systemen 2002 / S. 2. Bereits 1996 wurde von Tapscott das Konzept eines neuen erweiterten Unternehmens vorgestellt, das durch starke Beziehungen zu externen Partnern und einer Verlagerung vom physischen zum virtuellen Austausch, bei dem primär nur noch Informationen entlang der Wertkette transferiert werden, gekennzeichnet ist (vgl. Tapscott / Digitale Revolution 1996 / S. 97 ff.)

[917] Beispielsweise benennen Radjou et al. praktische Anwendungsfälle für Adaptive Lieferketten (vgl. Radjou et al. / Adaptive Supply Networks 2003 / S. 31). Die Aussagen sind jedoch rein qualitativer Natur und basieren nicht auf wissenschaftlichen Untersuchungen

[918] Damit sich moderne Konzepte wie das SCDM in der Unternehmenspraxis etablieren können, müssen sie ihre strategische Bedeutung für den Unternehmenserfolg nachweisen. Dabei gelten die gleichen Anforderungen und aktuellen Herausforderungen, wie für die Informationstechnologie im Allgemeinen: „As information technology's power and ubiquity have grown, its strategic importance has diminished. The way you approach IT investment and management will need to change dramatically." (Carr / Information Technology 2003 / S. 5)

Kapitel F: Grenzen des gegenwärtig verfügbaren SCOR-Modells

- Schließlich wäre es interessant, den Einfluss des SCDM auf andere E-Business-Konzepte, wie beispielsweise das Kundenbeziehungsmanagement („Customer Relationship Management, CRM") oder die elektronische Beschaffung („Electronic Procurement"), zu untersuchen.[919]

3. Erweiterung der SCOR-Modellstruktur:[920]

- Die Bedeutung des „Human Factor" im Rahmen einer ganzheitlichen Betrachtung der organisationalen Systemvariablen wurde eingehend diskutiert. Daraus ergibt sich eine Forderung nach Einbeziehung dieses Faktors in ein umfassendes Konzept des Managements der Lieferkette im Allgemeinen und in die SCOR-Modellstruktur im Speziellen.[921]
- Die mit der neuen Systemvariablen verbundenen zusätzlichen Leistungsindikatoren müssten ebenfalls in eine erweiterte Supply Chain Scorecard (im Sinne eines den „Human Factor" umfassenden Ansatzes zur Messung der Lieferketten-Performanz) aufgenommen werden, um eine fortlaufende Kontrolle auch dieses neuen Leistungsbereichs zu ermöglichen.[922] Unter einer leistungsindikatorenspezifischen Sichtweise würde es sich dabei anbieten, auf die Balanced Scorecard (BSC) zurückzugreifen, da diese eine spezielle Lern- und Wachstumsperspektive enthält.[923] Aufgrund der inhaltlichen Nähe zum SCOR-Modell (respektive zur leistungsindikatorenspezifischen Betrachtung des SCOR-Modells),[924] erscheint die BSC dafür prä-

---

[919] Zu einer empirischen Studie des Einflusses des Customer Relationship Management (CRM) im Kontext des E-Business auf den Unternehmenserfolg vgl. Madeja und Schoder / Electronic Commerce CRM 2003 / S. 9. Für einen Überblick zu ausgewählten E-Business-Konzepten vgl. etwa Schäfer S. / Einführung von E-Business Systemen 2002 / S. 11 ff.
[920] Die nachfolgend aufgeführten Vorschläge zur Erweiterung der SCOR-Modellstruktur im Bereich des „Human Factor" resultieren nicht unmittelbar aus den im Rahmen der Arbeit gewonnenen Ergebnissen, da hierzu zwangsläufig keine Daten erhoben worden sind. Sie basieren vielmehr hauptsächlich auf aktuellen Entwicklungen auf dem Gebiet des Supply Chain Management, wie sie in Kap. E vorgestellt worden sind (siehe dazu Kap. E, Abschn. E.2 und E.3). Ferner sind sie zu unterscheiden von solchen Vorschlägen, die auf eine weitergehende „Ausfüllung" der bereits bestehenden Modellstruktur abzielen (siehe hierzu Kap. E, Abs. E.1.2)
[921] Siehe Abschn. F.1. Vgl. hierzu auch Davenport / Commoditization of Processes 2005 / S. 102
[922] Vgl. etwa Dhavale / Performance measures 1996 / S. 50 ff. Sharman führt in dem Zusammenhang den Begriff der Mitarbeiter- bzw. Teamperformance ein (vgl. Sharman / Performance measurement 1995 / S. 34). Zur Supply Chain Scorecard siehe auch die Ausführungen unter Kap. A, Abs. A.5.4
[923] Vgl. etwa Kaplan und Norton / Balanced Scorecard 1997 / S. 121 ff.
[924] Siehe hierzu die Ausführungen unter Kap. C, Abs. C.1.2.5

destiniert, als Grundlage zur Einbeziehung der Mitarbeiter in die organisationale Leistungsmessung zu dienen.[925] Sie setzt für einen erfolgreichen Einsatz die Einbeziehung der Mitarbeiter und mithin des „Human Factor" sogar explizit voraus.[926] Eine daraus resultierende erweiterte „Supply Chain SCORCard" könnte außerdem auch zur Kontrolle des Fortschritts des Change Management verwendet werden, da dieses als eine spezielle „Auswirkung" des „Human Factor" aufgefasst werden kann.[927]

- Das SCOR-Modell beinhaltet, wie aufgezeigt wurde, im Hinblick auf die zugehörigen Leistungsindikatoren ausdrücklich nicht-monetäre Größen.[928] Den damit zusammenhängenden Nachteilen, wie etwa den Problemen bei der Verdichtung nicht-monetärer Indikatoren, könnte durch eine Ausweitung der SCOR-Modellstruktur respektive eine Einbeziehung finanzieller Leistungsbegriffe begegnet werden. Auch hier würde aus den o.g. Gründen der naheliegendste Ansatz in der Orientierung an der BSC liegen. Das Ergebnis wäre eine um finanzielle Größen erweiterte „Supply Chain SCORCard", die es beispielsweise ermöglichen könnte, einen Bezug zwischen den auf Grundlage einer SCOR-basierten Analyse der Lieferkette angestrebten Verbesserungen und den erzielten Gewinnen herzustellen.[929]

Im Hinblick auf die vorgeschlagenen Erweiterungen der SCOR-Modellstruktur besteht ein besonders ausgeprägtes Erfordernis nach diesbezüglichen Forschungsbemühungen, um die Validität und Wirkungseffekte dieser erweiterten Modellstruktur zu untersuchen, da hierzu bislang zwangsläufig noch keine referenzierbaren Ergebnisse vorliegen.

---

[925] Vgl. Welz / Kennzahlensysteme 2005 / S. 17
[926] Vgl. Ziegler / Balanced Scorecard 2005 / S. 20 f.
[927] Wie unter Abschn. F.1 aufgezeigt wurde, stellt die Systemvariable „Mensch" einen wesentlichen Faktor bei der Umsetzung von organisatorischen Veränderungen dar
[928] Siehe hierzu Kap. C, Abs. C.1.2.5
[929] Ein charakteristisches Merkmal der BSC stellt die Aufnahme sowohl monetärer (finanzbezogener) als auch nicht-monetärer Leistungsindikatoren dar (vgl. z.B. Kaplan und Norton / Balanced Scorecard 1992 / S. 71; Horváth und Kaufmann / Balanced Scorecard 1998 / S. 41)

F.3.2 Beispiel für ein theoretisch fundiertes empirisches Forschungsprojekt als mögliche Anschluss-Forschung

Im Folgenden soll der Versuch unternommen werden, ein konkretes Beispiel für ein zukünftiges empirisches Forschungsprojekt darzustellen. Als Grundlage sollen dazu sowohl die im Rahmen der empirischen Studie gewonnenen Untersuchungsergebnisse als auch die dargestellten aktuellen Entwicklungen in der Unternehmenspraxis sowie der betriebswirtschaftlichen Forschung herangezogen werden. Damit soll die Arbeit ihrem explorativem Anspruch gerecht werden: einen Beitrag zu einem schrittweisen Erkenntniszugewinn geleistet zu haben, der durch weitere, darauf aufbauende, fokussierte Untersuchungen weitergeführt werden kann.[930]

Die Anwendung strukturanalytischer Verfahren bietet sich v.a. dazu an, ein Thesenmodell, verstanden als ein System von Hypothesen, zu prüfen. Jedoch waren im vorliegenden Fall die erforderlichen Verfahrensvoraussetzungen nicht in hinreichendem Maße gegeben.[931] Es würde sich deshalb anbieten, im Rahmen einer darauf aufbauenden Studie diese Verfahren zum Einsatz kommen zu lassen. Ein entscheidender Faktor in dem Zusammenhang ist die Verfügbarkeit einer möglichst umfangreichen Datenbasis (zumindest eine Fallzahl von 150 oder mehr).[932]

Inwieweit dieser Umfang unter forschungsökonomischen Gesichtspunkten auch tatsächlich erzielbar ist, muss im jeweiligen Einzelfall abschließend beurteilt werden. Ferner ist zu beachten, dass Strukturgleichungsmodelle neben statistischen Kriterien auch bestimmte inhaltliche Anforderungen an das zu analysierende Datenmaterial stellen.[933]

---

[930] Vgl. hierzu etwa Wollnik / Explorative Verwendung systematischen Erfahrungswissens 1977 / S. 37 ff.
[931] Siehe dazu Kap. D, Abschn. D.3
[932] Dies bedeutet jedoch im Umkehrschluss keineswegs, dass entsprechende Strukturgleichungsmodelle nicht auch mit niedrigeren Fallzahlen gerechnet werden könnten. Aufgrund messtheoretischer Redundanzen und nicht eindeutig bestimmbarer Modellparameter kommt es jedoch in solchen Fällen häufig zum Abbruch der Prozeduren. Insofern sollte ein möglichst hohe Fallzahl bei Studien, die primär auf derartige Modelle angelegt sind, von vornherein angestrebt werden
[933] Vgl. hierzu etwa Backhaus et al. / Multivariate Analysemethoden 2003 / S. 408

Das zu untersuchende Strukturgleichungsmodell leitet sich unmittelbar aus dem Thesenmodell ab. Dabei ist jedoch ein maßgeblicher Unterschied zur in Kapitel D angestrebten Entwicklung eines Strukturgleichungsmodells vorhanden: Das letztgenannte Modell verfolgte die Intention, die Ergebnisse der inferenzstatistischen Untersuchung zu validieren. Es hat deswegen auf den Meta-Thesen aufgesetzt und die hypothetischen Konstrukte haben sich analog abgeleitet. Die Konsequenz war, dass es sich quasi um eine „bottom-up" Vorgehensweise handelte.[934]

Im Gegensatz dazu soll es im Rahmen des hier unterbreiteten Vorschlages um eine übergeordnete Sichtweise gehen und das Thesenmodell in seiner Gesamtheit betrachtet werden. Aus diesem Grund liegt eine dreistufige „top-down" Verknüpfung von hypothetischen Konstrukten und overten Indikatoren vor: Zunächst werden den (nicht unmittelbar messbaren) Lieferketten-Kompetenzen die (ebenfalls nicht direkt messbaren) Leistungsattribute („Performance Attributes") zugeordnet. Dann werden den Leistungsattributen die (nicht direkt messbaren) Kennzahlen („Metrics Level 1") zugeordnet. Und schließlich erfolgt im dritten Schritt die Zuordnung der (messbaren) Leistungsmessgrößen als overte Indikatoren zu den Kennzahlen.

Das nachfolgende Schaubild stellt aus Gründen der grafischen Darstellbarkeit und besseren Lesbarkeit zunächst die Ebene der hypothetischen Konstrukte dar. Im darauf folgenden Schaubild erfolgt dann die Darstellung der Verknüpfung der Kennzahlen (als Ebene der hypothetischen Konstrukte) mit den Leistungsmessgrößen (als Ebene der overten Indikatoren).[935]

---

[934] Siehe hierzu Kap. D, Abs. D.3.2
[935] Die grafischen Übersichten orientieren sich ebenfalls an den auf unmittelbare Nachvollziehbarkeit abzielenden Visualisierungsempfehlungen von Wottawa (vgl. Wottawa / Testtheorie 1980 / S. 199 f.)

Kapitel F: Grenzen des gegenwärtig verfügbaren SCOR-Modells

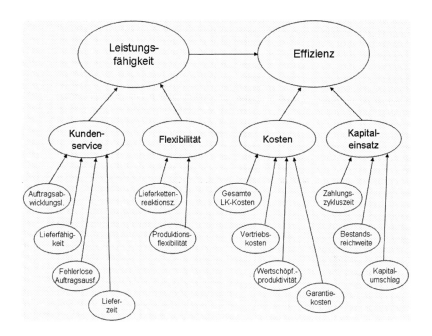

Abb. F-2a: Forschungsvorschlag zu einem leistungsindikatorenbasierten SCOR-Modell in strukturanalytischer Darstellungsform (Teil 1)[936]

---

[936] Abb. F.2a u. F.2b stellen eine Gesamtheit dar, was jedoch aus Gründen der grafischen Darstellbarkeit nicht in einem Schaubild wiedergegeben werden konnte

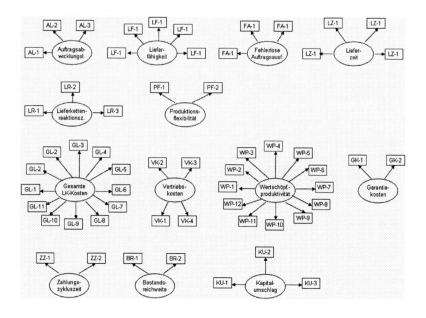

Abb. F-2b: Forschungsvorschlag zu einem leistungsindikatorenbasierten SCOR-Modell in strukturanalytischer Darstellungsform (Teil 2)[937]

---
[937] Ebd.

Index	Leistungsmessgröße	Performance Measure
AL-1	Kundenverbleibsquote	Customer retention rate
AL-2	Wert an Auftragsrückständen	Backorders value
AL-3	Anteil pünktlicher Lieferungen (Lagerein- und -ausgänge)	On-time delivery percentage (inbound and outbound)
LF-1	Anteil an Einkaufaufträgen, die pünktlich und einwandfrei geliefert wurden	Percentage of purchased orders received on time and complete
LF-2	Anteil an Einkaufsauftragspositionen, die pünktlich und einwandfrei geliefert wurden	Percentage of purchased lines received on time and complete
LF-3	Durchschnittliche Fabriklieferleistung für Fertigungsaufträge	Average MPS plant delivery performance (work orders)
LF-4	Zählgenauigkeit von Lagerzyklen	Cycle count accuracy percentage
LF-5	Anteil pünktlicher Lieferungen (Lagerein- und -ausgänge)	On-time delivery percentage (inbound and outbound)
FA-1	Anteil an einwandfreien Kundenaufträgen	Perfect orders rate
FA-2	Pünktliche Erfüllungsrate von Kundenauftragspositionen	Lines on-time fill rate
FA-3	Kundenverbleibsquote	Customer retention rate
LZ-1	Durchschnittliche Lieferdurchlaufzeit für Bestellanforderung	Average purchase requisition to delivery cycle time
LZ-2	Anzahl der per Internet oder EDI übermittelten Einkaufstransaktionen	Transactions processed via web/EDI
LZ-3	Durchschnittliche Fertigungsdurchlaufzeit	Average manufacturing cycle time
LZ-4	Anteil an Verkäufen über das Internet	Percentage of sales via web
LR-1	Wert an Auftragsrückständen	Backorders value
LR-2	Anteil pünktlicher Lieferungen (Lagerein- und -ausgänge)	On-time delivery percentage (inbound and outbound)
LR-3	Pünktliche Erfüllungsrate von Kundenauftragpositionen	Lines on-time fill rate
PF-1	Anteil an nicht-verfügbarem Lagermaterial	Inventory stockout percentage
PF-2	Durchschnittliche Fabriklieferleistung für Fertigungsaufträge	Average MPS plant delivery performance (work orders)
GL-1	Lagerverwaltungskosten als Anteil am Umsatz	Inventory management cost as a percentage of revenue
GL-2	Lagerverwaltungskosten als Anteil am Lagerwert	Inventory management cost as a percentage of inventory value
GL-3	Kosten des Lagerwertverlusts als Anteil am Umsatz	Inventory obsolescence cost as a percentage of revenue
GL-4	Anteil der Lagereingangs- und Lagerausgangskosten an den Transportkosten	Percentage of inbound / outbound cost
GL-5	Lagerverwaltungskosten pro Kundenauftrag	Inventory management cost per customer order
GL-6	Anteil an Lagerbeständen auf dem Transportweg	Percentage of inventory in transit

3. Vorschläge zur weiteren Forschung auf den Gebieten SCM und SCOR

Index	Leistungsmessgröße	Performance Measure
GL-7	Transportkosten pro Meile Transportweg (Lagerein- und -ausgänge)	Transportation cost per mile (inbound and outbound)
GL-8	Transportkosten als Anteil am Umsatz	Transportation cost as a percentage of revenue
GL-9	Transportkosten für Lagereingänge pro Einkaufsauftrag	Inbound transportation cost per supplier order
GL-10	Transportkosten für Lagerausgänge pro Kundenauftrag	Outbound transportation cost per customer order
GL-11	Transportkostenaufschläge	Premium freight charges
VK-1	Einkaufskosten pro Einkaufsauftrag	Purchasing cost per purchase order
VK-2	Einkaufskosten als Anteil vom Umsatz	Purchasing cost as a percentage of revenue
WP-3	Anteil an Einkäufen von zertifizierten Lieferanten	Percentage of purchases from certified suppliers
WP-4	Produktionskosten pro Mitarbeiter	Manufacturing cost per FTE
WP-5	Durchschnittlicher Ausbeuteanteil im ersten Durchlauf	Average first-pass yield rate
WP-6	Ausschuss-/Nacharbeitskosten als Anteil am Umsatz	Scrap/rework cost as a percentage of revenues
WP-7	Durchschnittlicher Durchsatz pro Mitarbeiter	Average throughput per FTE
WP-8	Durchschnittliche Maschinenverfügbarkeit	Average machine availability rate
WP-9	Durchschnittliche Anzahl an Kundenaufträgen pro Mitarbeiter	Average number of customers orders per FTE
WP-10	Kundenservicekosten pro Mitarbeiter	Customer service cost per FTE
WP-11	Lagerverwaltungskosten pro Mitarbeiter	Inventory management cost per FTE
WP-12	Transportkosten pro Mitarbeiter	Transportation cost per FTE
GK-1	Lieferschäden	Damaged shipments
GK-2	Kundenstreitigkeiten	Customer disputes
ZZ-1	Durchschnittliche Umschlagszeit für eingegangene Endprodukte	Average received finished goods turn-around time
ZZ-2	Anteil inaktiven Materials am Lagerwert	Inactive inventory percentage
BR-1	Durchschnittliche Durchlaufzeit vom Kundenauftrag zum Versand	Average order-to-shipment lead time
BR-2	Durchschnittlicher Lagerumschlag	Average inventory turnover
KU-1	Durchschnittliche Auslastung von Betriebsanlagen	Average operating-equipment efficiency rate (OEE)
KU-2	Durchschnittliche Auslastung der Fabrikkapazität	Average plant capacity utilization
KU-3	Durchschnittliche Ausnutzung der Lagerfläche	Average warehousing space utilization

Tab. F-1: Legende zu Abb. F-2b: Index der verwendeten Leistungsmessgrößen[938]

---

[938] Siehe hierzu Abschn. 3 im Anhang

Kapitel F: Grenzen des gegenwärtig verfügbaren SCOR-Modells   383

Eine vom Supply-Chain Council in Version 7.0 des SCOR-Modells begonnene und in Version 8.0 weitergeführte Änderung würde darüber hinaus eine (vereinfachte) Variante des Untersuchungsdesigns ermöglichen: In den neuen Versionen wird erstmalig der Versuch unternommen, Rechenoperationen zur Verfügung zu stellen, die eine Berechnung der Leistungskennzahlen („Metrics Level 1") ermöglichen sollen.[939]

Dadurch sind diese Kennzahlen natürlich immer noch nicht unmittelbar messbar, denn es handelt sich ja bekanntlich um sog. Verhältniskennzahlen.[940] Sie könnten jedoch in der strukturanalytischen Analyse als Indikatoren ausgewiesen werden, da bereits Zahlenwerte für sie vorlägen. Somit würde eine Ebene von hypothetischen Konstrukten wegfallen. Es wäre dadurch möglich, einen zusätzlichen Vergleich des oben dargestellten Modells mit dem alternativen Modell durchzuführen, was weitergehende Schlüsse hinsichtlich der untersuchten Abbildung der SCOR-Modellstruktur zuließe.

---

[939] Vgl. Supply-Chain Council / SCOR-Model 7.0 2005 / S. 1 ff.; Supply-Chain Council / SCOR-Model 8.0 2006 / S. 1 ff. Für einen detaillierten Überblick zu den betreffenden Kennzahlen und deren Berechnung vgl. auch Supply-Chain Council / SCOR-Model Version 7.0 2005 / S. 296 ff.; Supply-Chain Council / SCOR-Model Version 8.0 2006 / S. 368 ff. u. 434 ff.
[940] Das heißt es werden zwei (oder mehr) absolute Größen miteinander in Relation gesetzt (siehe Kap. C, Abs. C.1.1.2)

F.4 Balance zwischen Standardisierung und Individualisierung

Das SCOR-Modell wurde mittlerweile von vielen Unternehmen in die betriebliche Planung und Praxis eingeführt. Doch dürfen die Erwartungen an SCOR nicht zu hoch gesteckt werden, denn es ist sicherlich kein „Wundermittel" und kein Selbstzweck. Es ist nicht als alleiniges Werkzeug zur Realisierung einer effektiven Steuerung der Lieferkette geeignet. Managementexpertise wird durch die Anwendung von SCOR keinesfalls ersetzt.[941]

Die Anwendung des SCOR-Modells zur Standardisierung von Prozessen und Strukturen hat oftmals auch einen ambivalenten Charakter. Zum einen sehen eine Reihe von Unternehmen ein großes Optimierungspotenzial in der Standardisierung, wie im nachfolgenden Zitat gut zum Ausdruck gebracht wird.[942]

> „Das größte Geschäfts- und Ergebnispotenzial liegt in der Harmonisierung, Verbesserung und Standardisierung von Prozessen."[943]

Zum anderen kann aber die Standardisierung von Strukturen und Abläufen dazu führen, dass Stärken, die gerade aus der Unterschiedlichkeit resultieren, verloren gehen.[944] Dann könnte die Anwendung des Modells weniger zur Erzielung von

---

[941] Vgl. Geimer / Supply Chain Management 2000 / S. 56

[942] Die Vorteile einer derartigen Standardisierung werden sowohl innerhalb eines Unternehmens (zwischen den funktionalen Abteilungen), entlang der SCOR-spezifischen Wertschöpfungskette, in der Zusammenarbeit zwischen Partnern einer Wertschöpfungskette, aber auch zwischen Unternehmen in verschiedenen Industrien (Hersteller, Logistikdienstleister, usw.) gesehen (vgl. Heinzel / Supply Chain Operations Reference-Modells 2001 / S. 49. Siehe hierzu auch die Ausführungen unter Kap. A, Abschn. A.6 und Kap. B, Abschn. B.2)

[943] Schmelzer und Sesselmann / Geschäftsprozessmanagement 2004 / S. 162. Die Autoren zitieren Johannes Feldmayer, Zentralvorstand der Siemens AG

[944] Davenport führt in dem Zusammenhang den Begriff der „Commoditization of processes" ein (Davenport / Commoditization of Processes 2005 / S. 100). So hat beispielsweise das bereits angesprochene Unternehmen Dell die Geschwindigkeit im Zusammenhang mit einer hohen Produktvielfalt als Unterscheidungsmerkmal ausgewählt. Das Unternehmen hat dazu die relevanten Prozesse soweit optimiert und speziell angepasst, dass sie deutlich schneller als beim Wettbewerb ablaufen und dadurch einen Wettbewerbsvorteil geschaffen und kontinuierlich ausgebaut (vgl. Geimer und Becker / Supply Chain-Strategien 2001 / S. 28; Markillie / Using the supply chain to compete 2006 / S. 4 ff.). In letzter Konsequenz würde eine derartige Standardisierung, vergleichbar einem Konkurrenz-Benchmarking, zu Stagnation führen, da am Ende alle Wettbewerber das gleiche Leistungsniveau erreicht hätten und keine Differenzierung mehr stattfinden würde (vgl. Schäfer S. und Seibt / Benchmarking 1998 / S. 376. Zum Begriff des Konkurrenz-Benchmarking vgl. auch Watson / Benchmarking 1992 / S. 5)

Wettbewerbsvorteilen beitragen oder im Extremfall sogar im Gegenteil zu Wettbewerbsnachteilen führt.[945] So muss ein Unternehmen die passende Balance zwischen Standardisierung und Individualisierung finden, um seine Wettbewerbsposition nachhaltig verbessern und ausbauen zu können.[946]

In einer im Jahre 2001 durchgeführten Umfrage unter DAX100-Unternehmen[947] zum Stellenwert von E-Business-Konzepten und korrespondierenden Aktivitäten in Unternehmen kommt Schäfer zu dem Schluss, dass dem E-Business zweifellos eine hohe Relevanz eingeräumt wird. Dabei ist wiederum zu berücksichtigen, dass das Management der Lieferkette und folglich auch SCOR in den Bezugsrahmen des E-Business fällt.[948] Die analogen Aktivitäten waren jedoch zum Zeitpunkt der Studie noch vergleichsweise gering und könnten durchaus noch verstärkt werden. Weiterhin wurde dem Konzept des unternehmensübergreifenden Lieferketten-Management zwar ein bedeutender Stellenwert beigemessen, jedoch bestand noch ein merklicher Nachholbedarf.

Konkret handelte es sich hierbei um den Bedarf an detaillierten Informationen und Hilfestellungen sowie Standards und Schnittstellen, die Unternehmen bei der Einführung unternehmensübergreifender Konzepte unterstützen sollen. Dabei wurde besonders auf die zunehmende Erschwernis hinsichtlich der eindeutigen Abgrenzung von Unternehmensgrenzen hingewiesen. Als Konsequenz wurde das Erfordernis adäquater Maßnahmen auf informationstechnischer und organisatorischer Ebene, die Organisationen eine flexible Gestaltung und Integration interorganisatorischer LK-Prozesse ermöglichen, hervorgehoben.[949]

Das im Verlauf der Arbeit vorgestellte SCOR-Modell stellt aufgrund der gewonnenen Erkenntnisse nach heutigem Stand eine gute Hilfestellung zur Analyse und

---
[945] Vgl. Heck / Supply Chain Operations Reference Model 2004 / S. 16
[946] Vgl. Göpfert / Supply Chain Management 2002 / S. 38
[947] Der DAX100 umfasst 100 große deutsche Aktiengesellschaften, bestehend aus den 30 DAX- und 70 MDAX-Unternehmen (vgl. z.B. Deutsche Börse / DAX100 2004 / o.S.)
[948] Siehe hierzu die Ausführungen unter Kap. A, Abs. A.3.1 und Abschn. A.6
[949] Vgl. Schäfer S. / Einführung von E-Business Systemen 2002 / S. 346 u. 381 f.

Optimierung von Lieferketten dar. Darüber hinaus bietet es Standards zur unternehmensübergreifenden Prozessbeschreibung und zum Leistungsvergleich an. Es hat, wie aufgezeigt wurde, klare Vorteile, stellt jedoch keinesfalls eine Art von „Universalempfehlung" dar.[950]

Weiterführende Ansätze zur Realisierung und Unterstützung Adaptiver Lieferketten (ALK), wie das vorgestellte Supply Chain Design Management (SCDM), und die dafür verfügbaren Anwendungen weisen mögliche Wege in die Zukunft von sich kontinuierlich an geänderte Markterfordernisse anpassende Lieferketten. Aufgrund der Neuartigkeit der Thematik fehlt es derzeit jedoch noch an ausreichenden Praxiserfahrungen und an wissenschaftlich fundierten Untersuchungen.

Seibt beschreibt die Anforderungen, die sich für Unternehmen im vorherrschenden dynamischen Wettbewerbsumfeld ergeben, folgendermaßen:

> „(Jede Organisation) muss lernen, sich auf vielfältige, flexibel und schnell veränderbare Kooperationen mit einer immer größeren Anzahl von wechselnden Partnern einzustellen, sie als Chance zu begreifen. Nur so wird sie ein wertvoller, d.h. an der Produktion des Mehrwerts, den dynamische Veränderungen mit sich bringen, sich erfolgreich beteiligender Kooperationspartner."[951]

Es ist bemerkenswert, wie zeitgemäß die Aussage im Hinblick auf die vorliegende Thematik ist und wie deutlich sie auf das Erfordernis nach Adaptiven Lieferketten und den Prozessen und Werkzeugen zum Management derselben hinweist. Es geht nicht mehr nur darum, Mehrwert zu schaffen, sondern diesen Mehrwert über die gesamte Lieferkette hinweg kontinuierlich neu zu definieren.[952]

Das Ziel ist letztendlich, einen dynamischen bzw. evolutionären Prozess zu steuern, der einen „Abgleich" zwischen den (externen) Kundenbedürfnissen einerseits

---

[950] Vgl. beispielsweise Latham / SCOR 1999 / S. 91
[951] Seibt / Zentralisierung 1999 / S. 56
[952] Vgl. Normann und Ramirez / Value Chain 2000 / S. 187 f. Abell fasst den Sachverhalt in mehr allgemeingültiger Form unter dem Begriff „Dual Nature of Management" zusammen: „Running the business and changing it are not sequential but parallel pursuits." (Abell / Dual Strategies 1993 / S. 3)

und den (unternehmensinternen) Kompetenzen – im vorliegenden Fall genauer: LK-Kompetenzen – andererseits ermöglicht.[953]

Das SCOR-Modell kann einen wertvollen Beitrag zur fortlaufenden Analyse und ggf. darauf aufbauenden Optimierung der Lieferkette leisten, was u.a. durch eine stetig zunehmende Nutzung reflektiert wird. Es stößt jedoch in der aktuellen Ausgestaltung auf klare Grenzen im Hinblick auf die Einsatzmöglichkeiten zum Design und kontinuierlichen Redesign der Lieferkette.

Es ist dargestellt worden, dass das SCOR-Modell in erster Linie aus der Notwendigkeit heraus entstanden ist, eine normierte Sprache zur Beschreibung der Lieferkette zu schaffen („Sprachstandardisierung"). Insofern stellt es, wie ebenfalls deutlich gemacht wurde, ein Beschreibungsmodell dar, das in der ursprünglichen Ausprägung keinen unmittelbaren Anspruch darauf erhebt, Gestaltungscharakter aufzuweisen.[954]

Dies schließt selbstverständlich nicht aus, dass daraus Anregungen und Verbesserungshinweise hervorgehen können und sollen. Deren Umsetzung ist dann jedoch außerhalb der Anwendung des SCOR-Modells zu sehen.[955] Dieser Zusammenhang wird von Unternehmen und Beratungshäusern nicht immer mit der erforderlichen Klarheit verdeutlicht.[956] Die vorliegende Arbeit hat deshalb versucht, die Unterscheidung so deutlich wie möglich herauszustellen und sich bewusst einer Wertung der Umsetzungserfolge im Zusammenhang mit gestaltenden Maßnahmen enthalten.

---

[953] Der zugrunde liegende dynamische Prozess, kontinuierlich nach neuen Wertschöpfungspotenzialen und Marktchancen zu suchen und im Rahmen der unternehmerischen Anpassung zu realisieren, wurde von Schumpeter als Prozess der kreativen Zerstörung („process of creative destruction") bezeichnet (vgl. Schumpeter / Capitalism 1976 / S. 81 ff.). Analog führt Lee drei Grundvoraussetzungen für eine in seiner Terminologie „optimale Lieferkette" an: Flexibilität, Anpassungsfähigkeit und Interessenabgleich (vgl. Lee / Perfektes Logistiksystem 2005 / S. 72)

[954] Siehe hierzu etwa. Kap. B, Abschn. B.2 u. Abs. B.3.3 sowie die Einführung zu Kap. E, Abschn. E.3

[955] Davenport beschreibt den Zusammenhang wie folgt: „The SCOR model is only a catalyst for change and a framework for analysis. As with any approach to process improvement, firms must still make difficult changes in how they do their work and to associated systems and behaviors." (Davenport / Commoditization of Processes 2005 / S. 102)

[956] Siehe dazu die Praxisbeispiele unter Kap. B, Abschn. B.4

Moderne Ansätze zur diesbezüglichen Weiterentwicklung des Modells sind viel versprechend und haben die primäre Intention, das Modell zu einem kombinierten Beschreibungs- und Gestaltungsmodell weiterzuentwickeln.[957] Sie sind jedoch bislang den Nachweis ihrer Anwendbarkeit und – mehr noch – ihres quantifizierbaren Erfolges schuldig geblieben. Sie erfordern mithin eine Ausweitung des Einsatzes in der Unternehmenspraxis und eine weitergehende wissenschaftliche Fundierung. Durch eine enge Kooperation zwischen Unternehmenspraxis und wissenschaftlicher Forschung könnte dabei sicherlich zu einer weiteren Verbesserung des SCOR-Modells und seiner Einsatzmöglichkeiten beigetragen werden.

---

[957] Dadurch soll u.a. den zunehmenden Anforderungen an die Lieferkette entsprochen werden, die wiederum aus den geänderten Wettbewerbsbedingungen resultieren (vgl. etwa Markillie / The physical internet 2006 / S. 3 ff.). In Anlehnung an Cohen und Russel lässt sich der vorliegende Zusammenhang folgendermaßen beschreiben: „Like its business, (the optimal) supply chain is flexible, agile and evolving constantly. What doesn't change, though, is the company's view of its supply chain as a key source of competitive advantage – one well worth the ongoing investment." (Cohen und Russel / Strategic Supply Chain Management 2005 / S. 257)

Quellenverzeichnis

1 Literaturverzeichnis[958]

Abell / Dual Strategies 1993
Abell, Derek F.: Managing with Dual Strategies – Mastering the Present, Preempting the Future, New York, New York 1993

Accenture / Supply Chain Performance Assessment 2004
Accenture LLC (Hrsg.): Supply Chain Management – Supply Chain Performance Assessment: A Fast Track to Insight, Chicago, Illinois 2004

Aitken / Supply Chain Integration 1998
Aitken, James: Supply Chain Integration within the Context of a Supplier Association, Cranfield School of Management (Hrsg.), Ph.D. Thesis, Cranfield, UK 1998

Albach / Allgemeine Betriebswirtschaftslehre 2001
Albach, Horst: Allgemeine Betriebswirtschaftslehre – Einführung, Reihe: Die Wirtschaftswissenschaften, 3. Aufl., Wiesbaden 2001

Aldrich / Value Chain 2002
Aldrich, Douglas F.: The New Value Chain. In: Ayers, James B. (Hrsg.): Making Supply Chain Management Work. Design, Implementation, Partnership, Technology, and Profits, Boca Raton, Florida u.a. 2002, S. 154 – 155

Aldrich und Sonnenschein / Value Network 2000
Aldrich, Douglas F. und Sonnenschein, Martin: Digital Value Network. Erfolgsstrategien für die Neue Ökonomie, Wiesbaden 2000

Alemann / Forschungsprozess 1977
Alemann, Heine: Der Forschungsprozess, Stuttgart 1977

Allerbeck / Empirische Sozialforschung 1972
Allerbeck, Klaus R.: Datenverarbeitung in der empirischen Sozialforschung, Stuttgart 1972

Alt et al. / Business Networking 2001
Alt, Rainer; Puschmann, Thomas; Reichmayr, Christian: Strategies for Business Networking. In: Österle, Hubert; Fleisch, Elgar; Alt, Rainer: Business Networking – Shaping Collaboration Between Enterprises, 2. Aufl., Berlin u.a. 2001, S. 89 – 110

---

[958] Falls keine weitere Bezeichnung nach dem Erscheinungsort steht, handelt es sich um einen Erscheinungsort in Deutschland. Zu den andernfalls verwendeten Abkürzungen nach den Erscheinungsorten siehe das Abkürzungsverzeichnis

Andrews und Hahn / Value Webs 1998
Andrews, Philip P. und Hahn, Jerome: Transforming Supply Chains into Value Webs, Strategy and Leadership, Bradford, UK July/August 1998, S. 7 – 11

Arnold und Eßig / Beschaffungsstrategie 2000
Arnold, Ulli und Eßig, Michael: Sourcing-Konzepte als Grundelemente der Beschaffungsstrategie. In: Wirtschaftswissenschaftliches Studium (WiSt), 29. Jg., Nr. 3, 2000, München 2000, S. 122 – 128

Ayers / Primer on Supply Chain Management 2002
Ayers, James B.: A Primer on Supply Chain Management. In: Ayers, James B. (Hrsg.): Making Supply Chain Management Work. Design, Implementation, Partnership, Technology, and Profits, Boca Raton, Florida u.a. 2002, S. 5 – 18

Ayers / Supply Chain Management 2002
Ayers, James B.: Is Supply Chain Management the Same as ERP? In: Ayers, James B. (Hrsg.): Making Supply Chain Management Work. Design, Implementation, Partnership, Technology, and Profits, Boca Raton, Florida u.a. 2002, S. 35 – 40

Ayers / Supply Chain Strategies 2002
Ayers, James B.: Supply Chain Strategies. In: Ayers James B. (Hrsg.): Making Supply Chain Management Work. Design, Implementation, Partnership, Technology, and Profits, Boca Raton, Florida u.a. 2002, S. 105 – 116

Ayers / Supply Chain Information Systems 2002
Ayers, James B.: Supply Chain Information Systems – Putting the Process First. In: Ayers, James B. (Hrsg.): Making Supply Chain Management Work. Design, Implementation, Partnership, Technology, and Profits, Boca Raton, Florida u.a. 2002, S. 241 – 251

Ayers / Roles in Business Model Building 2002
Ayers, James B.: Technology, Inventory, and the Supply Chain – Roles in Business Model Building. In: Ayers, James B. (Hrsg.): Making Supply Chain Management Work. Design, Implementation, Partnership, Technology, and Profits, Boca Raton, Florida u.a. 2002, S. 653 – 664

Backhaus et al. / Multivariate Analysemethoden 2003
Backhaus, Klaus; Erichson, Bernd; Plinke, Wulff; Weiber, Rolf: Multivariate Analysemethoden. Eine anwendungsorientierte Einführung, 10. Aufl., Berlin u.a. 2003

Backhaus und Büschken / Business-to-business interactions 1997
Backhaus, Klaus und Büschken, Joachim: What do we know about business-to-business interactions? A synopsis of empirical research on buyer-seller interactions. In: Gemünden, Hans Georg; Ritter, Thomas; Walter, Achim (Hrsg.): Relationships and networks in international markets. Oxford, UK und New York, New York 1997, S. 13 – 36

Banfield / Value in the Supply Chain 1999
Banfield, Emiko: Harnessing Value in the Supply Chain. Strategic Sourcing in Action, New York, New York u.a. 1999

Barker / Time-based performance measurement 1993
Barker, Robert C.: Time-based performance measurement. In: Management Decision, 31. Jg., Nr. 4, 1993, Bradford, UK 1993, S. 4 – 9

Bea et al. / Allgemeine Betriebswirtschaftslehre: Leistungsprozess 1991
Bea, Franz X.; Dichtl, Erwin; Schweitzer, Marcell (Hrsg.): Allgemeine Betriebswirtschaftslehre, Bd. 3: Leistungsprozess, 5. Auflage, Stuttgart 1991

BearingPoint / Supply Chain Management 2004
BearingPoint, Inc. (Hrsg.): Supply Chain Management: Transparenz, Effizienz, Schnelligkeit – Im Wettbewerb ist der Fokus auf die Schlüsselfaktoren entscheidend, Unternehmensbroschüre, Frankfurt 2004

BearingPoint / Wertschöpfungskette 2003
BearingPoint, Inc. (Hrsg.): Solution Overview: Enterprise Solutions / Supply Chain Management (SCM) – Durchgängiges Supply Chain Management entlang der Wertschöpfungskette, Unternehmensbroschüre, Frankfurt 2003

Bechtel und Mulumudi / Supply Chain Management 1996
Bechtel, Christian und Mulumudi, Jaianth J.: Supply Chain Management: A Literature Review, NAPM Annual Academic Conference Proceedings, Portland, Oregon 1996, S. 1 – 10

Becker / Supply Chain Prozesse 2002
Becker, Torsten: Supply Chain Prozesse – Gestaltung und Optimierung. In: Busch, Axel und Dangelmaier, Wilhelm (Hrsg.): Integriertes Supply Chain Management. Theorie und Praxis effizienter unternehmensübergreifender Geschäftsprozesse, Wiesbaden 2002, S. 63 – 87

Becker und Geimer / Prozessgestaltung und Leistungsmessung 1999
Becker, Torsten und Geimer, Harald: Prozessgestaltung und Leistungsmessung – wesentliche Bausteine für eine Weltklasse Supply Chain. In: HMD – Praxis der Wirtschaftsinformatik, Heft 207, 1999, Heidelberg 1999, S. 25 – 34

Beckman / Supply Chain Management 1999
Beckmann, Holger: Method Handbook Supply Chain Management: The Systematic Search for Excellence, Dortmund 1999

Beech / Supply-Demand nexus 1999
Beech, Jeff: The supply-Demand nexus: From integration to synchronization. In: Gottorna, John L. (Hrsg.): Strategic Supply Chain Alignment. Best practices in Supply Chain Management, Brookfield, Vermont und Aldershot, UK 1999, S. 92 – 103

Behrenbeck und Thonemann / Supply Chain Champions 2003
Behrenbeck, Klaus und Thonemann, Ulrich: Supply Chain Champions – Die Leistungsunterschiede bei den Logistik-Dienstleistern sind enorm, Universität Münster, Institut für Supply Chain Management (Hrsg.), erschienen in Frankfurter Allgemeine Zeitung (FAZ) vom 22.10.2003, Münster 2003

Beischel und Smith /Shop floor 1991
Beischel, Mark E. und Smith, Richard K.: Linking the shop floor to the top floor. In: Management Accounting, 73. Jg., Nr. 3, 1991, Montvale, New Jersey 1991, S. 25 – 29

Berekoven et al. / Marktforschung 1987
Berekoven, Ludwig; Eckert, Werner; Ellenrieder, Peter: Marktforschung, 3. Aufl., Wiesbaden 1987

Berger und Gottorna / Supply Chain 2001
Berger, Andrew J. und Gottorna, John L.: Supply Chain Cybermastery: Building high performance supply chains of the future, Aldershot, UK 2001

Berliner und Brimson / Cost management 1988
Berliner, Calle und Brimson, James A.: Cost management for today's advanced manufacturing – the CAM-I conceptual design, Boston, Massachusetts 1988

Best / Deterministische Nachfrageschwankungen in Supply Chains 2003
Best, Frank: Deterministische Nachfrageschwankungen in Supply Chains. In: Schlüchtermann, Jörg (Hrsg.): Reihe: Produktionswirtschaft und Industriebetriebslehre, Band 10, Lohmar und Köln 2003

BOC / Supply Chain Design 2002
BOC Information Technologies Consulting GmbH (Hrsg.): Das Supply Chain Design Toolkit, PDF-Datei, Wien, AT 2002

BOC / SCOR-Modell 2002
BOC Information Technologies Consulting GmbH (Hrsg.): Das SCOR-Modell, PDF-Datei, Wien, AT 2002

BOC / ADOLog-Methode 2002
BOC Information Technologies Consulting GmbH (Hrsg.): Die ADOLog-Methode, PDF-Datei, Wien, AT 2002

Böcker und Dichtl / Marketing 1991
Böcker, Franz und Dichtl, Erwin: Marketing. In: Bea, Franz X.; Dichtl, Erwin; Schweitzer, Marcell (Hrsg.): Allgemeine Betriebswirtschaftslehre, Bd. 3: Leistungsprozess, 5. Auflage, Stuttgart 1991, S. 121 – 182

Bolstorff / SCOR 2004
Bolstorff, Peter: How does SCOR measure up? A user's perspective on SCOR metrics, SCE Limited (Hrsg.), PDF-Datei, Stillwater, Minnesota März 2002

Bolstorff und Rosenbaum / Supply Chain Excellence 2003
Bolstorff, Peter und Rosenbaum, Robert (Hrsg.): Supply Chain Excellence: A Handbook for Dramatic Improvement Using the SCOR Model, New York, New York 2003

Bolstorff et al. / Spitzenleistungen im Supply Chain Management 2007
Bolstorff, Peter; Rosenbaum, Robert; Poluha, Rolf G. (Hrsg.): Spitzenleistungen im Supply Chain Management mit dem SCOR-Modell, Berlin und Heidelberg 2007

Bortz / Statistik 1985
Bortz, Jürgen: Lehrbuch der Statistik, 2. Aufl., Berlin und Heidelberg 1985

Bortz / Empirische Forschung 1984
Bortz, Jürgen: Lehrbuch der empirischen Forschung, Heidelberg u.a. 1984

Bovet und Martha / Value Nets 2000
Bovet, David und Martha, Joseph: Value Nets. Breaking the Supply Chain to unlock hidden profits, New York, New York u.a. 2000

Bowersox und Closs / Logistical Management 1996
Bowersox, Donald J. und Closs, David J.: Logistical Management – The Integrated Supply Chain Process, New York, New York 1996

Boyer et al. / Extending the Supply Chain 2004
Boyer, Kenneth Karel; Frohlich, Markham T.; Hult, G. Tomas M.: Extending the Supply Chain – How Cutting-Edge Companies Bridge the Critical Last Mile into Customers' Homes, New York, New York u.a. 2004

Brokemper / Data Envelopment Analysis 1995
Brokemper, Andreas: Data Envelopment Analysis. In: Wissenschaftsmagazin, 1. Jg., Nr. 5, 1995, o.O. 1995, S. 242 – 243

Bühl und Zöfel / Einführung in die moderne Datenanalyse 2002
Bühl, Achim und Zöfel, Peter: SPSS 11: Einführung in die moderne Datenanalyse unter Windows, 8. Aufl., München 2002

Burnstine und Soknacki / BIAIT 1979
Burnstine, Donald C. und Soknacki, Davis W.: BIAIT – A Tool For Deciding Between Doing The Right Thing And Doing The Thing Right, Proceedings of Application Development Symposium, Monterey, California, Oktober 1979, S. 115 – 126

BusinessObjects / Supply Chain Intelligence 2002
BusinessObjects, Inc. (Hrsg.): BusinessObjects Launches BusinessObjects Supply Chain Intelligence, Product Press Release, February 6, 2002, San Jose, California 2002

Byrne / Structural Equation Modeling with AMOS 2000
Byrne, Barbara: Structural Equation Modeling with AMOS. Basic Concepts, Applications, and Programming, Lawrence Earlbaum Associates (LEA) (Hrsg.), Mahwah, New Jersey 2000

Byrne / Structural Equation Modeling 1998
Byrne, Barbara: Structural Equation Modeling With Lisrel, Prelis, and Simplis: Basic Concepts, Applications, and Programming (Multivariate Applications Book Series), Lawrence Earlbaum Associates (LEA) (Hrsg.), Mahwah, New Jersey 1998

Carlton / Business Information Analysis and Interaction Technique 1980
Carlton, Walter M.: Business Information Analysis and Interaction Technique (BIAIT): Finding the big Payoff Areas Proceedings of the ACM. 1980 Annual Conference, Association for Computing Machinery (ACM) (Hrsg.), New York, New York 1980

Campbell und Wilson / Managed Networks 1995
Campbell, Alexandra J. und Wilson, David T.: Managed Networks: Creating Strategic Advantage, The Pennsylvania State University (Hrsg.), PDF-Datei, Pennsylvania 1995

Cartwright und Oliver / Value Web 2000
Cartwright, Shawn D. und Oliver, Richard W.: Untangling the Value Web, Journal of Business Strategy, January 2000, Vol. 21, Chapter i1, Bradford, UK 2000

Carr / Information Technology 2003
Carr, Nicholas G.: IT Doesn't Matter. As information technology's power and ubiquity have grown, its strategic importance has diminished – The way you approach IT investment and management will need to change dramatically. In: Harvard Business Review (HBR), May 2003, Boston, Massachusetts 2003, S. 5 – 12

Chakravarty / Market Driven Enterprise 2001
Chakravarty, Amiya K.: Market Driven Enterprise. Product Development, Supply Chains, and Manufacturing, New York, New York u.a. 2001

Chopra und Meindl / Supply Chain Management 2001
Chopra, Sunil und Meindl, Peter: Supply Chain Management, Upper Saddle River, New Jersey 2001

Christopher / Logistics and Supply Chain Management 1998
Christopher, Martin: Logistics and Supply Chain Management. Strategies for Reducing Cost and Improving Service, 2. Aufl., London, UK 1998

Christopher / Agile Supply Chain 2001
Christopher, Martin: Creating the Agile Supply Chain, Cranfield School of Management (Hrsg.), Working Paper, Cranfield, UK 2001

Christopher und Lee / Supply Chain Confidence 2001
Christopher, Martin und Lee, Hau L.: Supply Chain Confidence. The Key to Effective Supply Chains Through Improved Visibility and Reliability, Vastera, Inc. (Hrsg.), White Paper, Dulles, Virginia November 2001

Cohen und Russel / Strategic Supply Chain Management 2005
Cohen, Shoshanah und Russel, Joseph: Strategic Supply Chain Management: The 5 Disciplines for Top Performance, New York, New York 2005

Colehower et al. / Adaptive Supply Chain 2003
Colehower, Jonathan ; Matthews, Paul; Muzumdar, Maha; Pernat, Aaron; Prats, Lisa; Syed, Nadeem; Wire, Chris: The Adaptive Supply Chain – Postponement for Profitability, CGE&Y's Strategic Research Group (SRG) (Hrsg.), New York, New York u.a. 2003

Collins / Good to Great 2001
Collins, James C.: Good to Great – Why Some Companies Make the Leap, and Others Don't, New York, New York 2001

Cooper R. und Kaplan / Activity-based Costing 1991
Cooper, Robin und Kaplan, Robert S.: Profit priorities from Activity-based Costing. In: Harvard Business Review (HBR), May-June 1991, Boston, Massachusetts 1991, S. 130 – 135

Cooper R. und Slagmulder / Supply Chain Development 1999
Cooper, Robin und Slagmulder, Regine: Supply Chain Development for the Lean Enterprise – Interorganizational Cost Management, Portland, Oregon 1999

Cooper M. et al. / Supply Chain Management 1997
Cooper, Martha C.; Lambert, Douglas M.; Pagh, Janus D.: Supply Chain Management: More Than a New Name for Logistics. In: International Journal of Logistics Management, Vol. 8, 1997, Columbus, Ohio und Cranfield, UK 1997, S. 1 – 14

Copacino / Supply Chain Management 1997
Copacino, William C.: Supply Chain Management – The Basis and Beyond, Boca Raton, Florida 1997

Coppe und Duffy / Internet logistics 1999
Coppe, Grieg und Duffy, Stephen: Internet logistics. Creating new customers and matching new competition. In: Gottorna, John L. (Hrsg.): Strategic Supply Chain Alignment. Best practices in Supply Chain Management, Brookfield, Vermont und Aldershot, UK 1999, S. 521 – 534

Corsten und Gössinger / Supply Chain Management 2001
Corsten, Hans und Gössinger, Ralf: Einführung in das Supply Chain Management, Oldenburg u.a. 2001

Corsten und Will / Wettbewerbsvorteile 1995
Corsten, Hans und Will, Thomas: Wettbewerbsvorteile durch strategische Produktionsorganisation. In: Corsten, Hans (Hrsg.): Produktion als Wettbewerbsfaktor, Wiesbaden 1995, S. 1 – 13

Cramer / Statistics 1999
Cramer, Harald: Mathematical Methods of Statistics, Princeton, New Jersey 1999

Cremer / Geschäftsprozessmodellierung 2005
Cremer, Florian: Prozessordnung – Geschäftsprozessmodellierung mit ARIS, Der Entwickler, Ausgabe 04/2004, Frankfurt 2005

Daganzo / Theory of Supply Chains 2003
Daganzo, Carlos F.: A Theory of Supply Chains, Berlin, Heidelberg 2003

Davenport / Commoditization of Processes 2005
Davenport, Thomas H.: The Coming Commoditization of Processes. In: Harvard Business Review (HBR), June 2005, Boston, Massachusetts 2005, S. 100 – 108

Davenport / Process Innovation 1993
Davenport, Thomas H.: Process Innovation, Boston, Massachusetts 1993

Dekker und Van Goor / Activity-Based Costing 2000
Dekker, Henri C. und Van Goor, Ad R.: Supply Chain Management and Management Accounting: A Case Study of Activity-Based Costing. In: International Journal of Logistics: Research and Applications, Vol. 3, No. 1, 2000, Columbus, Ohio und Cranfield, UK 2000, S. 41 – 52

Dell und Fredmann / Direct from Dell 1999
Dell, Michael und Fredmann, Catherine: Direct from Dell. Strategies that revolutionized an Industry, New York, New York 1999

Deloitte / Trends and Issues in Supply Chain Management 2000
Deloitte Consulting LLC (Hrsg.): Energizing the Supply Chain – Trends and Issues in Supply Chain Management, ISBN 1-892383-41-1, Toronto, Ontario 2000

Deutsche Bundesbank / Unternehmensrentabilität 1997
Deutsche Bundesbank (Hrsg.): Zur Unternehmensrentabilität im internationalen Vergleich, Monatsbericht Oktober 1997, Frankfurt 1997

Dhavale / Performance measures 1996
Dhavale, Dileep G.: Problems with existing manufacturing performance measures. In: Journal of Cost Management, 9. Jg., Nr. 4, 1995-1996, New York, New York 1996, S. 50 – 55

DoD / Supply Chain Integration December 2003
US Department of Defense (DoD) – Office of the Secretary of Defense (Logistics and Material Readiness) (Hrsg.): Supply Chain Integration, Supply Chain On-Line Seminars: Applying the SCOR Model to Analyze DoD Supply Chains, December 2003, Arlington, Virginia 2003

DoD / Supply Chain Management Implementation Guide 2000
US Department of Defense (DoD) – Office of the Secretary of Defense (Hrsg.): Supply Chain Management Implementation Guide, Arlington, Virginia 2000

DoD / Logistics Functional Requirements Guide 1998
US Department of Defense (DoD) – Office of the Secretary of Defense (Logistics) (Hrsg.): Logistics Functional Requirements Guide, August 1998, Arlington, Virginia 1998

Dörflein und Thome / Electronic Procurement 2000
Dörflein, Michael und Thome, Rainer: Electronic Procurement. In: Thome, Rainer und Schinzer, Heiko (Hrsg.): Electronic Commerce – Anwendungsbereiche und Potentiale der digitalen Geschäftsabwicklung, München 2000, S. 45 – 80

Drummond / Electronic Commerce / 2002
Drummond, Rik: Electronic Commerce. In: Ayers, James B. (Hrsg.): Making Supply Chain Management Work. Design, Implementation, Partnership, Technology, and Profits, Boca Raton, Florida u.a. 2002, S. 19 – 34

Easton et al. / Dynamics of change / 1999
Easton, Robert; Brown, Robyn; Armitage, Duncan: The dynamics of change in the supply chain. Translating supply chain strategies into action. In: Gottorna, John L. (Hrsg.): Strategic Supply Chain Alignment. Best practices in Supply Chain Management, Brookfield, Vermont und Aldershot, UK 1999, S. 446 – 468

Edvinsson und Malone / Intellectual capital 1997
Edvinsson, Leif und Malone, Michael S.: Intellectual capital: Realizing your company's true value by finding its hidden brainpower, New York, New York 1997

Ehrenberg / Statistik 1986
Ehrenberg, Andrew S.: Statistik oder der Umgang mit Daten, Weinheim 1986

Ekholm und Wallin / Strategic Priorities 2004
Ekholm, Bo-Göran und Wallin, Jan: Strategic Priorities, Company Performance and Attitudes towards Management Accounting Techniques: An Empirical Study, Swedish School of Economics and Business Administration (Hrsg.), Working Papers, Nr. 507-2004, ISBN 951-555-853-0, Helsinki, FL 2004

Ellram und Cooper M. / Supply Chain Management 1990
Ellram, Lisa M. und Cooper, Martha C.: Supply Chain Management: Partnership and the Shipper – Third Party Relationship. In: International Journal of Logistics Management, Vol. 1, 1990, Columbus, Ohio und Cranfield, UK 1990, S. 1 – 10

Epstein und Manzoni / Tableau de Bord 1998
Epstein, M. J. und Manzoni, J.-F.: Implementing corporate strategy: From Tableau de Bord to Balanced Scorecard. In: European Management Journal, 16. Jg., Nr. 2, 1998, London, UK 1997, S. 190 – 203

Epstein und Manzoni / The Balanced Scorecard and Tableau de Bord 1997
Epstein, M. J. und Manzoni, J.-F.: The Balanced Scorecard and Tableau de Bord - Translating strategy into action. In: Management Accounting, 79. Jg., Nr. 2, 1997, Montvale, New Jersey 1997, S. 28 – 36

Erdmann / Supply Chain Performance Measurement 2003
Erdmann, Mark-Ken: Supply Chain Performance Measurement. Operative und strategische Management- und Controllingansätze. In: Schlüchtermann, Jörg (Hrsg.): Reihe: Produktionswirtschaft und Industriebetriebslehre, Band 11, Lohmar und Köln 2003

Esser et al. / Wissenschaftstheorie 1977
Esser, Hartmut; Klenovits, Klaus; Zehnpfenning, Helmut: Wissenschaftstheorie, Bd. 1, Stuttgart 1977

Eßig / Supply Chain Management 1999
Eßig, Michael: Supply Chain Management: Nur alter Wein in neuen Schläuchen? In: Beschaffung Aktuell, Nr. 4, 1999, Stuttgart 1999, S. 106 – 107

Evans und Danks / Strategic supply chain management 1999
Evans, Robert und Danks, Alister: Strategic supply chain management. Creating shareholder value by aligning supply chain strategies with business strategies. In: Gottorna, John L. (Hrsg.): Strategic Supply Chain Alignment. Best practices in Supply Chain Management, Brookfield, Vermont und Aldershot, UK 1999, S. 18 – 38

Fettke und Loos / Classification of reference models 2003
Fettke, Peter und Loos, Peter: Classification of reference models – a methodology and its application. In: Information Systems and e-Business Management, Vol. 1, No. 1/2003, Berlin und Heidelberg 2003, S. 35 – 53

Fettke und Loos / Referenzmodelle für das E-Business 2003
Fettke, Peter und Loos, Peter: Referenzmodelle für das E-Business, Johannes Gutenberg-Universität Mainz, Lehrstuhl für Wirtschaftsinformatik und BWL SYM – Information Systems and Management (Hrsg.), PDF-Datei, Mainz 2003

Fickert / Management Accounting 1993
Fickert, Reiner: Management Accounting – quo vadis? In: Die Unternehmung, 47. Jg., Nr. 3, 1993, Zürich, CH 1993, S. 203 – 224

Fisher /Nichtfinanzielle Leistungsmaßstäbe 1995
Fisher, Joseph: Nichtfinanzielle Leistungsmaßstäbe – Ein weiterer Schlüssel zu strategisch angepasstem Kostenmanagement. In: Shank, John K. und Govindarajan, Vijay: (Hrsg.): Vorsprung durch strategisches Kostenmanagement, Landsberg/Lech 1995, S. 183 – 199

Fitzgerald und Moon / Performance Measurement 1996
Fitzgerald, Lin und Moon, Peter: Performance Measurement in Service Industries – Making it Work, London, UK 1996

Fleischmann et al. / Advanced Planning 2002
Fleischmann, Berhard; Meyr, Herbert; Wagner, Michael: Advanced Planning. In: Stadtler, Hartmut und Kilger, Christoph (Hrsg.): Supply Chain Management and Advanced Planning. Concepts, Models, Software and Case Studies, Berlin und Heidelberg 2002, S. 71 – 98

Forbath und Chin / Virtual Value Web 2000
Forbath, Theo und Chin, Tina: Challenges and Solutions for Managing Virtual Value Webs, NerveWire, Inc. (Hrsg.), White Paper, Boston, Massachusetts April 2000

Friedrichs / Methoden empirischer Sozialforschung 1990
Friedrichs, Jürgen: Methoden empirischer Sozialforschung, 14. Aufl., Opladen 1990

Fritz / Warentest 1984
Fritz, Wolfgang: Warentest und Konsumgüter-Marketing, Wiesbaden 1984

Fuchs et al. / Dynamic alignment of strategy and execution 1999
Fuchs, Peter; Young, Andrew; Zweidler-McKay, Alida: New approaches to strategy. Dynamic alignment of strategy and execution. In: Gottorna, John L. (Hrsg.): Strategic Supply Chain Alignment. Best practices in Supply Chain Management, Brookfield, Vermont und Aldershot, UK 1999, S. 8 –17

Galbraith / Organization Design 1977
Galbraith, Jay R.: Organization Design, Reading, Massachusetts u.a. 1977

Gardner und Cooper M. / Strategic Supply Chain Mapping Approaches 2003
Gardner, John T. und Cooper, Martha C.: Strategic Supply Chain Mapping Approaches. In: Journal of Business Logistics, Vol. 24, No. 2, 2003, Oak Brook, Illinois 2003, S. 37 – 64

Gartner / Business Process Modeling Solutions 2002
Gartner, Inc. (Hrsg.): The BPA Market Catches Another Major Updraft. Business models are being designed, tested and optimized for representation as explicit processes in business process modeling solutions, Web Letter, Stamford, Connecticut 2002

Geier / Karl Popper 1994
Geier, Manfred: Karl Popper, Hamburg 1994

Geimer / Supply Chain Management 2000
Geimer, Harald: Fünf Vorurteile als Hindernis für das Supply Chain Management – Unternehmen flexibel und agil machen. In: Beschaffung Aktuell, Nr. 9, 2000, Stuttgart 2000, S. 56

Geimer und Becker / Supply Chain-Strategien 2001
Geimer, Harald und Becker, Thorsten: Supply Chain-Strategien. In: Lawrenz, Oliver; Hildebrand, Knut; Nenninger, Michael; Hillek, Thomas (Hrsg.): Supply Chain Management. Konzepte, Erfahrungsberichte und Strategien auf dem Weg zu digitalen Wertschöpfungsnetzen, 2. Aufl., Braunschweig und Wiesbaden 2001, S. 19 – 38

Geimer und Becker / Supply Chain Operations Reference Modell 2001
Geimer, Harald und Becker, Thorsten: Mit dem Supply Chain Operations Reference Modell (SCOR) Prozesse optimieren. In: Lawrenz, Oliver; Hildebrand, Knut; Nenninger, Michael; Hillek, Thomas (Hrsg.): Supply Chain Management. Konzepte, Erfahrungsberichte und Strategien auf dem Weg zu digitalen Wertschöpfungsnetzen, 2. Aufl., Braunschweig und Wiesbaden 2001, S. 115 – 138

Gensym / e-SCOR 2001
Gensym Corporation (Hrsg.): e-SCOR – Modeling and Simulation for Strategic Supply-Chain Management, Company Brochure, PDF-Datei, Burlington, Massachusetts December 2001

Gilbert und Strebel / Strategies to outpace the competition 1987
Gilbert, Xavier und Strebel, Paul: Strategies to outpace the competition. In: Journal of Business Strategy, Vol. 8, 1987, Bradford, UK 1987, S. 28 – 36

Gintic / 2001 Annual Supply Chain Benchmarking Study März 2002
Gintic Institute of Manufacturing Technology – Supply Chain Management Centre (Hrsg.): 2001 Annual Supply Chain Benchmarking Study in Southeast Asia, Executive Summary, PDF-Datei, Singapore, SIN März 2002

Gintic / 2000 Annual Supply Chain Benchmarking Study Mai 2001
Gintic Institute of Manufacturing Technology – Supply Chain Management Centre (Hrsg.): 2000 Annual Supply Chain Benchmarking Study in Southeast Asia, Executive Summary, PDF-Datei, Singapore, SIN Mai 2001

Gleich: Performance Measurement 1997
Gleich, Ronald: Performance Measurement im Controlling. In: Gleich, Ronald und Seidenschwarz, Werner (Hrsg.): Die Kunst des Controlling, München 1997, S. 343 – 365

Göpfert / Supply Chain Management 2002
Göpfert, Ingrid: Einführung, Abgrenzung und Weiterentwicklung des Supply Chain Managements. In: Busch, Axel und Dangelmaier, Wilhelm (Hrsg.): Integriertes Supply Chain Management. Theorie und Praxis effizienter unternehmensübergreifender Geschäftsprozesse, Wiesbaden 2002, S. 25 – 44

Göpfert / Logistik als betriebswirtschaftliche Teildisziplin 1999
Göpfert, Ingrid: Stand und Entwicklung der Logistik – Herausbildung einer betriebswirtschaftlichen Teildisziplin. In: Logistik Management, 1. Jg., Nr. 1, 1999, Nürnberg 1999, S. 19 – 33

Göpfert und Neher / Controlling-Instrumente 2002
Göpfert, Ingrid und Neher, Axel: Controlling-Instrumente – Mangel an Wissen und Vertrauen. In: Logistik Heute, 24. Jg., Nr. 7-8, 2002, München 2002, S. 36 – 37

Goetschalckx / Strategic Network Planning 2002
Goetschalckx, Marc: Strategic Network Planning. In: Stadtler, Hartmut und Kilger, Christoph (Hrsg.): Supply Chain Management and Advanced Planning. Concepts, Models, Software and Case Studies, Berlin und Heidelberg 2002, S. 105 – 122

Goldbach / Supply Chain Costing 2002
Goldbach, Maria: Organizational Settings in Supply Chain Costing. In: Seuring, Stefan und Goldbach, Maria (Hrsg.): Cost Management in Supply Chains, Heidelberg und New York, New York 2002, S. 89 – 110

Goldrath / Theory of Constraints 1999
Goldrath, Eliyahu M.: Theory of Constraints, Great Barrington, Massachusetts 1999

Goldrath und Cox / Process of Ongoing Improvement 1992
Goldrath, Eliyahu M. und Cox, Jeff: The Goal – A Process of Ongoing Improvement, Second Revised Edition, Great Barrington, Massachusetts 1992

Gottwald / Statistik 2000
Gottwald, Wolfgang: Statistik für Anwender – Die Praxis der instrumentellen Analytik, Weinheim u.a. 2000

Govil und Proth / Supply Chain Design 2002
Govil, Manish und Proth, Jean-Marie: Supply Chain Design and Management. Strategic and Tactical Perspectives, San Diego, California 2002

Greene und Flentov / Managing performance 1990
Greene, Alice H. und Flentov, Peter: Managing performance: Maximizing the benefit of activity-based costing. In: Journal of Cost Management, 4. Jg., Nr. 2, 1990, New York, New York 1990, S. 52 – 59

Grochla / Grundlagen der organisatorischen Gestaltung 1982
Grochla, Erwin: Grundlagen der organisatorischen Gestaltung, Stuttgart 1982 (Nachdruck 1995)

Grochla / Unternehmensorganisation 1983
Grochla, Erwin: Unternehmensorganisation, 9. Aufl., Reinbek bei Hamburg 1983

Grochla et al. / Kölner Integrationsmodell (KIM) 1974
Grochla, Erwin et al.: Integrierte Gesamtmodelle der Datenverarbeitung. Entwicklung und Anwendung des Kölner Integrationsmodells (KIM), München und Wien, AT 1974

Grochla und Wittmann / Handwörterbuch der Betriebswirtschaft 1974
Grochla, Erwin und Wittmann, Waldemar (Hrsg.): Handwörterbuch der Betriebswirtschaft (HWB), Reihe: Enzyklopädie der Betriebswirtschaftslehre, Bd. I/1, 4. Aufl., Stuttgart 1974

Gronau et al. / Integration von SCM-Lösungen 2002
Gronau, Norbert; Haak, Liane; Noll, Ralph-Peter: Integration von SCM-Lösungen in die betriebliche Informationssystemarchitektur. In: Busch, Axel und Dangelmaier, Wilhelm (Hrsg.): Integriertes Supply-Chain Management. Theorie und Praxis effizienter unternehmensübergreifender Geschäftsprozesse, Wiesbaden 2002

Grünauer et al. / Supply Chain Management Systems 2001
Grünauer, Karl Maria; Fleisch, Elgar; Österle, Hubert: Overview on Supply Chain Management Systems. In: Österle, Hubert; Fleisch, Elgar; Alt, Rainer: Business Networking – Shaping Collaboration Between Enterprises, 2. Aufl., Berlin u.a. 2001, S. 175 – 191

Guest / Organizational Change 1962
Guest, Robert H.: Organizational Change – The Effect of Successful Leadership, Homewood, Illinois 1962

Gunther / ARIS EasySCOR 2003
Gunther, Klaus: Supply Chain Assessments With ARIS EasySCOR – Introduction and Case Study, IDS Scheer, Inc. (Hrsg.), Webcast at Supply Chain World 2003, PDF-Datei, Berywn, Pennsylvania 2003

Guß und Walther / Supply Chain Management 2001
Guß, Hartmut und Walther, Johannes: Supply Chain Management in Deutschland und der Schweiz: Ergebnisse der Studie 2000. In: Walther, Johannes und Bund, Martina (Hrsg.): Supply Chain Management – Neue Instrumente zur kundenorientierten Gestaltung integrierter Lieferketten, Frankfurt 2001, S. 159 – 177

Gutenberg / Betriebswirtschaftslehre 1979
Gutenberg, Erich: Grundlagen der Betriebswirtschaftslehre. Erster Band: Die Produktion, 23. Aufl., Heidelberg 1979

Hagemann / Darstellung des SCOR-Modells 2004
Hagemann, Kai: Darstellung des SCOR – Supply Chain Operations Reference Model, Dokument Nr. 23085 aus den Wissensarchiven von GRIN – Global Research and Information Network (Hrsg.), München und Ravensburg 2004

Hair et al. / Multivariate Data Analysis 1995
Hair, Joseph E.; Tatham, Ronald L; Anderson, Rolph E.: Multivariate Data Analysis, 4. Aufl., London, UK 1995

Hall und Harmon / Business Process Trends 2005
Hall, Curtis und Harmon, Paul: The 2005 Business Process Trends Enterprise Architecture, Process Modeling & Simulation Tools Report, Business Process Trends (BPT) (Hrsg.), Version 1.0, April 28, 2005, San Francisco, California und Newton, Massachusetts 2005

Hamel / Leading the Revolution 2002
Hamel, Gary: Leading the Revolution. How to Thrive in Turbulent Times by Making Innovation a Way of Life, New York, New York u.a. 2002

Hamel und Prahalad / Competing for the Future 2000
Hamel, Gary und Prahalad, C. K.: Competing for the Future. In: Harvard Business Review (HBR), July-August 2000, Boston, Massachusetts 2000, S. 122 – 128

Hammer und Champy / Reengineering 1993
Hammer, Michael und Champy, James: Reengineering the Corporation. A Manifesto for Business, New York, New York 1993

Hammann und Erichson / Marktforschung 1990
Hammann, Peter und Erichson, Bernd: Marktforschung, 2. Aufl., Stuttgart und New York, New York 1990

Handfield und Nichols / Supply Chain Redesign 2002
Handfield, Robert B. und Nichols Jr., Ernest L.: Supply Chain Redesign. Transforming Supply Chains into Integrated Value Systems, Upper Saddle River, New Jersey 2002

Handfield und Nichols / Supply Chain Management 2000
Handfield, Robert B. und Nichols Jr., Ernest L.: Introduction to Supply Chain Management, Upper Saddle River, New Jersey 2000

Hannappel / Public Private Partnership 2005
Hannappel, Rüdiger: Public Private Partnership im Hochschulwesen – Voraussetzungen für eine erfolgreiche Gestaltung, Berlin 2005

Harmon / Standard Operations Reference Models 2004
Harmon, Paul: The Use and Value of Standard Operations Reference Models in an Adaptive Enterprise. In: International Quality and Productivity Center (IQPC) (Hrsg.): Business Process Management Summit, Delivering Results with Continuous Improvement, Conference Las Vegas, Nevada, May 25-26, 2004, Model Case Study, Las Vegas, Nevada 2004

Harmon / Second Generation Business Process Methodologies 2003
Harmon, Paul: Second Generation Business Process Methodologies. In: Business Process Trends, Vol. 1, No. 5/2003, San Francisco, California May 2003

Harmon / Intel's Real Time Delivery Planning Application 2003
Harmon, Paul: BPT Case Study: Intel's Real Time Delivery Planning Application, Intel Corp. (Hrsg.), PDF-Datei, San Francisco, California April 2003

Hausman / Supply Chain Performance Metrics 2000
Hausman, Warren H.: Supply Chain Performance Metrics, Stanford University, Management Science and Engineering Department (Hrsg.), Stanford, California 2000

Hayduk / Structural Equation Modeling with Lisrel 1987
Hayduk, Leslie A.: Structural Equation Modeling With Lisrel: Essentials and Advances, John Hopkins University Press (Hrsg.), Baltimore, Mayland 1987

Heck / Supply Chain Operations Reference Model 2004
Heck, Christian: Supply Chain Operations Reference Model, Dokument Nr. 21248 aus den Wissensarchiven von GRIN – Global Research and Information Network (Hrsg.), München und Ravensburg 2004

Heinrich und Betts / Adaptive Business Network 2003
Heinrich, Claus und Betts, Bob: Adapt or Die: Transforming Your Supply Chain into an Adaptive Business Network, Hoboken, New Jersey 2003

Heinzel / Supply Chain Operations Reference-Modells 2001
Heinzel, Herbert: Gestaltung integrierter Lieferketten auf Basis des Supply Chain Operations Reference-Modells. In: Walther, Johannes und Bund, Martina (Hrsg.): Supply Chain Management, Frankfurt 2001, S. 32 – 58

Hellingrath / Standards für die Supply Chain 1999
Hellingrath, Bernd: Standards für die Supply Chain. In: Logistik Heute, 21. Jg., Nr. 7-8, 1999, München 1999, S. 77 – 85

Hendricks et al. / Performance Measures 1996
Hendricks, James A.; Defreitas, David G.; Walker, Delores K.: Changing performance measures at Caterpillar. In: Management Accounting, 78. Jg., Nr. 6, 1996, Montvale, New Jersey 1996, S. 18 – 24

Hieber et al. / SCOR-Modell 2002
Hieber, Ralf; Nienhaus, Jörg; Laakmann, Frank; Stracke, Niklas: Erfahrungen zur Modellierung von Prozessen in Unternehmensnetzwerken und Vorschläge für Ergänzungen des SCOR-Modells, ETH – Zentrum für Unternehmenswissenschaften (BWI) und Universität Dortmund (Hrsg.), Sonderforschungsbereich 559: „Modellierung großer Netze in der Logistik", Dortmund Dezember 2002

Hillek / Wertschöpfungspotenziale 2001
Hillek, Thomas: Erschließung neuer Wertschöpfungspotenziale durch eSCM. In: Lawrenz, Oliver; Hildebrand, Knut; Nenninger, Michael; Hillek, Thomas (Hrsg.): Supply Chain Management. Konzepte, Erfahrungsberichte und Strategien auf dem Weg zu digitalen Wertschöpfungsnetzen, Braunschweig und Wiesbaden 2001, 2. Aufl., S. 1 – 18

Hines et al. / Lean Accounting 2002
Hines, Peter; Silvi, Riccardo; Bartolini, Monica; Rachi, Andrea: A Framework for Extending Lean Accounting into Supply Chains. In: Seuring, Stefan und Goldbach, Maria (Hrsg.): Cost Management in Supply Chains, Heidelberg und New York, New York 2002, S. 53 – 74

Hinkelmann / Referenzmodelle am Beispiel SCOR 2003
Hinkelmann, Knut: Referenzmodelle am Beispiel SCOR, Fachhochschule Solothurn Nordwestschweiz, Bereich Technik – Wirtschaft – Soziales (Hrsg.): Geschäftsprozesse und Workflow-Management, Lehrveranstaltung Wintersemester 2003, PDF-Datei, Solothurn, CH 2003

Hodapp / Kausalmodelle 1984
Hodapp, Volker: Analyse linearer Kausalmodelle, Bern, CH u.a. 1984

Hofmann / Supply Chain Inefficiencies 2004
Hofmann, Paul: Turn Supply Chain Inefficiencies into Concrete Bottom-Line Dollar Value. In: SAP AG (Hrsg.): SAP Insider, Januar-Februar-März 2004, SCM Spotlight, Nr. 82, Walldorf 2004

Holcomb et. al. / Transition from Tactical to Adaptive Supply Chains 2003
Holcomb, Mary C; Manrodt, Carl B; Ross, Tony: Operation Excellence – The Transition from Tactical to Adaptive Supply Chains, CapGemini Service SAS (Hrsg.): Year 2003 Report on Trends and Issues in Logistics and Transportation, PDF-Datei, Paris, FR 2003

Hollingsworth / Workflow Reference Model 1995
Hollingsworth, David: The Workflow Reference Model, Workflow Management Coalition (Hrsg.): The Workflow Management Coalition Specification, Document Number TC00-1003, Document Status – Issue 1.1, 19-Jan-95, Brookfield, Vermont und Aldershot, UK 1995

Holten und Melchert / SCOR-Modell 2002
Holten, Roland und Melchert, Florian: Das Supply Chain Operations Reference (SCOR)-Modell. In: Becker, Jörg und Knackstedt, Ralf (Hrsg.): Wissensmanagement mit Referenzmodellen. Konzepte für die Anwendungssystem- und Organisationsgestaltung, Heidelberg 2002, S. 207 – 226

Hoover et al. / Demand-Supply Chain 2001
Hoover Jr., William E.; Eloranta, Eero; Holmström, Jan; Huttunen, Kati: Managing the Demand-Supply Chain. Value Innovations for Customer Satisfaction, New York, New York u.a. 2001

Horváth / Controlling 2001
Horváth, Peter: Controlling, 8. Aufl., München 2001

Horváth und Kaufmann / Balanced Scorecard 1998
Horváth, Peter und Kaufmann, Lutz (Hrsg.): Balanced Scorecard. Ein Werkzeug zur Umsetzung von Strategien. In: Harvard Business Manager, Heft 5, 1998, Hamburg 1998, S. 39 – 48

Horváth und Lamla / Benchmarking 1995
Horváth, Peter und Lamla, Joachim: Benchmarking und Kaizen Costing. In: Reichmann, Thomas: (Hrsg.): Handbuch Kosten- und Erfolgs-Controlling, München 1995, S. 63 – 88

Horváth und Mayer / Prozesskostenrechnung 1989
Horváth, Peter und Mayer, Reinhold: Prozesskostenrechnung. Der Weg zu mehr Kostentransparenz und wirkungsvolleren Unternehmensstrategien. In: Controlling, Heft 7-8, 1989, München 1989, S. 214 – 219

Hoyle / Structural Equation Modeling 1995
Hoyle, Rick H.: Structural Equation Modeling: Concepts, Issues, and Applications, Sage Publications, Thousand Oaks, California 1995

HP / Adaptive Supply Chain Solution 2003
Hewlett-Packard (HP) (Hrsg.): Real Time Supply Chain – Adaptive Supply Chain Solutions, HP Solution Brief, Palo Alto, California 2003

Hronec / Indikatoren der Leistungsfähigkeit 1996
Hronec, Steven M.: Vital signs: Indikatoren für die Optimierung der Leistungsfähigkeit Ihres Unternehmens, Stuttgart 1996

Huan et al. / Supply chain operations reference (SCOR) model 2004
Huan, Samuel H.; Sheoran, Sunil K.; Wang, Ge: A review and analysis of supply chain operations reference (SCOR) model. In: Supply Chain Management: An International Journal, Vol. 9, No. 1, 2004, Bradford, UK 2004, S. 23 – 29

Hughes et al. / Transform Your Supply Chain 1998
Hughes, John; Ralf, Mark; Michels, Bill: Transform Your Supply Chain. Releasing Value in Business, London, UK und Boston, Massachusetts 1998

Hugos / Supply Chain Management 2003
Hugos, Michael: Essentials of Supply Chain Management, Hoboken, New Jersey 2003

IDS / Business Process Management 2003
IDS Scheer AG (Hrsg.): Business Rules and Business Process Management: A Best-of-Breed Solution, White Paper, Saarbrücken 2003

Industry Directions / Adaptive Supply Chains 2003
Industry Directions, Inc. (Hrsg.): Driving Adaptive Supply Chains: 5 Laws of Adaptive Supply Chain Management, Executive Brief, Burlington, Massachusetts 2003

Industry Directions / Performance Management 2001
Industry Directions, Inc. (Hrsg.): Creating Competitive Advantage from Performance Management, White Paper, Burlington, Massachusetts 2001

Industry Directions / Successful Supply Chain Management 2001
Industry Directions, Inc. (Hrsg.): Successful Supply Chain Management in a Dynamic Economy: Electronics Sector Focus, White Paper, Burlington, Massachusetts 2001

Industry Directions / Performance Measurement 1998
Industry Directions, Inc. (Hrsg.): 1998 Performance Measurement Trends of Industry Leaders, Executive Summary and Findings Report, Burlington, Massachusetts 1998

Industry Directions / Synchronizing Organizational Performance 1998
Industry Directions, Inc. (Hrsg.): Synchronizing Organizational Performance: Linking ERP and APS, Executive Brief, Burlington, Massachusetts September 1998

Intel Information Technology / SCOR Experience 2002
Intel Information Technology (Hrsg.): SCOR Experience at Intel. Methods and tools for Supply Chain Management, White Paper, Santa Clara, California 2002

Jacob / Balanced Scorecard 1999
Jacob, Rahul: Auf BSC folgt ABC. In: IO Management, 68. Jg., Nr. 11, 1999, Zürich, CH 1999, S. 44 – 45

Jansen und Reising / E-Demand Chain Management 2001
Jansen, R. und Reising, A.: E-Demand Chain Management als kundenorientierte „real time" Prozesssteuerung. In: Controlling, 13. Jg., Nr. 4-5, 2001, Stuttgart 2001, S. 197 – 202

Jarillo / Strategic Networks 1993
Jarillo, J. Carlos: Strategic Networks: Creating the Borderless Organization, Oxford, UK 1993

Kaczmarek und Stüllenberg / Model Based Analysis 2002
Kaczmarek, Michael und Stüllenberg, Frank: Decision Support By Model Based Analysis of Supply Chains. In: Seuring, Stefan und Goldbach, Maria (Hrsg.): Cost Management in Supply Chains, Heidelberg und New York, New York 2002, S. 273 – 288

Kajüter / Cost Management 2002
Kajüter, Peter: Proactive Cost Management in Supply Chains. In: Seuring, Stefan und Goldbach, Maria (Hrsg.): Cost Management in Supply Chains, Heidelberg und New York, New York 2002, S. 31 – 52

Kaluza und Blecker / Supply Chain Management 1999
Kaluza, Bernd und Blecker, Thorsten: Integration von Unternehmung ohne Grenzen und Supply Chain Management, Diskussionsbeiträge des Instituts für Wirtschaftswissenschaften der Universität Klagenfurt (Hrsg.), Nr. 9904, ISBN 3-85496-005-0, Klagenfurt, AT September 1999

Kanngießer / SCOR-Modell 2002
Kanngießer, Anja: Supply Chain Modellierung mit dem SCOR-Modell, Lehrstuhl für Informatik der Universität Kassel (Hrsg.): Lehrveranstaltung „Einführung in die Logistik", Wintersemester 2002, PDF-Datei, Kassel 2002

Kansky / Supply Chain 2001
Kansky, Dirk: Profitables Wachstum im Visier – Von der Supply Chain zu eBusiness Trading Networks. In: Lawrenz, Oliver; Hildebrand, Knut; Nenninger, Michael; Hillek, Thomas (Hrsg.): Supply Chain Management. Konzepte, Erfahrungsberichte und Strategien auf dem Weg zu digitalen Wertschöpfungsnetzen, 2. Aufl., Braunschweig und Wiesbaden 2001, S. 203 – 220

Kaplan und Norton / Balanced Scorecard 1997
Kaplan, Robert S. und Norton, David P.: Balanced Scorecard: Strategien erfolgreich umsetzen, Stuttgart 1997

Kaplan und Norton / Balanced Scorecard 1996
Kaplan, Robert S. und Norton, David P.: The Balanced Scorecard: Translating Strategy into Action, Harvard Business School Press (Hrsg.), Boston, Massachusetts 1996

Kaplan und Norton / Strategic Management System 1996
Kaplan, Robert S. und Norton, David P.: Using the Balanced Scorecard as a Strategic Management System. In: Harvard Business Review (HBR), January-February 1996, Boston, Massachusetts 1996, S. 75 – 85

Kaplan und Norton / The Balanced Scorecard 1992
Kaplan, Robert S. und Norton, David P.: The Balanced Scorecard – Measures that Drive Performance. In: Harvard Business Review (HBR), January-February 1992, Boston, Massachusetts 1992, S. 71 – 79

Keegan et al. / Performance measures 1989
Keegan, Danel P.; Eiler, Robert G.; Jones, Charles R.: Are your performance measures obsolete? In: Management Accounting, 70. Jg., Nr. 12, 1989, Montvale, New Jersey 1989, S. 45 – 50

Kemper / Management Unterstützungs-Systeme 1999
Kemper, Hans-Georg: Architektur und Gestaltung von Management Unterstützungs-Systemen, Stuttgart u.a. 1999

Kerzner / Project Management 2003
Kerzner, Harold: Project Management: A Systems Approach to Planning, Scheduling, and Controlling, Eight Edition, Hoboken, New Jersey 2003

Kiesel / Performance Measurement 1996
Kiesel, Jeff: Performance Measurement in der Logistik – am Beispiel der Siemens AG. In: Pfohl, Hans-Christian (Hrsg.): Integrative Instrumente der Logistik: Informationsverknüpfung – Prozessgestaltung – Leistungsmessung – Synchronisation, Berlin 1996, S. 55 – 82

Kieser / Moden & Mythen des Organisierens 1996
Kieser, Alfred: Moden & Mythen des Organisierens. In: Die Betriebswirtschaft (DBW), 56. Jg., Nr. 1, 1996, Stuttgart 1996, S. 21 – 39

Klaus / Supply Chain Management 2005
Klaus, Oliver: Geschäftsregeln zur Unterstützung des Supply Chain Managements. In: Seibt, Dietrich; Kemper, Hans-Georg; Herzwurm, Georg; Stelzer, Dirk; Schoder, Detlef (Hrsg.): Reihe: Wirtschaftsinformatik, Band 49, Lohmar und Köln 2005

Klein / Interorganisationssysteme und Unternehmensnetzwerke 1996
Klein, Stefan: Interorganisationssysteme und Unternehmensnetzwerke – Wechselwirkungen zwischen organisatorischer und informationstechnischer Entwicklung, Wiesbaden 1996

Kline / Structural Equation Modeling 1998
Kline, Rex B.: Principles and Practice of Structural Equation Modeling, New York, New York 1998

Klingemann und Mochmann / Sekundäranalyse 1975
Klingemann, Hans D. und Mochmann, Ekkehard: Sekundäranalyse. In: Van Koolwijik, Jürgen und Wieken-Mayser, Maria. (Hrsg.): Techniken der empirischen Sozialforschung, Bd. 2, München 1975, S. 178 – 194

Koch / Kennzahlensystem 2005
Koch, Manuel: Entwicklung von Kennzahlensystemen für die Logistik, Dokument Nr. 17182 aus den Wissensarchiven von GRIN – Global Research and Information Network (Hrsg.), München und Ravensburg 2005

Kodweiss und Nadjmabadi / Supply Chain Management 2001
Kodweiss, Joachim und Nadjmabadi, Keywan: Supply Chain Management als strategische Herausforderung. In: Lawrenz, Oliver; Hildebrand, Knut; Nenninger, Michael; Hillek, Thomas (Hrsg.): Supply Chain Management. Konzepte, Erfahrungsberichte und Strategien auf dem Weg zu digitalen Wertschöpfungsnetzen, 2. Aufl., Braunschweig und Wiesbaden 2001, S. 71 – 88

Koller und Peacock / Planning and Performance 2002
Koller, Timothy M. und Peacock, Jonathan: Viewpoint: Time for CFOs to step up – As investors home in on business fundamentals and credible accounting, the CFO's traditional role overseeing planning and performance takes on new urgency, McKinsey on Finance (Hrsg.), Vol. Winter 2002, New York, New York 2002

Kops / Auswahlverfahren 1977
Kops, Manfred: Auswahlverfahren in der Inhaltsanalyse, Meisenheim 1977

Kotler und Bliemel / Marketing-Management 1992
Kotler, Philip und Bliemel, Friedhelm: Marketing-Management – Analyse, Planung, Umsetzung und Steuerung, 6. Aufl., Stuttgart 1992

KPMG / eSupply Chain Management 2001
KPMG Consulting (Hrsg.): eSupply Chain Management – eine Schlüsselvoraussetzung für erfolgreiches und profitables eBusiness, Unternehmensbroschüre, Frankfurt 2001

KPMG / eBusiness 2000
KPMG Consulting (Hrsg.): eBusiness – Internet-basierte Dienstleistungen von KPMG, Unternehmensbroschüre, Frankfurt 2000

KPMG / Beschaffungsprozess 1997
KPMG Consulting (Hrsg.): Untersuchung von Strukturen und Rahmenbedingungen im Beschaffungsprozess unter besonderer Berücksichtigung der Prozesskosten, Unternehmensbroschüre, Frankfurt 1997

Kroeber-Riel und Weinberg / Konsumentenverhalten 2003
Kroeber-Riel, Werner und Weinberg, Peter: Konsumentenverhalten, 8. Aufl., München 2003

Kromrey / Empirische Sozialforschung 2002
Kromrey, Helmut: Empirische Sozialforschung, 10. Aufl., Opladen 2002

Kuglin / Supply Chain Management 1998
Kuglin, Fred A.: Customer-Centered Supply Chain Management – A Link-By-Link Guide, New York, New York u.a. 1998

Kuglin und Rosenbaum / Supply Chain Network 2001
Kuglin, Fred A. und Rosenbaum, Barbara A.: The Supply Chain Network @ Internet Speed. Preparing Your Company for the E-Commerce Revolution, New York, New York u.a. 2001

Kuhn / Prozessketten 1995
Kuhn, Axel: Prozessketten in der Logistik: Entwicklungstrends und Umsetzungsstrategien, Dortmund 1995

Kuhn und Hellinrath / Wertschöpfungskette 2002
Kuhn, Axel und Hellinrath, Bernd: Supply Chain Management – Optimierte Zusammenarbeit in der Wertschöpfungskette, Berlin u.a. 2002

Kuhn et al. / Supply Chain Management 1998
Kuhn, Axel; Hellinrath, Bernd; Kloth, Matthias: Anforderungen an das Supply Chain Management der Zukunft. In: Information Management & Consulting, 13. Jg., Heft 3, 1998, Saarbrücken 1998, S. 7 – 13

Kummer / Supply Chain Controlling 2001
Kummer, Sebastian: Supply Chain Controlling. In: Kostenrechnungspraxis (KRP) – Zeitschrift für Betriebsabrechnung, Kostenrechnung und Planung, Nr. 45, 2001, Wiesbaden 2001, S. 81 – 87

Lambert und Pohlen / Supply Chain Metrics 2001
Lambert, Douglas M. und Pohlen, Terrance L.: Supply Chain Metrics. In: International Journal of Logistics Management, Vol. 12, 2001, Columbus, Ohio und Cranfield, UK 2001, S. 1 – 19

Landvoigt und Nieland / Supply-Chain-Management-Funktionen 2003
Landvoigt, Tim und Nieland, Stefan: Konzeption von Supply-Chain-Management-Funktionen für elektronische Marktplätze, Fachhochschule der Wirtschaft (FHDW) (Hrsg.), FHDW-Schriftenreihe, Bd. 6/2002, ISBN 3-8322-1098-9, Aachen 2003

Lambert und Pohlen / Supply Chain Metrics 2001
Lambert, Douglas M. und Pohlen, Terrance L.: Supply Chain Metrics. In: International Journal of Logistics Management, Vol. 12, No. 1, 2001, Columbus, Ohio und Cranfield, UK 2001, S. 1 – 19

Lambert et al. / Logistics Management 1998
Lambert, Douglas M.; Stock, James R.; Ellram, Lisa M.: Fundamentals of Logistics Management, Boston, Massachusetts 1998

Lamnek / Sozialforschung 1995
Lamnek, Siegfried: Qualitative Sozialforschung, Weinheim 1995

Latham / SCOR-Model 1999
Latham, Di: SCOR: How B-I did it – How Boehringer-Ingelheim used the SCOR-Model to benchmark and re-engineer its supply chain. In: Pharmaceutical Visions, Summer 1999, London, UK 1999, S. 85 – 91

Lawler und Rhode / Information and Control in Organizations 1976
Lawler, Edward E. und Rhode, John G.: Information and Control in Organizations, Pacific Palisades, California 1976

Lawrence P.A. und Lee / Insight into management 1984
Lawrence, Peter A. und Lee, Robert A.: Insight into management, Oxford, UK u.a. 1984

Lawrence P.R. und Lorsch / Developing Organizations 1969
Lawrence, Paul R. und Lorsch, Jay W.: Developing Organizations: Diagnosis and Action, Reading, Massachussets u.a. 1969

Lawrenz und Nenninger / eBusiness Networks 2001
Lawrenz, Oliver und Nenninger, Michael: Supply Chains auf dem Weg zu eBusiness Networks. In: Lawrenz, Oliver; Hildebrand, Knut; Nenninger, Michael; Hillek, Thomas (Hrsg.): Supply Chain Management. Konzepte, Erfahrungsberichte und Strategien auf dem Weg zu digitalen Wertschöpfungsnetzen, 2. Aufl., Braunschweig und Wiesbaden 2001, S. 329 – 344

Leavitt / Organizational Change 1965
Leavitt, Harold J.: Applied Organizational Change in Industry: Structural, Technology and Humanistic Approaches. In: March, James G. (Hrsg.): Handbook of Organizations, Chicago, Illinois 1965, S. 1144 – 1170

Lee / Perfektes Logistiksystem 2005
Lee, Hau L.: Supply Chain: Das perfekte Logistiksystem. In: Harvard Business Manager, Heft 1, 2005, Hamburg Januar 2005, S. 68 – 83

Likert / New Patterns of Management 1961
Likert, Rensis: New Patterns of Management, New York, New York u.a. 1961

Link / Controlling Kennzahlen 1998
Link, Jörg: Controlling unter Einbeziehung nicht-monetärer Kennzahlen und Reporting mittels Cockpit-Charts. In: Horváth, Peter (Hrsg.): Innovative Controlling-Tools und Konzepte von Spitzenunternehmen – Controlling der Champions, Stuttgart 1998, S. 194 – 195

Lippitt / Organizational Renewal 1982
Lippitt, Gordon L.: Organizational Renewal: A Holistic Approach to Organization Development, 2. Aufl., Englewood Cliffs, New Jersey 1982

Litterer / Analysis of Organizations 1973
Litterer, Joseph A.: The Analysis of Organizations, 2. Aufl., New York, New York u.a. 1973

Lockamy und McCormack / SCOR planning practices 2004
Lockamy, Archie III und McCormack, Kevin: Linking SCOR planning practices to supply chain performance – An exploratory study. In: International Journal of Operations & Production Management, Vol. 24, No. 12, 2004, Columbus, Ohio und Cranfield, UK 2004, S. 1192 – 1218

Loehlin / Variable Models 1987
Loehlin, John C.: Latent Variable Models, Hillsdale, New Jersey 1987

Lynch und Cross / Continuous improvement 1995
Lynch, Richard L. und Cross, Kelvin F.: Measure up – Yardsticks for continuous improvement, 2. Aufl., Cambridge, Massachusetts 1995

Madeja und Schoder / Electronic Commerce CRM 2003
Madeja, Nils und Schoder, Detlef: Impact of Electronic Commerce Customer Relationship Management on Corporate Success – Results from an Empirical Investigation, Proceedings of the Thirty-Sixth Annual Hawaii International Conference on System Sciences (HICSS 36) (Hrsg.), January 6-9, 2003, Hoboken, New Jersey 2003

Magee / Karl Popper, Tübingen 1986
Magee, Bryan: Karl Popper, Tübingen 1986

Marbacher / Demand and Supply Chain Management 2001
Marbacher, Albert: Demand and Supply Chain Management, Bern u.a. 2001

Markillie / The physical internet 2006
Markillie, Paul: The physical internet: A survey of logistics. In: Sonderbeilage in The Economist June 17th 2006, Vol. 379, No. 8482, London, UK u.a. 2006, S. 3 – 4

Markillie / Using the supply chain to compete 2006
Markillie, Paul: The physical internet: A survey of logistics. Shining examples – How three large and successful companies are using their supply chain to compete. In: Sonderbeilage in The Economist June 17th 2006, Vol. 379, No. 8482, London, UK u.a. 2006, S. 4 – 6

Markillie / When the chain breaks 2006
Markillie, Paul: The physical internet: A survey of logistics. When the chain breaks – Being too lean and mean is a dangerous thing. In: Sonderbeilage in The Economist June 17th 2006, Vol. 379, No. 8482, London, UK u.a. 2006, S. 18 – 20

McGrath / SCOR 1996
McGrath, Michael: SCOR – Supply Chain Operation Reference Model. In: Pittiglio Rabin Todd & McGrath (PRTM) (Hrsg.), Insight, Vol. 8, No. 3, 1996, Waltham, Massachusetts 1996, S. 1 – 5

McNair et al. / Financial and nonfinancial Performance measures 1990
McNair, C.J.; Lynch, Richard L.; Cross, Kelvin F.: Do financial and nonfinancial performance measures have to agree? In: Management Accounting, 72. Jg., Nr. 5, 1990, Montvale, New Jersey 1990, S. 28 – 36

Mentzer et al. / Supply Chain Management o.J.
Mentzer, John T. et al.: Defining Supply Chain Management. In: Journal of Business Logistics, Vol. 22, No. 2, Oak Brook, Illinois o.J.

Meta Group / Corporate Overview 2004
Meta Group, Inc. (Hrsg.): Corporate Overview, PDF-Datei, Stamford, Connecticut 2004

Metcalfe / Creating Adaptive Supply Networks 2003
Metcalfe, David: Creating Adaptive Supply Networks, Forrester Research, Inc. (Hrsg.), PDF-Datei, Cambridge, Massachusetts 2003

Meyr et al. / Basics For Modeling 2002
Meyr, Herbert; Rodhe, Jens; Stadtler, Hartmut: Basics For Modeling. In: Stadtler, Hartmut und Kilger, Christoph (Hrsg.): Supply Chain Management and Advanced Planning. Concepts, Models, Software and Case Studies, Berlin und Heidelberg 2002, S. 45 – 70

Meyr et al. / Advanced Planning Systems 2002
Meyr, Herbert; Rodhe, Jens; Stadtler, Hartmut: Structure of Advanced Planning Systems. In: Stadtler, Hartmut und Kilger, Christoph (Hrsg.): Supply Chain Management and Advanced Planning. Concepts, Models, Software and Case Studies, Berlin und Heidelberg, 2002, S. 99 – 104

mi / SCOR Wizard 2004
mi Services Group Ltd. (Hrsg.): SCOR Wizard: Profit from your supply chain, PDF-Datei, Reading, UK 2004

Migge / Referenzmodelle für das Supply Chain Management 2002
Migge, Dorothea: Referenzmodelle für das Supply Chain Management – Bewertung des Nutzens für die unternehmensübergreifende Systemgestaltung, Westfälische Wilhelms-Universität Münster, Fachgebiet Wirtschaftsinformatik – Lehrstuhl für Wirtschaftsinformatik und Informationsmanagement von Prof. Dr. Jörg Becker (Hrsg.), Münster 2002

Miller / Customer Expectations 2002
Miller, Holmes: Managing Customer Expectations. In: Ayers, James B. (Hrsg.): Making Supply Chain Management Work. Design, Implementation, Partnership, Technology, and Profits, Boca Raton, Florida u.a. 2002, S. 665 – 670

Mintzer / Climate Change 1992
Mintzer, Irving M.: Confronting Climate Change: Risks, Implications and Responses, Cambridge, UK 1992

Monka und Voß / Statistik 2002
Monka, Michael und Voß, Werner: Statistik am PC, 3. Aufl., München 2002

Moser / Theorie der Sozialwissenschaften 1975
Moser, Heinz: Aktionsforschung als kritische Theorie der Sozialwissenschaften, München 1975

Müller et al. / Supply Chain Management 2003
Müller, Martin; Seuring, Stefan; Goldbach, Maria: Supply Chain Management – Neues Konzept oder Modetrend? In: Die Betriebswirtschaft (DBW), 63. Jg., Nr. 4, 2003, Stuttgart 2003, S. 419 – 439

Müller-Böling und Klandt / Methoden empirischer Sozialforschung 1996
Müller-Böling, Detlef und Klandt, Heinz: Methoden empirischer Wirtschafts- und Sozialforschung. Eine Einführung mit wirtschaftswissenschaftlichem Schwerpunkt, Köln und Dortmund 1996

Müller-Hagedorn / Management-Informationssystem 1999
Müller-Hagedorn, Lothar: Bausteine eines Management-Informationssystems: Balanced Scorecard – Benchmarking - Betriebsvergleich. In: Beisheim, Otto (Hrsg.): Distribution im Aufbruch, München 1999, S. 729 – 753

Negroponte / Digital 1995
Negroponte, Nicholas: Being Digital, New York, New York 1995

Neuhäuser-Metternich und Witt / Kommunikation und Berichtswesen 1996
Neuhäuser-Metternich, Sylvia und Witt, Frank-Jürgen: Kommunikation und Berichtswesen, München 1997

Nickles et al. / Managing information technology 1999
Nickles, Tom; Müller, James; Tabacs, Timothy: Strategy, information technology and the supply chain. Managing information technology for success, not just survival. In: Gottorna, John L. (Hrsg.): Strategic Supply Chain Alignment. Best practices in Supply Chain Management, Brookfield, Vermont und Aldershot, UK 1999, S. 494 – 508

Nippa und Picot / Prozessmanagement 1995
Nippa, Michael und Picot, Arnold: Prozessmanagement und Reengineering. Die Praxis im deutschsprachigen Raum, Frankfurt 1995

Norek / Inventory Management 1999
Norek, Chris: Inventory management. Keeping costs down while lifting customer satisfaction. In: Gottorna, John L. (Hrsg.): Strategic Supply Chain Alignment. Best practices in Supply Chain Management, Brookfield, Vermont und Aldershot, UK 1999, S. 381 – 392

Normann und Ramirez / Value Chain 2000
Normann, Richard und Ramirez, Rafael: From Value Chain to Value Constellation – Designing Interactive Strategies. In: Harvard Business Review on Managing The Value Chain, Boston, Massachusetts 2000, S. 185 – 219

Novack et al. / Logistics Value 1995
Novack, Robert A.; Langley Jr., John C., Rinehard, Lloyd M.: Creating Logistics Value. Themes for the Future, Council of Logistics Management (CLM) (Hrsg.), Oak Brook, Illinois 1995

Novack et al. / Logistics Management 1992
Novack, Robert A.; Rinehard, Lloyd M; Wells, Michael V.: Rethinking Concept Foundations in Logistics Management. In: Journal of Business Logistics, Vol. 13, No. 2, 1992, Oak Brook, Illinois 1992, S. 233 – 267

o.V. / Logistics revolution 2006
o.V.: The Logistics revolution: Chain reaction – A hidden industry has changed all our lives; but some companies are operating rather close to the edge. In: The Economist June 17th 2006, Vol. 379, No. 8482, London, UK u.a. 2006, S. 14

O'Dell und Grayson / Best Practice 1998
O'Dell, Carla und Grayson, Jackson C.: If only we knew what we know: The Transfer of Internal Knowledge and Best Practice, New York, New York 1998

O'Shaughnessy / Business Organization 1976
O'Shaughnessy, John: Patterns of Business Organization, New York, New York 1976

Ossola-Haring / Kennzahlen zur Unternehmensführung 2003
Ossola-Haring, Claudia (Hrsg.): Das große Handbuch Kennzahlen zur Unternehmensführung – Kennzahlen richtig verstehen, verknüpfen und interpretieren, 2. Aufl., München 2003

Otto und Kotzrab / Beitrag des Supply Chain Management 2001
Otto, Andreas und Kotzrab, Herbert: Der Beitrag des Supply Chain Management zum Management von Supply Chains – Überlegungen zu einer unpopulären Frage. In: Zeitschrift für betriebswirtschaftliche Forschung (zfbf), Heft 03, 2001, Düsseldorf 2001, S. 157 – 176

Paul / D-Logistic seminar 2002
Paul, John: D-Logistic seminar 2002, SCM Centre, SIMTech Singapore Institute of Manufacturing Technology (Hrsg.): Benchmarking with SCOR, Singapore, SIN 2002

Pfohl / Total Quality Management 1992
Pfohl, Hans-Christian (Hrsg.): Total Quality Management in der Logistik, Berlin 1992

Piller / Kundenindividuelle Produkte 1997
Piller, Frank T.: Kundenindividuelle Produkte – von der Stange. In: Harvard Business Manager, Heft 3, 1997, Hamburg 1997, S. 15 – 26

Piller und Schoder / Mass Customization 1999
Piller, Frank T. und Schoder, Detlef (Hrsg.): Mass Customization und Electronic Commerce – Eine empirische Einschätzung zur Umsetzung in deutschen Unternehmen. Vorabdruck einer gleichnamigen Veröffentlichung in der ZfB – Zeitschrift für Betriebswirtschaft (zur Veröffentlichung angenommen), Würzburg und Freiburg 1999

Pine / Mass Customization 1993
Pine, Joseph B.: Mass Customization, Boston, Massachusetts 1993

PMG / Signals of Performance 2002
The Performance Measurement Group (PMG) (Hrsg.): Signals of Performance. Achieving Delivery Performance: Linking Strategy, Capabilities, and Results, Vol. 3, No. 4, 2002, Waltham, Massachusetts 2002

PMI / Project Management Body of Knowledge 2000
Project Management Institute, Inc. (PMI) (Hrsg.): A Guide to the Project Management Body of Knowledge (PMBOK Guide), Edition 2000, Newtown Square, Pennsylvania 2000

Poirier / E-Supply Chain 2000
Poirier, Charles C.: E-Supply Chain: Using the Internet to Revolutionize your Business, San Francisco, California 2000

Poirier / Advanced Supply Chain Management 1999
Poirier, Charles C.: Advanced Supply Chain Management. How to Build a Sustained Competitive Advantage, San Francisco, California 1999

Pollalis / Quality Management 2002
Pollalis, Yannis A.: Quality and Change Management. In: Ayers, James B. (Hrsg.): Making Supply Chain Management Work. Design, Implementation, Partnership, Technology, and Profits, Boca Raton, Florida u.a. 2002, S. 333 – 342

Poluha / Application of the SCOR Model 2006
Poluha, Rolf G.: Application of the SCOR Model in Supply Chain Management, Youngstown, New York 2006

Poluha / SCM in der Praxis 2001
Poluha, Rolf G.: SCM in der Praxis – Projektmanagement komplexer SCM Projekte. In: Lawrenz, Oliver; Hildebrand, Knut; Nenninger, Michael; Hillek, Thomas (Hrsg.): Supply Chain Management. Konzepte, Erfahrungsberichte und Strategien auf dem Weg zu digitalen Wertschöpfungsnetzen, 2. Aufl., Braunschweig und Wiesbaden 2001, S. 311 – 327

Popper / Objektive Erkenntnis 1995
Popper, Karl R.: Objektive Erkenntnis – Ein evolutionärer Entwurf, 3. Aufl., Hamburg 1995

Popper / Logik der Forschung 1989
Popper, Karl R.: Logik der Forschung, 9. Aufl., Tübingen 1989

Porter / Wettbewerbsvorteile 1999
Porter, Michael E.: Wettbewerbsvorteile – Spitzenleistungen erreichen und behaupten, 5. Aufl., Frankfurt u.a. 1999

Porter / Wettbewerbsstrategie 1995
Porter, Michael E.: Wettbewerbsstrategie – Methoden zur Analyse von Branchen und Konkurrenten, 8. Aufl., Frankfurt u.a. 1995

Porter und Millar / Wettbewerbsvorteile durch Information 1988
Porter, Michael E. und Millar, Victor E.: Wettbewerbsvorteile durch Information. In: Simon, Hermann (Hrsg.): Wettbewerbsvorteile und Wettbewerbsfähigkeit, Universitätsseminar der Wirtschaft (USW) – Schriften für Führungskräfte, Band 16, Stuttgart 1988, S. 62 – 87

Prahalad und Hamel / Core Competence 1990
Prahalad, C.K. und Hamel, Gary: The Core Competence of the Corporation. In: Harvard Business Manager, Heft 3, 1990, Boston, Massachusetts 1990, S. 79 – 91

Premkumar / Interorganizational Systems 2002
Premkumar, Prem G.: Interorganizational Systems. In: Ayers, James B. (Hrsg.): Making Supply Chain Management Work. Design, Implementation, Partnership, Technology, and Profits, Boca Raton, Florida u.a. 2002, S. 367 – 388

Preißner / Controlling 2003
Preißner, Andreas: Praxiswissen Controlling – Grundlagen, Werkzeuge, Anwendungen, 3. Aufl., München und Wien, AT 2003

PRTM / Supply Chain Practice Maturity Model 2001
Pittiglio Rabin Todd & McGrath (PRTM) and The Performance Measurement Group (PMG) (Hrsg.): Supply-Chain Practice Maturity: Model and Performance Assessment, PDF-Datei, Waltham, Massachusetts November 2001

Radjou et al. / Adaptive Supply Networks 2003
Radjou, Navi; Orlov, Laurie M.; Porth, Marli: Transforming Your Static Supply Chains Into Adaptive Supply Networks, Forrester Research, Inc. (Hrsg.), PDF-Datei, Cambridge, Massachusetts 2003

Radjou / Adaptive Supply Nets 2001
Radjou, Navi: SAP Leads Race To Build Adaptive Supply Nets, Forrester Research, Inc. (Hrsg.), PDF-Datei, Cambridge, Massachusetts 2001

Rai et al. / Supply Chain Integration Capabilities 2005
Rai, Arun; Patnayakuni, Ravi; Patnayakuni, Nainika: Firm Performance Impacts of Digitally-Enabled Supply Chain Integration Capabilities, Management Information Systems Research Center – University of Minnesota (Hrsg.), Vorabdruck einer gleichnamigen Veröffentlichung in MIS Quarterly (zur Veröffentlichung angenommen), Minneapolis, Minnesota Februar 2005

Raman / Supply Chains 1999
Raman, Ananth: Towards finding the perfect match. Matching supply with demand in supply chains. In: Gottorna, John L. (Hrsg.): Strategic Supply Chain Alignment. Best practices in Supply Chain Management, Brookfield, Vermont und Aldershot, UK 1999, S. 171 – 187

Rayport und Sviokla / Virtual Value Chain 1995
Rayport, Jeffrey F. und Sviokla, John J.: Exploiting the Virtual Value Chain. In: Harvard Business Review (HBR), November-December 1995, Boston, Massachusetts 1995, S. 75 – 85

Rebstock / Elektronische Geschäftsabwicklung 2000
Rebstock, Michael: Elektronische Geschäftsabwicklung, Märkte und Transaktionen: Eine methodische Analyse. In: HMD – Praxis der Wirtschaftsinformatik, Heft 215, 2000, Heidelberg 2000, S. 5 – 15

Reddy R. und Reddy S. / Supply Chains to Virtual Integration 2001
Reddy, Ram und Reddy, Sabine: Supply Chains to Virtual Integration, Emerging Business Technologies Series, New York, New York 2001

Reiner und Hofmann / Performance Evaluation 2004
Reiner, Gerald und Hofmann, Paul: Performance Evaluation of Supply Chain Processes: An integrated benchmarking approach using dependency analysis and data envelopment analysis, SAP AG (Hrsg.), White Paper, Walldorf 2004

Richmond et al. / Supply chain management tools 1999
Richmond, Bruce; Burns, Ann; Mabe, Jay; Nuthall, Linda; Toole, Rick: Supply chain management tools. Minimizing the risks, maximizing the benefits. In: Gottorna, John L. (Hrsg.): Strategic Supply Chain Alignment. Best practices in Supply Chain Management, Brookfield, Vermont und Aldershot, UK 1999, S. 509 – 520

Ringle / Messung von Kausalmodellen 2004
Ringle, Christian Marc: Messung von Kausalmodellen. Ein Methodenvergleich. Institut für Industriebetriebslehre und Organisation an der Universität Hamburg von Prof. Dr. Karl-Werner Hansmann (Hrsg.), Industrielles Management, Arbeitspapier Nr. 14, Hamburg 2004

Rochel / Planung und Auswertung von Untersuchungen 1983
Rochel, Hubertus: Planung und Auswertung von Untersuchungen im Rahmen des allgemeinen linearen Modells, Berlin und Heidelberg 1983

Rogge / Marktforschung 1981
Rogge, Hans-Jürgen: Marktforschung, München 1981

Rohde et al. / Supply Chain Planning Matrix 2000
Rohde, Jens; Meyr, Herbert; Wagner, Michael: Die Supply Chain Planning Matrix. In: PPS-Management, Bd. 1, Heft 1, 2000, Berlin 2000, S. 10 – 15

Ross / e-Supply Chain Management 2003
Ross, David F.: e-Supply Chain Management: Engaging Technology to Build Market-Winning Business Partnerships, Boca Raton, Florida u.a. 2003

Ross / Supply Chain Management 1997
Ross, David F.: Competing through to Supply Chain Management – Creating Market-Winning Strategies through Supply Chain Partnerships, Boston, Massachusetts u.a. 1997

Rummler und Brache / Improving performance 1990
Rummler, Geary A. und Brache, Alan P.: Improving performance: How to manage the white space on the organization chart, San Francisco, California 1990

SAP / SAP Benchmarking Study 2004
SAP AG (Hrsg.): Pittiglio, Rabin, Todd & McGrath (PRTM) and SAP Benchmarking Study 2002-2003: Supply Chain Planning, Walldorf Januar 2004

SAP / Responsive and Cost-Efficient Supply Chains 2003
SAP AG (Hrsg.): Benchmarking Study Shows SAP Customers Run More Responsive and Cost-Efficient Supply Chains, Press Release, 16. September 2003, Chicago, Illinois September 2003

SAP / Adaptive Supply Chain Networks 2002
SAP AG (Hrsg.): Adaptive Supply Chain Networks, White Paper, Walldorf 2002

Schäfer E. und Knoblich / Marktforschung 1978
Schäfer, Erich und Knoblich, Hans: Grundlagen der Marktforschung, 5. Aufl., Stuttgart 1978

Schäfer S. / Einführung von E-Business Systemen 2002
Schäfer, Stefan: Einführung von E-Business Systemen in deutschen Unternehmen. Fallstudien, Expertenbefragung und DAX100-Umfrage. In: Seibt, Dietrich; Derigs, Ulrich; Mellis, Werner; Kemper, Hans-Georg (Hrsg.): Reihe: Wirtschaftsinformatik, Band 38, Lohmar und Köln 2002

Schäfer S. und Seibt / Benchmarking 1998
Schäfer, Stefan und Seibt, Dietrich: Benchmarking – eine Methode zur Verbesserung von Unternehmensprozessen. In: Betriebswirtschaftliche Forschung und Praxis (BFuP), 50. Jg., Heft 4, 1998, Herne und Berlin 1998, S. 365 – 380

Schary und Skjott-Larsen / Global Supply Chain 2001
Schary, Philip B. und Skjott-Larsen, Tage: Managing the Global Supply Chain, Kopenhagen, DK 2001

Scheer / Referenzmodelle für Geschäftsprozesse 1997
Scheer, August-Wilhelm: Wirtschaftsinformatik – Referenzmodelle für industrielle Geschäftsprozesse, 7. Aufl., Berlin u.a. 1997

Scherrer / Kostenrechnung 2001
Scherrer, Gerhard: Kostenrechnung. In: Bea, Franz X.; Dichtl, Erwin; Schweitzer, Marcell (Hrsg.): Allgemeine Betriebswirtschaftslehre, Bd. 2: Führung, 8. Auflage, Stuttgart 2001, S. 625 – 715

Schewe / Strategic option 1996
Schewe, Gerhard: Imitation as a strategic option for external acquisition of technology. In: Journal of Engineering and Technology Management; Vol. 13, 1996, o.O. 1996, S. 55 – 82

Schierenbeck / Grundzüge der Betriebswirtschaftslehre 2003
Schierenbeck, Henner: Grundzüge der Betriebswirtschaftslehre, 16. Aufl., München 2003

Schmelzer und Sesselmann / Geschäftsprozessmanagement 2004
Schmelzer, Hermann J. und Sesselmann, Wolfgang: Geschäftsprozessmanagement in der Praxis. Produktivität steigern, Wert erhöhen, Kunden zufrieden stellen, 4. Aufl., München und Wien, AT 2004

Schneider und Grünewald / Supply Chain Management-Lösungen 2001
Schneider, Ralph und Grünewald, Claus: Supply Chain Management-Lösungen mit my-SAP.com. In: Lawrenz, Oliver; Hildebrand, Knut; Nenninger, Michael; Hillek, Thomas (Hrsg.): Supply Chain Management. Konzepte, Erfahrungsberichte und Strategien auf dem Weg zu digitalen Wertschöpfungsnetzen, 2. Aufl., Braunschweig und Wiesbaden 2001, S. 169 – 201

Schnell et al. / Methoden der empirischen Sozialforschung 1992
Schnell, Rainer; Hill, Paul B.; Esser, Elke: Methoden der empirischen Sozialforschung, 3. Aufl., München und Wien, AT 1992

Schoder / Betriebliche Informationssysteme 2004
Schoder, Detlef: Betriebliche Informationssysteme – Strategie, Anwendung, Integration, Management. Lehrstuhl für Wirtschaftsinformatik, insbes. Informationsmanagement der Universität zu Köln (Hrsg.), Vorlesung im Rahmen der Allgemeinen Wirtschaftsinformatik, Hauptstudium WS04/05, Köln 2004

Schönsleben / Integral Logistics Management 2000
Schönsleben, Paul: Integral Logistics Management. Planning & Control of Comprehensive Business Processes, Boca Raton, Florida u.a. 2000

Scholz-Reiter und Jakobza / Supply Chain Management 1999
Scholz-Reiter, Bernd und Jakobza, Jens: Supply Chain Management – Überblick und Konzeption. In: HMD – Praxis der Wirtschaftsinformatik, Heft 207, 1999, Heidelberg 1999, S. 7 – 15

Schumacker und Lomax / Structural Equation Modeling 1996
Schumacker, Randall E. und Lomax, Richard G.: A Beginner's Guide to Structural Equation Modeling, Lawrence Earlbaum Associates (LEA) (Hrsg.), Mahwah, New Jersey 1996

Schumann / Supply Chain Controlling 2001
Schumann, Detlef M.: Supply Chain Controlling – Controlling innerhalb der Supply Chain und Basis neuer Potenziale. In: Lawrenz, Oliver; Hildebrand, Knut; Nenninger, Michael; Hillek, Thomas (Hrsg.): Supply Chain Management. Konzepte, Erfahrungsberichte und Strategien auf dem Weg zu digitalen Wertschöpfungsnetzen, 2. Aufl., Braunschweig und Wiesbaden 2001, S. 89 – 114

Schumpeter / Capitalism 1976
Schumpeter, Joseph A.: Capitalism, Socialism and Democracy, New York, New York 1976

SCE / Supply Chain Operations Reference Model 2004
SCE Limited (Hrsg.): About the Supply Chain Operations Reference Model, PDF-Datei, Stillwater, Minnesota 2004

Seibt / Betriebliche Informationssysteme 2004
Seibt, Dietrich (Hrsg.): Entwicklung, Pflege, Wartung, Weiterentwicklung von betrieblichen Informationssystemen (Teil 2), Phasen/Blöcke und Aktivitäten sowie Methoden, Verfahren und Werkzeuge zur Unterstützung des Software-Entwicklungsprozesses, Vorlesung Betriebliche Informationssysteme II – Verwaltungs- und Wirtschafts-Akademie (VWA) Köln, Köln 2004

Seibt / Business der Zukunft 2001
Seibt, Dietrich: Electronic Business – das Business der Zukunft. Dimensionen und Probleme, BASF AG (Hrsg.), E-Communications Meeting Europe, Ludwigshafen 2001

Seibt / Zentralisierung 1999
Seibt, Dietrich: Zentralisierung oder Dezentralisierung? Die Debatte geht am Kern vorbei. In: Computerwoche, Ausgabe 03/99, München 1999, S. 55 – 56

Seibt / Consolidation Framework 1997
Seibt, Dietrich (Hrsg.): CEBUSNET Consolidation Framework. Lehrstuhl für Wirtschaftsinformatik, insbesondere Informationsmanagement, der Universität zu Köln, Working Paper Series, Working Paper 97/1, Köln 1997

Seibt / Systemlebenszyklus 1997
Seibt, Dietrich: Management des Systemlebenszyklus. In: Mertens, Peter et al. (Hrsg.): Lexikon der Wirtschaftsinformatik, Berlin u.a. 1997, S. 392 – 394

Seibt / Informationsmanagement 1993
Seibt, Dietrich: Begriff und Aufgaben des Informationsmanagement. In: Preußmar, Dieter B. (Hrsg.): Informationsmanagement, Wiesbaden 1993, S. 3 – 30

Seibt / Informationssystem-Architekturen 1991
Seibt, Dietrich: Informationssystem-Architekturen – Überlegung zur Gestaltung von technik-gestützten Informationssystemen für Unternehmungen. In: Müller-Boling, Detlef; Seibt, Dietrich; Winand, Udo (Hrsg.): Innovations- und Technologiemanagement, Stuttgart 1991, S. 251 – 284

Selg und Bauer / Forschungsmethoden 1976
Selg, Herbert und Bauer, Werner: Forschungsmethoden, 3. Aufl., Stuttgart 1976

Sellenheim / Performance Measurement 1991
Sellenheim, Michael R.: J. I. Case Company – Performance Measurement. In: Management Accounting, 73. Jg., Nr. 3, 1991, Montvale, New Jersey 1991, S. 50 – 53

Seuring / Supply Chain Costing 2002
Seuring, Stefan: Supply Chain Costing – A Conceptual Framework. In: Seuring, Stefan und Goldbach, Maria (Hrsg.): Cost Management in Supply Chains, Heidelberg und New York, New York 2002, S. 15 – 30

Seuring / Produkt-Kooperations-Matrix im Supply Chain Management 2001
Seuring, Stefan: Die Produkt-Kooperations-Matrix im Supply Chain Management – Konzeption und instrumentelle Ausgestaltung, Carl von Ossietzky Universität Oldenburg, Fachbereich 4: Wirtschafts- und Rechtswissenschaften (Hrsg.): EcoMTex-Diskussionspapier Nr. 02, ISBN 3-931974-76-6, Oldenburg Januar 2001

Sharman / Performance measurement 1995
Sharman, Paul: How to implement performance measurement in your organization. In: Canadian Management Accounting Magazine, 69. Jg., Nr. 4, 1995, Richmond Hill, Ontario 1995, S. 33 – 37

Simchi-Levi et al. / Supply Chain 2000
Simchi-Levi, David; Kaminsky, Philip, Simchi-Levy, Edith: Designing and Managing the Supply Chain – Concepts, Strategies and Case Studies, Boston, Massachusetts 2000

Simon und Shaffer / Data Warehousing 2001
Simon, Alan R. und Shaffer, Steven L.: Data Warehousing and Business Intelligence for E-Commerce, San Francisco, California u.a. 2001

SIMTech / 2003 Annual Supply Chain Benchmarking Study November 2003
Singapore Institute of Manufacturing Technology (SIMTech) Supply Chain Management Center (Hrsg.): 2003 Annual Supply Chain Benchmarking Study in Southeast Asia, Executive Summary, Singapore, SIN November 2003

SIMTech / 2002 Annual Supply Chain Benchmarking Study Dezember 2002
Singapore Institute of Manufacturing Technology (SIMTech) Supply Chain Management Center (Hrsg.): 2002 Annual Supply Chain Benchmarking Study in Southeast Asia, Executive Summary, Singapore, SIN Dezember 2002

Sinur / Business Rule Engine 2003
Sinur, Jim: The Business Rule Engine 2003 Magic Quadrant, Gartner (Hrsg.), Gartner Research Note, 07 April 2003, Stamford, Connecticut 2003

Skjoett-Larsen / Third party logistics 2000
Skjoett-Larsen, Tage.: Third party logistics – from an interorganisational point of view. In: International Journal of Physical Distribution & Logistics Management, Vol. 30, Nr. 2, 2000, Bradford UK 2000, S. 112 – 127

Slagmulder / Managing Costs Across the Supply Chain 2002
Slagmulder, Regine: Managing Costs Across the Supply Chain. In: Seuring, Stefan und Goldbach, Maria (Hrsg.): Cost Management in Supply Chains, Heidelberg und New York, New York 2002, S. 75 – 88

SPSS / Structural Equation Modeling with Amos 2004
SPSS GmbH (Hrsg.): Testing for the Validity of a Causal Structure – An excerpt from the book, Structural Equation Modeling with Amos by Barbara M. Byrne, München 2004

SPSS / SPSS für Windows 2003
SPSS GmbH (Hrsg.): SPSS für Windows, Informationsbroschüre, München 2003

Stadtler / Supply Chain Management 2002
Stadtler, Hartmut: Supply Chain Management – An Overview In: Stadtler, Hartmut und Kilger, Christoph (Hrsg.): Supply Chain Management and Advanced Planning. Concepts, Models, Software and Case Studies, 2002, Berlin und Heidelberg 2002, S. 7 – 28

Stemmler / The Role of Finance in Supply Chain Management 2002
Stemmler, Lars: The Role of Finance in Supply Chain Management 2002. In: Stadtler, Hartmut und Kilger, Christoph (Hrsg.): Supply Chain Management and Advanced Planning. Concepts, Models, Software and Case Studies, 2002, Berlin und Heidelberg 2002, S. 165 – 176

Stephens / SCOR Model Overview 2000
Stephens, Scott: Supply-Chain Council & Supply Chain Operations Reference (SCOR) Model Overview, Supply-Chain Council (Hrsg.), PDF-Datei, Pittsburgh, Pennsylvania 2000

Stephens et al. / Reengineering the Supply Chain 2002
Stephens, Scott; Gustin, Craig; Ayers, James B.: Reengineering the Supply Chain. In: Ayers, James B. (Hrsg.): Making Supply Chain Management Work. Design, Implementation, Partnership, Technology, and Profits, Boca Raton, Florida u.a. 2002, S. 359 – 366

Stewens / Gestaltung und Steuerung von Supply Chains 2005
Stewens, Michael: Gestaltung und Steuerung von Supply Chains. In: Schlüchtermann, Jörg (Hrsg.): Reihe: Produktionswirtschaft und Industriebetriebslehre, Band 14, Lohmar und Köln 2005

Stewart / SCOR 1997
Stewart, Gordon: Supply Chain Operations Reference Model (SCOR): The First Cross-Industry Framework for Integrated Supply Chain Management. In: Logistics Information Management, 10. Jg., Heft 2, 1997, Bradford, UK 1997, S. 62 – 67

Sürie und Wagner / Supply Chain Analysis 2002
Sürie, Christopher und Wagner, Michael: Supply Chain Analysis. In: Stadtler, Hartmut und Kilger, Christoph (Hrsg.): Supply Chain Management and Advanced Planning. Concepts, Models, Software and Case Studies, Berlin und Heidelberg 2002, S. 29 – 44

Sun und CGE&Y / Adaptive Supply Chain Enterprises 2003
Sun Microsystems, Inc. und CapGemini Ernst & Young (CGE&Y) (Hrsg.): Architecting Adaptive Supply Chain Enterprises, PDF-Datei, Santa Clara, California und Paris, FR 2003

Supply-Chain Council / SCOR-Model 8.0 2006
Supply-Chain Council (Hrsg.): Supply-Chain Council Releases SCOR-Model Version 8.0, 27 June 2006, Pittsburgh, Pennsylvania 2006

Supply-Chain Council / SCOR-Model Version 8.0 2006
Supply-Chain Council (Hrsg.): Supply-Chain Operations Reference-Model Version 8.0, Pittsburgh, Pennsylvania 2006

Supply-Chain Council / SCOR-Model 7.0 2005
Supply-Chain Council (Hrsg.): SCOR Version 7.0 Represents Reassessment of Metrics and Best Practices, Press Release, 14 March 2005, Pittsburgh, Pennsylvania 2005

Supply-Chain Council / SCOR-Model 7.0 Overview 2005
Supply-Chain Council (Hrsg.): Supply-Chain Operations Reference-Model: Overview of SCOR Version 7.0, Pittsburgh, Pennsylvania 2005

Supply-Chain Council / SCOR-Model Version 7.0 2005
Supply-Chain Council (Hrsg.): Supply-Chain Operations Reference-Model Version 7.0, Pittsburgh, Pennsylvania 2005

Supply-Chain Council / Annual Meeting 2004
Supply-Chain Council (Hrsg.): Annual Meeting 2004, Press Release, 28 July 2004, Pittsburgh, Pennsylvania 2004

Supply-Chain Council / SCOR-Model 6.0 Overview 2003
Supply-Chain Council (Hrsg.): Supply-Chain Operations Reference-Model: Overview of SCOR Version 6.0, Pittsburgh, Pennsylvania 2003

Supply-Chain Council / SCOR-Model Version 6.0 2003
Supply-Chain Council (Hrsg.): Supply-Chain Operations Reference-Model Version 6.0, Pittsburgh, Pennsylvania 2003

Sydow / ARIS in der Praxis 2003
Sydow, Thorsten: ARIS in der Praxis - Erfahrungen und Erfolge prozessorientierter Organisation, IDS Scheer, Inc. (Hrsg.), PDF-Datei, Berywn, Pennsylvania 2003

Tapscott / Digitale Revolution 1996
Tapscott, Don: Die digitale Revolution. Verheißungen einer vernetzten Welt – die Folgen für Wirtschaft, Management und Gesellschaft, New York, New York 1996

Taylor und Convey / Performance measurement 1993
Taylor, Lee und Convey, Steven: Making performance measurement meaningful to the performers. In: Canadian Manager, 18. Jg., Herbst 1993, Toronto, Ontario 1993, S. 22 – 24

Thaler / Supply Chain Management 2003
Thaler, Klaus: Supply Chain Management. Prozessoptimierung in der logistischen Kette. In: Albrecht, Achim; Pulte, Peter; Mensler, Stefan (Hrsg.): Reihe Wirtschaft und Recht, 4. Aufl., Troisdorf u.a. 2003

Thonemann et al. / Supply Chain Champions 2003
Thonemann, Ulrich; Behrenbeck, Klaus; Diederichs, Raimund; Großpietsch, Jochen; Küpper, Jörn; Leopoldseder, Markus: Supply Chain Champions – Was sie tun und wie Sie einer werden, Wiesbaden 2003

Trommer / Reference Model 1996
Trommer, Diane: Reference Model on Its Way – Allows Firms to Evaluate Supply Chain Processes. In: Electronic Buyers News (EBN), October 14, 1996, Manhasset, New York 1996

Turner und Thaler / European Supply Chains 1995
Turner, Georg und Thaler, Klaus: Coordination and Management of European Supply Chains – Weaknesses revealed by the COMPRIE Study, PERA Consulting (Hrsg.), Oxford, UK 1995

Tyndall et al. / Supercharging Supply Chains 1998
Tyndall, Gene R.; Gopal, Christopher; Partsch, Wolfgang; Kamauff, John W.: Supercharging Supply Chains – New ways to increase value through global operational excellence, New York, New York u.a. 1998

Van Hoek und Weken / Smart logistics 2000
Van Hoek, Remko I. und Weken, Harm A.M.: SMART car and smart logistics – A case study in designing and managing an innovative de-integrated supply chain, Council of Logistics Management (CLM) (Hrsg.), PDF-Datei, Oak Brook, Illinois 2000

Venkatraman / Business Reconfiguration 1991
Venkatraman, N.: IT-induced Business Reconfiguration. In: Scott-Morton, Michael S. (Hrsg.): The Corporation of the 1990s – Information Technology and Organizational Transformation, New York, New York 1991, S. 122 – 158

Voelker et al. / Statistics 2001
Voelker, David H.; Orton, Peter Z.; Adams, Scott V.: Statistics, New York, New York 2001

Von Steinäcker und Kühner / Supply Chain Management 2001
Von Steinäcker, Jörg und Kühner, Michael: Supply Chain Management – Revolution oder Modewort? In: Lawrenz, Oliver; Hildebrand, Knut; Nenninger, Michael; Hillek, Thomas (Hrsg.): Supply Chain Management. Konzepte, Erfahrungsberichte und Strategien auf dem Weg zu digitalen Wertschöpfungsnetzen, 2. Aufl., Braunschweig und Wiesbaden 2001, S. 39 – 70

Wahrig-Burfeind / Wahrig Fremdwörterlexikon 2004
Wahrig-Burfeind, Renate: Wahrig Fremdwörterlexikon, Bertelsmann Lexikon Institut (Hrsg.), Gütersloh 2004

Watson / Benchmarking 1992
Watson, Gregory H.: The Benchmarking Workbook – Adapting Best Practices for Performance Improvements, Portland, Oregon 1992

Weber / Logistik-Controlling 1992
Weber, Jürgen: Praxis des Logistik-Controlling, Stuttgart 1992

Weber und Schäffer / Balanced Scorecard 1999
Weber, Jürgen und Schäffer, Utz: Balanced Scorecard und Controlling, Wiesbaden 1999

Weber et al. / Supply Chain Management und Logistik 2000
Weber, Jürgen; Dehler, Markus; Wertz, Boris: Supply Chain Management und Logistik. In: Wirtschaftswissenschaftliches Studium (WiSt), 29. Jg., Nr. 5, 2000, München 2000, S. 264 – 269

Welke / End-to-End Business Processes 2003
Welke, Richard J.: End-to-End Business Processes: The new design paradigm of the Digital Enterprise?, University of Auckland (Hrsg.), CODE Seminar, October 29, 2003, PDF-Datei, Auckland, NS Oktober 2003

Welz / Kennzahlensysteme 2005
Welz, Stefanie: Die Entwicklung von Kennzahlensystemen, Dokument Nr. 18409 aus den Wissensarchiven von GRIN – Global Research and Information Network (Hrsg.), München und Ravensburg 2005

Werner / Supply Chain Management 2002
Werner, Hartmut: Supply Chain Management. Grundlagen, Strategien, Instrumente und Controlling, Wiesbaden 2002

Werner / Balanced Scorecard im Supply Chain Management 2000
Werner, Hartmut: Die Balanced Scorecard im Supply Chain Management, Teil 1 und 2. In: Distribution, Heft 4, 2000, Mainz 2000, S. 8 – 11 u. 14 – 15

Werner T. und Brokemper / Data Envelopment Analysis 1996
Werner, Thomas und Brokemper, Andreas: Leistungsmessung mit System – Data Envelopment Analysis als Instrument des Controlling, Controlling, Heft 3, 1996, München 1996, S. 164 – 170

Wildemann / Entwicklungsstrategien für Zulieferer 1992
Wildemann, Horst: Entwicklungsstrategien für Zulieferer. In: Zeitschrift für Betriebswirtschaft (ZfB), Heft 4, 1992, Wiesbaden 1992, S. 391 – 413

Wöhe / Allgemeine Betriebswirtschaftslehre 1984
Wöhe, Günter: Einführung in die Allgemeine Betriebswirtschaftslehre, 15. Aufl., München 1984

Wollnik / Explorative Verwendung systematischen Erfahrungswissens 1977
Wollnik, Michael: Die explorative Verwendung systematischen Erfahrungswissens – Plädoyer für einen aufgeklärten Empirismus in der Betriebswirtschaftslehre. In: Köhler, Richard (Hrsg.): Empirische und handlungstheoretische Forschungskonzeptionen in der Betriebswirtschaftslehre, Stuttgart 1977, S. 37 – 64

Wottawa / Testtheorie 1980
Wottawa, Heinrich: Grundriss der Testtheorie, München 1980

Wuest und Schnait / Kennzahlen und Kennzahlensysteme 1996
Wuest, Gerhard und Schnait, Roman: Kennzahlen und Kennzahlensysteme – Moderne Ansätze für eine kennzahlengestützte Unternehmensführung. In: Journal für Betriebswirtschaft, 46. Jg., Nr. 2, 1996, Heidelberg 1996, S. 100 – 104

Zeller / Controlling von Unternehmensnetzwerken 2003
Zeller, Andrew J.: Controlling von Unternehmensnetzwerken. Bestandsaufnahme und Lückenanalyse, Universität Erlangen-Nürnberg, Lehrstuhl Prof. Mertens, Bayerischer Forschungsverbund Wirtschaftsinformatik (Hrsg.), FORWIN-Bericht-Nr. FWN-2003-002, Bamberg u.a. 2003

Zetterberg / Theory and Verification in Sociology 1967
Zetterberg, Hans L.: On Theory and Verification in Sociology, Totowa, New Jersey 1967

Ziegler / Balanced Scorecard 2005
Ziegler, Maike: Die Balanced Scorecard als Instrument zur strategischen Unternehmensführung – mehr als ein Kennzahlensystem?, Dokument Nr. 25093 aus den Wissensarchiven von GRIN – Global Research and Information Network (Hrsg.), München und Ravensburg 2005

Zimmermann / Balanced Scorecard 2002
Zimmermann, Klaus: Using the Balanced Scorecard for Organizational Performance Management of Supply Chains – A Case Study. In: Seuring, Stefan und Goldbach, Maria (Hrsg.): Cost Management in Supply Chains, Heidelberg und New York, New York 2002, S. 399 – 416

Zink / Total Quality Management 1989
Zink, Klaus J.: Qualität als Managementaufgabe. Total Quality Management, Landsberg/Lech 1989

2 Digitalisierte Quellen[959]

Aktien-Portal / Rentabilität 2005
Aktien-Portal: Rentabilität, Internetseite http://www.austrian-stocks.com/ kenn zahlen.html?sm=rentabilitaet, Suchbegriff Gesamtkapitalrentabilität, Hartberg, AT 2005, T.d.l.Z.: 15. Juli 2005

AICPA / Big Five 2004
American Institute of Certified Public Accountant (AICPA): Big Five, Internetseite http://www.aicpa.org/members/glossary/b.htm, Suchbegriff Big Five, New York, New York 2004, T.d.l.Z.: 31. August 2004

AMR / About AMR 2004
Advanced Manufacturing Research (AMR): About AMR, Internetseite http://www.amrresearch.com/default.asp, Suchbegriff About AMR, Boston, Massachusetts 2004, T.d.l.Z.: 2. Mai 2004

ASQ / Key Performance Indicator 2004
American Society for Quality (ASQ): Key Performance Indicator, Internetseite http://www.asq.org/info/glossary, Suchbegriff K – Key Performance Indicator (KPI), Milwaukee, Wisconsin 2004, T.d.l.Z.: 11. Juni 2004

BASF / Über uns 2004
BASF AG: Über uns, Internetseite http://corporate.basf.com/de, Suchbegriff Über uns, Ludwigshafen 2004, T.d.l.Z.: 1. Oktober 2004

BearingPoint / Supply Chain Strategy 2004
BearingPoint Inc.: Supply Chain Strategy, Internetseite http://www.bearingpoint.com, Suchbegriff Supply Chain Management – Supply Chain Strategy, McLean, Virginia 2004, T.d.l.Z.: 18. März 2004

BearingPoint / Corporate Profile 2004
BearingPoint, Inc.: Corporate Profile, Internetseite http://www.bearingpoint.com, Suchbegriff Investors – Corporate Profile, McLean, Virginia 2004, T.d.l.Z.: 27. September 2004

BFI / Merger 2004
Business Filings Incorporated (BFI): Merger, Internetseite http://www.bizfilings.com, Suchbegriff Learn about Incorporating – Glossary of Terms – Merger, Madison, Wisconsin 2004, T.d.l.Z.: 2. Oktober 2004

---

[959] Zu jeder der digitalisierten Quellen wird unter der Abkürzung „T.d.l.Z." der Tag des letzten Zugriffs angegeben, d.h. das Datum, an dem letztmalig auf die angegebene Internetseite zugegriffen wurde. Digitalisierte Quellen sind im Text am Zusatz „ohne Seite", abgekürzt mit „o.S.", erkennbar

Bitpipe / Business Performance Management 2006
Bitpipe: Business Performance Management, Internetseite http://www.bitpipe.com, Suchbegriff Definitions – Business Process Management (BPM), Needham, Massachussets, T.d.l.Z.: 8. Juli 2006

BMA / Balanced Scorecard 2004
The BMA Group: Balanced Scorecard, Internetseite http://www.bma.com.au/index.asp, Suchbegriff Balanced Scorecard – So what is a BSC, West Chatswood, AUS 2004, T.d.l.Z.: 17. August 2004

BMA / Performance Management 2004
The BMA Group: Performance Management, Internetseite http://www.bma.com.au/index.asp, Suchbegriff Performance Management – What is it, West Chatswood, AUS 2004, T.d.l.Z.: 12. Juni 2004

BOC / Firmenprofil 2004
BOC Information Technologies Consulting GmbH: Firmenprofil, Internetseite http://www.boc-eu.com, Suchbegriff Unternehmen – BOC Firmenprofil, Wien, AT 2004, T.d.l.Z.: 1. Dezember 2004

BSCol / Balanced Scorecard 2004
Balanced Scorecard Collaborative (BSCol): Balanced Scorecard, Internetseite http://www.balancedscorecard.com, Suchbegriff About BSCol – Mission, Lincoln, Massachusetts 2004, T.d.l.Z.: 23. Juli 2004

Business Objects / About Business Objects 2004
Business Objects SA: About Business Objects, Internetseite http://www.businessobjects.com, Suchbegriff Company – About Business Objects, San Jose, California und Paris, FR 2004, T.d.l.Z.: 28. November 2004

Business Objects / Supply Chain 2002
Business Objects SA: An Intelligent View Of Your Company's Supply Chain, Internetseite http://www.businessobjects.com/company/newsletter/nl0030/product/home.asp, Business Objects Newsletter, Winter 2001-2002, Issue No. 30, San Jose, California und Paris, FR 2002, T.d.l.Z.: 28. November 2004

CapGemini / Adaptive Supply Chains 2004
CapGemini Service SAS: Building Adaptive Supply Chains to Thrive During Market Volatility, Internetseite http://www.capgemini.com, Suchbegriff Services – Supply Chain, Paris, FR 2004, T.d.l.Z.: 1. November 2004

CLM / About CLM 2004
Council of Logistics Management (CLM): About CLM, Internetseite http://clm1.org, Suchbegriff About CLM – Inside CLM – History, Oak Brook, Illinois 2004, T.d.l.Z.: 20. April 2004

CLM / Logistics Management 2004
Council of Logistics Management (CLM): Logistics Management Definitions, Internetseite http://clm1.org, Suchbegriff Supply Chain/Logistics Definitions – Logistics Management, Oak Brook, Illinois 2004, T.d.l.Z.: 24. Mai 2004

CLM / Supply Chain Management 2004
Council of Logistics Management (CLM): Supply Chain Management Definitions, Internetseite http://clm1.org, Suchbegriff Supply Chain/Logistics Definitions – Supply Chain Management, Oak Brook, Illinois 2004, T.d.I.Z.: 8. Juli 2004

CNET / HP Compaq deal 2002
CNET Networks, Inc.: HP closes book on Compaq deal, Internetseite http://news.com.com/HP+closes+book+on+Compaq+deal/2100-1001_3-89888 7.html, 3. Mai 2002, Chicago, Illinois 2002, T.d.I.Z.: 29. September 2004

Controlling Portal / Erfolgskennzahlen 2005
Controlling Portal: Erfolgskennzahlen, Internetseite http://www.controlling portal.de/grundlagen/erfolgskennzahlen.html2005, Suchbegriff Gesamtkapitalrentabilität, Brandenburg 2005, T.d.I.Z.: 20. August 2005

CSCO / Supply Chain Executive 2005
Chief Supply Chain Officer (CSCO): Insights for the Supply Chain Executive, Internetseite http://www.cscomagazine.com, Peterborough, New Hampshire 2005, T.d.I.Z.: 1. März 2005

Dell / Company Facts 2004
Dell, Inc.: Company Facts, Internetseite http://www.dell.com, Suchbegriff About Dell – Background – Company Facts, Round Rock, Texas 2004, T.d.I.Z.: 11. Oktober 2004

Deutsche Börse / DAX100 2004
Gruppe Deutsche Börse: DAX100, Internetseite http://deutsche-boerse.com, Suchbegriff DAX100 – Information Services – Indizes und Indexlisten – Aktienindizes, Frankfurt 2004, T.d.I.Z.: 16. Dezember 2004

DoD / Supply Chain Management 2004
US Department of Defense (DoD): Office of the Secretary of Defense (Logistics and Material Readiness), DoD Supply Chain Integration – Supply Chain Management Knowledge Exchange, Internetseite http://emissary.acq.osd.mil/ logistics/scm.nsf/CONTDEFLOOK/Supply+Chain+Management, Arlington, Virginia 2004, T.d.I.Z.: 15. August 2004

DoD / Integrated Supply Chain Management 2004
US Department of Defense (DoD): Office of the Secretary of Defense (Logistics and Material Readiness – Supply Chain Integration), Integrated Supply Chain Management, Internetseite http://www.acq.osd.mil/log/sci, Suchbegriff Home, Arlington, Virginia 2004, T.d.I.Z.: 28. Juli 2004

DoD / Supply Chain Integration 2004
US Department of Defense (DoD): Office of the Secretary of Defense (Logistics and Material Readiness – Supply Chain Integration), Integrated Supply Chain Management, Internetseite http://www.acq.osd.mil/log/sci, Suchbegriff About Supply Chain Integration, Arlington, Virginia 2004, T.d.I.Z.: 28. Juli 2004

Encyclopedia of Philosophy / Xenophanes 2004
The Internet Encyclopedia of Philosophy: Xenophanes, Internetseite http://www.iep.utm.edu, Suchbegriff X – Xenophanes, University of Tennessee, Knoxville, Tennessee 2004, T.d.I.Z.: 20. Oktober 2004

FHTE / Effizienz 2004
Fachhochschule Esslingen Hochschule für Technik (FHTE): Definition Effektivität und Effizienz, Methodenlexikon, Internetseite www.bw.fht-esslingen.de/BW/studium/methodenlexikon/einleitung/definition_effektivi.htm, Esslingen 2004, T.d.I.Z.: 19. Februar 2004

fir / Projekt ProdChain 2004
Forschungsinstitut für Rationalisierung an der RWTH Aachen (fir): Projekt ProdChain – Entwicklung einer Vorgehensweise zur Analyse und Verbesserung von Logistikleistungen in Produktionsnetzwerken, Internetseite http://www.fir.rwth-aachen.de/cgi-bin/webdyn/extern.cgi?target=1_1_20_38, Aachen 2004, T.d.I.Z.: 5. Dezember 2004

Gartner / About Gartner 2004
Gartner, Inc.: About Gartner, Internetseite http://www4.gartner.com, Suchbegriff About Gartner, Stamford, Connecticut 2004, T.d.I.Z.: 22. November 2004

Gensym / Corporate Overview 2004
Gensym Corporation: Corporate Overview, Internetseite http://www.gensym.com, Suchbegriff About Gensym – Corporate Overview, Burlington, Massachusetts 2004, T.d.I.Z.: 18. November 2004

Gensym / e-SCOR for Supply Chain 2004
Gensym Corporation: G2 e-SCOR for Supply Chain: Rules-Driven, Real-Time Supply Chain Management, Internetseite http://www.gensym.com, Suchbegriff G2 Platform – G2 Products – G2 e-SCOR for Supply Chain, Burlington, Massachusetts 2004, T.d.I.Z.: 28. November 2004

Gintic / d-Logistics Seminar 2002
Gintic Institute of Manufacturing Technology – Supply Chain Management Centre: d-Logistics Seminar 2002: Benchmarking using SCOR, Internetseite http:// www.mindef.gov.sg/dlogistics/, Suchbegriff Past Seminars - Topics, A1-3, Singapore, SIN 2004, T.d.I.Z.: 29. August 2004

Hilton et al. / Cost Management 2004
Hilton, Ronald W.; Maher, Michael; Selto, Frank: Cost Management. In: McGraw-Hill Online Learning Center: Cost Management – Strategies for Business Decisions, 2/e, Internetseite http://www.highered.mcgraw-hill.com/sites/0072474343/student_view0, Suchbegriff Glossary – Cost Management, Columbus, Ohio 2004, T.d.I.Z.: 3. Juni 2004

HP / Company Profile 2004
Hewlett-Packard (HP): Company Profile, Internetseite http://www.hp.com, Suchbegriff Company Information – About us, Palo Alto, California 2004, T.d.I.Z: 18. März 2004

IBS / IBS im Überblick 2004
International Business Systems (IBS) GmbH: IBS im Überblick, Internetseite http://www.ibsde.de, Suchbegriff Wir über uns, Hamburg 2004, T.d.I.Z.: 14. Juni 2004

IBS / Supply Chain Business Intelligence 2004
International Business Systems GmbH (IBS): Neue ERP-Software von IBS umfasst preisgekröntes Tool für Supply Chain Business Intelligence, Pressemitteilung vom 10. März 2004, Internetseite http://www.ibsde.de, Suchbegriff Pressemeldungen – März 2004, Hamburg 2004, T.d.I.Z.: 14. Juni 2004

IBS / Supply-Chain Council Award 2003
International Business Systems GmbH (IBS): International Business Systems gewinnt Supply-Chain Council Award, Pressemitteilung vom 1. Dezember 2003, Internetseite http://www.ibsde.de, Suchbegriff Pressemeldungen – Dezember 2003, Hamburg 2003, T.d.I.Z.: 14. Juni 2004

IDS / Firmenporträt 2004
IDS Scheer AG: Firmenporträt, Internetseite http://www.ids-scheer.de, Suchbegriff Firmenporträt – Profil, Saarbrücken 2004, T.d.I.Z.: 20. November 2004

IDS / Business Process Design 2004
IDS Scheer AG: ARIS Design Platform – Business Process Design, Internetseite http://www.ids-scheer.de, Suchbegriff Produkte – ARIS Design Platform, Saarbrücken 2004, T.d.I.Z.: 20. November 2004

IDS / ARIS EasySCOR 2004
IDS Scheer, Inc.: ARIS EasySCOR – SCOR-based Supply Chain Design and Assessment, Internetseite http://www.ids-scheer.com/usa/products/aris_design_platform/23684, Berywn, Pennsylvania 2004, T.d.I.Z.: 20. November 2004

Intel / Corporate Snapshot 2004
Intel Corporation: Corporate Snapshot, Internetseite http://www.intel.com, Suchbegriff About Intel, Santa Clara, California 2004, T.d.I.Z.: 7. August 2004

Intel / Service-Oriented Architecture 2005
Intel Corporation: Successful Application of Service-Oriented Architecture Across the Enterprise and Beyond, Internetseite http://developer.intel.com/technology/itj/2004/volume08issue04/art09_successful/p04_integrated.htm, Santa Clara, California 2004, T.d.I.Z.: 7. 23. August 2005

ISA / About ISA 2006
ISA: About ISA, Internetseite http://www.isa.org, Suchbegriff About ISA, Research Triangle Park, North Carolina 2006, T.d.I.Z.: 7. Juli 2006

ISA / ISA-95 2006
ISA: ISA-95 Inside: Walking the talk from manufacturing to business systems ISA-SPA 95, Internetseite http://www.isa.org/Template.cfm?Section=Communities&template=/TaggedPage/DetailDisplay.cfm&ContentID=41083, Research Triangle Park, North Carolina 2006, T.d.I.Z.: 7. Juli 2006

Johnson und Strickland / Strategic Management 2004
Johnson, Arthur A. Jr. und Strickland A.J.: Strategic Management. In: McGraw-Hill Online Learning Center: Strategic Management – Concepts and Cases, Chapter 5: Strategy and Competitive Advantage, Twelfth Edition, Internetseite http://www.mhhe.com/business/management/thompson12e, Suchbegriff Student Center – Chapter 5: Strategy and Competitive Advantage, Columbus, Ohio 2004, T.d.I.Z.: 4. August 2004

Kämpf und Roldan / Informationstechnische Unterstützung von SCM 2004
Kämpf, Rainer und Roldan, Azucena: Die Entwicklung der informationstechnischen Unterstützung von SCM, Internetseite http://www.ebz-beratungszentrum.de, Suchbegriff Logistik – Rainer Kämpf und Azucena Roldan: Die Entwicklung der informationstechnischen Unterstützung von SCM, EBZ Beratungszentrum GmbH – Betriebsorganisation und Technologietransfer, Veröffentlichungen zum Thema Logistik, Stuttgart Juni 2004, T.d.I.Z.: 28. Mai 2006

Kämpf und Martino / E-Business und Supply Chain Management 2004
Kämpf, Rainer und Martino, Leticia: E-SCM – Verknüpfung von E-Business und Supply Chain Management, Internetseite http://www.ebz-beratungszentrum.de, Suchbegriff Logistik – Rainer Kämpf und Leticia Martino: E-SCM – Verknüpfung von E-Business und Supply Chain Management, EBZ Beratungszentrum GmbH – Betriebsorganisation und Technologietransfer, Veröffentlichungen zum Thema Logistik, Stuttgart April 2004, T.d.I.Z.: 28. April 2006

Kämpf und Trapero / Referenzmodelle für das Supply Chain Management 2004
Kämpf, Rainer und Trapero, Maria: Referenzmodelle für das Supply Chain Management, Internetseite http://www.ebz-beratungszentrum.de, Suchbegriff Logistik – Rainer Kämpf und Maria Trapero: Referenzmodelle für das Supply Chain Management, EBZ Beratungszentrum GmbH – Betriebsorganisation und Technologietransfer, Veröffentlichungen zum Thema Logistik, Stuttgart März 2004, T.d.I.Z.: 5. Juli 2006

Klein und Szyperski / Referenzmodell zum Electronic Commerce 2004
Klein, Stefan und Szyperski, Norbert: Referenzmodell zum Electronic Commerce, Universität zu Köln, Betriebswirtschaftliche Forschungsgruppe Innovative Technologien Professor Szyperski (Hrsg.), Internetseite http://www.uni-koeln.de/wiso-fak/szyperski/veroeffentlichungen/electronic-commerce.htm, Köln 2004, T.d.I.Z.: 18. Mai 2004

KPMG / History of KPMG 2004
Klynveld, Piet, Marwick, Goerdeler (KPMG): History of KPMG, Internetseite http://www.kpmg.com, Suchbegriff About KPMG – History – The History of KPMG, o.O. 2004, T.d.I.Z.: 7. Juni 2004

Ludwig-Mayerhofer / Methoden der empirischen Sozialforschung 2004
Ludwig-Mayerhofer, Wolfgang: Internet-Lexikon der Methoden der empirischen Sozialforschung (ILMES), Internetseite http://www.lrz-muenchen.de/~wlm/ilmes.htm, diverse Suchbegriffe, Siegen 2004, T.d.I.Z.: 10. Oktober 2004

MHA / Innovation 2006
MHA Institute, Inc.: Innovation. Internetseite, http://www.mhainstitute.ca, Suchbegriff About MHA Institute – Research – Definitions – Definition: Innovation, Invention and Creativity, Calgary, Alberta 2006, T.d.I.Z.: 28. Juli 2006

mi / About mi 2004
mi Services Group Ltd.: SCOR Wizard: Profit from your supply chain, Internetseite http://www.mi-services.com, Suchbegriff About mi, Reading, UK 2004, T.d.I.Z.: 30. September 2004

MIT / MIT Mission and Profile 2004
Massachusetts Institute of Technology (MIT): Mission and Profile, Internetseite http://web.mit.edu, Suchbegriff About MIT – Facts – MIT Mission and Profile, Cambridge, Massachusetts 2004, T.d.I.Z.: 23. September 2004

MIT / Integrated Supply Chain Management Program 2004
Massachusetts Institute of Technology (MIT): Integrated Supply Chain Management Program (ISCM), Internetseite http://web.mit.edu/supplychain, Suchbegriff Background, Cambridge, Massachusetts 2004, T.d.I.Z.: 23. September 2004

NNI / Nolan Norton Institute 2004
Nolan Norton Institute (NNI): Nolan, Norton & Co. > Nolan Norton Institute, Internetseite http://www.nolannorton.com, Suchbegriff Nolan, Norton & Co. – Nolan Norton Institute, Utrecht, NL 2004, T.d.I.Z.: 7. Juni 2004

Optiant / PowerChain Architect 2004
Optiant, Inc.: PowerChain Architect, Internetseite http://www.optiant.com, Suchbegriff Solutions – PowerChain Architect, Boston, Massachusetts 2004, T.d.I.Z.: 14. Dezember 2004

PMG / About PMG 2004
The Performance Benchmarking Group, LLC (PMG): About PMG, Internetseite http://www.pmgbenchmarking.com, Suchbegriff About PMG, Waltham, Massachusetts 2004, T.d.I.Z.: 26. Juli 2004

Proforma / ProSCOR 2004
Proforma Corporation: ProSCOR for Supply Chain, Internetseite http://www.proformacorp.com, Suchbegriff Solutions – Supply Chain (SCOR), Southfield, Michigan 2004, T.d.I.Z.: 12. Dezember 2004

PRTM / Supply Chain Benchmarking 2004
Pittiglio Rabin Todd & McGrath (PRTM): Supply Chain Benchmarking, Internetseite http://www.prtm.com, Suchbegriff Services – Operations & Supply Chain Management – Supply Chain Benchmarking, Waltham, Massachusetts 2004, T.d.I.Z.: 7. September 2004

PRTM / About PRTM 2004
Pittiglio Rabin Todd & McGrath (PRTM): About PRTM, Internetseite http://www.prtm.com, Suchbegriff About PRTM, Waltham, Massachusetts 2004, T.d.I.Z.: 7. April 2004

QM / Fixkosten 2004
Qualitätsmanagement (QM): Fixkosten, Das QM-Lexikon, http://www.quality. de, Suchbegriff Lexikon – F – Fixkosten, Hamburg 2004, T.d.I.Z.: 29. Juli 2004

QM / Grenzkosten 2004
Qualitätsmanagement (QM): Grenzkosten, Das QM-Lexikon, http://www. quality.de, Suchbegriff Lexikon – G – Grenzkosten, Hamburg 2004, T.d.I.Z.: 15. Juli 2004

SAP / Unternehmensüberblick 2004
SAP AG: Unternehmensüberblick, Internetseite http://www.sap.de, Suchbegriff Unternehmen – Überblick, Walldorf 2004, T.d.I.Z.: 3. Oktober 2004

SCE / Company Information
SCE Limited: Company Information, Internetseite http://www.scelimited.com, Stillwater, Minnesota 2004, T.d.I.Z.: 13. Februar 2004

Segal / Adaptive Supply Chains 2003
Segal, Joel: Adaptive Supply Chains: Why companies have to adapt or decline, Internetseite http://www.conspectus.com/2003/july/article12.asp, PMP (UK) Ltd., Management Briefings – Supply Chain & Supplier Relationship Management, July 2003, Amersham, UK 2003, T.d.I.Z.: 12. November 2004

SIMTech / Institute Profile 2004
Singapore Institute of Manufacturing Technology (SIMTech) Supply Chain Management Center: Institute Profile, Internetseite http://www.simtech.a-star. edu.sg, Suchbegriff About SIMTech – Institute Profile, Singapore, SIN 2004, T.d.I.Z.: 12. Juni 2004

Skandia / Skandia Navigator 2005
Skandia: Skandia Navigator, Internetseite http://www.skandia.com/en/about/ processes.shtml, Suchbegriff Skandia Navigator, Stockholm, SE 2005, T.d.I.Z.: 25. Juni 2005

Smart / Zahlen und Fakten 2004
Smart: Zahlen und Fakten, Internetseite http://www.smart.com, Suchbegriff smart im Detail – Company – Die smart GmbH: Zahlen und Fakten, Böblingen 2004, T.d.I.Z.: 17. Januar 2004

SPSS / SPSS für Windows 2004
SPSS GmbH: SPSS für Windows, Internetseite http://www.spss.com/de/ produkte/base/index.htm, München 2004, T.d.I.Z.: 12. November 2004

SPSS / AMOS 2004
SPSS GmbH: AMOS, Internetseite http://www.spss.de, Suchbegriff Produkte & Lösungen – SPSS Produktlinie – AMOS, München 2004, T.d.I.Z.: 28. November 2004

SQN / Benchmarking 2004
Service Quality Network (SQN): Benchmarking, Internetseite http://www.olywa.us/sqn/index.htm, Suchbegriff Glossary – Definitions, Olympia, Washington 2004, T.d.I.Z.: 29. September 2004

SSI / LISREL Model 2004
Scientific Software International (SSI) Inc.: Description of the LISREL Model, Internetseite http://www.ssicentral.com/home.htm, Suchbegriff LISREL Homepage – Theory & Stats – Description of the LISREL model, Lincolnwood, Illinois 2004, T.d.I.Z.: 15. Oktober 2004

Stephenson / Service Level 2004
Stephenson, William J.: Service Level. In: McGraw-Hill Online Learning Center: Operations Management – Strategies for Business Decisions, Seventh Edition, Internetseite http://www.highered.mcgraw-hill.com/sites/0072443901/student_view0, Suchbegriff Chapter 1 – Glossary – Service Level, Columbus, Ohio 2004, T.d.I.Z.: 3. August 2004

Supply & Demand-Chain / Supply Chain Officer 2005
Supply & Demand-Chain Executive: Gap Names Chief Supply Chain Officer, Internetseite http://www.sdcexec.com/article_arch.asp?article_id=4648, Gilbert, Arizona 2005, T.d.I.Z.: 1. März 2005

Supply & Demand-Chain / Supply Chain President 2005
Supply & Demand-Chain Executive: Newell Rubbermaid Names Supply Chain President, Internetseite http://www.sdcexec.com/article.asp?article_id=6716, Gilbert, Arizona 2005, T.d.I.Z.: 1. März 2005

Supply-Chain Council / About SCC 2006
Supply-Chain Council (SCC): About SCC, Internetseite http://www.supplychain.org/public/home.asp, Suchbegriff About us, Pittsburgh, Pennsylvania 2004, T.d.I.Z.: 30. Juni 2006

Tiago Stock Consulting / Exchange Rates 2005
Tiago Stock Consulting: Exchange Rates, Internetadresse http://www.x-rates.com, Suchbegriff EUR/USD, o.O. 2005, T.d.I.Z.: 13. September 2005

Value Based Management / Shareholder Value 2004
Value Based Management.net: Shareholder Value, Internetseite http://www.valuebasedmanagement.net, Suchbegriff Faq – What is Shareholder Value? Definition, Bilthoven, NL 2004, T.d.I.Z.: 26. September 2004

Value Chain Group / Value Chain Group 2005
Value Chain Group (VCG): The Value Chain Group (VCG), Internetseite http:// www.value-chain.org/, Suchbegriff Value Chain Group VCG, Wexford, Pennsylvania 2005, T.d.I.Z.: 31. August 2005

Value Chain Group / Value Chain Operations Reference Model 2005
Value Chain Group (VCG): Value Chain Operations Reference Model (VCOR), Internetseite http://www.value-chain.org/, Suchbegriff VCG Models – VCOR, Wexford, Pennsylvania 2005, T.d.I.Z.: 31. August 2005

Wild / Financial Statement Analysis and Interpretation 2004
Wild John J: Financial Statement Analysis and Interpretation. In: McGraw-Hill Online Learning Center: Financial Accounting – Information for Decisions, 2/e, Internetseite http://www.highered.mcgraw-hill.com/sites/0072456914, Suchbegriff Student Center – Chapter 13: Financial Statement Analysis and Interpretation – Interactive Glossary, Columbus, Ohio 2004, T.d.I.Z.: 8. Juni 2004

WordIQ / Little's Law 2004
WordIQ.com: Little's Law, Online Dictionary and Encyclopedia Definitions, Internetseite http://www.wordiq.com/definition, Suchbegriff Little's Law, o.O. 2004, T.d.I.Z.: 9. Juli 2004

WordIQ / OEM 2004
WordIQ.com: Original Equipment Manufacturer (OEM), Online Dictionary and Encyclopedia Definitions, Internetseite http://www.wordiq.com/definition, Suchbegriff OEM, o.O. 2004, T.d.I.Z.: 9. Juli 2004

3 Eigene Quellen[960]

BearingPoint / Benchmarking Tools 2003
BearingPoint, Inc.: Benchmarking Tools Overview, Powerpoint-Präsentation, Dateiname: Benchmarking Tools Overview.ppt, McLean, Virginia August 2003

BearingPoint / Supply Chain KPI Benchmarking 2003
BearingPoint, Inc.: Supply Chain KPI Benchmarking: Quantitative Application – Functionalities Overview, Dateiname: Supply Chain KPI Benchmarking.ppt, McLean, Virginia March 2003

BearingPoint / Supply Chain Survey 2003
BearingPoint, Inc.: Supply Chain Survey, Excel-Datenblatt, Dateiname: Supply Chain Survey.xls, McLean, Virginia January 2003

BearingPoint / Supply Chain Report 2003
BearingPoint, Inc.: Supply Chain Survey, Excel-Datenblatt, Dateiname: Supply Chain Report.xls, McLean, Virginia September 2003

BearingPoint / Supply Chain Benchmarking Results 2003
BearingPoint, Inc.: Supply Chain Benchmarking Results, Excel-Datenblatt, Dateiname: Supply Chain_KPI Benchmarking_Results.xls, McLean, Virginia Dezember 2003

Poluha / Themeneingrenzung August 2003
Poluha, Rolf G.: Persönliches Gespräch zur Themeneingrenzung mit Prof. Dr. Dietrich Seibt, Universität zu Köln, Forschungsgruppe Informationssysteme und Lernprozesse (ISLP), vorm. Lehrstuhl für Wirtschaftsinformatik, insbes. Informationsmanagement, eigene Mitschriebe beim Treffen am 11. August 2003, Bergen, NL August 2003

Poluha / Thesendiskussion Dezember 2003
Poluha, Rolf G.: Persönliches Gespräch zur Thesendiskussion mit Prof. Dr. Dietrich Seibt, Universität zu Köln, Forschungsgruppe Informationssysteme und Lernprozesse (ISLP), vorm. Lehrstuhl für Wirtschaftsinformatik, insbes. Informationsmanagement, eigene Mitschriebe beim Treffen am 22. Dezember 2003, Köln Dezember 2003

Poluha / Arbeitsfortschritt September 2004
Poluha, Rolf G. : Persönliches Gespräch zum Arbeitsfortschritt mit Prof. Dr. Dietrich Seibt, Universität zu Köln, Forschungsgruppe Informationssysteme und Lernprozesse (ISLP), vorm. Lehrstuhl für Wirtschaftsinformatik, insbes. Informationsmanagement, eigene Mitschriebe beim Treffen am 10. September 2004, Köln September 2004

---

[960] Unveröffentlicht, beim Verf. verfügbar. Im Text sind eigene Quellen daran erkennbar, dass auf sie mittels der Bezeichnung „siehe", „entnommen aus" oder „auf Basis von" hingewiesen wird (mit Ausnahme des Vorworts, in dem teils auch auf Literaturquellen derart verwiesen wird)

Poluha / Themenbesprechung August 2004
Poluha, Rolf G.: Persönliches Gespräch zur Themenbesprechung mit Prof. Richard Welke, Director, Center for Process Innovation – Robinson College of Business, Georgia State University, Atlanta, Georgia, eigene Mitschriebe beim Treffen am 20. August 2004, Atlanta, Georgia August 2004

Poluha / Doktorandenseminar Februar 2005
Poluha, Rolf G.: Vortrag beim Doktorandenseminar von Prof. Dr. Detlef Schoder, Universität zu Köln, Seminar für Wirtschaftsinformatik, insbesondere Informationsmanagement, eigene Mitschriebe vom 14. Februar 2005, Köln Februar 2005

Poluha und Seibt / Anwendung des SCOR-Modells 2006
Poluha, Rolf G. und Seibt, Dietrich: Anwendung des SCOR-Modells zur Analyse der Supply Chain, Universität zu Köln, Forschungsgruppe Informationssysteme und Lernprozesse (ISLP), Beitrag (zur Veröffentlichung vorgesehen), Köln 2006

Poluha und Welke / Examination of the SCOR Model 2006
Poluha, Rolf G. und Welke, Richard J.: Results of an exploratory empirical Examination of the SCOR Model, Georgia State University, J. Mack Robinson College of Business, Center for Process Innovation, Beitrag (zur Veröffentlichung vorgesehen), Atlanta, Georgia 2006

Razvi / Supply Chain Performance Management 2002
Razvi, Nadim: Supply Chain Performance Management (SCPM), SAP AG, Product Management – GBU SCM, Powerpoint-Präsentation, Walldorf 2002

Anhang

1 Leistungsindikatoren-Fragebogen („KPI Questionnaire")[961]

PARTICIPANT QUESTIONNAIRE

COMPANY INFORMATION

Company name: _____

Business unit name (if applicable): _____

Address:
  Street _____
  City _____
  State/province _____ Zip/postal code _____
  Country _____

Telephone number:
  Country code _____ City/area code _____ Local no. _____

Facsimile number:
  Country code _____ City/area code _____ Local no. _____

E-mail address: _____

Permission granted to BearingPoint to include company name, which will not be associated with any specific data, on a list of benchmark study participants.
  _____ Yes   _____ No

Signature: _____

Company contacts:
  Name _____   Name _____
  Title _____   Title _____
  Phone _____   Phone _____

Date: _____

INDUSTRY INFORMATION

Industry classification: _____

Describe the key product families: _____

Description of key products: _____

CURRENCY INFORMATION

Currency used for questionnaire: _____

---

[961] Entnommen aus BearingPoint / Supply Chain Survey 2003 / o.S. (Blatt Participants Questionnaire)

QUESTIONNAIRE INFORMATION
INSTRUCTIONS
Please take a moment to read these instructions and to familiarize yourself with all of the questions on the following pages before you complete the questionnaire. You will need statistics from your company's finance and supply chain groups to complete the questionnaire. Your accurate responses are appreciated.

Business unit selection
Determine the business unit for which you want to use the diagnostic tool. The business unit may represent the entire organization, a subsidiary, or a division. Based on this selection, all data collected in the questionnaire should be limited to only the business unit (the entire organization, subsidiary, or division) this tool will be analyzing. All locations within the business unit should be considered. Please pay careful attention to the format information (percentage, value, number) that is requested for each question.

Year of benchmark data
Use the most recently completed fiscal year unless otherwise told.

Supply chain activities relevant to this survey
The supply chain is composed of the following processes and activities. Please keep this scope in mind when completing the survey so that it is consistent with other organizations completing the survey.

Sourcing (purchasing)
Supplier-related activities
- Locate and interview prospective suppliers
- Determine approved suppliers
- Perform efforts to optimize the supply base
- Develop and maintain a program to select and certify suppliers
- Evaluate and measure supplier performance
- Create policies and procedures governing ethical supplier relations

Processing-related activities
- Establish purchasing requirements and specifications
- Collect and control supporting documents (purchase orders, contracts, and schedule line agreements)
- Prepare purchase orders and transmit to suppliers
- Monitor open purchase order status

Management-related activities
- Organize, manage, and execute companywide purchasing activities
- Optimize centralized and decentralized procurement activities
- Create and manage purchase programs (procurement cards, blanket purchase orders, automatic replenishment)

Produce (production/manufacturing)
- Schedule and plan production
- Stage and set up machines for manufacturing
- Produce goods
- Ensure quality

Management-related activities
- Organize, manage, and execute companywide production and scheduling activities

Store (warehousing and inventory management)

Inventory-related activities
- Maintain inventory systems and technologies
- Determine inventory accuracy from both a physical and book perspective
- Execute physical-count and cycle-count programs
- Compile, consolidate, and reconcile book inventory
- Identify, value, and dispose of obsolete, damaged, and slow-moving inventory
- Determine appropriate reserves and safety stock levels
- Forecast and plan inventory requirements

Warehousing-related activities
- Receive, ticket, and store inventory and maintenance, repairs, and operations supplies
- Stage and load inventory for shipment
- Analyze the cost of and alternatives to warehousing
- Maintain cleanliness and upkeep of owned warehouse space
- Determine warehouse space requirements on a continual basis
- Maintain warehouse systems and technologies

Order fulfillment
- Pick line items on the customer order
- Pack, seal, and label the picked customer order
- Generate and execute pick lists
- Generate packing slips and insert them into customer's fulfilled order
- Generate and execute the release order for shipment documentation
- Identify undetected back orders or incomplete shipments and notify key parties
- Periodically check ("audit") fulfilled orders to ensure their completeness and accuracy
- Maintain order fulfillment technology and systems

Transport (inbound and outbound)
- Establish and maintain carrier relationships
- Specify appropriate and optimal shipping routes
- Monitor and track in-transit shipments
- Maintain transit routing and tracking systems
- Determine appropriate and optimal modes of transport
- Transport goods (intracompany, to and from suppliers, to and from customers)

Sell (order management)
- Enter and confirm orders
- Track orders
- Manage customer relations regarding orders (handle inquiries related to product availability, order status, order returns)

Section A. General/financial information

For the questions below, if no reference to the global organization versus business entity is provided, please enter data that represents the business entity. The remainder of the survey after this section should also reflect data limited to the business entity.

The business unit is the business entity within your organization for which you are completing this survey. The global organization includes all entities and all departments within the entire organization. For example, if General Motors is completing the survey for its Buick division, the business unit is Buick and the global organization is General Motors.

1. What is the total number of all employees (head count) in the organization? (Include both part- and full-time employees.)

                                                         head count

   business unit [ ]
   global organization [ ]

2. What was the total gross revenue for the organization?

                                                         revenue

   business unit [ ]
   global organization [ ]

3. What was the total cost of goods sold for the organization?

                                                         cost of goods sold

   business unit [ ]
   global organization [ ]

4. What is the total annual inventory turnover? Please compute using the following formula: Total cost of goods sold / Total end-of-period inventory value (raw materials + WIP+ finished goods)

                                                         cost of goods sold

   business unit [ ]
   global organization [ ]

5. What is the days of sales outstanding for the global organization including all business units?

                                                         days

   business unit [ ]
   global organization [ ]

6. What is your return on equity ratio? Compute this using the following formula: Net profit after taxes/ Total net worth

                                                         percentage [ ]

7. What is your average number of days to pay suppliers for production goods purchased?

                                                         days [ ]

Section B. Source (purchasing)
In this section please consider only production goods purchased (thus excluding MRO).

1. What is the total *annual cost* for the purchasing function?
   Include as cost components the following items:
   - *Direct labor costs*, including wages, overtime, and benefits
   - *Contracted services costs*, including temporary or contract labor
   - *Outsourced services costs*, including annual or monthly operating charges
   - *Operating costs,* including supplies, training, and other locally controllable expenses; do not include rent, depreciation, or allocated overheads
   - *Information systems support costs*, including wages, overtime and benefits for systems maintenance and technical support as well as data processing operations licensing fees for software; do not include one-time capital investments in hardware and software

   Do not include the actual costs of purchased goods or services.   cost
   Total purchasing department cost [   ]

2. What is the total number of FTEs for the purchasing function?
   FTEs--full-time equivalents--are measures of hours worked. Forty hours of work in a week is equal to one FTE; 20 hours of work in a week is equal to .5 FTEs; and 60 hours is equal to 1.5 FTEs.
   In your total count, include staff, management, and temporary and contract workers defined below.
   - *Staff*--Staff are employees without supervisory responsibilities.
   - *Management*--Management are employees with supervisory responsibilities.
   - *Temporary and contract* employees--Temporary and contract employees are those who work on a short-term, project basis for the company rather than as permanent employees.

   FTEs
   Total purchasing department FTEs [   ]

   cost
3. What is the total cost of production goods purchased for the most recently completed fiscal year? [   ]

   number
4. What is the total number of purchase orders generated in the most recently completed [   ]
   fiscal year? Only include orders related to production goods, thus excluding MRO purchases.

5. What is the percentage of purchase orders placed with suppliers in the last 12 months using the following methods?

	percentage of the # of POs	percentage of the value of POs
Internet (web)		
EDI (electronic data interchange)		

   number
6. What is the total number of active suppliers in the current supplier database? [   ]
   (An active supplier is one from whom purchases have been made in the last 24 months.)

7. What is the average time, in business days, from the creation of a purchase requisition to the delivery of the goods? If your company does not use purchase requisitions, indicate the time from the creation of a purchase order.
Note: a business day assumes a 5-day workweek and an 8-hour workday. [ ] days

8. What is the percentage of purchase orders that are received on time, as a complete order, and consisting of the right quantity and of the appropriate quality? [ ] percentage

9. What percentage of the lines within a purchase order are received on time, in the right quantity, and of the appropriate quality? [ ] percentage

10. What percentage of total purchases from suppliers are certified as meeting desired quality standards? Certification may be through in-house programs or through third-party registrations such as ISO 9000. [ ] percentage

Section C. Produce (manufacturing)

1. What is the total *annual cost* for the manufacturing function?
   Include as cost components the following items:
   - *Direct labor costs*, including wages, overtime, and benefits
   - *Contracted services costs*, including temporary or contract labor
   - *Outsourced services costs*, including annual of monthly operating charges (e.g. maintenance)
   - *Operating costs*, including materials costs, training, locally controllable expenses such as heating, cooling, and power,
   - *Equipment and building*, rent and/or depreciation associated with these (not actual cost)
   - *Information systems support costs*, including wages, overtime, and benefits for systems maintenance and technical support as well as data processing operations, licensing fees for software; do not include one-time capital investments in hardware and software

   Total manufacturing cost [ ] cost

2. What is the total number of FTEs for the manufacturing function?
   FTEs--full-time equivalents--are measures of hours worked. Forty hours of work in a week is equal to one FTE; 20 hours of work in a week is equal to .5 FTEs; and 60 hours is equal to 1.5 FTEs.
   In your total count, include staff, management, and temporary and contract workers defined below.
   - *Staff*--Staff are employees without supervisory responsibilities.
   - *Management*--Management are employees with supervisory responsibilities.
   - *Temporary and contract* employees--Temporary and contract employees are those who work on a short-term, project basis for the company rather than as permanent employees.

   Total manufacturing FTEs [ ] FTEs

	value
3. What is the annual throughput from your manufacturing plants within the business unit being covered in this survey? Throughput should be defined as the total revenue of finished goods produced in the plants --excluding production outsourced.	

	number
4. How many separately identifiable manufacturing plants do you have within the business unit being covered in this survey?	

	percentage
5. What is the percentage of your product's first-pass yield? (These meet all quality-related specifications at a final test point.)	

	value
6. What are your scrap/rework costs for the most recently completed fiscal year?	

	PPM
7. What is your customer reject rate on shipped products? State the answer in parts per million (PPM).	

	hours
8. What are your manufacturing cycle times for a typical product (in hours, where 24 hrs = 1 day)? This is the time from start of production and assembly operations to the completion of manufacturing including assembly and testing.	

	percentage
9. How many MPS work orders are delivered on time as a percentage of total work orders scheduled?	

	percentage
10. What is your average plant capacity utilization? This is the master-schedule-generated capacity as a percentage of available capacity.	

	percentage
11. What is the average rate plant machines are available to perform production tasks? Calculate this as follows: Average number of hours available excluding breakdowns, material shortage, tuning time/ Total number of working hours over the period.	

	percentage
12. What is your operating-equipment efficiency rate? This is the percentage of time that equipment, when running or required for production, is producing good-quality products at an acceptable rate.	

Section D. Store (warehousing and inventory management)

1. What is the total *annual cost* for the warehousing and inventory management function? Include as cost components the following items:
   - *Direct labor costs,* including wages, overtime, and benefits
   - *Contracted services costs*, including temporary or contract labor
   - *Outsourced services costs*, including annual or monthly operating charges
   - *Insurance premiums*, include costs associated with insuring inventory
   - *Cost of warehouse and/or inventory storage space*, includes annual rent and/or depreciation charges for this space
   - *Operating costs*, including supplies, training, and other locally controllable expenses such as heating, cooling, custodial services, exclude rent, depreciation, and capital expenditures
   - *Information systems support costs,* including wages, overtime and benefits, for systems maintenance and technical support as well as data processing operations, licensing fees for software; do not include one-time capital investments in hardware and software

   Total warehousing and inventory management cost [____] cost

2. What is the total number of FTEs for the warehousing and inventory management function? FTEs--full-time equivalents--are measures of hours worked. Forty hours of work in a week is equal to one FTE; 20 hours of work in a week is equal to .5 FTEs; and 60 hours is equal to 1.5 FTEs.
   In your total count, include staff, management, and temporary and contract workers defined below.
   - *Staff*--Staff are employees without supervisory responsibilities.
   - *Management*--Management are employees with supervisory responsibilities.
   - *Temporary and contract* employees--Temporary and contract employees are those who work on a short-term, project basis for the company rather than as permanent employees.

   Total warehousing and inventory management FTEs [____] FTEs

3. How many separately identifiable distribution centers do you have within the business unit covered in this survey? [____] number

4. What percentage of total warehouse space available is used? [____] percentage

5. What is the average value of finished goods inventory for the most recently completed fiscal year? Calculate as follows: (Beginning + ending finished goods balance) /2 [____] value

6. What is your company's finished goods inventory turnover for the most recently completed fiscal year? Calculate as follows: (Total cost of sales/ Average inventory) [____] turnover

7. What is the value of obsolete or damaged finished goods inventory for the most recently completed fiscal year? [____] value

8. What percentage of finished goods SKUs (stockkeeping units) are inactive? [percentage]
   (A SKU is a warehousing item that must be stored and accounted for separately.
   Inactive SKUs are those that have not had any sales in the past 12 months.)

9. What percentage of finished goods SKUs (stockkeeping units) incurred stockouts [percentage]
   and customer backorders in the past 12 months? (A backorder is an unfilled request
   for warehouse stock. A stockout is the inability to fill a supply requisition from stock.)

10. How much time does it take newly received finished goods inventory, either from [hours]
    manufacturing operations or suppliers, to be made available and picked
    to fulfill customer orders? (Estimate the time in hours, converting daily and weekly
    records to hours on the basis of an 8-hour day and a 5-day workweek.)

11. What is the total number of line items that can be picked in a **1-hour** time period [number]
    by a single worker? (A picked line item is one that the fulfillment worker identifies,
    removes from the inventory location, and assembles for packaging or shipment the total
    quantity of the line item ordered.)

12. What is the average cycle-count accuracy percentage for a typical cycle count? [percentage]

Section E. Transport (inbound/outbound)
Please include inter-facilities transfers in inbound transport.

1. What is the total *annual cost* for the transportation function?
   Include as cost components the following items:
   - *Direct labor costs,* including wages, overtime, and benefits
   - *Carrier fees,* fees paid to transportation providers for transportation services,
     including accessorial charges (such as demurrage) for inbound and outbound freight
   - *Depreciation and rental fees,* for owned or leased fleet
   - *Depreciation and rental fees,* for garages and heavy maintenance equipment
     associated with owned or leased fleet
   - *Insurance premiums,* associated with owned or leased fleet
   - *Fuel, tires, and maintenance,* associated with owned or leased fleet
   - *Information systems support costs,* including wages, overtime, and benefits for
     systems maintenance and technical support as well as data processing operations,
     licensing fees for software; do not include one-time capital investments in hardware
     and software

   Total transportation cost [cost]

2. What is the total number of FTEs for the transportation function?
FTEs--full-time equivalents--are measures of hours worked. Forty hours of work in a
week is equal to one FTE; 20 hours of work in a week is equal to .5 FTEs; and 60 hours is
equal to 1.5 FTEs.
In your total count, include staff, management, and temporary and contract workers
defined below.
- *Staff*--Staff are employees without supervisory responsibilities.
- *Management*--Management are employees with supervisory responsibilities.
- *Temporary and contract* employees--Temporary and contract employees are those who work on a short-term, project basis for the company rather than as permanent employees.

Total transportation function FTEs [ ] FTEs

3. What is the total number of miles hauled in the last 12 months?
(Include all miles hauled by your fleet and carriers operating
on your behalf. Please include intracompany hauls under inbound.)
inbound [ ] miles
outbound [ ]

4. What percentage of the total cost calculated in question 1, represents
inbound transportation costs and what percentage represents outbound
transportation costs?
inbound [ ] percentage
outbound [ ]

5. What percentage of the total number of hauls run by third-party carriers were hauled
at premium prices? [ ] percentage

6. What percentage of total inbound and outbound shipments in the past 12 months
resulted in damaged goods? [ ] percentage

7. What percentage of inbound and outbound deliveries arrive on the originally scheduled
delivery date? On-time delivery should be strictly based on the transportation aspect
and should not reflect shipping or receiving delays caused by other supply chain functions,
such as production, purchasing, or warehousing.
inbound [ ] percentage
outbound [ ]

8. What percentage of the average value of inventory typically on hand is in transit
(inbound and outbound) at any time? [ ] percentage

9. Indicate, as a percentage of total inbound and outbound deliveries, the mode of transport by haul distance.

	(<50 miles) short	(50-200 miles) intermediate	(>200 miles) long
ground (surface)			
ground (rail)			
vessel			
airplane			
total	100%	100%	100%

Section F. Sell (order management)

1. What is the total *annual cost* for the order management function?
   Include as cost components the following items:
   - *Direct labor costs,* including wages, overtime, and benefits
   - *Contracted services costs*, including temporary or contract labor
   - *Outsourced services costs*, including annual or monthly operating charges
   - *Operating costs*, including supplies, training, and other locally controllable expenses do not include rent, depreciation, or allocated overheads
   - *Information systems support costs,* including wages, overtime, and benefits for systems maintenance and technical support as well as data processing operations, licensing fees for software; do not include one-time capital investments in hardware and software

   Total order management cost [____] cost

2. What is the total number of FTEs for the order management function?
   FTEs--full-time equivalents--are measures of hours worked. Forty hours of work in a week is equal to one FTE; 20 hours of work in a week is equal to .5 FTEs; and 60 hours is equal to 1.5 FTEs.
   In your total count, include staff, management, and temporary and contract workers defined below.
   - *Staff*--Staff are employees without supervisory responsibilities.
   - *Management*--Management are employees with supervisory responsibilities.
   - *Temporary and contract* employees--Temporary and contract employees are those who work on a short-term, project basis for the company rather than as permanent employees.

   Total order management FTEs [____] FTEs

3. What was the total number of customer orders processed during the most recently completed fiscal year? [____] number

4. What was the total gross sales value of customer orders processed during the most recently completed fiscal year? [____] value

5. What is the total number of finished goods SKUs (stockkeeping units) that are typically on hand and maintained in inventory? [____] number

6. What percentage of customers have been retained in the past 5 years? [____] percentage

	percentage
7. What is the percentage of customers that provide 80% of the organization's sales?	

8. In the past 12 months, what percentage of sales orders came from customers via the following methods?

	percentage of the # of sales orders	percentage of the value of sales orders
Internet (Web)		
EDI (electronic data interchange)		

	percentage
9. What percentage of customer orders were disputed in the last 12 months?	
10. What percentage of customer orders were filled on time and complete in the past 12 months? An order is on time when the delivery date is the customer requested date.	
11. What percentage of lines in a customer order were filled completely and on time in the past 12 months?	

	value
12. What was the value of customer orders that were stocked out?	

	hours
13. What is the average amount of time, in hours, that it takes to deliver a product from the date it is ordered until the date it is delivered.	

2 Überblick über die Leistungsmessgrößen des Fragebogens („Performance Measures")[962]

Supply Chain

Performance Measures

Source
Purchasing cost as a percentage of revenue
Purchasing cost per active supplier
Purchasing cost per purchase order
Percentage of purchases from certified suppliers
Average purchase requisition to delivery cycle time
Percentage of purchased orders received on time and complete
Percentage of purchased lines received on time and complete
Annual value of goods purchased per FTE
Average number of purchase orders per FTE
Transactions processed via web/EDI
Number of active suppliers per FTE
Purchasing cost per FTE

Produce
Manufacturing cost as a percentage of revenue
Average first-pass yield rate
Scrap/rework cost as a percentage of revenues
Average machine availability rate
Average operating-equipment efficiency rate (OEE)
Average manufacturing cycle time
Average MPS plant delivery performance (work orders)
Average plant capacity utilization
Manufacturing cost per FTE
Average throughput per FTE

Store
Inventory management cost as a percentage of revenue
Inventory management cost as a percentage of inventory value
Average inventory turnover
Inactive inventory percentage
Inventory obsolescence cost as a percentage of revenue
Inventory management cost per customer order
Cycle count accuracy percentage
Average received finished goods turnaround time
Inventory stockout percentage
Average order line items picked per hour per worker
Average warehousing space utilization
Inventory management cost per FTE
Inventory management cost per customer order

---

[962] Entnommen aus BearingPoint / Supply Chain Survey / January 2004 / o.S. (Blatt Performance Measures)

Performance Measures

Transport
- Transportation cost as a percentage of revenue
- Percentage of inbound / outbound cost
- Premium freight charges
- Percentage of inventory in transit
- Damaged shipments
- On-time delivery percentage (inbound and outbound)
- Transportation cost per FTE
- Transportation cost per mile (inbound and outbound)
- Outbound transportation cost per customer order
- Inbound transportation cost per supplier order

Sell
- Customer service cost as a percentage of revenue
- Customer retention rate
- Customer disputes
- Perfect orders rate
- Lines on-time fill rate
- Backorders value
- Average order-to-shipment lead time
- Customer service cost per FTE
- Percentage of sales via web
- Average number of customers orders per FTE

Supply Chain - Quantitative Survey (KPI Benchmarking)
Performance Measures (Outputs)

Source - Includes Plan	Beschaffen
Purchasing cost as a percentage of revenue	Einkaufskosten als Anteil vom Umsatz
Purchasing cost per active supplier	Einkaufskosten pro aktivem Lieferanten
Purchasing cost per purchase order	Einkaufskosten pro Einkaufsauftrag
Percentage of purchases from certified suppliers	Anteil an Einkäufen von zertifizierten Lieferanten
Average purchase requisition to delivery cycle time	Durchschnittliche Lieferdurchlaufzeit für Bestellanforderung
Percentage of purchased orders received on time and complete	Anteil an Einkaufsaufträgen, die pünktlich und einwandfrei geliefert wurden
Percentage of purchased lines received on time and complete	Anteil an Einkaufsauftragspositione, die pünktlich und einwandfrei geliefert wurden
Annual value of goods purchased per FTE	Jährlicher Wert an eingekauften Gütern pro Mitarbeiter
Average number of purchase orders per FTE	Durchschnittliche Anzahl an Einkaufsaufträgen pro Mitarbeiter
Transactions processed via web/EDI	Anzahl der per Internet oder EDI übermittelten Einkaufstransaktionen
Number of active suppliers per FTE	Anzahl an aktiven Lieferanten pro Mitarbeiter
Purchasing cost per FTE	Einkaufskosten pro Mitarbeiter

Make (Produce) - Includes Plan	Herstellen
Manufacturing cost as a percentage of revenue	Produktionskosten als Anteil am Umsatz
Average first-pass yield rate	Durchschnittlicher Ausbeuteanteil im ersten Durchlauf
Scrap/rework cost as a percentage of revenues	Ausschuss-/Nacharbeitskosten als Anteil am Umsatz
Average machine availability rate	Durchschnittliche Maschinenverfügbarkeit
Average operating-equipment efficiency rate (OEE)	Durchschnittliche Auslastung von Betriebsanlagen
Average manufacturing cycle time	Durchschnittliche Fertigungsdurchlaufzeit
Average MPS plant delivery performance (work orders)	Durchschnittliche Fabriklieferleistung für Fertigungsaufträge
Average plant capacity utilization	Durchschnittliche Auslastung der Fabrikkapazität
Manufacturing cost per FTE	Produktionskosten pro Mitarbeiter
Average throughput per FTE	Durchschnittlicher Durchsatz pro Mitarbeiter

Deliver: Store - Includes Plan	Liefern: Lagern
Inventory management cost as a percentage of revenue	Lagerverwaltungskosten als Anteil am Umsatz
Inventory management cost as a percentage of inventory value	Lagerverwaltungskosten als Anteil am Lagerwert
Average inventory turnover	Durchschnittlicher Lagerumschlag
Inactive inventory percentage	Anteil inaktiven Materials am Lagerwert
Inventory obsolescence cost as a percentage of revenue	Kosten des Lagerwertverlusts als Anteil am Umsatz
Inventory management cost per customer order	Lagerverwaltungskosten pro Kundenauftrag
Cycle count accuracy percentage	Zählgenauigkeit von Lagerzyklen
Average received finished goods turnaround time	Durchschnittliche Umschlagszeit für eingegangene Endprodukte
Inventory stockout percentage	Anteil an nicht-verfügbarem Lagermaterial
Average order line items picked per hour per worker	Durchschnittliche Anzahl an Auftragspositionen, die pro Arbeiter je Stunde entnommen wurde
Average warehousing space utilization	Durchschnittliche Ausnutzung der Lagerfläche
Inventory management cost per FTE	Lagerverwaltungskosten pro Mitarbeiter
Inventory management cost per customer order	Lagerverwaltungskosten pro Kundenauftrag

Deliver: Transport - Includes Plan	Liefern: Transportieren
Transportation cost as a percentage of revenue	Transportkosten als Anteil am Umsatz
Percentage of inbound / outbound cost	Anteil an Lagereingangs- und -ausgangskosten
Premium freight charges	Transportkostenaufschläge
Percentage of inventory in transit	Anteil an Lagerbeständen auf dem Transportweg
Damaged shipments	Lieferschäden
On-time delivery percentage (inbound and outbound)	Anteil pünktlicher Lieferungen (Lagerein- und -ausgänge)
Transportation cost per FTE	Transportkosten pro Mitarbeiter
Transportation cost per mile (inbound and outbound)	Transportkosten pro Meile Transportweg (Lagerein- und -ausgänge)
Outbound transportation cost per customer order	Transportkosten für Lagerausgänge pro Kundenauftrag
Inbound transportation cost per supplier order	Transportkosten für Lagereingänge pro Einkaufsauftrag

Deliver: Sell - Includes Plan	Liefern: Verkaufen
Customer service cost as a percentage of revenue	Kosten für Kundenservice als Anteil vom Umsatz
Customer retention rate	Kundenverbleibsquote
Customer disputes	Kundenstreitigkeiten
Perfect orders rate	Anteil an einwandfreien Kundenaufträgen
Lines on-time fill rate	Pünktliche Erfüllungsrate von Kundenauftragspositionen
Backorders value	Wert an Auftragsrückständen
Average order-to-shipment lead time	Durchschnittliche Durchlaufzeit vom Kundenauftrag zum Versand
Customer service cost per FTE	Kundenservicekosten pro Mitarbeiter
Percentage of sales via web	Anteil an Verkäufen über das Internet
Average number of customers orders per FTE	Durchschnittliche Anzahl an Kundenaufträgen pro Mitarbeiter

3 Zusammenhang zwischen Lieferketten-Kompetenzen und Leistungsindikatoren[963]

3.1 Kundenspezifisch (Kundenservice und Flexibilität)

Performance Attributes	Leistungs-attribute	Metrics (Level 1)	Kennzahlen (Ebene 1)	Performance Measures	Leistungsmessgrößen	SCOR-Prozess
Reliability	Lieferzuverlässigkeit	Delivery Performance	Auftragsabwicklungsleistung	Customer retention rate	Kundenverbleibsquote	Liefern
				Backorders value	Wert an Auftragsrückständen	Liefern
				On-time delivery percentage (inbound and outbound)	Anteil pünktlicher Lieferungen (Lagerein- und -ausgänge)	Liefern
		Fill Rate	Lieferfähigkeit	Percentage of purchased orders received on time and complete	Anteil an Einkaufaufträgen, die pünktlich und einwandfrei geliefert wurden	Beschaffen
				Percentage of purchased lines received on time and complete	Anteil an Einkaufsauftragspositionen, die pünktlich und einwandfrei geliefert wurden	Beschaffen
				Average MPS plant delivery performance (work orders)	Durchschnittliche Fabrikslieferleistung für Fertigungsaufträge	Herstellen
				Cycle count accuracy percentage	Zählgenauigkeit von Lagerzyklen	Liefern
		Perfect Order Fulfillment	Fehlerlose Auftragsausführung	On-time delivery percentage (inbound and outbound)	Anteil pünktlicher Lieferungen (Lagerein- und -ausgänge)	Liefern
				Perfect orders rate	Anteil an einwandfreien Kundenaufträgen	Liefern
				Lines on-time fill rate	Pünktliche Erfüllungsrate von Kundenauftragspositionen	Liefern
				Customer retention rate	Kundenverbleibsquote	Liefern
Responsiveness	Reaktionsfähigkeit	Order Fulfillment Lead Time	Lieferzeit	Average purchase requisition to delivery cycle time	Durchschnittliche Lieferdurchlaufzeit für Bestellanforderung	Beschaffen
				Transactions processed via web/EDI	Anzahl der per Internet oder EDI übermittelten Einkaufstransaktionen	Beschaffen
				Average manufacturing cycle time	Durchschnittliche Fertigungsdurchlaufzeit	Herstellen
				Percentage of sales via web	Anteil an Verkäufen über das Internet	Liefern
Flexibility	Anpassungsfähigkeit	Supply-Chain Response Time	Lieferketten-Reaktionszeit	Backorders value	Wert an Auftragsrückständen	Liefern
				On-time delivery percentage (inbound and outbound)	Anteil pünktlicher Lieferungen (Lagerein- und -ausgänge)	Liefern
				Lines on-time fill rate	Pünktliche Erfüllungsrate von Kundenauftragspositionen	Liefern
		Production Flexibility	Produktionsflexibilität	Inventory stockout percentage	Anteil an nicht-verfügbarem Lagermaterial	Liefern
				Average MPS plant delivery performance (work orders)	Durchschnittliche Fabrikslieferleistung für Fertigungsaufträge	Herstellen

---

[963] Auf Basis von BearingPoint / Supply Chain Survey 2003 / o.S. (Blatt Performance Measures)

3.2 Unternehmensbezogen (Kosten und Kapitaleinsatz)

Performance Attributes	Leistungs-attribute	Metrics (Level 1)	Kennzahlen (Ebene 1)	Performance Measures	Leistungsmessgrößen	SCOR-Prozess
Cost	Kosten	Total Supply Chain Management Cost	Gesamte Lieferketten-Kosten	Inventory management cost as a percentage of revenue	Lagerverwaltungskosten als Anteil am Umsatz	Liefern
				Inventory management cost as a percentage of inventory value	Lagerverwaltungskosten als Anteil am Lagerwert	Liefern
				Inventory obsolescence cost as a percentage of revenue	Kosten des Lagerwertverlusts als Anteil am Umsatz	Liefern
				Percentage of inbound / outbound cost	Anteil der Lagereingangs- und Lagerausgangskosten an den Transportkosten	Liefern
				Inventory management cost per customer order	Lagerverwaltungskosten pro Kundenauftrag	Liefern
				Percentage of inventory in transit	Anteil an Lagerbeständen auf dem Transportweg	Liefern
				Transportation cost per mile (inbound and outbound)	Transportkosten pro Meile Transportweg (Lagerein- und -ausgänge)	Liefern
				Transportation cost as a percentage of revenue	Transportkosten als Anteil am Umsatz	Liefern
				Inbound transportation cost per supplier order	Transportkosten für Lagereingänge pro Einkaufsauftrag	Liefern
				Outbound transportation cost per customer order	Transportkosten für Lagerausgänge pro Kundenauftrag	Liefern
				Premium freight charges	Transportkostenaufschläge	Liefern
		Cost of Goods Sold	Vertriebskosten	Purchasing cost per purchase order	Einkaufskosten pro Einkaufsauftrag	Beschaffen
				Purchasing cost as a percentage of revenue	Einkaufskosten als Anteil vom Umsatz	Beschaffen
				Manufacturing cost as a percentage of revenue	Produktionskosten als Anteil am Umsatz	Herstellen
				Customer service cost as a percentage of revenue	Kosten für Kundenservice als Anteil vom Umsatz	Liefern

3. Zusammenhang zwischen Lieferketten-Kompetenzen und Leistungsindikatoren

Performance Attributes	Leistungs- attribute	Metrics (Level 1)	Kennzahlen (Ebene 1)	Performance Measures	Leistungsmessgrößen	SCOR Prozess
Cost (cont'd)	Kosten (Forts.)	Value-Added Productivity	Wertschöpfungs- produktivität	Annual value of goods purchased per FTE	Jährlicher Wert an eingekauften Gütern pro Mitarbeiter	Beschaffen
				Average number of purchase orders per FTE	Durchschnittliche Anzahl an Einkaufsaufträgen pro Mitarbeiter	Beschaffen
				Number of active suppliers per FTE	Anzahl an aktiven Lieferanten pro Mitarbeiter	Beschaffen
				Purchasing cost per FTE	Einkaufskosten pro Mitarbeiter	Beschaffen
				Purchasing cost per active supplier	Einkaufskosten pro aktivem Lieferanten	Beschaffen
				Percentage of purchases from certified suppliers	Anteil an Einkäufen von zertifizierten Lieferanten	Beschaffen
				Manufacturing cost per FTE	Produktionskosten pro Mitarbeiter	Herstellen
				Average first-pass yield rate	Durchschnittlicher Ausbeuteanteil im ersten Durchlauf	Herstellen
				Scrap/rework cost as a percentage of revenues	Ausschuss-/Nacharbeitskosten als Anteil am Umsatz	Herstellen
				Average throughput per FTE	Durchschnittlicher Durchsatz pro Mitarbeiter	Herstellen
				Average machine availability rate	Durchschnittliche Maschinenverfügbarkeit	Herstellen
				Average number of customers orders per FTE	Durchschnittliche Anzahl an Kundenaufträgen pro Mitarbeiter	Liefern
				Average order line items picked per hour per worker	Durchschnittliche Anzahl an Auftragspositionen, die pro Arbeiter je Stunde entnommen wurde	Liefern
				Customer service cost per FTE	Kundenservicekosten pro Mitarbeiter	Liefern
				Inventory management cost per FTE	Lagerverwaltungskosten pro Mitarbeiter	Liefern
				Transportation cost per FTE	Transportkosten pro Mitarbeiter	Liefern
		Warranty Cost Or Returns	Garantiekosten	Damaged shipments	Lieferschäden	Rueckliefern
				Customer disputes	Kundenstreitigkeiten	Rueckliefern
Assets	Kapitaleinsatz	Cash-To-Cash Cycle Time	Zahlungs- Zykluszeit	Average received finished goods turnaround time	Durchschnittliche Umschlagszeit für eingegangene Endprodukte	Liefern
				Inactive inventory percentage	Anteil inaktiven Materials am Lagerwert	Liefern
		Inventory Days Of Supply	Bestands- reichweite	Average order-to-shipment lead time	Durchschnittliche Durchlaufzeit vom Kundenauftrag zum Versand	Liefern
				Average inventory turnover	Durchschnittlicher Lagerumschlag	Liefern
		Asset Turns	Kapitalumschlag	Average operating-equipment efficiency rate (OEE)	Durchschnittliche Auslastung von Betriebsanlagen	Herstellen
				Average plant capacity utilization	Durchschnittliche Auslastung der Fabrikkapazität	Herstellen
				Average warehousing space utilization	Durchschnittliche Ausnutzung der Lagerfläche	Liefern

4 Details und Auswertungsbeispiele zu den Leistungsmessgrößen („Performance Measures")[964]

4.1 Beschaffen

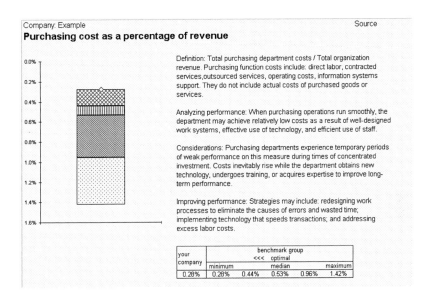

Company: Example   Source
Purchasing cost as a percentage of revenue

Definition: Total purchasing department costs / Total organization revenue. Purchasing function costs include: direct labor, contracted services, outsourced services, operating costs, information systems support. They do not include actual costs of purchased goods or services.

Analyzing performance: When purchasing operations run smoothly, the department may achieve relatively low costs as a result of well-designed work systems, effective use of technology, and efficient use of staff.

Considerations: Purchasing departments experience temporary periods of weak performance on this measure during times of concentrated investment. Costs inevitably rise while the department obtains new technology, undergoes training, or acquires expertise to improve long-term performance.

Improving performance: Strategies may include: redesigning work processes to eliminate the causes of errors and wasted time; implementing technology that speeds transactions; and addressing excess labor costs.

your company	benchmark group <<< optimal		
	minimum	median	maximum
0.28%	0.28% 0.44%	0.53% 0.96%	1.42%

---

[964] Entnommen aus BearingPoint / Supply Chain Report 2003 / o.S. (diverse Blätter). Für Erläuterungen zur grafischen Darstellung in den nachfolgenden Schaubildern siehe Abschn. 5.5 im Anhang. Die den dargestellten Beispielen zugrunde liegenden Daten stehen in keinem unmittelbaren Verhältnis zu der der empirischen Untersuchung zugrunde liegenden Daten. Sie haben mithin ausschließlich exemplarischen und illustrativen Chakakter

Company: Example
Purchasing cost per active supplier

Source

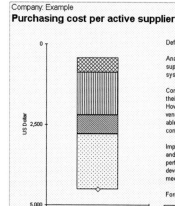

Definition: Total purchasing department costs / Total number of active suppliers

Analyzing performance: In general, purchasing departments achieve low costs per supplier as a result of efficient operations, evidenced by well-designed work systems, effective use of technology and staff employed at their full capabilities.

Considerations: In general, best practice companies are drastically consolidating their vendor bases to achieve better control and relations with fewer vendors. However, the company's team must also consider the major inherent risk in vendor base consolidation, which is the chance that a chosen vendor will not be able to deliver as promised. The level of risk depends on the nature of the commodity and of the vendor environment.

Improving performance: Strategies may focus on both reducing purchasing cost and decreasing the number of active suppliers. Ultimately, to improve performance, organizations should look to optimize the number of suppliers and develop close vendor relationships that achieve total delivered cost targets and meet specific customer needs.

Formula: Purchasing department cost (B1) /Active suppliers (B6)

your company	benchmark group			
	minimum	<<< optimal median		maximum
4,520	431	881	2,212	2,790	4,520

Company: Example
Purchasing cost per purchase order

Source

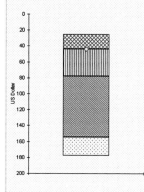

Definition: Total purchasing department costs / Total number of purchase orders

Analyzing performance: In general, purchasing departments achieve low costs per purchase order as a result of efficient operations, evidenced by well-designed work systems, effective use of technology, and staff employed at their full capabilities.

Considerations: Purchasing departments may actually experience high costs per purchase order under certain desirable circumstances. For example, some companies routinely consolidate large quantities or varieties of items into single purchase orders. As a result, these companies issue fewer purchase orders in total, which in turn elevates the cost per purchase order ratio.

Improving performance: Strategies may include: redesigning work processes to eliminate extra steps and unnecessary approvals; implementing technology that speeds purchase order transactions; and addressing excess labor costs.

Formula: Purchasing department cost (B1) /Purchase orders (B4)

your company	benchmark group			
	minimum	<<< optimal median		maximum
44	25	44	78	154	178

Anhang

Company: Example
Source
Percentage of purchases from certified suppliers

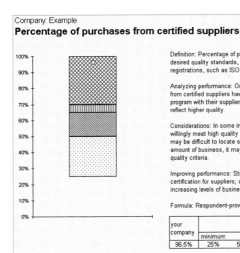

Definition: Percentage of purchases from certified suppliers. Certified suppliers meet desired quality standards, either through in-house programs or through outside registrations, such as ISO 9000.

Analyzing performance: Organizations that achieve a high percentage of purchases from certified suppliers have succeeded in implementing a rigorous quality-control program with their suppliers; as a result, products manufactured by the organization reflect higher quality.

Considerations: In some industries, sophisticated suppliers exist that readily and willingly meet high quality standards; such is not the case in all industries. Often it may be difficult to locate such suppliers, and unless a company does a significant amount of business, it may be difficult to demand that suppliers conform to specific quality criteria.

Improving performance: Strategies include: implementing a program of quality certification for suppliers; assisting suppliers to improve their quality; and conducting increasing levels of business with suppliers that meet quality-certification criteria.

Formula: Respondent-provided data (B10)

your company	benchmark group			
		optimal >>>		
	minimum	median		maximum
96.5%	25%	50%	65%	70%	100%

Company: Example
Source
Average purchase requisition to delivery cycle time

Definition: Average processing time, in business days, from the creation of a purchase requisition to delivery of the goods to the requisitioner. If the organization does not use purchase requisitions, then the time from the creation of a purchase order is indicated. A business day assumes a 5-day workweek and an 8-hour workday.

Analyzing performance: Organizations that achieve quick delivery of purchased products communicate efficiently between departments and suppliers, streamline the steps of processing orders, and consistently manage suppliers to achieve timely delivery.

Considerations: Often companies aggregate their purchase requisitions or purchase order requests until they have a sufficient quantity to qualify for volume discounts from their suppliers. Such companies would expect longer processing times between the receipt of a purchase request and product delivery and find the longer processing times acceptable.

Improving performance: Strategies include: improving communication between the purchasing department, ordering departments, and suppliers, such as by using electronic data interchange (EDI) or Internet communications; selecting suppliers with on-time delivery records; and tracking suppliers' on-time delivery performance and rewarding their improvements.

Formula: Respondent-provided data (B7)

your company	benchmark group			
		<<< optimal		
	minimum	median		maximum
41	24	26	30	38	75

Company: Example   Source
Percentage of purchase orders received on time and complete

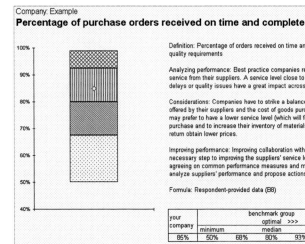

Definition: Percentage of orders received on time and complete, and meeting quality requirements

Analyzing performance: Best practice companies receive a very high level of service from their suppliers. A service level close to 100% is desirable, because delays or quality issues have a great impact across the entire supply chain.

Considerations: Companies have to strike a balance between the service level offered by their suppliers and the cost of goods purchased. Some companies may prefer to have a lower service level (which will force them to anticipate their purchase and to increase their inventory of materials and/or components) and in return obtain lower prices.

Improving performance: Improving collaboration with critical suppliers is a necessary step to improving the suppliers' service level. This may include agreeing on common performance measures and meeting on a regular basis to analyze suppliers' performance and propose actions to improve performance.

Formula: Respondent-provided data (B8)

your company	benchmark group				
	minimum		median	optimal >>>	maximum
85%	50%	68%	80%	93%	99%

Company: Example   Source
Percentage of purchase order lines received on time and complete

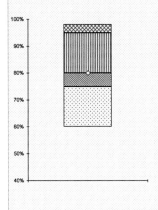

Definition: Percentage of lines received on time and complete, and meeting quality requirements

Analyzing performance: This ratio is another way of evaluating the suppliers' service level. A service level close to 100% is desirable, because delays or quality issues have a great impact across the entire supply chain.

Considerations: Though this measure is less restrictive than the previous measure (percentage of PO lines received on time and complete), it may be more appropriate in some industries (if the key issue is to receive a maximum number of lines ordered on-time, no matter if all the lines of the same order are received at the same time).

Improving performance: Collaboration with suppliers will contribute to improving their service level. Consider working with suppliers to establish and track mutual performance measures and performance expectations.

Formula: Respondent-provided data (B9)

your company	benchmark group				
	minimum		median	optimal >>>	maximum
80%	60%	75%	80%	95%	98%

Anhang

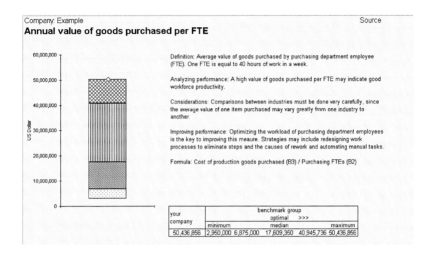

Company: Example Source
Annual value of goods purchased per FTE

Definition: Average value of goods purchased by purchasing department employee (FTE). One FTE is equal to 40 hours of work in a week.

Analyzing performance: A high value of goods purchased per FTE may indicate good workforce productivity.

Considerations: Comparisons between industries must be done very carefully, since the average value of one item purchased may vary greatly from one industry to another.

Improving performance: Optimizing the workload of purchasing department employees is the key to improving this measure. Strategies may include redesigning work processes to eliminate steps and the causes of rework and automating manual tasks.

Formula: Cost of production goods purchased (B3) / Purchasing FTEs (B2)

your company	benchmark group			
	minimum	median	optimal >>>	maximum
50,436,856	2,950,000	6,875,000	17,609,350	40,945,736	50,436,856

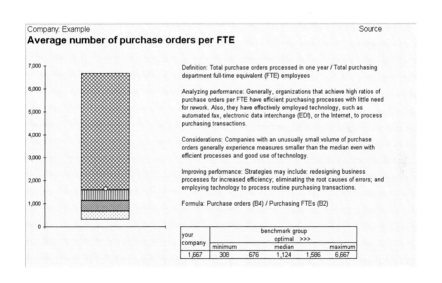

Company: Example Source
Average number of purchase orders per FTE

Definition: Total purchase orders processed in one year / Total purchasing department full-time equivalent (FTE) employees

Analyzing performance: Generally, organizations that achieve high ratios of purchase orders per FTE have efficient purchasing processes with little need for rework. Also, they have effectively employed technology, such as automated fax, electronic data interchange (EDI), or the Internet, to process purchasing transactions.

Considerations: Companies with an unusually small volume of purchase orders generally experience measures smaller than the median even with efficient processes and good use of technology.

Improving performance: Strategies may include: redesigning business processes for increased efficiency; eliminating the root causes of errors; and employing technology to process routine purchasing transactions.

Formula: Purchase orders (B4) / Purchasing FTEs (B2)

your company	benchmark group			
	minimum	median	optimal >>>	maximum
1,667	308	676	1,124	1,586	6,667

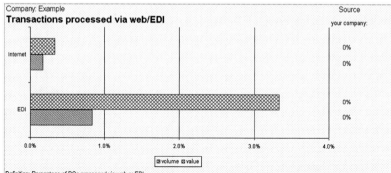

Company: Example
Transactions processed via web/EDI
Source
your company:

Internet — 0% / 0%
EDI — 0% / 0%

☒ volume ☒ value

Definition: Percentage of POs processed via web or EDI

Analyzing performance: In general, the more a company employs electronic communications--as opposed to manually sorting, filing, and mailing hard copies--the faster it is able to process transactions such as purchase orders, confirmations, and invoices.

Considerations: Companies find that simply employing automation does not guarantee fast, reliable results; sound practices and procedures make up the foundation of an effective purchasing process. In other words, speed in transmitting a purchase order, for example via EDI, won't make any difference if the PO contains errors.

Improving performance: Strategies include: communicating with suppliers to see how they prefer to automate purchases; conducting increasing levels of business with suppliers that have automation in place; and training and consulting with suppliers to institute automation.

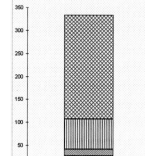

Company: Example
Number of active suppliers per FTE
Source

Definition: Total number of active suppliers / Total number of full-time equivalent (FTE) employees

Analyzing performance: Ideally, organizations determine for themselves a ratio of active suppliers to FTE employees that (1) allows for each key supplier to receive adequate attention and (2) creates efficiency in the purchasing organization.

Considerations: Many leading companies work to decrease their number of active suppliers to manage each one more closely. By contrast in other types of businesses, such as in distribution companies, a large number of suppliers may be desirable to bring the widest possible variety of products to customers.

Improving performance: Striking a balance between the number of purchasing employees and the number of active suppliers improves performance on this measure. Strategies may include implementing a plan to consolidate the supply base and upgrading the skill levels of purchasing employees while decreasing the total number of them.

Formula: Active suppliers (B6) / Purchasing FTEs (B2)

your company	benchmark group optimal >>>			
	minimum	median		maximum
16	16	27	42	108	333

Company: Example   Source
Purchasing cost per FTE

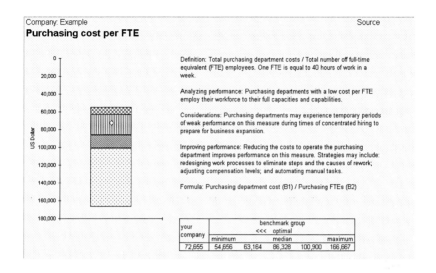

Definition: Total purchasing department costs / Total number off full-time equivalent (FTE) employees. One FTE is equal to 40 hours of work in a week.

Analyzing performance: Purchasing departments with a low cost per FTE employ their workforce to their full capacities and capabilities.

Considerations: Purchasing departments may experience temporary periods of weak performance on this measure during times of concentrated hiring to prepare for business expansion.

Improving performance: Reducing the costs to operate the purchasing department improves performance on this measure. Strategies may include: redesigning work processes to eliminate steps and the causes of rework; adjusting compensation levels; and automating manual tasks.

Formula: Purchasing department cost (B1) / Purchasing FTEs (B2)

your company	benchmark group <<< optimal				
	minimum		median		maximum
72,655	54,656	63,164	86,328	100,900	166,667

4.2 Herstellen

Company: Example — Produce
Production/manufacturing cost as a percentage of revenue

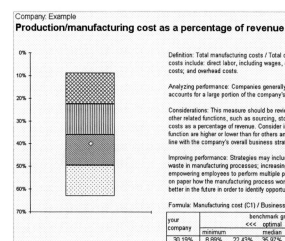

Definition: Total manufacturing costs / Total organization revenue. Manufacturing costs include: direct labor, including wages, overtime, and benefits; materials costs; and overhead costs.

Analyzing performance: Companies generally try to reduce this ratio, since it accounts for a large portion of the company's profitability.

Considerations: This measure should be reviewed along with cost measures for other related functions, such as sourcing, storing, transporting, and selling costs as a percentage of revenue. Consider investigating why costs for one function are higher or lower than for others and ensuring this cost pattern is in line with the company's overall business strategy.

Improving performance: Strategies may include: employing software to reduce waste in manufacturing processes; increasing employee productivity (e.g., empowering employees to perform multiple production tasks); and mapping out on paper how the manufacturing process works now and how it might work better in the future in order to identify opportunities for improvement.

Formula: Manufacturing cost (C1) / Business unit revenue (A2)

your company	benchmark group <<< optimal			
	minimum	median		maximum
30.19%	8.89%	22.43%	35.97%	49.50%	63.04%

Company: Example — Produce
Average first-pass yield rate

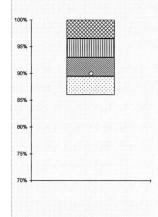

Definition: Percentage of finished products that meet quality-related specifications at a final test point

Analyzing performance: Best practice organizations integrate quality into each step of every process. They utilize statistical process controls, strive for continuous improvement, and achieve high first-pass yield rates as a result.

Considerations: It can take years to record significant quality improvement in a production environment. Instilling a quality-driven mindset and processes involves extensive training, process reengineering, and a substantial financial commitment.

Improving performance: Strategies include: employing statistical process controls (SPCs); training, equipping and enabling employees to interpret SPC data and take ownership for quality at all stages of production; instituting quality circles and quality-review teams; and working closely with suppliers to ensure their use of quality-related processes.

Formula: Respondent-provided data (C5)

your company	benchmark group optimal >>>			
	minimum	median		maximum
88.0%	86%	90%	93%	97%	100%

Anhang 469

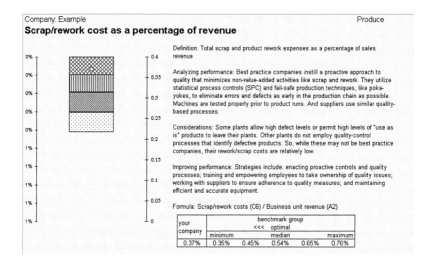

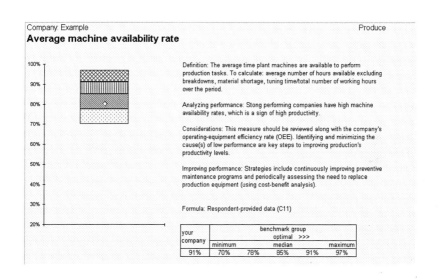

Company: Example   Produce
Average operating-equipment efficiency rate (OEE)

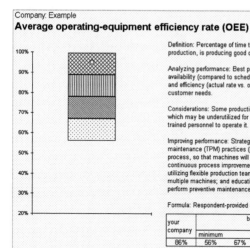

Definition: Percentage of time that equipment, when running or required for production, is producing good quality products at an acceptable rate

Analyzing performance: Best practice companies recognize the need for machine availability (compared to scheduled uptime), reliability (quality yield of products) and efficiency (actual rate vs. optimal equipment rate) to respond quickly to customer needs.

Considerations: Some production processes may use specialized machinery, which may be underutilized for significant amounts of time and require specifically trained personnel to operate it.

Improving performance: Strategies include: instituting total productivity maintenance (TPM) practices (methodologies to improve the maintenance process, so that machines will be more available to produce); promoting continuous process improvement to facilitate quick setup and changeover; utilizing flexible production teams with cross-trained employees to operate multiple machines; and educating, equipping, and encouraging operators to perform preventive maintenance that ensures equipment availability.

Formula: Respondent-provided data (C12)

| your company | benchmark group | | | |
	minimum	median optimal >>>			maximum
86%	56%	67%	78%	89%	100%

Company: Example   Produce
Average manufacturing cycle time

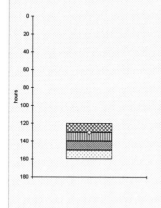

Definition: Average time (in hours) from start of production and assembly operations to the completion of manufacturing including assembly and testing, for a typical product

Analyzing performance: Best practice companies recognize the relationship between short cycle times and overall plant efficiency and agility. They minimize cycle time to maximize value-added activity and reduce dependancy on forecasts.

Considerations: Some labor-intensive and custom manufacturing processes may require longer cycle times. Product quality may also be compromised to shorten cycle times.

Improving performance: Strategies include cross-training production personnel and involving them in planning and manufacturing-improvement strategy and utilizing just-in-time and on-demand manufacturing to ensure smaller lot sizes and accommodate rapid setup and changeover for increased plant agility.

Formula: Respondent-provided data (C8)

| your company | benchmark group | | | |
	minimum	<<< optimal median			maximum
145	120	130	140	150	160

Company: Example   Produce
Average MPS plant delivery performance (work orders)

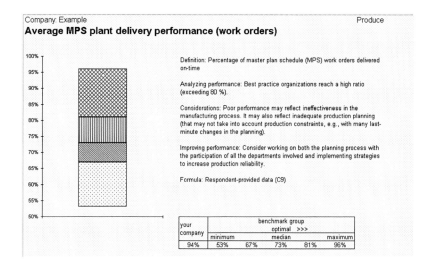

Definition: Percentage of master plan schedule (MPS) work orders delivered on-time

Analyzing performance: Best practice organizations reach a high ratio (exceeding 80 %).

Considerations: Poor performance may reflect ineffectiveness in the manufacturing process. It may also reflect inadequate production planning (that may not take into account production constraints, e.g., with many last-minute changes in the planning).

Improving performance: Consider working on both the planning process with the participation of all the departments involved and implementing strategies to increase production reliability.

Formula: Respondent-provided data (C9)

your company	benchmark group			
	minimum	optimal >>> median		maximum
94%	53%	67%	73%	81%	96%

Company: Example   Produce
Average plant capacity utilization

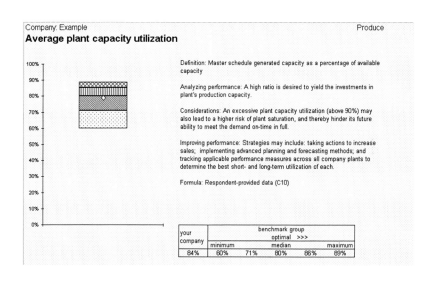

Definition: Master schedule generated capacity as a percentage of available capacity

Analyzing performance: A high ratio is desired to yield the investments in plant's production capacity.

Considerations: An excessive plant capacity utilization (above 90%) may also lead to a higher risk of plant saturation, and thereby hinder its future ability to meet the demand on-time in full.

Improving performance: Strategies may include: taking actions to increase sales; implementing advanced planning and forecasting methods; and tracking applicable performance measures across all company plants to determine the best short- and long-term utilization of each.

Formula: Respondent-provided data (C10)

your company	benchmark group			
	minimum	optimal >>> median		maximum
84%	60%	71%	80%	86%	89%

Company: Example   Produce
Production/manufacturing cost per FTE

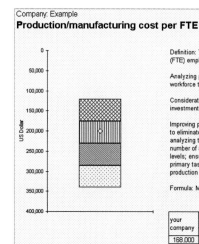

Definition: Total manufacturing costs / Total number off full-time equivalent (FTE) employees. One FTE is equal to 40 hours of work in a week.

Analyzing performance: Companies with a low cost per FTE employ their workforce to their full capacities and capabilities.

Considerations: This measure may be unusually high during periods of high investment in either technology, additional staffing, or other resources.

Improving performance: Strategies may include: redesigning work processes to eliminate steps and the causes of rework; automating manual tasks; analyzing the production set-up and changeover processes and setting the number of activities and the time to complete these activities at optimum levels; ensuring employees are adequately trained in the performance of their primary tasks; and using relevant performance measures to identify production problems and opportunities to improve the process.

Formula: Manufacturing cost (C1)/ Manufacturing FTEs (C2)

your company	benchmark group <<< optimal				
	minimum		median		maximum
168,000	120,000	175,000	230,000	285,000	340,000

Company: Example   Produce
Average throughput per FTE

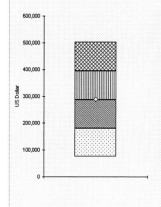

Definition: Average value of finished goods produced per manufacturing full-time equivalent employee (FTE). One FTE is equal to 40 hours of work in a week.

Analyzing performance: A high throughput per FTE measure indicates a high level of employee productivity.

Considerations: Comparisons between industries must be done very carefully, since the average value of one item produced may greatly vary from one industry to another.

Improving performance: Optimizing the workload of plant employees. Strategies may include redesigning work processes to eliminate steps and the causes of rework, and automating manual tasks.

Formula: Annual throughput from manufacturing plants(C3) / Manufacturing FTEs (C2)

your company	benchmark group optimal >>>				
	minimum		median		maximum
234,000	74,627	181,381	288,136	395,464	502,793

Anhang 473

4.3 Lagern (als Teil von Liefern)

Company: Example   Store
Warehousing/inventory management cost as a percentage of revenue

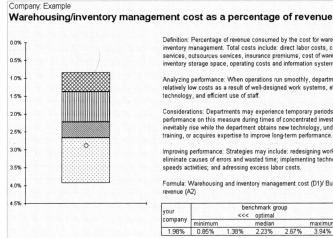

Definition: Percentage of revenue consumed by the cost for warehousing and inventory management. Total costs include: direct labor costs, contracted services, outsources services, insurance premiums, cost of warehouse and/or inventory storage space, operating costs and information systems support.

Analyzing performance: When operations run smoothly, departments achieve relatively low costs as a result of well-designed work systems, effective use of technology, and efficient use of staff.

Considerations: Departments may experience temporary periods of weak performance on this measure during times of concentrated investment. Costs inevitably rise while the department obtains new technology, undergoes training, or acquires expertise to improve long-term performance.

Improving performance: Strategies may include: redesigning work processes to eliminate causes of errors and wasted time; implementing technology that speeds activities; and adressing excess labor costs.

Formula: Warehousing and inventory management cost (D1)/ Business unit revenue (A2)

your company	benchmark group <<< optimal		
	minimum	median	maximum
1.98%	0.85%	1.38% 2.23% 2.67%	3.94%

Company: Example   Store
Warehousing/inventory management cost as a percentage of inventory value

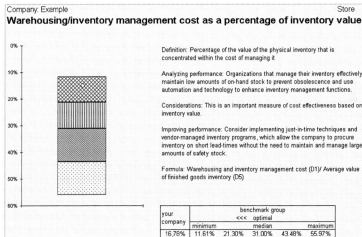

Definition: Percentage of the value of the physical inventory that is concentrated within the cost of managing it

Analyzing performance: Organizations that manage their inventory effectively maintain low amounts of on-hand stock to prevent obsolescence and use automation and technology to enhance inventory management functions.

Considerations: This is an important measure of cost effectiveness based on inventory value.

Improving performance: Consider implementing just-in-time techniques and vendor-managed inventory programs, which allow the company to procure inventory on short lead-times without the need to maintain and manage large amounts of safety stock.

Formula: Warehousing and inventory management cost (D1)/ Average value of finished goods inventory (D5)

your company	benchmark group <<< optimal		
	minimum	median	maximum
16,78%	11.61% 21.30%	31.00% 43.48%	55.97%

Company: Example   Store
Average inventory turnover

Definition: Cost of sales/ finished goods average inventory

Analyzing performance: A lower-than-average ratio may indicate that the company's investment in inventory is excessive or that the company has obsolete or dead stock items.

Considerations: Low inventory turnover results in higher carrying costs, an extended cash-to-cash cycle, and an increased risk of inventory obsolescence and write-offs. However, achieving a higher ratio must be weighted against the risk for stockouts, which lead to poor customer service and lost sales, as well as the risk to incur premium freight charges and costs for special handling.

Improving performance: For slower-turning inventory, an identification of the inventory is critical. Modifications to sales plans and production schedules should be made to prevent building up excess inventory. Strategies may also include: not ordering additional parts until current stock has reached a preset safety margin and using Kanban signals to notify suppliers or upstream production operations when it is time to replenish limited stocks, components, or subassemblies.

Formula: Respondent-provided data (D6)

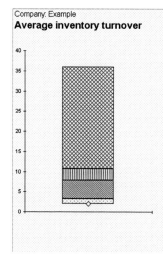

your company	benchmark group				
	minimum		median	optimal >>>	maximum
2.0	2.0	3.2	7.8	10.8	36.0

Company: Example   Store
Inactive inventory percentage

Definition: Percentage of finished goods stock keeping units (SKUs) that have had no sales in the last 12 months. SKUs are warehousing items that must be stored and accounted for separately.

Analyzing performance: Effective inventory management results in a lower-than-average percentage of inactive stock. In contrast, a higher-than-average ratio may indicate: inventory excesses that may potentially lead to obsolescence or damage; a lack of communication between the sales force and production; and improper sales forecasting techniques.

Considerations: Organizations may experience temporary periods of inactivity when product lines are discontinued or not marketed agressively.

Improving performance: Strategies may include: calculating inventory turnover by inventory component; reviewing write-offs and write-downs; and assessing future inventory needs based on sales forecasts, improving reliability of forecasts.

Formula: Respondent-provided data (D6)

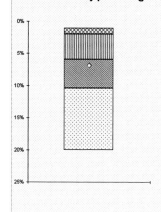

your company	benchmark group				
	minimum		<<< optimal	median	maximum
6.9%	1.0%	2.0%	6.0%	10.4%	20.0%

Anhang 475

Company: Example	Store

Inventory obsolescence cost as a percentage of revenue

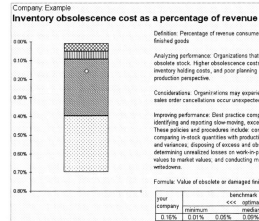

Definition: Percentage of revenue consumed by the cost for obsolete and damaged finished goods

Analyzing performance: Organizations that manage inventory efficiently have little or no obsolete stock. Higher obsolescence costs are indicative of lower inventory turns, higher inventory holding costs, and poor planning and forecasting from both a sales and production perspective.

Considerations: Organizations may experience temporary periods of obsolescence when sales order cancellations occur unexpectedly.

Improving performance: Best practice companies have policies and procedures for identifying and reporting slow-moving, excess, damaged - eventually obsolete - stock. These policies and procedures include: conducting physical reviews of inventory; comparing in-stock quantities with production requirements; analyzing key ratios, trends and variances; disposing of excess and obsolete stock on a timely basis; periodically determining unrealized losses on work-in-process; periodically comparing recorded values to market values; and conducting management reviews of inventory write-offs and writedowns.

Formula: Value of obsolete or damaged finished goods (D7) / Business unit revenue (A2)

your company	benchmark group <<< optimal				
	minimum		median		maximum
0.16%	0.01%	0.05%	0.09%	0.40%	0.70%

Company: Example	Store

Warehousing/inventory management cost per customer order

Definition: This measure reports how much it costs to process a customer order.

Analyzing performance: Organizations with low warehousing and inventory management cost per order usually have a highly efficient order-processing system in place to fill orders immediately.

Considerations: Cost per order may vary by industry as lower value and high volume items spread over many orders and higher value, lower volume items result in less overall orders.

Improving performance: Strategies may include automating inventory management functions and adressing excess labor costs.

Formula: Warehousing and inventory management cost (D1) / Number of customer orders (F3)

your company	benchmark group <<< optimal				
	minimum		median		maximum
219	4	133	317	412	533

Company: Example   Store
Cycle count accuracy percentage

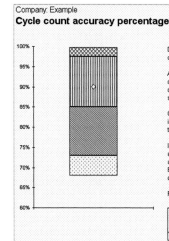

Definition: Inventory accuracy rate achieved by companies that use cycle-counting

Analyzing performance: High accuracy percentages are a result of a cycle count program with adequate procedures and trained personnel conducting counts and indicate a higher comfort level that the perpetual inventory system is functioning as designed.

Considerations: Cycle-counting helps companies identify and correct inventory errors in advance. However, it is necessary to define adequate tolerable limits of error.

Improving performance: Best practice companies cycle-count by location and use technology such as radio frequency scanning to ensure that counts are correct. Discrepancies outside of tolerable control limits are recounted. Errors are analyzed to identify and to correct the root cause of the discrepancies.

Formula: Respondent-provided data (D12)

your company	benchmark group		optimal >>>	
	minimum	median		maximum
90%	68%	73%	85%	98%	100%

Company: Example   Store
Average received finished goods turnaround time

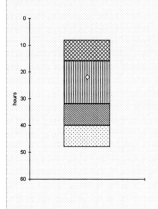

Definition: Time, in hours, for newly finished goods inventory (either from manufacturing operations or suppliers) to be made available and picked to fulfill customer orders

Analyzing performance: Prolonged turnaround time may be due to various factors such as: an inexperienced and poorly trained warehouse team; a limited use of linked systems, automation and technology; and a top-heavy set of policies and procedures for placing goods into inventory and available for sale.

Considerations: Geographically dispersed operations between warehouse and production may be a barrier to a quick turnaround time.

Improving performance: Some strategies may include: implementing appropriate procedures for the receipt, inspection, putaway, and picking of received goods; improving training provided to warehouse personnel; and using linked systems, automation, and technology.

Formula: Respondent-provided data (D10)

your company	benchmark group	<<< optimal		
	minimum	median		maximum
8.0	8	16	32	40	48

Anhang

Company: Example   Store
Inventory stockout percentage

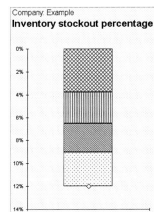

Definition: Percentage of finished goods SKUs that incurred stockouts and customer backorders in the past 12 months. A backorder is an unfilled request for warehouse stock. A stockout is the inability to fill a supply requisition from stock.

Analyzing performance: Companies that manage inventory efficiently usually experience a lower-than-average measure of stockouts. In contrast, a higher-than-average performance may reflect: an ineffective inventory management system that fails to reorder at appropriate levels; inadequate safety stock levels; lack of communication between sales, production and purchasing personnel; inaccurate book or physical inventory count systems; or lack of strong relations with key suppliers.

Considerations: A high level of inventory stockout may lead to a decreased level of customer satisfaction and lost sales. However, a company may temporarily experience higher percentages in periods of high peak demand, though those peaks should be anticipated and properly planned.

Improving performance: Strategies may include: using automatic inventory replenishment; establishing and updating safety stock levels; integrating sales and production systems with inventory systems; and establishing preferred supplier relationships with key suppliers.

Formula: Respondent-provided data (D9)

your company	benchmark group <<< optimal			
	minimum	median		maximum
12.0%	0.0%	3.8%	6.5%	9.0%	12.0%

Company: Example   Store
Average order line items picked per hour per worker

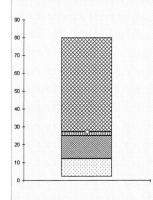

Definition: Number of line items picked in a 1-hour time period by a single worker. A picked line item is defined as one in which the fulfillment worker identifies, removes from the inventory location, and assembles for packaging/shipment the total quantity of the line item ordered.

Analyzing performance: A low number of line items picked per hour per worker may be indicative of: an inexperienced and inadequately trained warehouse team; a limited or nonexistent use of automation and technology; and a warehouse that is not optimized from a space efficiency standpoint.

Considerations: A lower number of line items picked may be incurred by organizations where the inventory type is bulky and difficult to handle with relative ease.

Improving performance: Strategies may include: developing well-trained warehouse teams; enhancing use of automation and technology in the order fulfillment process; and optimizing the warehouse from a space efficiency standpoint.

Formula: Respondent-provided data (D11)

your company	benchmark group optimal >>>			
	minimum	median		maximum
27.0	2.0	12.0	25.0	27.0	80.0

Company: Example Store
Average warehousing space utilization

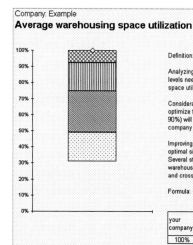

Definition: Percentage of total warehouse space available that is used

Analyzing performance: High performing warehouses are designed to hold levels needed to adequately fulfill customer demand, so that warehousing space utilization can be optimized.

Considerations: Though a company shoud seek a high space utilization to optimize the investment in warehousing, a significantly high ratio (above 90%) will increase the risk of temporary space shortages, in particular if the company has to build-up concentrated inventory for realizable future sales.

Improving performance: Best practice companies have calculated the optimal size of their warehouses in function of expected customer demand. Several strategies may then be implemented to minimize stock in the warehouse to avoid space shortages, such as just-in-time delivery methods and cross-docking.

Formula: Respondent-provided data (D4)

your company	benchmark group			
	minimum	median	optimal >>>	maximum
100%	31%	49%	75%	93%	100%

Company: Example Store
Warehousing/inventory management cost per FTE

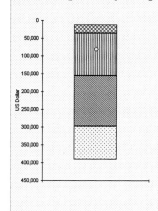

Definition: Cost of warehousing and inventory management per person working in warehousing and inventory management (measured in full-time equivalents)

Analyzing performance: A warehousing and inventory management process with a low cost per FTE is operating a lean process and capitalizing on efficiencies and cost savings.

Considerations: The company may experience temporary periods of weak performance of this measure during times of higher inventory levels as more personnel may be required.

Improving performance: Strategies may include: redesigning work processes to eliminate steps and the causes of rework; adjusting compensation levels; and automating manual tasks.

Formula: Warehousing and inventory management cost (D1) / Warehousing and inventory management FTEs (D2)

your company	benchmark group			
	minimum	<<< optimal median		maximum
80,000	12,381	35,595	155,000	297,703	390,811

4.4 Transportieren (als Teil von Liefern)

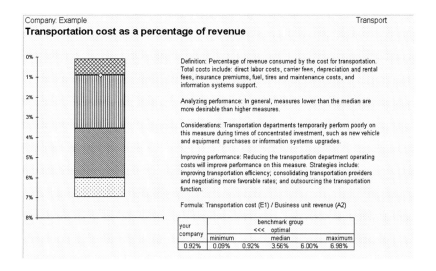

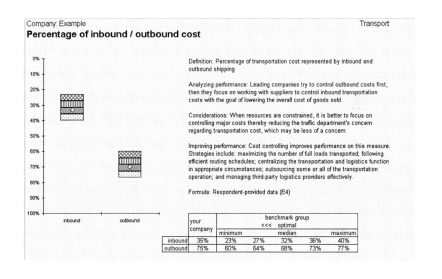

480 4. Details und Auswertungsbeispiele zu den Leistungsmessgrößen

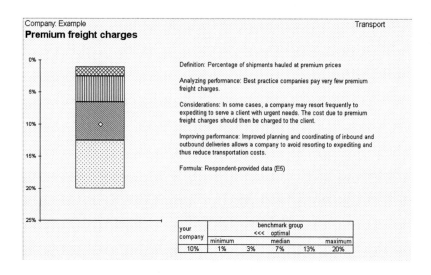

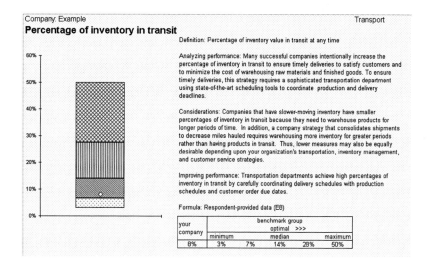

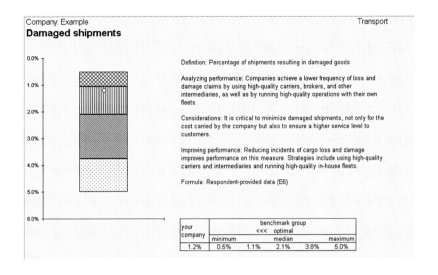

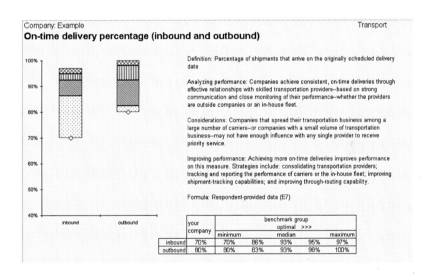

Company: Example   Transport
Transportation cost per FTE

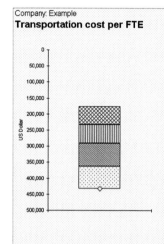

Definition: Cost of transportation per person working in the transportation function (measured in full-time equivalents)

Analyzing performance: A transportation process with a low cost per FTE is operating a lean process and capitalizing on efficiencies and cost savings.

Considerations: A company may actually choose to provide more expensive, premium transportation as part of its marketing strategy to appeal to a specific clientele. For example, a company might provide overnight delivery of gourmet food or flowers. Such companies would have larger transportation costs and would presumably charge higher prices for their products.

Improving performance: Strategies may include: selecting less expensive modes of transportation; negotiating more favorable transportation rates; and improving transportation efficiency.

Formula: Transportation cost (E1) / Transportation FTEs (E2)

your company	benchmark group <<< optimal				
	minimum		median		maximum
433,333	175,000	232,955	290,909	362,121	433,333

Company: Example   Transport
Transportation cost per mile (inbound and outbound)

Definition: This measure reports total transportation costs divided by the company's total (broken down by inbound and outbound) miles hauled in the last year.

Analyzing performance: Best practice transportation departments achieve relatively low costs per mile as a result of effective management of expenses such as labor, fuel, tires, maintenance, and insurance.

Considerations: Companies that haul relatively few miles annually will tend to perform poorly on this measure. These companies divide fewer miles by what may be relatively large fixed costs for items such as rented or leased equipment and information systems support.

Improving performance: Reducing costs for items that vary with mileage--such as labor, fuel, tires and maintenance--improves performance on this measure. Strategies include negotiating lower prices by consolidating business and possibly outsourcing transportation to a national carrier.

Formula: Transportation cost (E1)* Percentage of cost representing inbound or outbound shipping (E4) / Miles hauled (E3)

	your company	benchmark group <<< optimal				
		minimum		median		maximum
inbound	2.90	1.01	2.22	3.44	4.66	5.87
outbound	4.10	1.26	2.90	4.53	6.17	7.80

Anhang

Company: Example   Transport
Outbound transportation cost per customer order

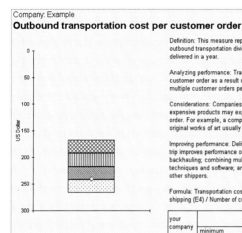

Definition: This measure reports total transportation department costs for outbound transportation divided by the total number of customer orders delivered in a year.

Analyzing performance: Transportation departments achieve low costs per customer order as a result of efficient operations, such as by combining multiple customer orders per shipment and backhauling.

Considerations: Companies that ship a high percentage of custom, unusual, or expensive products may experience a higher transportation cost per customer order. For example, a company that manufactures and delivers aircraft or original works of art usually must ship each order individually.

Improving performance: Delivering more orders to more customers on a single trip improves performance on this measure. Strategies may include: backhauling; combining multiple orders per shipment; using load optimization techniques and software; and sharing excess freight container capacity with other shippers.

Formula: Transportation cost (E1)* Percentage of cost representing outbound shipping (E4) / Number of customer orders (F3)

your company	benchmark group <<< optimal			
	minimum	median		maximum
239	168	192	217	242	267

Company: Example   Transport
Inbound transportation cost per supplier order

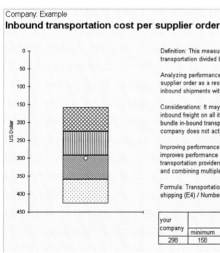

Definition: This measure reports total transportation department costs for inbound transportation divided by the total number of supplier orders received per year.

Analyzing performance: Transportation departments achieve low costs per supplier order as a result of efficient operations, for example, by consolidating inbound shipments with the same provider.

Considerations: It may not make financial sense for a company to manage inbound freight on all its supplied products and services--often times suppliers bundle in-bound transportation with the price of the products. In such cases, the company does not actively manage its inbound freight costs.

Improving performance: Consolidating more inbound orders into a single trip improves performance on this measure. Strategies may include: consolidating transportation providers; outsourcing inbound freight management to a third party; and combining multiple inbound orders per shipment.

Formula: Transportation cost (E1)* Percentage of cost representing inbound shipping (E4) / Number of purchase orders (B4)

your company	benchmark group <<< optimal			
	minimum	median		maximum
298	158	225	292	360	427

Company: Example Transport
Mode of transport by haul distance

	Short (<50 miles)			
	low	median	high	your company
Ground (surface)	90%	100%	100%	90%
Ground (rail)	0%	0%	0%	0%
Vessel	0%	0%	0%	0%
Airplane	0%	0%	10%	10%

	Intermediate (50-200 miles)			
	low	median	high	your company
Ground (surface)	40%	97%	100%	40%
Ground (rail)	0%	0%	0%	0%
Vessel	0%	0%	0%	0%
Airplane	0%	3%	60%	60%

	Long (>200 miles)			
	low	median	high	your company
Ground (surface)	0%	20%	96%	20%
Ground (rail)	0%	0%	0%	0%
Vessel	0%	0%	95%	0%
Airplane	3%	40%	95%	80%

Definition: Mode of transport by haul distance

Analyzing performance: Companies that successfully use a high percentage of ground and sea transportation minimize transportation costs.

Considerations: Sometimes a company's circumstances require it to use air carriers even for short hauls. For example, a company transporting highly perishable goods or a company located in a remote area or on an island may need to use air transport. In addition, companies may opt for premium delivery service to their customers, such as overnight air delivery, as a means of providing an elevated level of service.

Improving performance: Improved planning and coordinating of inbound and outbound deliveries allows a company to make use of slower--and less expensive-- modes of transportation, such as ground and sea vessels.

Anhang 485

4.5 Verkaufen (als Teil von Liefern)

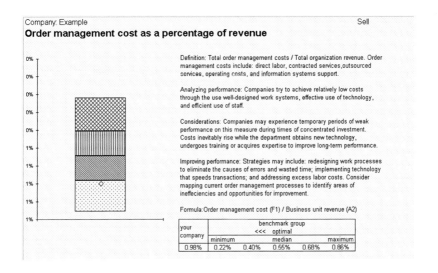

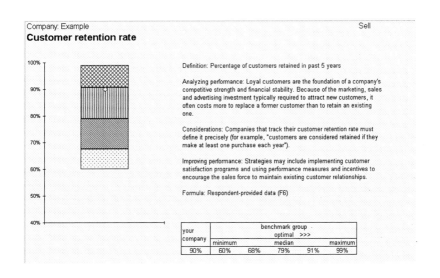

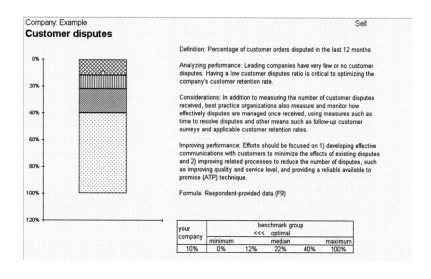

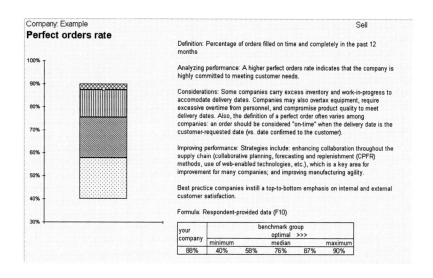

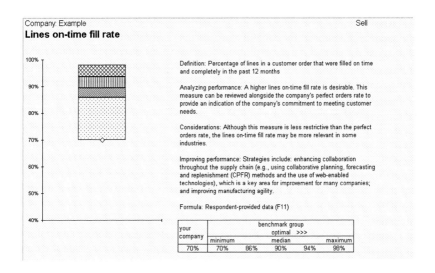

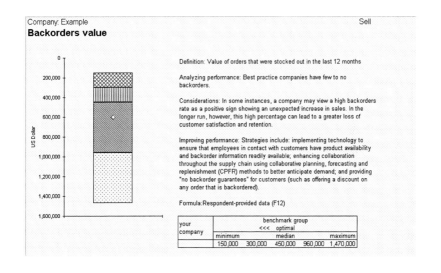

488 4. Details und Auswertungsbeispiele zu den Leistungsmessgrößen

Company: Example   Sell
Average order-to-shipment lead time

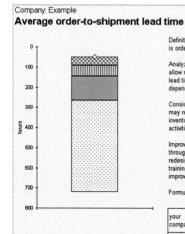

Definition: Average time, in hours, that it takes to deliver a product--from the date it is ordered until the date it is delivered

Analyzing performance: Best practice organizations streamline delivery lead time to allow maximum flexibility when it comes to meeting customer needs. By shortening lead times, they also reduce the need for finished-goods inventory and minimize dependency on other non-value-added activities.

Considerations: Due to manufacturing complexities, some custom-made products may require a long order-to-shipment lead time. Some organizations carry excess inventory to shorten lead times, which increases waste and non-value-added activities. Also, product quality may be compromised to shorten lead times.

Improving performance: Some strategies include: reducing product cycle time through smaller lot sizes; adopting just-in-time and on-demand production methods; redesigning products to incorporate common or standard components; cross-training and empowering production employees to focus on continuous improvement; and reducing setup and changeover times.

Formula: Respondent-provided data (F13)

your company	benchmark group <<< optimal			
	minimum		median	maximum
48.0	48	91	144	264	720

Company: Example   Sell
Order management cost per FTE

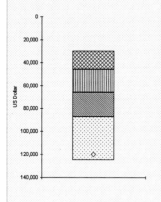

Definition: Cost of the order management function per employee in the order management function (measured in full-time equivalents)

Analyzing performance: An order management process with a low cost per FTE is operating a lean process and capitalizing on efficiencies and cost savings.

Considerations: Companies may temporarily have a higher order management cost per FTE during periods of high investment in technology, people, or other process improvement initiatives.

Improving performance: Consider mapping out the order management process to identify areas of inefficiencies. Strategies for improving in these areas may include: redesigning work processes to eliminate steps and the causes of rework; adjusting compensation levels; and automating manual tasks.

Formula: Order management cost (F1) / Order management FTEs (F2)

your company	benchmark group <<< optimal			
	minimum		median		maximum
121,000	30,000	46,000	66,000	87,000	125,000

Anhang

Company: Example
Percentage of sales via web/EDI
Sell
your company:

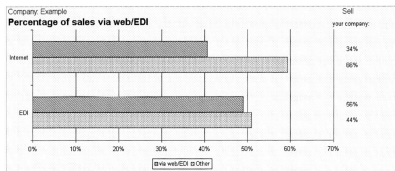

Internet	34% / 66%
EDI	56% / 44%

□ via web/EDI □ Other

Definition: Percentage of sales orders received by customers via web or EDI

Analyzing performance: In general, the more a company employs electronic communications, the faster it is able to process transactions such as customer orders, confirmations, and invoices. Also, this may lead to a competitive advantage in its market.

Considerations: Companies find that simply employing automation does not guarantee fast, reliable results; sound practices and procedures make up the foundation of an effective sales process.

Improving performance: Communicate with key customers to evaluate opportunities to automate the ordering process. Provide consultation and training to customers on how EDI or web payment processes can be implemented, and consider offering incentives for their use of such payment methods.

Company: Example
Average number of customer orders per FTE
Sell

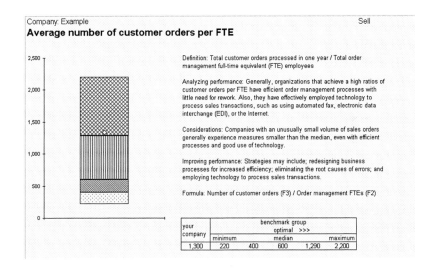

Definition: Total customer orders processed in one year / Total order management full-time equivalent (FTE) employees

Analyzing performance: Generally, organizations that achieve a high ratios of customer orders per FTE have efficient order management processes with little need for rework. Also, they have effectively employed technology to process sales transactions, such as using automated fax, electronic data interchange (EDI), or the Internet.

Considerations: Companies with an unusually small volume of sales orders generally experience measures smaller than the median, even with efficient processes and good use of technology.

Improving performance: Strategies may include; redesigning business processes for increased efficiency; eliminating the root causes of errors; and employing technology to process sales transactions.

Formula: Number of customer orders (F3) / Order management FTEs (F2)

your company	benchmark group optimal >>>		
	minimum	median	maximum
1,300	220	400	600	1,290	2,200

5 Darstellung der Resultate des Fragebogens zur Erhebung der Leistungsindikatoren im KPI Benchmarking Tool[965]

5.1 Beispiel für Online-Fragebogen („KPI Questionnaire")

---

[965] Entnommen aus BearingPoint / Benchmarking Tools 2003 / S. 23 ff.

5.2 Resultate auf der ersten Ebene von SCOR

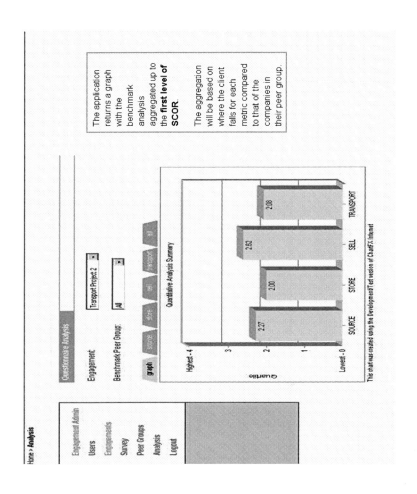

5.3 Resultate innerhalb eines SCOR-Prozesses

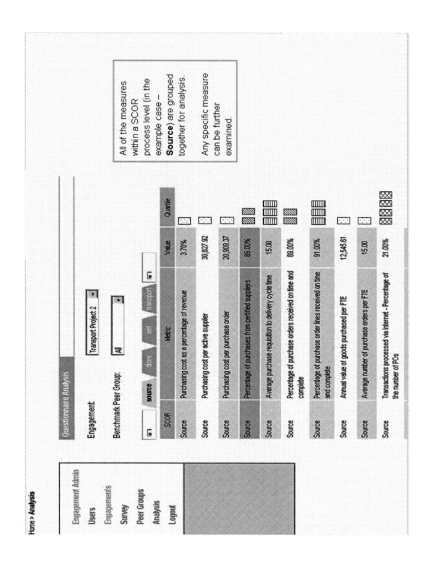

5.4 Details zu einer exemplarischen Leistungsmessgröße und vorgeschlagene Verbesserungsmaßnahmen

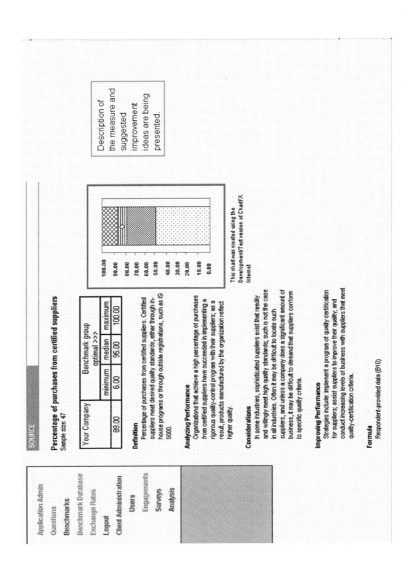

5.5 Erläuterungen zur Darstellung der Details zu einer exemplarischen Leistungsmessgröße

- The results report presents the findings of a benchmarking exercise that compiles the data provided by all the survey respondents. To make interpretation easier and more meaningful, the results are presented graphically.

- The results report uses the quartile chart to present results. A quartile is a columnar chart divided into four sections, with each section representing 25 percent of the benchmark responses.

- Quartiles divide the data into quarters (25%) of the population. Each quarter is denoted by a different shading. In using quartiles, a baseline approach to analyzing results would be to first look at the median. The median is the point at which 50 percent the companies reported higher values and 50 percent the companies reported lower values. The thickness of each quarter is based on the degree of dispersion within that 25 percent of the population. The thicker the quarter, the greater the dispersion. Quartiles that appear compressed indicate very little dispersion in the data series.

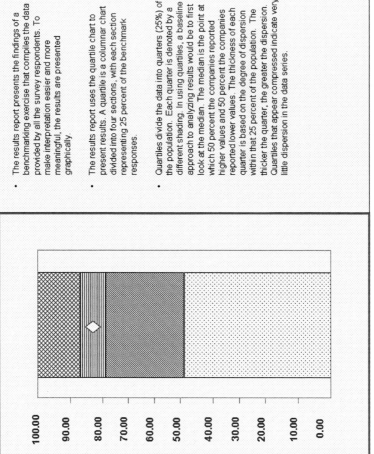

6 Detaillierte Auswertungsergebnisse zu den Einzelthesen[966]

6.1 Ergebnisse zur SCOR-Modellgruppe Intra-Leistungsattribut (I-L)

Meta These	Einzel- thesen	Signifikant		Nicht signifikant		
		Vollständig bestätigt (R ≥0,2)	Vollständig abgelehnt (R ≤-0,2)	Bestätigt (R >0,1 <0,2)	Konträr (R <-0,1 >-0,2)	Unsystematisch (R <0,1 >-0,1)
I	1a	1				
	1b					1
	2			1		
	3a			1		
	3b	1				
	4a					1
	4b	1				
	5	1				
	6	1				
	7					1
	8					1
	9	1				
	10			1		
	11	1				
	12					1
	13	1				
	14					1
	15					1
	16			1		
	17					1
	18					1
	Gesamt	8	0	4	0	9
	Verteilung %	38,10	0,00	19,05	0,00	42,86

---

[966] Zu den detaillierten Ergebnissen siehe Kap. D, Abschn. D.1, zu einer zusammenfassenden Betrachtung siehe Kap. E, Abs. E.1.1. Das Vorliegen von Unterfällen für eine Einzelthese (z.B. 1a und 1b) resultiert aus der Unterscheidung in eine Inbound- und Outbound-Komponente

6.2 Ergebnisse zur SCOR-Modellgruppe Intra-Kompetenz (I-K)

Meta These	Einzel-thesen	Signifikant		Nicht signifikant		
		Vollständig bestätigt (R ≥0,2)	Vollständig abgelehnt (R ≤-0,2)	Bestätigt (R >0,1 <0,2)	Konträr (R <-0,1 >-0,2)	Unsystematisch (R <0,1 >-0,1)
II	19a			1		
	19b			1		
	20a					1
	20b	1				
	21	1				
	22	1				
	23	1				
	24	1				
	25	1				
	26	1				
	27				1	
	28			1		
	Gesamt	7	0	3	1	1
	Verteilung %	58,33	0,00	25,00	8,33	8,33

Meta These	Einzel-thesen	Signifikant		Nicht signifikant		
		Vollständig bestätigt (R ≥0,2)	Vollständig abgelehnt (R ≤-0,2)	Bestätigt (R >0,1 <0,2)	Konträr (R <-0,1 >-0,2)	Unsystematisch (R <0,1 >-0,1)
III	29	1				
	30	1				
	31			1		
	32			1		
	33			1		
	34	1				
	35			1		
	36			1		
	37					1
	Gesamt	3	0	5	0	1
	Verteilung %	33,33	0,00	55,56	0,00	11,11

6.3 Ergebnisse zur SCOR-Modellgruppe Inter-Kompetenz/Leistungsattribut (I-KL)

Meta These	Einzel- thesen	Signifikant		Nicht signifikant		
		Vollständig bestätigt (R ≥0,2)	Vollständig abgelehnt (R ≤-0,2)	Bestätigt (R >0,1 <0,2)	Konträr (R <-0,1 >-0,2)	Unsystematisch (R <0,1 >-0,1)
IV	38					1
	39a					1
	39b					1
	40a	1				
	40b			1		
	41					1
	42					1
	43					1
	44			1		
	45	1				
	46	1				
	47	1				
	48	1				
	49	1				
	50					1
	51			1		
	52					1
	53					1
	54					1
	55	1				
	56			1		
	57				1	
	Gesamt	7	0	4	1	10
	Verteilung %	31,82	0,00	18,18	4,55	45,45

Meta These	Einzel- thesen	Signifikant		Nicht signifikant		
		Vollständig bestätigt (R ≥0,2)	Vollständig abgelehnt (R ≤-0,2)	Bestätigt (R >0,1 <0,2)	Konträr (R <-0,1 >-0,2)	Unsystematisch (R <0,1 >-0,1)
V	58			1		
	59	1				
	60					1
	61					1
	62			1		
	63			1		
	64	1				
	65			1		
	Gesamt	2	0	4	0	2
	Verteilung %	25,00	0,00	50,00	0,00	25,00

6. Detaillierte Auswertungsergebnisse zu den Einzelthesen

Meta These	Einzel- thesen	Signifikant		Nicht signifikant		
		Vollständig bestätigt (R ≥0,2)	Vollständig abgelehnt (R ≤-0,2)	Bestätigt (R >0,1 <0,2)	Konträr (R <-0,1 >-0,2)	Unsystematisch (R <0,1 >-0,1)
VI	66a					1
	66b					1
	67			1		
	68a	1				
	68b	1				
	69	1				
	70					1
	71					1
	72				1	
	73a				1	
	73b		1			
	74					1
	Gesamt	3	1	1	2	5
	Verteilung %	25,00	8,33	8,33	16,67	41,67

Meta These	Einzel- thesen	Signifikant		Nicht signifikant		
		Vollständig bestätigt (R ≥0,2)	Vollständig abgelehnt (R ≤-0,2)	Bestätigt (R >0,1 <0,2)	Konträr (R <-0,1 >-0,2)	Unsystematisch (R <0,1 >-0,1)
VII	75					1
	76					1
	77	1				
	78	1				
	79	1				
	80			1		
	Gesamt	3	0	1	0	2
	Verteilung %	50,00	0,00	16,67	0,00	33,33

AUSGEWÄHLTE VERÖFFENTLICHUNGEN

WIRTSCHAFTSINFORMATIK
Herausgegeben von Prof. Dr. Dietrich Seibt, Köln, Prof. Dr. Hans-Georg Kemper, Stuttgart, Prof. Dr. Georg Herzwurm, Stuttgart, Prof. Dr. Dirk Stelzer, Ilmenau, und Prof. Dr. Detlef Schoder, Köln

Band 21
Dieter Klagge, Walter Nett, Albrecht Windler
Leitfaden
Electronic Data Interchange (EDI) im mittelständischen Betrieb – Organisation und Technik, Chancen und Risiken
Lohmar – Köln 1998 ◆ 136 S. ◆ € 36,- (D) ◆ ISBN 3-89012-616-2

Band 22
Ralf Finger
Prozesse der Konzeption, Realisierung und Einführung integrierter Telekooperationssysteme – Risiken und Gestaltungsempfehlungen
Lohmar – Köln 1999 ◆ 568 S. ◆ € 56,- (D) ◆ ISBN 3-89012-651-0

Band 23
Klaus van Marwyk
Potentiale von Telekooperationssystemen für schwach strukturierte betriebliche Prozesse
Lohmar – Köln 1999 ◆ 444 S. ◆ € 49,- (D) ◆ ISBN 3-89012-658-8

Band 24
Anke Schüll
Ein Meta-Modell-Konzept zur Analyse von Geschäftsprozessen
Lohmar – Köln 1999 ◆ 164 S. ◆ € 34,- (D) ◆ ISBN 3-89012-667-7

Band 25
Michael Rey
Informations- und Kommunikationssysteme in Kooperationen
Lohmar – Köln 1999 ◆ 268 S. ◆ € 42,- (D) ◆ ISBN 3-89012-697-9

Band 26
Jürgen Padberg
Anforderungen an integrierte Telekooperationssysteme zur Steigerung der Effektivität und Effizienz verteilter Zusammenarbeit
Lohmar – Köln 1999 ◆ 540 S. ◆ € 51,- (D) ◆ ISBN 3-89012-698-7

Band 27
Hubert Becker
Produktivitätssteigerungen durch Workflow-Management – Kombination organisatorischer und technischer Maßnahmen zur Prozeßgestaltung
Lohmar – Köln 1999 ◆ 584 S. ◆ € 56,- (D) ◆ ISBN 3-89012-702-9

Band 28
Frank Wolf
Verteilungsaspekte im Rahmen der strategischen Informationssystemplanung
Lohmar – Köln 1999 ♦ 432 S. ♦ € 49,- (D) ♦ ISBN 3-89012-716-9

Band 29
Marc Alexandre Ludwig
Beziehungsmanagement im Internet – Eine Analyse der Informationsbedürfnisse auf Konsumgütermärkten und der Möglichkeiten ihrer Befriedigung durch Beziehungsmanagement unter Nutzung des Internets
Lohmar – Köln 2000 ♦ 328 S. ♦ € 45,- (D) ♦ ISBN 3-89012-732-0

Band 30
Gérard Derszteler
Prozeßmanagement auf Basis von Workflow-Systemen – Ein integrierter Ansatz zur Modellierung, Steuerung und Überwachung von Geschäftsprozessen
Lohmar – Köln 2000 ♦ 404 S. ♦ € 49,- (D) ♦ ISBN 3-89012-751-7

Band 31
Michael Gröschel
Objektorientierte Softwarewiederverwendung für nationale und internationale Steuerbelastungsvergleiche
Lohmar – Köln 2000 ♦ 272 S. ♦ € 42,- (D) ♦ ISBN 3-89012-752-5

Band 32
Martin Schindler
Wissensmanagement in der Projektabwicklung – Grundlagen, Determinanten und Gestaltungskonzepte eines ganzheitlichen Projektwissensmanagements
3., durchgesehene Auflage
Lohmar – Köln 2002 ♦ 404 S. ♦ € 51,- (D) ♦ ISBN 3-89936-038-9

Band 33
Klaus Ballensiefen
Informationsplanung im Rahmen der Konzeption von Executive Information Systems (EIS) – Theoretische Analyse, Empirische Untersuchung und Entwicklung von Lösungsansätzen
Lohmar – Köln 2000 ♦ 486 S. ♦ € 51,- (D) ♦ ISBN 3-89012-817-3

Band 34
Olaf Coenen
E-Learning-Architektur für universitäre Lehr- und Lernprozesse
2. Auflage
Lohmar – Köln 2002 ♦ 540 S. ♦ € 55,- (D) ♦ ISBN 3-89012-934-X

Band 35
Frank Teuteberg
Agentenbasierte Informationserschließung im World Wide Web unter Einsatz von Künstlichen Neuronalen Netzen und Fuzzy-Logik
Lohmar – Köln 2001 ♦ 368 S. ♦ € 49,- (D) ♦ ISBN 3-89012-873-4

Band 36
Jens Hunstock
Integration konzeptioneller Datenbankschemata
Lohmar – Köln 2001 ♦ 274 S. ♦ € 43,- (D) ♦ ISBN 3-89012-897-1

Band 37
Gerald Kromer
Integration der Informationsverarbeitung in Mergers & Acquisitions – Eine empirische Untersuchung
Lohmar – Köln 2001 ♦ 314 S. ♦ € 45,- (D) ♦ ISBN 3-89012-904-8

Band 38
Stefan Schäfer
Einführung von E-Business-Systemen in deutschen Unternehmen – Fallstudien, Expertenbefragung und DAX100-Umfrage
Lohmar – Köln 2002 ♦ 492 S. ♦ € 53,- (D) ♦ ISBN 3-89012-949-8

Band 39
Matthias Lohse
Intranets – Konzept und Wege zur Realisierung
Lohmar – Köln 2002 ♦ 270 S. ♦ € 46,- (D) ♦ ISBN 3-89012-970-6

Band 40
Christian Seel
Visuelle Simulation von Dienstleistungsprozessen
Lohmar – Köln 2002 ♦ 262 S. ♦ € 46,- (D) ♦ ISBN 3-89012-998-6

Band 41
Manfred Esser
Komplexitätsbeherrschung in dynamischen Diskurswelten – Ein Metamodell zur Modellierung betrieblicher Informationssysteme
Lohmar – Köln 2002 ♦ 280 S. ♦ € 46,- (D) ♦ ISBN 3-89936-036-2

Band 42
Anja Lohse
Integration unterschiedlich strukturierter Daten
Lohmar – Köln 2003 ♦ 234 S. ♦ € 45,- (D) ♦ ISBN 3-89936-135-0

Band 43
Christian Lenz
Empfängerorientierte Unternehmenskommunikation – Einsatz der Internet-Technologie am Beispiel der Umweltberichterstattung
Lohmar – Köln 2003 ♦ 384 S. ♦ € 55,- (D) ♦ ISBN 3-89936-137-7

Band 44
Henning Baars
Videokonferenzsysteme im Kontext betrieblicher Anwendungsszenarien – Architekturgestaltung, Akzeptanz, Nutzen
Lohmar – Köln 2003 ♦ 646 S. ♦ € 73,- (D) ♦ ISBN 3-89936-146-6

Band 45
Rainer Endl
Regelbasierte Entwicklung betrieblicher Informationssysteme – Gestaltung flexibler Informationssysteme durch explizite Modellierung der Geschäftslogistik
Lohmar – Köln 2004 ♦ 370 S. ♦ € 55,- (D) ♦ ISBN 3-89936-263-2

Band 46
Malte Beinhauer
Knowledge Communities
Lohmar – Köln 2004 ♦ 256 S. ♦ € 47,- (D) ♦ ISBN 3-89936-308-6

Band 47
Elke Wolf
IS Risks and Operational Risk Management in Banks
Lohmar – Köln 2005 ♦ 686 S. ♦ € 75,- (D) ♦ ISBN 3-89936-326-4

Band 48
Michael Breidung
Nutzen und Risiken komplexer IT-Projekte – Methoden und Kennzahlen
Lohmar – Köln 2005 ♦ 270 S. ♦ € 48,- (D) ♦ ISBN 3-89936-360-4

Band 49
Oliver Klaus
Geschäftsregeln zur Unterstützung des Supply Chain Managements
Lohmar – Köln 2005 ♦ 298 S. ♦ € 49,- (D) ♦ ISBN 3-89936-378-7

Band 50
Rolf G. Poluha
Anwendung des SCOR-Modells zur Analyse der Supply Chain – Explorative empirische Untersuchung von Unternehmen aus Europa, Nordamerika und Asien
2., überarbeitete Auflage
Lohmar – Köln 2006 ♦ 544 S. ♦ € 65,- (D)
ISBN-13: 978-3-89936-509-2 ♦ ISBN-10: 3-89936-509-7

Band 51
Edeltraud Günther, Susann Kaulich, Lilly Scheibe,
Wolfgang Uhr, Claudia Heidsieck, Jürgen Fröhlich
Leistung und Erflog im betrieblichen Umweltmanagement – Die Software EPM-KOMPAS als Instrument für den industriellen Mittelstand zur Umweltleistungsmessung und Erfolgskontrolle
Lohmar – Köln 2006 ♦ 258 S. + CD-ROM ♦ € 52,- (D) ♦ ISBN 3-89936-462-7

Band 52
Konrad Walser
Auswirkungen des CRM auf die IT-Integration
Lohmar – Köln 2006 ♦ 532 S. ♦ € 65,- (D) ♦ ISBN 3-89936-474-0

PLANUNG, ORGANISATION UND UNTERNEHMUNGSFÜHRUNG

Herausgegeben von Prof. Dr. Dr. h. c. Norbert Szyperski, Köln, Prof. Dr. Winfried Matthes, Wuppertal, Prof. Dr. Udo Winand, Kassel, Prof. (em.) Dr. Joachim Griese, Bern, PD Dr. Harald F. O. von Kortzfleisch, Kassel, Prof. Dr. Ludwig Theuvsen, Göttingen, und Prof. Dr. Andreas Al-Laham, Kaiserslautern

Band 106
Leonhard von Metzler
Risikoaggregation im industriellen Controlling
Lohmar – Köln 2004 ♦ 262 S. ♦ € 47,- (D) ♦ ISBN 3-89936-306-X

Band 107
Markus Welter
Informations-, Wissens- und Meinungsmanagement für Dienstleistungsunternehmen – Analyse und Entwurf unter besonderer Berücksichtigung informationsökonomischer Aspekte
Lohmar – Köln 2005 ♦ 328 S. ♦ € 52,- (D) ♦ ISBN 3-89936-332-9

Band 108
Michael Krupp
Kooperatives Verhalten auf der sozialen Ebene einer Supply Chain
Lohmar – Köln 2005 ♦ 252 S. ♦ € 47,- (D) ♦ ISBN 3-89936-379-5

Band 109
Markus A. Launer
Coordination of Foreign Subsidiaries in Multinational Enterprises
Lohmar – Köln 2005 ♦ 132 S. ♦ € 38,- (D) ♦ ISBN 3-89936-397-3

Band 110
Ulrich Thomé
Kooperations-Engineering – Ein lernorientierter Gestaltungsansatz
Lohmar – Köln 2006 ♦ 376 S. ♦ € 55,- (D) ♦ ISBN 3-89936-445-7

Band 111
Gerhard Sessing
Wissenstransfer zwischen Organisationen – Erfolgsfaktoren im interorganisationalen Lernprozess
Lohmar – Köln 2006 ♦ 298 S. ♦ € 49,- (D) ♦ ISBN 3-89936-458-9

Band 112
Kai-Christian Muchow
Strategischer Wandel in Professional Service Firms – Eine prozeßorientierte Untersuchung am Beispiel deutscher Rechtsanwaltskanzleien
Lohmar – Köln 2006 ♦ 314 S. ♦ € 52,- (D)
ISBN-13: 978-3-89936-488-0 ♦ ISBN-10: 3-89936-488-0

Band 113
Stefan Wittenberg
Gestaltung interner Märkte in Unternehmensnetzwerken
Lohmar – Köln 2006 ♦ 256 S. ♦ € 47,- (D)
ISBN-13: 978-3-89936-500-9 ♦ ISBN-10: 3-89936-500-3

Weitere Schriftenreihen:

UNIVERSITÄTS-SCHRIFTENREIHEN

- **Reihe: Steuer, Wirtschaft und Recht**
  Herausgegeben von vBP StB Prof. Dr. Johannes Georg Bischoff, Wuppertal, Dr. Alfred Kellermann, Vorsitzender Richter (a. D.) am BGH, Karlsruhe, Prof. (em.) Dr. Günter Sieben, Köln, und WP StB Prof. Dr. Norbert Herzig, Köln

- **Reihe: Rechnungslegung und Wirtschaftsprüfung**
  Herausgegeben von Prof. (em.) Dr. Dr. h. c. Jörg Baetge, Münster, Prof. Dr. Hans-Jürgen Kirsch, Münster, und Prof. Dr. Stefan Thiele, Wuppertal

- **Reihe: Informationsmanagement und Unternehmensführung – Schriften des IMU, Universität Osnabrück**
  Herausgegeben von Prof. Dr. Uwe Hoppe, Prof. Dr. Bodo Rieger, Jun.-Prof. Dr. Frank Teuteberg und Prof. Dr. Thomas Witte

- **Reihe: Controlling**
  Herausgegeben von Prof. Dr. Volker Lingnau, Kaiserslautern, und Prof. Dr. Albrecht Becker, Innsbruck

- **Reihe: Wirtschaftsinformatik**
  Herausgegeben von Prof. Dr. Dietrich Seibt, Köln, Prof. Dr. Hans-Georg Kemper, Stuttgart, Prof. Dr. Georg Herzwurm, Stuttgart, Prof. Dr. Dirk Stelzer, Ilmenau, und Prof. Dr. Detlef Schoder, Köln

- **Reihe: Schriften zu Kooperations- und Mediensystemen**
  Herausgegeben von Prof. Dr. Volker Wulf, Siegen, Prof. Dr. Jörg Haake, Hagen, Prof. Dr. Thomas Herrmann, Dortmund, Prof. Dr. Helmut Krcmar, München, Prof. Dr. Johann Schlichter, München, Prof. Dr. Gerhard Schwabe, Zürich, und Prof. Dr.-Ing. Jürgen Ziegler, Duisburg

- **Reihe: Telekommunikation @ Medienwirtschaft**
  Herausgegeben von Prof. Dr. Dr. h. c. Norbert Szyperski, Köln, Prof. Dr. Udo Winand, Kassel, Prof. Dr. Dietrich Seibt, Köln, Prof. Dr. Rainer Kuhlen, Konstanz, Dr. Rudolf Pospischil, Bonn, Prof. Dr. Claudia Löbbecke, Köln, und Prof. Dr. Christoph Zacharias, Köln

- **Reihe: Electronic Commerce**
  Herausgegeben von Prof. Dr. Dr. h. c. Norbert Szyperski, Köln, Prof. Dr. Beat F. Schmid, St. Gallen, Prof. Dr. Dr. h. c. August-Wilhelm Scheer, Saarbrücken, Prof. Dr. Günther Pernul, Regensburg, Prof. Dr. Stefan Klein, Münster, Prof. Dr. Detlef Schoder, Köln, und Prof. Dr. Tobias Kollmann, Essen

- **Reihe: E-Learning**
  Herausgegeben von Prof. Dr. Dietrich Seibt, Köln, Prof. Dr. Freimut Bodendorf, Nürnberg, Prof. Dr. Dieter Euler, St. Gallen, und Prof. Dr. Udo Winand, Kassel

- **Reihe: InterScience Reports**
  Herausgegeben von Prof. Dr. Dr. h. c. Norbert Szyperski, Köln, PD Dr. Harald F. O. von Kortzfleisch, Kassel, und Prof. Dr. Dietrich Seibt, Köln

- **Reihe: FGF Entrepreneurship-Research Monographien**
  Herausgegeben von Prof. Dr. Heinz Klandt, Oestrich-Winkel, Prof. Dr. Dr. h. c. Norbert Szyperski, Köln, Prof. Dr. Michael Frese, Gießen, Prof. Dr. Josef Brüderl, Mannheim, Prof. Dr. Rolf Sternberg, Hannover, Prof. Dr. Ulrich Braukmann, Wuppertal, und Prof. Dr. Lambert T. Koch, Wuppertal

- **Reihe: Venture Capital und Investment Banking, Neue Folge**
  Herausgegeben von Prof. Dr. Klaus Nathusius

- **Reihe: Technologiemanagement, Innovation und Beratung**
  Herausgegeben von Prof. Dr. Dr. h. c. Norbert Szyperski, Köln, vBP StB Prof. Dr. Johannes Georg Bischoff, Wuppertal, und Prof. Dr. Heinz Klandt, Oestrich-Winkel

- **Reihe: Kleine und mittlere Unternehmen**
  Herausgegeben von Prof. Dr. Jörn-Axel Meyer, Flensburg

- **Reihe: Wissenschafts- und Hochschulmanagement**
  Herausgegeben von Prof. Dr. Detlef Müller-Böling, Gütersloh, und Prof. Dr. Reinhard Schulte, Lüneburg

- **Reihe: Personal, Organisation und Arbeitsbeziehungen**
  Herausgegeben von Prof. Dr. Fred G. Becker, Bielefeld, Prof. Dr. Jürgen Berthel †, Siegen, und Prof. Dr. Walter A. Oechsler, Mannheim

- **Reihe: Forum Finanzwissenschaft und Public Management**
  Herausgegeben von Prof. Dr. Kurt Reding, Kassel, und PD Dr. Walter Müller, Kassel

- **Reihe: Finanzierung, Kapitalmarkt und Banken**
  Herausgegeben von Prof. Dr. Hermann Locarek-Junge, Dresden, Prof. Dr. Klaus Röder, Regensburg, und Prof. Dr. Mark Wahrenburg, Frankfurt

- **Reihe: Marketing**
  Herausgegeben von Prof. Dr. Heribert Gierl, Augsburg, Prof. Dr. Roland Helm, Jena, Prof. Dr. Frank Huber, Mainz, und Prof. Dr. Henrik Sattler, Hamburg

- **Reihe: Marketing, Handel und Management**
  Herausgegeben von Prof. Dr. Rainer Olbrich, Hagen

- **Reihe: Kundenorientierte Unternehmensführung**
  Herausgegeben von Prof. Dr. Hendrik Schröder, Essen

- **Reihe: Produktionswirtschaft und Industriebetriebslehre**
  Herausgegeben von Prof. Dr. Jörg Schlüchtermann, Bayreuth

- **Reihe: Europäische Wirtschaft**
  Herausgegeben von Prof. Dr. Winfried Matthes, Wuppertal

- **Reihe: Katallaktik – Quantitative Modellierung menschlicher Interaktionen auf Märkten**
  Herausgegeben von Prof. Dr. Otto Loistl, Wien, und Prof. Dr. Markus Rudolf, Koblenz

- **Reihe: Quantitative Ökonomie**
  Herausgegeben von Prof. Dr. Eckart Bomsdorf, Köln, Prof. Dr. Wim Kösters, Bochum, und Prof. Dr. Winfried Matthes, Wuppertal

- **Reihe: Internationale Wirtschaft**
  Herausgegeben von Prof. Dr. Manfred Borchert, Münster, Prof. Dr. Gustav Dieckheuer, Münster, und Prof. Dr. Paul J. J. Welfens, Wuppertal

- **Reihe: Industrieökonomik**
  Herausgegeben von Prof. Dr. Frank C. Englmann, Stuttgart, Prof. Dr. Mathias Erlei, Clausthal, Prof. Dr. Ulrich Schwalbe, Hohenheim, und Prof. Dr. Bernd Woeckener, Stuttgart

- **Reihe: Studien zur Dynamik der Wirtschaftsstruktur**
  Herausgegeben von Prof. Dr. Heinz Grossekettler, Münster

- **Reihe: Versicherungswirtschaft**
  Herausgegeben von Prof. (em.) Dr. Dieter Farny, Köln, und Prof. Dr. Heinrich R. Schradin, Köln

- **Reihe: Wirtschaftsgeographie und Wirtschaftsgeschichte**
  Herausgegeben von Prof. Dr. Ewald Gläßer, Köln, Prof. Dr. Josef Nipper, Köln, Dr. Martin W. Schmied, Köln, und Prof. Dr. Günther Schulz, Bonn

- **Reihe: Wirtschafts- und Sozialordnung: FRANZ-BÖHM-KOLLEG – Vorträge und Essays**
  Herausgegeben von Prof. Dr. Bodo B. Gemper, Siegen

- **Reihe: WISO-Studientexte**
  Herausgegeben von Prof. Dr. Eckart Bomsdorf, Köln, und Prof. (em.) Dr. Dr. h. c. Dr. h. c. Josef Kloock, Köln

- **Reihe: Europäisches Wirtschaftsrecht**
  Herausgegeben von Prof. Dr. Dieter Krimphove, Paderborn
- **Reihe: Rechtswissenschaft**

FACHHOCHSCHUL-SCHRIFTENREIHEN
- **Reihe: Institut für betriebliche Datenverarbeitung (IBD) e. V. im Forschungsschwerpunkt Informationsmanagement für KMU**
  Herausgegeben von Prof. Dr. Felicitas Albers, Düsseldorf
- **Reihe: FH-Schriften zu Marketing und IT**
  Herausgegeben von Prof. Dr. Doris Kortus-Schultes, Mönchengladbach, und Prof. Dr. Frank Victor, Gummersbach
- **Reihe: Medienmanagement**
  Herausgegeben von Prof. Dr. Thomas Breyer-Mayländer, Offenburg
- **Reihe: FuturE-Business**
  Herausgegeben von Prof. Dr. Michael Müßig, Würzburg-Schweinfurt
- **Reihe: Controlling-Forum – Wege zum Erfolg**
  Herausgegeben von Prof. Dr. Jochem Müller, Ansbach
- **Reihe: Unternehmensführung und Controlling in der Praxis**
  Herausgegeben von Prof. Dr. Thomas Rautenstrauch, Bielefeld
- **Reihe: Economy and Labour**
  Herausgegeben von EUR ING Prof. Dr.-Ing. Hans-Georg Nollau MBCS, Regensburg
- **Reihe: Institut für Regionale Innovationsforschung (IRI)**
  Herausgegeben von Prof. Dr. Rainer Voß, Wildau
- **Reihe: Interkulturelles Medienmanagement**
  Herausgegeben von Prof. Dr. Edda Pulst, Gelsenkirchen

PRAKTIKER-SCHRIFTENREIHEN
- **Reihe: Transparenz im Versicherungsmarkt**
  Herausgegeben von *ASSEKURATA* GmbH, Köln
- **Reihe: Betriebliche Praxis**
  Herausgegeben von vBP StB Prof. Dr. Johannes Georg Bischoff, Wuppertal
- **Reihe: Regulierungsrecht und Regulierungsökonomie**
  Herausgegeben von Piepenbrock ♦ Schuster, Düsseldorf